내일은

2024

노매드로고스(김선곤) 지음

리눅스 Linux
마스터 2급

기출변형 + 모의고사 별책 수록

KB131529

김앤북
KIM & BOOK

초판1쇄 인쇄 2024년 1월 8일
초판1쇄 발행 2024년 1월 15일
지은이 노매드로고스(김선곤)
기획 김응태, 정다운
디자인 서제호, 서진희, 조아현
판매영업 조재훈, 김승규, 문지영

발행처 ㈜아이비김영
펴낸이 김석철
등록번호 제22-3190호
주소 (06728) 서울 서초구 서운로 32, 우진빌딩 5층
전화 (대표전화) 1661-7022
팩스 02)3456-8073

ISBN 978-89-6512-873-1 13000
정가 27,000원

잘못된 책은 바꿔드립니다.

컴퓨터는 응용수학의 분야에 속하는 기술이다. 수학에는 변하지 않고 사용되는 공식들이 있듯이 컴퓨터에도 이와 같이 세월에 퇴색되지 않는 존재들이 있다. 저자는 주저없이 리눅스 또한 이러한 존재라고 말하고자 한다. 1970년대 초에 C언어의 아버지라고 하는 데니스리치와 켄톰슨에 의해서 유닉스가 개발된 이후로 운영체제는 계속 발전하여 리눅스, 아이폰을 작동시키는 iOS, 갤럭시의 안드로이드 운영체제까지 진화를 거듭했다.

현재는 4차산업과 인공지능 기술이 주목을 받고 있다. 이러한 기술들을 이끄는 핵심 기둥은 클라우드, 블록체인, 인공지능, 사물인터넷이라고 할 수 있다. 흥미로운 것은 이 모든 기술들이 리눅스의 사용 능력을 요구한다는 것이다. 아마도 앞으로 나타나게 될 첨단 기술들도 리눅스를 기반으로 움직이게 될 것이다. 이것은 차세대 기술로 전망하는 양자컴퓨터, 생명정보학 등에도 해당된다고 본다.

저자는 친한 지인들에게 꼭 추천하는 것이 있는데 그것은 리눅스 공부를 하는 것이다. 이것은 전공자와 비전공자 구분 없이 미래를 준비하는 중요한 준비가 될 것이라고 생각한다. 그래서 리눅스마스터자격증은 미래를 대비하는 비장의 무기가 되어줄 것이라고 믿는다.

독자들을 위해서 추가적인 조언을 하자면 리눅스에 대한 공부가 끝나면 데이터베이스, 컴퓨터언어와 관련된 공부하기를 추천한다. IT공부에서 운영체제와 데이터베이스 그리고 컴퓨터언어를 자신의 것으로 만들면 나머지는 본인들이 원하는 기술과 직무를 향해서 편안한 마음으로 나아갈 수 있기 때문이다. (아이비김영 출판사의 IT 서적을 추천한다.)

그 동안 저자의 글이 잘 나올 수 있도록 조언과 편집자로서 관리를 해준 정다운 과장님과 아이비김영 출판사 가족들에게 감사의 뜻을 전하고자 한다. 이 분들의 깊은 경험과 인내력이 없었다면 책은 나올 수 없었을 것이다. 그리고 언제나 믿음을 주었던 가족들과 학생들 그리고 지인들. 은사이신 박현희 교수님, 이영음 교수님께 감사의 뜻을 전해드리고자 한다. 무엇보다 사회가 번영할 수 있도록 묵묵히 자신의 자리에서 노력한 모든 분 들에게도 감사함을 전하고 싶다.

저자가 나름 열심히 준비를 했지만 부족한 점이 있을 수 있는데 이것은 저자의 부족함으로 인한 것이기에 모든 책임은 저자에게 있다고 말하고 싶다. 하지만 마치 리눅스의 커널(kernel)이 수십년의 세월동안 진화를 해왔듯이 본 도서 또한 계속된 진화와 성장을 할 것임을 약속드리고자 한다.

2024년 1월
저자 김선곤

전공자/비전공자(입문자 포함)별 맞춤 학습 플랜

비전공자 학습 전략(2주 완성)

1일차	2일차	3일차	4일차	5일차	6일차	7일차
이론 1회독					기출 1회독 및 이론 2회독	
파트1		파트2		파트3	기출&파트1	기출&파트2
8일차	9일차	10일차	11일차	12일차	13일차	14일차
기출 1회독 및 본문 2회독		기출 2회독 및 모의고사 2회독				최종정리
기출&파트2	기출&파트3	기출변형문제&모의고사				학습정리

● 1차 : 이론 1회독(5일)

이론 및 연습문제를 1회독한다. 모르는 부분이 있어도 읽고 넘어가며 전체적인 흐름과 용어에 익숙해지도록 한다. 단원 내 문제를 풀며 문제유형을 파악한다. 틀리는 문제가 나와도 조바심 내지 말고 문제와 연결된 개념을 복습하자.

● 2차 : 기출변형문제 1회독 및 이론 2회독(+a회독) (4일)

1회독을 마친 이후 중요한 부분 및 리눅스 명령어와 같은 암기가 필수인 부분을 기간 내에 수차례 반복해서 학습한다. 비전공자에게 중요한 것은 개념의 적응이다. 기출변형문제와 답의 연관관계에 대해 풀이를 중심으로 파악하고 학습한다.

● 3차 : 기출변형문제 2회독 및 모의고사 2회독(4일)

문제를 풀고 틀린 문제는 표기하여 재풀이한다. 책 내용 중 습득하지 못한 구간과 자주 틀리는 문제 유형을 정리한다. 리눅스마스터의 문제들은 명령어 옵션 한 글자에 득점이 결정될 수 있기에 헷갈리지 않도록 한다.

● 4차 : 최종정리(1일)

반복해서 틀려 왔던 문제 및 관련된 이론 내용을 함께 정리한다.

전공자 학습 전략(1주 완성)

1일차	2일차	3일차	4일차	5일차	6일차	7일차
이론 1회독				기출변형&모의고사 n회독		최종정리
파트1	파트2		파트3	기출변형문제&모의고사		학습정리

● 1차 : 이론 1회독(4일)

책 전체를 1회독한다. 전공자로서 이해되는 부분은 빠르게 스킵(Skip)하고 이해가 안 되거나 익숙치 않은 전공지식 부분은 전체적인 흐름과 용어에 익숙해지도록 한다. 단원 내 문제를 풀고 문제유형을 파악한다.

● 2차 : 기출변형문제 및 모의고사 n회독(2일)

리눅스마스터는 수검자에게 있어서 기출변형문제가 가이드라인이 된다. 문제와 답의 연관관계에 대해 풀이를 중심으로 파악하고 학습한다. 이후 연습문제를 풀이한다. 해당 과정을 n회독하며 익숙해진다.

● 3차 : 최종정리(1일)

반복해서 틀려 왔던 문제 및 관련된 이론 내용을 함께 정리한다.

시험 안내

● 시험 과목

2급	1차	온라인시험 (객관식 사지선다)	50문항	60분	100점	60점 이상
	2차	필기 (객관식 사지선다)	80문항	100분	100점	60점 이상 (과목당 40% 미만 과락)

● 온라인 시험 안내

– 온라인 시험은 접수완료 하신 다음날 오후 13:00 이후부터 응시 가능
  (단, 금요일 접수자의 경우 차주 월요일 오후 13:00 이후 응시 가능)
– 온라인시험은 한 회차당 1회에 한해 응시 가능하며 불합격 시 재응시 불가

● 시험출제 리눅스버전 안내

– 필기 : 커널 3.x 이상 ※ 레드햇 계열: CentOS 7, 데비안 계열: ubuntu 15.04 이상

● 응시자격

– 1차 : 제한 없음
– 2차 : 1차 시험 합격자에 한해 성적공개일 기준으로 2년 이내 응시

● 출제 기준

2급	리눅스 일반 (1차)	리눅스의 이해	리눅스의 개요, 역사, 철학
		리눅스 설치	기본 설치 및 유형, 파티션과 파일 시스템, Boot Manager
		기본 명령어	사용자 생성 및 계정 관리, 디렉터리 및 파일, 기타 명령어
	리눅스 운영 및 관리 (2차 1과목)	파일 시스템 관련 명령어	권한 및 그룹 설정, 파일 시스템의 관리
		Shell	개념 및 종류, 환경 설정
		프로세스 관리	개념 및 유형, 프로세스 Utility
		에디터	에디터의 종류, 에디터 활용
		소프트웨어 설치	개념 및 사용법, 소프트웨어 설치 및 삭제
		장치 설정	주변장치 연결 및 설정, 주변장치 활용
	리눅스 활용 (2차 2과목)	X 윈도	개념 및 사용법, X 윈도 활용
		인터넷 활용	네트워크의 개념, 인터넷 서비스의 종류, 인터넷 서비스의 설정
		응용분야	기술동향, 활용기술

● 2급 자격증 활용

– 학점은행제 5학점 인정(일반선택)
– 고등학교 신입생 입학 시 가점(경기도 특성화고)
– 고등학생 재학 중 취득 학교생활기록부 기재 인정
– 육군 초급간부(부사관, 학사장교) 모집과정 가점
– 현역 병역 대상자 복무 선정

도서 구성

챕터별 대략적인 학습 방법을 정리하였어요.

합격을 부르는 치트키 가이드

빠르게 합격할 수 있도록 주제별 시험 출제 방식 및
학습 요령에 대해 정리하였어요.

기초 용어 정리

입문자와 비전공자를 위해 기초 용어를 정리하였어요.

연습문제

저자의 노하우를 담아, 출제 가능성이 높은 예상 문제를
직접 출제하였어요.

최신기출변형문제(학습용)

2020~2023 4개년 기출변형 7회분을 수록하여,
빠른 시험합격에 초점을 맞춰 해설과 함께 반복
숙달할 수 있도록 구성하였어요.

최신기출변형 7회

기출변형 모의고사(실전용)

실전 대비를 위해 총 3회분을 수록하였어요.

기출변형 모의고사 3

CONTENTS

부록

최신기출변형
및 모의고사

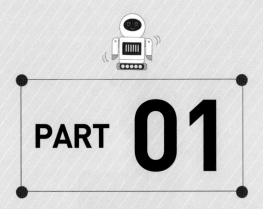

PART 01

리눅스일반

더 멋진 내일(Tomorrow)을 위한 내일(My Career)

2024 내일은 리눅스마스터 2급

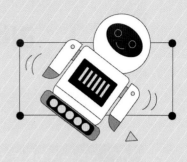

CHAPTER

01

리눅스의 이해

01 리눅스의 개요 ★★★

01 리눅스의 특징 및 장단점 ★★★

✦ 합격을 부르는 치트키 가이드

시험에서는 리눅스의 특징, 장단점에 대한 특성중심으로 출제가 됩니다. 여러분이 많이 사용하는 윈도우와의 차이점을 생각하면서 기억과 이해를 쌓으시면서 공부하시면 시험대비와 실무준비에 도움이 되겠습니다.

1. 리눅스의 특징

리눅스(Linux)는 서버, 데스크톱 컴퓨터, 스마트폰 및 기타 장치에 널리 사용되는 오픈 소스 운영 체제이다. 주요 기능은 다음과 같다.

- 확장성 : 리눅스는 소형 임베디드 장치에서 대형 메인프레임에 이르기까지 다양한 하드웨어에서 실행될 수 있다. 현재 4차산업혁명*과 관련된 첨단기술과 가상화기술**에 사용되고 있다.

- 고급사용자의 코드수정 가능성 : 리눅스는 오픈 소스이므로 다수의 사용자가 소스 코드에 액세스하고 필요에 맞게 수정할 수 있다.

- 대규모 커뮤니티 : 리눅스에는 사용자와 개발자를 위한 지원과 리소스를 제공하는 대규모의 열성적인 사용자 커뮤니티가 있다.

- 보안 : 리눅스는 부분적으로 지속적인 보안 업데이트 및 패치를 허용하는 오픈 소스 특성 덕분에 안전한 운영 체제로 명성이 높다.

- 네트워크 운영체제 : 네트워크를 구축하고 서버***를 가동시킬 수 있도록 해 주는 운영체제이다. 리눅스를 기반한 서버의 전 세계 점유율은 90% 가까이 된다.

- 서버 최적화 운영체제 : 웹서버, 메일서버, 스토리지서버**** 등 용도에 맞추어서 다양한 서버

기초 용어 정리

* **4차산업혁명**: 정보화사회이후로 데이터를 중심으로 인공지능 등을 활용하여 부가가치를 창조하는 경제체제로 이끄는 기술적 혁명이다.

** **가상화기술**: 하드웨어 시스템에서 시뮬레이션 환경이나 자원을 생성하는 기술이다.

*** **서버**: 서비스를 클라이언트 컴퓨터에게 제공해 주는 시스템을 말한다.

**** **스토리지서버**: 데이터베이스와 같이 저장 기능을 담당한 서버를 의미한다.

를 리눅스 서버에 설치가 가능하다.

2. 리눅스의 장단점

(1) 장점

● 비용 : 리눅스는 오픈소스운영체제이기에 무료로 사용이 가능하다. 그리고 개발 능력에 따라서 사용자가 스스로 리눅스를 개발하고 배포할 수 있다.

● 자유로운 커스터마이징 : 사용자의 리눅스 사용 능력이 높을수록 자신의 특정 요구에 맞게 운영 체제를 조정할 수 있다. 터미널*을 통해서 파이썬, 자바 등 다양한 개발 언어와 도구의 사용이 가능하다.

● 안정성과 신뢰성 : 리눅스는 서버로서 사용되기 위해서 설계된 운영체제이기 때문에 프로세스의 충돌이나 재시작 없이 오랜 시간 동안 실행되도록 설계되어 있다.

● 호환성 : 다른 운영 체제 및 기술과의 호환성이 높기 때문에 기존 IT 인프라에 쉽게 통합할 수 있다.

● 다중사용자와 멀티태스킹 환경 : 서버 환경에서 다중 사용자가 동시에 접속이 가능하며 각 사용자들이 제각각 여러 작업을 수행해도 운영체제는 작동이 가능하다.

(2) 단점

● 가파른 학습 곡선: Windows와 같이 사용자 친화적인 운영 체제에 익숙한 사용자의 경우 리눅스를 배우고 사용하기가 더 어려울 수 있다.

● 제한된 소프트웨어 가용성 : 리눅스에는 소프트웨어 라이브러리**가 증가하고 있지만 일부 인기 있는 응용 프로그램은 리눅스에서 사용할 수 없다.

● 다양한 리눅스 배포판: 리눅스의 오픈 소스 특성은 각각 고유한 소프트웨어와 인터페이스가 있는 다양한 배포판이 존재한다.

● 서비스 지원 : 리눅스는 오픈소스로 제공되는 운영체제이다. 레드햇 리눅스와 같이 기업체에서 A/S를 지원하는 경우를 제외하고는 상용소프트웨어와 같이 지원을 받는 것은 어려운 편이다.

기초 용어 정리

* **터미널**: 명령어나 작업을 진행할 수 있도록 해 주는 컴퓨터 입력 시스템을 말한다.

** **라이브러리**: 프로그램을 만들 수 있도록 해 주는 파일, 클래스, 모듈을 의미한다.

- 한국어 표기의 어려움 : 리눅스 배포판마다 부분적인 차이가 존재하고 심지어 버전에 따라서 한국어 문자셋이 지원되는 패키지를 설치해야 하는 경우가 존재한다.
- 보안이슈의 존재 : 해커들에 의한 보안에 관련된 문제들이 발생할 수 있다. 리눅스서버는 전 세계에서 많이 사용하는 서버 운영체제이기에 자연스럽게 해커*들의 목표 대상이 된다고 보면 된다.

02 리눅스의 디렉터리의 구성과 역할 ★★

✦ 합격을 부르는 치트키 가이드
디렉터리의 종류들이 많기에 모두 암기하기보다는 대표적인 디렉터리의 이름과 역할을 기억하시면 됩니다. 그리고 나머지 디렉터리들도 실무자로서 반드시 알아야 하기에 다독을 통해서 눈에 익숙하게 하는 정도로 기본을 다지면 되겠습니다.

리눅스는 운영체제이고 서버로서 사용되는 만큼 그 구성이 체계적이라고 할 수 있다. 그래서 그 역할만큼이나 디렉터리 구조도 체계적으로 나뉘어 있다.

1. /proc 디렉터리 설명

- /proc 디렉터리는 시스템 및 시스템 자체에서 실행 중인 프로세스에 대한 정보를 제공하는 가상 파일 시스템이다.
- /proc 디렉터리에는 시스템 및 시스템에서 실행 중인 프로세스에 대한 정보를 제공하는 여러 파일 및 하위 디렉터리가 포함되어 있다.

/proc/cpuinfo	프로세서 수, 아키텍처 및 클럭 속도를 포함하여 프로세서에 대한 정보를 제공한다.
/proc/meminfo	총 메모리 양, 사용 가능한 메모리 양, 각 프로세스에서 사용하는 메모리 양을 포함하여 시스템의 메모리 사용량에 대한 정보를 제공한다.
/proc/mounts	파일 시스템 유형, 마운트 지점 및 장치 이름을 포함하여 시스템에 마운트된 파일 시스템에 대한 정보를 제공한다.
/proc/pid	여기서 [pid]는 프로세스의 프로세스 ID이며 상태, 메모리 사용량 및 열린 파일 목록을 포함하여 특정 프로세스에 대한 정보를 제공한다.

기초 용어 정리

* **해커**: 컴퓨터를 매니악하게 집중하여 높은 실력을 쌓은 사람을 말한다. 여기서 타인에게 해를 끼치는 사람은 크래커라고 한다.

2. lib 디렉터리 설명

- [lib] 디렉터리는 라이브러리 파일들이 저장되는 디렉터리이다. 라이브러리 파일은 프로그램에서 사용되는 코드 모듈들로 기본적으로 코드를 재사용하기 위해 사용된다.

- 시스템 라이브러리는 리눅스 시스템의 핵심 기능에 필요한 라이브러리들이다. 이러한 라이브러리들은 운영체제와 함께 설치된다.

- [lib] 디렉터리의 하위 디렉터리는 일반적으로 라이브러리 파일의 종류에 따라 구분된다. 예를 들어, [lib64] 디렉터리에는 64비트 라이브러리 파일이 저장되며, [python3] 디렉터리에는 Python 3.x 버전의 라이브러리 파일이 저장된다.

- [lib] 디렉터리의 내용을 수정할 때는 주의해야 한다. 잘못된 라이브러리 파일을 제거하거나 수정하면 시스템이 정상적으로 작동하지 않을 수 있다.

3. /dev 디렉터리 설명

- [dev] 디렉터리는 장치 파일들이 저장되는 디렉터리이다. 이 디렉터리에는 컴퓨터의 하드웨어와 연결된 장치들의 파일이 포함되어 있다.

- /dev 디렉터리의 파일은 각각 하드웨어 디바이스를 나타내며, 대부분의 파일은 문자 장치 또는 블록 장치이다. 문자 장치는 데이터를 시퀀스로 읽고 쓸 수 있는 장치로, 예를 들어 마우스나 키보드와 같은 입출력 장치가 여기에 포함된다.

- /dev 디렉터리에는 또한 시스템에서 사용되는 가상 파일도 포함된다. 예를 들어, /dev/null은 출력을 무시하는 파일로 사용되며, /dev/random과 /dev/urandom은 암호화 키 및 비밀번호와 같은 무작위 데이터를 생성하는 데 사용된다.

- /dev 디렉터리는 시스템이 부팅될 때 생성되며, 커널이 로드될 때 하드웨어와 관련된 드라이버가 자동으로 생성된다.

- 일반 사용자는 /dev 디렉터리에 대한 접근 권한이 없으며, 일반적으로 시스템 관리자나 개발자 등의 특정 권한이 필요하다.

4. /etc 디렉터리 설명

- [etc] 디렉터리는 시스템 설정 파일이 저장되는 디렉터리이다. [etc]는 "et cetera"의 약어로, "기타"나 "그 외"를 의미한다.

- /etc 디렉터리에는 시스템 전반에 걸쳐 사용되는 설정 파일들이 포함되어 있다. 예를 들어, 네트워크 설정, 사용자 계정 정보, 패키지 관리자 설정, 서비스 설정 등이 여기에 포함된다.

- 일반적으로 /etc 디렉터리의 파일들은 텍스트 파일 형식으로 작성되어 있다. 그리고 대부분의 파일은 시스템 관리자 권한으로 수정해야 한다.

- 이 디렉터리의 파일들은 시스템의 구성에 중요한 역할을 한다. 따라서 파일의 수정, 삭제 또는 이동 등을 하기 전에는 반드시 백업을 해야 하며, 파일을 수정할 때는 주의를 기울여야 한다.

- /etc 디렉터리에는 많은 파일이 있지만, 그중 몇 가지 파일은 다음과 같다.

/etc/passwd	사용자 계정 정보가 저장된 파일이다.
/etc/group	사용자 그룹 정보가 저장된 파일이다.
/etc/fstab	시스템 부팅*시 마운트 할 파일 시스템 정보가 저장된 파일이다.
/etc/hosts	호스트 이름과 IP 주소의 매핑** 정보가 저장된 파일이다.
/etc/resolv.conf	DNS 서버 주소가 저장된 파일이다.
/etc/network/interfaces	네트워크 인터페이스 정보가 저장된 파일이다.
/etc/apt/sources.list	패키지 관리자에서 사용하는 소스 정보가 저장된 파일이다.

- 이외에도 시스템의 다양한 설정 정보를 담은 파일들이 /etc 디렉터리에 저장된다.

5. /usr 디렉터리 설명

- [usr] 디렉터리는 대부분의 사용자 프로그램과 관련 파일들이 저장되는 디렉터리이다. [usr]은 "Unix System Resources"의 약어로 시스템 자원들이 저장되는 디렉터리를 의미한다.

- /usr 디렉터리에는 대부분의 사용자 프로그램들이 포함되어 있다. 이 디렉터리에는 프로그램 바이너리***, 라이브러리, 문서, 설정 파일 등이 포함된다. 이 디렉터리에는 시스템에 미리 설치된 프로그램들이 저장되어 있다.

- /usr 디렉터리는 일반적으로 시스템 전체에 걸쳐 읽기 전용으로 마운트****되며, 사용자 계정에서는 읽기만 가능하다. 시스템 관리자나 root 계정만이 쓰기 권한을 가지고 있다.

- /usr 디렉터리는 다음과 같은 하위 디렉터리로 구성된다.

기초 용어 정리

* **부팅**: 컴퓨터에 전원을 주입하고 운영체제가 작동하는 과정이다.

** **매핑**: 매핑은 붙인다는 의미가 있는데 여기서는 이름과 주소를 연결한다는 의미로 봐도 된다.

*** **바이너리**: 데이터의 저장과 처리를 목적으로 0과 1의 이진 형식으로 인코딩된 파일을 말한다.

**** **마운트**: 물리적인 장치를 특정한 위치로 연결하는 작업을 말한다.

/usr/bin	사용자가 실행할 수 있는 바이너리 실행 파일이 포함되는 디렉터리이다.
/usr/sbin	시스템 관리자가 실행할 수 있는 바이너리 실행 파일이 포함되는 디렉터리이다.
/usr/lib	사용자 프로그램에서 사용되는 라이브러리 파일이 포함되는 디렉터리이다.
/usr/include	C/C++ 등 프로그래밍 언어에서 사용하는 헤더파일*이 포함되는 디렉터리이다.
/usr/share	시스템에서 공유할 수 있는 데이터 파일이나 문서가 포함되는 디렉터리이다.
/usr/local	사용자가 컴파일**한 소스 코드에서 생성된 실행 파일, 라이브러리, 문서 등이 포함되는 디렉터리이다.

6. /var 디렉터리 설명

● [var] 디렉터리는 변동성 데이터가 저장되는 디렉터리이다. "var"은 "variable"의 약어로, 데이터가 변할 수 있음을 의미한다.

● /var 디렉터리는 시스템의 다양한 변동성 데이터가 저장되는 곳이다. 주로 시스템 로그, 메일, 프린트 서버 큐, 웹 서버 데이터, 데이터베이스 등과 같은 시스템 서비스에서 생성되는 데이터가 저장된다. 이러한 데이터는 시간에 따라 지속적으로 쌓이고 변경된다.

● /var 디렉터리는 다음과 같은 하위 디렉터리로 구성된다.

/var/log	시스템 로그 파일이 저장되는 디렉터리이다.
/var/mail	사용자의 메일 박스가 저장되는 디렉터리이다.
/var/spool	프린트 서버와 같은 여러 서비스에서 사용되는 작업 큐 디렉터리이다.
/var/cache	시스템에서 사용하는 캐시 파일이 저장되는 디렉터리이다.
/var/lib	시스템에서 사용하는 여러 라이브러리 파일 및 데이터 파일이 저장되는 디렉터리이다.
/var/www	웹 서버에서 호스팅***하는 웹 페이지 및 그림 파일 등의 데이터가 저장되는 디렉터리이다.

7. /lost+fouond 디렉터리 설명

● [/lost+found] 디렉터리는 파일 시스템에서 데이터 손상이 발생했을 때 복구된 파일이 저장되는 디렉터리이다.

● 일반적으로 파일 시스템에서 데이터 손상이 발생하면 파일의 일부나 전체가 손실될 수 있다. 이러한 경우에 파일 시스템은 [/lost+found] 디렉터리를 만들어서 복구된 파일들을 저장한다.

기초 용어 정리

* **헤더파일**: 컴파일러에 의해 다른 소스 파일에 자동으로 포함된 소스 코드의 파일을 말한다.

** **컴파일**: 특정 프로그래밍 언어로 쓰여 있는 문서를 다른 프로그래밍 언어로 옮기는 언어 번역 작업을 말한다.

*** **호스팅**: 서버 컴퓨터의 전체 또는 일정 공간을 이용할 수 있도록 임대해 주는 서비스를 말한다.

- [/lost+found] 디렉터리는 파일 시스템의 루트 디렉터리*에 위치한다. 일반적으로 사용자나 프로세스는 이 디렉터리의 파일에 직접 접근하지 않는다. 대신 파일 시스템 검사 도구인 [fsck] 등을 사용하여 파일 시스템에서 손상된 파일을 찾고 복구한다.

03 리눅스의 배포판 ★★

✦ 합격을 부르는 치트키 가이드

리눅스의 배포판은 종류와 역사가 다양합니다. 우선은 기출문제와 예상문제에서 언급이 많이 되는 배포판 위주로 이해와 기억을 할 수 있도록 학습을 합니다. 그리고 시간적 여유가 있으면 교재에서 언급하는 배포판에 대한 다양한 역사와 기능들에 대해서 차분히 읽고 검색을 통해서 더 다양한 히스토리와 명령어들을 보면서 익숙하게 하도록 하면 도움이 됩니다.

1. 이해

- 리눅스는 다양한 형태의 배포판이 존재한다. 전 세계에 300여 개의 배포판이 있는 것으로 추산되고 있다.

- 리눅스 배포판의 구성으로는 리눅스커널, GNU 소프트웨어, GNU 라이브러리, 유틸리티**, X윈도 시스템이 있으며 최근에는 다양한 목적에 의해서 배포판에 최적화된 소프트웨어를 운영체제로 설치할 때 같이 설치가 된다.

- 최근에는 클라우드 시스템을 사용하는 경우가 많은데 아마존 AWS, MS 애저가 여기에 속한다. 이 경우에도 리눅스 배포판을 선택하고 설치 유형을 선택하는 것이 가능하다.

2. 배포판의 종류

(1) 슬랙웨어(Slackware Linux)

- 슬랙웨어 리눅스는 1993년에 패트릭볼커딩(Patrick Volkerding)에 의해 처음으로 배포되었다.

기초 용어 정리

* **루트 디렉터리**: 모든 디렉터리의 시작지점이 되는 뿌리가 되는 디렉터리를 말한다.

** **유틸리티**: 독립적이고 비교적 작은 규모에서 쓸모에 의해 사용되는 프로그램이다.

- 사용이 간단하고 편안한 사용자 경험을 제공하며, 매우 안정적인 구조를 유지하는 것이 특징이다.

- 패키지 관리 시스템이 단순하고 제한적이다.

- 이 배포판은 고급 사용자를 위해 제공되며, 소스 코드와 같은 기술적인 측면에서 깊은 이해와 경험이 필요하다.

(2) 레드햇(Red Hat Linux)

- 1993년 마크에윙(Marc Ewing)에 의해 처음으로 배포되었다.

- 레드햇 리눅스는 서버, 개발, 데스크탑 등 다양한 용도로 사용되고 있다. 그리고 강력한 관리 도구와 안정적인 시스템 구조를 갖추고 있다.

- 전반적으로 레드햇 리눅스는 안정적이고 강력한 리눅스 배포판으로 구성되어 있다.

- 시스템 관리, 서버 관리, 데스크탑 사용 등 다양한 용도에 적합하며 쉬운 사용자 경험과 강력한 관리 도구, 안정적인 시스템 구조를 지원한다.

- 레드햇사에서 안정화된 사후지원을 하고 있다. 그래서 안정적인 지원을 원하는 기업체에서 많이 구입하는 배포판이다.

- 레드햇 엔터프라이즈 리눅스(RHEL)는 유료지원을 받을 수 있는 배포판이며, 무료로 배포되는 페도라 리눅스도 존재한다.

(3) 페도라(Fedora)

- 페도라 리눅스는 레드햇사가 후원하는 페도라 프로젝트(Fedora Project)에서 개발 및 유지 관리한다.

- 페도라는 최첨단 기술로 유명하며 다양한 사용자들이 사용한다. 전반적으로 페도라는 오픈 소스 커뮤니티의 매니아와 기술 전문가 사이에서 인기가 높은 운영 체제로 높이 평가받고 있다. 기본적으로 무료이며 오픈소스이기에 참여도가 높은 프로젝트여서 인기가 있는 편이다.

- 기존의 다른 리눅스 배포판과는 달리 무료오픈소스 운영체제임에도 높은 퀄리티의 디자인과 사용자 친화적인 인터페이스, 강력한 보안 기능은 많은 사용자에게 매력적인 선택이 되고 있다.

(4) RHEL

- RHEL(Red Hat Enterprise Linux)은 엔터프라이즈급 안정성 및 보안에 중점을 두고 엔터프라이즈 환경의 까다로운 요구 사항을 충족하도록 설계되었다.
- 실시간 모니터링과 같은 고급 관리 도구 및 기능이 포함되어 있다.
- 특히나 기업체를 위한 다양한 지원을 하는데 연중무휴 기술 지원, 보안 업데이트 및 버그 수정을 포함하고 있다.
- 기업고객들에게 제품서비스를 원활하게 제공하기 위한 서비스 인프라가 다른 리눅스에 비해서 좋은 편이다.

(5) 데비안

- 1993년 이안머덕(Ian Murdock)에 의해 처음으로 배포되었다.
- 데비안 리눅스는 안정적이고 패키지 관리 시스템이 강력한 리눅스 배포판으로 시스템 관리, 서버 관리, 데스크탑 사용 등 다양한 용도에 적합하다.
- 데비안 리눅스를 기반으로 다양한 특수목적용 리눅스들이 만들어졌다.
- 대표적으로 사물인터넷*을 위한 초소형 컴퓨터인 라즈베리파이 전용 운영체제인 라즈비안이 그 예가 되겠다.

(6) 센트OS

- CentOS는 서버 및 기타 엔터프라이즈급 애플리케이션을 위한 안정적이고 신뢰할 수 있는 플랫폼으로 설계되었다.
- CentOS는 기업용 리눅스인 RHEL(Red Hat Enterprise Linux)의 무료 대안으로 자주 사용된다. 이는 레드햇사의 제휴에 의해서 개발되었기 때문에 가능한 것이다.
- 광범위한 엔터프라이즈급 애플리케이션과 호환되며 웹 서버, 데이터베이스 및 기타 엔터프라이즈급 애플리케이션을 위한 플랫폼으로 사용할 수 있다.
- 대기업에서 빅데이터**분석과 인공지능웹서비스를 위한 리눅스 서버로도 사용된다.

기초 용어 정리

* **사물인터넷**: 라즈베리파이나 아두이노와 같이 소형의 장비를 건물이나 사물에 부착하여 인터넷서비스에 활용하는 기술을 말한다.

** **빅데이터**: 기존 데이터베이스 관리도구의 능력을 넘어서는 대량의 정형 또는 심지어 데이터베이스 형태가 아닌 비정형 데이터를 포함한 큰 데이터를 의미한다.

(7) 수세 리눅스(SuSE Linux)

● 수세 리눅스는 SuSE에서 개발 및 유지 관리하는 상용 Linux기반 운영 체제이다.

● 특히나 안정성, 신뢰성 및 사용 편의성으로 유명하며 중소기업에서 대기업에 이르기까지 다양한 조직에서 사용된다.

● 다양한 시스템관리도구를 포함하며 다양한 하드웨어를 지원한다.

(8) 칼리 리눅스(Kali Linux)

● 칼리 리눅스는 침투 테스트 및 보안 평가를 위해 특별히 설계된 데비안(Debian)계열 오픈 소스 운영 체제이다.

● 오펜시브 시큐리티(Offensive Security)에서 유지 관리하며 보안 전문가, 윤리적 해커 및 침투 테스터가 널리 사용한다.

● 와이어샤크와 같은 보안 도구와 최신 보안 시스템을 지원하고 있다. 칼리 리눅스는 현재 전 세계의 실무현장에서 보안 평가 및 침투 테스트를 위해서도 사용된다.

(9) 라즈비안(Raspbian)

● 사물인터넷 장비인 라즈베리파이(Raspberry Pi) 단일보드 컴퓨터에서 사용하도록 특별히 최적화된 데비안계열 배포판이다. 영국의 라즈베리파이재단에서 버전과 서비스를 관리하고 있어서 안정된 편이다.

● 사물인터넷과 임베디드시스템에 최적화된 라즈베리파이를 위한 리눅스이기에 일반적인 리눅스보다는 저전력과 저사양에서도 작동이 되도록 설계되어 있다.

● 파이썬*, 스크래치**, 자바*** 등 다양한 언어를 지원하고 있고 관련 장비들의 가격이 저렴하여 교육용으로도 널리 사용되고 있다.

기초 용어 정리

* **파이썬**: 귀도 반 로섬에 의해서 만들어진 언어이다. 생산성을 극대화하고 간략한 문법이 특징이다.

** **스크래치**: MIT에서 개발된 교육용 언어이다.

*** **자바**: 오라클사의 소유로 있는 언어이며, 기업단위 소프트웨어를 개발할 수 있는 대표적인 객체지향언어이다.

02 | 리눅스의 역사 ★★

00 리눅스의 역사 ★★

✦ 합격을 부르는 치트키 가이드
리눅스의 역사는 대형운영체제에서 개인컴퓨터, 스마트폰 혁명으로 까지 이어지는 오픈소스의 역사와 함께 합니다. 그러기에 단순히 연도만 보지 말고 연도별로 컴퓨터가 사람들에게 끼친 영향과 역사를 연결해서 공부하면 기억하기도 좋습니다.

1. 리눅스 역사의 개요

- 리눅스의 역사는 유닉스를 PC에서 사용하기 위해 리누스 토발즈(Linus Benedict Torvalds)가 리눅스커널을 개발하여 개발자 커뮤니티에 올린 순간부터 시작했다. (토발즈의 공식웹사이트: https://www.cs.helsinki.fi/u/torvalds)

- 전 세계에 있는 해커급 개발자들이 리눅스커널의 각 부분에 대한 개발을 진행했다. 오픈소스 정신으로 자신의 개발능력을 유감없이 발휘하여 리눅스는 빠른 속도로 완전한 형태의 운영 체제로 변모해 갔다.

- 각 사용처에 따라서 다양한 버전의 리눅스 배포판이 제작되게 되었으며 이러한 노력들의 끝에 현재의 다양한 리눅스 배포판이 존재하게 되었다.

2. 1960년대 역사

- 리눅스의 역사는 1960년대에 시작된 유닉스(Unix)의 역사와 밀접하게 관련되어 있다.

- 1960년대 후반부터 1970년대 초반까지 AT&T 벨 연구소의 켄 톰슨(Ken Thompson)과 데니스 리치(Dennis Ritchie) 등의 개발자들이 함께 개발한 유닉스는 당시 주로 대학 등의 연구 기관에서 사용되었다.

- 리눅스의 조상이라 할 수 있는 유닉스는 높은 이식성과 유연성을 가진 운영 체제로서 다양한 컴퓨터 시스템에서 사용될 수 있었다.

3. 1970년대 역사

● 1970년대는 컴퓨터역사에서 극적인 변화가 일어나는 시기였다. 대기업에 의해서 개발이 주도되던 컴퓨터는 대부분 대형컴퓨터였다.

● 리눅스가 개발되기 이전의 1970년대에는 유닉스를 비롯한 다양한 운영체제*들이 개발되었다. 이러한 운영 체제들은 컴퓨터 기술의 발전과 함께 발전해 나가면서 현재의 컴퓨터 운영 체제에 대한 기반을 마련하는 데 큰 역할을 하였다.

4. 1980년대 역사

● 리눅스의 탄생 이전인 1980년대에는 AT&T 벨 연구소에서 개발한 유닉스(Unix)가 상용 운영 체제로서 많은 기업들에게 사용되기 시작했다.

● 1983년에는 리처드 스톨만(Richard Stallman)이 GNU 프로젝트(GNU is Not Unix)를 시작하였다. 이 프로젝트는 유닉스와 유사한 운영 체제를 개발하고 이를 무료로 배포하는 것을 목표로 하였다.

● 1985년에는 FreeBSD와 NetBSD 등의 유닉스 버전도 개발되었다.

● 1980년대 후반부터는 리눅스 탄생에 큰 역할을 한 GNU 프로젝트 등의 오픈 소스 운동이 활발하게 이루어지기 시작했다.

5. 1990년대 역사

● 리누스 토발즈(Linus Torvalds)가 리눅스 운영체제의 코어라고 할 수 있는 커널을 개발했다.

● 이것은 1991년에 리누스 토발즈는 개인용 컴퓨터(PC)에서 사용하기 적합한 유닉스와 유사한 운영 체제를 개발하기 위한 프로젝트였다.

● 1990년대 후반부터는 리눅스와 다양한 오픈 소스 소프트웨어들이 서버와 웹 호스팅 등에서 큰 역할을 하게 되었다.

● 1990년대는 다양한 리눅스 배포판들이 출시되는 시기였다. 대표적인 리눅스 배포판으로는 레드햇(Red Hat), 우분투(Ubuntu), 센토스(CentOS), 데비안(Debian) 등이 있다.

기초 용어 정리

* **운영체제**: 컴퓨터를 사용할 수 있도록 해 주는 종합적인 관리용 시스템 소프트웨어이다.

- 리눅스와 다양한 오픈 소스 소프트웨어들이 대규모 인터넷 기업들에서 사용되기 시작했다. 이러한 기업들은 비용 면에서도 경쟁력을 가지고 있었다.

6. 2000년대 ~ 현대 역사

- 2000년대 이후에는 오픈 소스 소프트웨어의 대중화가 계속되었다.
- 가상화 기술, 클라우드컴퓨팅*, 빅데이터분석 등의 기술들은 대규모 데이터 처리와 분석에 큰 도움을 주었다.
- 빅데이터의 하둡에코시스템을 구성하는 대부분의 소프트웨어가 오픈소스로 개발되었다.
- 스마트폰이 채택하는 안드로이드 운영체제 또한 리눅스를 기반으로 하고 있다.
- 특히 2010년대에는 인공지능, 머신러닝, 딥러닝 등의 기술들이 등장하면서 이러한 기술들도 리눅스와 오픈 소스 소프트웨어를 기반으로 개발되고 있다.

기초 용어 정리

* **클라우드컴퓨팅**: 사용자의 직접적인 활발한 관리 없이 데이터 스토리지와 컴퓨팅 파워와 같은 컴퓨터 시스템 자원을 보통은 가상화를 통하여 제공받는 서비스를 말한다. 대표적으로 아마존의 AWS, MS의 애저가 있다.

03 리눅스 라이선스 ★★★

00 리눅스 라이선스 ★★★

✦ 합격을 부르는 치트키 가이드

리눅스에서 사용된 라이선스는 오픈소스라이선스에서 가장 영향력 있는 종류와 관련이 있습니다. 그래서 리눅스와 관련된 대표적인 라이선스는 곧 오픈소스라이선스 중에서 영향력 있고 중요한 라이선스를 학습하는 것과 같다고 보시면 됩니다.

리눅스의 라이선스는 오픈소스와 영리적 목적으로 설정된 라이선스가 존재한다. 아래와 같은 라이선스는 대표적인 오픈소스 소프트웨어 라이선스들이다.

1. GNU

● GNU(GNU's Not Unix)는 자유 소프트웨어 운동을 주도한 리처드 스톨만(Richard Stallman) 이 1983년에 시작한 프로젝트이다.

● GNU 프로젝트는 유닉스 운영 체제의 소스 코드와 호환성을 갖춘 자유 소프트웨어 운영체제를 개발하는 것을 목표로 했다.

● GNU 프로젝트는 GCC(GNU Compiler Collection)와 같은 C 컴파일러를 비롯하여 Emacs 와 같은 에디터, GDB(GNU Debugger)와 같은 디버거 그리고 배시셸*(Bourne-Again SHell)과 같은 여러 가지 자유 소프트웨어를 개발했다.

● GNU는 GPL(GNU General Public License)과 LGPL(GNU Lesser General Public License)과 같은 자유 소프트웨어 라이선스를 만들어 내면서 오픈 소스 소프트웨어 운동의 중심이 되었다.

● GNU 프로젝트는 리눅스 커널과 결합하여 리눅스 운영 체제의 완성도를 높여 놨다.

● 리눅스와 GNU 소프트웨어의 결합으로 만들어진 운영 체제는 GNU/Linux라고도 불리며 많

기초 용어 정리

* **배시셸:** 셸은 사용자가 커널에게 명령을 주고자 할 때 그 사이에서 중간자로서 명령어를 입력받는 역할을 한다.

은 서버, 스마트폰, 태블릿, IoT 기기 등에서 사용되고 있다.

● GNU는 자유 소프트웨어 운동을 주도하여 소프트웨어 개발과 배포의 자유, 소스 코드 공개의 중요성 등을 대중에 알리고 있다.

● 이를 통해 소프트웨어 사용자들이 더 많은 자유와 통제권을 가지게 되었으며 이는 소프트웨어 산업 전반에 큰 영향을 미치고 있다.

2. FSF

● 자유 소프트웨어 재단(Free Software Foundation, FSF)은 리처드 스톨만(Richard Stallman)이 1985년에 설립한 비영리 단체이다.

● FSF는 자유 소프트웨어를 보급하고 지원하는 활동을 주도하며, 이를 위해 GNU 프로젝트를 시작하고 GPL(GNU General Public License)과 LGPL(GNU Lesser General Public License)과 같은 자유 소프트웨어 라이선스를 만들어 냈다.

● FSF는 소프트웨어 개발자와 사용자들이 소프트웨어의 자유와 통제권을 가질 수 있도록 교육, 저작권, 법적 지원, 기술 지원 등 다양한 활동을 수행하고 있다.

● FSF는 자유 소프트웨어를 보급하고 지원하는 데 많은 기여를 하고 있으며 이를 위해 매년 자유 소프트웨어 상을 시상하고 있다.

● 자유 소프트웨어를 개발하고 보급하는 전 세계적인 커뮤니티인 GNU 프로젝트를 운영하고 있다.

● FSF는 소프트웨어 산업에서의 자유와 통제권을 지지하는 단체로서 다양한 기업, 조직, 단체, 개인 등에서 기부금을 받아 운영되고 있다.

3. GNU GPL(General Public License)

● GNU GPL은 자유 소프트웨어 라이선스의 일종으로 소프트웨어 개발자와 사용자들이 소프트웨어에 대한 자유와 통제권을 보장한다.

● GPL은 GNU 프로젝트의 일환으로 개발되었으며 여러 가지 유닉스 운영 체제에서 동작하는 소프트웨어의 공개와 수정을 가능하게 했다.

● GPL은 소스 코드에 대한 무료 공개를 요구한다. 라이선스를 받은 소프트웨어를 수정하거나 배포하는 경우 해당 소스 코드도 함께 공개해야 한다.

- 수정된 소프트웨어도 공개 : GPL은 수정된 소프트웨어도 라이선스 조건에 따라 무료로 공개해야 한다. 이는 개발자가 기존 소프트웨어를 개선하거나 새로운 소프트웨어를 만들 수 있도록 하는 데 중요하다.

- GPL 소프트웨어와 다른 소프트웨어의 연결 : GPL 라이선스를 받은 소프트웨어와 다른 소프트웨어를 결합하는 경우 결합된 모든 소프트웨어가 GPL 라이선스를 받아야 한다.

- 상업적 이용 가능 : GPL 라이선스를 받은 소프트웨어를 상업적으로 이용하는 것은 가능하지만 상업적 이용 시에도 라이선스 조건을 준수해야 한다.

4. GNU LGPL(Lesser General Public License)

- GNU LGPL은 GNU 프로젝트에서 개발된 자유 소프트웨어 라이선스 중 하나이다.

- GPL과 마찬가지로 자유 소프트웨어 라이선스이지만 GPL보다는 더 유연한 라이선스로 알려져 있다.

- 라이브러리와 같은 소프트웨어에 적용 : LGPL은 라이브러리, 모듈*, 플러그인** 등과 같은 소프트웨어에 적용된다.

- 수정한 코드 공개 : LGPL 라이선스를 받은 소프트웨어를 수정하여 배포하는 경우 수정한 소스 코드를 공개해야 한다. 그러나 LGPL은 수정한 코드만 공개하면 된다.

- LGPL 라이브러리와 상용 소프트웨어의 연결 : LGPL 라이브러리와 상용 소프트웨어를 결합하는 경우에는 LGPL 라이선스의 조건을 따라 라이브러리의 소스 코드를 공개해야 한다. 그러나 상용 소프트웨어의 소스 코드를 공개할 필요는 없다.

5. BSD(Berkeley Software Distribution)

- BSD 라이선스는 BSD 운영 체제에서 사용되는 라이선스이다.

- BSD 라이선스는 OSI(Open Source Initiative)에서 인증한 오픈 소스 라이선스 중 하나이며 소프트웨어의 배포와 수정, 상용 이용 등을 비교적 자유롭게 할 수 있는 라이선스이다.

- 미국 캘리포니아 대학교 버클리의 CSRG에서 개발한 리눅스에도 적용이 되어 있다.

기초 용어 정리

* **모듈**: 함수와 같은 기능들이 들어 있는 파일들의 모음을 말한다.

** **플러그인**: 기본프로그램에는 없지만 기능을 확장시킬 수 있도록 해 주는 프로그램을 말한다.

- 소스 코드 공개 의무 : BSD 라이선스는 소스 코드 공개 의무를 요구하지 않는다. 따라서 상용 소프트웨어나 프로프라이어트 소프트웨어 개발에도 적용될 수 있다.

- 재배포 가능 : BSD 라이선스를 받은 소프트웨어는 자유롭게 재배포할 수 있다.

- 저작권 및 판권 표시 필요 : BSD 라이선스를 받은 소프트웨어를 재배포할 때 저작권과 판권에 대한 명시가 필요하다. 또한 수정한 소프트웨어가 어떤 부분이 원본 코드에서 파생되었는지를 명시해야 한다.

- BSD 라이선스는 GPL과는 달리 수정한 소스 코드나 라이브러리에 대한 공개 의무가 없으므로 상용 소프트웨어 개발에 적합하다.

6. 아파치 라이선스(Apache)

- 아파치 라이선스는 자유 소프트웨어 라이선스 중 하나로 오픈 소스 소프트웨어를 개발하고 배포하는 데 많이 사용된다.

- 이 라이선스는 아파치소프트웨어재단*에서 개발한 아파치 HTTP 서버와 함께 사용되었기 때문에 이름이 붙여졌다.

- 수정, 배포, 상용 이용이 가능 : 아파치 라이선스는 소스 코드를 수정, 배포하고 상용 이용하는 것이 가능하다. 이는 소프트웨어 개발자와 사용자들이 소프트웨어에 대한 자유와 통제권을 보장하기 위한 것이다.

- 라이선스 표시 필요 : 아파치 라이선스를 받은 소프트웨어를 배포하는 경우는 라이선스 조항에 따라 라이선스 표시가 필요하다.

- 수정한 코드 공개 의무 없음 : 아파치 라이선스는 수정한 코드에 대한 공개 의무를 요구하지 않는다. 즉, 라이선스를 받은 소프트웨어를 수정하고 배포하는 경우 해당 소스 코드를 공개할 필요가 없다.

7. MIT(Massachusetts Institute of Technology)

- MIT 라이선스는 오픈 소스 소프트웨어 라이선스 중 하나로 MIT에서 사용한 라이선스이다.

- MIT 라이선스는 라이선스의 간결성과 유연성으로 인해 매우 인기 있는 라이선스 중 하나이다.

기초 용어 정리

* **아파치소프트웨어재단**: 자바를 개발하는 데 사용되는 통합개발 환경인 이클립스, 웹서버로 유명한 아파치웹서버 등을 공급하는 국제적인 재단이다.

- 수정, 배포, 상용 이용이 가능 : MIT 라이선스는 소스 코드를 수정, 배포하고 상용 이용하는 것이 가능하다.

- 라이선스 표시 필요 : MIT 라이선스를 받은 소프트웨어를 배포하는 경우에는 라이선스 조항에 따라 라이선스 표시가 필요하다.

- 저작권 및 판권 표시 필요 : MIT 라이선스를 받은 소프트웨어를 재배포할 때 저작권과 판권에 대한 명시가 필요하다. 또한 수정한 소프트웨어의 어떤 부분이 원본 코드에서 파생되었는지를 명시해야 한다.

- 라이선스의 보증 부족 : MIT 라이선스는 어떤 종류의 보증도 제공하지 않는다. 라이선스 원문에는 "소프트웨어는 명시적이든 묵시적이든 어떠한 종류의 보증도 제공하지 않으며, 상품성, 특정 목적에의 적합성, 비침해성을 포함하여 모든 보증을 배제한다"라고 기재되어 있다. 즉 MIT 라이선스로 배포된 소프트웨어는 개발자가 어떤 종류의 보증도 하지 않는다는 것을 의미한다. 따라서 사용자나 다른 개발자는 해당 소프트웨어를 사용함으로써 발생하는 어떤 문제에 대해서도 소프트웨어 제공자에게 보증을 요구할 수 없다. MIT 라이선스는 사용 및 수정에 대한 자유를 부여하면서도 어떠한 책임도 지지 않는 특징을 갖고 있다.

8. MPL(Mozilla Public License)

- 이 라이선스는 모질라 파이어폭스 웹 브라우저와 관련된 소프트웨어 프로젝트에 사용되었다.

- MPL 라이선스는 오픈 소스 소프트웨어를 공유하고 재배포할 수 있는 권한을 제공하지만 라이선스를 준수하지 않는 소스 코드의 재배포를 금지한다.

- MPL 라이선스에 따라 배포된 소프트웨어는 사용자가 수정할 수 있지만 수정된 소프트웨어를 다시 배포할 경우에는 MPL 라이선스를 준수해야 한다.

- MPL 라이선스는 오픈 소스 소프트웨어의 자유와 유연성을 제공하면서도 소프트웨어의 안정성과 품질을 보장하기 위해 준수해야 할 규정을 가지고 있다.

01

리눅스에 대한 설명으로 옳지 않은 것은?

① 프로그램에 대한 소스가 공개되어 있다.
② 1990년대 초에 최초 버전이 인터넷으로 공개되었다.
③ 배포판을 개발한 회사 외에 어떠한 수정과 재배포가 금지되었다.
④ 배포판의 종류는 데비안, 칼리, 레드햇 등이 있다.

해설
- 리눅스는 오픈소스로 공급되고 있다.
- 개발한 업체에서 제공하는 라이선스 정책에 의해서 부분수정 혹은 완전수정이 가능한 운영체제이다.

02

리눅스 운영체제에 대한 특징과 거리가 먼 것은?

① 다양한 배포판이 존재한다.
② 다중 사용자, 다중 프로세스 운영체제이다.
③ 다양한 플랫폼의 이식이 가능하다.
④ 파일 시스템이 스택 구조라 업무관리가 편하다.

해설
- 리눅스의 파일시스템은 역트리구조로 개발되었다.
- 스택구조는 데이터를 처리하고 코드알고리즘에 많이 사용되는 경향이 있다.

03

리눅스의 특징을 나열한 것이다. 틀린 설명은?

① 커널이 C언어로 작성되어 이식성과 확장성이 뛰어나다.
② 다양한 파일시스템을 지원한다.
③ 메모리관리를 pid를 통해서 디테일하게 관리가 가능하다.
④ 초보자가 사용하기에 윈도우보다 쉽다.

해설
- 리눅스는 서버를 중심으로 개발되어 명령어입력모드로 많이 사용이 된다.
- 명령어입력모드에 익숙하지 않은 사용자들인 경우에는 많은 어려움을 느낄 수 있다.

04

리눅스의 디렉터리 중에서 /proc에 대한 설명으로 옳은 것은?

① 시스템에서 작동하는 프로세스에 대한 정보를 얻을 수 있다.
② 부팅 시 커널 이미지와 부팅 정보를 얻을 수 있다.
③ 운영체제에 연결되는 장비에 대한 정보를 알 수 있다.
④ 프로그램 실행을 지원해 주는 라이브러리 정보를 얻을 수 있다.

해설
/proc는 프로세스에 관련된 디렉터리이다.

오답해설
② 부팅에 관한 것은 boot 디렉터리에서 담당하는 역할이다.
③ 장비에 대한 정보는 /dev에서 담당한다.
④ 라이브러리에 대한 정보는 /lib에서 담당한다.

05

리눅스의 디렉터리에 대한 설명으로 옳지 않은 것은?

① /boot : 부팅과 관련된 정보를 담고 있다.
② /tmp : 프로세스 작업 시 임시로 생성되는 파일 저장
③ /var : 가변형 데이터에 대한 정보를 저장
④ /lib : 실시간으로 작동되는 파일에 대한 정보

> **해설**
> - lib 디렉터리는 리눅스라이브러리에 대한 정보를 알수 있는 디렉터리이다.
> - 실시간으로 프로세스를 파악하는 것은 /proc 디렉터리에서 담당하고 있는 역할이다.

06

리눅스 배포판을 구성하고 있는 것으로 옳지 않은 것은?

① 셸   ② GNU 라이브러리
③ nano   ④ 메모장

> **해설**
> - 리눅스 배포판에는 셸, 라이브러리, nano가 설치되어 있다.
> - 메모장은 윈도우의 유틸리티이다.

07

영국회사인 캐노니컬에서 데비안 계열 리눅스를 기반하여 개발한 배포판을 무엇이라고 하는가?

① 칼리 리눅스   ② 우분투 리눅스
③ 레드햇 리눅스   ④ 페도라 리눅스

> **해설** 보안에 최적화된 운영체제이다.

> **오답해설**
> ① 칼리 리눅스는 오펜시브시큐리티에서 배포하는 리눅스이다.
> ③ 레드햇 리눅스는 상용과 오픈소스배포판을 공급하는 레드햇사에서 제공하는 운영체제이다.
> ④ 페도라 리눅스는 페도라프로젝트에 의해서 만들어졌으며 레드햇사가 오픈소스로 공급하는 것이 바로 페도라 리눅스이다.

08

리눅스 배포판 중에서 기업체를 대상으로 안정된 서비스를 지원하기 위해서 상업적으로 개발된 것은 무엇인가?

① 수세 리눅스   ② 페도라 리눅스
③ 우분투   ④ RHEL

> **해설** **오답해설**
> ①, ② 페도라 리눅스, 수세 리눅스는 모두 오픈소스로 공급되는 리눅스의 배포판이다.
> ③ 우분투는 캐노니컬에서 공급하는 오픈소스운영체제이다.

09

레드햇의 상용 리눅스인 RHEL과 연동하여 작업이 가능한 오픈소스 리눅스 배포판은 무엇인가?

① 칼리   ② OS2
③ 미닉스   ④ 센트OS

> **해설** 레드햇사의 상용리눅스에 대응하기 위해서 제휴를 통해서 개발된 운영체제이다.

> **오답해설**
> ① 칼리는 보안이 중심이 리눅스 배포판이다.
> ② OS2는 IBM과 마이크로소프트가 협업하여 개발했던 운영체제이다.
> ③ 미닉스는 리눅스의 모체가 되었던 운영체제이다.

10

운영체제의 기본적인 기능들과 자원들을 관리하는 핵심 부분이며, 최초의 리눅스도 이것만 개발한 상태였다고 한다. 이것은 무엇인가?

① 커널
② 인터프리터
③ 스택
④ 컴파일러

해설 운영체제의 코어라고 할 수 있으며, 리눅스를 상위버전으로 업그레이드를 하기 위해서 커널 업그레이드를 하는 경우도 있다.

오답해설
②, ④ 인터프리터나 컴파일은 코드를 작성한 이후에 컴퓨터가 이해할 수 있도록 변환작업을 진행해 주는 번역기이다.
③ 스택은 자료구조 중의 하나이다.

11

리눅스의 초기 커널을 개발하여 온라인 커뮤니티에 공개한 사람은 누구인가?

① 스티브 잡스
② 리처드 스톨만
③ 귀도 반 로섬
④ 리누스 토발즈

해설 리눅스의 최초 개발자는 리누스 토발즈이며 그는 커널을 개발을 했다.

오답해설
① 스티브 잡스는 애플의 창업자이다.
② 리처드 스톨만은 자유소프트웨어운동을 창안한 인물이다.
③ 귀도 반 로섬은 컴퓨터 언어인 파이썬을 만든 개발자이다.

12

리눅스의 시작점이 되었던 운영체제는 무엇인가?

① 윈도우98
② 오라클
③ 미닉스
④ OS2

해설 오답해설
① 윈도우 계열의 운영체제이다.
② 오라클은 오라클사의 인기데이터베이스관리 소프트웨어이다.
④ OS2는 IBM과 MS가 협업하여 개발한 운영체제의 이름이다.

13

FSF을 창설했으며, 오픈소스 소프트웨어와 리눅스의 발전에 영향을 준 사람은 누구인가?

① 데니스리치
② 리처드 스톨만
③ 빌게이츠
④ 스티브 잡스

해설 리처드 스톨만
• 오픈소스소프트웨어에 관련된 조직과 기관을 설립했다.
• 법안과 선언문을 만드는 것과 같은 역사적인 행적들을 많이 남겼다.
• 운영체제역사와 함께 정보보안분야에서도 큰 족적을 남긴 인물이다.
• 코드개발을 위한 그누이맥스와 같이 전 세계에서 사용하는 소프트웨어를 개발했다.

14

1983년 리처드 스톨만에 의해서 시작된 오픈소스를 위한 프로젝트는 무엇인가?

① GNU프로젝트
② 칼리프로젝트
③ 맨해튼 프로젝트
④ 뉴욕프리덤프로젝트

② 칼리프로젝트는 보안운영체제와 관련된 것이다.
③ 맨해튼 프로젝트는 비밀무기개발에 관련된 것이다.

15

개인용 컴퓨터에서도 작동할 수 있는 유닉스를 계승한 운영체제를 무엇이라고 하는가?

① 유닉스　　　② 리눅스
③ 맥오에스　　④ 안드로이드

① 유닉스는 대형컴퓨터의 운영체제이다.
③ 맥오에스는 아이폰, 맥북, 아이맥에서 작동하는 운영체제이다.
④ 안드로이드는 구글에서 개발하여 개방형으로 오픈한 임베디드 친화적인 운영체제다.

16

자유소프트웨어재단에서 만들어진 라이선스는 무엇인가?

① GPL　　　　② XPL
③ KDPL　　　④ TLL

• 자유소프트웨어재단에서는 GPL과 LGPL과 같은 라이선스를 만들었다.
• 둘 중에서 LGPL이 상업적 소프트웨어개발에 있어서 더 수월성 있는 라이선스다.

17

오픈소스코드를 사용할 때 해당 소스코드를 활용할 경우 활용된 프로그램의 소스코드까지 전부 공개해야 하는 라이선스는 무엇인가?

① GNU CPL　　② MIT
③ GNU GPL　　④ MPL

② MIT는 MIT대학에서 만든 라이선스이다.

18

리눅스 배포판을 설치할 때 보면 있는 파이어폭스 브라우저는 어떤 라이선스랑 관계가 있는가?

① MPL　　　　② CPL
③ MIT　　　　④ GPL

• 파이어폭스는 오픈소스 웹브라우저 소프트웨어이다.
• 리눅스배포판에 많이 설치되어 사용되고 있다.

19

대학교에서 만들어진 소프트웨어라이선스는 무엇인가?

① Havard BIZ
② MIT
③ MOT
④ Havard Extention school

① Havard BIZ는 하버드경영대학원에서 발행하는 학술지이다.
③ MOT는 영업기술과 전략이 고객의 마음을 얻어내는 결정적인 순간을 말한다.
④ Havard Extention School은 미국 하버드대학원대학교 이름이다.

20

오픈소스 HTTP 서버와 이클립스라는 통합개발환경으로 유명한 오픈소스라이선스는 무엇인가?

① 아파치   ② 모자익

③ 야후   ④ 이클립스

해설   오답해설

② 모자익은 초기 브라우저의 이름이다.

③ 야후에는 한국에서는 철수한 미국에서 시작된 검색 서비스이다.

④ 이클립스는 자바와 PHP를 개발할 수 있도록 해 주는 통합개발환경이다.

01 | ③	02 | ④	03 | ④	04 | ①	05 | ④
06 | ④	07 | ②	08 | ④	09 | ④	10 | ①
11 | ④	12 | ③	13 | ②	14 | ①	15 | ②
16 | ①	17 | ③	18 | ①	19 | ②	20 | ①

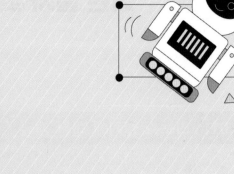

CHAPTER

02

리눅스의 설치

학·습·포·인·트

● 리눅스의 설치에 관한 흐름과 운영체제가 가지고 있는 특성을 중심으로 학습한다.
● 리눅스의 파일관리, 파티션, RAID와 같은 중요한 개념들을 중심으로 학습한다.
● 리눅스부팅과정에 관여하는 다양한 옵션들을 이해하고 관계되는 개념을 학습한다.
● 리눅스 작동과 관련된 명령어들에 대해서 학습한다.

01 | 기본 설치 및 유형 ★★

01 리눅스 설치에 대한 개괄 ★

✦ 합격을 부르는 치트키 가이드

리눅스 설치는 윈도우와 같은 개인용운영체제가 아닌 서버와 같은 서비스를 지원하는 중대형컴퓨터를 위한 운영체제에서 출발했습니다. 그렇기 때문에 기억해야할 것들이 타 운영체제에 비해서 많은 편입니다. 정독을 통하여 용어에 익숙해지시도록 하고 서버관리자의 관점에서 내용을 공부하시면 깊이 있는 학습이 될 것입니다.

Linux는 서버, 개인용 컴퓨터 및 모바일 장치를 포함하여 다양한 용도로 널리 사용되는 무료 오픈 소스 운영 체제이기에 설치과정은 다양한 과정과 설치옵션이 존재한다.

1. 오픈 소스

Linux는 소스 코드를 누구나 사용, 수정 또는 배포할 수 있도록 자유롭게 사용할 수 있는 오픈소스* 소프트웨어이기에 다양한 제품군이 존재한다.

2. 사용자 옵션

● Linux는 사용자 정의가 가능하며 사용자는 시스템의 모양과 느낌을 쉽게 변경할 수 있다.

● 보안, 사물인터넷** 등 쓰임새가 명확한 소프트웨어작업시에 어울리는 배포판이 존재한다.

3. 사용자별 인터페이스

● Linux에는 서버용, 개인용, 개발자용 등 다양한 형태의 사용자들에 대한 지원을 하고 있다.

● 리눅스의 배포판***을 채택할 때 위에서 언급했듯 사용하고자 하는 용도를 정하고 그것에 맞

기초 용어 정리

* **오픈소스(OpenSource)**: 소스코드를 많은 이들이 사용할 수 있도록 공개한 데이터와 프로그램코드를 의미한다.

** **사물인터넷**: IOT라고 하며 가구나 하드웨어가 소프트웨어를 활용해서 인터넷에 연결되어 사용할 수 있는 디지털서비스를 의미한다.

*** **리눅스배포판**: 리눅스를 개발하여 공유할 때 공개되는 패키지 일체를 말한다. 이러한 배포판은 제공하는 기관의 성격에 따라서 스타일이 다를 수 있다.

는 배포판을 선택을 한 이후에 사용자의 유형을 선택하고 설치를 진행하면 된다.

4. 용도

● 빅데이터, 사물인터넷, 인공지능, 보안 등 리눅스는 대부분의 4차산업기술과 연결이 되어있다.

● 사물인터넷에는 라즈베리파이재단*에서 제공하는 라즈비안, 보안에서는 칼리 리눅스가 유명하다.

5. 파티션 & 백업

● 리눅스는 서버운영체제로 많이 사용되기에 저장장치관리에 대해서 다양한 옵션을 제공하고 있다.

● 윈도우의 경우 제공하는 파일시스템**이 몇 가지 안 되는 것에 비해서 리눅스는 10여 개에 가까운 파일시스템을 가지고 있다.

● 백업에 대해서도 커맨드모드에서 진행할 수 있을 만큼 지원을 많이 하고 있다.

6. 멀티부팅

서버운영체제로 많이 사용되는 리눅스는 커맨드모드***와 같이 다양한 옵션을 가진다.

| 02 | 리눅스의 설치 작업중 하드웨어 스펙 알아보기 ★ |

✦ 합격을 부르는 치트키 가이드
리눅스는 서버운영체제이면서 다양한 환경에서 사용되기에 각 상황에 맞는 하드웨어스펙을 파악할 필요가 있습니다.

하드웨어 스펙 이해

● 윈도우와 같이 설치 시 컴퓨터가 가지고 있는 자원에 대해서 파악해야 한다.

● 과거의 리눅스들과는 달리 최근의 리눅스들은 하드웨어를 대부분 자동으로 인식을 한다.

기초 용어 정리

* **라즈베리파이재단**: 임베디드장비와 컴퓨터자원을 제공하는 영국소재의 기관을 말한다.

** **파일시스템**: 컴퓨터에 파일이 저장될 때의 형태와 자료처리시스템을 포괄하는 시스템이다.

*** **커맨드모드**: 일반적으로 GUI그래픽모드가 아닌 명령어만으로 작동하는 시스템을 말한다.

- 리눅스를 설치하는 이유가 무엇인지를 정확히 파악하고 해당 작업을 위한 하드웨어 장비를 갖추었는지부터 파악을 하는 습관이 필요하다.
- 최근에는 클라우드, 도커 등 다양한 가상화 서비스와 시스템들이 나오고 있다.
- 리눅스를 설치하기 위해서 알아야 할 컴퓨터하드웨어는 다음과 같다.

  - CPU
  - 메모리
  - 하드디스크
  - 네트워크 인터페이스
  - 모니터
  - 키보드
  - 마우스
  - 프린터
  - 비디오카드 등

- 실습을 위해서 버추얼박스*나 VM웨어를 활용할 시에도 하드웨어에 대한 구성을 갖추고 있다.
- 리눅스는 네트워크정보에 대해서 알아둘 필요가 있으며 리눅스를 설치할 때 네트워크설정을 진행한다.

  - DNS서버주소나 컴퓨터의 IP주소, 네트워크인터페이스**의 하드웨어주소인 맥주소 등이 있다.

---

03 센트OS 리눅스의 설치 작업 ★★

✦ 합격을 부르는 치트키 가이드

리눅스의 중요 개념들과 설치작업에 들어가는 프로세스에 대한 흐름을 이해하고 커널에 대한 개념을 숙지하면 시험을 준비하는 데 어려움이 없을 것으로 보입니다. 설치는 iso파일을 통하는 설치가 보편적으로 사용되고 있습니다만 서버운영체제로 많이 사용된다는 것을 염두에 두고 설치작업을 이해하면 충분한 준비가 될 것입니다.

1. 설치작업 전 알아야 할 중요 개념 요소들

- 리눅스는 용도에 맞게 다양한 배포판이 존재하고 다양한 컴퓨터에 대응을 한다.
- 리눅스마스터는 센트OS(Cent OS)와 우분투 리눅스(Ubuntu Linux)를 시험에서 사용하기에 이에 대해서 준비하면 된다.

기초 용어 정리

* **버추얼박스**: 오라클사에서 제공하는 소프트웨어이다. 이것은 가상으로 컴퓨터를 만들어내서 기존의 운영체제에서 다른 운영체제를 설치한다.
** **네트워크인터페이스**: 일반적으로 랜카드와 같이 네트워크를 구축할 수 있도록 만들어 주는 장비를 말한다.

- 리눅스커널 : 리눅스의 코어에 해당하는 부분이며 리눅스의 셸(Shell)*을 통해서 전달된 사용자의 명령이 하드웨어, 소프트웨어 자원을 활용할 수 있도록 지원한다.
- 리눅스커널분석 : 리눅스커널의 구조와 성격을 파악해 들어가는 작업이며 일반적으로 사용하는 경우에는 안전버전(stable version)과 최신 개발버전으로 나뉘어 있다.
- 커널이름은 보통 다음과 같이 구성되어 있다.
  - 주버전넘버, 부버전넘버, 패치버전넘버, 안전버전일련번호 순으로 넘버링을 한다.
  - 부버전이 짝수일 경우 안전버전이며 홀수일 경우에는 개발버전이다.
  - 새로 개발된 기능들을 적용하고 싶으면 부버전이 홀수인 것을 채택하면 된다.
  - 주버전넘버는 기능적으로 큰 변화가 있을 경우, 부버전넘버는 주버전에 비해서 작은 변화, 패치버전은 특정한 부분에서 업데이트가 있을 경우에 넘버를 올려 준다.

2. 센트OS의 설치 과정 이해하기

(1) 설치를 위한 iso 파일 확보

- 센트OS 공식 웹사이트에 https://www.centos.org에 접속한다.
- 설치를 위한 iso파일을 선택하고 다운로드받는다.
- iso파일을 선택할 때는 운영체제와 컴퓨터의 종류를 선택해서 다운로드받는다.

(2) 실습을 위한 센트OS를 설치

- vmware 혹은 버추얼박스와 같은 가상화소프트웨어를 설치할 컴퓨터를 준비한다.
- 가상화소프트웨어를 공식사이트에서도 무료로 다운로드받을 수 있다.
- 이것을 다운로드하고 설치한 이후에 센트OS의 iso파일을 가상화소프트웨어에 인식을 시킨다.
- 가상화소프트웨어**의 특성에 따라 설치되는 옵션이 달라지기 때문에 작업을 진행하기 전에 해당 소프트웨어에 관한 정보와 문서를 확인하고 진행하면 된다.
- 리눅스의 설치 시 여러 사용 목적에 의해서 설치 방식에 대한 다양한 설치옵션을 제공하고 있다.

기초 용어 정리

* **셸**: 사용자가 요청한 명령어를 운영체제의 커널에 전달해 주는 소프트웨어다.

** **가상화소프트웨어**: 컴퓨터 하드웨어와 네트워크 등을 소프트웨어로 구성하여 오직 소프트웨어만으로도 시스템을 구축할 수 있도록 만들어주는 첨단소프트웨어기술이다. 최근에는 아마존의 AWS, MS의 애저와 같은 서비스에서 클라우드로 가상화서비스를 지원하고 있다.

⑶ 설치가 완료된 이후의 센트OS 로그인화면(실습화면에서는 접속아이디가 it로 되어 있음)

● 설치 시에 설정했던 패스워드를 입력하면 접속이 시작된다.

● 과거의 리눅스와 달리 최근의 리눅스는 윈도우만큼이나 자동설치와 같은 다양한 기능들을 제공하고 있다.

⑷ 센트OS에 접속을 하면 나타나는 X윈도우의 바탕화면

● 다양한 서버의 설치와 개발작업을 위해서 시스템에 관한 설정이 가능하다.

● Applications 메뉴를 클릭하고 다양한 유틸리티 중에서 terminal을 클릭하면 커맨드만으로 서버설치부터 개발환경구축 그리고 실질적인 개발작업이 가능하기에 터미널에 익숙할 필요가 있다.

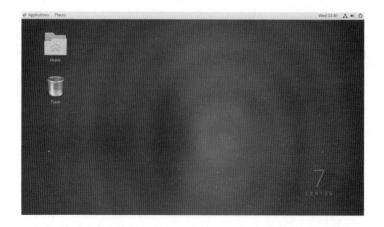

02 파티션 *****

01 파티션을 사용하는 이유 ★★★

✦ 합격을 부르는 치트키 가이드

이번 내용은 리눅스의 파일관리나 파티션 그리고 RAID와 같은 중요한 개념들이 집중되어 있습니다. 다른 내용은 기존의 운영체제에서 많이 볼 수 있는 것이라서 쉽게 접근이 되지만 이번 내용은 리눅스의 강점이자 특징인 서버운영체제로서의 파일관리개념이 들어가기에 집중해서 보아야 합니다. 특히 개념을 먼저 잘 이해하고 각 개념들이 사용되는 사용처에 대한 이해까지도 잘 연결해서 공부하면 시험문제를 대할 때 익숙함과 여유로움을 얻을 것입니다.

1. 데이터 구분

● 파티션을 사용하면 디스크를 여러 영역으로 나눌 수 있다. 그래서 데이터를 논리적으로 구분하여 저장할 수 있다.

● 리눅스 운영체제에서 [파티션*] 작업은 하드 디스크를 논리적으로 분할하는 과정을 의미한다.

● 물리적인 하드 디스크는 하나의 공간으로 이루어져 있다. 이것에 운영체제를 적용하여 사용하기 위해서는 파티션을 사용하여 디스크를 여러 개의 논리적인 영역으로 나누어야 사용할 수 있다.

2. 파일시스템 관리

● 각 파티션은 파일 시스템을 갖게 된다.

● 파일 시스템은 디스크 상의 파일을 구조화하여 저장하고 관리하는 방식을 의미한다.

● 각 파티션은 독립적인 파일 시스템을 가질 수 있으며, 이는 파일 시스템 유지 보수 및 문제 해결을 용이하게 해 준다.

기초 용어 정리

* **파티션**: 사무실에서 구역을 나눌 때 사용되기도 하는 개념인데 여기서는 하드디스크와 같은 스토리지의 구역을 나누는 데 사용되는 개념이다.

3. 보안과 안정성

● 파티션을 사용하여 운영체제의 파일과 사용자의 데이터가 분리 관리가 될 경우에 어느 쪽의 파일이 손상이 되어도 문제가 되지는 않는다.

● 윈도우에서도 소프트웨어에서 중요한 설정들이 저장되어 있는 레지스트리*와 같은 경우 편집기를 통해서 작업을 하도록 되어 있다. 이와 같이 일반 사용자들이 접근을 할 수 있는 부분에 제한을 걸어서 안정성을 확보할 수 있는 것이다.

02	리눅스 파티션의 구조 ★★★★★

✦ 합격을 부르는 치트키 가이드
리눅스파티션이 가지는 주파티션, 확장파티션, 논리파티션 등의 개념과 특징 그리고 차이점을 숙지하도록 합니다. 리눅스파티션은 곧 리눅스에 설치하게 되는 프로그램과 서비스들에 대해서 근본적인 영향을 주기에 제대로 파악할 필요가 있습니다.

1. 주파티션(Primary Partition)

● 리눅스 시스템에서 주파티션은 하드디스크에 생성되는 기본적인 파티션유형이다.

● 주 파티션은 하드디스크안에 최대 4개까지 생성할 수 있다.

● 각 주 파티션은 독립적인 파일 시스템을 가질 수 있으며 각각의 주 파티션에는 운영체제, 프로그램, 데이터 등이 저장될 수 있다.

● 일반적으로 주 파티션 중 하나는 주로 운영체제를 설치하는 데 사용된다.

  – 리눅스 시스템에서는 루트 파일시스템을 포함한 모든 운영체제 파일이 해당 주 파티션에 저장된다. 그리고 부트 로더가 설치될 수 있다.

  – 부트 로더는 컴퓨터가 부팅될 때 운영체제를 로드하고 실행하는 역할을 담당한다. 그리고 프로그램 파일을 저장하는 데 사용될 수 있다.

  – 추가적인 파티션을 생성하기 위해서는 확장 파티션(extended partition)과 논리 파티션(logical partition)을 사용해야 한다. 확장 파티션은 하나의 주 파티션을 확장하여 추가적인 논리 파티션을 생성할 수 있도록 한다.

기초 용어 정리

* **레지스트리**: 운영체제에서 중요한 기능을 하는 소프트웨어와 하드웨어에 대한 설정들이 저장되어 있는 데이터라고 보면 된다.

2. 확장 파티션(Exdtended Partition)

● 리눅스 시스템에서 MBR(Master Boot Record) 파티션 테이블에서 추가적인 논리 파티션 (logical partition)을 생성하기 위한 특수한 유형의 파티션이다.

● 하드디스크 안에 생성되는 MBR 파티션 테이블은 최대 4개의 주 파티션(primary partition)을 지원하며 확장 파티션은 이 제한을 극복하기 위해 도입되었다.

● 확장 파티션을 사용하면 추가적인 논리 파티션을 생성하여 파티션의 개수를 늘릴 수 있다. 그리고 확장 파티션은 논리 파티션을 위한 컨테이너 역할을 한다.

● 논리 파티션은 확장 파티션 내부에 생성되며 이들은 독립적인 파일시스템을 가질 수 있다.

● 확장 파티션은 논리 파티션을 구성하는 데 사용되는 메타 정보를 유지하고 관리한다.

3. 논리파티션(Logical Partition)

● 논리 파티션은 확장 파티션(extended partition) 내에 생성되는 추가적인 파티션이다.

● 각 논리 파티션은 독립적인 파일 시스템을 가질 수 있다.

● 논리 파티션은 확장 파티션의 메타 정보를 이용하여 구성되며, 확장 파티션에 속한 논리 파티션들은 번호로 구분된다.

4. 스왑파티션(Swap Partition)

● 이 파티션은 물리적인 RAM*(Random Access Memory)의 한계를 극복하기 위해 사용되며, 시스템의 성능과 안정성을 향상시키는 데에 기여한다.

● 이 파티션은 가상 메모리 확장의 역할을 맡는다.

● 물리적인 RAM은 제한된 용량을 가지고 있으며, 프로세스가 더 많은 메모리를 요구하는 경우에는 스왑 파티션을 활용하여 가상 메모리를 확장한다.

● 메모리 부족 상황에서 스왑 파티션이 사용되면, 시스템은 중요한 데이터를 스왑 파티션에 옮기고 필요한 메모리를 확보하여 작업이 중간에 중단되지 않고 진행될 수 있다.

기초 용어 정리

* **RAM**: 컴퓨터의 주요 메모리 구성요소를 말한다. 우리가 노트북과 태블릿에서 흔히 업무용 메모리의 단위로도 사용되기도 한다.

03 리눅스 시스템상에서의 디스크와 장치에 대한 네이밍(Naming) ★★★★

✦ 합격을 부르는 치트키 가이드
장치명과 디스크유형은 서버의 하드웨어를 구성하는 데 반드시 알아야 하는 개념입니다. 여기서 얻은 지식들이 다양한 서버를 구축하는 데 도움이 되기에 하드디스크의 종류와 역할에 따른 분별을 제대로 기억할 필요가 있습니다.

1. 장치명과 파티션 번호를 읽는 법

● 다음 예에서 보듯이 장치명과 파티션번호를 기재해야 한다.

　– 장치명과 파티션 번호가 기재된 예 : dev/하드디스크유형/디스크장치구분/파티션번호

● 만약 /dev/sdb2와 같다면 SCSI 하드디스크의 두 번째 드라이브에서 두 번째 파티션을 지칭한다고 볼 수 있다.

● 하드디스크 유형은 운영체제가 설치되었거나 운영체제에 연결된 스토리지*를 말한다.

　– 하드디스크는 한 가지만 있는 것이 아니라 스카시하드디스크, IDE하드디스크, S-TAT하드디스크 등 다양한 형태가 존재하는데 해당 하드디스크의 종류에 맞게 기재한다.

　– 디스크 구분은 장치의 우선순위에 의해서 Primary, Secondary, Master, Slave로 나뉜다.

　– 운영체제가 설치된 스토리지는 속도와 안정성이 높아야 하기에 Primary Master로 많이 배치된다.

　– 과거에 DVD나 CD-ROM은 운영체제설치나 애플리케이션 설치 등에 사용되기에 Primary slave에 연결되는 형태였다.

　– 장비의 중요도가 높을수록 Primary로 연결된다고 보면 되고 보조적인 역할을 맡게 되면 Secondary로 연결된다고 보면 된다.

기초 용어 정리

* **스토리지**: 저장매체를 의미하며 보통은 하드디스크를 말하기도 하지만 과거에 사용되던 자기테이프와 같은 매체들도 스토리지의 범주 안에 있다.

2. 디스크의 유형과 장치명에 대한 구성

하드 디스크의 유형	장치명	
플로피디스크	첫 번째 플로피디스크	/dev/fd0
	두 번째 플로피디스크	/dev/fd1
IDE 디스크	Primary Master	/dev/hda
	Primary Slave	/dev/hdb
	Secondary Master	/dev/hdc
	Secondary Slave	/dev/hdd
SCSI 디스크	첫번째 SCSI 드라이브	/dev/sda
	두번째 SCSI 드라이브	/dev/sdb
CD-ROM	SCSI CD-ROM	/dev/scd0 혹은 /dev/sr0

04 파일시스템과 운영체제들 ★★★★

✦ 합격을 부르는 치트키 가이드

여기에 있는 파일시스템은 다양한 운영체제에서 사용하는 시스템입니다. 여기에서 볼 수 있는 파일시스템이 현재 운영체제에서 많이 채택하는 방식이기에 모두 이해를 하고 잘 익혀 놓으면 실무에서도 바로 쓸 수 있는 실전적인 지식들입니다.

1. Windows OS 파일 시스템

● NTFS(New Technology File System): Windows NT 계열 서버용 운영체제에서 기본적으로 사용되는 파일시스템이다.

● NTFS는 안정성과 보안 기능, 대용량 파일 및 디스크 지원, 파일 복구 기능 등을 제공한다.

2. FAT32(File Allocation Table 32-bit)

● 이전 버전의 Windows에서 주로 사용되었던 파일 시스템이다.

● FAT32는 호환성이 높고 간단한 구조를 가지고 있으며, 작은 파일 시스템에 적합하다.

● 파일시스템의 특성상 감당할 수 없는 크기의 스토리지가 연결될 경우에 파일저장공간의 낭비가 있을 수 있다.

3. macOS 파일 시스템 APFS(Apple File System)

- macOS High Sierra 이후의 버전에서 기본적으로 사용되는 파일 시스템이다.
- APFS는 고성능, 암호화, 스냅샷*, 복사 기능 등을 제공하여 macOS의 다양한 기능과 호환된다.

4. HFS+(Mac OS Extended)

- 이전 버전의 macOS에서 사용되던 파일 시스템이다.
- HFS+는 대용량 파일 및 디스크 지원, 저널링 기능 등을 포함하고 있다.

5. Linux 운영체제 파일 시스템

- ext4(Fourth Extended File System) : 가장 널리 사용되는 Linux 파일 시스템 중 하나이며 높은 성능, 대용량 파일 지원, 저널링 기능, 파일 시스템 확장성 등을 제공한다.

6. XFS

- 주로 대형 시스템이나 서버 환경에서 사용되는 파일 시스템이다.
- XFS는 고성능, 확장성, 안정성을 갖추고 있으며, 대용량 파일 및 디스크 지원에 특화되어 있다.

7. Btrfs (B-tree File System)

- 리눅스에서 제공되는 새로운 파일 시스템 중 하나이다.
- 이것은 스냅샷, 압축, 체크섬** 등의 기능을 포함하고 있어 데이터 보존과 관리를 용이하게 한다.

기초 용어 정리

* **스냅샷**: 가상화소프트웨어 등에서 많이 사용하는 개념이다. 가장 안전한 상태일 때를 사진찍듯이 기록을 해 놨다가 필요시에 복구할 때 사용하기도 한다.

** **체크섬**: 데이터에 첨가되어있을 수 있는 오류나 문제들을 찾아낼 수 있는 체계나 기능들을 의미한다.

8. Unix 운영체제 파일 시스템 UFS(Unix File System)

- BSD 계열 운영체제에서 주로 사용되는 파일 시스템이다.

- UFS는 안정성과 성능을 갖추고 있으며, 대용량 파일 및 디스크 지원, 저널링 기능 등을 제공한다.

9. ZFS(Zettabyte File System)

- Solaris와 FreeBSD를 비롯한 몇 가지 Unix 계열 운영체제에서 사용되는 고급 파일 시스템이다.

- ZFS는 데이터 무결성, 스냅샷, 압축, 볼륨 관리 등 다양한 기능을 제공한다.

---

05   LVM (Linux Logical Volume Manager)과 주요 특징들 ★★★★★

✦ 합격을 부르는 치트키 가이드

LVM은 디스크를 관리하는 기능입니다. 여기에 있는 개념과 기능들은 리눅스와 같은 서버운영체제에서 반드시 기억을 해야 할 지식들이기에 용어 이름과 역할 이름을 중심으로 암기할 필요가 있습니다.

1. 물리적인 볼륨(Physical Volume, PV)

- 물리적인 디스크를 LVM에 추가하여 논리적인 볼륨 그룹(Volume Group)으로 사용할 수 있다.

- LVM은 디스크나 디스크 파티션을 물리적인 볼륨으로 식별한다.

2. 논리적인 볼륨 그룹(Volume Group, VG)

- 물리적인 볼륨을 그룹화하여 하나의 대용량 스토리지로 만든다.

- 여러 개의 물리적인 볼륨을 하나의 논리적인 볼륨 그룹으로 결합할 수 있다.

3. 논리적인 볼륨(Logical Volume, LV)

- 논리적인 볼륨 그룹 내에서 물리적인 공간을 할당받아 생성되는 가상의 디스크이다.

- 논리적인 볼륨은 파일 시스템이나 스왑 공간 등으로 사용될 수 있다.

4. 용량 확장과 축소

- 논리적인 볼륨은 동적으로 용량을 확장하거나 축소할 수 있다.
- 파일 시스템이나 파티션의 크기를 변경하지 않고도 스토리지 용량을 관리할 수 있다.

5. 스냅샷(Snapshot)

- LVM은 스냅샷을 통해 파일 시스템의 일관된 상태를 보존하고 변경 사항을 추적할 수 있다.
- 스냅샷은 시간적으로 이전의 파일 시스템 상태를 유지하여 데이터 복구나 백업 등에 활용된다.

6. 볼륨 복제(Mirroring)

- 논리적인 볼륨을 복제하여 데이터의 안정성과 가용성을 향상시킬 수 있다.
- 볼륨 복제는 장애 복구 및 고가용성 시스템에 중요한 역할을 한다.

---

06 RAID ★★★★

✦ 합격을 부르는 치트키 가이드

생각하는 것 이상으로 실무에서 서버를 운영하는 데 데이터하고 관련된 이슈가 많습니다. 그리고 동시에 이들에 대한 대비를 하기 위해서 데이터백업을 하고 관리하는 것이 관리자의 일상업무에 들어갈 만큼 중요한 작업이라는 것을 염두에 두고 RAID에 대한 지식을 다루어야 합니다. RAID에 대한 옵션들이 다양하고 차이점이 미세하기에 공부하는 데 어려움이 있지만 집중을 해서 RAID유형을 구별하고 익히는 공부를 해야 합니다. 미러링이나 스토리지에 부여되는 장점과 기능들을 중심으로 RAID유형을 구별하도록 합니다.

1. 개념

- 리눅스 시스템에서 RAID(Redundant Array of Independent Disks)는 여러 개의 물리적인 디스크를 하나의 논리적인 디스크로 결합하여 데이터의 안정성과 성능을 향상시키는 기술이다.
- RAID는 하드웨어 또는 소프트웨어 수준에서 구현될 수 있다.

- 서버*이기에 데이터관리와 활용은 서버를 활용해서 개발을 하는 업무만큼이나 중요하다.
- 소프트웨어 RAID는 일반적으로 하드웨어 RAID에 비해 유연성과 확장성이 높으며 비교적 저렴하게 구성할 수 있다.
- RAID를 사용하면 데이터의 안전성을 향상시키고 디스크 장애에 대비하여 데이터 손실을 방지할 수 있다.

2. RAID 0(스트라이핑)

- 데이터를 여러 디스크에 분산 저장하여 성능을 향상시킨다.
- 데이터는 여러 디스크에 동시에 기록되므로 읽기와 쓰기 성능이 향상되지만, 하나의 디스크에 장애가 발생하면 모든 데이터가 손실될 수 있다.

3. RAID 1(미러링)

- 동일한 데이터를 여러 디스크에 중복 저장하여 데이터의 안정성을 향상시킨다.
- 하나의 디스크에 장애가 발생하더라도 다른 디스크에 중복된 데이터가 있으므로 데이터의 안전성을 유지할 수 있다.
- RAID 1은 디스크 용량의 절반을 사용하게 된다.

4. RAID 5

- 여러 디스크에 데이터와 패리티 정보를 분산 저장하여 데이터의 안정성을 보장하면서 용량을 효율적으로 사용한다.
- RAID 5는 최소 세 개의 디스크가 필요하며, 하나의 디스크에 장애가 발생해도 패리티 정보를 통해 손실된 데이터를 복구할 수 있다.
- 패리티정보는 데이터통신에서 에러수복을 위해서도 사용되는 개념이다.

기초 용어 정리

* **서버**: 서비스를 제공하는 위치의 컴퓨터시스템을 말한다.

5. RAID 6

- RAID 5와 유사하지만 패리티 정보를 두 번 저장하여 두 개의 디스크 장애에도 데이터의 안정성을 유지한다.
- RAID 6는 최소 네 개의 디스크가 필요하다.

6. RAID 10(RAID 1+0)

- RAID 1을 통해 미러링하고 그러한 미러링*된 RAID 1을 스트라이핑하여 성능과 안정성을 모두 향상시킨다.
- RAID 10은 최소 네 개의 디스크가 필요하며 디스크 용량의 절반을 사용한다.

기초 용어 정리

* **미러링**: 마치 거울에 비춰지듯이 타겟시스템과 유사한 시스템을 만들어서 한쪽 시스템에 문제가 생겼을 때 백업을 해 줄 수 있다.

03 부트매니저 ★★★★★

01 리눅스부팅의 흐름 ★★★★

✦ 합격을 부르는 치트키 가이드

오픈소스운영체제인 만큼 리눅스부팅과정에 관여하는 다양한 옵션을 제공하고 있습니다. 그리고 서버운영체제로서 부팅이라는 과정은 운영체제작동의 시작지점이기에 중요하게 다루어야 합니다. 시험의 모든 분야가 중요하기는 하지만 리눅스부팅의 과정은 잘 기억해 두어야 하며 이 과정에 대한 지식들은 보안이나 개발을 공부할 때도 도움이 됩니다. 부팅이 진행되는 과정은 부팅단계별로 이어지는 흐름이 이전 단계와의 관계를 잘 연결해서 공부하면 학습에 도움이 됩니다.

1. 전원 공급

컴퓨터를 켜면 전원이 공급되며, 시스템의 부트 프로세스가 시작된다.

2. BIOS/UEFI 작동

● 기본 입력 및 출력 시스템(BIOS) 또는 최신 펌웨어 인터페이스(UEFI)가 준비가 된다.

● 이 단계에서는 주요 하드웨어 구성 요소를 확인하고 시스템의 기본 설정을 로드한다.

3. 부트로더 로드(Load)

● 부트 로더(Boot Loader)는 하드 디스크 또는 다른 부팅 가능한 장치에 저장된 운영체제를 로드하는 역할을 한다.

● 가장 일반적으로 사용되는 부트 로더는 GRUB(GRand Unified Bootloader)이지만 다른 부트 로더들도 사용할 수 있다.

4. 커널 로드

- 부트 로더는 운영 체제의 커널을 로드한다.

- 커널은 운영체제의 핵심 부분으로 하드웨어를 관리하고 프로세스를 실행하는 등의 역할을 수행한다.

5. 초기 루트 파일 시스템 로드

- 커널이 로드되면 초기 루트 파일 시스템이 마운트된다.

- 이 단계에서는 운영 체제가 필요로 하는 중요한 파일들을 제공하기 위해 루트 파일 시스템이 읽기 전용으로 마운트된다.

6. init 프로세스 실행

- 초기 루트 파일 시스템이 마운트(Mount)되면 init 프로세스가 실행된다.

- init 프로세스는 운영 체제의 부팅 시 초기화 및 구성 단계를 담당한다.

7. 다수의 데몬 및 서비스 로드

- init 프로세스는 설정 파일에서 지정된 다수의 데몬 및 서비스를 로드하고 실행한다.

- 이 단계에서는 네트워크, 파일 시스템, 그래픽 인터페이스 등의 서비스가 활성화된다.

8. 로그인 화면 또는 그래픽 환경 실행

- 시스템이 초기화되면 로그인 화면 또는 그래픽 환경이 실행된다.

- 사용자는 로그인하여 시스템을 사용할 수 있다.

- 과거의 리눅스는 그래픽 환경을 구현하는 것도 어려웠지만 지금은 자원도 풍족하며 무엇보다 리눅스운영체제 자체도 지원을 잘하고 있다.

부트로더 ★★★★★

부팅과정에서 이러한 과정을 이끌어 주는 중요한 소프트웨어가 부트로더입니다. 부트로더를 공부할 때는 운영체제가 사용자가 컴퓨터를 사용할 수 있도록 운영체제를 준비하는 과정을 진행하는 소프트웨어이기에, 리눅스를 포함하여 윈도우가 작동을 시작할 때의 진행 과정을 머릿속에 떠올리면 이해가 더 쉬울 것입니다.

1. 개념

- 리눅스 부트로더(Boot Loader)는 컴퓨터의 전원이 켜질 때 실행되어 운영 체제를 로드하는 소프트웨어이다.

- 부트로더는 하드디스크 또는 다른 부팅 가능한 장치에 저장된 운영 체제 이미지를 찾아 메모리에 로드하고 실행하는 역할을 담당한다.

- 가장 일반적으로 사용되는 리눅스 부트로더는 GRUB(GRand Unified Bootloader)이다.

- GRUB는 다양한 운영 체제와 커널을 지원하며, 부팅 시스템의 다양한 설정과 유연성을 제공한다.

2. 부트 로더 설정 관리

- 부트 로더는 운영 체제의 부트 관련 설정을 관리한다.

- 예를 들어, 운영체제선택, 부트시간 초과설정, 커널 매개변수* 설정 등을 지정할 수 있다.

3. 운영 체제 선택

- 부트로더는 설치된 여러 운영 체제 중에서 사용자가 선택한 운영 체제를 부팅할 수 있도록 한다.

- 이는 듀얼 부팅(Dual Booting) 환경에서 흔히 사용된다. 애플의 맥컴퓨터도 멀티 운영체제 사용이 가능하다.

기초 용어 정리

* **매개변수**: Parameter라고 하여 특정 기능과 작업을 하기 위해서 외부에서 입력되는 데이터들을 받아 들일 수 있는 변수나 설정영역을 말하기도 한다.

4. 커널 로드

- 부트로더는 운영 체제의 커널 이미지를 로드하여 실행한다.

- 커널은 운영 체제의 핵심 부분으로 하드웨어를 초기화하고 운영 체제의 다른 구성 요소를 로드하는 역할을 한다.

5. 초기 루트 파일 시스템 로드

- 부트로더는 커널이 실행되기 전에 초기 루트 파일 시스템을 로드한다.

- 초기 루트 파일 시스템은 운영 체제가 부팅 초기에 필요로 하는 중요한 파일들을 제공한다.

6. 부트로더 설정 관리자

- GRUB와 같은 부트로더는 사용자가 부트로더 설정을 관리하고 수정할 수 있는 간단한 인터페이스를 제공한다.

- 이를 통해 부트로더 설정을 수정하거나 새로운 운영 체제를 추가할 수 있다.

03 런레벨 ★★★★★

✦ 합격을 부르는 치트키 가이드

운영체제의 작동 상태를 결정하는 것이 런레벨이기에 각 레벨별로 지원하는 역할을 중심으로 학습을 하면 이해와 숙지가 빠를 것입니다. 종류가 많기는 하지만 자주 보는 방식으로 학습을 하면 기억이 더욱 잘될 것입니다. 그리고 런레벨 종류가 각자의 역할이 다르기에 기억하기에는 수월할 수 있습니다.

1. 개념

- 리눅스에서 런레벨(Runlevel)은 특정 모드에서 실행되는 서비스 및 프로세스 집합을 정의하는 개념이다.

- 런레벨은 시스템이 부팅되었을 때 실행되는 서비스와 해당 서비스의 우선순위를 지정하는 역할을 한다.

- 런레벨은 다양한 운영 체제에서 사용되며 일반적으로 0부터 6까지의 숫자로 표현된다.

- 각 런레벨은 특정 디렉터리에 있는 초기화 스크립트 또는 서비스 파일을 실행하여 해당 런레벨에 필요한 서비스와 프로세스를 시작하고 중지한다.
- 이를 통해 사용자는 필요에 따라 특정 런레벨에 필요한 서비스를 구성하고 관리할 수 있다.

2. 런레벨 종류

레벨	상태	내용
0	시스템 종료 상태	시스템을 종료하고 전원을 끄는 데 사용된다.
1	단일 사용자 모드	시스템 유지, 보수 또는 복구 작업 시 사용되며, 일반적으로 최소한의 서비스만 실행된다.
2	다중 사용자 모드	네트워크를 지원하지 않는 다중 사용자 모드이다.
3	다중 사용자 모드	텍스트 기반 콘솔* 환경에서 네트워크 기능을 지원한다.
4	예약된 런레벨	사용자 정의 런레벨로 기본적으로 사용되지 않는다.
5	다중 사용자 모드	그래픽 기반의 X 윈도 시스템을 지원한다.
6	시스템 재부팅 상태	시스템을 재부팅하는 데 사용된다.

04 리눅스에서의 로그인과 로그아웃에 대한 개념 ★★★★

✦ 합격을 부르는 치트키 가이드

로그인과 로그아웃은 단순히 접속을 위한 과정만이 아닙니다. 해커와 크래커들이 서버운영체제에 대한 접근을 수없이 시도하기에 보안작업의 시작 지점이 로그인 과정이라고 할 수 있습니다. 그래서 로그인과 관련된 개념들은 기본적으로 숙지하도록 합니다.

1. 로그인 프롬프트

- 시스템이 부팅되면 로그인 프롬프트가 표시되며 이는 사용자에게 사용자명(Username)과 비밀번호(Password)를 입력하라는 메시지를 보여 준다.
- 비밀번호의 경우 보이지 않도록 점을 찍는 형태로 입력이 된다.
- 리눅스의 경우 보안이 철저하기에 프롬프트모드로 접속이 될 경우에는 점으로 찍히는 비밀번호조차 보이지 않기도 하다.

기초 용어 정리

* **콘솔**: 특정 업무만을 위해서 최적화되어 개발된 하드웨어나 시스템을 말한다.

2. 사용자 인증

● 사용자는 로그인 프롬프트에서 자신의 사용자명과 비밀번호를 입력하여 인증을 시도한다.

● 시스템은 사용자가 제공한 정보를 확인하고 올바른 사용자 인증 정보인지를 확인한다.

3. 로그인 세션 설정

● 인증이 성공하면 시스템은 해당 사용자의 환경을 로드하며 세션*을 통해서 사용자에게 적절한 권한과 자원을 할당한다.

● 사용자의 홈 디렉터리로 이동하고, 셸(Shell)을 실행하여 사용자가 명령어를 입력하고 작업할 수 있는 상태가 된다.

4. 로그아웃(Logout)

● 사용자가 시스템에서 로그인 세션을 종료하는 과정이다.

● 로그아웃을 수행하면 현재 사용자의 세션과 관련된 프로세스와 리소스가 정리되고, 시스템은 다시 로그인 프롬프트를 표시한다.

● 로그아웃은 사용자가 로그인 프롬프트에서 특정 명령어를 실행하거나 그래픽 환경에서 로그아웃 옵션을 선택하여 수행할 수 있다.

● 로그아웃 시에는 사용자의 현재 작업이 저장되지 않은 경우에는 저장 여부를 묻는 메시지가 표시될 수 있다.

● 로그인과 로그아웃은 다중 사용자 환경에서 각 사용자가 자원을 안전하게 공유하고 시스템의 보안을 유지하는 데 중요한 역할을 한다.

기초 용어 정리

* **세션**: 특정한 이들과 프로세스를 구분하게 해 주고 활성화되어 있는 특정한 상태를 의미한다.

05 리눅스의 시스템 종료 및 재시작 명령어 이해 ★★★★

리눅스시스템의 시작과 끝을 다루기 위한 명령어들로서 여기에 있는 명령어를 숙지한다면 시스템을 다루는 데 느낄 수 있는 부담감을 줄일 수 있습니다. 자격증 공부를 하면서 운영체제를 설치한 이후에 익숙치 않아서 어려움을 느낄 수 있는데 여기 있는 명령어를 암기하고 운영체제를 다루면 최소한 시작과 종료는 확실하게 컨트롤할 수 있기 때문입니다. 리눅스는 역사가 유닉스부터 거슬러 올라가기에 커맨드입력만으로도 모든 작업을 했던 흔적이 남아 있습니다. 그러기에 리눅스의 명령어를 익히는 데 노력하면 충분히 그 노력의 대가를 보답받을 것입니다.

1. shutdown 명령어

- shutdown 명령어는 시스템을 종료하거나 재시작하는 데 사용되는 터미널명령어이다.

- 일반적으로 관리자 권한이 필요하며 −h 옵션을 사용하면 종료를 진행하고 −r 옵션을 사용하여 재시작을 지정할 수 있다. 명령어는 다음과 같이 사용될 수 있다.

시스템 종료	sudo shutdown −h now
시스템 재시작	sudo shutdown −r now

2. poweroff 명령어

- poweroff 명령어는 시스템을 종료하는 데 사용된다.

- 이 명령어는 종료 과정에서 다른 작업을 하지 않으므로 주의가 필요하다.

- 관리자 권한이 필요하며 다음과 같이 사용된다.

시스템 종료	sudo poweroff

3. reboot 명령어

- reboot 명령어는 시스템을 재시작하는 데 사용된다.

- 이 명령어는 관리자 권한이 필요하며 다음과 같이 사용된다.

시스템 재시작	sudo reboot

4. init 명령어

- 일부 리눅스 배포판에서는 init 명령어를 사용하여 시스템 종료 및 재시작을 수행할 수도 있다.
- 예를 들어, init 0은 시스템 종료를 수행하고 init 6은 시스템 재시작을 수행한다.

5. 종료 및 재시작 전 해야 할 작업

- 시스템 종료 또는 재시작 명령어를 실행하기 전에 현재 작업을 저장한다.
- 서버관리자일 경우에는 접속한 사용자들에게 충분한 시간을 알려주는 것이 좋다.
- sudo 명령어를 사용하여 관리자 권한(su, superuser do)으로 실행하도록 해야 한다.

연·습·문·제

01

리눅스의 설치 시 필수패키지만 설치하도록 하는 유형은 어느 것인가?

① 미니멀
② 트라이얼
③ 웹서버
④ 데이터베이스서버

> 해설 최소 작동을 위한 필수패키지는 미니멀이다.

> 오답해설
> ② 트라이얼은 홍보용으로 배포되는 소프트웨어의 종류를 말하는 것이다.
> ③ 웹서버는 웹을 개발하기 위해서 필요한 서버를 의미한다.
> ④ 데이터베이스서버는 데이터베이스를 작동시키기 위한 서버를 의미한다.

02

리눅스를 활용해서 서버를 가동하기 위한 패키지 중에서 해당하지 않는 것은?

① 베이직 서버
② 웹서버
③ 데이터베이스 서버
④ 임베디드 서버

> 해설 리눅스를 활용해서 대형컴퓨터자원을 활용하기 위한 기본적인 서비스를 제공하는 베이직 서버, 웹개발을 위한 웹서버, 데이터베이스서비스를 위한 DB서버는 존재특정 장비만을 위해서 작동하는 임베디드 서버는 있어도 여러 사용자를 위한 패키지는 없다.

> 오답해설
> ① 베이직서버는 리눅스서버의 필수패키지이며, 웹서버는 웹을 개발하고 작동시키기 위한 서버이다.
> ③ 데이터베이스는 데이터베이스를 운영 및 관리하는 서버이다.

03

리눅스를 설치하기 위해서 파악해야 하는 하드웨어 정보에 해당하지 않는 것은?

① 메모리
② 롬바이오스
③ 하드디스크 드라이버
④ 네트워크 인터페이스

해설 롬바이오스는 컴퓨터의 작동을 위한 사전 작업과 체크작업을 위해서 필요한 것으로, 리눅스 설치를 위한 하드웨어 정보에는 해당하지 않는다.

오답해설

① 소프트웨어의 제어를 위해서는 메모리 정보의 파악이 필요하다.
③ 하드디스크 드라이버는 하드디스크의 자원을 사용하기 위해서 필요하다.
④ 네트워크 인터페이스는 네트워킹 작업을 하는 데 필요하다.

04

센트OS 리눅스를 설치하기 위해서 파악해야 하는 최소 요구사항으로 고려 대상이 아닌 하드웨어는?

① 라운드로빈   ② CPU
③ 스토리지   ④ 메모리

해설 라운드로빈은 명령을 실행한 이후에 사용자에게 그 결과를 돌려받는 단위와 그 시간을 의미하여 최소요구사항과는 관계가 없다.

오답해설

② CPU는 중앙처리장치로서 리눅스운영체제와 이를 기반으로 하는 자원에 대한 처리를 담당한다.
③ 스토리지는 리눅스운영체제와 관련소프트웨어가 저장되는 장치이다.
④ 메모리는 운영체제와 관련 소프트웨어가 런타임으로 작동될 때 가용될 수 있도록 지원하는 자원이기에 중요한 하드웨어 요소이다.

05

리눅스관리자가 네트워크 설정 시 알아야 할 정보가 아닌 것은 무엇인가?

① 호스트명   ② IP주소
③ DNS   ④ 커널

해설 커널은 운영체제의 핵심부분으로서 사용자의 명령을 받아서 실제적인 작동 및 실행을 하는 영역이기도 하다.

오답해설

① 호스트명은 네트워크에 연결된 장치의 고유 이름이다.
② IP주소는 인터넷상에 있는 컴퓨터의 고유주소이다.
③ DNS는 웹사이트의 IP 주소와 도메인 주소를 이어 주는 시스템이다.

06

커널명에 대한 구성과 관련하여 관계없는 것은 무엇인가?

① 패치버전   ② 주버전
③ 백업버전   ④ 부버전

해설 커널명은 해당 커널의 업데이트 범위에 따라서 부여가 된다. 백업버전이라는 것은 존재하지 않는다.

오답해설

① 패치버전은 커널의 특정버전에 대해서 수정 작업이 이루어질 경우에 넘버를 올려 준다.
② 주버전은 기능상 큰 변화가 있었을 때 버전넘버가 증가한다.
④ 부버전은 주버전에 비해서 변화의 크기가 적고 기능이 추가된 정도에 부여되는 버전넘버이다.

07

다음 중 확장파티션에 대한 설명으로 맞는 것은?

① 4개 이상의 파티션을 사용할 때 하나의 주 파티션 안에 설정한다.
② 논리파티션 안쪽에 설정하여 검색속도를 높인다.
③ 4개 미만의 파티션을 사용할 때 주파티션 안에 설정한다.
④ 부팅을 위한 파티션은 설치를 안 해도 디폴트로 설치가 되어 있다.

08

리눅스의 설치과정에서 기본적으로 설치하는 장비가 아닌 것은?

① 모니터　　　　② 키보드
③ 프린터　　　　④ 마우스

09

리눅스운영체제가 담겨 있는 디스크 이미지의 확장자는 무엇인가?

① zip　② iso　③ mp4　④ mid

10

/dev/sdb1와 같이 장치명과 파티션번호가 나왔을 때 그 의미에 대해서 잘 설명한 것은 무엇인가?

① 두 번째 스카시하드디스크의 첫 번째 파티션
② 첫 번째 스카시하드디스크의 첫 번째 파티션
③ 두 번째 스카시하드디스크의 두 번째 파티션
④ 첫 번째 스카시하드디스크의 두 번째 파티션

11

다음 중에서 스왑파티션에 대한 설명으로 맞는 것은 무엇인가?

① 스왑파티션은 가상메모리기능을 할 수 있어서 주메모리의 부하를 분산시켜 줄 수 있다.
② 물리적으로 존재하는 파티션이다. 10개 정도의 스왑파티션을 만들어야 1개의 물리적 파티션 구성이 가능하다.
③ 리눅스는 스왑파티션을 반드시 5개 이상 만들어야 한다.
④ 주파티션의 유무에 상관없이 존재할 수 있는 파티션이다.

12

LVM에 대한 올바른 설명은 무엇인가?

① 데이터의 오류를 검출하고 수정하는 오류 수정 코드 기법이다.
② 하드디스크를 소프트웨어적으로만 구성을 해 줘야 구축이 가능해지는 시스템이다.
③ 서버 운영 시 주메모리의 용량이 부족함을 대비하여 사용할 수 있는 파티션이다.
④ 여러 개의 물리적인 하드디스크들을 하나의 대용량 파일 시스템으로 만들어 준다.

해설 오답해설
① 해밍코드에 대한 설명이다.
② 가상화를 통한 하드디스크를 구축할 경우에 해당하는 설명인데, LVM에 대한 특징을 설명하기에는 부족함이 있다.
③ 스왑파티션에 대한 설명이다.

13

다음의 파일시스템 중 리눅스 파일시스템은?

① FAT32   ② ext4
③ NTFS   ④ SysV

해설 오답해설
① FAT32는 윈도우의 파일시스템이다.
③ NTFS는 윈도우NT에서 사용하는 파일시스템이다.
④ SysV는 유닉스용 파일시스템이다.

14

LVM과 관련된 용어는?

① 미러링   ② dump
③ DRAM   ④ 스냅샷

해설 오답해설
① RAID의 특징 중에 하나이다.
② dump는 메모리 등에 남아 있는 데이터의 흔적을 의미하며 정보보안에서 이러한 흔적을 활용하기도 한다.
③ 동적메모리를 의미하며 LVM을 설명하는 개념은 아니다.

15

RAID에서 사용되는 미러링에 대해서 올바르게 설명한 것은 어떤 것인가?

① 하드디스크와 다양한 디바이스를 구름처럼 연결하여 가상화한 기술
② 데이터의 오류를 검출하고 수정하는 코드를 활용하는 기술
③ 같은 데이터를 2개의 디스크에 저장하여 같은 내용의 백업본을 만드는 기술
④ 성능의 향상을 위해서 최적화된 파티션을 설정하여 지원하는 기술

해설 언제나 시스템의 위협적인 상황을 대비해서 구축하는 형태이다.

오답해설
① 클라우드컴퓨팅과 관련된 설명이다.
② 해밍코드에 대한 설명이다.
④ 스왑파티션에 대한 설명이다.

16

RAID에서 스트라이핑에 대한 설명으로 올바른 것은?

① 특정지점에서 데이터 전달이나 처리가 잘되지 않는 상태를 말한다.
② 데이터를 여러 디스크에 분산 저장하여 성능을 향상시킨다.
③ 데이터 발생지에 가깝게 스토리지들을 배치하여 클라우드시스템을 지원하는 개념이다.
④ 시스템에 전원이 들어온 이후에 하드웨어를 모두 점검하고 운영체제를 작동시키는 과정을 지칭하는 개념이다.

> **해설** **오답해설**
> ① 병목현상에 대한 설명이다.
> ③ 포그컴퓨팅에 대한 설명이다.
> ④ 부팅을 의미하며 컴퓨터에 운영체제를 정상적으로 작동할 수 있도록 만들어 주는 과정이기도 하다.

17

부팅의 순서 중에서 제일 먼저 해야 할 작업은 무엇인가?

① 파티션 설정하기
② 운영체제 설치 DVD 드라이브에서 작동시키기
③ 전원 넣기
④ 깃 설정하기

> **해설** 부팅은 운영체제를 사용하기 위해서 진행되는 과정이다. 그렇기에 운영체제를 사용하기 위해서 하드웨어의 전원을 넣는 것부터 시작을 한다. 현재 문항에 있는 파티션 설정하기, DVD를 드라이브에서 작동하기는 운영체제가 없을 때 하는 작업이기에 정답과 관련이 없다. 깃은 개발을 할때 버전관리를 위한 시스템이기에 부팅작업과는 관련이 없다.

18

다음 중에서 부트로더에 대한 설명으로 옳은 것은?

① 하드 디스크 또는 다른 부팅 가능한 장치에 저장된 운영체제를 로드하는 역할
② 다양한 하드웨어를 연결하여 소프트웨어 스토리지를 만들어 내는 것
③ 운영체제에서 실행되는 방식에 따라서 레벨링의 개념으로 정의한 것
④ 컴퓨터의 사용중에 종료가 아니고 대기 상태로 놓여 있게 만드는 작업

> **해설** 부트로더는 스토리지 안에 있는 운영체제를 사용할 수 있도록 활성화시켜 주는 소프트웨어라고 보면 된다.
>
> **오답해설**
> ③ 런레벨에 대한 설명이다.
> ④ 운영체제의 대기상태를 의미한다. 계정 로그아웃과는 다른 개념이다.

19

리눅스 운영체제에서 보면 커널이라는 개념이 존재한다. 커널에 대한 올바른 설명은?

① 네트워크에서 터미널에서 전달된 시그널들이 다시금 증폭될 수 있도록 해 주는 것
② 하드웨어 보드 내에서 데이터를 이동시킬 수 있도록 해 주는 것
③ 운영 체제의 핵심 부분으로 소프트웨어들이 웹서버가 서비스할 수 있도록 해 주는 복구시스템
④ 운영 체제의 핵심 부분으로 하드웨어를 초기화하고 운영 체제의 다른 구성 요소를 로드하는 역할

> **해설** **오답해설**
> ① 리피터에 대한 설명이다.
> ② 버스에 대한 설명이다.

20

런레벨에 대한 설명으로 올바른 것은?

① 인터넷과 주요 기능들은 작동되지 않지만 최소의 기능으로 작동하는 운영체제의 상태
② 특정 모드에서 실행되는 서비스 및 프로세스 집합을 정의하는 개념
③ 컴퓨터와 사람 개발자사이에서 언어를 번역하고 컴퓨터가 이해할 수 있는 형태로 변환해 주는 것
④ 외부에서 사용자가 데이터를 입력하고 서비스를 이용하려고 할 때의 상태

해설 런레벨은 최소한의 기능으로 운영체제를 작동시키는 것을 말한다.

오답해설
① 안전모드를 말한다.
③ 컴퓨터언어를 번역하는 번역기를 의미한다.
④ 인터페이스 UI/UX를 말한다.

21

shutdown의 의미는 무엇인가?

① 현재 디렉터리에서 파일이나 디렉터리 내역을 확인하는 명령어
② 현재의 사용자계정을 종료할 수 있도록 해 주는 명령어
③ 리눅스운영체제의 관리자계정으로서 명령어를 넣을 때 사용하는 명령어
④ 운영체제의 시스템을 종료하거나 재시작을 할 때 사용하는 명령어

해설 오답해설
① ls명령어에 대한 설명이다.
② 로그아웃에 대한 것이며 멀티유저 기능이 있기 때문에 리눅스의 경우에는 로그인과 로그아웃에 대한 인터페이스를 제공하고 있다.
③ su명령어를 말하는 것이다.

22

런레벨 1에 해당하는 상태를 설명하는 것은?

① 사용자가 재시작을 선택해서 컴퓨터에 대기 중인 상태를 말한다.
② 시스템 유지, 보수 또는 복구 작업 시 사용되며, 일반적으로 최소한의 서비스만 실행된다.
③ 명령어만 입력되는 상태이며 인터넷 사용은 가능한 그래픽 환경이 없는 상태를 말한다.
④ 리눅스 배포판을 다운로드받는 상태를 말한다.

해설 오답해설
① 재부팅을 위한 단계를 말한다.
③ 프롬프트모드를 말한다.
④ 소프트웨어를 다운로드받는 것으로서 런레벨하고는 관련이 없다.

23

런레벨 6에 해당하는 상태나 기능에 대해서 설명하는 것은?

① 시스템을 재부팅하는 데 사용된다.
② 시스템 안전모드에 접속해 있는 상태이다.
③ 시스템 재설치 단계에 있는 상태이다.
④ 시스템 업데이트 작업을 하는 상태이다.

해설
• 런레벨6은 리눅스시스템을 재부팅하는 데 사용한다.
• 런레벨은 다양한 상태가 존재한다.
• 일부는 정상적인 리눅스 사용에 해당하며 일부는 리눅스를 정비하기 위해서 제공하는 상태도 존재한다.

24

부트로더가 작동하는 과정에서 나타나는 init 프로세스에 대해서 제대로 설명한 것은?

① 운영 체제가 정지 상태에 있을 때 정상 상태로 풀어 주는 기능을 담당한다.
② 운영 체제의 부팅 시 초기화 및 구성 단계를 담당한다.
③ 운영 체제의 서버에서 사용하는 글로벌 변수를 세팅하는 프로세스이다.
④ 서버운영체제의 데몬을 만들어 주는 프로세스이다.

25

런레벨 5에 해당하는 상태나 기능에 대해서 설명하는 것은?

① 그래픽 기반의 X 윈도 시스템을 지원한다.
② 텍스트 기반 콘솔 환경에서 네트워크 기능을 지원한다.
③ 네트워크를 지원하지 않는 다중 사용자 모드이다.
④ 시스템을 재부팅하는 데 사용된다.

26

다음 리눅스 명령어 중에서 시스템종료의 의미를 가지고 있는 것은?

① sudo shutdown -q now
② sudo shutdown -n now
③ sudo shutdown -h now
④ sudo shutdown -r now

01	①	02	④	03	②	04	①	05	④
06	③	07	①	08	③	09	②	10	①
11	①	12	④	13	②	14	④	15	③
16	②	17	③	18	①	19	④	20	②
21	④	22	②	23	①	24	②	25	①
26	③								

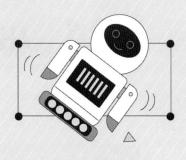

CHAPTER

03

리눅스의 기본 명령어

학·습·포·인·트
- 리눅스 초기 환경 관련 명령어들은 리눅스 시스템의 관리와 유지보수에 필수적이다.
- 디렉터리 관리 명령어는 시스템에서 파일 및 디렉터리를 효율적으로 관리할 수 있다.
- 파일 관리 명령어는 파일을 조작하고 분석하는 데 사용된다.
- 텍스트 파일 관리 명령어들은 텍스트를 효율적으로 다루고 처리하는 데 사용된다.
- 리눅스에서 파일 비교 작업을 수행하는 명령어는 파일간 비교작업에 사용된다.
- 네트워크 관련 명령어들과 그 외의 명령어들은 다양한 작업들에 사용된다.

01 | 사용자 생성 및 계정 관리 *****

00 리눅스 초기 환경 관련 명령어 *****

✦ 합격을 부르는 치트키 가이드

1970년대에 만들어진 유닉스를 기반하여 만들어진 리눅스이기에 다양한 명령어를 가지고 있습니다. 이러한 명령어들은 대부분 특정 역할과 그룹을 중심으로 형성이 되어있습니다. 명령어 학습 전에 어떠한 명령어그룹과 역할들이 있는지 파악하고 공부하면 수월하게 학습이 될 것입니다.

1. 경로 및 정보 관련 명령어

(1) which

● 주어진 명령어나 프로그램의 실행 파일 경로를 찾아주는 데 사용된다.

● 문법 : which command

(2) alias

● 다른 명령어나 명령어의 조합을 간단한 단축어로 정의하고, 나중에 그 단축어*를 사용하여 해당 명령어 또는 명령어 조합을 실행할 수 있게 해주는 기능을 제공한다.

● alias 명령어를 사용하여 사용자 지정 명령어 별칭을 만들 때 다양한 옵션을 사용할 수 있다.

옵션	문법	설명
–p	alias –p	–p 옵션은 현재 리눅스 세션**에 정의된 모든 alias를 출력한다.
alias [alias_name]='[command]'	alias ll='ls –alF'	이 옵션을 사용하여 alias를 정의한다.
unalias [alias_name]	unalias ll	이 옵션을 사용하여 이전에 정의한 alias를 제거할 수 있다.

기초 용어 정리

* **단축어**: 단축어는 기존명령어에서 사이즈를 줄인 키워드나 명령들을 말한다.

** **세션**: 세션은 사용자가 로그인한 후 웹 사이트에서 작업을 수행하는 동안 정보를 유지하고, 서버와 클라이언트 간의 지속적인 통신을 가능하게 한다.

(3) Path

● 리눅스에서 path는 명령어가 아니다.

● 그러나 환경변수* PATH는 리눅스 및 다른 유닉스 기반 운영 체제에서 중요한 역할을 한다.

● PATH 환경 변수는 시스템에서 실행 가능한 명령어를 찾는 데 사용된다.

옵션	문법	설명
echo $PATH	echo $PATH	현재 PATH 환경 변수의 내용을 출력한다.
export PATH =[새로운 경로]	export PATH =[새로운 경로]	PATH 환경 변수를 임시로 변경하려면 이 명령어를 사용한다.

(4) man

● man명령어는 매뉴얼** 페이지를 표시하는 데 사용되는 명령어이다.

● man명령어에는 다양한 옵션이 있으며 이러한 옵션을 사용하여 특정 명령어 또는 파일의 매뉴얼 페이지를 검색하고 읽을 수 있다.

● 아래는 주요 man명령어 옵션의 설명이다.

옵션	문법	설명
man [section] [command]	man ls	[section]은 매뉴얼 섹션을 지정하는 옵션이며 [command]는 검색하려는 명령어나 주제의 이름이다.
-k [keyword]	man -k network	[keyword]는 검색할 키워드 또는 텍스트이다. 이 옵션을 사용하여 특정 키워드와 관련된 매뉴얼 페이지를 검색할 수 있다.

(5) info

● info 명령어는 GNU 프로젝트***의 문서 형식인 Info 페이지를 읽고 검색하기 위한 명령어이다.

● Info 페이지는 텍스트 기반으로 작성되며 명령어 및 패키지에 대한 자세한 정보를 제공하는 경우가 많다.

기초 용어 정리

* **환경변수**: 환경변수(Environment Variable)는 컴퓨터 시스템에서 사용되는 중요한 정보를 저장하고 관리하는 데 사용되는 변수이다. 이러한 변수들은 운영 체제나 응용 프로그램에서 사용자 환경을 구성하고 제어하는 데 도움을 준다.

** **매뉴얼**: 매뉴얼(Manual)은 컴퓨터 운영 체제, 소프트웨어, 명령어, 프로그래밍 언어 등과 관련된 문서나 설명서를 말한다. 이 문서들은 사용자가 해당 소프트웨어나 시스템을 사용하고 이해하는 데 도움을 주는 정보를 제공한다.

*** **GNU 프로젝트(GNU Project)**: 컴퓨터 소프트웨어의 개발과 배포를 자유롭게 하기 위해 시작된 대규모 자유 소프트웨어 프로젝트이다. GNU는 "GNU's Not Unix"의 약자로, 이 프로젝트의 목표는 Unix와 유사한 운영 체제를 개발하는 것이었다.

- info 명령어에는 다양한 옵션이 있으며 이를 사용하여 Info 페이지를 더 효과적으로 검색하고 읽을 수 있다.

- 아래는 주요 info 명령어 옵션의 설명이다.

옵션	문법	설명
info [command]	info ls	이 옵션을 사용하여 특정 명령어 또는 주제에 대한 Info 페이지를 연다.
info --apropos [keyword]	info --apropos network	이 옵션을 사용하여 특정 키워드와 관련된 Info 페이지를 검색한다.

(6) whereis

- whereis 명령어는 리눅스에서 명령어, 라이브러리파일* 및 소스 코드 파일의 위치를 검색하는 데 사용되는 명령어이다.

- whereis 명령어는 다음과 같은 옵션을 포함할 수 있다.

옵션	문법	설명
-b	whereis -b ls	이 옵션을 사용하면 명령어의 실행 가능한 바이너리 파일의 위치만 검색한다.
-m	whereis -m ls	옵션은 매뉴얼 페이지 파일의 위치를 검색한다.

(7) apropos

- apropos 명령어는 명령어와 관련된 매뉴얼 페이지(Man 페이지)를 검색하는 데 사용되는 명령어이다.

- apropos 명령어는 주어진 키워드 또는 검색어와 관련된 매뉴얼 페이지를 찾아서 출력한다.

- 다음은 주요 apropos 명령어 옵션의 설명이다.

기초 용어 정리

* **라이브러리 파일(Library File)**: 컴퓨터 프로그램에서 공통적으로 사용되는 함수, 클래스, 또는 루틴의 모음을 담고 있는 파일이다. 이러한 라이브러리 파일은 프로그램 개발을 더 효율적으로 하고 코드의 재사용을 촉진하기 위해 사용된다.

옵션	문법	설명
apropos [keyword]	apropos network	이 키워드와 관련된 모든 Man 페이지 목록을 출력한다.
-r [pattern]	apropos -r '^find'	이 옵션을 사용하면 정확한 키워드 대신 정규 표현식을 사용하여 매뉴얼 페이지를 검색할 수 있다.
-w [pattern]	apropos -w 'net*'	[pattern]은 와일드카드* 패턴을 사용하여 검색한다.
-e [keyword]	apropos -e find	[keyword]는 정확한 키워드와 일치하는 Man 페이지를 검색한다.

(8) manpath

● manpath 명령어는 Man 페이지 파일의 검색 경로를 관리하고 확인하는 데 사용된다.

● Man 페이지는 명령어 및 프로그램의 사용 설명서를 제공하며 manpath 명령어를 사용하여 시스템에서 사용 가능한 Man 페이지 디렉터리의 경로를 확인하거나 설정할 수 있다.

● 주요 manpath 명령어 옵션은 다음과 같다.

옵션	문법	설명
-l	manpath -l	이 옵션을 사용하면 시스템에서 현재 설정된 Man 페이지 디렉터리의 목록을 출력한다.
-g	manpath -g	이 옵션을 사용하여 시스템 전역 Man 페이지 디렉터리의 경로를 출력한다.
-m	manpath -m /usr/local/man:/opt/man	이 옵션을 사용하여 Man 페이지 검색 경로를 설정하거나 변경할 수 있다.
-q	manpath -q	이 옵션을 사용하면 manpath 명령어의 출력을 간소화하고 검색 경로만 표시한다.

(9) whereis

● whereis는 특정 프로그램이나 명령어의 실행 파일이 어느 디렉터리에 위치하는지를 찾는 데 사용된다.

● 주로 시스템에 설치된 프로그램의 실행 파일을 찾거나 명령어의 위치를 확인하는 데 유용하다.

● 문법 : whereis [옵션] 명령어 또는 프로그램

● 여기서 [옵션]은 선택적으로 사용할 수 있는 옵션을 나타내며 명령어 또는 프로그램은 찾고 자 하는 명령어나 프로그램의 이름이다.

기초 용어 정리

* **와일드카드(Wildcard)** : 컴퓨터 프로그래밍과 파일 시스템에서 사용되는 패턴 매칭을 위한 특수 문자이다. 와일드카 드는 특정한 문자열 또는 파일 이름을 찾거나 일치시키는 데 사용된다.

⑽ useradd

● useradd는 사용자 계정을 생성하는 명령어이다.

● 이 명령어를 사용하면 새로운 사용자를 시스템에 추가하고 해당 사용자에 대한 기본적인 설정을 구성할 수 있다.

● useradd 명령어를 실행하면 사용자 계정이 생성되고 사용자의 홈 디렉터리 및 기타 설정이 시스템에 자동으로 만들어진다.

● 문법 : useradd [옵션] 사용자명

● 여기서 [옵션]은 선택적으로 사용할 수 있는 명령어 옵션을 나타내며 "사용자명"은 새로 생성하려는 사용자의 이름입니다.

● 주요 옵션은 다음과 같다.

옵션	설명
-m	사용자의 홈 디렉터리*를 생성한다.
-d	사용자의 홈 디렉터리를 직접 지정한다.
-g	사용자를 특정 그룹에 소속시킨다.
-G	사용자를 추가 그룹에 소속시킨다.
-s	사용자의 로그인 셸을 지정한다.
-c	사용자에 대한 설명을 추가한다.

⑾ passwd

● passwd는 사용자의 암호를 변경하거나 설정하는 데 사용되는 명령어이다.

● 이 명령어를 사용하면 현재 사용자의 암호를 변경하거나 관리자 권한으로 다른 사용자의 암호를 변경할 수 있다.

● 사용자 계정의 보안을 유지하기 위해 중요한 명령어 중 하나이다.

● 문법 : passwd [옵션] [사용자명]

기초 용어 정리

* **홈 디렉터리(Home Directory)** : 컴퓨터 운영 체제에서 각 사용자에게 할당되는 디렉터리 또는 폴더이다. 각 사용자가 시스템에 로그인할 때, 해당 사용자의 개인 파일과 설정을 저장하는 공간으로 사용된다.

옵션	설명
passwd [사용자명]	암호 변경 모드에서 사용자의 암호를 변경한다.
passwd -l [사용자명]	사용자 계정을 잠근다.
passwd -u [사용자명]	사용자 계정의 잠금을 해제한다.
passwd -d [사용자명]	사용자의 암호를 삭제한다.
passwd -e [사용자명]	사용자 계정을 만료시킨다.
passwd -S [사용자명]	사용자 계정의 상태를 확인한다.
passwd -n [일수]	암호 만료 경고 기간을 설정한다.
passwd -w [일수]	사용자 계정이 만료된 후 비활성 기간을 설정한다.
passwd -R [chroot 디렉터리]	다른 디렉터리에서 시스템 파일을 관리할 때 사용한다.

⑿ su

- su명령어는 다른 사용자로 전환하거나 슈퍼유저(root) 권한으로 전환하는 데 사용되는 명령어이다.

- "su"는 "switch user"의 약자이며 다른 사용자로 로그인하거나 해당 사용자의 권한을 가져와 명령어를 실행할 수 있게 해 준다.

- 문법 : su [옵션] [사용자명]

- 여기서 [옵션]은 선택적으로 사용할 수 있는 명령어 옵션을 나타내며 [사용자명]은 전환하려는 대상 사용자의 이름이다.

- 주요 su 명령어 옵션은 다음과 같다.

옵션	설명
-	"su -" 또는 "su -l"로 사용자를 변경하면 환경 변수와 작업 디렉터리 등이 대상 사용자로 전환된다.
-c "명령어"	특정 명령어를 실행한 다음 원래 사용자로 돌아간다.
-s 셸	특정 셸을 사용하여 전환한다.

2. 사용자 관련 파일들

⑴ /etc/default/useradd

- 파일은 사용자 계정을 생성할 때 "useradd" 명령어와 관련된 기본 설정을 저장하는 파일이다.

- 이 파일은 새로운 사용자를 추가할 때 기본적으로 적용되는 설정 및 제약 조건을 정의하며 시스템 전체적으로 사용자 계정 관리에 영향을 미친다.

- 사용자 계정 관련 설정을 편리하게 구성할 수 있도록 도와준다.

(2) /etc/default/useradd" 파일의 주요 역할과 설정 옵션

옵션	설정	설명
GROUP	GROUP=users	새로운 사용자를 생성할 때 기본으로 속할 그룹을 설정한다.
HOME	HOME=/home	새로운 사용자의 홈 디렉터리를 설정한다. 기본적으로 "/home/사용자명" 디렉터리가 생성한다.
SHELL	SHELL=/bin/bash	새로운 사용자의 기본 로그인 셸을 설정한다. 기본적으로 "/bin/bash"가 사용된다.
SKEL	SKEL=/etc/skel	새로운 사용자의 홈 디렉터리에 복사할 기본 파일 및 디렉터리를 저장한 디렉터리 경로를 설정한다.
CREATE_MAIL_SPOOL	CREATE_MAIL_SPOOL=yes	사용자의 메일 스풀 디렉터리*를 자동으로 생성할지 여부를 설정한다.
INACTIVE	INACTIVE=35	사용자 계정이 비활성화되는 기간을 설정한다.
EXTRA_GROUPS	EXTRA_GROUPS="wheel,ftp"	사용자가 속할 추가 그룹을 설정한다.
USERGROUPS	USERGROUPS=yes	사용자의 보조 그룹을 자동으로 생성할지 여부를 설정한다.

(3) /etc/passwd

- 파일은 사용자 계정에 대한 정보를 저장하는 중요한 시스템 파일 중 하나이다.

- 이 파일은 시스템에 등록된 모든 사용자의 정보를 텍스트 형식으로 포함하고 있다.

- 사용자 이름, 암호 해시, 사용자 ID (UID), 그룹 ID (GID), 홈 디렉터리 경로, 기본 로그인 셸 등을 저장한다.

- 문법 : 사용자명:암호:사용자ID:그룹ID:사용자정보:홈디렉터리:로그인셸

- 각 필드는 콜론 (:)으로 구분되며 다음과 같은 정보를 저장한다.

기초 용어 정리

* **메일스풀디렉터리(Mail Spool Directory)**: 전자 메일 시스템에서 사용되는 디렉터리로, 사용자의 전자 메일 메시지를 저장하고 관리하는 곳이다.

사용자명	사용자의 고유한 이름이다. 사용자를 식별하는 주요 정보 중 하나이다.
암호	사용자 계정의 암호 해시* 또는 "x"로 표시된다.
사용재ID (UID)	각 사용자에게 고유한 숫자로 표시된 사용자 식별자이다.
그룹ID (GID)	사용자가 속한 기본 그룹의 식별자이다.
사용자정보	사용자에 대한 추가 정보를 포함하는 필드로 보통 사용자의 전체 이름 또는 기타 정보를 포함된다.
홈디렉터리	사용자의 홈 디렉터리 경로이다.
로그인셸	사용자의 기본 로그인 셸을 나타낸다.

(4) /etc/shadow 파일

● 이 파일은 사용자 계정의 비밀번호 정보를 저장하는 중요한 시스템 파일이다.

● 이 파일은 보안 상의 이유로 일반 사용자에게 읽을 수 없도록 권한이 설정되어 있으며, 오직 특별한 권한을 가진 시스템 관리자(root)만이 읽고 수정할 수 있다.

● 다음은 /etc/shadow 파일의 내용과 관련된 옵션과 설명이다.

옵션	설명
사용자 이름 (Username)	사용자 계정의 이름이 저장된다.
암호 (Password)	사용자 계정의 암호화된 비밀번호 해시가 저장된다.
최근 암호 변경일 (Last Password Change)	사용자가 암호를 마지막으로 변경한 날짜가 저장된다.
암호 유효기간 (Password Expiration)	암호의 유효 기간이 설정된다.
암호 변경 후 유효기간 (Password Change Minimum)	암호를 변경한 후 다시 변경할 수 있는 최소 기간이 설정된다.
암호 변경 주기 (Password Change Maximum)	암호를 변경해야 하는 최대 기간이 설정된다.
알림 기간 (Password Warning)	암호 만료 전에 사용자에게 경고를 표시하기 위한 일수가 설정된다.
계정 잠금 기간 (Account Lock)	계정이 잠겨있는 경우 계정이 잠긴 상태를 유지해야 하는 일수가 설정된다.
계정 만료일 (Account Expiration)	계정의 만료 날짜가 설정된다.
예약 (Reserved)	예약 필드로 사용되며 현재는 사용되지 않는다.

기초 용어 정리

* **암호 해시(Password Hash)**: 주로 비밀번호와 같은 중요한 정보를 안전하게 저장하고 비교하기 위해 사용되는 기술이다. 암호 해시는 원래 텍스트 데이터(예: 비밀번호)를 입력으로 받아 일련의 수학적 연산을 수행하여 고정 길이의 무작위 문자열인 해시값을 생성한다. 이러한 해시값은 원본 데이터를 추론하기 어렵게 만들어 비밀번호와 같은 중요한 정보를 안전하게 보호한다.

(5) /etc/login.defs 파일

● 이 파일은 리눅스 시스템에서 로그인과 관련된 여러 가지 시스템 설정을 포함하는 파일이다.

● 이 파일은 시스템 전반적인 로그인 정책과 관련된 매개 변수들을 설정하고 변경할 수 있게 해 준다.

● 아래는 /etc/login.defs 파일의 주요 옵션과 설명이다.

옵션	설명
PASS_MAX_DAYS	이 옵션은 암호의 최대 유효 기간을 나타낸다.
PASS_MIN_DAYS	최소 비밀번호 변경 주기를 정의하는 옵션이다.
PASS_MIN_LEN	이 옵션은 새로운 비밀번호의 최소 길이를 나타낸다.
PASS_WARN_AGE	비밀번호 만료 전에 사용자에게 경고를 표시하는 일수를 설정한다.
UID_MIN	이 옵션은 시스템에서 사용할 수 있는 최소 사용자 ID를 나타낸다.
UID_MAX	최대 사용자 ID를 나타낸다.
SYS_UID_MIN	시스템 관리를 위해 예약된 최소 시스템 사용자 UID를 설정한다.
SYS_UID_MAX	시스템 관리를 위해 예약된 최대 시스템 사용자 UID를 설정한다.
GROUPS_MIN	최소 그룹 ID를 나타내며, 일반적으로 100 또는 그 이상으로 설정된다.
GROUPS_MAX	최대 그룹 ID를 설정하며, 그룹 관리를 위해 예약된 ID와 충돌하지 않도록 조정된다.
ENCRYPT_METHOD	암호화 알고리즘을 설정하는 옵션으로, 시스템에서 사용할 암호화 방법을 선택한다.

3. 사용자 계정 관리 명령어

(1) usermod

● usermod 명령어는 사용자 계정을 수정하는 데 사용되는 명령어이다.

● 사용자의 속성을 변경하거나 그룹 멤버십을 수정하는 데에 유용하다.

● 다음은 usermod 명령어의 주요 옵션과 설명이다.

옵션	설명
-c	사용자 계정에 대한 코멘트나 설명을 변경한다.
-d	사용자의 홈 디렉터리 경로를 변경한다.
-e	사용자 계정의 만료 날짜를 설정한다.
-g	사용자의 기본 그룹을 변경한다.
-a	그룹 추가 모드로 사용자를 그룹에 추가한다.
-l	사용자의 로그인 이름(계정 이름)을 변경한다.
-L	사용자 계정을 잠근다.
-U	잠긴 사용자 계정을 다시 활성화(잠금 해제)한다.
-p	사용자 계정의 암호를 직접 설정한다.

(2) userdel

● userdel 명령어는 리눅스 시스템에서 사용자 계정을 삭제하는 데 사용되는 명령어이다.

● 다음은 userdel 명령어의 주요 옵션과 설명이다.

옵션	설명
-f	사용자 계정을 강제로 삭제한다.
-r	사용자의 홈 디렉터리와 메일 스풀 등 관련 파일과 디렉터리를 함께 삭제한다.
-Z	SELinux는 보안 강화를 위한 리눅스 커널 보안 모듈인데 이에 대한 보안 정책과 관련된 사용자 속성을 삭제한다.
-h	명령어의 도움말을 표시한다.

(3) chage

● chage 명령어는 사용자의 암호 정책과 계정 만료 관련 설정을 변경하고 관리하는 데 사용되는 명령어이다.

● 사용자 계정의 암호 만료일, 계정 만료일, 알림 기간 등을 설정하거나 확인하는 데 유용하다.

● 다음은 chage 명령어의 주요 옵션과 설명이다.

옵션	설명
-d	사용자 계정의 암호 만료일을 설정한다.
-E	사용자 계정의 전체 만료 날짜를 설정한다.
-I	비활성 기간을 설정한다.
-l	사용자 계정의 현재 암호 정책 및 계정 관련 설정을 확인한다.
-m	암호 변경 후 최소 일수를 설정한다.
-M	암호 만료까지의 최대 일수를 설정한다.
-R	다른 루트 디렉터리에서 실행 중인 시스템에서 사용자 설정을 변경한다.

4. 그룹관리를 위한 파일과 명령어들

(1) /etc/group

● 파일은 그룹 정보를 저장하는 파일이다.

● 이 파일은 각각의 그룹과 해당 그룹의 멤버들을 나열하고, 그룹 ID (GID) 등의 정보를 포함한다.

● 아래는 /etc/group 파일의 주요 구조와 옵션에 대한 설명이다.

명칭	특징
그룹 이름 (Group Name)	/etc/group 파일의 각 라인은 하나의 그룹을 나타낸다.
그룹 암호 (Password)	보안 상의 이유로, /etc/group 파일은 그룹 암호를 포함할 수 있다.
그룹 ID (GID)	그룹을 식별하는 데 사용되는 고유한 숫자이다.
그룹 멤버 (Group Members)	그룹에 속한 사용자 계정들의 목록이 세 번째 열에 있다.

● 예를 들어, /etc/group 파일의 한 줄은 다음과 같이 나타날 수 있다.

  - mygroup:x:1001:user1,user2

● 이 예에서 그룹 이름은 mygroup이다.

● 그룹 암호는 'x'로 설정되어 있다.

● 그룹 ID (GID)는 1001이다.

● 그룹 멤버로 user1과 user2가 포함되어 있다.

(2) /etc/gshadow

● 파일은 그룹의 보안 관련 정보를 저장하는 파일이다.

● /etc/group 파일과 비슷하지만 그룹의 비밀번호 관련 정보를 저장하며, 이 파일은 시스템 보안을 강화하고 그룹 암호를 관리하는 데 사용된다.

● 아래는 /etc/gshadow 파일의 주요 구조와 옵션에 대한 설명이다.

명칭	특징
그룹 이름 (Group Name)	/etc/gshadow 파일의 각 라인은 하나의 그룹을 나타낸다.
암호 (Password)	/etc/gshadow 파일은 그룹 암호를 포함하고 있다.
그룹 관리자 (Group Administrator)	이 열은 그룹 관리자를 지정한다.
그룹 멤버 (Group Members)	그룹에 속한 사용자 계정들의 목록이 네 번째 열에 있다.

● 예를 들어, /etc/gshadow 파일의 한 줄은 다음과 같이 나타날 수 있다.

　– mygroup:!!:adminuser:user1,user2

● 이 예에서 그룹 이름은 mygroup이다.

● 그룹 암호는 '!!'로 설정되어 있으며, 그룹 암호가 비어 있음을 나타낸다.

● 그룹 관리자로 adminuser가 지정되어 있다.

● 그룹 멤버로 user1과 user2가 포함되어 있다.

(3) groupadd

● groupadd 명령어는 새로운 그룹을 생성하는 데 사용되는 명령어이다.

● 그룹을 생성할 때 그룹 이름, 그룹 ID(GID), 그룹의 부가 정보 등을 설정할 수 있다.

● 다음은 groupadd 명령어의 주요 옵션과 설명이다.

옵션	특징
-g	새 그룹의 그룹 ID(GID)를 지정한다.
-K	그룹 설정과 관련된 키-값 쌍을 설정한다.
-o	중복된 GID를 가진 그룹을 생성할 때 사용한다.
-p	그룹 암호를 설정한다.
-r	시스템 그룹을 생성할 때 사용한다.

(4) groupdel

● groupdel 명령어는 그룹을 삭제하는 데 사용되는 명령어이다.

● 다음은 groupdel 명령어의 주요 옵션과 설명이다.

옵션	특징	예
-f	이 옵션을 사용하면 그룹을 강제로 삭제한다.	groupdel -f groupname
-h	명령어의 도움말을 표시한다.	groupdel -h

(5) groupmod

● groupmod 명령어는 그룹의 속성을 변경하는 데 사용되는 명령어이다.

● 그룹 이름, GID (그룹 ID), 그룹 암호, 그룹 멤버십 등과 관련된 다양한 그룹 속성을 수정할 수 있다.

● 다음은 groupmod 명령어의 주요 옵션과 설명이다.

옵션	설명
-g	그룹의 GID (그룹 ID)를 변경한다.
-n	그룹의 이름을 변경한다.
-o	중복된 GID를 가진 그룹을 생성하도록 허용한다.
-p	그룹 암호를 설정한다.
-A	그룹에 사용자를 추가한다.
-R	다른 루트 디렉터리에서 실행 중인 시스템에서 그룹 설정을 변경한다.

5. 사용자를 조회하기 위한 명령어

(1) users

● users 명령어는 현재 로그인한 사용자의 목록을 표시하는 데 사용되는 간단한 명령어이다.

● 이 명령어는 터미널*에서 실행할 수 있으며, 로그인한 사용자의 이름을 출력한다.

기초 용어 정리

* **터미널(Terminal)**: 컴퓨터 사용자가 컴퓨터와 상호 작용하는 텍스트 기반 인터페이스이다. 터미널을 사용하면 사용자는 명령어를 입력하고 컴퓨터와 통신하여 다양한 작업을 수행할 수 있다.

- users 명령어는 주로 다른 사용자와의 세션 공유나 현재 시스템에 누가 로그인 중인지 확인할 때 사용된다.

● users 명령어에는 일반적으로 옵션은 포함되지 않는다. 다만 특정 상황에서는 다음과 같은 옵션이 포함될 수 있다.

옵션	특징	예
-q	이 옵션을 사용하면 로그인한 사용자 목록을 출력하지 않고, 그저 현재 로그인한 사용자 수만 표시한다.	users -q
-u	이 옵션은 현재 로그인한 사용자 수를 출력한다.	users -u

(2) who

● who 명령어는 현재 로그인한 사용자에 대한 정보를 표시하는 명령어이다.

● who 명령어를 사용하면 사용자 이름, 터미널, 로그인 시간 등의 정보를 확인할 수 있다.

● 다음은 who 명령어의 주요 옵션과 설명이다.

옵션	설명
-a	who 명령을 사용하여 현재 로그인한 모든 사용자의 정보를 표시한다.
-b	시스템 부팅 시간을 표시한다.
-H	출력에 열 제목(헤더)을 표시한다.
-q	현재 로그인한 사용자 수를 출력한다.
-m	사용자에게 메시지가 있는 경우 메시지를 출력한다.
-r	현재 시스템의 런레벨(실행 레벨) 정보를 표시한다.
-s	간단한 출력 형식으로 사용자 정보를 표시한다.

(3) w

● w 명령어는 현재 로그인한 사용자와 관련된 정보를 자세히 보여주는 명령어이다.

● 이 명령어를 사용하면 사용자의 로그인 시간, 터미널, 작업, 호스트* 등 다양한 정보를 확인할 수 있다.

● 다음은 w 명령어의 주요 옵션과 설명이다.

기초 용어 정리

* **호스트(Host)**: 네트워크에서 데이터를 주고받을 수 있는 장치나 컴퓨터 시스템을 가리킨다. 호스트는 네트워크 상에서 자신의 식별자(IP 주소 또는 호스트 이름)를 가지며, 데이터 통신을 통해 다른 호스트와 상호 작용할 수 있다.

옵션	설명
-h	표 출력에서 헤더(열 제목)를 표시하지 않는다.
-s	간단한 출력 형식으로 사용자 정보를 표시한다.
-u	로그인한 사용자의 정보를 출력할 때, 해당 사용자의 이름을 지정하여 해당 사용자에 대한 정보만 표시한다.
-f	사용자 이름을 파일에서 읽어와 해당 사용자에 대한 정보를 출력한다.
-i	호스트의 IP 주소를 표시한다.
-l	시스템의 현재 부하(로드 에버리지) 정보를 표시한다.

(4) id

● id 명령어는 현재 사용자 또는 지정한 사용자에 대한 정보를 표시하는 명령어이다.

● 이 명령어를 사용하면 사용자 이름, UID (사용자 ID), 그룹 이름, GID (그룹 ID), 그리고 사용자가 속한 보조 그룹의 정보를 확인할 수 있다.

● 다음은 id 명령어의 주요 옵션과 설명이다.

옵션	설명
-u	현재 사용자의 UID (사용자 ID)를 표시한다.
-g	현재 사용자의 기본 그룹의 GID (그룹 ID)를 표시한다.
-G	현재 사용자가 속한 모든 그룹의 GID 목록을 표시한다.
-n	GID 대신 그룹 이름을 표시한다.
-r	현재 사용자의 실제 UID와 GID를 표시한다.
-u username	지정한 사용자의 UID를 표시한다.

(5) groups

● groups 명령어는 현재 사용자가 속한 그룹 목록을 표시하는 명령어이다.

● 사용자는 여러 그룹에 속할 수 있으며, 이 명령어를 사용하여 현재 사용자가 속한 모든 그룹을 확인할 수 있다.

● 다음은 groups 명령어의 주요 옵션과 설명이다.

옵션	설명
-c	그룹 목록을 콤마(,)로 구분하여 한 줄로 표시한다.
-g	첫 번째 보조 그룹의 GID (그룹 ID)만 표시한다.
-n	그룹 이름 대신 GID (그룹 ID)를 표시한다.
-o	모든 그룹 목록을 표시한다.

02 디렉터리와 파일 *****

01 디렉터리 관리에 관한 명령어들 *****

디렉터리 관리 명령어들은 파일 시스템에서 파일 및 디렉터리를 생성, 이동, 삭제하고 디렉터리 구조를 탐색하는 데 사용됩니다. 이러한 명령어들을 활용하여 리눅스 및 Unix 시스템에서 파일 및 디렉터리를 효율적으로 관리할 수 있습니다. 그래서 리눅스를 사용할때는 일상적으로 사용하는 명령들이기도 합니다. 명령어들은 대부분 특정단어의 이니셜을 통해서 정해지는 경우가 많으니 되도록 명령어가 어떤 단어나 기능을 상징하는지를 중심으로 공부를 하면 기억하고 적용하기 편할 것입니다.

1. pwd

● pwd는 "Print Working Directory"의 약자로 현재 작업 중인 디렉터리(폴더)의 경로를 출력하는 리눅스 명령어이다.

● pwd 명령어는 주로 사용자가 어떤 디렉터리 내에서 작업하고 있는지 확인하기 위해 사용된다.

● pwd 명령어는 일반적으로 옵션을 사용하지 않고 실행되지만 몇 가지 유용한 옵션을 함께 사용할 수 있다.

● 다음은 pwd 명령어의 주요 옵션과 설명이다.

옵션	설명
-L	이 옵션은 심볼릭 링크를 따라가지 않고 현재 작업 중인 디렉터리를 출력한다.
-P	이 옵션은 현재 작업 중인 디렉터리의 실제 경로를 출력한다.

2. cd

● cd는 "Change Directory"의 약어로 현재 작업 디렉터리를 변경하는 데 사용되는 명령어이다.

● cd 명령어는 주로 다양한 디렉터리로 이동하고 디렉터리 간에 작업 디렉터리를 변경하는 데 사용된다.

● 다음은 cd 명령어의 주요 옵션과 설명이다.

옵션	설명
cd [디렉터리 경로]	cd 명령어를 사용할 때 옵션 없이 디렉터리 경로를 지정하면 해당 디렉터리로 이동한다.
cd ~	~ 기호 또는 옵션 없이 cd 명령어를 사용하면 사용자의 홈 디렉터리로 이동한다.
cd -	이 옵션을 사용하면 이전 작업 디렉터리로 돌아간다.
cd ..	현재 디렉터리의 상위 디렉터리로 이동한다.
cd /	루트 디렉터리로 이동한다.
cd --help	cd 명령어의 도움말을 확인하려면 이 옵션을 사용한다.

3. mkdir

● mkdir 명령어는 디렉터리(폴더)를 생성하는 데 사용되는 명령어이다.

● mkdir 명령어는 다양한 옵션을 지원하여 디렉터리를 생성하는 방법을 조절할 수 있다.

● 다음은 mkdir 명령어의 주요 옵션과 설명이다.

옵션	설명
-p	지정된 경로에 디렉터리를 생성할 때 중간에 필요한 디렉터리들도 함께 생성한다.
-m	새로운 디렉터리의 퍼미션*(권한)을 직접 지정할 수 있다.
--help 옵션	명령어의 도움말을 확인하려면 --help 옵션을 사용한다.
-v	디렉터리가 생성될 때마다 상세한 정보를 출력한다.
-Z	SELinux 환경에서 -Z 옵션을 사용하여 디렉터리의 SELinux 보안 컨텍스트를 지정할 수 있다.

4. rmdir

● rmdir 명령어는 디렉터리(폴더)를 삭제하는 데 사용되는 명령어이다.

● rmdir 명령어는 주로 빈 디렉터리를 삭제할 때 사용된다.

● 다음은 rmdir 명령어의 주요 옵션과 설명이다.

옵션	설명
-p	지정된 디렉터리를 삭제하고 필요한 경우 중간에 있는 부모 디렉터리도 함께 삭제한다.
-v	삭제된 디렉터리의 이름을 상세히 출력한다.
-Z	SELinux 환경에서 -Z 옵션을 사용하여 디렉터리의 SELinux 보안 컨텍스트를 지정할 수 있다.

기초 용어 정리

* **퍼미션(Permission)**: 컴퓨터 운영 체제에서 파일 및 디렉터리에 대한 액세스 권한을 관리하는 데 사용되는 개념이다. 퍼미션은 파일 또는 디렉터리를 어떻게 사용자 또는 프로세스가 조작할 수 있는지를 제어하며, 보안과 개인 정보 보호를 강화하기 위해 중요한 역할을 한다.

✦ 합격을 부르는 치트키 가이드

파일 관리 명령어들은 파일을 조작하고 분석하는 데 사용됩니다. 파일의 생성, 편집, 검색, 복사, 이동 및 삭제와 같은 일상적인 파일 작업에 필수적입니다. 각 명령어는 특정한 목적을 가지고 있으므로 필요에 따라 적절한 명령어를 선택하여 사용해야 합니다. 그래서 명령을 보면 주로 사용되었던 기능이 무엇인지를 중심으로 학습을 해주시면 되겠습니다.

1. ls

● ls 명령어는 현재 작업 디렉터리에 있는 파일과 디렉터리 목록을 나열하는 데 사용된다.

● ls 명령어는 다양한 옵션을 지원하여 파일 및 디렉터리 목록을 다양한 방식으로 출력하고 필터링할 수 있다.

● 다음은 ls 명령어의 일부 주요 옵션과 설명이다.

옵션	설명
-l	상세한 목록을 출력한다.
-a	숨겨진 파일 및 디렉터리도 포함하여 모든 파일과 디렉터리를 나열한다.
-h	파일 크기를 인간이 읽기 쉬운 형식(킬로바이트, 메가바이트 등)으로 표시한다.
-t	파일 및 디렉터리를 수정 날짜 및 시간 순서로 정렬하여 출력한다.
-r	역순으로 나열된다.
--color	파일 및 디렉터리를 다양한 색상으로 표시하여 시각적으로 구분할 수 있다.
--help	이 옵션을 사용하면 명령어의 사용법과 가능한 옵션에 대한 정보를 표시한다.

2. cp

● cp 명령어는 파일 및 디렉터리를 복사하는 데 사용되는 명령어이다.

● cp 명령어는 다양한 옵션을 지원하여 복사 작업을 다양한 방식으로 제어하고 파일 및 디렉터리를 목적지로 복사할 수 있다.

● 다음은 cp 명령어의 일부 주요 옵션과 설명이다.

옵션	설명
-r	디렉터리를 복사할 때 이 옵션을 사용해야 한다.

-i	대상 디렉터리에 이미 동일한 이름의 파일이 있을 때 덮어쓸 것인지 사용자에게 확인을 요청한다.
-u	대상 디렉터리에 이미 동일한 이름의 파일이 있을 때 파일의 수정 날짜와 시간을 비교하여 최신 파일만 복사한다.
-v	복사 작업의 상세 정보를 출력한다.
--preserve	파일의 권한, 소유자, 그룹, 수정 날짜 및 시간 등의 메타데이터*를 보존하려고 할 때 사용된다.
--help	이 옵션을 사용하면 명령어의 사용법과 가능한 옵션에 대한 정보를 표시한다.

3. rm

- rm 명령어는 파일 및 디렉터리를 삭제하는 데 사용되는 명령어이다.

- rm 명령어는 다양한 옵션을 지원하여 삭제 작업을 다양한 방식으로 제어하고 파일 및 디렉터리를 삭제할 수 있다.

- 다음은 rm 명령어의 일부 주요 옵션과 설명이다.

옵션	설명
-r	디렉터리와 그 내용을 재귀적으로 삭제한다.
-f	이 옵션을 사용하면 파일을 묻지 않고 삭제할 수 있으므로 주의가 필요하다.
-i	파일을 삭제하기 전에 사용자에게 확인 메시지가 표시된다.
-v	삭제 작업의 상세 정보를 출력한다.
--help	이 옵션을 사용하면 명령어의 사용법과 가능한 옵션에 대한 정보를 표시한다.
-d	빈 디렉터리를 삭제할 때 사용된다.

4. mv

- mv 명령어는 파일 및 디렉터리를 이동하거나 이름을 변경하는 데 사용되는 명령어이다.

- 다음은 mv 명령어의 일부 주요 옵션과 설명이다.

옵션	설명
-i	대상 디렉터리에 이미 동일한 이름의 파일이나 디렉터리가 있는 경우 덮어쓸 것인지 사용자에게 확인을 요청한다.
-u	대상 디렉터리에 이미 동일한 이름의 파일이 있을 때 파일의 수정 날짜와 시간을 비교하여 최신 파일만 이동한다.

기초 용어 정리

* **메타데이터(Metadata)** : 데이터에 대한 정보를 설명하는 데이터이다. 다시 말해, 메타데이터는 데이터에 대한 데이터이며, 원본 데이터의 속성, 특성, 구조, 관계 등을 기술하는 정보를 제공한다. 메타데이터는 다양한 컴퓨팅 분야와 정보 관리에서 중요한 역할을 한다.

-v	이동 또는 이름 변경 작업의 상세 정보를 출력한다.
--backup[=CONTROL]	이동 또는 이름 변경 작업을 수행할 때 백업 파일을 만들 수 있다.
--help	이 옵션을 사용하면 명령어의 사용법과 가능한 옵션에 대한 정보를 표시한다.
-b	백업 파일을 만들어 대상 디렉터리에 이미 동일한 이름의 파일이 있는 경우 덮어쓰지 않고 백업 파일로 저장한다.

5. touch

● touch 명령어는 빈 파일을 생성하거나 파일의 수정 날짜 및 시간을 변경하는 데 사용되는 명령어이다.

● touch 명령어는 다양한 옵션을 지원하여 파일을 생성하고 수정하는 방법을 다양하게 제어할 수 있다.

● 다음은 touch 명령어의 일부 주요 옵션과 설명이다.

옵션	설명
-a	파일의 "접근 시간"만 업데이트한다.
-c	파일이 존재하지 않을 때만 파일을 생성한다.
-d	특정 날짜와 시간으로 파일의 수정 날짜 및 시간을 설정할 수 있다.
-m	파일의 "수정 시간"만 업데이트한다.
-r	다른 파일의 수정 날짜 및 시간 정보를 복사하여 대상 파일의 수정 날짜 및 시간을 설정할 수 있다.
--help	이 옵션을 사용하면 명령어의 사용법과 가능한 옵션에 대한 정보를 표시한다.

6. find

● find 명령어는 파일 및 디렉터리를 검색하는 데 사용되는 강력한 명령어이다.

● find 명령어는 다양한 옵션을 지원하여 검색 작업을 다양한 방식으로 제어하고 원하는 파일이나 디렉터리를 찾을 수 있다.

● 다음은 find 명령어의 주요 옵션과 설명이다.

옵션	설명
-name	파일 또는 디렉터리 이름을 지정하여 검색할 수 있다.
-type	검색 대상의 타입을 지정할 수 있다.
-mtime	파일의 수정 날짜를 기반으로 검색할 수 있다.
-size	파일 크기를 기반으로 검색할 수 있다.

−exec	검색된 파일이나 디렉터리에 대해 지정된 명령을 실행할 수 있다.
−maxdepth 및 −mindepth	−maxdepth는 검색할 최대 깊이를, −mindepth는 검색할 최소 깊이를 지정한다.
−print	검색 결과를 표시한다.

7. locate

● locate 명령어는 파일 및 디렉터리를 빠르게 검색하는 데 사용되는 명령어이다.

● locate 명령어는 시스템 내의 파일 데이터베이스를 사용하여 검색 작업을 수행하므로 일반적으로 find 명령어보다 빠르다.

● 다음은 locate 명령어의 주요 옵션과 설명이다.

옵션	설명
−i	검색 대상 문자열의 대소문자를 구분하지 않는다.
−c	검색 결과의 개수를 출력한다.
−l	검색 결과 중 하나를 무작위로 선택하여 출력한다.
−b	정규 표현식을 사용하여 원하는 패턴을 지정한다.
−−limit	출력할 결과의 최대 개수를 지정할 수 있다.
−−database	특정 데이터베이스 파일을 지정할 수 있다.
−−version	locate 명령어의 버전 정보를 출력한다.

03 텍스트 파일을 다루는 명령어들 ★★★★★

✦ 합격을 부르는 치트키 가이드

텍스트 파일 관리 명령어들은 텍스트 데이터를 효율적으로 다루고 처리하는 데 사용됩니다. 파일 내용을 확인하고 검색하며, 필요한 작업에 따라 수정하고 가공할 수 있습니다. 특히 grep와 같은 명령어는 텍스트 처리에 있어서 강력한 도구로 널리 사용됩니다. 그리고 이것은 리눅스를 넘어서 데이터분석과 인공지능 등에도 사용되는 개념과 명령체계이기에 향후에 이 기능들이 어떻게 쓰이게 될지에 대해서 생각을 해보면서 추가로 검색을 해보거나 뉴스기사 등을 찾아보는 것도 기억에 잘 남고 시험에 대비할 배경지식을 쌓는데도 도움이 될 것입니다.

1. cat

● cat 명령어는 텍스트 파일을 표시하거나 병합하는 데 사용되는 명령어이다.

- "cat"은 "concatenate"의 약자로 파일을 이어 붙이는 역할을 한다.

- cat 명령어는 다양한 옵션을 지원하여 파일을 다양한 방식으로 표시하고 조작할 수 있다.

- 다음은 cat 명령어의 일부 주요 옵션과 설명이다.

옵션	설명
-n	각 행(라인) 앞에 줄 번호를 표시한다.
-b	빈 줄을 제외한 각 행에만 줄 번호를 표시한다.
-A	파일에 포함된 특수 문자(제어 문자)를 표시한다.
-E	각 행의 끝에 달러 기호($)를 표시한다.
-T	각 행에 있는 탭 문자를 ^I로 표시한다.
--help	이 옵션을 사용하면 명령어의 사용법과 가능한 옵션에 대한 정보를 표시한다.

2. head

- head 명령어는 파일의 시작 부분을 표시하는 데 사용되는 명령어이다.

- 기본적으로 head 명령어는 파일의 처음 부분을 표시하지만 다양한 옵션을 사용하여 출력하는 행 수나 다른 특정 조건을 지정할 수 있다.

- 다음은 head 명령어의 일부 주요 옵션과 설명이다.

옵션	설명
-n	출력할 행 수를 지정한다.
-c	출력할 바이트 수를 지정한다.
-q	파일 이름을 출력하지 않고 파일의 내용만 출력된다.

3. tail

- tail 명령어는 파일의 끝 부분을 표시하는 데 사용되는 명령어이다.

- 기본적으로 tail 명령어는 파일의 끝 부분을 표시하지만 다양한 옵션을 사용하여 출력하는 행 수나 다른 특정 조건을 지정할 수 있다.

- 다음은 tail 명령어의 주요 옵션과 설명이다.

옵션	설명
-n	출력할 행 수를 지정한다.
-c	출력할 바이트 수를 지정한다.
-f	파일의 끝을 계속해서 모니터링하고 파일이 변경될 때 실시간으로 변경 내용을 출력한다.
-q	파일 이름을 출력하지 않고 파일의 내용만 출력된다.

4. more

- more 명령어는 텍스트 파일을 페이지 단위로 표시하는 명령어이다.
- 파일의 내용을 한 번에 많은 양으로 표시하지 않고 사용자가 페이지 단위로 스크롤하며 확인할 수 있도록 도와준다.
- more 명령어는 다음과 같은 옵션을 지원한다.

옵션	설명
-d	화면의 하단에 "--More--" 메시지를 표시한다.
-f	파일 내에서 줄 바꿈 문자(LF)를 무시한다.
-p	페이지를 화면의 맨 위에 표시한다.
-c	파일의 내용을 화면에서 지우고 파일의 마지막 부분만 표시한다.
-s	중복된 공백 문자를 하나로 압축하여 출력한다.

5. less

- less 명령어는 텍스트 파일을 페이지 단위로 표시하고 스크롤할 수 있는 명령어이다.
- more 명령어와 유사하지만 더 많은 기능과 옵션을 제공한다.
- 다음은 less 명령어의 일부 주요 옵션과 설명입니다.

옵션	설명
-N	각 행의 줄 번호를 표시한다.
-F	파일이 한 페이지보다 길 때 자동으로 less를 종료하지 않고 계속 스크롤한다.
-i	검색 시 대소문자를 구분하지 않는다.
-q	파일 이름을 출력하지 않는다.
-R	텍스트 파일 내의 ANSI 컬러 코드 및 제어 문자를 해석하여 색상 및 서식을 유지하면서 표시한다.

6. grep

- grep 명령어는 텍스트 데이터에서 특정 패턴을 검색하고 찾은 패턴을 출력하는 데 사용되는 명령어이다.

- grep 명령어는 다양한 옵션을 지원하여 검색 작업을 다양한 방식으로 제어할 수 있다.

- 다음은 grep 명령어의 일부 주요 옵션과 설명이다.

옵션	설명
-i	대소문자를 구분하지 않고 검색한다.
-r	디렉터리 내부의 모든 파일에서 재귀적*으로 검색한다.
-l	파일 이름만 출력한다.
-v	패턴과 일치하지 않는 줄을 출력한다.
-n	검색된 줄의 번호를 함께 출력한다.
-c	일치하는 줄의 개수를 출력한다.

7. wc

- wc는 "word count"의 약자로 텍스트 파일의 행 수, 단어 수, 문자 수를 세는 데 사용된다.

- wc 명령어는 주로 파일의 특성을 파악하거나 텍스트 파일에서 특정 정보를 추출하는 데 유용하다.

- wc 명령어는 다음과 같은 기본적인 구문을 가진다.

옵션	설명
-l	이 옵션을 사용하면 파일 내의 총 행 수를 출력한다.
-w	파일 내의 총 단어 수를 출력한다.
-c	파일의 바이트 수를 출력한다.
-m	이 옵션을 사용하면 파일 내의 총 문자 수를 출력한다.
-L	가장 긴 행의 길이를 출력한다.

기초 용어 정리

* **재귀적(Recursive)**: 어떤 작업이나 함수에서 자기 자신을 호출하는 것을 의미한다. 재귀적인 호출은 반복적인 작업을 수행하거나 문제를 해결하는 데 사용된다.

8. sort

- sort 명령어는 주어진 텍스트 데이터를 정렬하는 데 사용된다.

- sort 명령어는 다음과 같은 기본적인 구문을 가진다.

- 문법 : sort [옵션] [파일]

- 여기서 [옵션]은 sort 명령어를 사용할 때 추가적으로 지정할 수 있는 옵션이다.

- 주요 옵션은 다음과 같다.

옵션	설명
-f	대소문자를 구분하지 않고 정렬한다.
-r	내림차순으로 정렬한다.
-n	숫자로 정렬한다.
-k N[,M]	특정 열(필드)을 기준으로 정렬하며 N은 시작 열을, M은 종료 열을 나타낸다.
-t	이 옵션을 사용하여 다른 구분자를 지정할 수 있다.
-u	중복 항목을 제거하고 유일한 항목만 표시한다.
-o	정렬된 결과를 지정한 출력 파일에 저장한다.

9. cut

- cut 명령어는 텍스트 파일의 각 행에서 필드(열)를 추출하거나 잘라내는 데 사용된다.

- cut 명령어는 다음과 같은 기본적인 구문을 가진다.

- cut [옵션] [파일]

- 여기서 [옵션]은 cut 명령어를 사용할 때 추가적으로 지정할 수 있는 옵션이다.

- 주요 옵션은 다음과 같다.

옵션	설명
-c N-M	지정한 범위의 문자를 추출한다.
-f N	지정한 필드(열)를 추출한다.
-d 문자	필드 구분자를 지정한다.
-s	필드 구분자가 없는 행을 무시한다.
-n	출력에서 필드를 구분하는 문자를 지정한다.

10. split

- split 명령어는 대상 파일을 작은 부분 파일로 나누는 데 사용된다.

- split 명령어는 다음과 같은 기본적인 구문을 가진다.

- split [옵션] [입력파일] [출력파일 접두어]

- 여기서 [옵션]은 split 명령어를 사용할 때 추가적으로 지정할 수 있는 옵션이다.

- 주요 옵션은 다음과 같다.

옵션	설명
-b	파일을 바이트 크기로 분할한다.
-l	파일을 지정한 행 수로 분할한다.
-a	생성된 부분 파일의 접미사 길이를 지정한다.
-d	숫자로 된 접미사를 사용하여 부분 파일을 생성한다.

04 파일 비교 작업을 하는 명령어들 ★★★★★

✦ 합격을 부르는 치트키 가이드
리눅스에서 파일 비교 작업을 수행하는 명령어들은 두 개 이상의 파일을 비교하고 차이점을 확인하는 데 사용됩니다. 주로 텍스트 파일을 비교하는 데 사용되며, 파일 간의 차이를 찾아내거나 일치 여부를 확인하는 데 유용합니다. 유사한 기능들이 많기 때문에 각 명령어 간의 기능상 차이점과 적용하는 범위를 중심으로 구별하며 학습할 필요가 있습니다.

1. diff

- diff 명령어는 두 개의 파일 또는 디렉터리 간의 차이를 비교하고 출력하는 데 사용된다.

- diff 명령어는 다음과 같은 기본적인 구문을 가진다.

  - diff [옵션] 디렉터리1 디렉터리2

- diff [옵션] 파일1 파일2 또는 디렉터리를 비교할 때는 위와 같이 작성을 한다. 여기서 [옵션]은 diff 명령어를 사용할 때 추가적으로 지정할 수 있는 옵션이다.

● 주요 옵션은 다음과 같다.

옵션	설명
-q	파일이 다른지 여부만을 출력한다.
-r	디렉터리를 재귀적으로 비교한다.
-u	출력 형식을 통합된 형식으로 변경한다.
-i	대소문자를 무시하고 비교한다.
-w	공백 문자를 무시하고 비교한다.
-B	빈 줄을 무시하고 비교한다.
-y	비교 결과를 좌우로 나란히 출력한다.
-N	하나의 파일이 다른 파일보다 길 경우 긴 파일의 나머지 부분을 비교하지 않고 출력한다.

2. cmp

● cmp 명령어는 두 개의 파일을 비교하여 차이를 찾는 데 사용된다.

● cmp 명령어는 다음과 같은 기본적인 구문을 가진다.

– cmp [옵션] 파일1 파일2

● 여기서 [옵션]은 cmp 명령어를 사용할 때 추가적으로 지정할 수 있는 옵션이다.

● 주요 옵션은 다음과 같다.

옵션	설명
-b	파일의 바이너리 데이터 비교 시 파일 내에서 다른 위치와 바이트 값의 차이를 출력한다.
-i N	파일을 비교할 때 처음 N 바이트를 무시한다.
-l	파일 내의 모든 다른 바이트의 위치와 값을 상세하게 출력한다.
-s	파일이 같은 경우 아무런 출력을 생성하지 않는다.

3. comm

● comm 명령어는 두 개 이상의 정렬된 파일을 비교하고 공통된 줄과 각 파일에만 있는 줄을 식별하는 데 사용된다.

● comm 명령어는 다음과 같은 기본적인 구문을 가진다.

– comm [옵션] 파일1 파일2

- 여기서 [옵션]은 comm 명령어를 사용할 때 추가적으로 지정할 수 있는 옵션이다.

- 주요 옵션은 다음과 같다.

옵션	설명
-1	파일1에서만 나타나는 줄을 출력한다.
-2	파일2에서만 나타나는 줄을 출력한다.
-3	파일1과 파일2에서 공통으로 나타나는 줄을 출력하지 않는다.
-i	대소문자를 무시하고 비교한다.
-n	줄 번호를 출력한다.
-o FORMAT	출력 형식을 사용자 정의 포맷으로 지정한다.

4. 리다이렉션(REDIRECTION)

- 리눅스 리다이렉션은 표준 입력(stdin)과 표준 출력(stdout)을 조작하고 다루는 데 사용되는 기술이다.

- 리눅스 명령어와 프로세스는 기본적으로 세 가지 파일 디스크립터*를 가지고 있다.

- 표준 입력(stdin, 파일 디스크립터 0) : 키보드 입력과 관련된 파일 디스크립터로 일반적으로 사용자의 입력을 받는다.

- 표준 출력(stdout, 파일 디스크립터 1) : 화면 출력과 관련된 파일 디스크립터로 명령어 실행 결과가 여기로 출력된다.

- 표준 오류(stderr, 파일 디스크립터 2) : 오류 메시지와 관련된 파일 디스크립터로 명령어 실행 중에 오류가 발생하면 여기로 출력된다.

5. 리눅스 리다이렉션

(1) 입력 리다이렉션 (〈)

- 〈 기호를 사용하여 특정 파일로부터 입력을 받는 방식이다.

- 예를 들면 [command 〈 input.txt] 와 같이 사용하면 input.txt 파일로부터 명령어의 입력을 받는다.

기초 용어 정리

* **디스크립터(서술자)** : 리눅스로부터 할당 받은 파일 혹은 소켓을 대표하는 정수를 의미한다. 또한 표준 입력 및 표준 출력도 파일 디스크립터라고 표현한다.

(2) 출력 리다이렉션 (〉, 〉〉)

- 〉 기호를 사용하여 명령어의 출력을 파일로 저장하는 방식이다.
- command 〉 output.txt와 같이 사용하면 output.txt 파일에 명령어의 표준 출력을 덮어쓴다.
- 〉〉 기호를 사용하면 파일의 끝에 내용을 추가한다. 즉 [command 〉〉 output.txt]는 파일에 내용을 추가한다.

6. 파이프(PIPE)

- 리눅스 파이프(pipe)는 여러 명령어를 결합하여 데이터를 처리하고 명령어 간에 데이터를 전달하는 데 사용되는 강력한 기능이다.
- 파이프는 명령어의 출력을 다른 명령어의 입력으로 연결하는 방법을 제공하며 이를 통해 복잡한 작업을 간편하게 수행할 수 있다.
- 파이프는 수직 막대 기호 |를 사용하여 명령어를 연결한다.

7. 파일 필터링

- 특정 파일에서 원하는 내용을 검색하고 싶을 때 cat, grep, sed, awk 등 다양한 명령어를 파이프로 연결하여 사용할 수 있다.
- 예를 들어, 다음 명령어는 access.log 파일에서 "error" 문자열을 포함하는 행을 찾는다.
  - cat access.log | grep "error"

8. 정렬 및 통계

- 데이터를 정렬하거나 통계를 내고 싶을 때 sort, uniq, awk, cut 등의 명령어를 파이프로 연결하여 사용할 수 있다.
- 예를 들어, 다음 명령어는 data.txt 파일에서 고유한 줄을 정렬하여 출력한다.
  - sort data.txt | uniq

9. 프로세스 간 통신

● 여러 프로세스 간에 데이터를 주고받을 때 파이프를 사용할 수 있다.

● 이를 통해 한 프로세스의 출력을 다른 프로세스의 입력으로 전달하거나 다른 명령어와 협력하여 작업을 수행할 수 있다.

10. 리눅스에서 사용하는 정규화표현식

● 정규표현식(Regular Expression 또는 Regex)은 텍스트 패턴을 검색하고 추출하는 데 사용되는 강력한 문자열 매칭 도구이다.

● 리눅스에서 정규표현식은 다양한 명령어와 프로그램에서 사용된다.

● 여기에는 정규표현식의 주요 옵션을 설명하겠다.

옵션	설명
. (마침표)	어떤 문자 하나를 나타낸다.
* (별표)	바로 앞의 문자나 그룹이 0회 이상 반복되는 패턴을 나타낸다.
+ (더하기)	바로 앞의 문자나 그룹이 1회 이상 반복되는 패턴을 나타낸다.
? (물음표)	바로 앞의 문자나 그룹이 0회 또는 1회 나타나는 패턴을 나타낸다.
[] (대괄호)	대괄호 안에 있는 문자 중 하나를 나타낸다.
[^] (대괄호 내의 캐럿)	대괄호 안에 있는 문자를 제외한 나머지 문자를 나타낸다.

03 기타 명령어 *****

01 네트워크 작업과 관련된 명령어들 *****

✦ 합격을 부르는 치트키 가이드

네트워크 관련 명령어들은 네트워크 연결 확인, 호스트 간 통신 확인, 네트워크 인터페이스 설정, 웹 리소스 다운로드 등 다양한 네트워크 작업에 사용됩니다. 네트워크 관리자 및 시스템 관리자는 이러한 명령어들을 통해 네트워크 환경을 모니터링하고 유지보수할 수 있습니다. 특히나 네트워크는 공부할 것들도 많습니다. 그래서 이 명령어들을 공부할 때는 명령어의 실제적인 기능과 이 명령어를 사용하게 된 기술적인 배경을 중심으로 학습하기를 권합니다.

1. ping

● ping 명령어는 네트워크 상태를 확인하고 호스트 간에 패킷*을 보내고 받는 데 사용되는 명령어이다.

● ping 명령어는 대상 호스트까지의 연결 여부와 지연 시간을 측정하는 데 유용하며 네트워크 문제 해결과 모니터링**에 자주 사용된다.

● 기본 구문 : ping [옵션] 호스트 또는 IP주소

● 주요 옵션

옵션	설명
-c	보낼 패킷 수를 지정한다.
-i	패킷을 보내는 간격을 초 단위로 설정한다.
-s	보낼 패킷의 크기를 바이트 단위로 설정한다.
-t	각 패킷의 응답을 기다릴 최대 시간(초)을 설정한다.

기초 용어 정리

* **패킷(Packet)**: 컴퓨터 네트워크에서 데이터를 전송하는 기본 단위이다. 네트워크를 통해 정보를 주고받을 때, 데이터는 작은 조각으로 나뉘어 패킷 형태로 전송된다. 패킷은 네트워크 프로토콜을 준수하여 데이터의 안정적인 전송을 보장한다.

** **모니터링(Monitoring)** : 시스템, 프로세스, 이벤트 또는 활동을 지속적으로 관찰하고 관리하는 과정을 의미한다. 주로 컴퓨터 시스템 및 네트워크 운영에서 사용된다.

옵션	설명
-q	결과를 간단히 표시하고 요약 정보만 출력한다.
-v	자세한 정보와 디버깅 정보를 출력한다.
-f	무한한 수의 패킷을 보내며 Ctrl+C로 중지해야 한다.

2. traceroute

- traceroute 명령어는 목적지 호스트까지 데이터 패킷이 어떤 경로를 통해 전달되는지를 추적하고 중간 라우터들의 IP 주소 및 응답 시간을 보여주는 유용한 네트워크 디버깅 도구*이다.

- traceroute 명령어는 목적지 호스트로 가는 경로를 시각적으로 보여주어 네트워크 문제를 식별하고 해결하는 데 도움이 된다.

- 기본 구문 : traceroute [옵션] 목적지 호스트 또는 IP주소

- 주요 옵션

옵션	설명
-I	ICMP 패킷**을 사용하여 추적하며 기본적으로 UDP 패킷***을 사용한다.
-T	TCP 패킷****을 사용하여 추적한다.
-n (숫자로 표시)	IP 주소***** 대신 호스트 이름을 숫자로 표시한다.
-m max_ttl (최대 홉 수 설정)	경로 추적을 위해 허용되는 최대 홉(hop) 수를 설정한다.
-q n (쿼리 수 설정)	각 홉에 대해 보낼 패킷 수를 설정한다.
-w timeout (응답 대기 시간 설정)	각 패킷에 대한 응답을 기다리는 시간을 설정한다.
-p port (사용할 포트 설정)	대상 호스트로 보낼 패킷의 목적지 포트를 설정한다.

기초 용어 정리

* **네트워크 디버깅 도구(Network Debugging Tools)**: 네트워크 문제를 식별하고 해결하는 데 도움을 주는 소프트웨어나 명령행 유틸리티들을 가리킨다. 이러한 도구들은 네트워크 연결, 데이터 전송, 프로토콜 통신, 보안 등과 관련된 다양한 측면에서 문제를 진단하고 해결하는 데 사용된다.

** **ICMP(Internet Control Message Protocol) 패킷**: 인터넷 프로토콜 스위트(IP Suite)의 일부로, 네트워크에서 제어 및 오류 메시지를 전송하는 데 사용되는 프로토콜이다.

*** **UDP(User Datagram Protocol) 패킷**: 네트워크 통신에서 사용되는 프로토콜 중 하나로, 데이터를 신속하게 전송하는 데 사용된다. UDP는 데이터 전송의 간단함과 속도를 강조하는 프로토콜로, TCP(Transmission Control Protocol)와 달리 연결 지향적이지 않으며, 데이터 무결성을 보장하지 않는다.

**** **TCP (Transmission Control Protocol) 패킷**: 네트워크 통신에서 사용되는 프로토콜 중 하나로, 신뢰성 있는 데이터 전송을 보장하기 위해 설계되었다. TCP는 데이터의 순서, 무결성, 및 재전송을 관리하여 안정적인 통신을 제공한다.

***** **IP 주소(IP address)** : 컴퓨터 네트워크에서 각 장치 또는 호스트를 고유하게 식별하기 위해 사용되는 숫자로 된 주소이다.

3. nslookup

● nslookup 명령어는 네트워크 관련 도구 중 하나로 주로 DNS(Domain Name System) 정보를 조회하고 호스트 이름과 IP 주소 간의 매핑을 확인하는 데 사용된다.

● nslookup 명령어는 특정 도메인의 DNS 정보, MX 레코드, 호스트 이름 해석, DNS 서버 등에 대한 정보를 조회할 수 있다.

● 기본 구문 : nslookup [옵션] 도메인 또는 IP주소 [DNS서버]

● 주요 옵션

옵션	설명
query=유형	DNS 레코드 유형을 지정한다.
–type=유형	–query 옵션과 유사하게 DNS 레코드 유형을 지정한다.
–port=포트번호	DNS 쿼리를 보낼 대상 DNS 서버의 포트 번호*를 지정한다.
–timeout=시간	DNS 쿼리에 대한 응답을 기다릴 시간을 초 단위로 지정한다.
–debug	자세한 디버그 정보를 출력한다.
–sil[ent]	nslookup의 메시지를 출력하지 않고 오직 조회 결과만 표시한다.

4. dig

● dig 명령어는 DNS(Domain Name System) 조회 도구로 특정 도메인 이름에 대한 DNS 정보를 조회하고 해석하는 데 사용된다.

● dig 명령어는 DNS 쿼리를 수행하고 DNS 서버의 응답을 표시하여 도메인 이름의 IP 주소, MX 레코드**, 호스트 이름 해석 등을 확인할 수 있다.

● 기본 구문 : dig [옵션] 도메인

기초 용어 정리

* **포트 번호(Port Number)**: 네트워크 통신에서 특정 프로세스나 서비스를 식별하기 위한 숫자이다. 포트 번호는 컴퓨터나 네트워크 장치에서 실행되는 다양한 애플리케이션 및 서비스가 구별되고 특정 포트를 통해 통신할 수 있도록 도와준다.

** **MX 레코드(Mail Exchange Record)**: DNS(Domain Name System)에서 사용되는 레코드 유형 중 하나로, 이메일을 수신하는 이메일 서버의 정보를 지정하는 데 사용된다.

● 주요 옵션

옵션	설명
+short	호스트 이름에 대한 IP 주소만 표시된다.
+trace	DNS 쿼리를 추적하여 쿼리가 어떤 DNS 서버를 통해 처리되는지를 보여준다.
+querytype=유형	DNS 레코드 유형을 지정한다.
+short +nocomments	간결한 결과를 표시하며 주석을 제거한다.
+noquestion	쿼리 질문 부분을 출력하지 않는다.
+stats	쿼리와 관련된 통계 정보를 표시한다.
+nssearch	도메인에 대한 NS(NS 레코드*) 조회 결과를 출력한다.

5. host

● host 명령어는 네트워크 도구 중 하나로 호스트 이름 또는 IP 주소에 대한 DNS(Domain Name System) 조회를 수행하는 데 사용된다.

● host 명령어는 주어진 호스트 이름 또는 IP 주소에 대한 관련 정보를 확인하는 데 도움을 준다.

● 기본 구문 : host [옵션] 호스트 이름 또는 IP 주소

● 주요 옵션

옵션	설명
-t	DNS 레코드 유형을 지정한다.
-v	자세한 정보를 출력한다.
-a	호스트 이름에 대한 모든 유형의 레코드를 조회한다.
-d	호스트 이름을 해석하는 데 걸린 시간을 출력한다.
-W	DNS 응답을 기다리는 시간을 초 단위로 설정한다.
-C	호스트 이름 또는 IP 주소에 대한 캐시된 정보를 조회한다.
-R	호스트 이름과 IP 주소를 역으로 조회하여 호스트 이름을 표시한다.

기초 용어 정리

* NS 레코드(Name Server Record) : DNS(Domain Name System)에서 사용되는 레코드 유형 중 하나로, 특정 도메인 이름과 연결된 네임 서버의 정보를 지정하는 데 사용된다.

6. hostname

- hostname 명령어는 컴퓨터의 호스트 이름을 표시하거나 설정하는 데 사용된다.

- 호스트 이름은 컴퓨터를 식별하는 데 사용되며 네트워크 설정, 로깅 및 기타 시스템 구성과 관련된 중요한 역할을 한다.

- 다음은 hostname 명령어의 기본 구문과 주요 옵션에 대한 설명이다.

- 기본 구문 : hostname [옵션]

- 주요 옵션

옵션	설명
-a	호스트 이름의 별칭(에일리어스)을 표시한다.
-d	호스트 이름의 도메인 부분을 표시한다.
-f	호스트 이름의 완전한 도메인 이름(Fully Qualified Domain Name)을 표시한다.
-i	호스트 이름과 연결된 IP 주소를 표시한다.
-s	호스트 이름의 짧은 버전을 표시한다.
-y	NIS(네트워크 정보 서비스) 도메인 이름을 표시한다.

02 시스템의 종료와 관련된 명령어들 ★★★★★

✦ 합격을 부르는 치트키 가이드

본 명령어들은 시스템을 종료하거나 재부팅하는 데 사용됩니다. 종료나 재부팅은 시스템의 장애나 업데이트를 위한 작업 등을 수행할 때 필요합니다. 이 명령어들은 주로 root 사용자 또는 관리자 권한을 가진 사용자가 실행해야 하며 실무에 사용시에는 주의해야 합니다. 학습자는 본인이 시스템관리자의 입장에서 명령어들의 기능들을 바라보시면 이해가 빠르게 될 것입니다.

1. shutdown

- shutdown명령어는 시스템을 종료하거나 다시 부팅하는 데 사용되는 명령어이다.

- shutdown 명령어는 시스템을 안전하게 종료하고 사용자에게 경고 메시지를 보낼 수 있는 각종 옵션을 제공한다.

- 기본 구문 : shutdown [옵션] 시간 [메시지]

● 주요 옵션

옵션	설명
-h	시스템을 종료한다.
-r	시스템을 다시 부팅한다.
-c	이전에 예약한 shutdown 작업을 취소한다.
-t	종료 또는 재시작까지 대기할 시간을 초 단위로 설정한다.
-k	kexec를 사용하여 커널을 재시작한다.
-n	파일 시스템에 대한 변경 내용을 저장하지 않고 시스템을 종료 또는 재시작한다.
-F	fsck 명령어를 사용하여 파일 시스템 검사를 수행하고 문제가 발견되면 자동으로 복구를 시도한다.
--Wall	시스템에 로그인한 모든 사용자에게 종료 메시지를 표시한다.

2. init

● init 명령어는 리눅스 시스템의 초기화 프로세스를 시작하는 데 사용되는 명령어이다.

● 시스템 부팅 시 init 프로세스가 시작되며 이 프로세스는 시스템 초기화 및 실행 레벨 관리를 담당한다.

● init 명령어에는 다양한 실행 레벨 (runlevel) 및 옵션이 있다.

● 기본 구문 : init [옵션]

● 주요 옵션 및 실행 레벨 (runlevel)

옵션	설명
0	시스템을 종료한다.
1	시스템을 단일 사용자 모드로 전환한다.
2	다중 사용자 모드에서는 네트워크 서비스와 다른 서비스가 활성화된다.
3	다중 사용자 모드와 네트워크 서비스가 활성화된 레벨이다.
4	사용되지 않는 레벨이다.
5	그래픽 모드로 시작되며 X 윈도 시스템*(GUI)이 활성화된다.
6	시스템을 재부팅한다.

기초 용어 정리

* **X 윈도 시스템**: 컴퓨터 화면에 그래픽 요소를 표시하고 입력 장치(키보드, 마우스)로 상호작용할 수 있도록 하는 중요한 기술이다.

3. reboot

- reboot 명령어는 리눅스 시스템을 재부팅하는 데 사용되는 명령어이다.

- 시스템 재부팅은 현재 실행 중인 모든 프로세스와 서비스를 종료하고 시스템을 다시 시작하는 작업을 수행한다.

- reboot 명령어에는 주로 -f, -n, -w, -d 등의 옵션을 사용할 수 있지만 일반적으로는 옵션을 사용하지 않고 단순히 reboot만 입력하여 시스템을 재부팅한다.

- 주요 옵션

옵션	설명
-f	시스템 재부팅을 강제로 수행한다.
-n	파일 시스템을 동기화하지 않고 바로 재부팅한다.

4. halt

- halt 명령어는 리눅스 시스템을 종료하거나 전원을 차단하는 데 사용되는 명령어이다.

- halt 명령어는 시스템을 안전하게 종료하고 모든 프로세스와 서비스를 정상적으로 종료한 후 시스템을 중지한다.

- halt 명령어는 주로 시스템 종료나 전원 차단을 수행할 때 사용된다.

- 기본 구문 : halt [옵션]

- 주요 옵션

옵션	설명
-p	시스템을 종료하고 전원을 차단한다.
-f	시스템 종료를 강제로 수행한다.
-d	wtmp 파일 업데이트를 수행하지 않고 시스템을 종료한다.
-i	시스템 초기화(init) 레벨로 전환한 후 종료한다.

시스템과 관련된 기타의 명령어들 ★★★★

여기서의 명령어들은 관리자와 사용자 모두가 리눅스를 사용하다가 보면 필요로 하게 되는 유틸리티적인 기능들이라고 할 수 있습니다. 그렇다고 기능들의 중요도가 낮은 것은 아니며 특히나 관리자들이 운영을 하기 위해서 필요로 하는 메시징기능들도 있기에 가볍게 보고 넘기면 안 될 것입니다. 여기있는 기능들은 우리가 평소에 접하는 커뮤니티나 온라인카페에서도 사용하는 것이기도 합니다. 그래서 명령어들과 이전에 사용하던 기능들간의 유사성을 떠올려보시면 학습에 도움이 되실 것입니다.

1. cal

● cal 명령어는 달력을 표시하는 데 사용되는 명령어이다.

● cal 명령어는 터미널에서 현재 월 또는 지정한 연도와 월의 달력을 표시한다.

● 기본 구문 : cal [옵션] [월] [연도]

● 주요 옵션

옵션	설명
−1	달력을 한 줄로 표시한다.
−3	달력을 세 개의 열로 표시한다.
−m	주의 시작을 월요일로 설정한다.
−y	지정한 연도의 전체 연도 달력을 표시한다.
−j	율리우스 달력으로 표시한다.

2. date

● date 명령어는 날짜와 시간 정보를 표시하거나 설정하는 데 사용되는 명령어이다.

● date 명령어를 사용하면 현재 날짜, 시간, 시간대 등을 표시하고 설정할 수 있다.

● 기본 구문 : date [옵션]

● 주요 옵션

옵션	설명
-u	협정 세계시(UTC, Coordinated Universal Time)를 표시한다.
-R	RFC 2822 형식으로 날짜와 시간을 표시한다.
-I	ISO 8601 형식으로 날짜와 시간을 표시한다.
-d "날짜 및 시간"	지정한 날짜와 시간에 대한 정보를 표시한다.
-s "날짜 및 시간"	시스템의 날짜와 시간을 지정한 "날짜 및 시간"으로 설정한다.
+%형식	지정한 형식에 따라 날짜와 시간을 표시한다.
-f 파일	지정한 파일에서 날짜 및 시간을 읽어와 표시한다.

3. clear

● clear 명령어는 터미널 또는 명령 프롬프트 창을 클리어하고 화면을 깨끗하게 만드는 데 사용되는 명령어이다.

● 이 명령어를 실행하면 이전에 표시된 텍스트가 화면에서 지워지며 새로운 출력이 깔끔하게 시작된다.

● clear 명령어는 주로 작업 영역을 정리하거나 명령어 실행 이력을 지울 때 사용된다.

● 기본 구문 : clear

● clear 명령어는 주로 옵션 없이 사용되며 그 자체로 화면을 지운다.

● 주요 옵션

옵션	설명
-x	X 윈도 시스템에서 사용할 때 현재 터미널 창을 클리어한다.

4. tty

● tty 명령어는 현재 사용자가 로그인한 터미널 디바이스를 표시하는 데 사용되는 명령어이다.

● 터미널 디바이스는 사용자가 컴퓨터에 연결된 물리적 또는 가상 터미널을 의미한다.

● tty 명령어를 사용하면 현재 작업 중인 터미널을 확인하고 스크립트나 명령어에서 특정 터미널을 지정하는 데 유용하다.

● 기본 구문 : tty [옵션]

● 주요 옵션

옵션	설명
-s (또는 --silent)	출력을 제어 문자열 없이, 즉 무음 모드로 표시한다.

5. time

● time 명령어는 다른 명령어나 프로그램의 실행 시간을 측정하고 보고하는 데 사용되는 명령어이다.

● time 명령어를 사용하면 명령어 실행에 소요된 시간, 시스템 자원 사용량 및 종료 상태를 확인할 수 있다.

● 기본 구문 : time [옵션] 명령어 [인수]

● 주요 옵션

옵션	설명
-p	POSIX 표준 형식으로 결과를 출력한다.
-v	더 자세한 정보를 출력한다.

6. wall

● wall 명령어는 사용자들에게 메시지를 브로드캐스트하거나 알림을 전달하는 데 사용되는 명령어이다.

● wall은 "write to all"의 약자로 시스템에 로그인한 모든 사용자에게 메시지를 보낼 수 있다.

● wall 명령어를 사용하려면 일반적으로 관리자 또는 슈퍼유저(root) 권한이 필요이다.

● 기본 구문 : wall [옵션] 메시지

● 주요 옵션

옵션	설명
-n	메시지가 표시될 때 소리나는 벨 소리(beep)를 생성하지 않는다.
-t 시간	메시지를 표시할 때 타임아웃을 설정한다.

7. write

- write 명령어는 다른 사용자에게 메시지를 보내는 데 사용되는 명령어이다.
- write 명령어를 사용하면 특정 사용자에게 텍스트 메시지를 전송할 수 있다.
- 이 명령어를 사용하려면 상대방이 로그인한 터미널 또는 유저 아이디가 필요하다.
- 기본 구문 : write [사용자] [터미널] [옵션]
- 주요 옵션

옵션	설명
-l (또는 --logout)	메시지를 전송한 후 사용자를 로그아웃한다.
-u (또는 --username)	메시지를 전송할 때 사용자 이름을 명시적으로 지정한다.

8. mesg

- mesg 명령어는 다른 사용자가 현재 사용자에게 메시지를 보낼 수 있는지 여부를 제어하는 데 사용되는 명령어이다.
- 사용자가 메시지를 받을 수 있는 상태인지 여부를 설정하거나 확인하는 데 사용된다.
- 기본 구문 : mesg [옵션]
- 주요 옵션

옵션	설명
-y	메시지를 받을 수 있도록 설정한다.
-n	메시지를 받을 수 없도록 설정한다.

연·습·문·제

01

다음 중 파일이나 디렉터리의 소유자를 확인하는 명령어로 알맞은 것은?

① ls
② chmod
③ chown
④ umask

> 해설
> - "ls"는 리눅스와 유닉스 기반 운영 체제에서 사용되는 명령어 중 하나로 "리스트" (list)의 약자로서 디렉터리 내의 파일과 폴더를 나열하는 목적으로 주로 사용된다.
> - "ls" 명령어는 명령줄 인터페이스를 통해 실행되며 디렉터리의 소유자를 확인하거나 다양한 옵션을 사용하여 원하는 정보를 표시할 수 있다.

02

다음 설명에 해당하는 셀로 알맞은 것은?

> GNU프로젝트를 위해 개발된 셀로 GNU 운영체제, 리눅스, 맥 OS X 등 다양한 운영체제에서 사용한다.

① bourne shell　② csh

③ dash　④ bash

해설
- Bash(또는 GNU Bash)는 GNU 프로젝트의 일부로 개발된 Unix 및 Linux 운영 체제에서 가장 흔히 사용되는 명령어 셸이다.
- Bash는 "Bourne–Again Shell"의 약어로 이것은 Stephen Bourne이 개발한 초기 Unix 셸인 "Bourne Shell"에 대한 재구성 및 확장 버전을 나타낸다.

03

다음 (괄호) 안에 들어갈 파일명으로 알맞은 것은?

> 특정 사용자가 로그인한 후에 사용 가능한 셸의 목록 정보를 확인하려면 (　)파일에서 관련 정보를 얻을 수 있다.

① /etc/passwd

② /etc/shells

③ /etc/bashrc

④ /etc/profile

해설
- /etc/shells 파일은 Unix 및 Linux 계열 운영 체제에서 사용자 셸(Shell)로 허용되는 셸 목록을 포함하는 텍스트 파일이다.
- 이 파일은 일반적으로 시스템 관리자가 시스템에 로그인할 수 있는 셸을 지정하고 사용자에게 허용할 셸을 제한하는 데 사용된다.
- 주로 보안 및 사용자 액세스 제어를 위한 목적으로 사용된다.

04

프로그램의 표준 입출력을 파일로 지정할 수 있게 하는 기능으로 알맞은 것은?

① 입출력 리다이렉션(I/O redirection)

② 파이프(pipe)

③ 히스토리(history)

④ 별명(alias)

해설
- 리다이렉션과 관련된 문자들을 활용해서 간단하게 프롬프트에서 표준 입출력작업을 할 수 있다.
- 이러한 표준 입출력을 통해서 파일로 데이터를 저장하거나 파일로 입출력을 지정해줄 수 있다.

05

셸의 기능 중 파이프(pipe)에 대한 설명으로 알맞은 것은?

① 파이프를 형성하는 심볼은 〈와 〉이다.

② 한 명령의 표준 입력을 다른 명령의 표준 출력으로 보내는 동작을 일컫는다.

③ 모든 리눅스 명령은 파이프와 함께 사용할 수 있다.

④ 한 명령행에서 여러 개의 파이프를 함께 사용할 수도 있다.

해설
- 파이프는 여러 명령들을 한종류의 기호를 통해 연결하여 연속적인 작업이 가능하게 해준다.
- 이러한 파이프는 한 명령행에서 여러 개의 파이프를 연결해서 작업이 가능하다.

06

date 명령어를 사용하여 현재 날짜를 어떻게 출력하는가?

① date -d

② date --current-date

③ date +%Y-%m-%d

④ date --today

- date명령어는 날짜에 대한 정보를 출력하는 명령이다.
- 이 옵션을 사용하면 현재 날짜를 "년-월-일" 형식으로 출력할 수 있다.

07

ping 명령어를 사용하여 네트워크 호스트에 접근성을 확인할 때, 목적지 호스트로 패킷을 보내고 응답을 확인하는 프로세스는 무엇인가?

① 패킷 포워딩

② 트레이싱

③ 핑퐁

④ 핑 (Ping)

- ping 명령어는 네트워크 호스트에 패킷을 보내고 응답을 확인하기 위해 사용되는 명령어이며, 이 프로세스 자체도 "핑 (Ping)"이라고 한다.
- 이러한 핑 명령은 특정 서비스를 제공하는 서버의 상태를 파악하기 위해서 사용하기도 한다.

08

cal 명령어를 사용하여 특정 연도의 특정 월에 대한 달력을 출력하려면 어떤 옵션을 사용해야 하는가?

① -m   ② -y

③ -w   ④ -A

- cal 명령어는 리눅스와 Unix 기반 시스템에서 사용되며, 달력을 텍스트 형식으로 출력하는 데 사용된다.
- cal 명령어를 사용할 때, 특정 연도와 월을 지정하여 해당 월의 달력을 출력하려면 -m 옵션을 사용한다.

09

write 명령어를 사용하여 다른 사용자에게 메시지를 보내려면 어떤 정보를 지정해야 하는가?

① 대상 사용자의 이름

② 대상 사용자의 IP 주소

③ 대상 사용자의 이메일 주소

④ 대상 사용자의 전화번호

- write 명령어는 리눅스나 Unix 기반 시스템에서 다른 사용자에게 터미널 메시지를 보낼 때 사용되는 명령어이다.
- 이 명령어를 사용할 때, 보낼 메시지와 함께 대상 사용자의 이름을 지정해야 한다.

| 01 I ① | 02 I ④ | 03 I ② | 04 I ① | 05 I ④ |
| 06 I ③ | 07 I ④ | 08 I ① | 09 I ① |

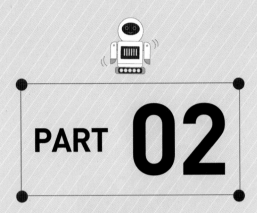

PART 02

리눅스 운영 및 관리

더 멋진 내일(Tomorrow)을 위한 내일(My Career)

2024 내일은 리눅스마스터 2급

CHAPTER

01

파일 시스템 관련 명령어

학·습·포·인·트
- 소유권과 권한은 리눅스에서 파일 및 디렉터리에 대한 접근 및 제어를 관리하며, 시스템 보안과 데이터 무결성을 유지하는 데 핵심적인 역할을 한다.
- 권한의 범위와 대상에 대해서 자세히 이해하도록 한다.
- 리눅스 파일 시스템은 데이터를 저장하고 관리하는 데 사용되는 파일 및 디렉터리의 조직 체계와 데이터 구조를 나타낸다.
- /etc/fstab파일은 시스템 마운트 정보를 설정하는 시스템 설정 파일이며 이 파일을 중심으로 관련된 명령들과 설정할 수 있는 영역에 대한 이해가 중요하다.

01 권한 및 그룹 설정 ★★★★★

01 소유권과 권한에 관한 정보 명령어들 ★★★★

✦ 합격을 부르는 치트키 가이드

리눅스는 정부기관과 기업체에서 사용되었던 유닉스에서 출발한 운영체제입니다. 짐작이 가시겠지만 이러한 큰 조직들은 권한과 책임이 중요합니다. 그래서 이들과 함께 작동되어온 운영체제라는 것을 염두에 두고 관련 명령어들을 이해해 들어간다면 학습하는 데 도움이 될 것입니다.

소유권과 권한 명령어 개념

● 서버와 다양한 서비스를 지원하는 것이 리눅스운영체제이기에 권한에 대한 설정과 관리는 중요하다고 할 수 있다.

● 소유권과 권한이 잘 관리가 되면 좋은 서비스를 운영할 수 있지만 그렇지 못하면 해커*와 크래커**들에게 공격을 당할 수 있기 때문이다.

(1) ls 명령어

ls 명령어는 현재 디렉터리 내의 파일과 디렉터리 목록을 나열하며, 해당 파일 또는 디렉터리의 소유자, 그룹, 접근 권한 등의 정보를 표시한다.

코드	설명
ls -l 파일이나_디렉터리_경로	현재 디렉터리에 있는 파일의 상세 정보를 볼 수 있다.
ls -l	이 명령어를 실행하면 파일 또는 디렉터리의 소유자, 그룹, 접근 권한, 파일 크기, 생성 날짜 및 시간 등의 정보가 표시된다.

기초 용어 정리

* **해커**: 컴퓨터 시스템, 네트워크, 소프트웨어, 또는 전자 기기에 무단으로 접근하거나 수정하려는 개인 또는 그룹을 가리키는 용어이다. 해커는 다양한 목적으로 활동할 수 있으며, 그중 일부는 법적인 목적을 가지고 있을 수 있지만, 다른 일부는 악의적인 목적을 가질 수 있다.

** **크래커**: 일반적으로 컴퓨터 시스템 또는 소프트웨어를 불법적으로 침입하거나 해킹하여 보안을 침해하려는 사람을 가리키는 용어이다. 크래커는 해커와 유사한 활동을 수행하지만, 주로 악의적인 목적을 가지며 이러한 활동은 불법이다.

(2) stat 명령어

stat 명령어는 파일이나 디렉터리의 상세한 메타 데이터 정보를 표시한다.

코드	설명
stat 파일이나_디렉터리_경로	디렉터리에 대한 상세정보를 알 수 있다.
stat /etc/passwd	이 명령어를 실행하면 파일 또는 디렉터리의 소유자, 그룹, 접근 권한, 파일 크기, 수정 시간, 변경 시간 등의 상세 정보가 표시된다. stat은 ls보다 더 자세한 정보를 제공한다.

02 소유권을 파악하고 관리하기 위해 알아야 할 개념과 명령어들 ★★★★

✦ 합격을 부르는 치트키 가이드
리눅스의 파일시스템에서 소유권은 보안이슈하고도 관련이 되어있어서 정보보안관련자격증에서도 자주 시험문제로 나오는 영역입니다. 소유권에 관련된 개념과 명령어에 대해서 잘 이해하는 방향으로 진도를 나가면 되겠습니다.

1. 개념

리눅스 운영 체제에서 파일과 디렉터리의 소유권*은 시스템의 중요한 보안 기능 중 하나로, 파일 또는 디렉터리에 대한 액세스와 제어를 관리한다.

2. 소유권

(1) 소유자 (Owner)

파일 또는 디렉터리를 만든 사용자를 나타내며 소유자는 해당 파일 또는 디렉터리에 대한 읽기, 쓰기, 실행 및 소유권 변경과 같은 모든 권한을 가진다.

기초 용어 정리

* **소유권**: 파일 및 디렉터리에 대한 접근 및 조작 권한을 가리킨다. 리눅스는 다중 사용자 환경에서 작동하며, 각 파일 및 디렉터리는 소유자, 그룹 및 기타 사용자에 대한 다양한 권한을 가질 수 있다. 이러한 권한은 파일 및 디렉터리의 보안을 관리하고 제어하기 위해 사용된다.

(2) 그룹 (Group)

● 파일 또는 디렉터리에는 소유자와 함께 연결된 그룹이 있다.

● 그룹은 소유자 외의 다른 사용자들에 대한 액세스 권한을 관리하는 역할을 한다.

● 그룹은 chown 명령어로 변경할 수 있다.

(3) 기타 (Others 또는 World)

● 기타는 소유자와 그룹 외의 모든 사용자를 나타낸다.

● 파일 또는 디렉터리에 대한 기타 사용자의 권한은 소유자 및 그룹과는 별도로 설정된다.

● 기타 사용자에 대한 권한은 chmod 명령어를 사용하여 변경할 수 있다.

3. 관련 명령어

(1) chown

● chown 명령어는 파일 및 디렉터리의 소유자와 그룹을 변경하는 데 사용된다.

　– chown [옵션] 소유자:그룹 파일_또는_디렉터리_경로

● 여기서 [옵션]은 명령어의 동작을 조정하는 데 사용되며, 소유자와 그룹은 변경하려는 파일 또는 디렉터리의 새로운 소유자와 그룹을 나타낸다.

● 일반적으로 사용되는 chown 명령어의 옵션은 다음과 같다.

옵션	설명
–R	● 이 옵션은 재귀적으로 디렉터리 내의 모든 하위 파일과 디렉터리의 소유자와 그룹을 변경한다. ● 디렉터리를 소유자 변경할 때 자주 사용된다.
–v	이 옵션을 사용하면 chown 명령어가 수행되는 동안 변경된 파일과 디렉터리를 자세히 표시한다.

(2) chgrp

● chgrp 명령어는 리눅스에서 파일 또는 디렉터리의 그룹을 변경하는 데 사용된다.

　– chgrp [옵션] 새_그룹 파일_또는_디렉터리_경로

● 여기서 [옵션]은 명령어의 동작을 조정하는 데 사용되며 새_그룹은 변경하려는 파일 또는 디렉터리의 새로운 그룹을 나타낸다.

● 일반적으로 사용되는 chgrp 명령어의 옵션은 다음과 같다.

옵션	설명
-R	● 이 옵션은 재귀적으로 디렉터리 내의 모든 하위 파일과 디렉터리의 그룹을 변경한다. ● 디렉터리 내의 모든 파일 및 디렉터리를 대상으로 할 때 자주 사용된다.
-v	이 옵션을 사용하면 chgrp 명령어가 수행되는 동안 변경된 파일과 디렉터리를 자세히 표시한다.

03 허가권을 다루기 위해 알아야 할 개념과 명령어들 ★★★★★

✦ 합격을 부르는 치트키 가이드
리눅스에서 보안과 관련된 이슈를 가지고 있는 영역중 하나로 허가권은 실무에서도 실행과 관리작업에서 빼놓을 수 없는 부분입니다. 이것은 키워드와 개념들에 대해서 명확히 이해하고 권한을 계산하는 법을 중심으로 공부를 하면 되겠습니다.

1. 개념

● 리눅스 파일 및 디렉터리의 허가권(permissions)은 시스템 보안을 유지하고 파일 또는 디렉터리에 대한 액세스를 제어하는 데 중요한 역할을 한다.

● 허가권은 리눅스 시스템에서 각 파일 및 디렉터리에 부여되며, 세 가지 주요 유형의 권한과 세 가지 범주로 구성된다.

2. 세 가지 주요 권한

● 읽기 (Read - r) : 읽기 권한은 파일 내용을 볼 수 있도록 한다.

● 쓰기 (Write - w) : 쓰기 권한은 파일 내용을 수정하거나 새로운 파일을 생성하고, 디렉터리 내용을 변경하거나 새로운 파일 또는 디렉터리를 생성할 수 있게 한다.

● 실행 (Execute - x) : 실행 권한은 파일을 실행하거나 디렉터리에 들어가서 그 안의 파일과 디렉터리를 확인할 수 있도록 한다.

3. 세 가지 범주

● 소유자 (Owner) : 파일 또는 디렉터리를 소유한 사용자에게 적용되는 권한이다.

● 그룹 (Group) : 파일 또는 디렉터리를 소유한 사용자와 동일한 그룹에 속한 사용자에게 적용되는 권한이다.

● 기타 (Others 또는 World) : 파일 또는 디렉터리를 소유자와 그룹 외의 모든 사용자에게 적용되는 권한이다.

4. 퍼미션 모드

● 리눅스에서 허가권은 일반적으로 숫자로 나타내며, 이러한 숫자를 "퍼미션 모드(permission mode)" 또는 "octal mode"라고도 부른다.

● 퍼미션 모드는 아홉 자릿수로 표현되며, 세 그룹(소유자, 그룹, 기타)마다 읽기(r), 쓰기(w), 실행(x) 권한을 나타낸다.

● 예를 들어, -rw-r--r--는 파일의 허가권을 나타내며 여기서 첫 번째 문자는 파일 형식을 나타내고 그 다음 아홉 개의 문자는 소유자, 그룹 및 기타 사용자의 권한을 나타낸다.

● 퍼미션 모드를 나타내는 방식은 다음과 같다.

권한	번호
읽기(r)	4
쓰기(w)	2
실행(x)	1

● 모든 권한을 포함하는 경우 퍼미션 모드는 7이 된다.

● (4 + 2 + 1). 3글자에 대해서 합계를 구해서 세그룹 각각의 퍼미션을 계산할 수 있다.

● 권한이 없는 경우에는 해당권한은 0으로 계산해주면 된다. 그래서 0으로 계산해주면 된다.

● 예를 들어, -rw-r--r--은 다음과 같이 나타낼 수 있다.

권한	번호
소유자	4 (읽기)
그룹	4 (읽기)
기타 사용자	4 (읽기)

- 리눅스에서 허가권을 변경하려면 chmod 명령어를 사용하고 현재 허가권을 확인하려면 ls
  −l 명령어를 사용한다.

- 허가권은 리눅스 시스템 보안을 관리하고 파일 및 디렉터리의 액세스를 제어하는 데 중요한
  역할을 한다.

- chmod

  − chmod 명령어는 리눅스에서 파일 및 디렉터리의 허가권(permissions)을 변경하는 데 사
    용된다.

  − chmod 명령어는 파일 또는 디렉터리에 대한 읽기, 쓰기, 실행 권한을 설정하고 변경하는
    데 도움이 된다.

  − chmod 명령어의 기본 구문은 다음과 같다.

코드	설명
chmod [옵션] 모드 파일_또는_디렉터리_경로	• 여기서 [옵션]은 명령어의 동작을 조정하는 데 사용되며, 모드는 권한을 설정하는 방법을 나타낸다. • 파일_또는_디렉터리_경로는 권한을 변경하려는 파일 또는 디렉터리의 경로이다.

  − 일반적으로 사용되는 chmod 명령어의 옵션 및 모드를 설명하겠다.

옵션	설명
−R	• 이 옵션은 재귀적으로 디렉터리 내의 모든 하위 파일과 디렉터리의 허가권을 변경한다. • 디렉터리 내의 모든 파일 및 디렉터리를 대상으로 할 때 사용된다.

  − 예시 : chmod 755 파일_또는_디렉터리_경로

  − 이 예시에서 755는 다음과 같이 해석된다.

  − 소유자 : 읽기(4) + 쓰기(2) + 실행(1) = 7

  − 그룹 : 읽기(4) + 실행(1) = 5

  − 기타 사용자 : 읽기(4) + 실행(1) = 5

5. 기호 모드 (Symbolic Mode)

- 기호 모드는 u (소유자), g (그룹), o (기타 사용자) 및 a (모든 사용자)와 함께 사용되며, +
  (추가), − (제거) 및 = (설정)와 함께 사용된다.

- chmod u+w 파일_또는_디렉터리_경로는 소유자에게 쓰기 권한을 추가한다.

- chmod u+x,go-w 파일_또는_디렉터리_경로

- 이 예시에서 u+x는 소유자에게 실행 권한을 추가하고 go-w는 그룹 및 기타 사용자로부터 쓰기 권한을 제거한다.

- umask

  - umask 명령어는 파일 및 디렉터리를 생성할 때 기본적으로 설정되는 허가권 (permissions)을 제어하는 데 사용된다.

  - umask는 새 파일 및 디렉터리에 대한 권한을 "마스크*"하여 특정 권한 비트(일반적으로 쓰기 권한)를 비활성화한다.

  - 이를 통해 시스템 관리자가 사용자와 그룹에 대한 기본 권한을 제한하고 시스템 보안을 강화할 수 있다.

  - umask 명령어의 기본 구문은 다음과 같다.

  - umask [옵션] [모드] : 여기서 [옵션]은 명령어의 동작을 조정하는 데 사용되고 [모드]는 설정하려는 새로운 umask 값을 나타낸다.

  - 옵션

옵션	설명
-S	이 옵션을 사용하면 umask 값을 심볼릭 모드로 설정할 수 있다. 심볼릭 모드를 사용하면 특정 권한을 쉽게 활성화 또는 비활성화할 수 있다.

  - 모드 : [모드]는 umask 값을 설정하는데 사용되며 숫자 모드로 표현된다.

  - 첫 번째 자리 : 소유자의 권한을 나타낸다.

  - 두 번째 자리 : 그룹의 권한을 나타낸다.

  - 세 번째 자리 : 기타 사용자의 권한을 나타낸다.

  - 각 자리에서 umask 값은 비활성화할 권한 비트를 나타내며 쓰기 권한은 2, 읽기 권한은 4, 실행 권한은 1로 표시된다.

  - 예를 들어, umask 027은 다음과 같이 해석된다.

  - 소유자 : 쓰기 권한 비활성화

기초 용어 정리

* **마스크(mask):** 파일 및 디렉터리의 권한을 제어하고 변경하는 데 사용되는 개념 중 하나이다. 파일 및 디렉터리의 권한을 설정하려면 이진 숫자로 표현된 권한 비트를 사용한다. 마스크는 이러한 권한 비트 중 어떤 비트를 변경할 수 있는지를 결정하는 데 사용된다.

- 그룹 : 실행 권한 비활성화

- 기타 사용자 : 읽기 및 실행 권한 비활성화

- 이것은 새로운 파일 및 디렉터리를 생성할 때 각 권한 비트가 비활성화되어 있음을 의미한다.

04 특수한 권한에 관한 개념들 ★★★

✦ 합격을 부르는 치트키 가이드

일종의 특별권한에 해당하는 영역으로 권한의 범위와 대상에 대해서 자세히 이해하도록 합니다. 사실상 권한과 실행에 있어서 고급설정에 해당하기 때문에 문제출제빈도가 높다고 할 수 없겠지만 그래도 개념과 기출문제위주로 문제에 대한 감각을 쌓아둔다면 시험대비와 실무에 대비할 수 있겠습니다.

SetUID, SetGID 개념

● SetUID(Set User ID)와 SetGID(Set Group ID)는 파일 실행에 관련된 특별한 권한이다.

● 특별한 권한은 파일이 실행될 때 파일 소유자 또는 파일 그룹의 권한을 사용자 또는 그룹에게 일시적으로 부여하거나 파일 실행 시 특정 그룹의 권한을 사용자에게 부여한다.

(1) SetUID (Set User ID)

● SetUID는 파일이 실행될 때 해당 파일의 소유자의 권한을 실행하는 사용자에게 일시적으로 부여하는 권한이다.

● 일반적으로 이 권한은 실행 파일에 설정되며, 파일 소유자가 아닌 일반 사용자가 해당 파일을 실행할 때 그 사용자는 파일 소유자의 권한을 가지게 된다.

● SetUID 비트가 설정된 실행 파일은 실행하는 동안 파일 소유자의 권한으로 실행되므로 특정 작업을 수행하거나 특정 파일에 액세스해야 하는 경우에 유용하다.

● 예를 들어 passwd 명령어는 SetUID 비트가 설정된 실행 파일로 일반 사용자가 암호를 변경할 수 있도록 한다.

● 일반 사용자가 passwd 명령어를 실행하면 그 사용자는 루트(superuser) 권한을 사용하여 암호를 변경할 수 있다.

SetUID 설정	• SetUID 비트를 설정하면 파일이 실행될 때 파일의 소유자의 권한을 실행하는 사용자에게 일시적으로 부여한다. • SetUID를 설정하려면 [chmod u+s 파일_또는_디렉터리_경로]와 같이 설정한다. • 예를 들어, SetUID 비트를 설정하여 파일을 생성하려면 다음과 같이 실행한다. chmod u+s 파일_경로

(2) SetGID (Set Group ID)

● SetGID는 파일이 실행될 때 해당 파일의 그룹의 권한을 실행하는 사용자의 그룹에게 일시적으로 부여하는 권한이다.

● 주로 디렉터리에 설정되며 디렉터리 내의 파일이나 디렉터리를 생성할 때 그 디렉터리의 그룹 소유자로 설정된 그룹을 사용한다.

● SetGID 비트가 설정된 디렉터리에서 새로운 파일을 생성하면 해당 파일은 그 디렉터리의 그룹으로 설정된다.

● 예를 들어 공유 디렉터리에 SetGID 비트가 설정된 경우 그 디렉터리에 있는 파일을 생성하면 해당 파일은 그룹 소유자로 설정된 그룹에 속하게 된다.

SetGID 설정	• SetGID 비트를 설정하면 파일이나 디렉터리가 실행될 때 해당 파일 또는 디렉터리의 그룹의 권한을 실행하는 사용자의 그룹에게 일시적으로 부여한다. • SetGID를 설정하려면 [chmod g+s 파일_또는_디렉터리_경로]와 같이 설정한다. • 예를 들어, SetGID 비트를 설정하여 디렉터리를 생성하려면 [chmod g+s 디렉터리_경로]와 같이 설정한다.

---

05 디스크쿼터에 관한 개념과 명령어들 ★★★★★

✦ 합격을 부르는 치트키 가이드

디스크쿼터는 자원관리에 해당하기에 실무를 준비하는 경우에는 본문의 내용을 잘 이해하는 것이 중요하겠습니다. 그리고 시험에 대비해서는 기본적인 문법의 구성과 명령어들의 기능에 대해서 이해를 하여 익숙하게 하는 것이 중요하겠습니다.

1. 디스크 쿼터(Disk Quota)

● 사용자 또는 그룹이 디스크 공간을 어떻게 사용하는지 제한하고 모니터링하는 데 사용되는 기능이다.

- 디스크 쿼터는 디스크 공간 소비를 제한하고 파일 시스템의 과다 사용을 방지하는 데 도움이 된다.

(1) 용어 설명

Block Usage (블록 사용량)	사용자 또는 그룹이 현재 사용 중인 디스크 블록*의 총 수를 나타낸다.
Inode Usage (아이노드 사용량)	• 사용자 또는 그룹이 현재 사용 중인 아이노드**의 총 수를 나타낸다. • 아이노드는 파일 및 디렉터리 메타 데이터***를 저장하는 데 사용된다.
Block Soft Limit (블록 소프트 제한)	사용자 또는 그룹이 블록 사용량을 초과할 수 있는 최대 값이다.
Block Hard Limit (블록 하드 제한)	• 사용자 또는 그룹이 블록 사용량을 초과할 수 없는 최대 값이다. • 이 값을 초과하면 더 이상 파일을 생성하지 못하고 블록 소프트 제한을 초과한 사용자는 파일을 삭제하거나 공간을 확보해야 한다.
Inode Soft Limit (아이노드 소프트 제한)	사용자 또는 그룹이 아이노드 사용량을 초과할 수 있는 최대 값이다.
Inode Hard Limit (아이노드 하드 제한)	• 사용자 또는 그룹이 아이노드 사용량을 초과할 수 없는 최대 값이다. • 이 값을 초과하면 더 이상 파일을 생성하지 못하고 아이노드 소프트 제한을 초과한 사용자는 파일을 삭제하거나 아이노드를 확보해야 한다.

(2) 디스크 쿼터 설정 및 관리

- 디스크 쿼터는 일반적으로 시스템 관리자 또는 루트(superuser) 권한이 필요한 설정이다.
- quota 및 quotacheck 명령어를 사용하여 디스크 쿼터를 관리한다.

(3) 디스크 쿼터의 장점

- 디스크 쿼터는 디스크 공간 낭비를 방지하고 다중 사용자 환경에서 디스크를 효율적으로 관리할 수 있게 한다.
- 사용자 및 그룹 간의 디스크 사용을 공정하게 분배할 수 있다.
- 디스크 공간이 고갈되는 것을 방지하고 시스템의 안정성을 유지하는 데 도움이 된다.

기초 용어 정리

* **디스크 블록(Disk Block)**: 컴퓨터의 하드 디스크 드라이브와 같은 저장 장치에서 데이터를 저장하는 데 사용되는 작은 데이터 단위이다. 디스크 블록은 데이터의 저장, 읽기 및 쓰기를 관리하는 데 중요한 역할을 한다.
** **아이노드(Inode, Index Node의 약어)**: 파일 및 디렉터리에 대한 메타 데이터를 저장하는 데이터 구조이다. 아이노드는 파일 시스템 내의 각 파일 및 디렉터리 항목에 대한 정보를 기록하고 관리한다.
*** **메타 데이터(Metadata)** : 데이터에 대한 정보를 나타내는 데이터의 일종이다. 이것은 원래 데이터에 대한 설명, 특성, 구조 및 다른 중요 정보를 제공한다. 메타 데이터는 데이터를 분류, 검색, 정렬, 보관 및 관리하는 데 도움이 되며, 데이터의 의미를 이해하고 활용할 수 있게 한다.

2. 디스크쿼터를 설정하기 위한 과정

(1) 디스크 쿼터 활성화

- 먼저, 사용자 또는 그룹별로 디스크 쿼터를 활성화하려는 파일 시스템을 /etc/fstab 파일에서 수정하여 디스크 쿼터를 활성화해야 한다.
- /etc/fstab 파일은 시스템 부팅 시 마운트되는 파일 시스템을 정의한다.
- /etc/fstab 파일을 편집한다. 예를 들어, 다음 명령어로 nano 편집기를 사용하여 파일을 연다.
  - [sudo nano /etc/fstab]와 같이 명령한다.
- 파일 시스템 옵션 부분에 usrquota (사용자 쿼터)와 grpquota (그룹 쿼터) 옵션을 추가한다.
- 예시 : /dev/sda1 /home ext4 defaults,usrquota,grpquota 0 0
- 위 예시에서 /dev/sda1은 파일 시스템 장치, /home은 마운트 지점, ext4는 파일 시스템 유형을 나타낸다.
- defaults 대신 usrquota,grpquota 옵션을 사용하여 디스크 쿼터를 활성화했다.
- 파일을 저장하고 에디터 프로그램에서 나간다.
- nano에서는 Ctrl+O를 눌러 저장하고 Ctrl+X를 눌러 나갈 수 있다.

(2) 파일 시스템 재 마운트

- 변경된 /etc/fstab 파일을 적용하려면 파일 시스템을 재 마운트해야 된다.
- 아래의 명령어를 사용하여 파일 시스템을 다시 마운트를 한다.
  - [sudo mount -o remount /home]와 같이 명령한다.

(3) Quota 파일 시스템 초기화

- 디스크 쿼터를 사용할 파일 시스템을 초기화해야 한다.
- quotacheck 명령어를 사용하여 디스크 쿼터를 초기화한다.
  - [sudo quotacheck -cug /home]와 같이 명령한다.
- 위 명령어는 /home 디렉터리에 대한 사용자 및 그룹 쿼터를 초기화한다.
- -cug 옵션은 아이노드 및 블록 쿼터를 생성하고 사용자 및 그룹 모두에 대한 쿼터를 초기화한다.

(4) 디스크 쿼터 설정

● edquota 명령어를 사용하여 사용자 또는 그룹별로 디스크 쿼터를 설정한다.

● 특정 사용자에 대한 디스크 쿼터를 설정하려면 다음 명령어를 사용한다.

  − [sudo edquota −u 사용자_이름]와 같이 명령한다.

● 위 명령어를 실행하면 기본 텍스트 에디터가 열리며 해당 사용자의 디스크 쿼터를 설정할 수 있다.

(5) 디스크 쿼터 관리

● 디스크 쿼터를 설정하고 나면 quota 명령어를 사용하여 사용자 또는 그룹의 현재 쿼터 상태를 확인할 수 있다.

● repquota 명령어를 사용하여 디스크 쿼터 보고서를 생성할 수 있다.

● 디스크 쿼터를 관리하려면 관리자가 필요한 경우 사용자에게 경고 및 제한을 설정할 수 있다.

(6) 디스크 쿼터 관리

● quota 명령어를 사용하여 사용자 또는 그룹의 현재 쿼터 상태를 확인한다. 예를 들어, 아래의 명령어로 사용자의 쿼터 상태를 확인할 수 있다.

  − [quota −u 사용자_이름]와 같이 명령한다.

● repquota 명령어를 사용하여 디스크 쿼터 보고서를 생성한다.

  − [sudo repquota −a]와 같이 명령한다.

● edquota 명령어를 사용하여 사용자 또는 그룹의 쿼터를 수정한다.

● 이미 설정된 쿼터를 변경하려면 다음과 같이 실행한다.

● [sudo edquota −u 사용자_이름]와 같이 명령하고 이 명령을 실행하면 편집기가 열리고 사용자의 쿼터를 편집할 수 있다.

(7) 디스크 쿼터 경고 및 제한 설정

● 사용자가 쿼터 제한을 초과하거나 설정된 경고 임계값*에 도달할 때 시스템에서 알림을 받을 수 있다.

기초 용어 정리

* **임계값**: 어떤 조건이나 상황에서 특정한 결정이나 행동을 취하기 위한 경계나 기준을 나타내는 개념이다.

● 이를 위해 edquota 명령어를 사용하여 각 사용자 또는 그룹에 대한 경고 및 제한 값을 설정할 수 있다.

(8) 디스크 쿼터 비활성화

● 디스크 쿼터를 더 이상 사용하지 않으려면 quotaoff 명령어를 사용하여 파일 시스템에서 디스크 쿼터를 비활성화한다.

  – [sudo quotaoff -a]와 같이 명령하며, 모든 파일 시스템에 대한 디스크 쿼터를 비활성화한다.

3. 디스크 쿼터 명령어

(1) quotaoff

● quotaoff 명령어는 디스크 쿼터를 비활성화하는 데 사용되며, 특정 파일 시스템 또는 모든 파일 시스템에 대해 쿼터를 비활성화할 수 있다.

● 이 명령어는 시스템 관리자가 디스크 쿼터를 일시적으로 해제하거나 완전히 비활성화해야 할 때 유용하다.

● quotaoff 명령어의 기본 구문은 다음과 같다.

  – [quotaoff [옵션] [파일_시스템_경로...]]와 같이 명령한다.

● 여기서 [옵션]은 명령어의 동작을 조정하는 데 사용되며, [파일_시스템_경로...]는 쿼터를 비활성화할 대상 파일 시스템의 경로를 지정한다.

● 다음은 quotaoff 명령어의 일반적으로 사용되는 옵션과 그 설명이다.

옵션	설명
-a 또는 --all	이 옵션을 사용하면 시스템에서 사용 가능한 모든 파일 시스템에 대해 쿼터를 비활성화한다.
-g 또는 --group	이 옵션을 사용하여 그룹 쿼터를 비활성화한다.
-u 또는 --user	이 옵션을 사용하여 사용자 쿼터를 비활성화한다.

(2) quotacheck

- quotacheck명령어는 디스크 쿼터(Disk Quota)를 검사하고 초기화하는 데 사용되는 유틸리티이다.

- 디스크 쿼터를 설정하고 사용자 또는 그룹의 디스크 사용량을 모니터링*하기 위해 주기적으로 실행된다.

- quotacheck 명령어의 주요 목적은 디스크 쿼터 정보를 업데이트하고 파일 시스템의 쿼터 사용량을 실제 사용량에 맞추는 것이다.

- quotacheck 명령어의 기본 구문은 다음과 같다.

  - [quotacheck [옵션] [파일_시스템_경로...]]와 같이 명령한다.

- 여기서 [옵션]은 명령어의 동작을 조정하는 데 사용되며, [파일_시스템_경로...]는 쿼터를 검사하고 초기화할 대상 파일 시스템의 경로를 지정한다.

- [파일_시스템_경로]를 지정하지 않으면 /etc/fstab 파일에서 정의된 모든 파일 시스템에 대해 quotacheck가 실행된다.

- 다음은 주요 quotacheck 명령어 옵션과 설명이다.

옵션	설명
-a 또는 - -all	이 옵션을 사용하면 /etc/fstab 파일에 정의된 모든 파일 시스템에 대해 quotacheck를 실행한다.
-c 또는 - -create-files	이 옵션은 쿼터 검사를 수행하면서 아이노드 (inode) 및 블록 쿼터 파일을 생성한다.
-m 또는 - -force-mount	이 옵션을 사용하면 마운트되어 있지 않은 파일 시스템에 대해 quotacheck를 실행할 수 있다.
-g 또는 - -group	이 옵션을 사용하여 그룹 쿼터를 검사하고 초기화한다.
-u 또는 - -user	이 옵션을 사용하여 사용자 쿼터를 검사하고 초기화한다.

기초 용어 정리

* **모니터링**: 시스템, 프로세스, 이벤트 또는 데이터를 지속적으로 주시하고 기록하여 성능, 상태 또는 활동을 추적하거나 평가하는 과정을 가리킨다. 모니터링은 정보 기술, 보안, 환경, 네트워크 및 다양한 분야에서 중요한 역할을 한다.

(3) edquota

● edquota 명령어는 리눅스에서 사용자 또는 그룹에 대한 디스크 쿼터(Disk Quota)를 설정하고 편집하는 데 사용된다.

● 사용자 또는 그룹의 디스크 쿼터를 관리하려면 edquota를 사용하여 해당 사용자 또는 그룹의 쿼터 설정을 편집할 수 있다.

● edquota 명령어의 기본 구문은 다음과 같다.

  − [edquota [옵션] 사용자_또는_그룹_이름]와 같이 명령한다.

● 여기서 [옵션]은 명령어의 동작을 조정하는 데 사용되며, 사용자_또는_그룹_이름은 디스크 쿼터를 설정 또는 편집하려는 대상 사용자 또는 그룹의 이름이다.

● 다음은 주요 edquota 명령어 옵션과 설명이다.

옵션	설명
−g 또는 − −group	이 옵션을 사용하여 그룹 쿼터를 설정 또는 편집한다.
−u 또는 − −user	이 옵션을 사용하여 사용자 쿼터를 설정 또는 편집한다.

(4) setquota

● 이 명령어는 디스크 쿼터(Disk Quota) 설정을 직접 지정하는 데 사용된다.

● 이 명령어를 사용하면 사용자 또는 그룹에 대한 쿼터 제한을 설정하고 관리할 수 있다.

● setquota 명령어의 기본 구문은 다음과 같다.

  − [setquota [옵션] 사용자_또는_그룹_이름 블록_소프트제한 블록_하드제한 아이노드_소프트제한 아이노드_하드제한 파일_시스템_경로]를 차례대로 명령어를 입력한다.

● 다음은 주요 setquota 명령어 옵션과 설명이다.

옵션	설명
−u 또는 − −user	이 옵션을 사용하여 사용자 쿼터를 설정한다.
−g 또는 − −group	이 옵션을 사용하여 그룹 쿼터를 설정한다.

02 파일시스템의 관리 ★★★★★

01 파일시스템 이해와 분류에 대한 개념 ★★★★★

✦ 합격을 부르는 치트키 가이드

리눅스 파일 시스템은 데이터를 저장하고 관리하는 데 사용되는 파일 및 디렉터리의 조직 체계와 데이터 구조를 나타냅니다. 관련지식들과 자료들이 많은 영역에 해당하고 문제로 만들만한 개념들이 많기도 합니다. 이번 영역은 기억해야할 범위가 넓기에 정독과 회독을 하여 익숙함을 쌓아감과 함께 기억을 강화하는 방식으로 공부하기를 추천드립니다.

1. 개념

리눅스의 파일 시스템은 컴퓨터에서 파일과 디렉터리를 저장하고 관리하는 방식을 정의하는 체계이다. 즉, 파일 및 디렉터리를 조직하고 저장하는 데 사용되는 구조 및 규칙을 정의한다.

2. 리눅스 파일 시스템의 주요 개념

파일(File)	파일은 데이터를 저장하는 기본 단위이다.
디렉터리(Directory)	디렉터리는 파일과 다른 디렉터리를 그룹화하고 조직화하는 데 사용된다.
파일 경로(Path)	파일이나 디렉터리를 찾기 위해 사용되는 경로를 나타낸다.
마운트(Mount)	리눅스에서는 여러 개의 파일 시스템을 동시에 사용할 수 있다.
파일 권한(Permission)	리눅스 파일 시스템은 파일 및 디렉터리에 대한 액세스 권한*을 지정할 수 있다.
심볼릭 링크(Symbolic Link)	심볼릭 링크는 다른 파일이나 디렉터리를 가리키는 특별한 종류의 파일이다.
파일 시스템 유형	리눅스에서는 여러 종류의 파일 시스템을 지원하며 예를 들어, ext4, ext3, XFS, Btrfs 등이 있다.
디스크 용량 및 할당	파일 시스템은 디스크 공간을 관리하며 파일과 디렉터리에 대한 공간을 할당한다.

기초 용어 정리

* **액세스 권한**: 컴퓨터 시스템에서 파일이나 디렉터리에 대한 접근을 허용하거나 제한하는 권한을 가리키는 개념이다. 파일 시스템에서 액세스 권한은 파일 또는 디렉터리의 보안을 관리하고 사용자 또는 그룹에게 어떤 종류의 작업을 수행할 수 있는지를 결정한다.

(1) 슈퍼 블록(Super Block)

- 리눅스 파일 시스템의 핵심 데이터 구조 중 하나로 파일 시스템에 대한 메타 데이터와 파일 시스템의 상태 정보를 저장하는 데 사용된다.
- 슈퍼 블록은 파일 시스템의 시작 부분에 위치하며 파일 시스템을 생성할 때 생성되며 파일 시스템이 마운트될 때 읽힌다.

파일 시스템의 유형 및 특성	슈퍼 블록은 파일 시스템의 유형을 식별하고 파일 시스템이 지원하는 기능 및 특성을 설명하는 정보를 포함한다.
파일 시스템의 크기 및 할당된 공간	슈퍼 블록은 파일 시스템의 전체 크기와 사용 가능한 공간, 할당된 블록 수 등과 같은 파일 시스템의 물리적 및 논리적 구성을 설명하는 정보를 포함한다.
디스크 블록의 크기	슈퍼 블록은 파일 시스템의 디스크 블록 크기를 정의한다.
파일 시스템의 UUID(Universally Unique Identifier)	UUID는 파일 시스템을 고유하게 식별하는 데 사용된다.
파일 시스템의 마운트 횟수 및 검사 여부	슈퍼 블록에는 파일 시스템이 마운트될 때마다 증가하는 마운트 횟수와 파일 시스템 검사가 필요한 경우를 나타내는 정보가 포함된다.
슈퍼 블록 백업	파일 시스템 내에서 슈퍼 블록에 대한 백업 복사본이 저장된다.

(2) 디스크립터 테이블(Group Descriptor Table)

- 디스크의 그룹 정보를 저장하는 중요한 데이터 구조이다.
- 그룹 디스크립터 테이블은 파일 시스템을 조직하는 데 필요한 메타 데이터와 그룹 수준의 정보를 포함하고 있으며 주로 ext2, ext3, ext4와 같은 ext 계열 파일 시스템에서 사용된다.

그룹 크기(Group Size)	파일 시스템은 디스크 블록을 그룹으로 묶어서 관리한다.
할당된 블록 및 노드 수	그룹당 할당된 데이터 블록 수와 inode(파일 및 디렉터리 엔트리) 수를 추적한다.
비트맵(Bitmaps)	그룹 디스크립터 테이블에는 각 그룹에 대한 블록 할당 및 inode 할당 상태를 추적하는 비트맵이 포함된다.
그룹 번호(Group Number)	각 그룹에는 고유한 그룹 번호가 할당된다.
그룹 상태(Group Status)	그룹 디스크립터 테이블은 각 그룹의 상태 정보를 추적한다.

(3) 블록 비트맵(Block Bitmap)

- 파일 시스템에서 데이터 블록 할당 및 사용을 추적하는 데 사용되는 데이터 구조이다.
- 블록 비트맵은 파일 시스템의 블록들을 비트로 표현하며 각 비트는 특정 블록의 할당 여부를 나타낸다.

블록 할당 및 사용 추적	블록 비트맵은 파일 시스템의 데이터 블록에 대한 할당 상태를 추적한다.
블록의 할당과 해제	파일이나 디렉터리를 생성할 때 블록이 필요하므로 비트맵에서 할당 가능한 블록을 찾아 할당하고 해당 비트를 1로 설정한다.
블록 공간 관리	블록 비트맵은 파일 시스템이 사용 가능한 블록 공간을 효과적으로 관리하는 데 사용된다.
블록의 일관성과 무결성 검사	파일 시스템이 손상되었을 때 블록 비트맵을 검사하여 할당된 블록과 사용 가능한 블록 간의 일관성을 확인하고 손상된 블록을 복구한다.

(4) inode(아이노드)

● 파일 및 디렉터리에 대한 메타 데이터를 저장하는 데 사용되는 데이터 구조이다.

● inode는 각 파일 및 디렉터리 엔트리*와 연결되어 해당 파일의 속성 및 위치 정보를 저장하고 관리한다.

고유한 식별자	각 파일 및 디렉터리는 파일 시스템 내에서 고유한 inode 번호로 식별된다.
파일 및 디렉터리의 메타 데이터	inode에는 파일 또는 디렉터리의 이름, 권한, 소유자 정보, 파일 크기, 생성 시간, 수정 시간, 액세스 시간 등과 같은 메타 데이터가 포함된다.
데이터 블록의 위치 정보	inode는 파일의 데이터 블록이 저장된 위치 정보를 가지고 있다.
하드 링크 관리	inode는 파일에 대한 하드 링크의 개수를 추적한다.
간접 블록 포인터	inode에는 직접 블록 포인터 외에도 간접 블록 포인터가 있다.
성능 향상	inode를 사용하면 파일 및 디렉터리의 속성을 빠르게 액세스하고 관리할 수 있으므로 파일 시스템의 성능을 향상시킬 수 있다.
소프트웨어 RAID 및 저널링 파일 시스템	inode는 소프트웨어 RAID** 및 저널링 파일 시스템***에서 중요한 역할을 하며 이러한 기술은 데이터의 무결성 및 복구를 위해 inode를 활용한다.

기초 용어 정리

* **디렉터리 엔트리(Directory Entry)**: 파일 시스템에서 디렉터리 내의 파일 또는 서브디렉터리에 대한 정보를 저장하는 데 사용되는 데이터 구조이다. 각 디렉터리 엔트리는 특정 파일 또는 디렉터리의 이름과 해당 파일 또는 디렉터리의 메타 데이터에 대한 참조를 포함한다.

** RAID(Redundant Array of Independent Disks 또는 Redundant Array of Inexpensive Disks): 여러 개의 하드 디스크 드라이브를 결합하여 데이터를 저장하고 보호하기 위한 기술 및 방법을 가리킨다. RAID를 사용하면 데이터의 가용성, 성능, 무결성 및 안정성을 향상시킬 수 있다.

*** **저널링 파일 시스템(Journaling File System)**: 데이터 일관성과 신뢰성을 향상시키기 위해 디스크에 변경 사항을 기록하는 파일 시스템의 형태이다. 이러한 파일 시스템은 컴퓨터의 비정상 종료나 시스템 고장으로 인해 발생할 수 있는 데이터 손실 및 파일 시스템 손상을 방지하기 위해 설계되었다.

3. 리눅스 전용 파일 시스템 정리

- 리눅스 전용 디스크 기반 파일 시스템은 리눅스에서 사용되는 파일 시스템 중 하나로 리눅스 운영 체제와 함께 사용되는 것을 목적으로 설계된 파일 시스템을 나타낸다.

- 파일 시스템은 리눅스의 특정 기능과 요구 사항을 최적화하여 파일 및 디렉터리 관리, 데이터 저장 및 성능 향상을 위해 만들어졌다.

- 대표적인 리눅스 전용 디스크 기반 파일 시스템으로는 ext, XFS, Btrfs 등이 있다.

4. 리눅스 파일 시스템의 주요 특징

- 일관성 및 무결성 : 리눅스 파일 시스템은 데이터 일관성 및 무결성을 유지하고 손상된 파일 시스템을 복구할 수 있는 기능을 제공한다.

- 확장성 : 리눅스 파일 시스템은 파일 및 디렉터리의 크기가 큰 경우에도 효과적으로 처리할 수 있는 확장성을 가진다.

- 고급 기능 : 일부 리눅스 파일 시스템은 고급 기능을 제공한다. 예를 들어, Btrfs는 스냅샷, 압축, RAID 지원, 데이터 무결성 검사 등을 제공한다.

- 성능 향상 : 리눅스 파일 시스템은 데이터 쓰기 및 읽기의 성능을 향상시키기 위한 최적화 기능을 제공한다.

- 유연한 파일 시스템 확장 : 일부 리눅스 파일 시스템은 파일 시스템 크기를 동적으로 확장할 수 있는 기능을 제공한다.

5. 대표적인 리눅스 파일 시스템

명칭	특징
ext (Extended File System, ext1)	• ext1은 초기의 리눅스 파일 시스템으로 1992년에 처음 도입되었다. • 단순한 구조를 가지며 리눅스의 초기 개발 단계에서 사용되었다.
ext2 (Second Extended File System)	• ext2는 ext1의 단점을 개선한 파일 시스템으로 1993년에 도입되었다. • ext2는 저널링을 지원하지 않아 데이터 무결성이 보장되지 않지만 단순하고 안정적인 파일 시스템으로 널리 사용되었다.
ext3 (Third Extended File System)	• ext3는 ext2의 저널링을 추가한 파일 시스템으로 2001년에 도입되었다. • 저널링을 통해 파일 시스템의 안정성이 향상되었으며 시스템 충돌 시 데이터 손실 가능성이 크게 감소했다. • 저널링 : ext3는 데이터 변경 사항을 기록하는 저널링 시스템을 도입하여 파일 시스템의 일관성과 무결성을 보장한다.

ext4 (Fourth Extended File System)	• ext4는 ext3의 후속 버전으로 2008년에 도입되었다. • ext4는 더 큰 파일 및 디렉터리 크기, 빠른 파일 시스템 검색, 높은 성능, 저널링 개선 및 확장성을 제공한다.
XFS (X File System)	• XFS는 대용량 파일 시스템에 최적화된 파일 시스템으로, 빠른 읽기/쓰기 성능과 확장성을 제공한다. • 대규모 서버 환경에서 주로 사용된다.
Btrfs (B-tree File System)	• Btrfs는 고급 기능과 스냅샷, 압축, 데이터 무결성 검사, RAID 지원 등을 제공하는 파일 시스템이다. • 실험적인 기능도 포함되어 있으며 주로 실험적인 용도로 사용된다.

6. 저널링 파일 시스템(Journaling File System)

● 데이터의 일관성과 파일 시스템의 안정성을 보장하기 위해 디스크에 발생하는 파일 시스템 작업을 로그로 기록하는 파일 시스템의 형태이다.

● 리눅스 시스템에서는 여러 가지 저널링 파일 시스템이 사용된다.

(1) 저널링 파일 시스템 원리

● 저널(Journal) 생성 : 파일 시스템이 초기화될 때 또는 파일 시스템이 마운트될 때 저널이 생성된다.

● 파일 시스템 작업 기록 : 파일 시스템 작업(파일 생성, 삭제, 수정 등)이 수행될 때마다 해당 작업 내용이 저널에 기록된다.

● 작업 수행 : 파일 시스템 작업은 먼저 저널에 기록된 후에 디스크에 적용된다.

● 데이터 무결성 검사 및 복구 : 시스템이 비정상적으로 종료되거나 파일 시스템이 손상된 경우에는 저널에 기록된 작업을 사용하여 데이터 무결성*을 검사하고 손상된 파일 시스템을 복구한다.

(2) 저널링과 관련된 파일 시스템

● JFS (Journaled File System) : JFS는 IBM에서 개발한 저널링 파일 시스템으로 다양한 운영 체제에서 사용 가능하다. 리눅스에서도 지원된다.

기초 용어 정리

* **데이터 무결성**: 데이터가 원래의 상태와 일치하며 변조되거나 손상되지 않았음을 보증하는 데이터의 특성이다. 데이터 무결성은 데이터의 정확성, 신뢰성 및 일관성을 보장하는 데 중요한 역할을 한다.

- XFS (X File System) : XFS는 높은 성능 및 확장성을 가진 파일 시스템으로 대용량 파일 및 디렉터리에 최적화되어 있다.
- ReiserFS (Reiser File System) : ReiserFS는 Hans Reiser와 그의 회사인 Namesys에서 개발한 파일 시스템이다.

7. 리눅스의 대표적인 네트워크 파일 시스템

명칭	특징
SMB(Server Message Block)	• SMB는 네트워크 파일 및 프린터 공유에 사용되는 프로토콜이다. • 주로 Microsoft Windows 운영 체제에서 사용되며 Windows 파일 공유 및 프린터 공유에 대한 표준 프로토콜이다.
CIFS (Common Internet File System)	• CIFS는 SMB 프로토콜의 개선된 버전으로 네트워크 파일 및 리소스 공유에 사용된다. • CIFS는 SMBv1 및 SMBv2 이상의 버전을 모두 포함한다.
NFS (Network File System)	• NFS는 UNIX 및 유닉스 기반 시스템에서 파일 및 디렉터리 공유를 위한 네트워크 파일 시스템 프로토콜이다. • 리눅스와 UNIX 시스템 간에 데이터를 공유하는 데 주로 사용된다.
FAT (File Allocation Table)	• FAT는 파일 시스템의 초기 버전 중 하나로, 단순하고 간단한 구조를 가지고 있다. • 주로 이식 가능한 디스크와 USB 드라이브에 사용되며 다양한 운영 체제에서 지원된다.
VFAT (Virtual FAT)	• VFAT은 FAT 파일 시스템에 롱 파일 이름(LFN) 지원을 추가한 확장된 버전이다. • 긴 파일 이름을 지원하여 8자 이상의 파일 이름을 사용할 수 있다.
FAT32 (File Allocation Table 32)	• FAT32는 FAT 파일 시스템의 확장된 버전으로 32비트 파일 크기를 지원한다. • 대용량 디스크 및 파일을 처리하기 위해 개발되었다.
NTFS (New Technology File System)	NTFS는 Microsoft에서 개발한 고급 파일 시스템으로 Windows 운영 체제의 기본 파일 시스템이다.
ISO9660	ISO9660은 CD 및 DVD와 같은 광학 디스크에서 사용되는 파일 시스템 표준이다.
UDF (Universal Disk Format)	UDF는 광학 디스크 및 다양한 저장 장치에서 사용되는 파일 시스템 표준이다.
HPFS (High Performance File System)	HPFS는 IBM OS/2 운영 체제에서 사용되는 파일 시스템으로 개발되었다.

1. mount, umount

리눅스에서는 mount와 umount 명령어를 사용하여 파일 시스템을 마운트(연결)하고 언마운트
(해제)할 수 있다.

(1) mount 명령어

● mount 명령어는 파일 시스템을 지정한 디렉터리에 연결하는 데 사용된다.

● 예 : mount [옵션] 〈장치 또는 파일〉 〈마운트 지점〉

● 옵션

옵션	설명
─t 〈파일 시스템〉	마운트할 파일 시스템의 유형을 지정한다.
─o 〈옵션〉	추가 마운트 옵션을 지정한다.
─r 또는 ──read─only	읽기 전용으로 마운트한다.
─n	/etc/fstab 파일을 무시하고 마운트한다.
─a 또는 ──all	/etc/fstab 파일에 정의된 모든 파일 시스템을 마운트한다.

(2) umount 명령어

● umount 명령어는 마운트된 파일 시스템을 언마운트(해제)하는 데 사용된다.

● 예 : umount [옵션] 〈마운트 지점 또는 장치〉

● 옵션

옵션	설명
─l 또는 ──lazy	지연 언마운트를 수행한다. 파일 시스템이 사용 중이어도 언마운트를 시도한다.
─f 또는 ──force	언마운트를 강제로 시도한다.

2. eject

● eject명령어는 리눅스에서 광학 디스크 드라이브(예: CD/DVD 드라이브)에 꽂힌 디스크를 안전하게 추출하고 광학 디스크 드라이브를 열거나 닫을 때 사용된다.

● 문법 : eject [옵션] [디바이스]

● 옵션

옵션	설명
-t 또는 --tray	디스크 트레이(드라이브 열기/닫기) 조작을 수행한다.
-T 또는 --close	광학 디스크 드라이브의 트레이를 닫는다.
-v 또는 --verbose	자세한 출력을 활성화하여 추출 또는 닫기 작업을 상세히 표시된다.
-s 또는 --cdrom	CD-ROM 디스크를 강제로 추출한다.
-i 또는 --ioctl	장치를 사용하여 추출 또는 트레이 조작을 수행한다.

3. fdisk

● fdisk 명령어는 디스크 파티션을 관리하기 위한 명령어 중 하나이다.

● 이 명령어를 사용하여 하드 디스크의 파티션을 생성, 수정, 삭제, 확인 등의 작업을 수행할 수 있다.

● 문법 : fdisk [옵션] [디스크 디바이스]

● [디스크 디바이스]는 파티션 작업을 수행할 디스크의 디바이스 경로를 지정한다.

● [옵션]은 아래와 같다.

옵션	설명
-l 또는 --list	시스템에 연결된 모든 디스크 및 파티션 정보를 나열한다.
-n 또는 --no-reread	디스크 파티션 테이블을 다시 읽지 않고 작업을 진행한다.
-u 또는 --units	디스크 용량 표시 단위를 바이트 대신 섹터 또는 실린더로 변경한다.
-s 또는 --getsz	디스크의 실린더, 트랙, 섹터 정보를 출력한다.
-t 또는 --type	파티션 타입을 변경하거나 확인한다.

● 파티션 관리를 진행하면서 사용할 수 있는 fdisk명령어는 다음과 같다.

명령어	설명
-p	현재 디스크의 파티션 테이블을 출력한다.
-n	새로운 파티션을 생성한다.
-d	파티션을 삭제한다.
-t	파티션 타입을 변경한다.
-a	부팅 가능한 파티션을 설정한다.

● 작업 저장을 진행하면서 사용할 수 있는 fdisk명령어는 다음과 같다.

명령어	설명
-w	변경사항을 저장하고 종료한다.
-q	변경사항을 저장하지 않고 종료한다.

4. mkfs

● mkfs명령어는 파일 시스템을 생성하는 데 사용되는 명령어이다.

● 이 명령어를 사용하여 디스크 파티션에 파일 시스템을 만들고 초기화할 수 있다.

● 문법 : mkfs [옵션] [디바이스]

● 옵션

옵션	설명
-t 또는 --type	생성할 파일 시스템의 종류를 지정한다.
-L 또는 --label	파일 시스템에 레이블(이름)을 할당한다.
-c	디스크 블록을 검사하여 불량 섹터를 확인하고 제외한다.
-b 또는 --block-size	파일 시스템의 블록 크기를 지정한다.
-j	ext2 또는 ext3 파일 시스템을 ext4 파일 시스템으로 업그레이드할 때 사용한다.
-v 또는 --verbose	자세한 출력을 표시하여 생성 프로세스를 추적한다.

5. mke2fs

● mke2fs 명령어는 Ext2, Ext3 및 Ext4 파일 시스템을 생성하는 데 사용되는 명령어이다.

● 이 명령어를 사용하여 디스크 파티션을 초기화하고 파일 시스템을 만들 수 있다.

● 문법 : mke2fs [옵션] [디바이스]

● 옵션

옵션	설명
-t 또는 --type	생성할 파일 시스템의 종류를 지정한다.
-b 또는 --block-size	파일 시스템의 블록 크기를 지정한다.
-L 또는 --label	파일 시스템에 레이블(이름)을 할당한다.
-c	디스크 블록을 검사하여 불량 섹터를 확인하고 제외한다.
-j	ext2 또는 ext3 파일 시스템을 ext4 파일 시스템으로 업그레이드할 때 사용한다.
-U 또는 --uuid	파일 시스템에 UUID(Universally Unique Identifier)를 할당한다.
-m 또는 --mke2fs-conf	사용자 정의 mke2fs 설정 파일을 지정한다.
-q	생성 작업을 조용하게 실행하고 자세한 출력을 표시하지 않는다.

6. fsck

● fsck명령어는 파일 시스템을 검사하고 복구하는데 사용되는 유틸리티이다.

● 파일 시스템이 손상되었거나 오류가 발생한 경우에 사용된다.

● 문법 : fsck [옵션] [디바이스 또는 마운트 포인트]

● 옵션

옵션	설명
-t 또는 --type	검사할 파일 시스템 유형을 지정한다.
-a 또는 --auto	자동으로 모든 발견된 오류를 수정하려 시도한다.
-c	파일 시스템에 대한 bad block 검사를 수행한다.
-r 또는 --repair	발견된 오류를 자동으로 복구하려 시도한다.
-n 또는 --no	실제로 파일 시스템을 수정하지 않고 검사만 실행한다.
-V 또는 --version	fsck 버전 정보를 출력한다.

7. e2fsck

● e2fsck명령어는 Ext2, Ext3 및 Ext4 파일 시스템을 검사하고 복구하는데 사용되는 유틸리티이다.

● fsck 명령어의 Ext 파일 시스템용 버전이며 파일 시스템의 무결성을 검사하고 오류를 복구하는 데 사용된다.

- 문법 : e2fsck [옵션] [디바이스 또는 마운트 포인트]

- 옵션

옵션	설명
-c 또는 --check	파일 시스템 무결성 검사를 수행한다.
-f 또는 --force	검사를 강제로 수행하며, 파일 시스템이 읽기 전용이어도 검사를 시도한다.
-n 또는 --no	실제로 파일 시스템을 수정하지 않고 검사만 실행한다.
-p 또는 --automatically	자동으로 발견된 모든 오류를 복구하려 시도한다.
-y 또는 --yes	모든 질문에 "예"로 응답하여 사용자 입력 없이 검사 및 복구를 수행한다.
-v 또는 --verbose	자세한 출력을 표시하여 검사 및 복구 작업을 추적한다.
-l 또는 --lock	파일 시스템을 잠금 모드로 검사하고 복구한다.

8. du

- du명령어는 디스크 사용량을 확인하는 데 사용되는 명령어이다.

- 디렉터리 및 파일의 크기를 확인하고 디스크 공간을 얼마나 사용하는지에 대한 정보를 제공한다.

- 문법 : du [옵션] [파일 또는 디렉터리 경로]

- 옵션

옵션	설명
-h 또는 --human-readable	크기를 보기 쉬운 형식(예: 1K, 2M, 3G)으로 표시한다.
-s 또는 --summarize	디렉터리의 총 크기만 표시한다.
-c 또는 --total	모든 디렉터리의 크기 합계를 표시한다.
-a 또는 --all	모든 파일과 디렉터리의 크기를 표시한다.
-x 또는 --one-file-system	서브디렉터리의 크기를 확인할 때, 다른 파일 시스템을 통해 마운트된 디렉터리는 무시한다.
--exclude=패턴	특정 파일 또는 디렉터리를 제외하고 크기를 확인한다.
--max-depth=N	디렉터리 트리의 깊이를 제한하여 특정 깊이까지만 크기를 확인한다.
-d N 또는 --max-depth=N	--max-depth 옵션과 동일하며, 일부 시스템에서는 -d 옵션을 사용할 수 있다.

9. df

- df명령어는 파일 시스템의 디스크 사용량을 확인하는 데 사용되는 명령어이다.

- df 명령어를 사용하면 각 마운트된 파일 시스템의 사용 가능한 공간, 사용 중인 공간 등의 정보를 확인할 수 있다.

- 문법 : df [옵션] [디렉터리 또는 파일]

- 옵션

옵션	설명
-h 또는 --human-readable	크기를 보기 쉬운 형식(예: 1K, 2M, 3G)으로 표시한다.
-T 또는 --print-type	파일 시스템 유형도 함께 출력한다.
-t 파일시스템 또는 --type=파일시스템	특정 파일 시스템 유형만 필터링하여 출력한다.
-i 또는 --inodes	인덱스 노드 (inode) 정보도 표시한다.
-P 또는 --portability	출력을 더 간결한 형식으로 표시하고 POSIX 호환성을 강화한다.
-a 또는 --all	숨김 파일 시스템을 포함하여 모든 파일 시스템 정보를 표시한다.
--total	모든 파일 시스템의 합계도 표시한다.
-x 파일시스템	특정 파일 시스템을 제외하고 출력한다.

---

03   파일 /etc/fstab ★★★

✦ 합격을 부르는 치트키 가이드
/etc/fstab파일은 시스템 마운트 정보를 설정하는 시스템 설정 파일입니다. 리눅스는 부트로더에 관한 것도 중요하지만 파일시스템에 대한 설정들도 중요합니다. 그래서 이 파일을 중심으로 관련된 명령들과 설정할 수 있는 영역을 중심으로 공부를 하시면 되겠습니다.

1. 개념

- /etc/fstab(File System Table)은 파일 시스템 마운트 정보를 설정하는 시스템 설정 파일이다.

- 이 파일은 시스템 부팅 시 자동으로 마운트되어야 하는 파일 시스템의 구성을 저장하며, 사용자가 수동으로 마운트하는 데도 사용된다.

- /etc/fstab 파일을 수정하여 특정 파일 시스템이 어떻게 마운트되어야 하는지 정의할 수 있다.

2. /etc/fstab 파일의 일반적인 형식

문법 : 〈디바이스 또는 레이블〉〈마운트 지점〉〈파일 시스템 유형〉〈마운트 옵션〉〈파일 시스템 속성〉〈파일 시스템 검사 순서〉

3. 필드 구성

● 〈디바이스 또는 레이블〉: 마운트할 파일 시스템을 식별하는데 사용되는 디바이스 경로 또는 레이블이다.

● 〈마운트 지점〉: 파일 시스템이 마운트될 디렉터리 경로를 나타낸다.

● 〈파일 시스템 유형〉: 마운트할 파일 시스템의 유형을 나타낸다.

● 〈마운트 옵션〉: 파일 시스템의 마운트 옵션을 지정한다.

● 〈파일 시스템 속성〉: 파일 시스템의 관련 속성을 나타낸다.

● 〈파일 시스템 검사 순서〉: 부팅 시 파일 시스템 검사 순서를 지정한다.

● 예를 들어 /dev/sda1 디바이스를 /mnt/data 디렉터리에 ext4 파일 시스템으로 마운트하고자 한다면 다음과 같이 /etc/fstab 파일에 해당 정보를 추가할 수 있다.

－ /dev/sda1 /mnt/data ext4 defaults 0 2

 연·습·문·제

01

리눅스 시스템에서 여러 사용자가 공유하는 디렉터리를 생성한다. 이 디렉터리의 소유자를 admin으로 변경하고, 그룹을 staff로 변경하려고 한다. 다음 중 올바른 chown 명령은 무엇인가?

① chown admin:staff shared_directory
② chown －u admin －g staff shared_directory
③ chown admin.shared_directory:staff.shared_directory
④ chown －R admin:staff shared_directory

해설 shared_directory 디렉터리의 소유자를 admin으로 그룹을 staff로 변경한다. :를 사용하여 소유자와 그룹을 한 번에 변경하는 것이 올바른 방법이다.

오답해설
② 올바른 옵션을 사용하지만 잘못된 구문이다. －u 옵션은 소유자를 변경하고 －g 옵션은 그룹을 변경하므로 이 명령은 적절하지 않다.
③ .을 사용하여 소유자와 그룹을 변경하는 것은 잘못된 방법이다.
④ －R 옵션을 사용하여 shared_directory 디렉터리 및 그 하위 파일 및 디렉터리의 소유자와 그룹을 변경한다. 하지만 문제에서는 디렉터리의 소유자와 그룹만 변경하라고 했으므로 －R 옵션은 필요하지 않다.

02

리눅스 시스템에서 여러 사용자가 공동 작업 중인 프로젝트 디렉터리를 생성했다. 이 디렉터리의 그룹을 projectgroup으로 변경하려고 한다. 다음 중 올바른 chgrp 명령은 무엇인가?

① chgrp projectgroup project_directory
② chgrp -g projectgroup project_directory
③ chgrp -R projectgroup project_directory
④ chgrp -u projectgroup project_directory

03

리눅스 파일 시스템에서 파일 및 디렉터리에 대한 권한을 관리하기 위한 기본 개념 중 하나는 무엇인가?

① 패스워드
② 퍼미션(permission)
③ 프로세스
④ 링크

04

리눅스에서 파일이나 디렉터리의 권한을 변경하는 데 사용되는 명령어는 무엇인가?

① chgrp
② chown
③ chmod
④ chroot

05

리눅스 시스템에서 파일 생성 시 기본적으로 적용되는 권한을 조절하는데 사용되는 개념은 무엇인가?

① 이중 인증
② umask
③ POSIX ACL
④ 셸 스크립트

해설 eject 명령어는 리눅스 시스템에서 CD-ROM이나 DVD-ROM 같은 장치를 안전하게 추출할 때 사용한다. 이 명령어를 실행하면 해당 장치의 트레이가 열리고 미디어를 안전하게 추출할 수 있게 된다.

06

리눅스에서 eject 명령어와 관련하여 어떤 설명이 올바른가?

① CD 또는 DVD 드라이브에서 디스크를 추출한다.
② 그래픽 사용자 인터페이스(GUI)를 종료한다.
③ 네트워크 연결을 해제한다.
④ 사용자 계정을 잠금 상태로 변경한다.

해설 eject 명령어는 리눅스 시스템에서 CD-ROM이나 DVD-ROM 같은 장치를 안전하게 추출할 때 사용한다. 이 명령어를 실행하면 해당 장치의 트레이가 열리고 미디어를 안전하게 추출할 수 있게 된다.

07

리눅스에서 mkfs 명령어는 어떤 목적으로 사용된다고 할 수 있는가?

① mkfs 명령어는 네트워크 연결을 설정하기 위해 사용된다.
② mkfs 명령어는 파티션을 삭제하는 데 사용된다.
③ mkfs 명령어는 새로운 파일 시스템을 생성하는 데 사용된다.
④ mkfs 명령어는 사용자 계정을 생성하는 데 사용된다.

해설
• mkfs 명령어는 파일 시스템을 생성하는 데 사용된다.
• 이 명령어를 사용하면 디스크 파티션 또는 장치에 새로운 파일 시스템을 만들 수 있으며, 예를 들어 mkfs.ext4 명령어를 사용하여 Ext4 파일 시스템을 생성할 수 있다.
• 파일 시스템을 생성할 때 해당 파일 시스템의 유형과 속성을 지정할 수 있다.

08

리눅스에서 e2fsck 명령어는 어떤 목적으로 사용되며 다음 중 어떤 작업을 수행하는가?

① e2fsck 명령어는 파일을 복사하는 데 사용된다.
② e2fsck 명령어는 파일 시스템의 무결성을 검사하고 복구하는 데 사용된다.
③ e2fsck 명령어는 네트워크 연결을 설정하는 데 사용된다.
④ e2fsck 명령어는 사용자 계정을 생성하는 데 사용된다.

해설
• e2fsck 명령어는 Ext2, Ext3, Ext4 파일 시스템의 무결성을 검사하고 복구하는 데 사용된다.
• 파일 시스템이 손상되었거나 비정상적으로 종료되었을 때 데이터 손실을 최소화하기 위해 사용된다.
• e2fsck 명령어는 파일 시스템의 오류를 검사하고 필요한 경우 이를 복구하는 역할을 한다.

09

리눅스에서 du 명령어는 어떤 목적으로 사용되며, 다음 중 du 명령어가 무엇을 측정하는가?

① du 명령어는 디스크 파티션을 포맷하는 데 사용된다.
② du 명령어는 파일과 디렉터리의 크기를 측정하는 데 사용된다.
③ du 명령어는 시스템의 부팅 시간을 측정하는 데 사용된다.
④ du 명령어는 CPU 사용률을 측정하는 데 사용된다.

> **해설**
> - du 명령어는 디스크 공간을 사용하는 파일과 디렉터리의 크기를 측정하는 데 사용된다.
> - 주로 디스크 사용량을 파악하거나 디스크 공간을 관리할 때 유용하다.
> - 이 명령어는 파일 시스템의 하위 디렉터리와 파일의 크기를 재귀적으로 측정하며, 디스크 공간 사용량을 보고한다.

10

리눅스에서 /etc/fstab 파일의 주요 용도에 관하여 어떤 설명이 올바른가?

① /etc/fstab 파일은 시스템 로그를 저장하는 데 사용된다.
② /etc/fstab 파일은 시스템 부팅 시 자동으로 마운트할 파일 시스템을 정의하는 데 사용된다.
③ /etc/fstab 파일은 사용자 계정의 암호를 저장하는 데 사용된다.
④ /etc/fstab 파일은 네트워크 설정을 저장하는 데 사용된다.

> **해설**
> - /etc/fstab 파일은 리눅스 시스템에서 시스템 부팅 시 자동으로 마운트할 파일 시스템을 정의하는 데 사용된다.
> - 이 파일은 마운트 포인트, 파일 시스템 유형, 마운트 옵션 등을 포함하고 있으며, 시스템이 부팅될 때 이 정보를 기반으로 파일 시스템을 자동으로 마운트한다.
> - 이를 통해 사용자가 수동으로 파일 시스템을 마운트할 필요 없이 시스템이 원하는 파일 시스템을 자동으로 마운트할 수 있다.

01 ǀ ①	02 ǀ ①	03 ǀ ②	04 ǀ ③	05 ǀ ②
06 ǀ ①	07 ǀ ③	08 ǀ ②	09 ǀ ②	10 ǀ ②

CHAPTER

셀

- 실무에서나 시험문제에서 셸은 자주 언급이 되고 빼놓을 수 없는 개념이기에 교재를 정독을 한다.
- 본 자격증이 리눅스마스터인 만큼 다양한 셸에 대한 이해를 묻는 문제들이 나온다.
- 실습프로그램을 통해서 셸을 확인하는 커맨드들을 실행해보길 추천한다.
- 여기서 사용하는 환경변수는 실무에서도 사용하기에 자신에게 익숙하게 만드는 것이 중요하다.

01 | 셸의 개념 및 계열 ★★★★★

01 셸의 개념 ★★★★★

✦ 합격을 부르는 치트키 가이드

셸은 커널과 사용자를 연결해주는 중요한 역할을 맡고 있습니다. 그래서 시험문제에 잘 출제되는 영역입니다. 우선 제시되어있는 셸의 특성과 기능 그리고 전문용어를 중심으로 공부를 하시면 뒤이어 나오는 개념들을 이해하는 큰 도움이 될 것입니다. 인터페이스인 만큼 사용빈도와 인용이 많이 되기 때문입니다.

1. 개념

● 리눅스 셸(Shell)은 운영 체제에서 사용되는 중요한 컴퓨터 프로그램이다.

● 셸은 사용자와 운영 체제 커널* 간의 인터페이스 역할을 한다.

● 사용자가 키보드나 마우스를 통해 입력한 명령을 해석하고 운영 체제의 서비스 및 리소스** 에 접근하도록 도와준다.

● 커맨드 라인 인터페이스(CLI) 또는 그래픽 사용자 인터페이스(GUI)를 통해 사용자와 상호 작용할 수 있다.

● 리눅스 셸은 시스템 관리자, 개발자, 일반 사용자에게 모두 중요한 역할을 하는 도구로서, 컴퓨터 시스템에서 다양한 작업을 효율적으로 수행할 수 있도록 도와준다.

● 사용자는 셸을 통해 명령어를 입력하고 운영 체제를 조작하여 원하는 작업을 수행할 수 있으며, 스크립트***를 통해 자동화된 작업을 만들 수 있다.

기초 용어 정리

* **커널(Kernel)**: 운영 체제(OS)의 핵심 부분으로, 컴퓨터 하드웨어와 소프트웨어 간의 상호 작용을 관리하고 운영체제 서비스를 제공하는 핵심 컴포넌트이다.

** **리소스** : 컴퓨터 과학 및 정보 기술 분야에서 다양한 종류의 자원을 가리키는 범용적인 용어이다.

*** **스크립트(script)** : 컴퓨터 프로그래밍에서 일련의 명령어나 작업을 자동화하고 실행하기 위해 사용되는 일련의 코드 또는 스크립트 언어로 작성된 파일을 가리킨다.

2. 리눅스 셸의 특징과 기능

- 명령 해석 (Command Interpretation) : 셸은 사용자가 입력한 명령을 해석하고 실행한다.

- 환경 변수 (Environment Variables) : 셸은 환경 변수를 관리하며 이를 통해 시스템 환경 설정 및 프로그램 간의 정보 공유가 가능하다.

- 스크립팅 (Scripting) : 셸은 스크립트 언어를 지원하며, 사용자는 셸 스크립트를 작성하여 반복적인 작업을 자동화하고 시스템 관리 작업을 수행할 수 있다.

- 파일 및 디렉터리 관리 : 셸을 사용하여 파일 및 디렉터리를 생성, 복사, 이동, 삭제 및 검색할 수 있다.

- 프로세스 제어 : 셸은 현재 실행 중인 프로세스를 관리하고, 백그라운드 작업을 실행하거나 중지할 수 있는 기능을 제공한다.

- 리다이렉션과 파이핑 (Redirection and Piping) : 셸은 명령의 입출력을 다루는데 유용한 리다이렉션과 파이핑 기능을 제공한다.

- 사용자 및 권한 관리 : 셸을 사용하여 사용자 계정 및 권한을 관리할 수 있다.

- 다양한 셸 종류 : 리눅스에는 다양한 셸 종류가 있으며, 가장 일반적으로 사용되는 것 중에는 Bash(Bourne Again SHell), Zsh(Z Shell), Ksh(Korn Shell) 등이 있다.

02 　리눅스의 다양한 셸들 소개 ★★★★★

✦ 합격을 부르는 치트키 가이드

리눅스는 다양한 셸의 종류를 지원하며, 각각의 셸은 특정 작업이나 사용자 선호도에 따라 선택됩니다. 일반적으로는 Bash(Bourne Again Shell)가 가장 많이 사용되며, 다른 셸로는 Zsh, Fish, Ksh 등이 있습니다. 시험문제에서는 보편성을 봐서 배시에 대한 언급이 정말로 많기는 하지만 본 자격증이 리눅스마스터인 만큼 다양한 셸에 대한 이해를 묻는 문제들이 나오고는 합니다. 하지만 사전식 이해를 묻는 정도의 문제들이 많이 나오기에 셸의 종류와 큰 특징 위주로만 살펴보면서 주요 셸인 bash, C 셸을 중심으로 살펴보기를 바랍니다.

1. 개념

- 리눅스에서 사용되는 다양한 셸(Shell)의 종류가 있으며, 각각의 셸은 고유한 특징과 기능을 가지고 있다.

- 리눅스에서 사용되는 셸은 사용자의 선호도, 작업 요구 사항 및 시스템 환경에 따라 다를 수 있다.
- 기본적으로 Bash셸과 C셸이 가장 일반적으로 사용되지만 사용자는 다른 셸을 설치하고 선택하여 사용할 수 있다.
- 사용자가 셸을 선택할 때는 셸의 특징과 기능을 고려하여 적합한 것을 선택하는 것이 중요하다.

2. 종류

(1) Bash (Bourne Again Shell)

- Bash는 가장 널리 사용되는 리눅스 셸 중 하나로, 기본적으로 많은 리눅스 배포판에서 제공된다.
- Bash는 풍부한 기능과 스크립팅 지원을 제공하며, 사용자 및 시스템 환경 변수 관리, 파이핑*, 리다이렉션**, 변수 확장, 조건문, 반복문 등 다양한 스크립팅 기능을 지원한다.
- 많은 리눅스 사용자 및 개발자들이 Bash를 선호한다.

(2) Zsh (Z Shell)

- Zsh는 Bash와 유사한 명령어 셸이지만, 더 많은 고급 기능과 개선된 사용자 경험을 제공한다.
- Zsh는 스크립트 작성과 명령어 완성 기능이 뛰어나며, 플러그인 및 테마를 통해 확장성이 높다.

(3) Fish (Friendly Interactive SHell)

- Fish는 사용자 친화적인 대화형 셸로, 명령어 완성 및 오류 메시지가 더 유용하고 직관적이다.
- Fish는 셸 스크립팅에는 다소 제한적이지만, 대화형 사용자 경험이 뛰어나며 색상 구문 강조와 플러그인을 지원한다.

기초 용어 정리

* **파이핑(piping):** 컴퓨터 프로그래밍 및 운영 체제에서 사용되는 개념으로, 여러 프로세스를 연결하여 데이터를 한 프로세스에서 다른 프로세스로 전달하는 기술을 가리킨다.

** **리다이렉션(Redirection) :** 컴퓨터 운영 체제나 명령 줄 환경에서 표준 입력(stdin) 또는 표준 출력(stdout)의 흐름을 변경하는 작업을 가리킨다. 리다이렉션을 사용하면 명령어의 출력을 파일로 저장하거나 파일로부터 입력을 받을 수 있다.

(4) Dash

- Dash는 경량의 POSIX 호환 셸로, 시스템 초기화 스크립트와 같이 안정적이고 빠른 실행이 필요한 상황에서 주로 사용된다.
- 일부 리눅스 시스템은 /bin/sh를 Dash로 심볼릭 링크하고 있다.

(5) Ksh (Korn Shell)

- Ksh는 상용 Unix 시스템에서 주로 사용되며, Bash와 유사한 기능을 제공하지만 상용 라이센스에 따라 배포된다.
- Ksh93는 오픈 소스 버전으로 사용할 수 있다.

(6) Csh (C Shell)

Csh는 C 프로그래머를 위한 명령어 셸로 C 스타일의 문법을 사용한다. 그러나 스크립팅 기능이 다소 제한적이며, 현재 대부분의 사용자에게는 권장되지 않는다.

3. 본 셸 계열 셸들 살펴보기

(1) 개념

- 본 셸(Bourne Shell) 계열의 셸은 리눅스와 유닉스 시스템에서 사용되는 명령어 셸들을 가리킨다.
- 이러한 셸들은 초기에 본 셸인 "sh"를 기반으로 개발되었으며, 다양한 파생 셸들이 있지만 공통적으로 기본적인 셸 기능을 제공한다.

(2) Bourne Shell (sh)

- Bourne Shell은 최초의 유닉스 셸로 개발되었으며 "sh"라고도 한다.
- 기본적인 명령어와 제어 구조를 지원하지만 고급 기능은 제공하지 않는다.
- 여전히 많은 리눅스 시스템에서 /bin/sh로 링크되어 있고, 시스템 초기화 스크립트 등에서 사용된다.

(3) Bash (Bourne Again Shell)

● Bash는 Bourne Shell의 확장판으로 가장 널리 사용되는 셸 중 하나이다.

● Bash는 다양한 고급 기능과 스크립트 지원을 제공하며, 사용자 및 시스템 환경 변수 관리, 조건문, 반복문, 함수 정의, 명령어 완성 및 히스토리 관리와 같은 풍부한 기능을 갖추고 있어 많은 리눅스 사용자와 개발자에게 사랑받고 있다.

(4) Ash (Almquist Shell)

● Ash는 경량의 유닉스 셸로, 리눅스 임베디드 시스템*과 초기화 스크립트에서 주로 사용된다.

● Dash와 함께 빠르고 신뢰성 있는 스크립트 실행을 위한 목적으로 개발되었다.

(5) Dash

● Dash는 더욱 경량한 명령어 셸로, 주로 시스템 초기화 스크립트와 관련하여 사용된다.

● Dash는 다른 셸에 비해 실행 속도가 빠르고 안정적인 특징을 가지고 있어 부팅 시간을 최적화하려는 데 유용하다.

(6) Posh (Policy-compliant Ordinary SHell)

● Posh는 POSIX 규격을 준수하는 명령어 셸로, 이식성을 높이기 위해 설계되었다.

● Bourne Shell과 유사한 문법을 가지고 있으며, 표준 POSIX 셸 스크립트를 작성하는 데 사용된다.

4. C 셸 계열 셸들 살펴보기

(1) 개념

● C셸 계열(C Shell Family)은 C셸(C Shell)을 기반으로 하며 C셸과 유사한 구문과 특징을 가지고 있다.

기초 용어 정리

* **임베디드 시스템(Embedded System)**: 특정한 기능 또는 작업을 수행하기 위해 설계된 컴퓨터 시스템으로, 주로 제한된 하드웨어 자원과 소프트웨어를 사용하여 특정 임무를 수행하는데 중점을 둔다.

● 이러한 셸들은 C프로그래밍 언어와 유사한 문법을 사용하여 명령어를 입력하고 스크립트를 작성하는데 사용된다.

(2) C Shell (csh)

● C Shell은 C 프로그래밍 언어와 유사한 문법을 가진 명령어 셸로, 초기 유닉스 시스템에서 개발되었다.

● 변수 할당 및 확장, 제어 구조(반복문, 조건문), 명령어 히스토리, 명령어 완성 및 다른 C 셸 계열의 기능을 제공한다. 그러나 몇 가지 비직관적인 구문과 제한된 스크립팅 기능으로 인해 Bash와 같은 다른 셸들에 비해 덜 사용된다.

(3) Tcsh (TENEX C Shell)

● Tcsh는 C Shell의 확장판으로, C Shell과 유사한 문법을 가지면서 몇 가지 향상된 기능을 제공한다.

● Tcsh는 명령어 완성, 명령어 히스토리 검색, 현재 디렉터리 표시 등을 포함한 편리한 사용자 인터페이스를 제공한다.

(4) Zsh (Z Shell)

● Zsh는 C Shell 계열 셸로 분류되지만 Bash와 함께 가장 많이 사용되는 셸 중 하나이다.

● Zsh는 풍부한 명령어 완성 기능, 플러그인 시스템, 강력한 스크립팅 기능, 히스토리 관리, 프롬프트 지정 등 다양한 기능을 제공한다.

● 사용자 경험이 뛰어나며 커스터마이즈 가능하다.

03 리눅스 셸의 확인 및 변경 작업 ★★★★

✦ 합격을 부르는 치트키 가이드

리눅스shell은 명령어를 넣거나 다양한 작업을 진행할 때의 시작지점이면서 동시에 일을 진행하는 방식을 결정하기에 중요하다고 할 수 있습니다. 그러기에 이러한 셸을 변경하는 방법 또한 수월하게 할 수 있어야 2급을 넘어서 1급까지 진행할 수 있는 고급 사용자가 될 것이라고 봅니다. 그러기에 실습프로그램을 통해서 셸을 확인하는 커맨드들을 실행해보길 추천드립니다.

1. 리눅스 셸을 확인하는 다양한 방법들

(1) 개념

- 리눅스에서 현재 사용 중인 셸을 확인하는 방법은 다양하다.
- 셸의 경우에는 리눅스커널과 사용자 사이를 연결해주는 중요한 역할을 맡는 만큼 다양한 종류의 셸들이 존재하게 되었다.
- 현재 자신이 사용하는 셸이 무엇인지 판단하는 것은 리눅스사용자로서 반드시 알아야 할 능력이라고 할 수 있다.
- 이러한 방법 중 하나를 사용하여 현재 사용 중인 셸을 확인할 수 있다. 일반적으로는 echo $SHELL 명령어나 프롬프트 문자열 확인이 가장 간단하고 효과적인 방법이다.

(2) echo $SHELL 명령어 사용

- 터미널에서 다음 명령어를 입력하고 실행한다.
- 문법 : echo $SHELL
- 이 명령어는 현재 사용 중인 셸의 경로를 출력한다.

(3) ps 명령어 사용

- 터미널에서 다음 명령어를 입력하고 실행한다.
- 문법 : ps -p $$
- 이 명령어는 현재 터미널 세션에서 실행 중인 프로세스의 정보를 출력한다.

(4) 화면의 문자열을 통해서 확인

터미널을 열었을 때, 일부 리눅스 배포판은 현재 사용 중인 셸의 종류를 화면에 출력한다.

(5) 명령어 프롬프트 확인

- 명령어 프롬프트는 터미널 창에서 명령을 입력할 때 표시되는 문자열이다.
- 셸 종류에 따라 프롬프트 문자열이 다를 수 있다.
- 예를 들어, Bash의 명령어 프롬프트는 기본적으로 $로 시작하고, Zsh는 %로 시작하는 것이 일반적이다.

(6) /etc/passwd 파일 확인

- 시스템의 사용자 정보를 관리하는 /etc/passwd 파일에는 각 사용자에 대한 정보가 포함되어 있다.
- 이 파일에서 특정 사용자의 로그인 셸 정보를 확인할 수 있다.
- 다음과 같은 명령어를 사용하여 사용자의 로그인 셸 정보를 확인할 수 있다.
- 문법 : grep username /etc/passwd

2. 리눅스 셸을 변경하는 방법과 명령어들

(1) 개념

- 리눅스에서 사용하는 셸을 변경하는 방법은 몇 가지 방법이 있다.
- 변경된 셸 설정은 사용자가 다시 로그인하거나 새로운 터미널 세션을 열 때 적용된다.
- 새로운 터미널 창을 열거나 로그아웃 및 다시 로그인하여 변경 사항을 확인할 수 있다.
- 셸 변경은 주로 특정 사용자에게만 적용되며, 시스템 전체에 대한 변경은 주의해서 수행해야 한다.
- 변경된 셸이 시스템에서 제대로 작동하도록 필요한 설정 파일을 구성해야 할 수도 있다.

(2) 사용 가능한 셸 확인

● 먼저 시스템에서 사용 가능한 셸의 목록을 확인한다.

● 대부분의 리눅스 시스템은 /etc/shells 파일에 사용 가능한 셸의 경로를 기록한다.

● 문법 : cat /etc/shells

(3) 원하는 셸 설치

● 변경하려는 셸이 시스템에 설치되어 있지 않은 경우, 해당 셸을 설치해야 한다.

● 대부분의 리눅스 배포판은 Bash, Zsh, Tcsh 등을 기본적으로 제공하므로 시스템에 이미 설치되어 있을 수 있다.

● 원하는 셸을 설치하려면 패키지 관리자를 사용한다.

● 문법 : sudo apt-get install zsh # Zsh 설치 예시 (Ubuntu/Debian)

● 문법 : sudo yum install zsh   # Zsh 설치 예시 (Red Hat/CentOS)

(4) 셸 변경

● 원하는 셸을 설치한 후에 변경하려는 사용자의 로그인 셸을 변경해야 한다.

● 사용자의 로그인 셸은 /etc/passwd 파일에 기록되어 있다.

● 문법 : chsh -s /bin/zsh username # Zsh로 변경하는 경우

(5) 재로그인 또는 새로운 터미널 세션 열기

● 변경된 셸 설정은 사용자가 다시 로그인하거나 새로운 터미널 세션을 열 때 적용된다.

● 새로운 터미널 창을 열거나 로그아웃 및 다시 로그인하여 변경 사항을 확인할 수 있다.

02 | 셸과 환경 설정 ★★★★★

01 환경변수와 셸변수의 설정과 구성요소들 ★★★★★

✦ 합격을 부르는 치트키 가이드

변수를 효과적으로 활용하면 사용자 정의 스크립트를 작성하거나 시스템 구성을 관리할 때 매우 유용합니다. 변수를 조작하고 관리하는 것은 리눅스 시스템 관리와 자동화에 필수적인 기술 중 하나입니다. 그래서 환경변수와 지역변수의 개념과 종류들을 중심으로 이해를 쌓아가는 것을 추천드립니다. 그리고 실제 여기서 사용하는 환경변수는 실무에서도 사용하기에 자신에게 익숙하게 만드는 것이 중요합니다.

1. 환경변수와 지역변수에 대한 개념 설명

(1) 개념

● 리눅스 환경변수와 지역변수는 셸 스크립트를 작성하고 실행하는 데 필수적이며 시스템 및 사용자 환경 설정을 제어하는 데 사용된다.

● 환경 변수(Environment Variables)는 시스템 전체에서 사용할 수 있는 변수로 모든 프로세스와 셸 스크립트에서 접근 가능하다.

● 지역 변수(Local Variables)는 특정 셸 스크립트나 함수에서만 접근 가능한 변수이다.

● 변수를 선언하고 값을 할당하는 데 변수이름=값 형식을 사용한다. 또한 환경 변수와 지역 변수를 구별하는 데에는 몇 가지 규칙이 있다.

● 환경 변수는 대문자로 작성되어 관례적으로 대문자로 작성한다. 예를 들어, PATH, HOME, USER 등이 환경 변수이다.

● 지역 변수는 소문자로 작성되어 관례적으로 소문자로 작성한다. 예를 들어 count, name, result 등이 지역 변수이다.

(2) 다양한 환경변수들

① PATH

- 실행 파일을 찾는 경로를 지정한다.

- 시스템은 PATH에 지정된 디렉터리들을 순서대로 검색하여 실행 파일을 실행할 때 사용된다.

- 예를 들어, /usr/local/bin:/usr/bin:/bin과 같이 설정되어 있으면 시스템은 해당 디렉터리들에서 실행 파일을 찾는다.

② HOME

- 환경변수는 현재 사용자의 홈 디렉터리 경로를 지정한다.

- 홈 디렉터리는 사용자의 개인 파일 및 설정을 저장하는 기본 디렉터리이다. 예를 들어, /home/사용자이름과 같이 사용자 이름에 따라 경로가 설정된다.

③ USER

- 현재 로그인한 사용자의 이름을 저장한다.

- 사용자 이름은 시스템에서 고유한 식별자로 사용되며 스크립트나 명령어에서 사용자를 식별하는 데 유용하다.

④ SHELL

- 현재 사용 중인 셸의 경로를 지정한다.

- 셸은 사용자가 명령어를 입력하고 실행하는 프로그램이며 SHELL 환경변수는 사용자가 현재 어떤 셸을 사용 중인지 알려준다.

⑤ LANG 또는 LC_*

- 시스템의 로캘 설정을 제어한다.

- 로캘은 지역 및 언어 설정을 관리하는데 사용되며 이를 통해 시스템 메시지, 날짜 형식, 통화 기호 등을 지정할 수 있다.

⑥ PWD

- 현재 작업 디렉터리의 경로를 저장한다.

- 셸 스크립트나 명령어에서 현재 작업 디렉터리를 참조할 때 유용하다.

⑦ TERM

- 현재 터미널 유형을 지정한다.

- 터미널 유형은 화면 표시 및 커서 동작과 관련된 제어 코드를 정의하는 데 사용된다.

⑧ PS1 및 PS2

- 프롬프트(prompt) 문자열을 정의하는 환경변수이다.

- 셸 프롬프트의 모양과 정보를 사용자 지정할 수 있다.

- PS2는 다중 라인 명령어를 입력할 때의 보조 프롬프트(prompt)를 정의하는 환경변수이다.

⑨ HISTSIZE 및 HISTFILE

- 셸 히스토리의 최대 크기를 제어하는 환경변수이다.

- 이 변수를 통해 명령어 히스토리의 크기를 조정할 수 있다.

- HISTFILE은 명령어 히스토리가 저장되는 파일의 경로를 지정하는 환경변수이다.

⑩ LD_LIBRARY_PATH

- 동적 라이브러리(Dynamic Link Library) 파일을 검색하는 경로를 지정한다.

- 실행 파일이 필요로 하는 라이브러리를 찾을 때 사용되며 라이브러리가 어디에 위치하는지를 알려준다.

⑪ EDITOR 및 VISUAL

- 텍스트 에디터를 지정한다.

- 이 환경변수를 통해 편집기를 설정하면 명령어에서 edit 명령을 실행할 때 사용된다.

⑫ TZ

- 시간대(Time Zone) 정보를 저장한다.

- 이 변수를 설정하여 시스템의 시간대를 변경할 수 있다.

⑬ SUDO_USER 및 SUDO_UID

- 현재 슈퍼유저(루트)로 로그인한 사용자의 원래 사용자 이름을 저장한다.

- SUDO_UID는 슈퍼유저로 로그인한 사용자의 원래 사용자 ID를 저장한다.

⑭ MAIL

MAIL 환경변수는 현재 사용자에게 도착한 메일이 저장되는 메일 박스의 경로를 지정한다.

⑮ PS3, PS4

- PS3 및 PS4 환경변수는 셀 스크립트에서 사용되는 추가적인 프롬프트(prompt) 문자열을 정의한다.

- 주로 디버깅*과 관련된 정보를 표시할 때 사용된다.

(3) 환경변수 설정과 주요명령어들

① 명령어 라인에서 설정 (일시적인 설정)

환경변수를 일시적으로 설정하려면 export 명령어를 사용한다. 이 설정은 현재 셀 세션에만 적용된다.

② 문법

export MY_VAR="Hello, World" # MY_VAR 환경변수 설정과 동시에 내보내기

③ 사용자 프로필 파일에 설정 (영구적인 설정)

- 사용자 환경변수를 영구적으로 설정하려면 해당 사용자의 프로필 파일에 변수를 추가한다.

- 대부분의 리눅스 시스템에서는 ~/.bashrc 또는 ~/.bash_profile 파일을 사용한다.

- 문법 : export PATH=$PATH:/usr/local/bin

④ 시스템 초기화 스크립트에 설정 (시스템 환경변수)

- 시스템 환경변수를 설정하려면 시스템 초기화 스크립트 (예: /etc/environment)에 변수

기초 용어 정리

* **디버깅(Debugging)** : 컴퓨터 프로그램 또는 소프트웨어에서 발생하는 오류를 찾아내고 수정하는 과정 또는 기술을 가리킨다.

를 추가한다.

- 이 설정은 시스템 전체에 영향을 미친다.
- 문법 : PATH="/usr/local/bin:/usr/bin:/bin"

⑤ 셸 스크립트에서 설정

- 셸 스크립트 내에서 환경변수를 설정하려면 스크립트 파일에 변수 설정 부분을 추가한다.
- 문법 : MY_VAR="Script Value"
- 문법 : export MY_VAR

⑥ 환경변수 확인 및 사용

- 설정한 환경변수를 확인하려면 echo $변수이름 명령어를 사용한다.
- 예를 들어, echo $MY_VAR는 MY_VAR 환경변수의 값을 출력한다.

⑦ export 명령어

- 환경변수를 현재 셸 환경으로 내보내거나, 변수에 값을 할당하고 동시에 내보낼 때 사용된다.
- 환경변수를 내보내면 현재 셸 환경에서 실행되는 모든 하위 프로세스와 명령어에서 해당 환경변수에 접근할 수 있다.
- 예시 : export MY_VAR="Hello, World" # MY_VAR 환경변수 설정과 동시에 내보내기

⑧ unset 명령어

- unset 명령어는 환경변수를 제거하거나 초기화한다.
- 셸 스크립트 내에서 사용할 때 변수를 초기화하는 용도로 사용된다.
- 예시 : unset MY_VAR # MY_VAR 환경변수 제거

⑨ env 명령어

- env 명령어는 현재 환경변수를 나열한다.
- 특정 환경변수만 표시하려면 env 변수이름 형식으로 사용할 수 있다.
- 예시1 : env # 현재 환경변수 나열

- 예시2 : env PATH # PATH 환경변수의 값만 표시

⑩ echo 명령어

- echo 명령어는 환경변수의 값을 출력한다. 주로 디버깅 목적으로 사용된다.

- 예시 : echo $MY_VAR # MY_VAR 환경변수의 값을 출력

⑪ set 명령어

- 현재 셸 세션에서 설정된 환경변수 및 셸 변수를 나열한다.

- 모든 환경변수와 셸 변수를 나타낸다.

- 예시 : set # 현재 설정된 모든 환경변수와 변수를 나열

⑫ source 또는 . 명령어

- source 또는 . 명령어는 스크립트 파일 내에서 환경변수를 설정하거나 변경한 후 현재 셸 환경으로 반영할 때 사용된다.

- 예시 : source myscript.sh

⑬ 셸 프롬프트 형태 설정

리눅스 셸에서 사용되는 특수 문자열(이스케이프 시퀀스)는 셸 프롬프트의 사용자 정의에 자주 사용된다.

\t	현재 시간을 나타내는 타임스탬프를 표시한다.
\W	현재 작업 디렉터리의 이름만을 표시한다.
\w	현재 작업 디렉터리의 전체 경로를 표시한다.
\s	현재 사용 중인 셸의 이름을 나타낸다.
\u	현재 로그인한 사용자의 이름을 나타낸다.
\h	현재 시스템의 호스트 이름을 나타낸다.
\d	현재 날짜를 나타내는 문자열을 표시한다.
\H	현재 시스템의 전체 호스트 이름을 나타낸다.
\#	현재 입력된 명령어의 히스토리 번호를 표시한다.
\\	백슬래시 문자를 이스케이프하여 프롬프트에 포함시킬 수 있다.
\n	줄 바꿈 문자로, 프롬프트를 여러 줄로 나누는 데 사용된다.
${변수}	사용자가 원하는 환경 변수의 값을 프롬프트에 포함시킬 수 있다.

리눅스 환경설정파일 개념과 이해 ★★★

1. 개념

- 리눅스 환경 설정 파일은 시스템 및 사용자 환경을 구성하고 조정하는 데 사용되는 텍스트 파일이다.

- 이러한 설정 파일은 시스템 전체 또는 개별 사용자 수준에서 사용자 지정할 수 있으며, 시스템의 동작, 네트워크 구성, 사용자 환경, 서비스 설정 등을 포함한다.

- 다양한 리눅스 배포판 및 시스템 구성에 따라 다양한 설정 파일이 있을 수 있으며, 일반적으로 /etc 및 사용자 홈 디렉터리에 위치한다.

- 리눅스 환경 설정 파일은 전역적 파일과 지역적 파일로 나눌 수 있으며, 시스템 전체적인 설정과 사용자별 설정을 구분한다.

2. 전역적 파일 (Global Configuration Files)

- 전역적 파일은 시스템 전체 설정을 나타내며, 모든 사용자 및 프로세스에 영향을 미친다.

- 이러한 파일은 주로 시스템 관리자에 의해 관리되며 시스템 전반에 적용된다.

- 주요 전역 설정 파일의 예

명칭	특징
/etc/passwd	사용자 계정 정보 파일. 모든 사용자에게 영향을 미치며 시스템 사용자 정보를 저장한다.
/etc/group	그룹 정보 파일. 모든 사용자에게 영향을 미치며 그룹 정보를 저장한다.
/etc/hostname	시스템의 호스트 이름을 설정하는 파일. 시스템 전체에 적용된다.
/etc/hosts	호스트 이름과 IP 주소를 매핑하는 파일. 네트워크 설정에 영향을 미친다.
/etc/network/interfaces	네트워크 인터페이스 설정 파일. 네트워크 구성에 영향을 미친다.
/etc/fstab	파일 시스템 마운트 포인트와 관련된 파일. 시스템 부팅 및 파일 시스템 마운트에 영향을 미친다.

/etc/ssh/sshd_config	SSH 서버 설정 파일. SSH 서비스 구성에 영향을 미친다.
/etc/profile	시스템 전체 환경 변수 및 로그인 스크립트를 설정하는 파일. 모든 사용자에게 영향을 미친다.
/etc/sudoers	sudo 권한 관리 파일. 루트 권한을 실행할 수 있는 사용자와 권한을 설정한다.

3. 지역적 파일 (Local Configuration Files)

● 지역적 파일은 개별 사용자 또는 특정 프로세스의 설정을 나타낸다.

● 이러한 파일은 사용자 또는 프로세스의 환경을 사용자 정의하는 데 사용된다.

● 지역 설정 파일은 일반적으로 사용자의 홈 디렉터리에 위치하며 해당 사용자 또는 프로세스에만 영향을 미친다.

4. 주요 지역 설정 파일의 예

● 사용자의 홈 디렉터리에 있는 .bashrc 또는 .bash_profile : Bash 셸 설정 파일. 사용자별로 환경 변수 및 스크립트를 설정한다.

● 사용자의 홈 디렉터리에 있는 .vimrc : Vim 편집기 설정 파일. Vim 사용자별 설정을 지정한다.

● 사용자의 홈 디렉터리에 있는 .ssh/config : SSH 클라이언트 설정 파일. SSH 연결 설정을 사용자별로 구성한다.

03 배시셸(bash shell)을 통해서 볼 수 있는 중요 기능들 ★★★★

✦ 합격을 부르는 치트키 가이드

bash shell은 따로 다룰 만큼 많이 사용한다고 보면 됩니다. 이중에서 셸을 통해서 자주 사용하는 기능들은 실전 실무에서도 활용도가 높다고 보면 됩니다. 시험문제에서는 문항들만 열거되기에 이러한 문항들이 낯설지 않으려면 주요 기능들의 명칭들과 주요기능들 위주로 공부하시길 바랍니다.

1. Tab 완성 (Tab Completion)

● Bash는 명령어, 파일 이름, 디렉터리 이름 및 변수 이름을 자동으로 완성하는 데 도움이 되는 Tab 키를 제공한다.

- 사용자가 시작 부분을 입력한 후 Tab 키를 누르면 가능한 옵션 및 항목 목록이 나타난다.
- 예를 들어, 파일 이름을 입력하고 Tab 키를 누르면 해당 디렉터리에 있는 파일 및 디렉터리의 목록이 나타난다.

2. 프롬프트 제어

- Bash 셸에서는 프롬프트를 커스터마이즈하여 표시 형식을 변경하고 추가 정보를 표시할 수 있다.
- 예를 들어, PS1 환경 변수를 설정하여 프롬프트의 모양을 변경할 수 있다.

3. 파일 확장 및 패턴 일치

- Bash는 와일드카드 문자(*와 ?)를 사용하여 파일 이름을 패턴 일치시키는 데 사용된다.
- 이를 통해 특정 파일을 선택하거나 일련의 파일을 처리하는 데 편리하다.

4. 히스토리 서치 (Reverse Search)

- Ctrl + R 키를 누르면 히스토리 검색 모드로 진입하여 이전에 입력한 명령어를 검색할 수 있다.
- 이를 통해 히스토리에서 원하는 명령어를 빠르게 찾을 수 있다.

5. 프로세스 대기 (Job Control)

- Bash는 백그라운드 및 포그라운드에서 실행 중인 작업 및 프로세스를 관리하기 위한 명령어와 기능을 제공한다.
- bg, fg, jobs 등의 명령어로 작업을 일시 중지하고 다시 시작할 수 있다.

6. 명령어 히스토리 제어

- history 명령어를 사용하여 명령어 히스토리를 관리할 수 있다.
- 명령어 히스토리 파일을 편집하거나 지우고, history -c 명령어로 히스토리를 모두 지울 수 있다.

7. 프로세스 대기 및 신호 처리

Bash는 프로세스를 백그라운드로 실행하거나 일시 중지하고, kill 명령어로 프로세스에 신호를 보낼 수 있는 기능을 제공한다.

8. 셸 변수 및 환경 변수

Bash 셸은 사용자 정의 변수를 만들고 사용할 수 있다.

9. 명령어 대체 (Command Substitution)

'명령어' 또는 $(명령어)와 같은 구문을 사용하여 명령어의 결과를 변수에 할당하거나 스크립트에서 사용할 수 있다.

10. 셸 스크립트와 제어 구조

Bash 셸은 셸 스크립트를 작성하고 실행하는 데 사용된다.

11. 프롬프트 확장 (Prompt Expansion)

프롬프트 문자열에서 특수 문자열 (예: Wu, Wh, Ww, Wt)을 사용하여 현재 사용자, 호스트 이름, 작업 디렉터리 및 시간과 같은 정보를 표시할 수 있다.

12. history

history는 사용자가 이전에 실행한 명령어를 추적하고 관리하는 데 사용된다.

13. alias

● 명령어나 명령어 시퀀스에 대한 단축키 또는 별칭을 생성하는 데 사용된다.

● 이를 통해 긴 명령어를 간결하게 입력할 수 있다.

● alias 명령어를 사용하여 별칭을 정의하고 unalias를 사용하여 삭제할 수 있다. 예를 들어, 다음과 같이 별칭을 정의할 수 있다.

● 문법 : alias ll='ls -al'

● ll을 입력하면 ls -al 명령어가 실행된다.

14. !!와 !$

● !!는 이전에 실행한 명령어를 다시 실행하는데 사용된다.

● 예를 들어, sudo !!를 입력하면 이전 명령어를 sudo 권한으로 다시 실행한다.

● $!는 가장 최근의 백그라운드 작업의 프로세스 ID를 나타낸다.

15. !n

히스토리에서 n번째 명령어를 실행하는 데 사용된다.

16. 방향키를 사용한 히스토리 검색

Bash 셸에서는 위쪽 화살표 키를 사용하여 이전에 입력한 명령어를 검색하고 아래쪽 화살표 키를 사용하여 최근에 입력한 명령어를 검색할 수 있다.

17. 히스토리 파일 관리

HISTFILE 환경 변수를 사용하여 히스토리 파일의 위치 및 이름을 지정할 수 있다.

01

리눅스 셸은 무엇을 위한 인터페이스로 사용되는가?

① 그래픽 디자인 및 게임 개발
② 사용자와 운영 체제 커널 간의 상호 작용
③ 웹 브라우징 및 온라인 쇼핑
④ 데이터베이스 관리와 서버 설정

> **해설**
> • 리눅스 셸은 사용자가 운영 체제의 서비스와 리소스에 접근하고 명령을 실행하기 위한 명령어 인터페이스 역할을 한다.
> • 셸의 역할과 위치가 사용자와 커널사이에 배치가 되어있기 때문에 중간에서 인터페이스와 명령전달자로서의 역할을 맡는다고도 할 수 있다.

02

리눅스 시스템에서 사용 중인 셸이 Bash일 때, 다음 중 어떤 명령을 사용하여 셸을 Zsh로 변경할 수 있는가?

① change-shell zsh
② chsh -s /bin/zsh
③ switch-shell zsh
④ set-shell /usr/bin/zsh

> **해설**
> • chsh 명령어는 "change shell"의 줄임말이다.
> • 이 명령어는 사용자가 로그인할 때 사용하는 기본 셸을 변경하거나 다른 셸로 전환할 때 유용하다.

03

리눅스 본 셸 (Bourne Shell)에 대한 다음 중 어떤 설명이 옳은가?

① Bourne Shell은 리눅스 시스템에서 기본 셸로 사용되며 가장 많이 사용된다.
② Bourne Shell은 C 프로그래밍 언어와 유사한 문법을 가진다.
③ Bourne Shell은 하드웨어와 운영 체제 커널 간의 상호 작용을 중개하는 역할을 한다.
④ Bourne Shell은 사용자에게 그래픽 디자인 및 게임 개발 기능을 제공한다.

> **해설** Bourne Shell은 C 프로그래밍 언어와 유사한 문법을 사용하며, 명령어와 스크립트를 작성하는 데에는 이러한 유사성을 활용할 수 있다.

> **오답해설**
> ① 많이 사용되는 셸로는 C셸과 본셸이 많이 사용되기에 설명이 부족한 점이 있다.
> ③ 사용자와 커널간의 상호작용을 중개하는 것이 셸의 역할이다.
> ④ 주로 커맨드방식으로 중간작업을 하는 역할을 맡고 있기에 게임개발기능과는 거리가 있다.

04

리눅스 C 셸 (C Shell)에 대한 다음 중 어떤 설명이 옳은가?

① C 셸은 기본적으로 리눅스 시스템에서 사용되는 기본 셸이다.
② C 셸은 Bash와 유사한 문법을 가지고 있으며, 주로 앱개발 등에 사용된다.
③ C 셸은 경량이며 리눅스 임베디드 시스템과 초기화 스크립트에서 주로 사용된다.
④ C 셸은 다른 셸과 호환성이 좋아서 널리 사용되고 있다.

> 해설
> - C 셸은 경량이며 초기화 스크립트 및 리눅스 임베디드 시스템에서 주로 사용된다.
> - 다른 목적으로는 비교적 드물게 사용된다.

05

리눅스 시스템에서 현재 사용 중인 셸을 확인하는 가장 일반적인 방법은 무엇인가?

① check-shell 명령어를 사용하여 확인한다.
② show-me-shell 명령어를 입력하여 확인한다.
③ current-shell 명령어를 사용하여 확인한다.
④ /etc/passwd 파일에서 확인한다.

> 해설
> - 리눅스 시스템에서 현재 사용 중인 셸은 사용자의 정보를 관리하는 /etc/passwd 파일에 기록되어 있으며, 해당 파일에서 사용자의 로그인 셸 정보를 확인할 수 있다.
> - 이밖에도 명령어를 통해서 확인하는 방법으로는 echo명령어를 활용해서 셸의 종류를 파악하는 방법도 존재하며 책 본문에 나오는 것처럼 명령어와 디렉터리를 조회하여 셸을 파악하는 방법도 존재한다.

06

리눅스에서 history 명령어에 대한 설명으로 옳은 것은 무엇인가?

① history 명령어는 현재 시스템의 모든 사용자의 명령어 히스토리를 표시한다.
② history 명령어를 사용하면 히스토리에 저장된 명령어들을 수정할 수 있다.
③ history 명령어를 사용하면 현재 사용자의 명령어 히스토리를 확인하고 관리할 수 있다.
④ history 명령어는 기본적으로 최근 24시간 이내에 실행한 명령어만을 표시한다.

> 해설
> - history 명령어는 현재 사용자의 명령어 히스토리를 확인하고 관리하는 데 사용된다.
> - 각 사용자마다 별도의 명령어 히스토리가 있으며, 이 명령어로 히스토리 목록을 볼 수 있고, 특정 명령어를 다시 실행하거나 삭제하는 등의 작업을 수행할 수 있다.
> - 다른 선택지와 달리 history 명령어는 현재 사용자에게 제한된 범위의 히스토리만을 다룬다.

07

리눅스에서 alias 명령어에 대한 설명으로 옳은 것은 무엇인가?

① alias 명령어를 사용하면 파일을 압축하는 데 사용되는 명령어를 정의할 수 있다.
② alias 명령어를 사용하면 별칭(alias)을 지정하여 명령어를 간결하게 사용할 수 있다.
③ alias 명령어는 시스템 전체에 영향을 주며, 모든 사용자가 공유한다.
④ alias 명령어를 사용하면 명령어의 실행 결과를 파일로 저장할 수 있다.

> 해설
> - alias 명령어를 사용하면 명령어에 대한 별칭을 만들 수 있다.
> - 이를 통해 복잡한 명령어를 간결하게 사용할 수 있으며, 사용자가 정의한 별칭은 해당 사용자의 현재 세션에서만 유효하다.
> - 다른 선택지와 달리 alias 명령어는 파일 압축이나 시스템 전체에 영향을 주는 것이 아니며, 실행 결과를 파일로 저장하는 용도로도 사용되지 않는다.

08

리눅스 배시 셸(Bash)에서 사용자 환경 설정과 관련된 초기 시작 파일은 다음 중 어떤 것인가?

① .bash_history
② .bash_profile
③ /etc/passwd
④ /etc/bashrc

해설
- 리눅스의 Bash 셸에서 사용자 환경 설정과 관련된 초기 시작 파일은 .bash_profile이다.
- 이 파일은 사용자의 로그인 시에 실행되며, 사용자 환경 변수 및 사용자 정의 명령어를 설정하는 데 사용된다.
- 나머지 선택지는 다른 용도의 파일이거나 시스템 전체 설정 파일이다.

09

리눅스 시스템에서 /etc/bashrc 파일에 대한 설명으로 옳은 것은 무엇인가?

① /etc/bashrc 파일은 각 사용자의 홈 디렉터리에 저장되며 사용자별로 다른 설정을 포함한다.
② /etc/bashrc 파일은 로그인 시에 실행되며, 사용자 환경 변수 및 별칭(alias)과 같은 사용자 정의 설정을 포함한다.
③ /etc/bashrc 파일은 시스템 전체의 Bash 셸 설정을 구성하는 데 사용되며 모든 사용자에게 공통적인 설정을 포함한다.
④ /etc/bashrc 파일은 시스템 관리자만 수정할 수 있으며, 사용자는 변경할 수 없다.

해설
- /etc/bashrc 파일은 시스템 전체의 Bash 셸 설정을 구성하는 데 사용되며, 모든 사용자에게 공통적인 설정을 포함한다.
- 이 파일은 로그인 시에 실행되며, 사용자 환경 변수나 별칭(alias)과 같은 사용자 정의 설정은 주로 사용자의 홈 디렉터리 내에 있는 .bashrc 파일에 저장된다.
- /etc/bashrc 파일은 시스템 관리자가 수정할 수 있지만, 일반 사용자도 읽기 권한이 있을 수 있다.

10

리눅스에서 환경 변수를 설정하는 명령어는 무엇인가?

① showenv
② setenv
③ define
④ export

해설
- 리눅스에서 환경 변수를 설정하기 위해 export 명령어를 사용한다.
- 이 명령어를 통해 변수를 현재 셸 세션에서 사용 가능하도록 만들 수 있다.
- 나머지 선택지는 실제로 사용되지 않는 명령어나 올바르지 않은 명령어이다.

| 01 | ② | 02 | ② | 03 | ② | 04 | ③ | 05 | ④ |
| 06 | ③ | 07 | ② | 08 | ② | 09 | ③ | 10 | ④ |

프로세스 관리

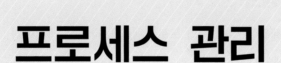

● 프로세스에 대한 개념과 프로세스가 가지는 각각의 상태에 대한 개념을 이해하는 것이 중요하다.

● 프로세스의 상태와 이와 관련된 함수의 명칭 그리고 기능에 대한 이해를 중심으로 학습하면 된다.

● 데몬에 대한 개념과 데몬이 동작하는 과정 그리고 데몬이 작동될 때 관련되는 요소들에 대한 이해를 하는 것이 중요하다.

● 시그널은 일종의 신호인데 프로세스를 관리하는 데 사용된다. 그래서 시그널의 번호에 따라서 하는 역할이 다른데 평가문제나 기출문제를 중심으로 시그널에 관한 학습을 진행하면 도움이 될 것이다.

01 프로세스의 개념 및 구성요소들 *****

01 프로세스에 관련된 개념 이해 ****

✦ 합격을 부르는 치트키 가이드

리눅스는 컴퓨터공학 전공 필수 교과목일 만큼 중요한 운영체제입니다. 그안에서도 프로세스는 운영체제에서 중요한 작업들과 연결이 되기 때문에 꼭 이해를 해야합니다. 애플리케이션이 작동하는 것과 연결되기에 우리가 평소에 접하는 컴퓨터의 현상들을 떠올리시면서 공부하시면 학습에 도움이 될 것입니다.

1. 프로세스 개념

● 리눅스에서의 프로세스 개념은 운영 체제와 밀접하게 관련된 중요한 개념 중 하나이다.

● 리눅스는 다중 프로세스 및 멀티태스킹 환경에서 실행되므로 프로세스 관리는 핵심 역할을 한다.

2. 프로세스의 정의

● 리눅스에서 프로세스는 실행 중인 프로그램을 나타내는 개체이다.

● 각 프로세스는 자체의 메모리 공간, 레지스터, 파일 디스크립터, 스케줄링 정보 등을 가지고 있다.

● 각 프로세스는 고유한 프로세스 ID(PID)를 가지며 식별된다.

3. 프로세스 생성

● 새로운 프로세스는 기존 프로세스에서 fork()* 시스템 호출을 사용하여 생성된다.

● fork() 호출을 통해 현재 실행 중인 프로세스의 복사본이 만들어지며, 이를 통해 자식 프로세스가 생성된다.

기초 용어 정리

* fork(): 유닉스와 리눅스 기반 시스템에서 사용되는 시스템 호출이다. 이 함수는 프로세스를 복제하는 데 사용된다.

4. 프로세스 스케줄링

● 리눅스 운영 체제는 여러 프로세스를 동시에 실행하고 스케줄링한다.

● 다양한 스케줄링 알고리즘*을 사용하여 CPU 자원을 효율적으로 할당하며, 프로세스의 우선순위, 실행 시간 등을 고려하여 관리한다.

5. 프로세스 상태

Running	현재 CPU에서 실행 중인 상태이다.
Ready	실행을 기다리는 상태로 CPU 할당을 기다린다.
Blocked	입출력 또는 다른 외부 이벤트를 기다리는 상태이다.

6. 프로세스 관리

● 리눅스는 프로세스를 관리하고 제어하기 위한 다양한 명령과 도구를 제공한다.

● 이를 통해 프로세스를 생성, 종료, 중단, 재개하고 상태를 모니터링**할 수 있다.

● 주요 명령어로는 ps, top, kill, nice 등이 있다.

7. 다중 스레드와 멀티프로세스

● 리눅스는 다중 스레드*** 및 멀티프로세스 환경을 지원한다.

● 다중 스레드는 하나의 프로세스 내에서 여러 스레드가 동시에 실행되는 것을 의미하며, 멀티프로세스는 다수의 프로세스가 동시에 실행되는 것을 의미한다.

기초 용어 정리

* **알고리즘**: 문제를 해결하거나 특정 작업을 수행하기 위한 일련의 명확하고 정의된 지시 사항의 집합이다.

** **모니터링**: 시스템, 프로세스, 네트워크, 또는 어떤 운영 환경에서도 상태와 성능을 지속적으로 검사하고 평가하는 과정이다.

*** **스레드**: 컴퓨터 프로그래밍의 개념으로, 프로세스 내에서 실행되는 작업의 단위이다.

✦ 합격을 부르는 치트키 가이드

프로세스의 상태와 이와 관련된 함수의 명칭 그리고 기능에 대한 이해를 중심으로 학습하면 됩니다. 윈도우와 달리 리눅스에서는 적극적으로 프로세스의 그라운드상태를 사용하기에 이에 대한 이해를 쌓는 것이 중요합니다.

1. 개념

리눅스에서 포그라운드(Foreground)와 백그라운드(Background)의 프로세스는 프로세스의 실행 및 제어 상태를 나타내는 두 가지 중요한 개념이다.

2. 포그라운드 프로세스 (Foreground Process)

● 포그라운드 프로세스는 사용자와 상호작용하는 프로세스로, 사용자 터미널(커맨드 라인 인터페이스 또는 터미널 에뮬레이터)에서 실행되는 프로세스이다.

● 포그라운드에서 실행 중인 프로세스는 해당 터미널 창에 결과를 출력하고, 사용자의 입력을 받아들인다.

● 포그라운드 프로세스가 실행 중일 때, 해당 터미널 창은 해당 프로세스의 제어를 계속한다.

● 프로세스의 실행이 완료되거나 중지되기 전까지 다른 작업을 수행하기 어렵다.

3. 백그라운드 프로세스 (Background Process)

● 백그라운드 프로세스는 포그라운드와는 달리 사용자와의 직접적인 상호작용 없이 실행되는 프로세스이다.

● 백그라운드에서 실행 중인 프로세스는 사용자 터미널 창에 결과를 출력하지 않고, 백그라운드에서 실행되면서 다른 작업을 수행할 수 있다.

● 백그라운드로 프로세스를 보내는 방법 중 하나는 해당 명령어 뒤에 & 기호를 붙이는 것이다. 예를 들어, command &와 같이 명령을 실행하면 해당 명령이 백그라운드에서 실행된다.

4. 백그라운드 프로세스의 사용 사례

● 긴 시간이 걸리는 작업 : 긴 시간이 걸리는 프로세스를 백그라운드에서 실행하여 다른 작업을 수행할 수 있다.

- 큰 파일 다운로드 : 큰 파일을 다운로드할 때, 다운로드 프로세스를 백그라운드로 보내고 터미널을 계속 사용할 수 있다.

- 스크립트 또는 서버 실행 : 서버나 자동화된 작업을 백그라운드에서 실행하여 지속적인 서비스를 제공하거나 자동화 스크립트를 실행할 수 있다.

5. 프로세스 생성 관련 함수

- fork()함수 : 리눅스의 중요한 시스템 호출*(System Call) 중 하나로 새로운 프로세스를 생성하는 데에 사용된다.

- fork() 함수 호출 : 부모 프로세스에서 fork() 함수를 호출한다.

- 프로세스의 복사본 생성 : fork() 함수 호출 시, 리눅스는 부모 프로세스의 복사본을 만들어 자식 프로세스로 사용한다.

- 리턴 값 : 부모 프로세스에게는 새로운 자식 프로세스의 PID(자식 프로세스 ID)가 리턴**된다.

6. fork() 함수의 주요 특징과 용도

- 다중 프로세스 생성 : fork() 함수를 사용하면 하나의 부모 프로세스에서 여러 개의 자식 프로세스를 생성할 수 있다.

- 자식 프로세스는 부모 프로세스와 독립적이다. 즉, 서로의 메모리 공간은 격리되며 하나의 프로세스가 다른 프로세스에 영향을 미치지 않는다.

- fork() 함수는 새로운 프로세스를 생성할 때 현재 프로세스의 상태를 그대로 복제하기 때문에 비용이 비교적 높을 수 있다.

- 자식 프로세스는 종종 exec() 함수를 사용하여 다른 프로그램을 실행하거나, 부모 프로세스와 협력하여 작업을 수행하는데 사용된다.

7. exec() 함수

- 시스템 호출(System Call) 중 하나로, 현재 프로세스를 새로운 프로세스로 대체하는 데에 사용된다.

- 이 함수는 기존의 실행 중인 프로그램을 종료하고 다른 프로그램을 실행할 때 유용하다.

기초 용어 정리

* **시스템 호출(system call)**: 운영 체제의 커널이 제공하는 서비스에 대한 프로그램의 요청이다.

** **리턴** : 일반적으로 함수나 메서드에서 값을 반환하거나 함수의 실행을 종료하는 데 사용되는 키워드이다.

8. exec() 함수 기능

● 현재 프로세스의 이미지 교체 : exec() 함수를 호출하면 현재 프로세스의 메모리 공간과 상태
가 새로운 프로그램의 것으로 교체된다.

● 새로운 프로그램 실행 : exec() 함수는 새로운 프로그램을 실행하기 위해 프로그램의 경로와
인자들을 인자로 받는다.

● 파일 디스크립터 유지 : exec() 함수를 사용하여 새로운 프로그램을 실행할 때, 현재 프로세
스의 파일 디스크립터(열려 있는 파일 또는 소켓 등)를 유지할 수 있다.

● exec() 함수는 여러 가지 변형이 있으며, 주요한 함수들로는 execl(), execv(), execle(),
execve() 등이 있다.

| 03 | 데몬에 관한 개념과 정리 ★★★★★ |

✦ 합격을 부르는 치트키 가이드
데몬에 대한 개념과 데몬이 동작하는 과정 그리고 데몬이 작동될 때 관련되는 요소들에 대한 이해를 하는
것이 중요합니다. 실무에서 많이 만나는 것이 데몬이기에 이에 대한 이해를 잘 하면 1급과 실무업무를 진행
할 때 도움이 될 것입니다.

1. 개념

● 리눅스 데몬(Linux Daemon)은 백그라운드에서 실행되는 프로세스로, 주로 시스템 서비스
나 백그라운드 작업을 수행하는 데 사용된다.

● 데몬은 사용자 인터페이스(UI)가 없으며, 주로 서버, 네트워크 서비스, 시스템 관리, 로깅 등
과 같은 서비스를 제공하거나 유지 관리하는 역할을 한다.

2. 백그라운드에서 실행

● 데몬은 보통 사용자가 로그아웃하거나 시스템이 부팅될 때 자동으로 시작되어 백그라운드에
서 지속적으로 실행된다.

● 이것은 사용자와 직접 상호작용하지 않으며, 시스템 서비스를 제공하거나 백그라운드 작업
을 수행한다.

3. 프로세스 관리

● 데몬은 리눅스 시스템의 프로세스 관리 체계에서 관리된다.

● 일반적으로 /etc/init.d/ 디렉터리나 systemd와 같은 시스템 도구를 사용하여 시작 및 종료
된다.

4. 로깅 및 오류 처리

데몬은 주로 로그 파일을 사용하여 활동을 기록하고 오류를 처리한다.

5. 시스템 서비스 제공

다양한 데몬은 서버 소프트웨어(예: 웹 서버, 데이터베이스 서버), 네트워크 서비스(예: SSH, FTP), 시스템 모니터링 및 관리(예: 시스템 로그) 등 다양한 서비스를 제공한다.

6. 사용자와의 상호작용 없음

데몬은 사용자와 직접 상호작용하지 않는다. 즉, 화면에 출력을 하거나 사용자 입력을 기다리지 않는다.

7. 런레벨

리눅스 시스템에서는 런레벨(runlevel)이라고 불리는 다양한 시스템 실행 상태가 있으며, 데몬은 특정 런레벨에서 실행될 수 있다.

8. 데몬 이름 규칙

리눅스 데몬의 이름은 일반적으로 끝에 "d"가 붙는다. 예를 들어, 웹 서버의 데몬은 "httpd"로 알려져 있다.

9. 작동방식으로 살펴보는 데몬들

Standalone 데몬	Standalone 데몬은 시스템 부팅 시 또는 사용자가 직접 명령을 실행하여 백그라운드에서 실행되는 독립적인 데몬 프로세스이다.
inetd 데몬	inetd(또는 xinetd)는 네트워크 서비스의 접속을 관리하고, 필요할 때 해당 서비스의 데몬을 동적으로 실행하는 서비스 관리자이다.
inetd 타입 데몬	inetd 타입 데몬은 inetd 데몬을 통해 관리되며, 클라이언트 요청에 응답하여 실행되는 데몬을 의미한다.

10. 데몬을 실행시키는 다양한 방법들

● init.d 스크립트를 사용한 데몬 실행 : 대부분의 리눅스 시스템은 /etc/init.d/ 디렉터리에 데몬을 시작하고 중지하는 스크립트를 가지고 있다.

● systemd를 사용한 데몬 실행 : 현대적인 리눅스 시스템에서는 systemd가 일반적으로 사용된다.

● rc.d 스크립트를 사용한 데몬 실행 : 몇몇 리눅스 배포판은 /etc/rc.d/ 디렉터리에 데몬을 관리하는 스크립트를 제공하며 이 스크립트를 사용하여 데몬을 시작하고 중지할 수 있다.

● 시스템 부팅 시 자동 실행 : 데몬을 시스템 부팅 시 자동으로 실행하려면 systemd 서비스를 활성화하거나 /etc/rc.d/ 또는 /etc/init.d/ 스크립트를 시스템 초기화 레벨에 맞게 링크시켜야 한다.

04 　시그널에 관한 개념과 정리 ★★★★

✦ 합격을 부르는 치트키 가이드

시그널은 일종의 신호인데 프로세스를 관리하는 데 사용된다고 보면 됩니다. 그래서 시그널의 번호에 따라서 하는 역할이 다른데 평가문제나 기출문제를 중심으로 시그널에 관한 학습을 진행하면 도움이 될 것입니다. 시그널의 종류가 다양하기에 모두 기억하기에는 어려움이 있을 것입니다.

1. 개념

● 리눅스 시그널(Signal)은 프로세스 간 통신 및 프로세스 관리에 사용되는 중요한 개념이다.

● 시그널은 운영 체제가 프로세스에게 특정 이벤트를 알리는 데 사용되며, 프로세스는 시그널을 수신하고 그에 따른 동작을 취한다.

2. 시그널의 역할과 종류

● 시그널은 프로세스에게 중요한 이벤트를 알리거나 특정 동작을 요청하는 운영 체제의 메커니즘이다.

● 리눅스 시스템에서는 다양한 종류의 시그널이 있으며, 각 시그널은 숫자로 식별된다.

3. 시그널의 발송 및 수신

● 시그널은 kill 명령을 사용하여 프로세스에게 보낼 수 있다.

● kill 명령을 사용하여 특정 프로세스나 프로세스 그룹에 시그널을 보낼 수 있다.

● 프로세스는 signal() 또는 sigaction()과 같은 함수를 사용하여 특정 시그널에 대한 처리 방법을 정의할 수 있다.

4. 시그널 처리

프로세스는 시그널을 무시하거나 특정 동작을 수행하도록 설정할 수 있다.

5. 시그널 번호와 해당 시그널이 발생하는 주요 조건

명칭	특징
SIGHUP (1)	• 주요 용도 : 컨트롤 터미널의 연결 끊김을 나타내고, 데몬 프로세스를 재시작하는 데 사용된다. • 주요 발생 조건 : 컨트롤 터미널이 연결 해제될 때, 터미널 세션 종료 시
SIGINT (2)	• 주요 용도 : 프로세스에게 인터럽트를 요청하며, 주로 Ctrl+C 키 입력으로 인터럽트를 발생시킨다. • 주요 발생 조건: 사용자가 Ctrl+C 키를 누를 때 터미널로 전송된다.
SIGQUIT (3)	• 주요 용도 : 프로세스에게 종료 및 코어 덤프 생성을 요청한다. • 주요 발생 조건 : 사용자가 Ctrl+₩ 키를 누를 때 터미널로 전송된다.
SIGKILL (9)	• 주요 용도 : 프로세스를 강제로 종료하며, 프로세스는 이 시그널을 무시할 수 없다. • 주요 발생 조건 : kill −9 명령이나 강제 종료 요청 시
SIGTERM (15)	• 주요 용도 : 정상적인 프로세스 종료를 요청함. 프로세스가 종료할 때 일반적으로 이 시그널을 처리한다. • 주요 발생 조건 : kill 명령으로 프로세스에게 보낼 때.
SIGSTOP (19)	• 주요 용도 : 프로세스를 일시 중지하며, 프로세스는 일시 중지된 상태에서 대기한다. • 주요 발생 조건 : kill −STOP 명령으로 프로세스에게 보낼 때.
SIGCONT (18)	• 주요 용도 : 일시 중지된 프로세스를 다시 실행한다. • 주요 발생 조건 : kill −CONT 명령으로 프로세스에게 보낼 때.

SIGUSR1 (10) 및 SIGUSR2 (12)	• 주요 용도 : 사용자 정의 시그널로, 프로세스에게 사용자 지정 동작을 수행하도록 요청한다. • 주요 발생 조건 : 사용자나 애플리케이션에서 이 시그널을 사용자 정의 작업을 수행하기 위해 보낼 때.
SIGPIPE (13)	• 주요 용도 : 파이프*(pipe)나 소켓 통신에서 쓰기 끝이 닫힌 경우 발생한다. • 주요 발생 조건 : 파이프나 소켓** 통신에서 읽을 수 없는 데이터를 쓰려고 할 때.
SIGCHLD (17)	• 주요 용도 : 자식 프로세스의 종료 상태 변경을 알리며, 주로 부모 프로세스에서 사용된다. • 주요 발생 조건 : 자식 프로세스가 종료되거나 종료 상태를 변경할 때.
SIGTSTP (20)	• 주요 용도 : 프로세스를 백그라운드로 이동시키거나 일시 중지한다. 주로 Ctrl+Z 키 입력으로 일시 중지된다. • 주요 발생 조건 : 사용자가 Ctrl+Z 키를 눌렀을 때 터미널로 전송된다.
SIGTTIN (21) 및 SIGTTOU (22)	• 주요 용도 : 백그라운드 프로세스에서 표준 입력 및 표준 출력을 할 수 없도록 막거나 해제한다. • 주요 발생 조건 : 터미널과 관련된 백그라운드 프로세스가 표준 입력 또는 표준 출력을 시도할 때.
SIGSEGV (11)	• 주요 용도 : 세그먼트 오류를 나타내며, 프로세스가 잘못된 메모리 영역에 접근했을 때 발생한다. • 주요 발생 조건 : 메모리 접근 오류 또는 무효한 포인터 역참조*** 시.
SIGALRM (14)	• 주요 용도 : 타이머 알람 시그널로, 특정 시간 후에 프로세스에 알림을 제공한다. • 주요 발생 조건 : alarm() 함수나 setitimer() 함수 등을 사용하여 타이머 설정 후 시간이 경과할 때.
SIGUSR1 (10) 및 SIGUSR2 (12)	• 주요 용도 : 사용자 정의 시그널로, 애플리케이션 또는 프로세스에 특별한 동작을 수행하도록 요청한다. • 주요 발생 조건 : 애플리케이션이나 사용자가 이 시그널을 보내는 경우, 주로 사용자 지정 작업을 위해 사용된다.
SIGBUS (10) 및 SIGFPE (8)	• 주요 용도 : 프로세스가 부적절한 메모리 접근 또는 부동 소수점 예외를 발생시키는 경우 발생한다. • 주요 발생 조건 : 잘못된 메모리 접근, 0으로 나누기, 부동 소수점 연산 오류 등이 발생할 때.
SIGWINCH (28)	• 주요 용도 : 터미널 창 크기 조정 이벤트를 알린다. • 주요 발생 조건 : 터미널 창 크기가 변경될 때.
SIGIO (23) 또는 SIGPOLL (29)	• 주요 용도 : 비동기**** I/O 이벤트를 알린다. • 주요 발생 조건 : 비동기 I/O 작업이 완료되었거나 데이터가 도착할 때.

기초 용어 정리

* **파이프(또는 파이프라인)**: 데이터를 한 프로세스에서 다른 프로세스로 전달하거나 연결하기 위한 방법을 제공한다.

** **소켓**: 네트워크를 통해 컴퓨터 간에 데이터를 전송하고 통신하기 위한 일반적인 방법 중 하나이다. 소켓 통신은 클라이언트와 서버 간에 데이터를 교환하거나, 동일한 네트워크 또는 인터넷 상의 다른 컴퓨터와 통신할 때 사용된다.

*** **포인터 변수**: 다른 변수의 메모리 주소를 저장하는 변수이며, 역참조를 사용하면 이 주소를 사용하여 실제 데이터에 접근할 수 있다.

**** **비동기**: 작업의 실행이 다른 작업과 독립적으로 진행되며, 결과가 준비되면 특별한 알림 또는 콜백을 통해 처리되는 방식을 나타낸다.

02 | 프로세스 관리 명령과 도구들 ★★★★★

01 PS명령어와 옵션들 ★★★★

✦ 합격을 부르는 치트키 가이드

PS명령어와 그에 대한 옵션은 다양한 형태의 문제와 실무 상황에서 만나게 되어있습니다. 기출문제를 중심으로 자주 출제되는 옵션들을 중심으로 학습하고 명령어의 결과로 나오는 메시지들의 의미를 중심으로 학습을 하면 되겠습니다.

1. 개념

● ps 명령어는 현재 실행 중인 프로세스 목록을 확인하는 데 사용되는 명령어이다.

● 문법 : ps [옵션]

● 일반적으로 사용되는 몇 가지 주요 옵션은 다음과 같다.

옵션	설명
-e	모든 프로세스를 표시한다.
-a	현재 사용자와 다른 사용자의 프로세스를 모두 표시한다.
-u	프로세스의 상세 정보를 표시한다.
-f	프로세스의 상세 정보를 표시하며, 부모 프로세스와 자식 프로세스 간의 관계를 표시한다.

2. ps명령에 의한 프로세스 목록 정보

USER	프로세스를 시작한 사용자
PID	프로세스 ID (고유 식별자)
%CPU	CPU 사용량의 백분율
%MEM	메모리 사용량의 백분율
VSZ	가상 메모리 크기 (킬로바이트)
RSS	실제 메모리 크기 (킬로바이트)

TTY	프로세스와 연결된 터미널 (TTY)
STAT	프로세스 상태 (S: 슬립, R: 실행 중, Z: 좀비 등)
START	프로세스가 시작된 시간
TIME	프로세스가 CPU를 사용한 시간

02 프로세스를 관리하는 명령어들 ★★★★★

✦ 합격을 부르는 치트키 가이드

리눅스가 서버에서 서비스를 하는 만큼 프로세스의 관리가 중요합니다. 그래서 프로세스관리하는 명령어와 옵션들을 중심으로 공부를 하면 되겠으며 특히 서비스하고 관련있는 옵션을 중심으로 학습을 하시면 되겠습니다.

1. pstree

● 프로세스 트리를 그래픽적으로 나타내는 데 사용되는 명령어이다.

● 이 명령어를 사용하면 현재 실행 중인 프로세스와 그 관계를 트리 형식으로 표시할 수 있으며, 시스템의 프로세스 구조를 시각적으로 파악하는 데 도움이 된다.

● 기본 사용법 : "pstree" 명령어를 그냥 실행하면 현재 사용자의 모든 프로세스를 트리 형태로 표시한다.

● 특정 사용자의 프로세스 보기 : -u 옵션을 사용하여 특정 사용자의 프로세스 트리를 표시할 수 있다.

● 예제 : pstree -u username #"username"이라는 사용자의 프로세스를 보여준다.

● 특정 프로세스의 하위 트리만 표시 : -p 옵션을 사용하여 특정 프로세스 ID(PID)를 지정하면 해당 프로세스와 그 하위 프로세스만 표시된다.

● 프로세스 이름 표시 : -a 옵션을 사용하여 프로세스 이름을 포함하여 출력한다.

● 가장 높은 우선순위 프로세스 표시 : -n 옵션을 사용하여 우선순위가 높은 프로세스부터 출력한다.

● 역트리 출력 : -r 옵션을 사용하여 트리를 역순으로 출력한다.

● 트리 출력 형식 변경 : -l 옵션을 사용하여 트리 출력 형식을 변경할 수 있다.

2. jobs

● 현재 셸 세션에서 실행 중인 백그라운드 작업 및 중단된 작업을 나열하고 관리하는 데 사용되는 명령어이다.

● "jobs" 명령어는 주로 셸 스크립트나 대화형 셸 환경에서 사용된다.

● 기본 사용법 : "jobs" 명령어를 그냥 실행하면 현재 셸 세션에서 실행 중인 백그라운드 작업과 중단된 작업을 나열한다.

● 백그라운드 작업 보기 : -l 또는 --list 옵션을 사용하여 백그라운드 작업의 상세한 정보를 나열한다.

● 중단된 작업 포함 : -s 또는 --stopped 옵션을 사용하여 중단된 작업만 표시한다.

● 백그라운드 작업만 포함 : -r 또는 --running 옵션을 사용하여 백그라운드에서 실행 중인 작업만 표시한다.

● 백그라운드 작업을 숫자로 참조 : 백그라운드 작업을 숫자로 참조하여 해당 작업에 대한 조작을 수행할 수 있다.

● 작업 제어 : "bg"와 "fg" 명령어를 사용하여 백그라운드 작업을 다시 실행하거나 포그라운드로 이동할 수 있다.

● 작업 삭제 : "kill" 명령어를 사용하여 작업을 삭제할 수 있다. 작업 번호를 지정하여 삭제하거나, 작업 번호 앞에 % 기호를 붙여 참조할 수 있다.

● 모든 작업 종료 : "killall" 명령어를 사용하여 모든 작업을 종료할 수 있다.

3. bg와 fg

● "bg"와 "fg" 명령어는 실행 중인 작업을 백그라운드 또는 포그라운드로 이동시키는 데 사용되는 명령어이다.

● 이 두 명령어는 셸에서 실행 중인 프로세스의 상태를 조작하며, 주로 작업 관리와 관련된 작업을 수행하는 데 사용된다.

(1) bg 명령어

● bg 명령어는 현재 셸 세션에서 중단된 작업(Stopped Job)을 백그라운드로 이동시킨다.

- 일반적인 사용법은 bg %작업번호이다. 여기서 "작업번호"는 "jobs" 명령어로 확인할 수 있다.
- bg 명령어를 사용하면 해당 작업이 백그라운드에서 실행되며, 셸에서 다른 작업을 계속 실행할 수 있다.

(2) fg 명령어

- fg 명령어는 현재 셸 세션에서 실행 중인 백그라운드 작업을 포그라운드로 이동시킨다.
- 기본적인 사용법은 fg %작업번호이다. "작업번호"는 "jobs" 명령어로 확인할 수 있다.
- fg 명령어를 사용하면 해당 작업이 포그라운드로 이동되며, 현재 작업으로 설정된다. 사용자 입력을 받을 수 있게 된다.

4. kill

- 프로세스를 중단하거나 종료하는 데 사용되는 명령어이다.
- 이 명령어를 사용하여 프로세스에 시그널(signal)을 보내어 해당 프로세스의 동작을 제어할 수 있다.
- 기본 사용법 : "kill" 명령어를 기본적으로 사용하면 특정 프로세스에 기본 시그널(SIGTERM)을 보내어 종료를 시도한다.
- 예제 : kill [옵션] [프로세스ID]
- 특정 시그널 보내기 : "kill" 명령어는 기본적으로 SIGTERM 시그널을 보낸다.
- 프로세스 그룹에 시그널 보내기 : 특정 프로세스 그룹에 시그널을 보내려면 -g 옵션을 사용한다.
- 시그널 번호 지정 : "kill" 명령어는 시그널 이름 대신 시그널 번호를 직접 지정할 수 있다.
- 여러 프로세스 한 번에 종료 : "kill" 명령어를 사용하여 여러 프로세스를 동시에 종료할 수 있다.
- 시그널 목록 표시 : 시그널 이름과 해당 시그널 번호를 보려면 -l 옵션을 사용한다.

5. killall

- 특정 프로세스 이름을 가진 모든 프로세스를 종료하는 데 사용되는 명령어이다.
- "killall" 명령어를 사용하면 프로세스 이름을 기준으로 여러 프로세스를 동시에 종료할 수 있다.

- 기본 사용법 : "killall" 명령어를 기본적으로 사용하면 특정 프로세스 이름을 가진 모든 프로세스를 종료한다.

- 예제 : killall [옵션] [프로세스이름]

- 특정 시그널 보내기 : "killall" 명령어는 기본적으로 SIGTERM 시그널을 보낸다. 그러나 다른 시그널을 보내려면 −s 옵션을 사용할 수 있다.

- 시그널 번호 지정 : 시그널 이름 대신 시그널 번호를 직접 지정할 수 있다.

- 특정 사용자의 프로세스 종료 : −u 옵션을 사용하여 특정 사용자가 실행한 프로세스만 종료할 수 있다.

- 대소문자 구분 : 기본적으로 "killall" 명령어는 대소문자를 구분하지 않는다.

- 시그널 목록 표시 : 시그널 이름과 해당 시그널 번호를 보려면 −l 옵션을 사용한다.

6. nice

- 실행 중인 프로세스의 우선순위를 조절하는 데 사용되는 명령어이다.

- 이를 통해 시스템 자원의 사용을 조절하고 CPU 우선순위를 설정할 수 있다.

- "nice" 명령어는 일반 사용자도 사용할 수 있는 간단한 명령어로, 프로세스에 대한 우선순위를 높이거나 낮추는 데 사용된다.

- 기본 사용법 : "nice" 명령어를 기본적으로 사용하면 프로세스의 우선순위를 변경하지 않고 현재 우선순위를 표시한다.

- 예제 : nice [옵션] [명령어]

- 우선순위 변경 : "nice" 명령어를 사용하여 실행하려는 명령어나 스크립트의 우선순위를 변경할 수 있다.

- 현재 우선순위 확인 : −n 옵션을 사용하지 않고 "nice" 명령어만 입력하면 현재 사용자의 nice 값을 표시한다.

7. renice

- 이미 실행 중인 프로세스의 우선순위를 변경하는 데 사용되는 명령어이다.

- 이를 통해 실행 중인 프로세스의 CPU 우선순위를 조절할 수 있다.

- "renice" 명령어는 "nice" 명령어와 달리 이미 실행 중인 프로세스의 우선순위를 조절하며, 일반적으로 관리 작업을 수행할 때 사용된다.

- 기본 사용법 : "renice" 명령어를 기본적으로 사용하면 특정 프로세스의 현재 우선순위를 변경한다.

- 예제 : renice [옵션] [우선순위] −p [프로세스ID]

- "우선순위"는 변경할 우선순위 값을 나타낸다. 낮은 우선순위는 양수 값을 사용하고 높은 우선순위는 음수 값을 사용한다.

- "프로세스ID"는 우선순위를 변경하려는 대상 프로세스의 고유 식별자인 프로세스 ID(PID)를 나타낸다.

- 모든 프로세스의 우선순위 변경 : "renice" 명령어를 사용하여 특정 우선순위로 모든 프로세스의 우선순위를 변경할 수 있다.

- 모든 프로세스에 대한 우선순위 변경 : renice [우선순위] −a

- 특정 사용자의 모든 프로세스에 대한 우선순위 변경 : renice [우선순위] −u [사용자이름]

- 시그널 보내기 : "−n" 옵션을 사용하여 시그널을 보내지 않도록 설정할 수 있다.

- 현재 프로세스의 우선순위 변경 : "renice" 명령어를 사용하여 현재 실행 중인 셸 세션의 모든 프로세스에 대한 우선순위를 변경할 수 있다.

8. top

- 시스템의 실시간 리소스 사용 상태를 모니터링하는 데 사용되는 명령어이다.

- "top" 명령어를 사용하면 CPU, 메모리, 프로세스 및 기타 시스템 리소스에 대한 정보를 실시간으로 볼 수 있다.

- 기본 사용법 : "top" 명령어를 그냥 실행하면 기본적으로 시스템의 리소스 사용 상태를 실시간으로 표시한다.

- 정렬 기준 변경 : "top" 명령어를 실행한 후에는 다양한 키를 사용하여 화면에 표시되는 정보를 다양한 방식으로 정렬할 수 있다.

- 업데이트 간격 변경 : 기본적으로 "top" 명령어는 1초마다 업데이트된다.

- 프로세스 수 제한 : "top" 명령어는 기본적으로 모든 실행 중인 프로세스를 표시한다.

- 특정 사용자의 프로세스만 표시 : "u" 키를 누르면 특정 사용자의 프로세스만 표시할 수 있다.

- 프로세스 종료 : "k" 키를 누르면 특정 프로세스를 종료할 수 있다.

- 실시간 모드 변경 : "s" 키를 누르면 실시간 모드로 변경할 수 있다.

- 로그 파일 저장 : "W" 키를 누르면 현재 "top" 화면의 정보를 로그 파일로 저장할 수 있다.

- 도움말 보기 : "h" 키를 누르면 "top" 명령어의 도움말을 볼 수 있다.

9. nohup

- 백그라운드에서 실행되는 작업에 대한 터미널 세션과의 연결을 끊고 해당 작업을 계속 실행할 수 있게 해주는 명령어이다.

- "nohup" 명령어를 사용하면 터미널을 종료해도 백그라운드에서 작업이 계속 실행되며, 작업의 출력은 "nohup.out" 파일에 저장된다.

- 작업 상태 확인 : "nohup"으로 백그라운드 작업을 시작한 후, 해당 작업의 상태를 확인할 필요가 없다.

- 출력 로그 확인 : "nohup"으로 실행한 작업은 기본적으로 "nohup.out" 파일에 출력을 저장한다.

- 작업 종료 메시지 : "nohup"으로 실행한 작업이 종료되면 해당 작업의 종료 상태 및 메시지가 터미널에 표시된다.

- 작업 관리 : "nohup"으로 백그라운드에서 실행되는 작업을 관리하려면 해당 작업의 PID (Process ID)를 확인하고, 필요한 경우 "kill" 명령어를 사용하여 작업을 중지할 수 있다.

- 작업 로그 및 출력 파일 지정 : "nohup" 명령어를 사용할 때 −o 및 −e 옵션을 사용하여 표준 출력(stdout)과 표준 오류(stderr)를 다른 파일로 리디렉션할 수 있다.

10. tail

- 파일의 마지막 부분을 보여주거나 모니터링하는 데 사용되는 명령어이다.

- 주로 로그 파일 또는 다른 텍스트 파일을 실시간으로 확인하거나 파일의 마지막 몇 줄을 출력할 때 사용된다.

- 파일의 마지막 내용 확인 : "tail" 명령어를 사용하면 파일의 마지막 부분을 기본적으로 출력한다.

- 지정된 줄 수만큼 출력 : "−n" 옵션을 사용하여 파일의 마지막에서부터 출력할 줄 수를 지정할 수 있다.

- 예제 : tail −n [줄수] [파일명]

- 실시간 모니터링 : "−f" 옵션을 사용하여 파일의 마지막을 출력한 후 실시간으로 파일의 변경 내용을 모니터링할 수 있다.

- 여러 파일 동시 모니터링 : "tail" 명령어를 사용하여 여러 파일을 동시에 모니터링할 수 있다.

03 스케줄링과 스케줄링데몬서비스 crond ★★★★

✦ 합격을 부르는 치트키 가이드

리눅스에서는 다양한 서비스들이 실행되기에 데몬과 스케줄링에 대한 이해가 필요합니다. 그리고 시험에도 많이 나오는 부분이니 단어에 대한 개념과 크론에 대한 이해를 반드시 강화시켜야합니다.

1. 개념

- 리눅스 스케줄링과 "cron"은 작업을 자동으로 실행하거나 예약하는 데 사용되는 중요한 시스템 도구이다.

- 스케줄링과 "cron"을 통해 특정 시간에 스크립트, 명령어 또는 작업을 주기적으로 실행할 수 있다.

2. 리눅스 스케줄링

- 리눅스 스케줄링은 시스템에서 작업을 예약하고 실행하기 위한 기능을 제공한다.

- 스케줄링은 다양한 시스템 관리 및 자동화 작업을 수행하는 데 사용된다.

"at" 명령어	"at" 명령어를 사용하면 한 번만 실행할 작업을 예약할 수 있다.
"batch" 명령어	"batch" 명령어를 사용하면 시스템이 로드가 낮은 시간에 백그라운드 작업을 실행하도록 예약할 수 있다.
"cron" 스케줄러	"cron"은 리눅스 시스템에서 주기적으로 작업을 예약하고 실행하는 데 사용되는 시스템 스케줄러이다.

3. "cron" 테이블 구조

● "cron" 테이블은 사용자별로 관리되며, 각 사용자는 자신의 "cron" 테이블에 작업을 추가할 수 있다.

● "cron" 테이블은 일반적으로 /etc/crontab 파일과 사용자별 "cron" 테이블 디렉터리 (/etc/cron.d 또는 /var/spool/cron/crontabs)에 저장된다.

● 각 "cron" 작업은 다음과 같은 형식을 가진다.

● 예제 : * * * * * user command_to_run

● 위의 예제에 대한 각 필드의 내용은 다음과 같다.

명칭	특징
첫 번째 필드	분 (0–59)
두 번째 필드	시간 (0–23)
세 번째 필드	일 (1–31)
네 번째 필드	월 (1–12)
다섯 번째 필드	요일 (0–6, 0은 일요일)
"user"	작업을 실행할 사용자
"command_to_run"	실행할 명령어 또는 스크립트

4. crontab 명령어의 주요 옵션

● 리눅스에서 "crontab" 명령어를 사용하여 사용자별로 "cron" 작업을 관리하는 데 사용된다.

● "crontab" 명령어를 사용하면 사용자는 "cron" 작업 스케줄을 만들고 수정할 수 있다.

● "crontab" 명령어의 주요 옵션

옵션	설명
–e (Edit)	이 옵션은 현재 사용자의 "cron" 작업을 편집하는 데 사용된다.
–l (List)	이 옵션은 현재 사용자의 "cron" 작업 스케줄을 목록 형식으로 출력한다.
–r (Remove)	이 옵션을 사용하면 현재 사용자의 "cron" 작업 스케줄을 삭제할 수 있다.
–u (User)	이 옵션을 사용하면 특정 사용자의 "cron" 작업 스케줄을 관리할 수 있다.
–c (Check)	이 옵션은 "cron" 작업 파일의 구문을 확인하는 데 사용된다.

01

어떤 시그널이 프로세스를 강제로 종료하는데 사용되며, 프로세스는 이 시그널을 무시할 수 없는 시그널은 무엇인가?

① SIGINT
② SIGTERM
③ SIGKILL
④ SIGHUP

> **해설**
> • SIGKILL(9)는 프로세스를 강제로 종료하는 데 사용되며, 프로세스는 이 시그널을 무시할 수 없다.
> • 다른 시그널들은 프로세스에게 종료 요청을 하거나 인터럽트를 요청하지만, SIGKILL은 무조건적인 종료를 강제한다.

02

리눅스에서 포그라운드 프로세스에 대한 다음 설명 중 옳은 것은 무엇인가?

① 포그라운드 프로세스는 백그라운드에서 실행되며, 사용자와 상호작용하지 않는다.
② 포그라운드 프로세스는 사용자와 직접 상호작용하며, 터미널로 데이터를 출력한다.
③ 포그라운드 프로세스는 시스템 부팅 시 자동으로 시작되며, 백그라운드에서 실행된다.
④ 포그라운드 프로세스는 프로세스 간 통신을 위한 특별한 메커니즘을 사용한다.

> **해설**
> • 포그라운드 프로세스는 사용자와 직접 상호작용하는 프로세스로, 주로 사용자가 실행한 명령 또는 프로그램이 터미널에서 실행되는 상태를 의미한다.
> • 사용자와의 상호작용을 위해 터미널로 출력을 하며 사용자 입력을 받는다.

03

리눅스에서 백그라운드 프로세스에 대한 다음 설명 중 옳은 것은 무엇인가?

① 백그라운드 프로세스는 사용자와 상호작용하며, 터미널로 데이터를 출력한다.
② 백그라운드 프로세스는 일반적으로 시스템 부팅 시 자동으로 시작된다.
③ 백그라운드 프로세스는 대부분의 경우 사용자의 입력을 기다리지 않고 실행된다.
④ 백그라운드 프로세스는 Ctrl+C 키 조합을 사용하여 강제로 종료할 수 있다.

> **해설**
> • 백그라운드 프로세스는 주로 사용자의 입력을 기다리지 않고 백그라운드에서 실행되는 프로세스로, 사용자와의 상호작용이 없다.
> • 사용자의 입력을 기다리지 않으므로 프로세스가 실행 중에 다른 작업을 수행할 수 있다.

04

fork() 함수는 어떤 기능을 수행하는 시스템 호출인가?

① 새로운 프로세스를 생성하고 부모 프로세스와 자식 프로세스 사이에 별도의 메모리를 할당한다.
② 현재 프로세스의 코드와 데이터를 복제하여 새로운 프로세스를 생성한다.
③ 현재 프로세스의 파일 디스크립터를 닫고 새로운 파일 디스크립터를 생성한다.
④ 현재 프로세스를 종료하고 다른 프로세스를 실행한다.

- fork() 함수는 현재 실행 중인 프로세스를 복제하여 새로운 프로세스를 생성한다.
- 새로운 프로세스는 부모 프로세스의 코드와 데이터를 복사하며, 부모와 자식 프로세스는 별도의 메모리 공간을 공유한다.

"nice" 명령어를 사용하여 프로세스의 우선순위를 조정할 때, 우선순위 값은 −20에서 19까지의 범위 내에서 설정할 수 있다. 하지만 관례적으로 일반 사용자는 −10에서 10까지의 범위에서 우선순위를 조정하는 것이 일반적이다. 값이 높을수록 우선순위가 낮아지고, 값이 낮을수록 우선순위가 높아진다. 예를 들어, 값이 −10인 프로세스는 우선순위가 가장 높고, 값이 10인 프로세스는 우선순위가 가장 낮다.

05

exec() 함수는 어떤 기능을 수행하는 시스템 호출인가?

① 새로운 프로세스를 생성하고 실행한다.
② 현재 프로세스와 다른 프로세스 간에 통신을 설정한다.
③ 현재 프로세스를 일시 중지하고 다른 프로세스를 실행한다.
④ 현재 프로세스를 다른 프로세스로 대체한다.

exec() 함수는 현재 프로세스의 이미지를 새로운 프로그램 이미지로 대체한다.

06

"nice" 명령어를 사용하여 프로세스의 우선순위를 조정할 때, 어떤 값 범위 내에서 우선순위를 설정할 수 있는가?

① −20에서 20까지
② 1에서 10까지
③ 0에서 255까지
④ −10에서 10까지

07

"renice" 명령어를 사용하여 이미 실행 중인 프로세스의 우선순위를 변경하려면 어떤 정보를 제공해야 하는가?

① 프로세스 이름
② 프로세스 그룹 ID (PGID)
③ 프로세스 ID (PID)
④ 프로세스 실행 경로

- "renice" 명령어를 사용하여 이미 실행 중인 프로세스의 우선순위를 변경하려면 해당 프로세스의 프로세스 ID (PID)를 지정해야 한다.
- PID는 프로세스를 고유하게 식별하는 번호이며, "renice" 명령어는 이 PID를 사용하여 특정 프로세스의 우선순위를 변경한다.
- 변경하려는 대상 프로세스의 PID를 알고 있어야 "renice" 명령어를 사용할 수 있다.

08

"nohup" 명령어를 사용하여 프로세스를 백그라운드에서 실행하고 터미널 세션이 종료된 후에도 해당 프로세스가 계속 실행되도록 하려면 어떻게 해야 하는가?

① "nohup &" 명령을 사용하여 프로세스를 실행합니다.

② "nohup -d" 명령을 사용하여 프로세스를 실행합니다.

③ "nohup -b" 명령을 사용하여 프로세스를 실행합니다.

④ "nohup -f" 명령을 사용하여 프로세스를 실행합니다.

> **해설**
> - "nohup" 명령어를 사용하여 프로세스를 백그라운드에서 실행하고 터미널 세션이 종료된 후에도 해당 프로세스가 계속 실행되도록 하려면 명령어 뒤에 "&"를 추가한다. 즉, "nohup 명령어 &" 형식으로 사용한다.
> - 이렇게 하면 해당 명령어가 백그라운드에서 실행되고 터미널 세션이 종료되어도 프로세스가 종료되지 않는다.

09

"tail" 명령어를 사용하여 텍스트 파일의 끝에서부터 일부 내용을 실시간으로 표시하려면 어떤 옵션을 사용해야 하는가?

① -b 옵션
② -c 옵션
③ -f 옵션
④ -n 옵션

> **해설**
> - "tail" 명령어를 사용하여 텍스트 파일의 끝에서부터 내용을 표시할 때 "-f" 옵션을 사용하면, 파일의 끝에 도달했을 때 대기하고 있는 상태에서 파일이 변경되면 새로운 내용을 실시간으로 표시한다.
> - 이 옵션은 로그 파일과 같이 지속적으로 업데이트되는 파일을 모니터링할 때 유용하게 사용된다.

10

"cron"을 사용하여 매월 1일 오전 4시에 스크립트를 실행하려면 어떤 크론 표현식을 사용해야 하는가?

① 0 4 1 * * script.sh
② 0 1 * * 4 script.sh
③ 0 4 * * 1 script.sh
④ 0 1 4 * * script.sh

> **해설**
> - 크론 표현식은 분, 시간, 일, 월, 요일 순으로 구성된다.
> - 따라서 "매월 1일 오전 4시"에 스크립트를 실행하려면 분 필드는 0, 시간 필드는 4, 일 필드는 1, 나머지 필드는 모두 *로 설정해야 한다.

01 ❘ ③	02 ❘ ②	03 ❘ ③	04 ❘ ②	05 ❘ ④
06 ❘ ④	07 ❘ ③	08 ❘ ①	09 ❘ ③	10 ❘ ①

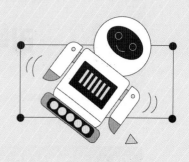

CHAPTER

04

리눅스의 에디터와
활용

● 리눅스에는 다양한 에디터가 있는데 그중에서 Vi가 가장 유명하고 전문가들이 많이 사용하는 에디터이다.

● 시험에서는 에디터 마다 가지는 특성을 중심으로 문제를 만든다는 것을 기억하자.

● 에디터들마다 역사와 특징적인 기능들이 있는데 이러한 부분을 잘 이해하자.

01 리눅스 에디터의 개념과 종류 ★★★★★

01 리눅스 에디터의 개념 ★★★

1. 개념

● 리눅스(Linux) 에디터는 리눅스 운영 체제에서 텍스트 파일을 생성, 편집 및 관리하는 도구이다.

● 리눅스 에디터는 터미널 환경에서 사용되며, 다양한 목적과 사용자 요구에 맞게 다양한 기능을 제공한다.

● 리눅스 에디터는 명령줄(command-line*) 환경에서 사용되며, 그래픽 사용자 인터페이스(GUI)를 제공하지 않는다.

● 이로 인해 초기에는 사용하기가 어려울 수 있지만, 높은 유연성과 강력한 기능을 제공한다.

2. 텍스트 기반 인터페이스

● 리눅스 에디터는 주로 텍스트 기반의 명령줄(command-line) 인터페이스를 사용한다.

● 이는 그래픽 사용자 인터페이스(GUI)가 아닌 명령어를 입력하여 텍스트를 편집하는 방식을 의미한다.

기초 용어 정리

* **명령 줄(Command Line)**: 컴퓨터 사용자가 텍스트 기반의 명령어를 입력하여 컴퓨터와 상호작용하는 인터페이스이다.

3. 명령 모드와 입력 모드

● 대부분의 리눅스 에디터는 명령 모드(command mode)와 입력 모드(insert mode)를 가진다.

● 명령 모드에서는 에디터에 명령을 내리는데 사용되며, 입력 모드에서는 실제로 텍스트를 편집한다.

4. 다양한 편집 명령

● 리눅스 에디터는 다양한 편집 명령을 제공한다.

● 예를 들어, 텍스트를 복사, 붙여넣기, 삭제, 검색 및 치환 등의 작업을 명령으로 수행할 수 있다.

5. 스크립트 및 확장 가능성

몇몇 리눅스 에디터는 자체 스크립팅 언어를 제공하거나 플러그인을 통해 확장 가능하다.

6. 다양한 문법 강조

프로그래밍 언어나 마크업 언어*와 같은 다양한 문법에 대한 강조 기능을 제공하는 것이 일반적이다.

7. 다중 파일 지원

대부분의 리눅스 에디터는 여러 개의 파일을 동시에 열고 편집할 수 있는 기능을 제공한다.

8. 저장 및 불러오기

에디터는 파일을 디스크에 저장하고 불러올 수 있는 기능을 가지고 있다.

기초 용어 정리

* **마크업 언어(Markup Language)**: 텍스트 기반 문서를 구조화하고 서식을 지정하는 데 사용되는 언어이다. 대표적으로 HTML을 예로 들 수 있겠다.

9. 자동 들여쓰기

코드 편집을 위한 에디터는 종종 자동 들여쓰기 기능을 제공하여 코드의 가독성을 향상시킨다.

10. 다양한 에디터 선택

리눅스 사용자들은 다양한 에디터를 선택할 수 있으며, 자신에게 가장 적합한 에디터를 선택할 수 있다.

---

02   리눅스 에디터의 종류 ★★★★★

✦ 합격을 부르는 치트키 가이드

생각 이상으로 에디터들이 다양합니다. 교재에서 소개하는 에디터와 옵션을 중심으로 공부를 하시면 되겠습니다. 에디터들마다 역사와 특징적인 기능들이 있는데 이러한 부분을 정독을 하면서 문제화할 수 있는 것은 무엇인지 생각하면서 공부하면 학습에 도움이 될 것으로 보입니다.

1. Pico

● "Pico"는 Pine (Program for Internet News & Email)이라고 불리는 이메일 클라이언트와 함께 사용되는 텍스트 에디터이다.

● Pine은 현재 "Alpine"이라는 이름으로 개발 및 유지보수되고 있다.

● Pico는 Pine과 함께 사용자 친화적인 명령줄 기반의 텍스트 에디터로서 기본적인 편집 작업을 수행하는 데 사용된다.

● 이 프로그램을 개발한 이는 Aboil Kasar이다.

● Pico는 사용자 친화적인 인터페이스를 가지고 있어, 명령어와 단축키를 쉽게 익힐 수 있다.

● 사용자가 명령어를 배우고 사용하기가 비교적 쉬운 편이다.

● 기본 기능 : Pico는 텍스트 파일을 열고, 편집하고, 저장하는 데 필요한 기본 기능을 제공한다. 텍스트를 입력하고 수정할 수 있으며, 복사, 붙여넣기, 검색, 치환 등의 기능도 포함되어 있다.

● 메일 편집 : Pico는 Pine과 함께 주로 이메일 편집에 사용된다.

- Pico 주요 단축키

단축키	설명
Ctrl-O	파일 열기
Ctrl-X	종료
Ctrl-S	저장
Ctrl-W	검색
Ctrl-J	줄 바꿈
Ctrl-K	줄 삭제
Ctrl-U	줄 붙여넣기

2. Vi

- Vi (또는 Vim)는 리눅스 및 유닉스 기반 운영 체제에서 사용되는 텍스트 편집기 중 하나로, 터미널 환경에서 텍스트 파일을 편집하는 데 사용된다.

- Vi 편집기의 개발자는 빌 조이(Bill Joy)이다. 빌 조이는 컴퓨터 과학자로서, Sun Microsystems 의 공동 창립자 중 하나이기도 하다.

- Vi 편집기는 1976년에 처음 개발되었다. Vi는 편집 기능뿐만 아니라 검색, 치환 및 다른 다양한 기능을 제공하여 고급 텍스트 편집을 수행할 수 있다.

- 모드 (Mode)

명칭	특징
명령 모드(Command Mode)	기본 모드로, 텍스트를 편집하지 않고 커서를 이동하거나 명령을 실행하는 모드이다.
입력 모드(Insert Mode)	텍스트를 입력하거나 수정할 수 있는 모드로, 'i'를 누르면 입력 모드로 전환된다. 'a'를 누르면 현재 커서 뒤에서 입력 모드로 전환된다.
비주얼 모드(Visual Mode)	텍스트를 선택하고 복사, 잘라내기 또는 삭제하는 모드이다. 'v'를 누르면 비주얼 모드로 전환된다.

- 편집 기능 : 텍스트의 추가, 수정, 삭제 및 복사를 수행할 수 있으며 검색 및 치환 기능을 사용하여 특정 문자열을 찾고 대체할 수 있다.

- 파일 관리

키	설명
:e 파일명	열기
:w	저장
:w 파일명	다른 이름으로 저장
:q	나가기

:q!	저장하지 않고 나가기
:wq	저장하고 나가기

- 커서 이동 및 화면 스크롤 : 화살표 키 또는 'h', 'j', 'k', 'l' 키를 사용하여 커서를 이동한다.

- 페이지 업/다운 : Ctrl-f (다음 페이지로), Ctrl-b (이전 페이지로).

- 커서 위치 : Ctrl-g.

- 명령 실행 : :를 누르고 명령을 입력하여 다양한 작업을 수행한다.

- 플러그인 및 확장성 : Vim에는 다양한 플러그인과 확장 기능이 있어 편집기를 더욱 강력하게 확장할 수 있다.

3. Vim

- Vim은 Vi 편집기의 개선된 버전으로, 리눅스 및 다른 유닉스 기반 운영 체제에서 사용되는 텍스트 편집기 중 하나이다.

- Vim(Vi IMproved)은 Bram Moolenaar에 의해 개발되었으며, Vi의 기능을 확장하고 사용자 친화적인 편집 환경을 제공한다.

- Vim은 명령줄 환경에서 사용되며, 키보드로 다양한 작업을 수행할 수 있다.

- 모드 (Mode)

명칭	설명
명령 모드(Command Mode)	기본 모드로, 텍스트를 편집하지 않고 명령을 실행하는 모드이다.
입력 모드(Insert Mode)	텍스트를 입력하거나 수정할 수 있는 모드로, i, I, a, A, o, O 등의 키로 입력 모드로 전환한다.
비주얼 모드(Visual Mode)	텍스트를 선택하고 복사, 잘라내기 또는 삭제하는 모드이다. v, V, Ctrl-v를 사용하여 비주얼 모드로 전환한다.

- 편집 기능 : 텍스트의 추가, 수정, 삭제, 복사, 붙여넣기 및 되돌리기 기능을 제공한다.

- 파일 관리

키	설명
:e 파일명	열기
:w	저장
:w 파일명	다른 이름으로 저장
:q	나가기

:q!	저장하지 않고 나가기
:wq	저장하고 나가기

- 커서 이동 및 화면 스크롤 : 화살표 키, h, j, k, l 키를 사용하여 커서를 이동한다.

- 페이지 업/다운 : Ctrl-f (다음 페이지로), Ctrl-b (이전 페이지로).

- 매크로와 스크립트 : Vim 스크립팅 언어를 사용하여 사용자 지정 매크로 및 스크립트를 작성할 수 있다.

- 플러그인 및 확장성 : Vim은 다양한 플러그인과 확장 기능을 제공하여 사용자가 편집기를 더욱 강력하게 확장할 수 있다.

4. VisualstudioCode

- Visual Studio Code (VSCode 또는 VS Code)는 Microsoft가 개발한 무료 오픈 소스 코드 편집기 및 통합 개발 환경(IDE)이다.

- VSCode는 경량이면서 확장 가능한 편집 도구로, 다양한 프로그래밍 언어 및 개발 환경을 지원하며 개발자들 사이에서 매우 인기 있는 편집기 중 하나이다.

- 다양한 언어 지원 : VSCode는 다양한 프로그래밍 언어와 파일 형식을 지원한다.

- 확장성 : VSCode는 확장 가능한 아키텍처를 가지고 있어 다양한 확장과 플러그인을 설치하여 기능을 확장할 수 있다.

- 강력한 코드 편집 기능 : 자동 완성, 문법 강조 표시, 리팩터링 지원 등의 코드 편집 기능을 제공한다.

- 디버깅 지원 : 내장된 디버깅 기능을 사용하여 코드를 디버그하고, 코드 중단점을 설정하고 변수를 모니터링할 수 있다.

- 인텔리센스 : 코드 내용과 프로젝트 구조를 기반으로 변수, 함수 및 모듈에 대한 스마트 자동 완성 기능을 제공하여 개발 생산성을 향상시킨다.

- 통합 터미널 : 편집기 내에서 터미널을 실행하고 명령을 실행할 수 있다.

- Git 통합 : Git* 저장소를 관리하고 버전 관리를 쉽게 할 수 있으며, 변경 내용을 비교하고 병합할 수 있다.

기초 용어 정리

* **Git**: 분산 버전 관리 시스템(Distributed Version Control System, DVCS)으로, 소스 코드 및 프로젝트 파일의 변경 이력을 추적하고 관리하는 데 사용되는 도구이다.

- 테마 및 사용자 정의 : 다양한 테마와 사용자 정의 설정을 통해 에디터를 개인적으로 설정할 수 있다.

- 포팅 가능성 : Windows, macOS, Linux 운영 체제에서 사용 가능하며, 다양한 플랫폼에서 일관된 경험을 제공한다.

- 무료 및 오픈 소스 : Visual Studio Code는 무료이며 오픈 소스이기 때문에 누구나 다운로드 하고 사용할 수 있다.

5. Emacs

- Emacs(이맥스)는 Richard Stallman과 그의 프로젝트인 GNU 프로젝트에서 개발한 텍스트 편집기 및 확장 가능한 통합 개발 환경(IDE)이다.

- Emacs는 높은 확장성과 매우 강력한 편집 기능을 가지고 있어 프로그래밍, 문서 편집, 작업 관리 등 다양한 작업을 수행하는 데 사용된다.

- 다양한 플랫폼 지원 : Emacs는 Windows, macOS, Linux 및 다른 운영 체제에서 사용할 수 있으며 거의 모든 플랫폼에서 동작한다.

- 키 바인딩 및 매크로 : Emacs는 사용자 정의 가능한 키 바인딩 및 매크로를 지원하여 작업을 자동화하고 개인화할 수 있다.

- 확장성 : Emacs는 수많은 확장 기능과 패키지를 통해 다양한 작업을 지원한다.

- 높은 편집 기능 : 문법 강조 표시, 자동 완성, 스크린 스크롤, 다중 버퍼 및 윈도우 지원 등을 비롯한 강력한 편집 기능을 제공한다.

- 프로그래밍 환경 : Emacs는 다양한 프로그래밍 언어를 지원하며, 코드 검색, 디버깅, 빌드 및 실행을 위한 통합 환경을 제공한다.

- 웹 브라우징 : 웹 브라우징 기능을 통해 웹 페이지를 탐색하고 검색할 수 있다.

- 뉴스 리더 : Usenet 뉴스 그룹을 읽고 게시할 수 있는 뉴스 리더도 포함되어 있다.

- 데이터베이스 클라이언트 : 데이터베이스 클라이언트를 통해 SQL 데이터베이스에 연결하고 쿼리를 실행할 수 있다.

- 문서 편집 : LaTeX와 같은 문서 작성 시스템과 통합되어 문서를 편집하고 조판할 수 있다.

- 작업 관리 : 작업 관리자 및 일정 관리 도구를 통해 작업을 추적하고 관리할 수 있다.

6. Nano

- Nano는 터미널 기반의 텍스트 편집기로, 간단하고 사용하기 쉬운 인터페이스를 가지고 있어 리눅스와 유닉스 계열의 운영 체제에서 주로 사용된다.

- Nano는 기본적인 텍스트 편집 작업을 빠르게 수행하고자 하는 사용자들을 위한 가벼운 편집기이다.

- Nano 텍스트 편집기의 개발자는 Chris Allegretta이다. Chris Allegretta는 Nano 편집기의 초기 버전을 만들고 유지 보수를 하였다.

- Nano는 처음에 Pico 편집기를 베이스로 하여 만들어졌으며, Pico는 워싱턴 대학교(Washington University)에서 개발된 텍스트 편집기로 사용자 친화적인 인터페이스와 간단한 사용법을 갖추고 있다.

- 간단한 사용자 인터페이스 : Nano는 사용자 친화적인 텍스트 편집기로, 주요 작업에 대한 명령은 화면 하단에 표시되며, 주요 단축키는 Ctrl 키와 함께 사용된다.

- 기본적인 편집 기능 : 텍스트 입력, 복사, 붙여넣기, 삭제, 되돌리기 및 다시 실행과 같은 기본적인 편집 기능을 제공한다.

- 문법 강조 표시 : Nano는 일부 프로그래밍 언어와 파일 형식에 대한 문법 강조 표시를 지원한다.

- 검색 및 치환 : Ctrl+W를 눌러 텍스트를 검색하고, Ctrl+W를 눌러 검색 및 치환을 수행할 수 있다.

- 텍스트 인코딩 : 다양한 텍스트 인코딩을 지원하여 다국어 환경에서 작업할 수 있다.

- 파일 관리 : 파일 열기, 저장, 다른 이름으로 저장 및 나가기와 같은 파일 관리 기능을 제공한다.

- 행 번호 표시 : 행 번호를 화면 왼쪽에 표시하여 특정 라인을 빠르게 찾을 수 있다.

- 매크로 기능 : Nano에는 사용자 정의 매크로를 만들고 실행할 수 있는 기능이 있다.

- 다국어 지원 : Nano는 다국어 지원을 제공하여 전 세계 사용자에게 적합한 언어 설정을 제공한다.

- 무료 및 오픈 소스 : Nano는 오픈 소스 소프트웨어로, 무료로 사용할 수 있으며 소스 코드도 공개되어 있다.

02 리눅스 에디터의 사용법 ★★★★★

01 Vi 에디터를 사용하는 방법 ★★★★★

✦ 합격을 부르는 치트키 가이드

Vi에디터는 리눅스세계에서 정말 많이 사용되고 유명한 에디터입니다. 그런데 Vi에디터는 만들어진 지 오래되어서 사용방식이 지금의 스크린에디터방식입니다. 사용법이 여러분들이 사용하던 방식과 차이가 있어서 적응이 쉽지 않을 것입니다. 하지만 Vi를 전세계에서 많이 사용하기에 주메뉴를 중심으로 학습을 하면 시험 공부에 도움이 될 것입니다.

1. Vi 실행하기

● 터미널을 열고 다음 명령어를 사용하여 파일을 Vi로 연다.

● 실행 예 : Vi 파일이름

2. 모드 상태로 나누어서 보는 Vi

Vi는 텍스트 편집기로, EX 명령 모드, 명령 모드, 편집 모드 세 가지 주요 모드를 가지고 있다.

3. EX 명령 모드 (Command Mode)

● Vi를 실행하면 기본적으로 EX 명령 모드에 진입한다.

● 이 모드에서는 파일 열기, 저장, 종료 등의 명령을 입력할 수 있다.

4. 일반적인 EX 명령 예시

EX 명령 모드에서 :를 입력하여 명령을 입력하고, Enter 키를 눌러 실행한다.

명령	설명
:q	Vi 종료
:q!	변경 내용을 무시하고 Vi 종료
:w	파일 저장
:wq 또는 :x	파일 저장 후 Vi 종료
:e filename	새 파일 열기
:r filename	다른 파일 내용을 현재 파일에 삽입

5. 명령 모드 (Normal Mode 또는 Command Mode)

● 명령 모드는 텍스트를 편집하기 위한 주요 모드이다.

● 이 모드에서는 텍스트 이동, 검색, 복사, 붙여넣기 등의 명령을 입력할 수 있다.

6. 일반적인 명령 예시

명령	설명
h, j, k, l	왼쪽, 아래, 위, 오른쪽 이동
0 또는 ^	현재 행의 맨 앞으로 이동
$	현재 행의 맨 끝으로 이동
w	다음 단어로 이동
b	이전 단어로 이동
dd	현재 행 삭제
yy	현재 행 복사
p	복사한 내용을 다음 행에 붙여넣기
u	실행 취소 (Undo)
Ctrl + r	다시 실행 (Redo)

7. 편집 모드 (Insert Mode)

● 편집 모드에서는 실제 텍스트를 입력, 수정 및 삭제할 수 있다.

● 명령 모드에서 i, I, a, A, o, O와 같은 명령을 사용하여 편집 모드로 전환할 수 있다.

● 편집 모드에서는 텍스트를 수정한 후 Esc 키를 누르면 명령 모드로 돌아간다.

8. 편집모드 명령 예시

명령	설명
i	현재 커서 위치에서 입력 모드로 진입
I	현재 행의 맨 앞에서 입력 모드로 진입
a	현재 커서 다음 위치에서 입력 모드로 진입
A	현재 행의 맨 끝에서 입력 모드로 진입
o	다음 행에 새로운 빈 행을 만들고 입력 모드로 진입
O	이전 행에 새로운 빈 행을 만들고 입력 모드로 진입

9. 저장 및 종료

● 명령 모드에서 ':w'를 입력하고 엔터를 눌러 현재 파일을 저상한나.

● ':q'를 입력하여 Vi를 종료한다. 만약 변경 사항을 저장하고 종료하려면 ':wq'를 사용한다.

10. 검색 및 치환

● 명령 모드에서 '/'를 입력하고 검색할 문자열을 입력하면 해당 문자열을 검색한다.

● 검색 결과로 이동하려면 'n'을 사용한다.

● ':s/찾을문자열/바꿀문자열/g'와 같이 사용하여 텍스트 치환을 수행할 수 있다.

11. 취소 및 복원

● 'u'를 사용하여 마지막으로 수행한 명령을 취소한다.

● 'Ctrl+r'을 사용하여 취소한 작업을 복원한다.

12. 커서 이동

명령 모드에서 'h' (왼쪽), 'j' (아래), 'k' (위), 'l' (오른쪽) 키를 사용하여 커서를 이동한다.

13. 파일 정보 보기

- 명령 모드에서 ':set number'를 입력하면 행 번호를 표시한다.

- ':set nonumber'를 입력하면 행 번호 표시를 해제한다.

14. 저장하지 않고 종료

':q!'를 입력하여 변경 사항을 저장하지 않고 Vi를 강제로 종료한다.

02   GNU Emacs 에디터를 사용하는 방법 ★★★

✦ 합격을 부르는 치트키 가이드
그누이맥스는 Vi만큼 유명한 에디터입니다. 이러한 프로그램은 일반인보다는 개발자들이 많이 사용합니다.
이맥스는 Vi와 달리 단축키가 많은데 주메뉴와 단축키를 연결하여 공부하시면 되겠습니다.

1. Emacs 사용법

- Emacs는 강력하고 다목적 텍스트 에디터이며, 많은 기능을 제공하는 프로그래밍 환경이다.

- Emacs는 초기에는 명령어 기반 편집기로 시작했지만, 현재는 그래픽 사용자 인터페이스(GUI)와 함께 사용할 수 있다.

(1) 기본 명령과 단축키

명령	단축키
저장	Ctrl + x, Ctrl + s 또는 M—x save—buffer
열기	Ctrl + x, Ctrl + f 또는 M—x find—file
저장 및 종료	Ctrl + x, Ctrl + s 또는 M—x save—buffers—kill—emacs
끝내기 (종료)	Ctrl + x, Ctrl + c

(2) 텍스트 편집

명령	단축키
복사	M-w (Meta 키는 Alt 키 또는 Esc 키로 대체될 수 있음)
잘라내기	C-w
붙여넣기	C-y
실행 취소	C-/ 또는 C-x u
텍스트 선택	Shift 키를 누른 상태에서 화살표 키를 사용하여 선택

(3) 검색 및 치환

- 검색 : Ctrl + s (앞으로 검색), Ctrl + r (뒤로 검색).
- 치환 : M-x query-replace.

① 파일 및 버퍼 관리

- 새 파일 열기 : Ctrl + x, Ctrl + f 또는 M-x find-file.
- 버퍼 목록 표시 : Ctrl + x, Ctrl + b 또는 M-x list-buffers.

② 도움말 및 메뉴

- 도움말 표시 : F1 또는 M-x help.
- 메뉴 열기 : Alt 키를 누르고 F10 또는 Esc 키를 누르면 메뉴가 열린다.

2. Emacs 메뉴

Emacs는 간단한 메뉴 기능을 제공하며, 메뉴 바를 통해 다양한 작업을 수행할 수 있다.

(1) File (파일)

메뉴	기능
New File (새 파일 열기)	새 파일 열기
Open File (파일 열기)	기존 파일 열기
Save (저장)	파일 저장
Save As (다른 이름으로 저장)	파일을 다른 이름으로 저장

(2) Edit (편집)

메뉴	기능
Cut (잘라내기)	선택한 텍스트를 잘라낸다.
Copy (복사)	선택한 텍스트를 복사한다.
Paste (붙여넣기)	클립보드 내용을 붙여넣는다.
Undo (실행 취소)	최근 편집 작업을 취소한다.
Redo (다시 실행)	취소한 작업을 다시 실행한다.

(3) Search (검색)

메뉴	기능
Search (검색)	텍스트 검색
Replace (치환)	텍스트 치환
Buffers (버퍼)	여러 개의 파일이나 텍스트 버퍼에서 원하는 문자열 검색
List Buffers (버퍼 목록)	현재 열린 버퍼 목록 표시

(4) Help (도움말)

메뉴	기능
Emacs Tutorial (Emacs 튜토리얼)	Emacs 사용법에 대한 튜토리얼 표시
Info (정보)	Emacs 도움말 및 정보 표시

---

03   pico 에디터를 사용하는 방법 ★★★★

✦ 합격을 부르는 치트키 가이드

리눅스에는 GUI방식의 에디터보다는 Vi와 같은 스크린에디터가 많습니다. pico 또한 이러한 에디터이지만 사용자친화적인 부분이 있어서 리눅스초보자들이 많이 사용하는 에디터이기도 합니다. pico는 명령어를 중심으로 학습하시면 되겠습니다.

1. 개념

● Pico 텍스트 에디터는 Unix 및 Linux 시스템에서 사용할 수 있는 간단한 텍스트 편집기 중 하나이다.

- Pico는 비주얼 모드가 없는 텍스트 에디터로, 명령 라인에서 사용되며 사용자 친화적인 편집기이다.

2. Pico 에디터를 열 때

(1) [커맨드] pico filename

- 위 명령을 사용하여 'filename'이라는 파일을 Pico 에디터로 열 수 있다.
- 파일이 존재하지 않으면 새로운 파일을 생성한다.

(2) 파일 메뉴 (File Menu)

메뉴	기능
^O (Ctrl + O)	파일 저장. 현재 내용을 파일에 저장한다.
^X (Ctrl + X)	편집기 종료. 편집기를 종료하기 전에 저장 여부를 묻는다.

(3) 편집 메뉴 (Edit Menu)

메뉴	기능
^K (Ctrl + K)	현재 행을 잘라내기 (클립보드로 복사)
^U (Ctrl + U)	현재 행을 붙여넣기 (클립보드에서 복사한 내용 삽입)
^T (Ctrl + T)	현재 문자 또는 선택한 영역의 들여쓰기/내어쓰기
^J (Ctrl + J)	선택한 영역을 검색하기 위해 다음으로 이동
^W (Ctrl + W)	선택한 영역을 검색하기 위해 이전으로 이동

(4) 검색 메뉴 (Search Menu)

메뉴	기능
^_ (Ctrl + Shift + Underscore)	검색기능. 텍스트 내에서 검색 및 치환을 수행한다.

(5) 도움말 메뉴 (Help Menu)

● 기본적으로 Pico는 Ctrl 키와 함께 다른 키를 사용하여 명령을 실행한다.

● 예를 들어, ^O는 Ctrl 키와 O 키를 동시에 눌러서 파일을 저장하는 명령이다.

● Pico 에디터는 상단에 현재 파일 이름, 저장 여부 및 행 및 열 번호와 같은 정보를 표시한다.

메뉴	기능
^G (Ctrl + G)	도움말 표시. 도움말 메뉴를 연다.

 연·습·문·제

01

리눅스에서 가장 인기 있는 텍스트 편집기는 무엇인가?

① Vim ② Nano
③ Emacs ④ 모두

> **해설**
> ● Vim은 리눅스와 유닉스 계열 운영 체제에서 가장 인기 있는 텍스트 편집기 중 하나이다.
> ● 다른 항목들도 리눅스에서 사용이 되지만 Vim은 특히 개발자들한테 인기가 있다. 그 이유는 기존의 vi에디터가 폭넓은 사용자층을 확보한 데다가 코드편집에 편의성을 제공하는 기능들이 추가가 되었기 때문이다.

> **오답해설**
> ② Nano는 터미널 기반의 텍스트 편집기로, 간단하고 사용하기 쉬운 인터페이스를 가지고 있어 리눅스와 유닉스 계열의 운영 체제에서 주로 사용된다.
> ③ Emacs(이맥스)는 Richard Stallman과 그의 프로젝트인 GNU 프로젝트에서 개발한 텍스트 편집기 및 확장 가능한 통합 개발 환경(IDE)이다.

02

Vi 편집기의 명령 모드에서 텍스트를 입력하려면 어떤 키를 눌러야 하는가?

① i ② :w
③ Esc ④ q

> **해설** Vi 편집기의 명령 모드에서 텍스트를 입력하려면 'i' 키를 눌러 입력 모드로 전환해야 한다.

> **오답해설**
> ② 저장하는 데 사용한다.
> ③ 명령모드로 돌아가게 한다.
> ④ Vi를 종료한다.

03

Nano 텍스트 편집기에서 파일을 저장하고 나갈 때, 저장하기 단축키는 무엇인가?

① Ctrl+S ② Ctrl+X
③ Ctrl+C ④ Ctrl+O

> **해설** Nano 텍스트 편집기에서 파일을 저장하는 단축키는 'Ctrl+O'이다.

> **오답해설**
> ① 'Ctrl+S'는 저장만 수행하는 단축키이다.
> ② 'Ctrl+X'는 나가기 단축키이다.

04

Pico 텍스트 편집기는 어떤 편집기의 클론(복제)인가?

① Vim ② Emacs
③ Nano ④ Gedit

Pico 텍스트 편집기는 Nano의 이전 이름이었으며 Nano는 Pico의 오픈 소스 클론(복제)이다.

05
Pico 텍스트 편집기는 주로 어떤 운영 체제에서 사용되는가?

① Windows
② macOS
③ Linux 및 유닉스 계열
④ Android

Pico 텍스트 편집기는 주로 리눅스 및 유닉스 계열 운영 제제에서 시용된다.

06
Vim에서 현재 행을 복사하려면 어떤 명령을 사용해야 하는가?

① yy
② dd
③ cc
④ pp

Vim에서 현재 행을 복사하려면 'yy'를 사용한다.

07
Vim에서 텍스트를 저장하고 편집기를 종료하는 명령어는 무엇인가?

① :save
② :quit
③ :wq
④ :exit

Vim에서 텍스트를 저장하고 편집기를 종료하려면 ':wq'를 사용한다.

08
Vim에서 다른 파일을 열려면 어떤 명령을 사용하는가?

① :open
② :edit
③ :file
④ :open-file

Vim에서 다른 파일을 열려면 ':edit'를 사용한다.

09
Pico 텍스트 편집기는 주로 어떤 운영 체제에서 사용되는가?

① Windows
② macOS
③ Linux
④ Android

Pico는 주로 Linux 운영 체제에서 사용되는 텍스트 편집기이다.

10
Pico에서 텍스트를 저장하고 편집기를 종료하는 명령어는 무엇인가?

① Ctrl+S
② Ctrl+X
③ Ctrl+C
④ Ctrl+O

단축키 Ctrl + O는 현재 편집 중인 파일을 저장하는 기능을 수행한다. 이 단축키를 사용하면 파일 시스템에 편집 중인 내용을 저장할 수 있다.

| 01 | ① | 02 | ① | 03 | ④ | 04 | ③ | 05 | ③ |
| 06 | ① | 07 | ③ | 08 | ② | 09 | ③ | 10 | ④ |

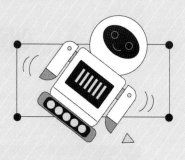

05

리눅스 SW 설치와
삭제 작업

01 | 애플리케이션 설치 및 패키지 관리 ★★★★★

01 레드햇 계열 패키지 관리자를 통한 패키지 관리 ★★★★

✦ 합격을 부르는 치트키 가이드

리눅스는 다양한 패키지를 설치하고 다루게 됩니다. 실무에서 많이 사용하는 도구들이기에 시험에서도 출제영역으로 넣었다고 보시면 됩니다. 이러한 패키지는 문제집을 통해서 개념을 익히시고 한번이상은 직접 운영체제의 패키지 관리자를 작동시켜보기를 권합니다.

1. 개념

● 리눅스에서는 다양한 배포판이 존재하며, 각 배포판마다 패키지 관리 도구가 다를 수 있다.

● 여기서는 시험과 직접적으로 관련이 있는 레드햇(Red Hat) 계열과 데비안(Debian) 계열의 패키지 관리 도구에 대해 자세히 살펴보겠다.

● 레드햇 계열의 리눅스 배포판에서는 주로 yum 또는 dnf, RPM이라는 패키지 관리 도구를 사용한다.

2. yum (Yellowdog Updater Modified)

● yum은 "Yellowdog Updater Modified"의 약자로, 레드햇 계열의 리눅스 배포판*에서 RPM 패키지를 관리하기 위해 사용되는 도구이다.

● yum은 패키지 설치, 업데이트, 검색, 제거 등 다양한 작업을 수행할 수 있으며, 특히 패키지 간의 의존성**을 자동으로 해결해주는 기능을 갖추고 있어 매우 편리하다.

기초 용어 정리

* **배포판(Distribution):** 리눅스와 같은 오픈 소스 운영 체제의 여러 변형 중 하나를 나타낸다.

** **의존성:** 소프트웨어 개발 및 관리에서 "의존성(Dependency)"은 한 소프트웨어나 모듈이 다른 소프트웨어나 모듈에 의존하는 관계를 나타낸다.

3. yum 주요 특징

특징	설명
의존성 해결	패키지를 설치할 때 필요한 의존 패키지들을 자동으로 찾아 설치해준다.
리포지토리 지원	여러 외부 리포지토리에서 패키지를 찾아 설치할 수 있다.
자동 업데이트	시스템에 설치된 패키지들을 최신 상태로 유지할 수 있다.
그룹 설치	관련된 패키지들을 그룹으로 묶어서 한 번에 설치할 수 있다.
트랜잭션	설치, 업데이트, 제거 등의 작업을 트랜잭션 단위로 처리하여 안정성을 높인다.
플러그인 지원	다양한 플러그인을 사용하여 기능을 확장할 수 있다.

(1) yum 설정 파일

● yum의 동작 방식은 /etc/yum.conf 파일과 /etc/yum.repos.d/ 디렉터리 안의 .repo 파일
들을 통해 설정할 수 있다.

● 이러한 설정 파일들을 통해 리포지토리*의 URL, 사용할 플러그인**, 다운로드 옵션 등을 지
정할 수 있다.

(2) 설치 및 제거

● yum install [패키지명] : 지정된 패키지를 설치한다.

● yum remove [패키지명] 또는 yum erase [패키지명] : 지정된 패키지를 제거한다.

(3) 업데이트 및 업그레이드

● yum update : 시스템에 설치된 모든 패키지를 최신 버전으로 업데이트한다.

● yum update [패키지명]: 지정된 패키지를 최신 버전으로 업데이트한다.

● yum upgrade: update와 동일하지만, obsoleted 패키지에 대해서도 처리한다.

기초 용어 정리

* **리포지토리(Repository)** : 소프트웨어, 패키지, 데이터 또는 다른 자원의 저장소를 나타낸다.

** **플러그인(Plugin)**: 다른 소프트웨어 또는 애플리케이션에 추가 기능을 쉽게 추가하고 확장할 수 있도록 설계된 소프
트웨어 구성 요소이다.

(4) 검색 및 정보 조회

- yum search [키워드]: 패키지 이름이나 설명에서 지정된 키워드를 검색한다.
- yum info [패키지명]: 지정된 패키지에 대한 상세 정보를 표시한다.
- yum list: 모든 설치 가능한 패키지의 목록을 표시한다.
- yum list installed: 시스템에 설치된 패키지의 목록을 표시한다.
- yum list updates: 업데이트 가능한 패키지의 목록을 표시한다.

(5) 그룹 관련

- yum groupinstall "[그룹명]": 지정된 패키지 그룹을 설치한다.
- yum groupremove "[그룹명]": 지정된 패키지 그룹을 제거한다.
- yum grouplist: 사용 가능한 패키지 그룹의 목록을 표시한다.

(6) 캐시 관리

- yum clean all: 모든 캐시된 데이터를 삭제한다.
- yum clean packages: 다운로드된 패키지 파일들을 삭제한다.
- yum clean metadata: 메타데이터를 삭제한다.

(7) 리포지토리 관련

- yum repolist: 사용 가능한 리포지토리의 목록을 표시한다.
- yum repolist all: 모든 리포지토리의 목록을 표시한다. (비활성화된 리포지토리 포함)

(8) 기타

- yum check-update: 업데이트 가능한 패키지를 확인한다.
- yum provides [파일이나 기능]: 지정된 파일이나 기능을 제공하는 패키지를 찾는다.
- yum history: yum 명령어의 실행 이력을 표시한다.
- yum deplist [패키지명]: 지정된 패키지의 의존성 목록을 표시한다.

✦ 합격을 부르는 치트키 가이드

윈도우에서 수시로 소프트웨어를 설치하기위해서 설치파일을 다운로드받는 것과 같이 리눅스에서도 패키지는 중요한 개념이라고 보면 됩니다. 그렇기에 패키지의 개념들과 기능들에 대해서 이해를 하시게 되면 리눅스운영체제를 다루는 데 많은 이해와 학습성과를 얻으실 것입니다.

1. 개념

● RPM 패키지는 소프트웨어의 실행 파일, 라이브러리, 설정 파일 등을 포함하는 압축된 파일이다.

● 이 파일은 메타데이터*를 포함하고 있어 패키지의 설치 위치, 의존성 정보, 패키지 설명 등의 정보를 제공한다. RPM 파일의 확장자는 .rpm이다.

2. RPM의 주요 기능

기능	설명
패키지 설치	새로운 소프트웨어 패키지를 시스템에 설치한다.
패키지 업그레이드	기존에 설치된 패키지를 최신 버전으로 업그레이드한다.
패키지 제거	시스템에서 패키지를 제거한다.
패키지 검증	패키지의 무결성 및 설치 상태를 검사한다.
패키지 쿼리	설치된 패키지에 대한 정보를 조회한다.

(1) RPM 패키지 설치, 업그레이드, 제거

● rpm -i [패키지명.rpm] : 새 패키지를 설치한다.

● rpm -U [패키지명.rpm] : 패키지를 업그레이드하거나 설치한다.

● rpm -e [패키지명] : 설치된 패키지를 제거한다.

기초 용어 정리

* **메타데이터(Metadata):** 다른 데이터에 대한 정보를 나타내는 데이터이다.

(2) 패키지 정보 조회

- rpm -q [패키지명] : 설치된 패키지의 정보를 조회한다.
- rpm -qa: 시스템에 설치된 모든 패키지의 목록을 표시한다.
- rpm -qi [패키지명] : 패키지의 상세 정보를 표시한다.
- rpm -ql [패키지명] : 패키지에 포함된 파일들의 목록을 표시한다.
- rpm -qf [파일명] : 지정된 파일을 포함하는 패키지의 이름을 표시한다.
- rpm -qR [패키지명] : 패키지의 의존성 정보를 표시한다.

(3) 패키지 검증

- rpm -V [패키지명] : 설치된 패키지의 무결성을 검사한다.
- rpm -Va : 시스템에 설치된 모든 패키지의 무결성을 검사한다.

(4) RPM 데이터베이스 관리

- rpm --rebuilddb : RPM 데이터베이스를 재구축한다. 데이터베이스가 손상되었을 때 유용하다.
- rpm --initdb : 새 RPM 데이터베이스를 초기화한다.

(5) 서명 및 검증

- rpm --import [공개키 파일] : 패키지 서명을 검증하기 위한 GPG 공개키를 임포트한다.
- rpm -K [패키지명.rpm] : 패키지의 서명을 검증한다.

(6) 기타

- rpm -Vp [패키지명.rpm] : 설치되지 않은 패키지 파일의 무결성을 검사한다.
- rpm -ivh [패키지명.rpm] : 패키지를 설치하면서 진행 상태를 표시한다.
- rpm -Uvh [패키지명.rpm] : 패키지를 업그레이드하면서 진행 상태를 표시한다.

데비안 계열 패키지 관리자를 통한 패키지 관리 ★★★★★

1. dpkg

(1) 개념

● dpkg는 Debian 기반 리눅스 시스템(예: Debian, Ubuntu)에서 .deb 패키지파일*을 관리하기 위한 도구이다.

● dpkg를 사용하면 소프트웨어 패키지를 설치, 제거, 업그레이드하고 패키지 정보를 조회할 수 있다.

● dpkg는 Debian 기반 시스템에서 중요한 패키지 관리 도구이다. 그러나 패키지 의존성이 복잡한 경우, apt와 같은 고급 패키지 관리 도구를 사용하는 것이 더 편리할 수 있다.

● dpkg는 주로 단일 .deb 파일을 직접 관리할 때 사용되며, 시스템의 패키지 상태를 진단하고 문제를 해결할 때 유용하다.

● dpkg 명령어를 사용할 때는 대부분 관리자 권한이 필요하므로, 필요한 경우 sudo를 함께 사용하여 명령어를 실행해야 한다.

(2) 주요 기능

● 패키지 설치 : .deb 파일을 사용해 소프트웨어 패키지를 설치한다.

● 패키지 제거 : 시스템에서 소프트웨어 패키지를 제거한다.

● 패키지 정보 조회 : 설치된 패키지의 정보, 파일 목록 등을 조회한다.

● 패키지 상태 확인 : 패키지의 설치 상태를 확인한다.

● 패키지의 무결성 검사 : 패키지가 올바르게 설치되었는지 검사한다.

기초 용어 정리

* **패키지 파일(Package File)** : 컴퓨터 소프트웨어나 라이브러리를 포함하는 파일이며, 주로 소프트웨어 패키지 관리 시스템에서 사용된다.

(3) 패키지 설치 및 제거

- dpkg -i [패키지명.deb] : 새 패키지를 설치한다.
- dpkg -r [패키지명] : 설치된 패키지를 제거하지만 설정 파일은 남겨둔다.
- dpkg -P [패키지명] : 설치된 패키지와 그 설정 파일을 모두 제거한다.

(4) 패키지 정보 조회

- dpkg -l : 시스템에 설치된 모든 패키지의 목록을 표시한다.
- dpkg -l | grep [검색어] : 설치된 패키지 중에서 검색어를 포함하는 패키지를 찾는다.
- dpkg -s [패키지명] : 패키지의 상세 정보를 표시한다.
- dpkg -L [패키지명] : 패키지에 포함된 파일들의 목록을 표시한다.
- dpkg -S [파일명] : 지정된 파일을 포함하는 패키지의 이름을 표시한다.

(5) 패키지 상태 및 무결성 확인

- dpkg -C : 부분적으로 설치된 패키지나 문제가 있는 패키지를 찾는다.
- dpkg --audit : dpkg -C와 동일한 기능을 수행한다.
- dpkg --verify [패키지명] : 설치된 패키지의 무결성을 검사한다.

(6) 패키지 구성 및 재구성

- dpkg --configure [패키지명] : 패키지를 재구성한다.
- dpkg-reconfigure [패키지명] : 패키지를 재구성한다.

(7) dpkg 데이터베이스 관리

- dpkg --get-selections : 시스템에 설치된 모든 패키지의 설치 상태를 표시한다.
- dpkg --set-selections : dpkg --get-selections의 출력을 사용하여 패키지의 설치 상태를 설정한다.

(8) 기타

- dpkg --status [패키지명] : dpkg -s와 동일한 기능을 수행한다.
- dpkg --search [파일명] : dpkg -S와 동일한 기능을 수행한다.
- dpkg --print-architecture : 시스템의 아키텍처를 표시한다.
- dpkg --print-foreign-architectures : 시스템에서 사용할 수 있는 다른 아키텍처를 표시한다.

2. apt-get

(1) 개념

- apt-get은 Debian 및 Ubuntu와 같은 Debian 기반 리눅스 배포판에서 소프트웨어 패키지를 관리하기 위한 명령줄 도구이다.
- apt-get은 패키지를 설치, 업그레이드, 삭제하는 등의 작업을 수행할 수 있으며, 이 과정에서 패키지 의존성을 자동으로 해결해준다.
- 대부분의 apt-get 명령어는 루트 권한이 필요하므로, 필요할 때는 sudo를 함께 사용하여 명령어를 실행해야 한다.

(2) apt-get의 주요 기능

- 패키지 설치 : 소프트웨어 패키지와 그 의존성을 자동으로 설치한다.
- 패키지 업그레이드 : 시스템에 설치된 패키지를 최신 버전으로 업그레이드한다.
- 패키지 제거 : 설치된 패키지를 시스템에서 삭제한다.
- 패키지 검색 : 사용 가능한 패키지 중에서 특정 패키지를 검색한다.
- 패키지 정보 조회 : 특정 패키지에 대한 정보를 조회한다.
- 자동 삭제 : 더 이상 필요하지 않은 패키지를 자동으로 제거한다.

(3) apt-get패키지 설치 및 업그레이드

- apt-get install [패키지명] : 지정된 패키지를 설치하거나 최신 버전으로 업그레이드한다.

- apt-get upgrade : 시스템에 설치된 모든 패키지를 최신 버전으로 업그레이드한다.

- apt-get dist-upgrade : upgrade와 유사하지만, 필요하다면 패키지를 추가하거나 제거하여 의존성을 해결한다.

(4) 패키지 제거

- apt-get remove [패키지명] : 지정된 패키지를 제거한다.

- apt-get purge [패키지명] : 지정된 패키지와 그 설정 파일을 모두 제거한다.

- apt-get autoremove : 자동으로 설치되었지만 더 이상 필요하지 않은 패키지들을 제거한다.

(5) 패키지 목록 및 상태 관리

- apt-get update : 패키지 목록을 업데이트한다.

- apt-get autoclean : 패키지 캐시에서 오래된 패키지 파일을 제거한다.

- apt-get clean : 패키지 캐시에 저장된 모든 패키지 파일을 제거한다.

(6) 패키지 검색 및 정보 조회

- apt-get search [검색어] : 패키지 목록에서 검색어를 포함하는 패키지를 검색한다.

- apt-get show [패키지명] : 지정된 패키지의 상세 정보를 표시한다.

(7) 기타 명령어

- apt-get download [패키지명] : 지정된 패키지를 현재 디렉터리에 다운로드한다.

- apt-get source [패키지명] : 지정된 패키지의 소스 코드를 다운로드한다.

- apt-get build-dep [패키지명] : 지정된 패키지를 빌드하는데 필요한 의존성을 설치한다.

- apt-get check : 의존성을 확인하고 손상된 패키지가 있는지 검사한다.

3. aptitude

(1) 개념

● aptitude는 Debian 및 Ubuntu와 같은 Debian 기반 리눅스 시스템에서 패키지 관리를 위해 사용되는 텍스트 기반의 인터페이스를 제공하는 도구이다.

● aptitude는 apt-get과 비슷한 기능을 수행하지만, 사용자에게 더 풍부한 인터페이스와 추가적인 기능을 제공한다.

● aptitude 명령어의 대부분은 루트권한*이 필요하므로 sudo와 함께 사용해야 한다.

● aptitude는 apt-get과 비슷한 기능을 제공하지만, 사용자 인터페이스와 몇 가지 추가 기능이 다르다.

(2) 주요 기능

● 패키지 설치 및 제거 : 소프트웨어 패키지를 쉽게 설치하거나 제거할 수 있다.

● 패키지 업그레이드 : 시스템에 설치된 패키지를 최신 버전으로 업그레이드할 수 있다.

● 패키지 검색 및 정보 조회 : 특정 패키지를 검색하고, 패키지에 대한 상세한 정보를 조회할 수 있다.

● 의존성 해결 : 패키지를 설치하거나 제거할 때 발생할 수 있는 의존성 문제를 자동으로 해결한다.

● 패키지 상태 관리 : 패키지의 현재 상태를 확인하고 변경할 수 있다.

① 사용자 인터페이스

● aptitude는 텍스트 기반의 사용자 인터페이스를 제공한다.

● aptitude를 명령어라인에서 단독으로 실행하면 인터랙티브** 모드로 들어간다.

● 이 모드에서는 화살표 키를 사용하여 패키지 목록을 탐색하고, 다양한 명령을 실행하여 패키지를 관리할 수 있다.

기초 용어 정리

* **루트 권한(Root Privileges)**: 컴퓨터 시스템 또는 운영 체제에서 가장 높은 권한을 가지고 있는 사용자 계정이다.

** **인터랙티브(Interactive)**: 사용자와 컴퓨터 또는 소프트웨어 간에 상호 작용이 가능한 것을 의미한다.

② aptitude 패키지 설치 및 제거

- aptitude install [패키지명] : 지정된 패키지를 설치한다.

- aptitude remove [패키지명] : 지정된 패키지를 제거한다. 설정 파일은 그대로 남아 있다.

- aptitude purge [패키지명] : 지정된 패키지와 그 설정 파일을 모두 제거한다.

③ 패키지 업그레이드

- aptitude safe-upgrade : 설치된 패키지를 안전하게 최신 버전으로 업그레이드한다.

- aptitude full-upgrade : 설치된 패키지를 최신 버전으로 업그레이드하며, 필요하다면 패키지를 추가하거나 제거하여 의존성을 해결한다.

④ 패키지 검색 및 정보 조회

- aptitude search [검색어] : 패키지 목록에서 검색어를 포함하는 패키지를 검색한다.

- aptitude show [패키지명] : 지정된 패키지의 상세 정보를 표시한다.

⑤ 패키지 목록 및 상태 관리

- aptitude update : 패키지 목록을 업데이트한다.

- aptitude upgrade : 설치된 패키지를 최신 버전으로 업그레이드한다.

- aptitude clean : 패키지 캐시에서 모든 다운로드된 패키지 파일을 제거한다.

- aptitude autoclean : 패키지 캐시에서 오래된 패키지 파일을 제거한다.

- aptitude hold [패키지명] : 지정된 패키지의 버전을 고정하여 업그레이드되지 않게 한다.

- aptitude unhold [패키지명] : 지정된 패키지의 버전 고정을 해제한다.

⑥ 기타 명령어

- aptitude why [패키지명] : 지정된 패키지가 왜 설치되었는지 설명한다.

- aptitude why-not [패키지명] : 지정된 패키지를 설치할 수 없는 이유를 설명한다.

02 파일 관리와 설치 ★★★★★

01 파일 아카이브와 관리 ★★★★★

✦ 합격을 부르는 치트키 가이드

파일아카이브는 단순히 파일을 압축하는 것 이상으로 파일을 관리하거나 묶어주는 작업을 하는 것이라고 이해하시면 됩니다. 윈도우에서의 압축작업보다는 관리자의 관점에서 파일을 관리한다고 생각하시고 옵션들과 명령어를 공부하시면 도움이 될 것입니다.

1. 개념

● 리눅스에서 파일 아카이브*는 하나 이상의 파일이나 디렉터리를 단일 파일로 묶는 것을 말한다.

● 파일 아카이브는 종종 데이터를 압축하여 저장 공간을 절약하고 파일 전송 시간을 단축하기 위해 사용된다.

2. 파일 아카이브의 용도

● 백업 : 중요한 데이터를 안전하게 보관하기 위해 백업**을 한다.

● 데이터 전송 : 여러 파일과 디렉터리를 단일 파일로 묶어 네트워크를 통해 전송할 때 사용한다.

● 저장 공간 절약 : 파일을 압축하여 디스크 공간을 절약할 때 사용한다.

3. 주요 아카이브 및 압축 도구들

● tar는 Tape Archive의 약자로, 여러 파일과 디렉터리를 하나의 아카이브 파일로 묶는 도구이다.

기초 용어 정리

* **아카이브(Archive)**: 일반적으로 파일이나 데이터의 모음을 의미한다.

** **백업(Backup)**: 중요한 데이터를 안전하게 복사하여 데이터 손실을 예방하거나 데이터를 회복하는 데 사용되는 프로세스 또는 복사본을 의미한다.

- tar는 기본적으로 파일을 압축하지 않지만, -z, -j, -J 옵션을 사용하여 gzip, bzip2, xz와 같은 압축 도구와 함께 사용할 수 있다.

- gzip, bzip02, xz : 이들은 파일을 압축하고 해제하는 데 사용되는 도구이다.

- zip/unzip : zip은 파일과 디렉터리를 아카이브하고 압축하는 도구이다.

- rar/unrar : rar는 파일과 디렉터리를 아카이브하고 압축하는 도구이다.

4. tar 명령어의 예

- tar는 리눅스에서 파일을 아카이브하기 위한 명령어로, 여러 파일이나 디렉터리를 하나의 파일로 묶을 수 있다.

- 선택적으로 데이터를 압축할 수도 있다.

- tar의 사용법은 다음과 같다.

- (예) tar [옵션] [아카이브 파일명] [대상 파일 또는 디렉터리...]

- tar 명령어 옵션

옵션	설명
-c (--create)	새로운 아카이브를 생성한다.
-x (--extract, --get)	아카이브에서 파일을 추출한다.
-t (--list)	아카이브에 포함된 파일 목록을 표시한다.
-f (--file)	아카이브 파일명을 지정한다.
-v (--verbose)	처리되는 파일 목록을 표시한다.
-z (--gzip, --ungzip)	gzip을 사용하여 압축하거나 압축을 해제한다.
-j (--bzip2)	bzip2를 사용하여 압축하거나 압축을 해제한다.
-J (--xz)	xz를 사용하여 압축하거나 압축을 해제한다.
--exclude [파일명 또는 패턴]	아카이브 생성 시 지정된 파일 또는 패턴과 일치하는 파일을 제외한다.
--include [파일명 또는 패턴]	아카이브 생성 시 지정된 파일 또는 패턴과 일치하는 파일만 포함한다.
--preserve-permissions, -p	파일 권한을 보존한다. (추출 시 사용)
--same-owner	파일 소유자를 보존한다. (루트로 실행할 때만 가능)
-r (--append)	이미 존재하는 아카이브에 파일을 추가한다.
--delete	아카이브에서 파일을 삭제한다.
--no-recursion	디렉터리를 처리할 때 하위 디렉터리를 처리하지 않는다.
--null	파일명을 읽을 때 null 문자를 라인 끝으로 사용한다. (주로 find 명령어와 함께 사용)

5. compress와 uncompress 명령어

- compress와 uncompress명령어는 파일을 압축하고 해제하는 데 사용된다.

- 이들은 Lempel-Ziv 압축 알고리즘을 사용하며, 주로 .Z 확장자로 압축된 파일을 처리한다.

- 이 명령어들은 다른 압축 도구들에 비해 오래되었고, 현재는 gzip, bzip2, xz와 같은 더 현대적이고 효율적인 압축 도구들이 널리 사용되고 있다.

- compress : 파일을 압축하며 기본적으로 파일은 원래 파일명에 .Z 확장자가 붙어 저장된다.

- 문법 : compress [옵션] [파일명...]

- 주요 옵션

옵션	설명
-c	압축된 데이터를 표준 출력으로 출력한다.
-v	압축 과정에서의 정보를 출력한다.
-d	파일을 압축 해제한다
-f	파일이 이미 존재하더라도 덮어쓰기한다.
-b	사용할 최대 비트 수를 설정한다.

6. uncompress : compress 명령어로 압축된 파일을 해제

- 문법 : uncompress [옵션] [파일명...]

- 주요 옵션

옵션	설명
-c	압축 해제된 데이터를 표준 출력으로 출력한다.
-v	압축 해제 과정에서의 정보를 출력한다.
-f	파일이 이미 존재하더라도 덮어쓰기한다.

7. gzip

- gzip은 GNU zip의 약자로, 파일을 압축하거나 압축 해제하는 데 사용되는 표준 도구이다.

- gzip은 Lempel-Ziv 알고리즘을 사용하여 파일을 압축하고, 보통 .gz 확장자를 가진 파일을 생성한다.

- gunzip은 gzip으로 압축된 파일을 해제하는 데 사용된다.

- gzip : 파일을 압축한다.

- 문법 : gzip [옵션] [파일명...]

- 주요 옵션

옵션	설명
-c	압축된 데이터를 표준 출력으로 출력한다.
-d	파일을 압축 해제한다.
-k	원본 파일을 유지한다.
-v	압축 과정에서의 정보를 출력한다.
-r	디렉터리를 재귀적으로 탐색하여 모든 파일을 압축한다.
-1 ~ -9	압축 수준을 설정한다.

8. gunzip : gzip으로 압축된 파일을 해제

- 사용법 : gunzip [옵션] [파일명...]

- 주요 옵션

옵션	설명
-c	압축 해제된 데이터를 표준 출력으로 출력한다.
-v	압축 해제 과정에서의 정보를 출력한다.
-k	원본 압축 파일을 유지한다.
-r	디렉터리를 재귀적으로 탐색하여 모든 .gz 파일을 압축 해제한다.

9. bzip2

- bzip2는 파일을 압축하기 위해 사용되는 도구이다.

- 이 도구는 Burrows-Wheeler 알고리즘을 사용하여 높은 압축률을 제공하며, 주로 텍스트 파일의 압축에 적합하다.

- bzip2로 압축된 파일은 일반적으로 .bz2 확장자를 가진다.

- bunzip2는 bzip2로 압축된 파일을 해제하는 데 사용된다.

- bzip2 : 파일을 압축한다.

- 사용법 : bzip2 [옵션] [파일명...]

- 주요 옵션

옵션	설명
-c	압축된 데이터를 표준 출력으로 출력한다.
-d	파일을 압축 해제한다
-k	원본 파일을 유지한다.
-v	압축 과정에서의 정보를 출력한다.
-1 ~ -9	압축 수준을 설정한다.

10. bunzip2

- bzip2로 압축된 파일을 해제한다.

- 사용법: bunzip2 [옵션] [파일명...]

- 주요 옵션

옵션	설명
-c	압축 해제된 데이터를 표준 출력으로 출력한다.
-v	압축 해제 과정에서의 정보를 출력한다.
-k	원본 압축 파일을 유지한다.

11. xz

- xz는 파일을 압축하고 해제하는 데 사용되는 도구이다.

- 이 도구는 LZMA (Lempel-Ziv-Markov chain algorithm) 알고리즘을 사용하여 높은 압축률을 제공하며, 특히 큰 파일을 압축할 때 유용하다.

- xz로 압축된 파일은 일반적으로 .xz 확장자를 가진다.

- unxz는 xz로 압축된 파일을 해제하는 데 사용되며, xz 명령어의 -d 옵션과 동일한 기능을 수행한다.

- 사용법 : xz [옵션] [파일명...]

- 주요 옵션

옵션	설명
-c	압축 또는 해제된 데이터를 표준 출력으로 출력한다.
-d	파일을 압축 해제한다.
-k	원본 파일을 유지한다.
-v	과정에서의 정보를 출력한다.
-1 ~ -9	압축 수준을 설정한다.
-T, --threads=〈수〉	압축 또는 압축 해제 시 사용할 스레드의 수를 설정한다.

12. unxz

- xz로 압축된 파일을 해제한다.

- 사용법 : unxz [옵션] [파일명...]

- 주요 옵션

옵션	설명
-c	압축 해제된 데이터를 표준 출력으로 출력한다.
-v	압축 해제 과정에서의 정보를 출력한다.
-k	원본 압축 파일을 유지한다.

02 소스 코드를 기반한 설치와 과정 ★★★★

✦ 합격을 부르는 치트키 가이드
리눅스는 명령어입력방식을 많이 사용하기에 소스코드를 기반한 설치와 관리작업이 적지 않은 편입니다.
소스코드나 명령어를 사용해서 설치나 빌드를 어떠한 과정을 진행하는지 프로세스 중심으로 공부하시면 도
움이 되실 것입니다.

1. 개념

- 리눅스에서 소스 코드로부터 소프트웨어를 설치하는 것은 패키지 관리자를 사용하여 바이너
  리 패키지를 설치하는 것과는 다르다.

- 소스 코드 설치는 소프트웨어의 최신 버전을 얻거나, 특정 시스템에 최적화된 설정으로 컴파
  일하고자 할 때 유용하다.

2. 소스 코드를 사용하여 SW를 설치하는 단계

(1) 필요한 도구 및 의존성 설치

● 소스 코드를 컴파일하려면 다양한 개발 도구와 라이브러리가 필요하다.

● 예를 들어, gcc, make, libtool 같은 컴파일* 도구와 소프트웨어가 의존하는 라이브러리를 설치해야 한다.

● 이러한 도구와 라이브러리는 대부분의 리눅스 배포판에서 패키지 관리자를 통해 설치할 수 있다.

(2) 소스 코드 다운로드

소프트웨어의 소스 코드를 공식 웹사이트나 소스 코드 저장소로부터 다운로드한다.

(3) 소스 코드 압축 해제

● 다운로드한 소스 코드가 압축되어 있다면, 압축을 해제해야 한다.

● 예 : tar xzf source-code.tar.gz

(4) 소스 코드 디렉터리로 이동

● 압축을 해제한 후 생성된 디렉터리로 이동한다.

● 예 : cd source-code-directory

(5) 구성 스크립트 실행

● configure 스크립트를 실행하여 시스템 환경을 확인하고, 컴파일 설정을 생성한다.

● 이 단계에서는 컴파일 옵션을 지정할 수도 있다.

● 예를 들어, 설치 경로를 지정하거나 특정 기능을 활성화/비활성화할 수 있다.

기초 용어 정리

* **컴파일(Compile)**: 소스 코드를 기계어 코드 또는 실행 가능한 프로그램으로 변환하는 프로세스를 의미한다.

⑹ 컴파일

● 소스 코드를 컴파일하여 실행 가능한 바이너리파일*을 생성한다.

● 예 : make

⑺ 설치

● 컴파일된 소프트웨어를 시스템에 설치한다.

● 이 작업은 관리자 권한을 필요로 할 수 있다.

● 예 : sudo make install

⑻ 환경 변수 및 설정 파일 수정

필요에 따라 환경 변수를 설정하거나 소프트웨어의 설정 파일을 수정한다.

⑼ 라이브러리 링크 갱신

● 새로 설치한 라이브러리를 시스템이 인식할 수 있도록 라이브러리 링크를 갱신한다.

● 예 : sudo ldconfig

⑽ 테스트

설치한 소프트웨어가 제대로 작동하는지 테스트한다.

⑾ 주의사항

● 소스 코드 설치는 패키지 관리자를 사용하는 것보다 복잡할 수 있으며, 시스템에 영향을 줄 수 있다.

● 설치된 소프트웨어의 업데이트와 제거는 수동으로 관리해야 한다.

● 공식 웹사이트나 신뢰할 수 있는 소스로부터 소스 코드를 다운로드해야 한다.

● 이러한 단계를 통해 리눅스에서 소스 코드로부터 소프트웨어를 설치할 수 있다.

기초 용어 정리

* **바이너리 파일(Binary File)**: 텍스트가 아닌 데이터를 포함하는 파일 형식을 나타낸다.

3. CMake

(1) 개념

- CMake는 크로스 플랫폼으로 작동하는 오픈 소스 소프트웨어 빌드 시스템이다.
- 이를 사용하여 소프트웨어 컴파일과 설치, 패키징을 자동화할 수 있다.
- CMake는 소스 코드가 있는 디렉터리에 CMakeLists.txt라는 설정 파일을 두어 빌드 환경을 설정하고, 이를 바탕으로 실제 빌드를 수행하는 Makefile이나 다른 빌드 스크립트를 생성한다.
- CMake는 복잡한 빌드 시나리오를 처리할 수 있으며, 다양한 설정 옵션과 명령어를 제공한다.

(2) 주요 특징

- 크로스 플랫폼 : CMake는 다양한 운영체제에서 작동하며, 유닉스, 맥OS, 윈도우 등에서 사용할 수 있다.
- 컴파일러 독립성 : CMake는 GCC, Clang, Visual Studio 등 다양한 컴파일러를 지원하며, 같은 CMakeLists.txt 파일을 사용하여 다양한 컴파일러와 툴체인에서 프로젝트를 빌드할 수 있다.
- 복잡한 프로젝트 지원 : CMake는 대규모, 복잡한 소프트웨어 프로젝트를 관리하고 빌드할 수 있는 기능을 제공한다.
- 커스터마이징 및 확장성 : 사용자는 CMakeLists.txt 파일 내에서 CMake의 스크립팅 언어를 사용하여 빌드 프로세스를 상세하게 설정하고 커스터마이징* 할 수 있다.
- 외부 라이브러리 및 패키지 찾기 : CMake는 find_package 명령어를 통해 외부 라이브러리와 패키지를 찾고, 프로젝트에서 사용할 수 있도록 설정하는 기능을 제공한다.

(3) 사용 방법

- CMake 설치 : 먼저 시스템에 CMake를 설치해야 한다.
- CMakeLists.txt 파일 작성 : 프로젝트의 루트 디렉터리에 CMakeLists.txt 파일을 생성하고, 프로젝트의 이름, 필요한 컴파일러 옵션, 소스 파일 목록, 의존 라이브러리 등을 설정한다.

기초 용어 정리

* **커스터마이징(Customizing):** 어떤 것을 사용자의 특정 요구사항 또는 기호에 맞게 수정하거나 조정하는 프로세스를 의미한다.

- 빌드 디렉터리 생성 : 소스 코드 디렉터리 외부에 빌드 디렉터리를 생성한다.

- 이를 "out-of-source" 빌드라고 하며, 소스 코드를 깔끔하게 빌드할 수 있다.

- CMake 실행 : 빌드 디렉터리에서 CMake를 실행하여 빌드 설정을 생성한다.

- 예 : cmake path/to/source/directory

- 빌드 : 생성된 빌드 설정을 바탕으로 실제 소프트웨어를 빌드한다.

- 설치 (선택사항) : 필요에 따라 빌드된 소프트웨어를 시스템에 설치한다.

- 예 : sudo make install

(4) CMakeLists.txt의 주요 구성 요소

- project(name) : 프로젝트의 이름을 설정한다.

- add_executable(target sources...) : 실행 파일을 빌드하기 위한 타겟을 정의한다.

- add_library(target sources...) : 라이브러리를 빌드하기 위한 타겟을 정의한다.

- find_package(package) : 외부 패키지를 찾는다.

- target_link_libraries(target libraries...) : 타겟에 라이브러리를 링크한다.

연·습·문·제

01

Red Hat 계열 리눅스에서 RPM은 무엇을 나타내는가?

① 리눅스 배포판의 이름
② RPM 패키지 파일의 확장자
③ 리눅스 배포판의 커널
④ RPM 패키지 설치 디렉터리

해설 RPM은 "Red Hat Package Manager"의 약자이며, 리눅스 시스템에서 소프트웨어 패키지를 관리하기 위한 포맷 및 도구를 의미한다.

02

Red Hat 계열 리눅스에서 RPM 패키지를 설치하기 위한 명령어는 무엇인가?

① install
② add
③ upgrade
④ rpm

해설 RPM 패키지를 설치하려면 "rpm" 명령어를 사용한다.

03

Red Hat 계열 리눅스에서 RPM 패키지의 종속성을 해결하는 명령어는 무엇인가?

① resolve　　② check-deps
③ yum　　　④ rpm-check

> 해설 "yum"은 RPM 패키지의 종속성을 해결하고 패키지를 설치하는 패키지 관리 도구이다.

04

Red Hat 계열 리눅스에서 RPM 패키지의 정보를 조회하기 위한 명령어는 무엇인가?

① info　　　② rpm -q
③ inspect　　④ view

> 해설 "rpm -q" 명령어를 사용하여 RPM 패키지의 정보를 조회할 수 있다.

05

Debian 계열 리눅스에서 APT은 무엇을 나타내는가?

① Advanced Package Tool
② Debian Package Manager
③ Linux Software Installer
④ Package Dependency Resolver

> 해설 APT는 "Advanced Package Tool"의 약자이며, Debian 계열 리눅스에서 패키지 관리를 위한 도구와 포맷을 의미한다.

06

리눅스에서 파일 아카이브를 만들 때, 압축없이 여러 파일을 하나의 아카이브로 묶는 명령어는 무엇인가?

① gzip　　　② tar
③ zip　　　④ compress

> 해설
> • tar : 파일을 압축 없이 하나의 아카이브로 묶는 데 사용된다.
> • gzip, bzip02, xz : 이들은 파일을 압축하고 해제하는 데 사용되는 도구이다.
> • zip/unzip : zip은 파일과 디렉터리를 아카이브하고 압축하는 도구이다.
> • rar/unrar : rar는 파일과 디렉터리를 아카이브하고 압축하는 도구이다.

07

소스 코드 기반의 설치에서 "컴파일"이란 무엇을 의미하는가?

① 소스 코드를 실행 파일로 변환하는 과정
② 소프트웨어의 설명서 작성
③ 소스 코드를 압축하는 과정
④ 소프트웨어를 설치하는 과정

> 해설 컴파일은 소스 코드를 실행 가능한 바이너리 파일로 변환하는 과정이다.

08

소스 코드 기반의 설치에서 "빌드"란 무엇을 의미하는가?

① 소프트웨어를 실행하기 위해 설치하는 것
② 소프트웨어 개발을 위한 도구 설치
③ 소스 코드를 컴파일하고 실행 파일을 생성하는 과정
④ 소프트웨어의 문서 작성

> 해설 빌드는 소스 코드를 컴파일하여 실행 파일을 생성하는 프로세스를 의미한다.

09

소스 코드 기반의 설명에서 "의존성"이란 무엇인가?

① 소프트웨어의 기능
② 다른 소프트웨어와의 상호 작용
③ 소프트웨어의 사용자 인터페이스
④ 소프트웨어의 소스 코드

해설 의존성은 소프트웨어가 다른 소프트웨어와 상호 작용하기 위해 필요한 것을 나타낸다.

10

소스 코드 기반의 설을 사용하여 소프트웨어를 설치하려면 어떤 추가 단계가 필요한가?

① 다운로드와 설치만으로 충분하다.
② 컴파일, 빌드, 의존성 해결이 필요하다.
③ 실행 파일을 찾아야 한다.
④ 설치 스크립트를 실행해야 한다.

해설 소스 코드 기반의 설을 사용하여 소프트웨어를 설치하려면 컴파일, 빌드 및 의존성 해결 단계가 필요하다.

01 | ②   02 | ④   03 | ③   04 | ②   05 | ①
06 | ②   07 | ①   08 | ③   09 | ②   10 | ②.

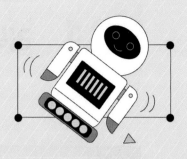

CHAPTER

06

리눅스 디바이스
연결 및 관리

학·습·포·인·트
- 개인용 컴퓨터가 주력인 윈도우와 달리 리눅스프린터시스템을 공부할때는 네트워크환경을 기본적으로 염두에 두고 공부해야한다.
- 리눅스 사운드 디바이스 시스템은 타 디바이스와 같이 명령어를 중심으로 학습을 하도록 한다.
- 디바이스사용과 관련하여 많이 사용하는 기능을 중심으로 명령어와 옵션을 학습한다.

01 리눅스 디바이스의 설치와 관리 ★★★

01 | 리눅스 프린터 시스템의 설치와 관리 ★★★

✦ 합격을 부르는 치트키 가이드

리눅스 운영체제와 관련된 중요한 디바이스가 프린터 시스템입니다. 리눅스가 네트워크를 기반한 서비스를 지원할 수 있는 운영체제이기에 프린터도 개인용을 넘어서 네트워크 서비스를 지원하는 프린터시스템에 대해서도 이해를 해야합니다. 그래서 개인용보다는 회사나 학교와 같은 조직에서 사용하는 프린터시스템을 떠올리시면서 공부하시면 도움이 될 것입니다.

1. 리눅스에서의 프린터 시스템 개념

(1) LPRng (Line Printer Daemon Next Generation)

● LPRng는 BSD 계열의 LPR 프린팅 시스템을 기반으로 한 인쇄 서버이다.

● 이 시스템은 특히 네트워크 환경에서의 프린터공유* 및 관리에 강점을 가지고 있다.

① 주요 특징

● 네트워크 프린팅 : LPRng는 네트워크 상의 다른 컴퓨터에서도 인쇄 작업을 할 수 있도록 지원한다.

● 확장성 : 대규모 네트워크 환경에서도 안정적으로 작동하며, 다수의 프린터와 인쇄 작업을 효과적으로 관리할 수 있다.

● 구성 및 관리 : 텍스트 기반의 구성 파일을 사용하여 설정을 변경할 수 있으며, 다양한 관리 도구를 통해 인쇄 시스템을 관리할 수 있다.

기초 용어 정리

* **프린터 공유:** 여러 사용자가 네트워크를 통해 하나의 프린터를 공유하여 사용하는 프로세스를 의미한다.

② 주요 명령어

명령어	설명
lpr	문서를 인쇄하기 위한 명령어이다.
lpq	인쇄 큐를 확인하는 명령어이다.
lprm	인쇄 작업을 취소하는 명령어이다.
lpstat	인쇄 상태나 인쇄 서버 상태를 확인하는 명령어이다.

(2) CUPS (Common UNIX Printing System)

● CUPS는 현재 가장 널리 사용되는 리눅스 인쇄 시스템이다.

● Apple Inc.에 의해 개발되었으며, IPP(Internet Printing Protocol)을 사용하여 모던하고 표준화된 프린팅 솔루션을 제공한다.

① 주요 특징

- 웹 기반 관리 인터페이스 : CUPS는 웹 브라우저를 통해 프린터를 추가하고, 인쇄 작업을 관리할 수 있는 인터페이스를 제공한다.

- 다양한 프린터 및 드라이버 지원 : CUPS는 다양한 프린터 모델과 드라이버를 지원한다.

- 네트워크 프린팅 : 로컬뿐만 아니라 네트워크 상의 프린터도 쉽게 추가하고 사용할 수 있다.

- 표준화된 프린팅 프로토콜 : IPP를 사용하여 프린터와 통신한다.

② 주요 명령어

명령어	설명
lp	문서를 인쇄하기 위한 명령어이다.
lpstat	인쇄 상태나 인쇄 서버 상태를 확인하는 명령어이다.
cancel	인쇄 작업을 취소하는 명령어이다.
lpoptions	프린터 옵션을 설정하거나 조회하는 명령어이다.

③ 구성요소

요소	설명
CUPS 서버	CUPS 서버는 프린터와의 통신, 인쇄 작업의 관리, 인쇄 작업의 스케줄링* 등을 담당한다.
CUPS 스케줄러	스케줄러는 인쇄 작업을 관리하며, 클라이언트의 요청을 받아 처리한다.
CUPS 필터	필터는 인쇄 작업의 데이터 포맷을 변환한다. 예를 들어, PDF나 PostScript로 변환하는 역할을 한다.
백엔드	백엔드는 CUPS와 실제 프린터 사이의 통신을 담당하며 USB, 시리얼 포트**, 네트워크 등 다양한 통신 방법을 지원한다.
CUPS 드라이버	드라이버는 특정 프린터 모델에 맞는 인쇄 작업을 처리하며 프린터 제조사에서 제공하거나, 오픈 소스 커뮤니티에서 개발될 수 있다.

④ 인쇄 작업의 흐름

- 인쇄 명령 : 사용자가 인쇄 명령을 내리면, CUPS 클라이언트 라이브러리가 이를 처리한다.

- 인쇄 작업 생성 : CUPS 서버는 사용자로부터 받은 인쇄 명령을 바탕으로 인쇄 작업을 생성한다.

- 필터 처리 : 필요에 따라 다양한 CUPS 필터를 거치며 데이터 포맷이 변환된다.

- 백엔드 통신 : 백엔드를 통해 변환된 데이터가 실제 프린터로 전송된다.

- 인쇄 완료 : 프린터가 인쇄 작업을 완료하면, 상태 정보가 CUPS 서버로 전송되어 사용자에게 알림이 가거나 로그가 저장된다.

⑤ CUPS 관리

- CUPS는 웹 기반의 관리 인터페이스를 제공한다.

- 일반적으로 http://localhost:631/ 주소로 접근할 수 있으며, 여기서 프린터 추가, 인쇄 작업 관리, 서버 설정 변경 등 다양한 관리 작업을 수행할 수 있다.

- lp, lpr, lpq, lprm 등의 명령어를 통해 콘솔에서도 인쇄 작업을 제출하거나 관리할 수 있다.

기초 용어 정리

* **스케줄링**: 작업이나 이벤트를 특정 시간에 실행하거나 조절하는 프로세스 또는 알고리즘을 의미한다.

** **시리얼 포트(Serial Port)**: 데이터를 비트 단위로 직렬로 전송하는 컴퓨터 하드웨어 인터페이스이다.

2. 프린터 시스템 세팅

(1) 개념

- 리눅스에서 프린터 시스템을 설정하는 것은 사용하는 배포판과 그래픽 환경에 따라 다소 다를 수 있다.
- 일반적으로 사용되는 방법은 CUPS (Common UNIX Printing System)를 사용하는 것이다.

(2) CUPS 설치 확인 또는 설치

- 대부분의 리눅스 배포판에서는 CUPS가 기본적으로 설치되어 있다.
- Debian/Ubuntu 계열 : sudo apt install cups
- Fedora/RHEL/CentOS : sudo dnf install cups (Fedora), sudo yum install cups (RHEL/CentOS)
- Arch Linux : sudo pacman -S cups

(3) CUPS 서비스 시작 및 활성화

- sudo systemctl start cups 명령어를 이용하여 CUPS 서비스를 시작한다.
- sudo systemctl enable cups 명령어를 이용하여 부팅 시 CUPS가 자동으로 시작하도록 설정한다.

(4) 사용자 그룹에 추가

- 사용자가 프린터 관리를 할 수 있도록 사용자를 lpadmin 그룹에 추가한다.
- sudo usermod -aG lpadmin 사용자이름

(5) CUPS 웹 인터페이스 접근

- 웹 브라우저를 열고 http://localhost:631/ 주소로 접속한다.
- CUPS 웹 인터페이스에서 프린터를 추가하고 관리할 수 있다.

⑹ 프린터 추가

● 웹 인터페이스의 'Administration' 탭에서 'Add Printer'를 선택한다.

● 시스템에 연결된 프린터 목록이 표시됩니다. 목록에서 프린터를 선택하고 'Continue'를 클릭한다.

● 필요한 정보(예: 프린터 이름, 위치, 공유 여부)를 입력하고 'Continue'를 클릭한다.

⑺ 드라이버 선택

● 프린터에 맞는 드라이버를 선택한다. 대부분의 경우 CUPS는 자동으로 적합한 드라이버를 제안한다.

● 드라이버 목록에서 프린터 모델에 맞는 드라이버를 찾아 선택하고 'Add Printer'를 클릭한다.

⑻ 프린터 설정

● 프린터의 기본 옵션(예: 해상도, 용지 크기 등)을 설정한다.

⑼ 테스트 페이지 인쇄

설정이 완료되면 'Printers' 탭에서 새로 추가한 프린터를 선택하고 'Print Test Page'를 클릭하여 테스트 페이지를 인쇄한다.

⑽ 문제 해결

● 프린터가 작동하지 않는 경우, CUPS의 로그파일*(/var/log/cups/error_log)을 확인하여 문제를 해결할 수 있다.

● 이 방법은 대부분의 리눅스 배포판에서 유사하게 적용된다.

기초 용어 정리

* **로그 파일(log file)**: 컴퓨터 시스템, 소프트웨어, 응용 프로그램 또는 서비스에서 발생하는 이벤트, 활동, 오류 및 정보를 기록하는 텍스트 파일 또는 이진 파일이다.

리눅스 사운드 디바이스 시스템의 설치와 관리 ★★★

리눅스 사운드 디바이스 시스템은 오픈소스라는 것과 터미널환경을 많이 사용하는 리눅스라는 것을 잘 생각해야합니다. 윈도우가 등장하기 전의 컴퓨터세팅에서는 이러한 하드웨어와 소프트웨어적인 부분을 사용자가 직접 세팅을 하는 부분들이 많았습니다. 리눅스는 이러한 설치와 관리의 부분에서 직접 사용자가 관여할 수 있는 부분들이 있습니다. 타 디바이스와 같이 명령어를 중심으로 학습을 하시면 좋을 것입니다.

1. 개념

● 리눅스에서 사운드 디바이스 시스템을 설치하고 관리하는 방법은 여러 단계로 나누어 설명할 수 있다.

● 리눅스에서는 주로 ALSA(Advanced Linux Sound Architecture)와 PulseAudio를 사용하여 사운드를 관리한다.

2. 사운드 관리

(1) ALSA

① ALSA 설치 및 관리

● ALSA는 리눅스 커널의 일부로, 사운드 카드 드라이버를 제공한다.

● 대부분의 현대 리눅스 배포판에서는 ALSA가 이미 설치되어 있다.

② ALSA 패키지 확인 및 설치

● alsa-utils 패키지가 있는지 확인한다.
  - 명령어: sudo apt-get install alsa-utils

③ 사운드 카드 감지

● alsa-utils에 포함된 alsactl 명령어를 사용하여 사운드 카드를 감지한다.
  - 명령어: sudo alsactl init

④ 볼륨 조절

- alsamixer는 터미널 기반의 볼륨 조절 도구이다.
- 여기에서 사운드 카드를 선택하고, 볼륨을 조절할 수 있다.
  - 명령어: alsamixer

⑤ 사운드 설정 저장

- 명령어: sudo alsactl store

(2) PulseAudio

① PulseAudio 설치 및 관리

- PulseAudio는 네트워크 투명성과 더 높은 수준의 사운드 서버 기능을 제공한다.
- 대부분의 데스크탑 환경에서 PulseAudio가 사용된다.

② PulseAudio 패키지 확인 및 설치

- PulseAudio가 설치되어 있는지 확인하고, 없다면 설치한다.
  - 명령어: sudo apt-get install pulseaudio

③ PulseAudio 서비스 실행

- 일반적으로 시스템 부팅 시 자동으로 시작되나, 수동으로 시작하려면 명령어를 실행한다.
  - 명령어: pulseaudio --start

④ PulseAudio 설정 조정

pavucontrol을 사용하여 소프트웨어 별 볼륨, 장치 볼륨, 입력 및 출력 장치를 조정할 수 있다.

⑤ PulseAudio 재시작

- 설정을 적용하거나 문제를 해결하기 위해 PulseAudio를 재시작한다.
  - 명령어1: pulseaudio -k
  - 명령어2: pulseaudio --start

⑥ 사운드 서버 테스트
- 사운드 설정이 올바르게 작동하는지 확인하기 위해 간단한 오디오 테스트를 수행할 수 있다.
  - 명령어: speaker-test

⑦ 문제 해결
- 사운드 문제가 발생하면 다음 단계로 문제를 해결할 수 있다.
- 사운드 카드 확인 : lspci 또는 lsusb 명령어를 사용하여 사운드 카드가 시스템에 올바르게 감지되었는지 확인한다.
- ALSA 설정 재설정 : ALSA의 설정을 기본값으로 재설정하고자 한다면 아래와 같이 한다.
  - 명령어: sudo alsactl restore
- 로그 확인 : /var/log/syslog 또는 journalctl 명령어를 통해 시스템 로그에서 오류를 확인한다.
- 모듈 재로딩 : ALSA 모듈을 다시 로딩할 수 있다.
  - 명령어1: sudo modprobe -r snd_hda_intel
  - 명령어2: sudo modprobe snd_hda_intel

(3) OSS

① 개념
- Open Sound System (OSS)은 UNIX와 유사한 운영 체제를 위한 첫 번째 사운드 카드 드라이버 아키텍처이다.
- ALSA가 널리 채택되기 전에는 주요 사운드 시스템이었으며, 일부 시스템에서는 여전히 사용된다.
- 최근 대부분의 현대 리눅스 배포판은 기본적으로 ALSA를 사용하며, OSS는 구식이거나 특정 애플리케이션에서만 필요로 하다.

② OSS 설치 관리 방법
- OSS 설치 : OSS는 대부분의 리눅스 배포판에서 기본적으로 포함되어 있지 않다.
- 설치하려면 소스 코드에서 직접 컴파일하거나, 배포판에 맞는 패키지를 찾아야 할 수 있다.

- 소스 코드를 다운로드하고 설치하는 방법은 다음과 같다.

- OSS 공식 웹사이트 또는 소스 코드 저장소에서 최신 OSS 소스 코드를 다운로드한다.

- 소스 디렉터리로 이동한 후 컴파일 및 설치한다.

- 일반적으로 다음 명령어를 사용할 수 있다.
  - 명령어1: tar xvf oss-*.tar.gz
  - 명령어2: cd oss-*
  - 명령어3: ./configure
  - 명령어4: make
  - 명령어5: sudo make install

- 위의 과정은 커널 모듈을 빌드하고 시스템에 설치한다.

③ OSS 구성

OSS를 설치한 후에는 사운드 카드와 관련된 설정을 구성해야 할 수 있다.

④ OSS 서비스 시작

- OSS가 설치되면 서비스를 시작해야 한다.

- 일부 시스템에서는 이 과정이 자동으로 이루어진다.

- 수동으로 시작해야 할 경우 다음 명령어를 사용한다.
  - 명령어: sudo /usr/sbin/ossctl start

⑤ 사운드 레벨 조정

- OSS는 ossmix나 ossxmix 같은 볼륨 조절 도구를 제공한다.

- 이를 통해 시스템의 사운드 레벨을 조정할 수 있다.

⑥ OSS 테스트

- 설치 후에는 사운드 카드가 올바르게 작동하는지 테스트해야 한다.

- osstest 명령어를 사용하여 사운드 시스템을 테스트할 수 있다.

⑦ 문제 해결

- 만약 사운드가 작동하지 않는다면, OSS 로그 파일(/var/log/oss.log 또는 /usr/lib/oss/logs)을 확인하여 문제를 진단한다.

- dmesg 명령어를 사용하여 커널 로그를 확인할 수 있다.

03 리눅스 스캐너 디바이스 시스템의 설치와 관리 ★★

✦ 합격을 부르는 치트키 가이드

과거에 멀티미디어시스템 하면 좋은 모니터, 그래픽카드설정 그리고 사운드카드까지 관리를 해야했습니다. 하지만 웹2.0의 능동적인 ICT환경에서는 이미지파일, 동영상파일까지 컴퓨터사용자들이 다루기 수월한 환경이 되었고 적극적으로 활용해야하는 환경으로 가고있습니다. 리눅스에서 사용하는 시스템을 이해하고 이를 사용하는 명령어를 중심으로 학습하시면 되겠습니다.

1. 개념

- 리눅스에서 스캐너를 설치하고 관리하기 위해서는 주로 SANE (Scanner Access Now Easy) 백엔드를 사용한다.

- SANE은 API를 통해 애플리케이션 소프트웨어에 스캐너 접근을 제공하는 시스템이다.

2. 리눅스 스캐너 설치와 관리 단계

(1) SANE 설치

① SANE 백엔드 설치

- 대부분의 리눅스 배포판은 SANE을 패키지 형태로 제공한다.

- Debian 기반 배포판(예: Ubuntu)에서는 다음 명령어를 사용하여 설치할 수 있다.

  - 명령어1: sudo apt-get update

  - 명령어2: sudo apt-get install sane sane-utils libsane-extras

  - 명령어3: Fedora, CentOS 같은 RPM 기반 배포판에서는 yum 또는 dnf를 사용할 수 있다.

② 스캐너 지원 확인

- 연결된 스캐너가 리눅스 시스템에 의해 인식되는지 확인하려면 다음 명령을 사용한다.
  - 명령어: sane-find-scanner

③ 사용자 권한 설정

일부 스캐너가 root 권한으로만 작동하는 경우, 사용자가 스캐너에 접근할 수 있도록 /lib/udev/rules.d/ 디렉터리에 udev 규칙을 추가해야 할 수 있다.

④ 스캐닝 소프트웨어

- GUI 스캔 프로그램을 설치한다.
- 간단한 GUI 프론트엔드로는 simple-scan 또는 xsane가 있다.
  - 명령어: sudo apt-get install simple-scan xsane

⑤ 스캐너 사용

- 설치된 스캔 프로그램을 실행하고 스캐너가 올바르게 작동하는지 테스트한다.

⑥ 네트워크 스캐너

- 네트워크 스캐너 설정 : 네트워크 스캐너의 경우, 해당 스캐너의 IP 주소가 필요하며, sane에 네트워크 스캐너 지원이 활성화되어 있어야 한다.
- /etc/sane.d/net.conf 파일에 스캐너의 IP 주소를 추가해야 할 수 있다.

⑦ 문제 해결

- 드라이버 문제 : 스캐너가 인식되지 않는 경우, 제조업체 웹사이트에서 리눅스 드라이버를 찾아 설치한다.
- 특정 스캐너 모델에 대해 개발된 비공식 SANE 백엔드를 찾을 수도 있다.

⑧ 접근 권한

- 스캐너가 정상적으로 인식되지만 일반 사용자가 사용할 수 없는 경우, 사용자를 scanner 그룹에 추가한다.
- 명령어를 입력한 이후에 이후에 시스템을 재부팅하거나 사용자 세션을 재시작한다.

- 명령어: sudo usermod -a -G scanner 사용자이름

⑨ 디버깅

● 문제를 진단하기 위해 SANE을 디버그 모드로 실행할 수 있다.

- 명령어: SANE_DEBUG_SANEI_USB=

(2) XSane 설치

① 개념

● XSane은 리눅스와 같은 시스템에서 스캐너를 사용하기 위한 그래픽 인터페이스를 제공하는 프로그램이다.

● SANE (Scanner Access Now Easy) 백엔드 시스템을 기반으로 동작하며, 스캐너의 다양한 기능을 이용할 수 있게 해준다.

● 다음은 XSane을 설치하고 관리하는 방법에 대한 단계별 과정이다.

② XSane 설치

● XSane 패키지 설치 : 대부분의 리눅스 배포판의 패키지 관리자를 사용하여 XSane을 쉽게 설치할 수 있다.

● Debian, Ubuntu 또는 기타 Debian 기반 배포판의 경우

- 명령어1: sudo apt update

- 명령어2: sudo apt install xsane

● Fedora, CentOS 또는 기타 RPM 기반 배포판의 경우

- 명령어: sudo dnf install xsane

● Arch Linux 또는 Manjaro 같은 Arch 기반 배포판의 경우

- 명령어: sudo pacman -S xsane

③ SANE 백엔드 설치 확인

● XSane은 SANE 백엔드에 의존하기 때문에 이 또한 설치되어 있어야 한다.

● 대부분의 경우 XSane을 설치할 때 자동으로 함께 설치된다.

④ XSane 설정 및 사용

- 스캐너 인식 확인 : XSane을 시작하기 전에 스캐너가 시스템에 의해 올바르게 인식되고 있는지 확인한다.

  - 명령어: scanimage -L

⑤ XSane 실행

- 터미널에서 xsane을 입력하거나, GUI 메뉴를 통해 XSane을 실행할 수 있다.

- 스캐너가 정상적으로 인식된 경우 XSane의 주 인터페이스가 나타날 것이다.

⑥ 스캐너 사용

XSane 인터페이스를 사용하여 스캔 작업을 수행하고 다양한 설정(해상도, 색상 깊이 등)을 조정할 수 있다.

⑦ 사용자 권한 설정

- 사용자 그룹 설정 : 스캐너 장치에 접근할 수 있는 권한을 사용자에게 부여하려면 사용자를 scanner 그룹에 추가해야 할 수 있다.

- 명령어를 적용한 이후에는 사용자가 로그아웃하고 다시 로그인하거나 시스템을 재부팅해야 변경 사항이 적용된다.

  - 명령어: sudo usermod -a -G scanner 사용자이름

⑧ 문제 해결

- 디버깅 : 스캐너 문제를 진단하기 위해 XSane을 디버깅 모드로 실행할 수 있다.

- 이 명령은 USB 스캐너 인터페이스에 대한 자세한 디버그 정보를 제공한다.

  - 명령어: SANE_DEBUG_SANEI_USB=128 xsane

⑨ 스캐너 지원 확인

스캐너가 지원되지 않거나 문제가 있을 때는 SANE의 지원 목록을 확인하거나, 스캐너 제조업체의 웹사이트를 방문하여 리눅스용 드라이버를 찾아본다.

⑩ 패키지 버전 확인

- 리눅스 배포판의 패키지 저장소에 있는 XSane과 SANE 백엔드의 버전이 최신인지 확인 한다.

- 필요한 경우 저장소 또는 소스 코드에서 최신 버전을 직접 설치한다.

02 | 추가 디바이스 관리하기 ★★★

01 프린트 관련 명령어 ★★★

1. 개념

- 리눅스의 파일 시스템은 컴퓨터에서 파일과 디렉터리를 저장하고 관리하는 방식을 정의하는 체계이다.

- 리눅스 파일 시스템은 리눅스 운영 체제에서 파일 및 디렉터리를 조직하고 저장하는 데 사용 되는 구조 및 규칙을 정의한다.

2. System V 계열 시스템

(1) 개념

- System V 계열 시스템에서는 프린터 작업을 관리하는 데 사용되는 명령어들이 일반적인 리 눅스에서 명령과는 다소 다르다.

- 여기 System V 계열의 주요 프린터 명령어들과 그 옵션들을 설명하겠다.

(2) lp (Line Printer)

- 파일을 프린터 큐에 추가하고 프린트 작업을 시작한다.

- 기본 사용법 : lp [옵션] [파일...]

● 주요 옵션

옵션	설명
-d〈프린터명〉	작업을 보낼 대상 프린터를 지정한다.
-n〈인쇄부수〉	인쇄할 부수를 지정한다.
-o〈옵션〉	프린터별 옵션을 지정할 수 있다 (예: landscape, portrait).

(3) lpstat

● 프린트 큐와 프린터 상태 정보를 제공한다.

● 기본 사용법 : lpstat [옵션]

● 주요 옵션

옵션	설명
-p〈프린터명〉	특정 프린터의 상태를 보여준다.
-t	모든 프린트 관련 상태 정보를 보여준다.

(4) cancel

● 프린트 작업을 취소한다.

● 기본 사용법 : cancel [옵션] [작업ID]

● 작업ID는 lp 명령을 통해 제출한 작업의 식별자이다.

(5) lpmove

● 프린트 작업을 다른 프린터로 이동시킨다.

● 기본 사용법 : lpmove [현재 프린터] [목적지 프린터]

(6) enable & disable

● 프린터의 처리를 시작하거나 중지한다.

● 주요 옵션

옵션	설명
enable 〈프린터명〉	프린터를 활성화한다.
disable 〈프린터명〉	프린터를 비활성화한다.

(7) accept & reject

● 프린터가 작업을 받아들이거나 거절하도록 한다.

● 주요 옵션

옵션	설명
accept 〈프린터명〉	프린터가 작업을 받아들이도록 설정한다.
reject 〈프린터명〉	프린터가 더 이상 작업을 받지 않도록 설정한다.

3. BSD 계열

(1) 개념

● BSD 계열의 UNIX 시스템에서 프린팅 작업을 관리하는 데 사용되는 명령어들은 전통적으로 lpr, lpq, lprm, lpstat, lpc 등이 있다.

● 여기 각 명령어와 그 옵션들을 설명한다.

(2) lpr (Line Printer Request)

● 이 명령어는 파일을 프린트 큐에 추가한다.

● 기본 사용법 : lpr [옵션] [파일…]

● 주요 옵션

옵션	설명
-P〈프린터명〉	특정 프린터에 작업을 보낸다.
-#〈인쇄부수〉	인쇄할 복사본의 수를 지정한다.
-l	이진 파일을 필터링 없이 인쇄한다(주로 로그 파일을 인쇄할 때 사용).

(3) lpq (Line Printer Queue)

● 현재 프린트 큐의 상태를 표시한다.

● 기본 사용법 : lpq [옵션]

● 주요 옵션

옵션	설명
-P〈프린터명〉	특정 프린터 큐의 상태를 확인한다.
-l	자세한 정보를 보여준다.

(4) lprm (Line Printer Remove)

● 프린트 큐에서 작업을 제거한다.

● 기본 사용법: lprm [옵션] [작업번호...]

● 주요 옵션

옵션	설명
-P〈프린터명〉	특정 프린터 큐에서 작업을 제거한다.
작업번호	제거할 특정 작업의 번호를 지정한다.

(5) lpstat (Line Printer Status)

● 프린터의 상태나 현재 프린팅 작업의 상태를 보여준다.

● 기본 사용법 : lpstat [옵션]

● 주요 옵션

옵션	설명
-p〈프린터명〉	특정 프린터의 상태를 표시한다.
-t	프린터와 큐의 상태 정보를 모두 표시한다.

(6) lpc (Line Printer Control)

● 프린트 서비스를 제어하는 관리 명령어이다.

● 기본 사용법 : lpc [명령] [프린터명]

● 주요 명령

명령	설명
status [프린터명]	하나 또는 모든 프린터의 상태를 표시한다.
stop [프린터명]	프린터의 작업 처리를 멈춘다.
start [프린터명]	프린터의 작업 처리를 시작한다.
disable [프린터명]	프린터를 비활성화하지만, 현재의 작업을 완료하도록 한다.
enable [프린터명]	프린터를 활성화한다.

02 사운드카드 관련 명령어 ★★

✦ 합격을 부르는 치트키 가이드

앞에서 디바이스 중심으로 조금씩 나왔던 명령어들이 이번에는 메인이 되어서 등장했습니다. 공부를 하실 때는 실제로 사운드카드 사용과 관련하여 많이 사용하는 기능을 중심으로 명령어와 옵션을 학습하시면 되겠습니다.

1. 개념

● 리눅스에서 사운드카드와 관련된 작업을 할 때 주로 사용되는 명령어는 ALSA(Advanced Linux Sound Architecture) 및 PulseAudio 시스템을 조작하기 위한 것들이다.

● 기본적인 명령어와 옵션들은 다음과 같다.

2. ALSA 관련 명령어

(1) aplay

● aplay는 ALSA 사운드카드 드라이버를 통해 오디오 파일을 재생한다.

● 기본 사용법 : aplay [옵션] 파일명

● 주요 옵션

옵션	설명
-l	사운드 카드와 디바이스 목록을 표시한다.
-L	PCM 디바이스의 목록을 표시한다.
-D 〈디바이스명〉	출력 디바이스를 지정한다.
-q	소리를 내지 않고 실행한다 (quiet 모드).
-t 〈형식〉	파일 형식을 지정한다 (예: wav, raw 등).

(2) arecord

● arecord는 ALSA 사운드카드 드라이버를 통해 오디오 입력을 녹음한다.

● 기본 사용법: arecord [옵션] 파일명

● 주요 옵션은 aplay와 유사한다.

(3) alsamixer

● alsamixer는 텍스트 기반의 혼합기 인터페이스를 제공하여 사운드카드의 볼륨을 조절할 수 있다.

● 실행 후에는 키보드 화살표를 사용하여 볼륨을 조정한다.

(4) amixer

● amixer는 커맨드 라인에서 ALSA 사운드카드 혼합기를 조작할 수 있게 한다.

● 예시 : amixer sset Master 50%는 마스터 볼륨을 50%로 설정한다.

(5) alsactl

● alsactl은 ALSA 사운드카드의 설정을 관리한다.

● alsactl store는 현재 설정을 시스템에 저장한다.

● alsactl restore는 저장된 설정을 불러온다.

3. PulseAudio 관련 명령어

(1) pactl

- pactl은 PulseAudio 사운드 서버를 조작하는 데 사용된다.
- 예시 : pactl set-sink-volume @DEFAULT_SINK@ +10%는 기본 출력 장치의 볼륨을 10% 증가시킨다.
- pactl list short sinks는 사용 가능한 출력 장치들의 리스트를 표시한다.

(2) pacmd

- pacmd는 PulseAudio의 명령어 기반 인터페이스이다.
- pacmd list-sinks는 가능한 사운드 출력 장치에 대한 정보를 표시한다.
- pacmd set-default-sink "name"은 기본 출력 장치를 설정한다.

(3) paplay

- paplay는 PulseAudio를 통해 오디오 파일을 재생한다.
- 기본 사용법 : paplay [옵션] 파일명

(4) parecord

- parecord는 PulseAudio를 통해 오디오 입력을 녹음한다.
- 기본 사용법 : parecord [옵션] 파일명

(5) pacat

- pacat는 PulseAudio를 통해 오디오 스트림을 재생하거나 녹음하는 데 사용된다.
- 재생할 때는 pacat 〈 파일명을, 녹음할 때는 pacat 〉 파일명을 사용한다.

(6) 사운드카드 정보 확인

cat /proc/asound/cards

(7) 현재 시스템에 설치된 사운드 카드 정보를 표시

lspci | grep -i audio

(8) PCI 버스를 통해 연결된 오디오 장치를 표시

lsusb | grep -i audio

(9) USB를 통해 연결된 오디오 장치를 표시

각 명령어의 세부적인 사용법과 옵션은 man 페이지에서 확인할 수 있다.

---

03 스캐너 관련 명령어 ★★

✦ 합격을 부르는 치트키 가이드

앞에서 디바이스 중심으로 조금씩 나왔던 명령어들이 이번에는 메인이 되어서 등장했습니다. 공부를 하실 때는 실제로 스캐너 사용과 관련하여 많이 사용하는 기능을 중심으로 명령어와 옵션을 학습하시면 되겠습니다.

1. 개념

● 리눅스에서 스캐너 장치를 사용하기 위해 대표적으로 사용되는 명령어는 SANE (Scanner Access Now Easy) 백엔드 시스템과 관련된 명령어들이다.

● 이 시스템은 다양한 스캐너 및 디지털 카메라 장치와 상호작용하는 데 필요한 API와 라이브러리를 제공한다.

● 스캐너와 관련된 명령어는 일반적으로 대화형 스크립트나 시스템의 스캔 작업 자동화에 사용된다.

● 여기 명령어와 기본적인 옵션들을 설명한다.

2. scanimage

● scanimage 명령은 셸에서 스캔 작업을 시작할 때 사용한다.

● 기본 사용법 : scanimage [옵션] > outputfile

● 주요 옵션

옵션	설명
-L	연결된 스캐너 장치를 찾아서 목록을 보여준다.
-d 〈장치명〉	스캔할 장치를 지정한다.
--format=〈형식〉	스캔한 이미지의 형식을 지정한다
--mode 〈모드〉	스캔 모드를 지정한다
--resolution 〈DPI〉	스캔 해상도를 지정한다.
--brightness 〈값〉	스캔의 밝기를 조절한다.
--contrast 〈값〉	스캔의 대비를 조절한다.

3. xscanimage 또는 xsane

● xscanimage 또는 xsane는 그래픽 인터페이스를 가진 프로그램으로 스캐너와 상호작용하는 데 사용한다.

● 이 명령어들은 X 윈도우 시스템에서 사용 가능하다.

● GUI를 통해 사용자는 스캔 옵션을 더 쉽게 조절할 수 있다.

4. sane-find-scanner

● sane-find-scanner는 시스템에 연결된 스캐너 장치를 찾는데 사용되는 명령어이다.

● 이 명령은 가능한 모든 장치를 검색하지만, 모든 검색된 장치가 SANE에서 지원되는 것은 아니다.

01

리눅스에서 프린터를 관리하는 명령어는 무엇인가?

① printctl
② printerconfig
③ cups
④ lpconfig

> **해설** Common UNIX Printing System (CUPS)은 리눅스에서 프린터를 관리하기 위한 표준 프레임 워크이다.

02

리눅스에서 프린터 드라이버를 설치하기 위해 사용되는 패키지 관리자는 무엇인가?

① apt-get
② rpm
③ pacman
④ yum

> **해설** Debian 및 Ubuntu 기반의 리눅스 배포판에서는 apt-get을 사용하여 프린터 드라이버를 설치한다.

03

리눅스에서 네트워크 프린터를 추가하는 데 사용되는 프로토콜은 무엇인가?

① HTTP
② FTP
③ SMTP
④ IPP

> **해설** Internet Printing Protocol (IPP)은 리눅스에서 네트워크 프린터를 추가하고 관리하기 위한 프로토콜이다.

04

리눅스에서 프린터 설정을 관리하기 위한 그래픽 사용자 인터페이스(GUI) 도구는 무엇인가?

① lpconfig
② cups-config
③ system-config-printer
④ printsetup

> **해설** system-config-printer는 리눅스에서 그래픽 환경에서 프린터 설정을 관리하기 위한 도구이다.

05

리눅스에서 사운드 카드 정보를 확인하기 위한 명령어는 무엇인가?

① soundinfo
② lsoundcard
③ aplay -l
④ cat /proc/soundcards

> **해설** /proc/soundcards 파일을 통해 리눅스에서 사용 가능한 사운드 카드의 정보를 확인할 수 있다.

06

리눅스에서 사운드 카드 오디오 재생을 테스트하는 명령어는 무엇인가?

① audiocheck
② playsound
③ soundtest
④ speaker-test

> **해설** speaker-test 명령어를 사용하여 사운드 카드의 오디오 재생을 테스트할 수 있다.

07

리눅스에서 현재 오디오 믹서 설정을 확인하고 조정하는 명령어는 무엇인가?

① audioconfig
② soundmixer
③ alsamixer
④ mixer-settings

> **해설** alsamixer 명령어를 사용하여 현재 오디오 믹서 설정을 확인하고 조정할 수 있다.

08

리눅스에서 사운드 카드 드라이버를 로드하는 명령어는 무엇인가?

① loadsound
② sounddriver-load
③ modprobe
④ reloadaudio

> **해설** modprobe 명령어를 사용하여 사운드 카드 드라이버를 로드할 수 있다.

09

리눅스에서 스캐너를 사용하여 이미지를 스캔하는 명령어는 무엇인가?

① scantool
② scanimage
③ imagescan
④ scandoc

> **해설** scanimage 명령어를 사용하여 리눅스에서 이미지 스캔을 수행할 수 있다.

10

리눅스에서 스캐너를 관리하고 스캔 설정을 구성하는 명령어는 무엇인가?

① scanconfig
② scanctl
③ sane
④ scanner-settings

> **해설** Scanner Access Now Easy (SANE) 프로젝트는 리눅스에서 스캐너 설정 및 작업을 관리하는 데 사용된다.

| 01 | ③ | 02 | ① | 03 | ④ | 04 | ③ | 05 | ④ |
| 06 | ④ | 07 | ③ | 08 | ③ | 09 | ② | 10 | ③ |

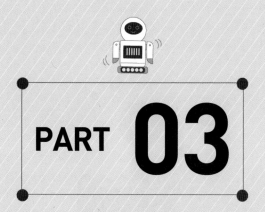

PART 03

리눅스 활용

더 멋진 내일(Tomorrow)을 위한 내일(My Career)

2024 내일은 리눅스마스터 2급

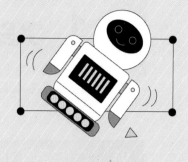

CHAPTER

01

X윈도우

학·습·포·인·트
● X윈도우의 개념과 역사에 대한 특성들을 중심으로 공부하도록 한다.
● X윈도우의 운영하는 데 필요한 파일들과 런레벨개념을 중심으로 학습을 하도록 한다.
● X윈도우의 다양한 매니저와 관련 소프트웨어에 대해서 학습을 한다.
● X윈도우의 구조에 대해서 이해를 하도록 한다.

01 X윈도우의 개념과 관리 ★★★★

01 X윈도우의 개념과 특성들 ★★★

✦ 합격을 부르는 치트키 가이드

과거에 비해서 일반사용자들이 늘기도 했지만 디바이스 가격이 저렴해지고 많이 보급이 되었기에 X윈도우의 중요성이 높아지고 있는 것 같습니다. 실제 시험에서도 X윈도우에 관련된 문제들이 꾸준히 출제가 되고 있는데 그래픽을 기반한 서비스들과 특징들을 떠올리시면서 공부하시면 학습에 도움이 되실 것입니다.

1. X 윈도우 시스템의 탄생과정과 배경

(1) 개념

- X 윈도우 시스템의 탄생 배경과 역사는 컴퓨터 그래픽스와 사용자 인터페이스의 발전과 밀접하게 연관되어 있다.

- X 윈도우 시스템은 1980년대 중반에 미국 매사추세츠 공과대학(MIT)의 프로젝트로 시작되다.

(2) 역사적 배경

- 1970년대 : 그래픽 사용자 인터페이스(GUI) 개념이 연구되기 시작했다.

- Xerox PARC(팔로 알토 연구 센터)에서 최초의 GUI* 시스템인 Alto를 개발했다.

- 1984년 : MIT에서 X 윈도우 시스템의 최초 버전인 X 버전 1을 개발했다.

- 1980년대 후반 : X 윈도우 시스템은 그 이후 여러 차례의 업데이트를 거치며 성능을 개선했다.

- 1990년대 : X11은 유닉스 기반 시스템에서 GUI 표준으로 광범위하게 채택되었다.

- 2000년대 : 오픈 소스 커뮤니티의 지원을 받으며 X.Org Server가 등장했다.

기초 용어 정리

* **GUI**: Graphical User Interface의 약어로, 그래픽 사용자 인터페이스를 나타낸다. GUI는 컴퓨터 프로그램이나 운영 체제와 상호 작용하기 위해 시각적인 그래픽 요소를 사용하는 방식을 의미한다.

- XFree86 프로젝트는 특히 리눅스와 BSD 시스템에서 X 윈도우 시스템의 인기를 높이는 데 기여했다.

(3) 탄생 배경

- X 윈도우 시스템이 개발된 주된 이유는 여러 사용자와 네트워크 환경을 지원하는 데 한계가 있었기 때문이다.
- MIT에서는 다음과 같은 요구사항을 충족시키는 새로운 시스템을 원했다.
  - 네트워크 지원 : 서로 다른 컴퓨터에서 실행되는 애플리케이션이 사용자의 머신에 그래픽을 표시할 수 있어야 했다.
  - 하드웨어 독립성 : 다양한 유형의 컴퓨터와 디스플레이 장치에서 실행될 수 있는 유연성이 필요했다.
  - 멀티 유저 지원 : 여러 사용자가 동시에 시스템을 사용할 수 있어야 했다.
- 이러한 요구를 충족하기 위해 X 윈도우 시스템은 클라이언트-서버 아키텍처*를 채택했다.
- 이는 다양한 유형의 네트워크와 다중 사용자 환경에서 그래픽 사용자 인터페이스를 가능하게 했다.

(4) 역사적 중요성

- X 윈도우 시스템은 유닉스 및 리눅스 운영 체제와 밀접한 관계를 맺으며, 오픈 소스 소프트웨어 운동에서 중요한 역할을 했다.
- 그것은 자유롭게 사용할 수 있는 강력한 GUI 시스템을 제공했으며, 수많은 응용 프로그램과 데스크탑 환경의 발전을 촉진했다.
- 오늘날에도 X11은 여전히 많은 리눅스 시스템에서 사용되고 있지만, Wayland와 같은 최신 기술이 그 자리를 점차 대체하고 있다.

기초 용어 정리

* **아키텍처(architecture)**: 시스템, 소프트웨어, 하드웨어 또는 다른 복잡한 시스템의 구조 또는 설계를 나타내는 개념이다.

2. X 윈도우 시스템의 특징

(1) 클라이언트-서버 모델

● X 윈도우는 클라이언트-서버 모델을 사용한다. 'X 서버'는 사용자의 머신에서 실행되며, 하드웨어(특히 디스플레이 장치와 입력 장치)에 대한 접근을 관리한다.

● 'X 클라이언트'는 응용 프로그램을 말하며, 사용자가 직접 상호 작용하는 부분이다.

● 클라이언트와 서버는 같은 컴퓨터에서 실행될 수도 있고, 네트워크를 통해 통신할 수도 있다.

(2) 네트워크 투명성

● X 윈도우 시스템은 네트워크를 통해 원격으로 그래픽 인터페이스를 표시할 수 있다.

● 이는 사용자가 네트워크상의 다른 컴퓨터에서 실행되고 있는 응용 프로그램의 GUI를 자신의 머신에서 볼 수 있게 해준다.

(3) 하드웨어 독립성

● X 윈도우는 다양한 하드웨어에서 동작할 수 있도록 설계되었다.

● 이는 다양한 그래픽 카드, 모니터, 입력 장치 등을 지원하기 위한 추상화 계층을 제공한다.

(4) 창 관리

● X 윈도우 자체는 기본적인 창을 그리고 이동하는 기능만을 제공한다.

● 창을 장식하고, 최소화하고, 최대화하는 기능은 '창 관리자(Window Manager)'가 담당한다.

● 창 관리자는 사용자 인터페이스의 외관과 행동을 관리하며, 사용자가 선택할 수 있는 다양한 옵션이 있다.

(5) 표준 프로토콜 및 API

● X 윈도우는 표준화된 프로토콜과 API 세트를 사용하여 응용 프로그램 개발을 용이하게 한다.

● Xlib와 XCB는 프로그래머가 X 서버와 통신하기 위해 사용할 수 있는 라이브러리이다.

(6) 확장성

● X 윈도우 시스템은 확장 가능하다.

● 예를 들어, OpenGL을 위한 GLX 확장과 같이, X 서버에 새로운 기능을 추가할 수 있다.

(7) 다양한 환경과 데스크탑

GNOME, KDE, XFCE, LXDE 등 다양한 데스크탑 환경이 X 윈도우 위에 구축되어 있다.

3. X 윈도우 시스템의 여러 구성 요소

(1) 개념

● X 윈도우 시스템은 여러 구성 요소들로 이루어져 있는데, 이들은 서로 다른 역할을 수행한다.

● 복잡한 그래픽 사용자 인터페이스(GUI)를 구성하고 관리한다.

(2) X 윈도우 시스템의 주요 구성 요소

① X 서버 (X Server)

● X 서버는 X 윈도우 시스템의 핵심 구성 요소이다.

● 그것은 디스플레이 하드웨어, 포인팅 장치(마우스 등), 키보드와 같은 입력 장치를 관리한다.

● 서버는 화면에 창을 그리고, 입력을 받아 클라이언트에 전달하는 역할을 한다.

● 서버와 클라이언트는 같은 기계에서 실행될 수도 있고, 네트워크를 통해 서로 통신할 수도 있다.

② X 클라이언트 (X Client)

● X 클라이언트는 사용자가 실제로 상호 작용하는 응용 프로그램이다.

● 클라이언트는 X 서버에게 창을 생성하거나 그림을 그리라고 요청하고, 사용자의 입력을 받아들이는 요청을 보낸다.

● 예를 들어, 워드 프로세서, 웹 브라우저, 게임 등이 X 클라이언트가 된다.

③ X 프로토콜 (X Protocol)

- X 프로토콜은 X 클라이언트와 X 서버 사이의 통신 규약이다.

- 이 프로토콜은 네트워크를 통해 데이터를 전송하는 방식을 정의한다.

- X 프로토콜은 요청, 이벤트, 오류 메시지 등을 포함한 다양한 메시지 유형으로 구성된다.

④ Xlib 및 XCB

- Xlib (X Library)는 X 클라이언트가 X 서버와 통신할 수 있도록 하는 C 프로그래밍 언어 라이브러리이다.

- 이는 X 프로토콜을 추상화*하여 개발자가 좀 더 쉽게 X 윈도우 프로그래밍을 할 수 있게 해준다.

- XCB (X protocol C-language Binding)는 Xlib의 후속으로 더 낮은 오버헤드와 비동기 통신을 가능하게 하는 라이브러리이다.

⑤ 창 관리자 (Window Manager)

- 창 관리자는 사용자 인터페이스의 창을 관리하는 프로그램이다.

- 이는 창의 크기 조절, 이동, 최소화, 최대화, 닫기 등의 기능을 담당한다.

- 창 관리자는 또한 창 데코레이션(제목 표시줄, 경계, 버튼 등)을 제공한다.

⑥ 데스크탑 환경 (Desktop Environment)

- 데스크탑 환경은 창 관리자와 함께 일련의 통합된 응용 프로그램과 도구들을 제공한다.

- 이들은 사용자에게 일관된 그래픽 환경을 제공한다.

- 대표적인 데스크탑 환경으로는 GNOME, KDE Plasma, Xfce 등이 있다.

⑦ X 애플리케이션 (X Applications)

- X 애플리케이션은 X 윈도우 시스템을 통해 GUI를 제공하는 프로그램들이다.

- 이러한 애플리케이션은 문서 편집기, 그림 도구, 브라우저 등 다양한 범주에 걸쳐 있다.

기초 용어 정리

* **추상화(abstraction)**: 복잡한 현실 세계나 데이터, 시스템 또는 개념을 간결하고 이해하기 쉬운 개념 또는 모델로 단순화하는 프로세스나 개념이다.

⑧ 확장성 (Extensions)

- X 윈도우 시스템은 확장성이 뛰어난 설계를 가지고 있어서, 추가적인 기능성을 제공하는 다양한 확장 프로토콜들이 존재한다.

- 예를 들어, OpenGL을 사용한 3D 그래픽 지원을 위한 GLX, 입력 장치의 고급 기능을 위한 XInput 등이 있다.

⑨ X Toolkit

- X Toolkit, 정확히는 X Toolkit Intrinsics (Xt)는 X 윈도우 시스템 위에서 작동하는 위젯 라이브러리 및 툴킷을 위한 추상화레이어*이다.

- Xt는 클라이언트 애플리케이션 개발자들이 창과 그 창 내의 GUI 컴포넌트(위젯이라고 함)를 쉽게 만들 수 있게 도와준다.

- 위젯은 버튼, 슬라이더, 텍스트 입력 상자 등 사용자 인터페이스 요소를 말한다.

⑩ XFree86

- XFree86은 리눅스 및 유닉스 계열 운영 체제에서 사용되던 X 윈도우 시스템의 한 구현이다.

- 이는 X11 릴리스 6 (X11R6) 버전에 기반을 둔 오픈 소스 프로젝트였으며, 특히 인텔 x86 아키텍처에서 실행되는 개인용 컴퓨터에 최적화되어 있었다.

- XFree86는 X.Org Server로 대체되기 전까지, 리눅스 배포판들에서 기본 X 서버로 널리 사용되었다.

⑪ XF86Config

- XF86Config는 XFree86 프로젝트에서 사용되던 설정 파일의 이름이다.

- 이 설정 파일은 X 서버의 구성 설정을 담고 있었으며, 입력 장치, 모니터, 비디오 카드, 화면 해상도, 색상 깊이 등 다양한 시스템 하드웨어 옵션을 설정하는 데 사용되었다.

- 관리자나 사용자는 XF86Config 파일을 편집하여 X 윈도우 시스템의 동작을 제어할 수 있었다.

- 이 파일은 나중에 xorg.conf로 대체되었으며, 현재는 대부분의 리눅스 시스템에서 자동 감지 기능으로 인해 수동으로 편집할 필요가 줄어들었다.

기초 용어 정리

* **추상화 레이어**: 복잡한 시스템 또는 소프트웨어에서 다른 레벨의 추상화를 조직화하고 분리하기 위해 사용되는 개념이다.

X윈도우의 운영하는 데 필요한 파일들과 런레벨 개념을 중심으로 학습하시면 되겠습니다. 윈도우의 경우에는 기본적으로 지원하는 것이지만 서버를 작동시키는 리눅스이기에 조금 더 신경써야할 영역이라고 보시면 되겠습니다.

1. /etc/inittab의 개념과 특성

(1) 개념

- /etc/inittab 파일은 이전에 System V 유닉스 및 유닉스 계열 운영 체제에서 사용되던 초기화 시스템(init)에 대한 구성 파일이다.
- 이 파일은 시스템 부팅 시나 다른 런레벨로 전환할 때 init 프로세스에 의해 읽히고, 시스템의 동작을 결정하는 데 사용되었다.
- 현재 많은 리눅스 배포판들은 init 시스템을 대체하기 위해 systemd를 사용하고 있다.

(2) /etc/inittab 파일의 주요 특성

- 런레벨(Runlevels) : 시스템은 다양한 런레벨을 가지고 있으며, 각 런레벨은 시스템이 수행하는 작업의 종류를 결정한다.
- 서비스 및 프로세스 관리 : inittab는 시스템 부팅 시 시작되어야 하는 서비스와 프로세스들을 정의한다.
- 대응 액션(Respawn Actions) : inittab 파일을 통해 특정 서비스나 프로세스가 종료될 때 자동으로 재시작하도록 설정할 수 있다.
- 시스템 이벤트 처리 : init은 inittab 파일을 통해 시스템 이벤트에 대응하는 방법을 알 수 있다.
- 가상 콘솔 설정 : 리눅스 시스템은 여러 가상 콘솔*을 제공할 수 있으며, inittab 파일을 통해 이들 각각에 대한 로그인 프롬프트를 설정할 수 있다.

기초 용어 정리

* **콘솔**: 컴퓨터나 기기의 사용자 인터페이스 중 하나를 가리키는 용어이다.

(3) 런레벨

- Linux 시스템에서 /etc/inittab 파일은 init 프로세스가 사용하는 구성 파일로서, 시스템 부팅 시 및 실행 중에 여러 런레벨(runlevels)에서 수행해야 할 작업을 정의한다.
- 런레벨은 스템의 특정 상태를 나타내며, 각각의 런레벨은 다른 서비스나 프로세스들을 실행하도록 설정할 수 있다.
- /etc/inittab 파일에서 관련된 섹션은 런레벨을 설정하고 각 런레벨에서 어떤 스크립트를 실행할지 정의한다.

(4) 런레벨 항목의 형식

- id:runlevels:action:process
- 여기서 각 필드는 다음을 의미한다.

명칭	설명
id	항목의 식별자이다.
runlevels	해당 항목이 적용되는 런레벨을 나타낸다.
action	init이 취해야 할 동작을 설명한다
process	실행해야 할 명령이나 스크립트이다.

(5) Linux 시스템의 표준 런레벨

명칭	설명
0	시스템 종료 (Shutdown)
1 또는 S	단일 사용자 모드 (Single user mode)
2	다중 사용자 모드, 네트워크 없이 (Multiuser mode without networking)
3	텍스트 기반의 다중 사용자 모드 (Full multiuser mode)
4	일반적으로 사용자 정의 또는 예비 런레벨
5	그래픽 모드의 다중 사용자 모드
6	시스템 재부팅 (Reboot)

- 예를 들어, 시스템이 런레벨 5에서 부팅되도록 설정하려면, inittab 파일에서 다음과 같은 항목을 찾거나 추가한다.
- 아래의 예는 시스템이 기본적으로 런레벨 5로 부팅되도록 설정한다.

- 런레벨 5는 일반적으로 그래픽 로그인 매니저를 시작하고, 사용자가 그래픽 환경에서 로그인할 수 있게 한다.
- 예 : id:5:initdefault:

2. X윈도우의 작동과 관련된 명령어들

(1) 개념

리눅스에서 X 윈도우 시스템을 실행하고 관리하는 데 사용되는 명령어들은 주로 X 서버의 시작, 세션 관리, 윈도우 매니저 및 데스크탑 환경의 실행 등을 포함한다.

(2) 주요 명령어

① startx
- 이 명령은 사용자가 텍스트 모드에서 그래픽 모드로 전환할 때 사용된다.
- startx는 X 세션을 초기화하고, 일반적으로 사용자의 홈 디렉터리에 있는 .xinitrc 스크립트를 실행하여 윈도우 매니저나 데스크탑 환경을 시작한다.
- xinitrc 파일이 없는 경우, 시스템 기본 세션 또는 윈도우 매니저가 시작된다.

② xinit
- startx와 유사하지만 사용자가 더 많은 제어를 가질 수 있는 명령어이다.
- xinit을 직접 실행하면, 기본적으로 xterm을 실행하는 최소한의 X 세션을 시작한다.
- 사용자는 xinit 뒤에 실행할 클라이언트 애플리케이션과 서버 설정을 명시적으로 지정할 수 있다.

③ xrandr
- 이는 X 윈도우 시스템의 화면 해상도와 오리엔테이션을 동적으로 설정하기 위해 사용된다.
- 사용자가 여러 모니터 설정을 변경하거나, 화면의 방향을 회전시키고자 할 때 유용하다.

④ xdpyinfo

- X 디스플레이의 설정에 대한 상세한 정보를 제공하는 명령어이다.

- 현재 연결된 모니터, 해상도, 색상 깊이, 사용 가능한 화면 확장 기능 등의 정보를 볼 수 있다.

⑤ xset

- X 서버의 사용자 설정을 조정하는 데 사용된다.

- 예를 들어, 키보드 반복률, 마우스 속도, 스크린 세이버 설정 등을 변경할 수 있다.

⑥ xkill

- 사용자가 그래픽 환경에서 응답하지 않는 윈도우를 종료할 수 있게 해주는 명령어이다.

- xkill을 실행한 후, 종료하고자 하는 윈도우를 클릭하면 해당 프로세스가 강제로 종료된다.

⑦ X

- X 윈도우 시스템의 X 서버 자체를 실행하는 명령어이다.

- 일반적으로 사용자가 직접 실행하지 않으며, startx 또는 xinit 스크립트에 의해 내부적으로 호출된다.

⑧ gdm, kdm, lightdm, xdm

- 이들은 X 디스플레이 매니저로, 사용자가 그래픽 로그인 화면을 통해 시스템에 액세스하고 세션을 시작할 수 있게 해준다.

- gdm은 GNOME, kdm은 KDE, lightdm과 xdm은 다양한 데스크탑 환경과 함께 사용할 수 있는 더 경량화된 디스플레이 매니저이다.

⑨ lxsession, gnome-session, kde-start

- 이 명령어들은 각각 LXDE, GNOME, KDE 같은 특정 데스크탑 환경의 세션을 시작한다.

- 사용자의 .xinitrc 파일 또는 디스플레이 매니저에서 이들 명령어를 호출하여 데스크탑 환경을 로드할 수 있다.

3. X 윈도우 시스템 관련 환경변수들

(1) 개념

- 리눅스의 X 윈도우 시스템에서 사용되는 환경변수들은 X 서버와 클라이언트 애플리케이션들이 서로를 찾고 통신하는 방식을 정의하는 데 중요한 역할을 한다.

- 환경변수들은 사용자 세션과 시스템 전체에서 그래픽 인터페이스의 동작을 설정하는 데 사용된다.

- 환경변수들은 시스템의 로그인 절차, 사용자의 세션 시작 스크립트 (예: .bash_profile, .xinitrc), 그리고 때로는 데스크탑 환경의 설정 도구를 통해 설정될 수 있다.

- 이 변수들은 X 서버와 클라이언트 애플리케이션이 적절하게 통신하고, 사용자의 환경 설정이 반영되도록 하는 데 필수적인 역할을 한다.

(2) 주요 환경변수

① DISPLAY

- 가장 중요한 X 윈도우 환경변수 중 하나이다.

- DISPLAY 환경변수는 X 서버가 클라이언트 애플리케이션에 그래픽을 표시하는 위치를 나타낸다.

- 형식은 hostname:displaynumber.screennumber으로, hostname은 X 서버가 실행 중인 호스트의 이름이나 IP 주소를 의미한다.

- displaynumber와 screennumber는 일반적으로 0이며, 대부분의 경우 로컬 컴퓨터에서만 X 서버를 실행하므로 :0.0으로 설정된다.

② XAUTHORITY

- 사용자의 홈 디렉터리에 위치하는 .Xauthority 파일의 경로를 나타낸다.

- X 서버와 클라이언트 사이의 인증 정보를 저장한다.

- X11 포워딩이나 다중 사용자 환경에서 X 서버 접근 권한을 관리하는 데 사용된다.

③ PATH

- 이 환경변수는 시스템이 실행 파일을 찾는 디렉터리의 리스트를 포함한다.
- X 윈도우 시스템에서는 /usr/bin/X11 또는 /usr/X11R6/bin 같은 경로를 포함하여 X 클라이언트 프로그램을 찾을 수 있어야 한다.

④ LD_LIBRARY_PATH

- 동적 링킹 라이브러리를 찾기 위해 사용되는 디렉터리의 리스트를 포함한다.
- X 관련 라이브러리나 드라이버를 비표준 위치에 설치했을 때, 해당 경로를 LD_LIBRARY_PATH에 추가하여 시스템이 찾을 수 있게 한다.

⑤ XDG_CONFIG_HOME, XDG_CONFIG_DIRS

- 이 변수들은 사용자 및 시스템 단위의 설정 파일을 찾는 위치를 정의한다.
- X 윈도우 시스템을 비롯한 많은 데스크탑 환경과 애플리케이션들이 이 변수들을 사용하여 구성 파일의 위치를 결정한다.

⑥ XDG_RUNTIME_DIR

- 사용자별 런타임 데이터를 저장하기 위한 디렉터리를 정의한다.
- 보통 임시 파일, 소켓 파일 등이 저장되는데 사용된다.

⑦ XDG_SESSION_TYPE

- 세션이 사용하는 기술을 정의한다. (예: 'x11', 'wayland', 'mir').
- 이는 애플리케이션들이 현재 실행 중인 세션 유형을 파악하는 데 사용될 수 있다.

⑧ XMODIFIERS

- X 입력 메소드에 대한 설정을 포함한다.
- 주로 다국어 입력을 처리할 때 사용된다.

⑨ GTK_IM_MODULE, QT_IM_MODULE

- GTK와 Qt 애플리케이션에 대한 입력 메소드 모듈을 지정한다.
- 입력 메소드는 사용자가 키보드로 문자를 입력할 때 사용되는 소프트웨어 컴포넌트이다.

✦ 합격을 부르는 치트키 가이드

X윈도우는 오픈소스인 만큼 다양한 매니저와 관련 소프트웨어를 보유하고 있습니다. 그만큼 사용자들이 선택할 수 있는 선택지도 많다고 할 수 있습니다. 여기에 있는 지식들은 실무에서도 많이 사용하는 것들이기에 용어와 개념을 중심으로 학습을 하시면 시험과 실무 모두에 도움이 될 것입니다.

1. 개념

- 리눅스의 X 윈도우 시스템에서 "매니저"라는 용어는 여러 종류의 관리 소프트웨어를 나타낼 수 있다.
- 주로 "윈도우 매니저(Window Managers)"와 "디스플레이 매니저(Display Managers)"가 포함되며, 이 두 가지는 서로 다른 역할을 수행한다.

2. 윈도우 매니저(Window Managers)

(1) 개념

- 윈도우 매니저는 X 윈도우 시스템에서 창을 관리하는 소프트웨어이다.
- 윈도우의 배치, 모양, 행동 등을 제어하며 사용자에게 그래픽 인터페이스를 제공한다.

(2) 유형

① 스태킹(또는 플로팅) 윈도우 매니저
- 이 윈도우 매니저들은 일반적인 데스크탑 환경에서 볼 수 있는 전통적인 매니저로, 사용자가 창을 겹치게 배치할 수 있게 한다.
- 예 : Openbox, Fluxbox, Metacity

② 타일링 윈도우 매니저
- 이들은 화면 공간을 고정된 레이아웃에 따라 나누고 창을 자동으로 할당한다.
- 예: xmonad, dwm, i3

③ 동적 윈도우 매니저

- 이 윈도우 매니저는 스태킹과 타일링 기능을 결합하여, 사용자가 상황에 따라 레이아웃을 바꿀 수 있게 한다.
- 예: Awesome WM

④ 합성 윈도우 매니저

- 이들은 창 효과와 애니메이션을 제공하고, 창간 전환 시 부드러운 효과를 추가한다.
- 예: Compiz, KWin

3. 디스플레이 매니저(Display Managers)

(1) 개념

- 디스플레이 매니저는 그래픽 로그인 화면을 관리하고, 사용자가 로그인하면 적절한 세션을 시작한다.
- 디스플레이 매니저는 윈도우 매니저나 데스크탑 환경과 독립적으로 작동하며, 다음과 같은 기능을 제공한다.
  - 사용자 인증
  - 세션 시작
  - 사용자 세션의 선택 (윈도우 매니저 또는 데스크탑 환경)
  - 다중 사용자 로그인 관리
  - 사용자 전환 지원
- 일반적인 디스플레이 매니저로는 LightDM, GDM (GNOME Display Manager), SDDM (Simple Desktop Display Manager), KDM (KDE Display Manager, 이제는 대체됨), XDM (X Display Manager) 등이 있다.

(2) FVWM (F Virtual Window Manager)

- FVWM은 고도로 구성 가능한 윈도우 매니저로서, 복잡한 구성 옵션을 통해 사용자가 상세하게 커스텀할 수 있게 해준다.

● 여러 가상 데스크탑, 창 장식, 메뉴 구성 등을 사용자가 원하는 대로 설정할 수 있다. 사용자 커뮤니티에 의해 다양한 스크립트와 테마가 개발되었다.

(3) TWM (Tab Window Manager)

● X 윈도우 시스템의 초기 윈도우 매니저 중 하나로, 기본적인 기능을 제공한다.

● 매우 경량화되어 있지만 현대적인 기능이나 시각적 매력은 부족하다.

● 리소스가 매우 제한된 환경이나, 시스템의 기본적인 작동 방식을 이해하고자 할 때 사용된다.

(4) Window Maker

● NeXTSTEP의 데스크탑 환경을 닮은 외관을 가지며, 경량화되고 빠른 성능을 제공한다.

● 창 관리는 스택 방식과 도킹 애플리케이션을 통해 이루어진다.

● 유저 인터페이스는 간결하면서도 효율적인 작업 흐름을 지원하다.

(5) AfterStep

● AfterStep 역시 NeXTSTEP의 외관을 본따 제작되었으며, FVWM에서 파생되었다.

● 모듈식 구조로, 사용자가 필요에 따라 기능을 추가하거나 뺄 수 있다.

● 세련된 그래픽과 윈도우 장식, 고도로 설정 가능한 메뉴를 제공한다.

(6) Blackbox

● Blackbox는 최소주의 디자인 철학을 따르는 윈도우 매니저로, 메모리 사용량이 적고 빠른 반응 속도를 가진다.

● 기본적이고 단순한 인터페이스를 제공하며, 사용자 정의가 가능하다.

● 상대적으로 설정 옵션이 제한적이지만, 가볍고 빠른 성능을 중시하는 사용자에게 적합한다.

(7) KWin

● KDE 플라즈마 데스크탑 환경의 기본 윈도우 매니저이다.

● 합성 효과, 윈도우 장식, 다양한 윈도우 배치 옵션 등 현대적인 기능을 풍부하게 제공한다.

● 그래픽 효과와 애니메이션에 강점을 두며, 사용자 경험을 중시한다.

(8) Enlightenment (E)

● Enlightenment는 윈도우 매니저이자 데스크탑 환경의 기능을 겸하고 있다.

● 고도로 구성 가능하며, 뛰어난 시각적 효과와 함께 경량화된 성능을 제공한다.

● 다양한 모듈을 통해 기능 확장이 가능하고, 미적인 면에서 매우 유연하다.

4. 데스크탑 환경(Desktop Environments)

데스크탑 환경은 완전한 사용자 인터페이스를 제공하며, 아래와 같은 것들이 포함된다.

● GNOME (Mutter가 내장된 윈도우 매니저 역할을 함)

● KDE Plasma (KWin이 윈도우 매니저)

● XFCE (XFWM이 윈도우 매니저)

● Cinnamon (Muffin이 윈도우 매니저)

● LXDE/LXQT (Openbox를 기본 윈도우 매니저로 사용)

5. 데스크탑 환경 상세 정리

(1) KDE (K Desktop Environment)

● 고도의 사용자 정의 가능성 : KDE는 뛰어난 사용자 정의 기능을 자랑한다.

● 현대적이고 미적인 디자인 : KDE는 시각적으로 매력적인 그래픽과 효과를 제공하며, 고해상도 디스플레이와 잘 어울린다.

● 통합성 : KDE 응용 프로그램은 일관된 UI를 가지며, 데스크탑 환경과 밀접하게 통합되어 있어 통일된 사용자 경험을 제공한다.

● Qt 프레임워크 : KDE는 Qt 프레임워크를 기반으로 개발되었다.

● 기능성 : KDE는 기능적으로 풍부하다. 내장된 검색 시스템, 다양한 데스크탑 위젯, 강력한 파일 관리자인 Dolphin 등을 포함한다.

● 성능 : 초기에는 무겁다는 인식이 있었지만, 최근 버전의 KDE는 최적화되어 상대적으로 가벼워졌으며, 성능도 개선되었다.

- 커뮤니티 지원 : KDE는 큰 개발자와 사용자 커뮤니티를 가지고 있다.

(2) GNOME (GNU Network Object Model Environment)

- 단순성과 직관성 : NOME의 주요 철학 중 하나는 사용의 단순화하다.
- GTK 툴킷 : GNOME은 GTK+를 기반으로 개발되었다.
- 확장성 : GNOME은 확장 프로그램을 통해 기능을 추가할 수 있다.
- 접근성 : GNOME은 접근성을 매우 중요시하며, 시각적으로나 기능적으로 접근 가능한 데스크탑 환경을 제공하고자 한다.
- 애니메이션과 효과 : GNOME은 깔끔한 애니메이션과 효과를 사용하여 사용자 경험을 향상시킨다.
- 성능 : GNOME은 자원 사용에 대한 최적화를 계속 진행 중이다.
- 프로젝트의 철학과 목표 : GNOME 프로젝트는 사용자의 프라이버시를 중시한다.

(3) XFCE

- 경량화되고 빠른 성능을 중요시하는 데스크탑 환경이다.
- 중간 수준의 커스터마이징이 가능하며, 오래된 하드웨어에서도 잘 동작한다.
- GTK+ 툴킷을 사용하여 개발되었다.

(4) LXDE (Lightweight X11 Desktop Environment)

- 매우 가볍고 빠른 데스크탑 환경으로, 리소스가 제한된 시스템에 적합하다.
- 사용하기 쉽고 기본적인 데스크탑 기능을 충실히 수행한다.

(5) Cinnamon

- 현대적인 기능과 전통적인 데스크탑 메타포를 결합하여 사용자에게 친숙한 인터페이스를 제공한다.
- Linux Mint 팀에 의해 개발되었으며, MATE와 함께 GNOME 2의 대안으로 사용된다.

(6) MATE

- GNOME 2에서 파생된 데스크탑 환경으로, 전통적인 메타포와 단순함을 선호하는 사용자에게 인기가 있다.

- 시스템 리소스를 적게 사용하며, 안정적이고 신뢰성 있는 사용자 경험을 제공한다.

6. 디스플레이 매니저

(1) 개념

- 리눅스에서 디스플레이 매니저(Display Manager, DM)는 그래픽 사용자 인터페이스(GUI)를 제공하는 시스템 서비스이다.

- 사용자가 로그인할 때 그래픽 환경을 초기화하고, 사용자 세션을 시작하는 역할을 한다.

- 여기에는 사용자의 이름과 비밀번호를 입력받는 로그인 화면, 세션 타입 선택, 그리고 사용자가 로그인한 후에 사용할 데스크톱 환경을 시작하는 기능이 포함된다.

- 각 디스플레이 매니저는 그 특성에 맞게 다음과 같은 기능을 제공할 수 있다.

기능	설명
세션 관리	사용자가 로그인 할 때 선택할 수 있는 다양한 데스크톱 환경을 관리한다.
사용자 인증	로그인 정보를 검증한다.
자동 로그인	사용자가 시스템 시작 시 자동으로 로그인하도록 설정할 수 있다.
멀티 세션	동시에 여러 사용자가 로그인하여 서로 다른 세션을 가질 수 있다.
원격 로그인	XDMCP (X Display Manager Control Protocol)를 통해 원격 시스템에 로그인할 수 있는 기능을 제공한다.

(2) XDM (X Display Manager)

- XDM은 X 윈도 시스템의 가장 기본적인 디스플레이 매니저이다.

- 기본적인 로그인 창과 세션 관리 기능한다.

- 그래픽 테마나 화려한 기능이 없이 단순하고 소박한 인터페이스를 제공한다.

- 환경 설정 및 관리가 다른 디스플레이 매니저에 비해 복잡할 수 있다.

- XDMCP (X Display Manager Control Protocol)를 지원하여 원격 로그인을 가능하게 한다.

(3) GDM (GNOME Display Manager)

- GDM은 GNOME 데스크톱 환경의 공식 디스플레이 매니저이다.
- 사용자 친화적인 그래픽 인터페이스와 현대적인 디자인이다.
- 다양한 테마와 사용자 맞춤 설정을 지원을 한다.
- 사용자 세션, 언어 설정, 접근성 옵션 등 다양한 기능을 제공한다.
- 고급 보안 기능 및 원격 로그인 옵션이 있다.
- 사용 환경 : GNOME 데스크톱 환경 사용자에게 표준으로 제공되며, 다른 데스크톱 환경과도 호환 가능하다.

(4) KDM (KDE Display Manager)

- KDM은 KDE 데스크톱 환경을 위해 개발된 디스플레이 매니저였다.
- KDE의 특성을 잘 반영하는 풍부한 그래픽 및 사용자 맞춤 설정 기능한다.
- 다양한 테마와 사용자 세션 관리 기능을 갖췄다.
- 보안과 사용성을 모두 중요시한다.
- KDE Plasma 5 출시 이후로는 SDDM에 자리를 내주었다.
- 사용 환경 : 과거 KDE 사용자들에게 표준으로 제공되었지만, 현재는 KDE Plasma 5와 함께 SDDM이 기본으로 사용된다.

(5) dtlogin (CDE - Common Desktop Environment)

- dtlogin은 과거 UNIX 시스템에서 사용되던 Common Desktop Environment (CDE)의 디스플레이 매니저이다.
- CDE와 함께 사용되는 전통적인 디스플레이 매니저이다.
- 그래픽 인터페이스는 현대적인 매니저에 비해 기본적이지만 안정적이다.
- 멀티 디스플레이와 원격 세션 관리를 지원한다.
- 사용 환경 : 주로 1990년대와 2000년대 초반의 상용 UNIX 시스템에서 사용되었다.
- 현재는 널리 쓰이지 않으며, 리눅스에서는 거의 볼 수 없다.

02 X윈도우의 작동 명령어와 사용 관련 프로그램들 ★★★

01 X윈도우 작동 관련 명령어와 유틸리티 ★★★

✦ 합격을 부르는 치트키 가이드

X윈도우는 GUI환경이지만 이러한 것들이 운영되는 기반에는 역시 터미널이 있다고 볼 수 있습니다. 그리고 서버와 클라이언트 구조또한 가져가고 있으니 단순히 GUI에 대한 것만이 아닌 X윈도우의 구조에 대해서 상세히 살펴보시길 바랍니다. 그래야 문제를 푸실 때 개념에 대한 이해를 기반으로 편하게 시험을 보실 수 있을 것입니다.

1. xhost

● 리눅스의 X 윈도 시스템에서 xhost 명령어는 호스트* 기반의 접근 제어을 관리하는데 사용된다. 이 명령어를 통해 X 서버가 연결을 수락할 클라이언트를 지정하거나 차단할 수 있다.

● xhost 프로그램은 사용자가 X 서버에 대한 액세스를 허용하거나 거부할 수 있게 해 주며, 일반적으로 보안상의 이유로 주의를 요하는 명령어이다. 잘못 사용할 경우 누구나 X 서버에 접근할 수 있게 되어 보안에 취약해질 수 있다.

(1) 기본 사용법

```
xhost [+|−] [address]
```

* + : 접근 허용
* − : 접근 거부
* address : 접근을 허용하거나 거부할 호스트의 주소나 이름

기초 용어 정리

* **호스트**: 컴퓨터 네트워크에서 다른 컴퓨터나 장치에 대한 접근을 제공하거나 서비스를 제공하는 컴퓨터나 장치를 가리키는 용어이다.

(2) 주요 옵션

+	서버에 대한 접근을 모든 사용자에게 허용한다. 보안에 매우 취약하므로 주의해야 한다.
−	모든 사용자의 서버 접근을 거부한다.
−si	SITE 명령어를 무시한다. SITE 명령어는 일반적으로 시스템의 호스트 파일을 기반으로 접근 제어 목록을 초기화하는데 사용된다.
+si	SITE 명령어 사용을 재활성화한다.
+inet	모든 인터넷 (IPv4) 호스트에 대한 접근을 허용한다.
−inet	모든 인터넷 (IPv4) 호스트의 접근을 거부한다.
+inet6	모든 인터넷 (IPv6) 호스트에 대한 접근을 허용한다.
−inet6	모든 인터넷 (IPv6) 호스트의 접근을 거부한다.
+localhost	로컬 호스트의 접근을 허용한다.
−localhost	로컬 호스트의 접근을 거부한다.

(3) 사용 예제

● 모든 사용자에게 X 서버 접근 허용: xhost +

● 특정 사용자에게 X 서버 접근 거부: xhost −username

● 특정 IP에 대한 접근 허용: xhost +192.168.1.100

● 접근 제어 목록을 초기화하여 모든 변경을 취소: xhost −

● 로컬 사용자에게만 접근 허용: xhost +localhost

● 특정 호스트의 접근을 거부: xhost −hostname

2. xauth

(1) 개념

● 리눅스 X 윈도우 시스템에서 xauth는 MIT−MAGIC−COOKIE−1 방식을 사용하여 X 세션의 접근을 제어하는 프로그램이다.

● xauth는 각 X 세션*에 대한 권한을 토큰** 형태의 쿠키로 관리한다. 이 쿠키는 사용자의 홈 디렉터리에 위치한 .Xauthority 파일에 저장된다.

기초 용어 정리

* **세션(Session)**: 컴퓨터 과학 및 네트워크 통신에서 사용되는 용어로, 사용자 또는 클라이언트와 웹 서버, 애플리케이션 서버 또는 다른 서버 간의 상호 작용을 추적하고 관리하는 데 사용된다.

** **토큰(Token)**: 다양한 컴퓨터 및 정보 시스템에서 사용되는 중요한 개념으로, 다양한 의미와 용도를 가진다. 여기에 있는 것은 인증과 관련된 인증 토큰이며 사용자나 장치의 신원을 확인하고 인증하기 위해 사용된다.

매직 쿠키	X 서버가 클라이언트의 접근을 허용하기 위해 필요한 인증 정보이다.
.Xauthority 파일	사용자의 홈 디렉터리에 존재하는 파일로, 사용자의 매직 쿠키들이 저장되어 있다.
X 세션	사용자가 X 서버에 연결하여 그래픽 환경을 사용하는 동안의 상호작용이다.

(2) xauth 명령어의 주요 옵션

명령어	설명
add displayname protocolname hexkey	새로운 인증 정보를 .Xauthority 파일에 추가한다.
remove displayname	지정된 디스플레이에 대한 인증 정보를 제거한다.
extract filename displayname	.Xauthority 파일에서 특정 디스플레이에 대한 인증 정보를 추출하여 다른 파일에 저장한다.
merge filename	다른 파일에 저장된 인증 정보를 현재 .Xauthority 파일에 병합한다.
list [displayname]	.Xauthority 파일에 저장된 인증 정보를 나열한다.
info	.Xauthority 파일에 대한 정보를 표시한다.
timeout number	인증 정보의 유효 시간을 설정한다.

(3) 사용 예제

● 현재 .Xauthority에 저장된 인증 정보 확인: xauth list

● 새로운 인증 정보 추가하기

  – xauth add :0 . MIT-MAGIC-COOKIE-1 8d5f62a8b8a77e78d2e3b416f0e8ee0c

  – 여기서 :0은 디스플레이 이름, MIT-MAGIC-COOKIE-1은 프로토콜 이름, 뒤에 오는 32자리 16진수는 매직 쿠키의 값이다.

● 인증 정보 제거하기: xauth remove :0

● 인증 정보 추출하기

  – xauth extract somefile :0

  – somefile로 :0 디스플레이에 대한 인증 정보를 추출한다.

● .Xauthority 파일에 인증 정보 병합하기

  – xauth merge somefile

  – somefile에 저장된 인증 정보를 현재 사용자의 .Xauthority 파일에 병합한다.

X윈도우를 기반으로 GUI환경상에서 작동하는 프로그램들을 실행시킬수 있으며 생각한 것 이상으로 우리가 윈도우에서 만나는 프로그램과 유사한 것들을 볼 수 있습니다. 그리고 단순히 유사한 정도가 아니라 특정 산업계에서는 표준에 가까울 정도로 많이 사용하는 프로그램들도 리눅스에서는 작동합니다. 윈도우나 여러분이 사용하시는 프로그램과 유사한 프로그램의 특징과 명칭을 잘 기억해놓으시면 시험을 보실 때 도움이 될 것입니다.

1. 개념

● 리눅스 X 윈도우 시스템은 X11 또는 X 서버라고도 불리며, 다양한 그래픽 기반 응용프로그램(일반적으로 X 클라이언트라고 부른다)을 지원한다.

● 이러한 프로그램들은 주로 GUI 환경을 제공하거나, 시스템 관리 및 네트워크 도구 등으로 사용된다.

2. 관련 프로그램

xterm	● xterm은 X 윈도우 시스템을 위한 터미널 에뮬레이터이다. ● 사용자 정의 가능한 글꼴과 색상, 투명도 지원, 여러 세션 관리 등이 있다.
GIMP	● GNU Image Manipulation Program의 약자로, 사진 편집, 이미지 구성 및 이미지 작성 등의 작업을 할 수 있는 강력한 그래픽 편집 소프트웨어이다. ● 포토샵에 버금가는 기능을 무료로 제공하며, 플러그인을 통해 기능 확장이 가능하다.
Firefox	● 리눅스뿐만 아니라 다른 운영 체제에서도 사용할 수 있는 인기 있는 웹 브라우저이다. ● 확장 프로그램을 통한 사용자 맞춤화, 개인 정보 보호 기능, 개방성과 사용의 용이성이 특징이다.
LibreOffice	● Microsoft Office와 호환 가능한 오픈 소스 오피스 스위트 프로그램으로, Writer(문서 작성), Calc(스프레드시트), Impress(프레젠테이션) 등 다양한 애플리케이션을 제공한다. ● 다양한 파일 포맷 지원, 확장 가능한 플러그인 구조를 가지고 있다.
Nautilus	● GNOME 데스크탑 환경의 기본 파일 관리자로서, 파일 및 디렉터리를 관리하는 데 사용된다. ● 사용자 친화적인 인터페이스, 탐색 및 파일 조작 기능, 스크립트를 통한 확장성을 가지고 있다.
KDE Plasma	● KDE 커뮤니티에서 개발한 현대적인 데스크탑 환경으로, 다양한 X 윈도우 응용프로그램들을 포함하고 있다. ● 독특한 위젯 및 테마 시스템, 높은 맞춤화 가능성이 있다.
Thunderbird	● 이메일 클라이언트, 뉴스 그룹 리더, RSS 피드 리더 기능을 제공하는 프로그램으로, 개인 정보 보호에 중점을 두고 있다. ● 다중 이메일 계정 관리, 강력한 스팸 필터링, 확장 프로그램 지원이 있다.

VLC media player	• 거의 모든 파일 포맷의 비디오와 오디오를 재생할 수 있는 멀티미디어 플레이어이다. • 코덱 내장, 스트리밍 미디어 서버로도 사용 가능, 다양한 스트리밍* 프로토콜 지원이 있다.
Inkscape	• 벡터 그래픽 편집을 위한 소프트웨어로, Adobe Illustrator와 유사한 기능을 제공한다. • SVG 파일 포맷을 기본으로 사용, 다양한 그래픽 편집 도구 제공을 한다.
Terminal Multiplexer	• 여러 터미널 세션을 하나의 화면에서 관리하고 사용할 수 있게 해주는 도구이다. • 세션 유지 및 복구 기능, 화면 분할, 사용자 맞춤 바인딩 설정 가능이 있다. • 예: tmux
Eclipse	• Java를 비롯한 여러 프로그래밍 언어를 위한 통합 개발 환경(IDE)이다. • 플러그인 구조를 통한 확장성, 코드 편집 및 디버깅 도구, 프로젝트 관리 기능이 있다.
Atom	• GitHub에 의해 개발된 모던한 텍스트 에디터로, 웹 개발자들에게 인기가 많다. • 내장된 패키지 관리자, Git 통합, 강력한 커뮤니티 지원을 한다.
Audacity	• 무료이면서 강력한 오디오 편집 및 녹음 소프트웨어이다. • 다양한 오디오 포맷 지원, 효과 및 플러그인, 오디오 분석 도구이다.
Rhythmbox	• GNOME 데스크탑 환경을 위한 기본 음악 플레이어이다. • 재생 목록 관리, 인터넷 라디오 및 팟캐스트 지원, 플러그인을 통한 기능 확장이 있다.
Shotwell	• 간단하고 사용하기 쉬운 리눅스 기반의 사진 관리 프로그램이다. • 사진 정리 및 편집, 태그 및 메타데이터 관리, 다양한 사진 공유 옵션이 있다.
Blender	• 3D 모델링, 애니메이션, 렌더링, 비디오 편집 등을 위한 전문적인 오픈 소스 소프트웨어 이다. • 강력한 모델링 도구, 실시간 렌더 엔진, 노드 기반의 자료 구조이다.
Qt Creator	• Qt 프레임워크를 위한 크로스 플랫폼 C++ 통합 개발 환경이다. • 코드 편집, 디버깅, UI 디자인 도구, 다양한 개발 프로젝트 지원이 있다.
Evolution	• 이메일, 일정 관리, 주소록 등을 위한 개인 정보 관리 도구이다. • Microsoft Exchange와의 통합, SPAM 필터링, 플러그인 시스템이 있다.
Gedit	• GNOME 데스크탑 환경을 위한 간단하면서도 강력한 텍스트 에디터이다. • 문법 하이라이팅, 텍스트 검색 및 대체, 플러그인 지원이 있다.
Wireshark	• 네트워크 트래픽을 캡처하고 분석할 수 있는 강력한 네트워크 프로토콜 분석기이다. • 실시간 데이터 트래픽 분석, 광범위한 프로토콜 지원, 필터링 및 검색 기능이 있다.

기초 용어 정리

* **스트리밍(Streaming)**: 데이터를 연속적으로 전송하고 받는 방식을 의미한다. 주로 영상, 오디오, 뉴스, 스포츠 중계, 온라인 게임 및 웹 콘텐츠를 실시간으로 제공하거나 재생하는 데 사용된다.

01

X 윈도우 시스템은 무엇을 제공하는 시스템
이며 주로 어떤 용도로 사용되는가?

① 그래픽 사용자 인터페이스를 제공, UNIX
및 유닉스 시스템에서 사용
② 명령 줄 인터페이스를 제공, Windows 운
영 체제에서 사용
③ 웹 브라우징 기능을 제공, 모든 운영 체제
에서 사용
④ 음악 및 비디오 편집을 위한 툴을 제공,
macOS에서 사용

해설 X 윈도우는 그래픽 사용자 인터페이스를
제공하는 시스템으로, 주로 UNIX 및 유닉스 시스
템에서 사용된다.

02

X 윈도우 시스템에서 사용되는 기본 디스플
레이 서버 프로세스의 이름은 무엇인가?

① XTC   ② Xorg
③ Xfinity   ④ Xperience

해설 Xorg는 X 윈도우 시스템에서 사용되는 기
본 디스플레이 서버 프로세스의 이름이다.

03

X 윈도우 시스템에서 화면에 그려진 그래픽
요소들을 가리키는 용어는 무엇인가?

① 윈도우
② 픽셀
③ 패턴
④ 스트림

해설 X 윈도우 시스템에서 화면에 그려진 그래
픽 요소들은 픽셀로 표현된다.

04

X 윈도우 환경 변수 DISPLAY는 무엇을 지정
하는가?

① 사용자의 홈 디렉터리
② 현재 사용자의 로그인 이름
③ 현재 화면 디스플레이 서버의 주소
④ 화면에 표시되는 앱의 이름

해설 DISPLAY 환경 변수는 현재 화면 디스플레
이 서버의 주소를 지정한다.

05

X 윈도우 시스템에서 런레벨(runlevel)은 무
엇을 나타내는가?

① 그래픽 드라이버의 버전
② 시스템의 현재 부팅 상태 및 동작 모드
③ 사용자의 로그인 상태
④ 파일 시스템의 가용 용량

해설 런레벨은 시스템의 현재 부팅 상태 및 동작
모드를 나타낸다.

06

X 윈도우 환경에서 마우스 포인터의 위치를
설정하고 제어하기 위해 사용되는 명령어는
무엇인가?

① xset
② xmove
③ xmouse
④ xposition

해설 xset은 X 윈도우에서 마우스 포인터의 위
치를 설정하고 제어하는 데 사용된다.

07

X 윈도우 시스템에서 사용자의 환경 변수를 설정하고 관리하는 파일은 어디에 위치하는가?

① /etc/environment
② /home/user/.bashrc
③ /etc/profile
④ /usr/bin/env

해설 사용자의 환경 변수는 홈 디렉터리의 .bashrc 파일에 설정할 수 있다.

08

X 윈도우 시스템에서 현재 사용자의 GUI 세션을 종료하는 명령어는 무엇인가?

① exit
② shutdown
③ logout
④ kill

해설 logout 명령어는 현재 사용자의 GUI 세션을 종료한다.

09

X 윈도우에서 화면을 캡처하고 이미지 파일로 저장하는 명령어는 무엇인가?

① screenshot
② capture
③ xgrab
④ import

해설 import 명령어는 X 윈도우에서 화면을 캡처하고 이미지 파일로 저장한다.

10

X 윈도우 시스템에서 사용자 간에 메시지를 보내고 받는 프로그램은 무엇인가?

① xmessage
② xmail
③ xchat
④ xcommunicate

해설 xmessage는 X 윈도우에서 사용자 간에 메시지를 보내고 받는 데 사용된다.

| 01 \| ① | 02 \| ② | 03 \| ② | 04 \| ③ | 05 \| ② |
| 06 \| ① | 07 \| ② | 08 \| ③ | 09 \| ④ | 10 \| ① |

더 멋진 내일(Tomorrow)을 위한 내일(My Career)

2024 내일은 리눅스마스터 2급

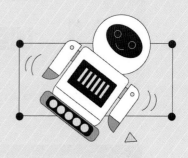

CHAPTER

02

인터넷 활용

01 | 네트워크 개념 ★★★★★

01 네트워크의 개념과 통신망 종류 ★★★★

✦ 합격을 부르는 치트키 가이드

네트워크의 개념과 통신망은 IT의 고급자격증에서 대부분 시험범위로 포함하는 만큼 중요한 영역이라고 보시면 됩니다. 통신망 각각이 가지는 중요한 특성과 이와 관련된 기술을 중심으로 학습을 하시면 도움이 될 것입니다.

1. 통신망의 유형

(1) 개념

● 통신망은 데이터와 정보를 여러 장치 간에 전송하기 위한 네트워크의 집합이다.

● 통신망은 크게 범위와 목적에 따라 여러 종류로 분류될 수 있다.

(2) 종류

종류	설명
개인 영역 네트워크 (PAN: Personal Area Network)	● 개인 사용자의 개인적인 데이터 교환을 위해 사용되는 매우 작은 범위의 네트워크이다. ● 예시 : 블루투스*, USB**, NFC***

기초 용어 정리

* **블루투스(Bluetooth)**: 무선 통신 기술의 한 종류로, 전자 기기 간에 데이터를 주고받을 수 있게 해주는 표준이다. 블루투스 기술은 전화, 헤드셋, 스마트폰, 노트북, 스마트워치, 스피커 등 다양한 전자 기기 간에 데이터를 전송하고 통신할 수 있도록 하는 것을 목표로 한다.

** **USB(Universal Serial Bus)**: 범용 직렬 버스로서, 컴퓨터와 주변 기기 간에 데이터 전송 및 전원 공급을 위한 표준 인터페이스이다.

*** **NFC(Near Field Communication)** : 짧은 거리에서 정보를 교환하는 무선 통신 기술 중 하나이다. 주로 스마트폰, 태블릿, 스마트 카드, RFID 태그 등 다양한 전자 기기 간에 데이터를 교환하는 데 사용된다. NFC는 주로 10cm 이내의 매우 가까운 거리에서 작동하며, 주로 안전하고 간편한 데이터 전송을 위해 설계되었다.

로컬 영역 네트워크 (LAN: Local Area Network)	• 한정된 지리적 영역(예: 가정, 학교, 사무실) 내에서 컴퓨터 및 기타 장치를 연결하는 네트워크이다. • 고속 데이터 전송이 가능하며, 이더넷(Ethernet)과 Wi-Fi가 일반적인 기술이다.
캠퍼스 영역 네트워크 (CAN: Campus Area Network)	• 대학교나 기업 캠퍼스처럼 LAN보다는 크지만 도시 전체를 커버하는 것보다는 작은 범위 내에 분포하는 네트워크이다. • 여러 빌딩을 포함하는 광대한 영역을 커버할 수 있다.
도시 지역 네트워크 (MAN: Metropolitan Area Network)	• 도시나 대도시 지역과 같은 큰 지리적 영역을 커버하는 네트워크이다. • CAN과 WAN 사이의 중간 범위를 가진다.
광역 네트워크 (WAN: Wide Area Network)	• 국가나 대륙과 같이 매우 넓은 지리적 범위에 걸쳐 있는 네트워크이다. • 예시 : 인터넷, MPLS
인터넷 (The Internet)	• 전 세계의 모든 컴퓨터 네트워크가 서로 연결된 글로벌 네트워크이다. • TCP/IP 프로토콜을 기반으로 한다.
가상 사설망 (VPN: Virtual Private Network)	• 공용 네트워크를 통해 가상의 사설 네트워크 통신을 가능하게 하는 네트워크이다. • 보안과 프라이버시를 강화하기 위해 암호화 기술을 사용한다.
VAN (Value-Added Network)	추가 서비스(예: 데이터 보안 서비스, 데이터 관리)를 제공하여 기업 간 데이터 교환을 지원하는 사설 네트워크이다.
스토리지 영역 네트워크 (SAN: Storage Area Network)	• 서버와 데이터 스토리지를 연결하는 전용 고속 네트워크이다. • 대량의 데이터를 고속으로 전송할 수 있으며, 데이터 중복성 및 백업을 용이하게 한다.
기업 사설 네트워크 (EPN: Enterprise Private Network)	한 기업 내부 또는 기업 간에 구축된 사설 네트워크로서, 기업의 데이터를 안전하게 관리하고 운영하는 데 사용된다.
근거리네트워크 (LAN: Local Area Network)	• LAN (Local Area Network)은 제한된 지역 내에서 컴퓨터 및 기타 장치들을 연결하는 네트워크이다. • LAN은 일반적으로 한 건물 또는 한 그룹의 건물 내에서 설치되어 있다. • 네트워크에 연결된 장치들이 파일을 공유하고, 프린터와 같은 리소스에 접근하고, 데이터를 서로 전송할 수 있게 한다. • LAN은 일반적으로 소유자의 개인 소유이며, 속도가 빠르고 지연 시간이 낮다.
이더넷(Ethernet)	• 이더넷은 가장 일반적으로 사용되는 LAN 기술 중 하나로 컴퓨터 네트워킹에서 데이터를 주고받는 데 사용되는 통신 프로토콜 집합이다. • 동작원리 : 이더넷은 CSMA/CD (Carrier Sense Multiple Access with Collision Detection) 방식을 사용한다. • 토폴로지 : 초기의 이더넷은 버스 토폴로지를 사용했으나 현재는 별형(star) 토폴로지*가 주로 사용된다. • 속도 : 초기 이더넷은 10Mbps의 속도를 제공했지만 기술의 발전으로 100Mbps (Fast Ethernet), 1Gbps (Gigabit Ethernet) 그리고 그 이상의 속도를 지원하는 버전들이 개발되었다.
토큰 링(Token Ring)	• 토큰 링은 IBM에 의해 개발된 네트워크 프로토콜로, 이더넷과는 다른 방식의 LAN 통신 방법을 제공한다. • 동작 원리 : 네트워크상의 모든 장치가 링 형태로 연결되고, "토큰"이라고 불리는 특별한 데이터 패킷이 링을 따라 한 방향으로 순환한다. • 토폴로지 : 링 토폴로지를 사용한다. • 속도 : 토큰 링은 주로 4Mbps 또는 16Mbps의 속도를 제공한다.

기초 용어 정리

* **토폴로지(Topology)**: 컴퓨터 네트워크에서 컴퓨터나 네트워크 장비들이 연결된 형태나 패턴을 나타낸다.

FDDI	• FDDI는 주로 백본네트워크*에서 사용되는 광섬유를 사용한 고속 네트워크이다. • 동작 원리 : FDDI는 이중 링 토폴로지를 사용하여 높은 신뢰성을 제공한다. • 토폴로지 : 이중 링 토폴로지를 사용하여 링 중 하나에 문제가 생겼을 때도 네트워크가 계속 작동할 수 있도록 한다. • 속도 : FDDI는 100Mbps의 데이터 전송률을 제공한다.
Wi-Fi	• 무선 주파수를 사용하여 장치들을 연결한다. • 802.11 표준 (예: 802.11a, 802.11b, 802.11g, 802.11n, 802.11ac)을 기반으로 한다.

① LAN

● 구성 요소

– 장치들 (Devices) : 컴퓨터, 프린터, 스마트폰, 태블릿 등

– 스위치 (Switches) : 네트워크 상의 장치들을 연결하는 하드웨어이다.

– 라우터 (Router) : 다른 네트워크(예: 인터넷)와 LAN을 연결한다.

– 케이블 (Cables) : 유선 LAN에서 장치들을 연결하는 데 사용되는 케이블이다.

– 무선 접속점 (Wireless Access Points, WAP) : WLAN에서 무선 장치들이 네트워크에 연결될 수 있도록 하는 장비이다.

● 특징

– 제한된 지역 : 보통 하나의 건물이나 캠퍼스 내부와 같이 제한된 지역에 설치된다.

– 고속 데이터 전송 : LAN은 일반적으로 높은 데이터 전송 속도를 제공한다.

– 소유권 : 대부분의 LAN은 개인이나 조직이 소유하고 있다.

– 파일 및 프린터 공유 : 네트워크를 통해서 파일과 프린터와 같은 리소스를 공유한다.

– 보안 : LAN은 상대적으로 보안이 잘 유지되는 네트워크이지만 보안 프로토콜과 비밀번호 관리, 방화벽 설정 등 적절한 보안 조치가 필요하다.

② MAN(Metropolitan Area Network)

● MAN 도심지 네트워크

– Metropolitan Area Network (MAN)은 도시(city) 또는 대도시(metropolitan) 지역을 커버하는 네트워크이다.

– MAN은 개별적인 Local Area Networks (LANs)을 연결하는 데 사용되며, 이러한 연결을 통해 사용자는 여러 건물이나 지역에 걸쳐 분산된 네트워크 리소스를 공유할 수 있다.

---

* **백본 네트워크(Backbone Network)** : 다수의 지리적으로 분산된 네트워크나 서브네트워크를 연결하는 중요한 통신 인프라이다. 이는 주로 큰 규모의 기업, 대학, 데이터 센터, 인터넷 서비스 제공자(ISP) 등에서 사용된다.

● 특징

- 범위 : MAN은 일반적으로 도시의 크기에 해당하는 지역에 설치되며, 그 범위는 5km에서 50km 정도이다.

- 성능 : LAN보다 넓은 범위를 제공하면서도 Wide Area Network (WAN)보다는 더 높은 데이터 전송 속도를 유지할 수 있다.

- 구성 : MAN은 종종 여러 LANs를 연결하는 중계 네트워크로 사용된다.

- 소유권과 관리 : MAN은 특정 기업에 의해 관리될 수도 있고 여러 기업의 협력에 의해 공동으로 관리될 수도 있다.

- 데이터 전송 매체 : 광섬유, 동축 케이블, 무선 링크 등 다양한 데이터 전송 매체를 사용할 수 있다.

● 관련된 기술

- ATM (Asynchronous Transfer Mode) : 데이터를 셀이라고 불리는 고정 크기의 패킷으로 전송하는 기술로, 효율적인 데이터 흐름 관리를 제공한다.

- FDDI (Fiber Distributed Data Interface) : 주로 광섬유를 사용하여 높은 속도의 데이터 전송을 가능하게 하는 이중 링 토폴로지이다.

- SMDS (Switched Multimegabit Data Services) : 고속 패킷 교환 네트워크 서비스로서, MAN에 적합하다.

- Ethernet MAN : 이더넷 기술을 확장하여 도시 지역에 적합하도록 설계된 기술이다.

- WiMAX (Worldwide Interoperability for Microwave Access) : 광범위한 지역에 무선 브로드밴드 접속을 제공한다.

● 사용 사례

- 대학 캠퍼스 네트워크 : 여러 건물에 분산된 대학 캠퍼스 내에서 네트워크 리소스를 공유한다.

- 기업 네트워크 : 도시 내 다른 지역에 위치한 기업의 사무실 간 데이터 공유 및 통신을 위해 사용된다.

- 도시 상호 연결 : 공공 기관, 은행, 상업 시설 등 도시 내의 여러 기관을 연결한다.

③ DQDB(Distributed Queue Dual Bus)

- 개념

  - DQDB는 Metropolitan Area Network (MAN)에서 사용되는 네트워크 프로토콜의 일종이다.

  - DQDB는 대도시 지역 내에서 여러 장치와 네트워크 서브시스템을 연결하는 데 사용되며 고속의 데이터 전송을 목적으로 한다.

- 구조

  - 듀얼 버스 구조 : DQDB 네트워크는 두 개의 병행하는 통신버스*를 갖추고 있다.

  - 한 버스는 한 방향으로 데이터를 전송하고, 다른 버스는 반대 방향으로 데이터를 전송한다.

  - 노드 : 각 네트워크 장치(노드)는 두 버스 모두에 연결되어 있으며 하나의 버스를 통해 데이터를 전송하고 다른 버스를 통해 데이터를 수신할 수 있다.

  - 슬롯 : 데이터는 고정 크기의 슬롯을 사용하여 전송된다.

  - 각 슬롯은 헤더**로 구성되어 있으며, 데이터를 포함할 수 있는 공간이 있다.

- 동작 원리

  - 분산 큐잉 : DQDB는 분산 큐잉 시스템을 사용하여 네트워크상의 데이터 충돌을 방지한다.

  - 슬롯 할당 : 데이터가 전송될 때, 각 노드는 사용 가능한 슬롯을 찾아 그 슬롯에 데이터를 삽입하여 버스를 통해 전송한다.

  - 대역폭 할당 : 네트워크 관리자는 네트워크의 각 섹션에 대해 대역폭을 할당할 수 있으며, 이를 통해 네트워크 자원의 효율적인 사용을 보장한다.

- 역할 및 장점

  - 신뢰성 : 듀얼 버스 구조는 한 버스에 문제가 발생해도 네트워크가 계속 작동할 수 있도록 하여 높은 신뢰성을 제공한다.

기초 용어 정리

* **통신 버스(Communication Bus)** : 컴퓨터 시스템이나 전자 기기의 다양한 구성 요소 간에 데이터를 주고받을 수 있도록 하는 통신 경로를 나타낸다. 버스는 데이터, 주소 및 제어 신호를 전송하는 데 사용되며, 시스템의 여러 부분 간에 효율적인 데이터 교환을 가능케 한다.

** **헤더** : 네트워크 패킷의 시작 부분에 있는 정보로, 출발지 및 목적지 주소, 프로토콜 등의 네트워크 관련 정보를 포함한다.

- 효율성 : 분산 큐잉 알고리즘을 사용하여 네트워크 트래픽*을 관리하고 데이터 충돌을 최소화한다.

- 확장성 : DQDB 네트워크는 새로운 노드를 추가하기 쉽고, 대규모 네트워크 환경에서 도 효과적으로 작동할 수 있도록 설계되었다.

- 유연성 : 다양한 데이터 타입(음성, 비디오, 데이터)을 동시에 처리할 수 있어 멀티미디어 통신에 유리하다.

④ WAN(Wide Area Network)

● 개념

- Wide Area Network (WAN)은 넓은 지리적 영역에 걸쳐 컴퓨터 네트워크를 연결하는 통신 네트워크이다.

- 이 네트워크는 도시, 국가 또는 대륙 전체와 같이 매우 넓은 지역을 아우를 수 있으며, 개인, 공공, 기업 및 정부 기관에서 사용한다.

- 범위 : WAN은 LAN(Local Area Network)이나 MAN(Metropolitan Area Network) 보다 훨씬 넓은 영역을 커버한다.

- 통신 방식 : WAN은 전화 회선, 위성 링크, 광섬유 케이블과 같은 다양한 전송 매체를 통해 데이터를 전송할 수 있다.

- 구성 : 일반적으로 여러 개의 LAN이나 MAN이 라우터나 스위치와 같은 통신 장비를 통해 연결되어 구성된다.

- 기능 : WAN은 지리적으로 분산된 조직의 일부를 연결하거나 인터넷과 같은 전 세계적 인 네트워크에 접속하는 데 사용된다.

● WAN의 주요 특징

- 다양한 소유권 및 관리 옵션 : WAN은 통신사업자에 의해 구축되고 관리되는 경우가 많지만 대기업이나 대학과 같은 대규모 조직이 자체 WAN을 소유하고 관리할 수도 있다.

- 비용 : WAN 구축 및 유지 관리 비용은 상대적으로 높으며, 이는 더 많은 인프라와 관리가 필요하기 때문이다.

- 대역폭 : WAN의 대역폭은 일반적으로 사용자 수와 네트워크를 통한 데이터 전송량에

기초 용어 정리

* **트래픽**: 네트워크에서 정보나 데이터가 전송되는 양을 가리킨다. 네트워크 트래픽은 주로 네트워크의 사용률, 대역폭 요구사항, 데이터 전송 속도 등을 평가하는 데 사용된다. 높은 트래픽은 네트워크 혼잡을 일으킬 수 있다.

따라 제한된다.

- 보안 : 데이터가 공공 네트워크를 통해 전송되므로 암호화와 VPN(Virtual Private Network)과 같은 기술을 통해 보안이 중요한 문제로 다뤄진다.

● WAN 기술

- Leased Lines : 전용 회선을 통해 두 지점을 직접 연결한다.

- Frame Relay : 가상 회로를 기반으로 하는 패킷 교환 네트워크로 예전에 널리 사용되었다.

- ATM (Asynchronous Transfer Mode) : 데이터를 셀이라는 작은 고정 크기의 패킷으로 전송하는 기술로 특히 음성과 비디오 전송에 적합하다.

- MPLS (Multi-Protocol Label Switching) : 데이터 패킷에 라벨을 붙여서 라우팅하는 기술로, 효율적인 데이터 전송 경로를 제공한다.

- VPN : 인터넷을 통해 개인 네트워크를 확장하며, 데이터를 암호화하여 안전하게 전송한다.

- SD-WAN (Software-Defined Wide Area Network) : 네트워크의 관리를 소프트웨어로 중앙에서 제어할 수 있게 하는 최신 기술이다.

● WAN과 관련된 프로토콜들

- HDLC (High-Level Data Link Control) : 데이터 링크 계층에서 동작하는 비트 지향 프로토콜로 오류 검출 및 순차적인 전송을 제공한다.

- PPP (Point-to-Point Protocol) : 일대일의 직렬 링크를 통해 두 네트워크 장치 간에 데이터를 전송하기 위한 프로토콜이다.

- X.25 : 패킷 스위칭 네트워크 프로토콜로, 오류 수정 기능을 포함하여 신뢰성 있는 데이터 전송을 제공한다.

- Frame Relay : 가상 회로를 기반으로 하는 패킷 교환 네트워크 기술이다.

- ATM (Asynchronous Transfer Mode) : 셀 스위칭 기술을 사용하는 네트워크 프로토콜로, 고정 길이의 53바이트 셀을 사용하여 데이터를 전송한다.

⑤ SAN(Storage Area Network)

● 개념

　– Storage Area Network (SAN)은 고성능의 스토리지 장치들을 네트워크를 통해 컴퓨터 시스템들과 연결하는 전용 네트워크이다.

　– SAN은 데이터 센터와 기업 환경에서 많이 사용되며, 대용량의 데이터 저장, 관리, 백업 및 복구 작업을 위해 설계되었다.

● 핵심 구성 요소

　– 스토리지 장치 : SAN에는 하드 디스크 드라이브(HDD), 솔리드 스테이트 드라이브(SSD), 테이프 라이브러리 등 다양한 스토리지 장치가 포함될 수 있다.

　– SAN 스위치 : 스토리지 장치와 서버를 연결하는 네트워크 스위치로, Fibre Channel이나 iSCSI와 같은 프로토콜을 사용하여 데이터 전송을 담당한다.

　– 서버 : 데이터를 처리하고 스토리지에 액세스하는 서버들이 SAN에 연결된다.

　– Fibre Channel 또는 iSCSI : 이들은 SAN에서 주로 사용되는 두 가지 데이터 전송 프로토콜이다.

● 주요 특징

　– 고성능 : SAN은 빠른 데이터 전송 속도와 낮은 지연 시간을 제공하여 대규모 데이터의 효율적인 처리를 가능하게 한다.

　– 확장성 : 스토리지 용량이나 성능이 필요에 따라 쉽게 확장될 수 있다.

　– 중앙 집중식 관리 : 스토리지 자원을 중앙에서 관리할 수 있어 효율성을 높이고 관리를 단순화한다.

　– 다중 액세스 : 여러 서버가 동시에 스토리지 장치에 액세스할 수 있다.

　– 데이터 보호 및 복구 : 미러링, 스냅샷, 복제 등의 기능을 통해 데이터를 보호하고 재해 발생 시 복구할 수 있다.

● 사용 사례

　– 데이터베이스 서버 : 대용량의 데이터베이스를 지원하기 위해 고성능 스토리지가 필요한 환경에서 사용된다.

　– 가상화 환경 : 여러 가상 머신이 공통된 스토리지 풀을 사용할 수 있도록 한다.

- 백업 및 아카이빙 : 대규모의 데이터를 효율적으로 백업하고 장기 보관이 필요한 환경에서 활용된다.

- 재해 복구 : 데이터 센터 간의 미러링을 통해 비즈니스 연속성을 보장한다.

2. 네트워크의 형태

(1) LAN Topology (네트워크 위상)

● LAN (Local Area Network) 토폴로지는 네트워크에 연결된 장치들이 어떻게 배열되고 통신하는지를 설명하는 네트워크의 물리적 및 논리적 구조이다.

● LAN 토폴로지는 데이터의 흐름과 네트워크의 확장성, 신뢰성, 성능에 중요한 영향을 미친다. 다음은 주요 LAN 토폴로지 유형이다.

(2) 버스 토폴로지 (Bus Topology)

● 모든 컴퓨터가 하나의 단일 케이블에 연결되어 있다.

● 이 케이블의 양 끝에는 종단저항*이 있는데, 이것은 신호의 반사를 방지한다.

● 장치가 데이터를 전송할 때, 모든 네트워크 장치에 신호가 전달된다.

● 장점 : 간단하고 설치 비용이 적는다.

● 단점 : 한 장치에 문제가 발생하면 전체 네트워크에 영향을 미칠 수 있다.

(3) 별형 토폴로지 (Star Topology)

● 모든 컴퓨터가 중앙 집중 장치(예: 스위치나 허브)에 연결된다.

● 중앙 장치는 네트워크 상의 각 컴퓨터 간의 통신을 관리한다.

● 장점 : 중앙 장치만이 고장 난 경우를 제외하고는 하나의 장치에 문제가 발생해도 다른 장치들에는 영향을 미치지 않는다.

기초 용어 정리

* **종단저항(End Resistance):** 전기 회로에서 특정 회로의 끝 부분에 위치한 장치나 구성 요소의 전기 저항을 가리키는 용어이다. 이것은 종단이나 끝단에서 전기 신호가 전달되거나 반사될 때 중요한 역할을 한다. 종단저항은 주로 전송선로나 전송 매체에서 사용되는 용어로 흔히 들어간다. 통신 시스템에서는 이러한 매체의 끝단에 저항을 두어 전송된 신호의 반사를 최소화하거나 제어한다.

● 단점 : 중앙 집중 장치에 의존적이기 때문에, 이 장치의 고장이 전체 네트워크의 다운을 초래할 수 있다.

(4) 링 토폴로지 (Ring Topology)

● 각 컴퓨터가 두 개의 인접한 컴퓨터와만 연결되어, 단일 방향으로 데이터가 순환하는 닫힌 루프를 형성한다.
● 데이터는 링을 따라 한 방향으로 전송된다.
● 장점 : 재전송을 통해 데이터의 충돌 없이 일정한 네트워크 성능을 유지할 수 있다.
● 단점 : 하나의 장치나 연결이 손상되면 전체 네트워크가 중단될 수 있다.

(5) 메시 토폴로지 (Mesh Topology)

● 각 컴퓨터가 네트워크 상의 다른 여러 컴퓨터와 직접적으로 연결된다.
● 이 구조는 높은 수준의 중복성을 제공한다.
● 장점 : 하나 또는 여러 연결이 손상되더라도 네트워크가 계속 작동할 수 있다.
● 단점 : 설치 및 관리 비용이 매우 높다.

(6) 트리 토폴로지 (Tree Topology)

● 계층적으로 분기된 형태로, 별형 토폴로지를 확장한 형태이다.
● 각 별형 네트워크(별형 토폴로지)가 하나의 상위 중앙 장치에 연결된다.
● 장점 : 잘 구조화되어 있고 확장성이 좋다.
● 단점 : 최상위 중앙 장치에 문제가 생기면 하위 네트워크 전체에 영향을 미칠 수 있다.

3. Media Access Control(매체 접근 제어)

(1) 개념

● 매체 접근 제어(Media Access Control, MAC) 방식은 네트워크상의 여러 장치들이 데이터를 전송하기 위해 공유 통신 채널(매체)에 접근하는 방법을 제어하는 프로토콜과 절차의 집합이다.

- 이 메커니즘은 특히 네트워크가 버스 토폴로지나 무선과 같이 매체를 공유하는 환경에서 중요하다.
- 주요 매체 접근 제어 방식에는 다음과 같은 것들이 있다.

(2) CSMA/CD (Carrier Sense Multiple Access with Collision Detection)

- 사용된 네트워크 : 전통적으로 이더넷(Ethernet) 네트워크에서 사용된다.
- 작동 방식 : 장치가 데이터를 전송하기 전에 캐리어(신호)를 감지하여 매체가 비어 있는지 확인하고 매체가 비어 있으면 데이터 전송을 시작한다.
- 특징 : 실제 충돌이 일어날 수 있는 환경에서 효과적이다.

(3) CSMA/CA (Carrier Sense Multiple Access with Collision Avoidance)

- 사용된 네트워크 : 무선 네트워크(Wi-Fi) 등에서 주로 사용된다.
- 작동 방식 : 장치가 데이터를 전송하기 전에 매체가 비어 있는지 감지하고 매체가 비어 있을 때만 데이터를 전송한다.
- 특징 : 충돌 감지가 어려운 무선 환경에서 충돌을 회피하기 위해 사용되며 충돌 확률을 감소시킨다.

(4) 토큰 링(Token Ring)

- 사용된 네트워크 : 토큰 링 네트워크에서 사용된다.
- 작동 방식 : 네트워크상의 장치들 사이를 순환하는 '토큰'이라는 특별한 데이터 패킷이 있으며, 이 토큰을 가진 장치만이 데이터를 전송할 수 있다.
- 특징 : 데이터 전송 충돌을 방지하지만 네트워크에 추가적인 지연이 발생할 수 있다.

(5) TDMA (Time Division Multiple Access)

- 사용된 네트워크 : 셀룰러 통신 및 일부 무선 네트워크에서 사용된다.
- 작동 방식 : 네트워크의 전송 시간을 슬롯으로 나누고, 각 장치에 특정 시간 슬롯을 할당한다.
- 특징 : 정해진 시간 슬롯 내에서만 데이터를 전송할 수 있으므로, 충돌이 발생하지 않는다.

(6) FDMA (Frequency Division Multiple Access)

● 사용된 네트워크 : 아날로그 셀룰러 네트워크 및 기타 무선 통신에서 사용된다.

● 작동 방식 : 사용 가능한 주파수 대역을 여러 채널로 나누고, 각 장치에 특정 주파수 채널을 할당한다.

● 특징 : 동시에 여러 장치가 통신할 수 있으나, 주파수 자원이 한정되어 있다.

4. 대표적인 MAC 방식의 작동 형태

(1) CSMA/CD (Carrier Sense Multiple Access with Collision Detection)

이더넷 네트워크에서 데이터의 충돌을 처리하는 방식으로 다음과 같은 순서로 작동된다.

① 감지(Carrier Sense) : 장치는 데이터를 전송하기 전에 먼저 네트워크 매체(케이블)를 감지하여 다른 장치가 데이터를 전송하고 있는지 확인한다.

② 전송 : 매체가 비어 있다고 판단되면, 장치는 데이터를 전송한다.

③ 충돌 감지(Collision Detection) : 데이터 전송 중에 다른 장치도 동시에 데이터를 보내려고 하면 전자적 신호가 충돌하여 변형되는 것을 장치는 감지한다.

④ 잼 신호(Jam Signal) : 충돌이 감지되면, 전송을 중단하고 모든 장치에 충돌이 발생했음을 알리는 잼 신호를 보낸다.

⑤ 백오프(Backoff) : 충돌이 발생하면, 각 장치는 무작위로 선택된 시간 동안 대기한 후에 데이터 전송을 다시 시도한다.

⑥ 재시도 : 대기 시간이 끝나면, 장치는 처음부터 시작하여 네트워크 매체를 다시 감지하고, 비어있으면 데이터 전송을 시도한다.

(2) 토큰 패싱(Token Passing)

토큰 링(Token Ring) 또는 토큰 버스(Token Bus) 네트워크에서 사용되며, 다음과 같은 순서로 작동한다.

① 토큰 생성 : 네트워크 초기화 시 네트워크의 어떤 장치가 토큰을 생성한다.

② 토큰 전달 : 생성된 토큰은 네트워크의 장치들 사이를 순차적으로 이동한다.

③ 전송 권한 확인 : 장치가 토큰을 받으면, 데이터를 전송할 권한이 있는지 확인하고 만약 전송할 데이터가 없다면, 토큰을 다음 장치로 넘긴다.

④ 데이터 전송 : 전송할 데이터가 있는 장치는 토큰을 '사용 중' 상태로 변경하고, 데이터 프레임과 함께 네트워크를 통해 전송한다.

⑤ 토큰 해제 : 데이터 전송이 끝나면, 해당 장치는 토큰을 '사용 가능' 상태로 다시 변경하고, 토큰을 다음 장치로 넘긴다.

⑥ 순환 계속 : 토큰은 네트워크상의 모든 장치들 사이를 지속적으로 순환하며, 각 장치는 토큰을 받았을 때 데이터 전송 권한을 갖게 된다.

02 네트워크 장비 ★★★★

✦ 합격을 부르는 치트키 가이드

네트워크장비에는 다양한 장치들이 있습니다. 라우터, 케이블, 허브등 알아야할 것들이 많지만 처음에만 그럴 뿐 사실은 이러한 장치들은 수십년전부터 변하지 않았습니다. 곧 이번에 공부하시면 평생 활용할 수 있을 정도로 클래식한 장비들이라는 것을 알 수 있습니다. 심지어 이러한 장비는 클라우드와 가상화기술을 통해서도 재구현이 되고 있습니다. 그러니 시간을 조금 여유를 두시고 장비간의 기능 차이와 특성을 정독하시기를 권합니다. 오히려 시간이 지날수록 유사문제와 시험에서 강해진 자신을 발견하실 것입니다.

1. LAN 구성 요소와 장치

(1) 케이블

● 로컬 영역 네트워크(LAN)을 구축할 때 사용되는 케이블 유형은 네트워크의 크기, 구조, 필요한 데이터 전송 속도와 같은 요소에 따라 다양하다.

● LAN에 주로 사용되는 케이블 유형은 다음과 같다.

(2) 트위스티드 페어 케이블

① UTP (Unshielded Twisted Pair)

　　● 가장 일반적인 케이블 유형으로, 실드가 없는 꼬인 쌍의 구리 선을 사용한다.

　　● 케이블을 쉽게 구할 수 있고 가격이 저렴하며 설치가 간편하다.

- 케이블은 다양한 카테고리(Category 5e, 6, 6a, 7 등)가 있으며, 각각은 다른 전송 속도와 대역폭을 지원한다.
- Cat 5e* 이상을 사용하면 기가비트 이더넷 속도를 지원할 수 있다.

② STP (Shielded Twisted Pair)

- UTP와 유사하지만, 각 트위스티드 페어 또는 전체 케이블이 금속 실드로 보호되어 있어 전자기 간섭**(EMI)에 대한 저항성이 더 높다.
- 더 비싸고 무겁지만, 고성능이 필요한 환경이나 간섭이 많은 환경에서 유리하다.
- 동축 케이블 : 과거에 널리 사용되었으나 현재는 주로 트위스티드 페어 케이블에 밀려나고 있다.
- 케이블 모뎀, 텔레비전, 일부 구형 네트워크에서 여전히 사용된다.

③ 광섬유 케이블

- 데이터를 광신호로 전송하여 대역폭이 매우 넓고 전송 속도가 매우 빠르다.
- EMI에 영향을 받지 않으며 더 긴 거리의 데이터 전송이 가능하다.
- 대규모 기업 환경, 데이터 센터, 고속 네트워크 백본에서 주로 사용된다.
- 비용과 설치 복잡성이 더 높아 초기 설정에 더 많은 투자가 필요하다.

④ 케이블 선택 시 고려할 점

- 환경 : 전자기 간섭이 많은 환경인지, 충격이나 온도 변화에 노출되는지 등을 고려해야 한다.
- 거리 : 전송해야 하는 거리에 따라 케이블 유형을 선택해야 한다. 광섬유는 더 긴 거리에 적합하다.
- 속도와 대역폭 : 필요한 네트워크의 속도와 대역폭을 충족할 수 있는 케이블을 선택해야 한다.
- 비용 : 총 소유 비용(TCO)을 고려하여, 초기 설치 비용뿐만 아니라 유지 보수 비용도 고려해야 한다.

기초 용어 정리

* **Cat 5e**: "Category 5e"의 약자로, 이더넷 케이블의 표준 중 하나이다. Cat 5e는 전송 속도와 성능 측면에서 Cat 5 케이블을 개선한 버전으로, 주로 네트워크 연결 및 데이터 통신에 사용된다.

** **전자기 간섭**: 전자기장을 통해 전기적 또는 전자적 신호가 다른 장치나 시스템에 부정적인 영향을 미치는 현상을 나타낸다. 이는 전자 기기 간의 상호 작용으로 인해 발생할 수 있으며, 전기 및 전자 장비의 안정성과 성능을 해칠 수 있다.

2. UTP, STP 케이블 상세 정리

(1) 개념

● 네트워크에 사용되는 케이블은 데이터를 전자적 신호로 변환하여 장치 간에 전송하는 매체이다.

● LAN (Local Area Network) 환경에서는 주로 구리 기반의 트위스티드 페어 케이블과 광섬유 케이블이 사용된다.

● 여기서는 구리 기반 케이블인 UTP와 STP에 대해 집중해서 설명하겠다.

(2) UTP (Unshielded Twisted Pair)

● UTP 케이블은 실드로 보호되지 않은 트위스티드 페어 케이블이다.

● 내부에는 쌍을 이루는 구리 선이 있으며, 이 선들은 서로 꼬여 있어 전자기 간섭을 최소화한다.

● 구조 : 일반적으로 4쌍(8개의 선)이 있으며, 각각은 다른 색상의 절연 덮개로 구분된다.

● 분류 : UTP 케이블은 성능 등급에 따라 Cat 3, Cat 5, Cat 5e, Cat 6, Cat 6a 등 다양한 카테고리로 분류된다.

● 사용 : 일반 사무실 환경이나 가정에서 많이 사용되며, 가격이 저렴하고 설치가 쉬워 가장 흔한 유형의 네트워크 케이블이다.

(3) STP (Shielded Twisted Pair)

● STP 케이블은 각 트위스티드 페어 주위에 또는 전체 케이블 주위에 금속 포일이나 브레이드 실드가 추가되어 있는 트위스티드 페어 케이블이다.

● 이 실드는 전자기 간섭을 더욱 줄여준다.

● 구조 : UTP와 유사하게 4쌍의 꼬인 선이 있지만, 추가적인 실드로 감싸져 있어 더 무겁고 두꺼워진다.

● 분류 : STP 케이블 또한 다양한 성능 등급이 있으며, 사용 환경에 따라 적절한 카테고리를 선택할 수 있다.

● 산업 환경이나 고주파 간섭이 심한 환경에서 주로 사용된다.

● 실드 때문에 UTP보다 비싸고, 설치가 조금 더 복잡할 수 있다.

3. 케이블 명칭과 해석 방법

(1) 개념

- 100BaseTX, 100BaseFX 등의 명칭은 이더넷 네트워킹 기술에서 사용되는 명명 규칙이다.
- 여기서 "100Base"는 100 Mbps의 전송 속도를 의미하고, "Base"는 베이스밴드 신호 전송을 의미한다.
- "TX", "FX" 등의 접미사는 사용되는 케이블 유형과 기술을 나타낸다.
- 마찬가지로 "1000Base"는 1 Gbps (1000 Mbps)를 나타낸다.

(2) 케이블 유형과 전송 거리

유형	설명
100BaseTX	- 이는 가장 흔히 사용되는 100 Mbps 이더넷 표준으로, 대부분의 작은 네트워크와 가정에서 사용된다. - 케이블 타입 : Cat 5 이상의 UTP(트위스티드 페어) 케이블 - 전송 거리 : 최대 100미터
100BaseFX	- 주로 빌딩 간 연결이나 데이터 센터 내에서 광범위한 네트워크 확장이 필요할 때 사용된다. - 케이블 타입 : 멀티모드(Multimode) 광섬유 - 전송 거리 : 2km까지 지원
100Base—CX	- 이 표준은 주로 짧은 거리의 연결에 사용되며, 상업적으로 널리 채택되지는 않았다. - 케이블 타입 : STP(Shielded Twisted Pair) - 전송 거리 : 최대 25미터
100Base—T	- 일반적으로 100Base—T는 100 Mbps 이더넷을 나타내는 데 사용되는 용어로, 다양한 케이블을 지원할 수 있지만 주로 다음 두 가지를 의미한다. - 100Base—TX : UTP 케이블을 사용, 최대 100미터 - 100Base—T4 : Cat 3 이상의 UTP, 100미터까지 지원하지만 8Mbps 속도만 지원하므로 현재는 거의 사용되지 않는다.
1000Base—SX	- 주로 내부 네트워크, 데이터 센터, LAN 백본에서 사용되며, 비교적 짧은 거리의 광섬유 연결에 사용된다. - 케이블 타입 : 멀티모드 광섬유 - 전송 거리: 550미터까지 지원
1000Base—LX	- 이는 보다 긴 거리를 필요로 하는 네트워크에 적합하며, 더 넓은 영역을 커버할 수 있다. - 케이블 타입 : 멀티모드 및 단일모드 광섬유 - 전송 거리: 멀티모드에서 최대 550미터, 단일모드에서는 최대 5km

4. 네트워크 통신 장비

(1) 리피터 (Repeater)

- 기능 : 신호를 증폭하고 재생산하여 데이터 신호가 더 멀리 전송될 수 있게 한다.
- 리피터는 전기적인 신호를 감지하고 그 강도를 증가시켜 주는 장치이다.
- 신호가 약해지는 것을 방지하고 전송 거리를 연장하는 데 사용된다.
- 리피터는 일반적으로 무선 네트워크 또는 큰 LAN 환경에서 사용된다.

(2) LAN 카드 (Network Interface Card, NIC)

- 기능 : 컴퓨터를 네트워크에 연결하고 데이터를 송수신할 수 있게 한다.
- LAN 카드는 컴퓨터 내에 설치되어 네트워크와 직접적으로 통신할 수 있게 해주는 하드웨어 장치이다.
- 이 카드는 컴퓨터의 메인보드에 직접 연결되며, 외부 네트워크로부터의 데이터를 수신한다.

(3) 브릿지 (Bridge)

- 기능 : 두 개 이상의 네트워크 세그먼트를 연결하고 트래픽을 관리한다.
- 브릿지는 데이터 링크 계층(계층 2)에서 작동하며, 다리 역할을 하여 서로 다른 네트워크 세그먼트를 연결한다.
- 브릿지는 네트워크 내에서 MAC 주소를 사용하여 트래픽을 필터링하고 전달한다.
- 이를 통해 불필요한 트래픽이 다른 세그먼트*로 전파되는 것을 방지하고, 네트워크의 효율성을 높일 수 있다.

(4) 스위치 (Switch)

- 기능 : 여러 장치들 사이에서 데이터 패킷을 스위칭**하여 적절한 대상에게 전달한다.

기초 용어 정리

* **세그먼트**: 네트워크에서 데이터가 전송되는 독립된 부분을 나타낸다. 예를 들어, 이더넷에서는 각각의 케이블이나 스위치 간의 연결된 부분이 세그먼트가 될 수 있다.

** **스위칭**: 네트워크에서 데이터를 전송하는 기술 또는 장비를 가리킨다. 스위치는 여러 포트를 가지고 있어 각각의 포트 간에 데이터를 전송하거나 필요에 따라 다른 네트워크 장비로 데이터를 전달한다.

- 스위치는 브릿지보다 더 고도화된 네트워킹 장비로, 데이터 링크 계층 또는 네트워크 계층 (계층 3 스위치인 경우)에서 작동한다.
- 스위치는 네트워크 내의 각 연결에 대해 독립적인 통신 채널을 제공하여 효율적인 데이터 전송을 가능하게 한다.
- 각 포트는 MAC 주소 테이블을 사용하여 연결된 장치를 식별하고, 데이터 패킷이 정확한 목적지로만 전송되도록 한다.
- 이는 브로드캐스트도메인*을 분할하고 네트워크 트래픽을 효과적으로 관리하는 데 도움을 준다.

(5) 허브

① 기능

- 네트워크의 기본적인 연결 장치로서 여러 개의 네트워크 포트를 제공하여 여러 대의 컴퓨터 또는 네트워크 장치를 물리적으로 연결하는 역할을 한다.
- 허브는 전송된 데이터(프레임)를 받아서 연결된 모든 포트로 브로드캐스팅한다.
- 이 때문에 허브를 통한 네트워크는 많은 충돌이 발생할 수 있으며, 이러한 이유로 현재는 스위치가 널리 사용되고 있다.

② 종류

- 더미 허브 (Dummy Hub) : 더미 허브는 가장 기본적인 형태의 허브이다.
- 인텔리전트 허브 (Intelligent Hub) : 네트워크의 성능 모니터링, 문제 진단, 트래픽 관리 등을 수행할 수 있으며 SNMP 같은 프로토콜을 지원한다.
- 스택커블 허브 (Stackable Hub) : 네트워크를 유연하게 확장할 수 있고, 중앙에서 통합된 관리가 가능하다.
- 이더넷 허브 (Ethernet Hub) : 이더넷프로토콜을 사용하는 네트워크 장치들을 연결하는 허브이다.
- 토큰 링 허브 (Token Ring Hub) : 충돌을 방지하는 데 유용하며, 일정한 네트워크 성능을 유지하는 데 도움이 된다.

기초 용어 정리
* **브로드캐스트 도메인**: 네트워크에서 브로드캐스트 메시지가 전파되는 범위를 나타낸다. 브로드캐스트 메시지는 네트워크에 연결된 모든 장치에게 전송되는 메시지로, 특정한 목적지가 지정되지 않은 경우에 사용된다.

5. 인터네트워킹 디바이스

(1) 라우터(Router)

① 개념
- 라우터는 다양한 네트워크들을 연결하는 장치로서, 네트워크의 핵심적인 구성 요소이다.
- 주로 IP(Internet Protocol) 주소를 기반으로 라우팅 결정을 내리며, 두 개 이상의 네트워크 인터페이스를 가진다.
- 라우터는 홈 네트워크에서 소규모 사무실에서부터 대기업의 복잡한 기업 네트워크까지 광범위하게 사용된다.

② 기능
- 트래픽 라우팅 : 라우터는 네트워크 레이어(계층 3)에서 작동하며, 데이터 패킷이 네트워크 사이를 효율적으로 이동할 수 있도록 라우팅 테이블을 이용해 최적의 경로를 결정한다.
- 데이터 패킷 전달 : 라우터는 받은 패킷의 목적지 IP 주소를 확인하고, 내부 라우팅 테이블에 따라 해당 네트워크로 패킷을 전달한다.
- 네트워크 간 연결 : 서로 다른 네트워크(예를 들어, LAN과 WAN)를 연결하고 통신할 수 있게 한다.
- 트래픽 제어 및 필터링 : 라우터는 내부 네트워크를 외부의 비인가된 액세스로부터 보호하는 방화벽 기능을 수행할 수 있다.
- NAT(Network Address Translation) 수행 : 라우터는 공인 IP 주소와 사설 IP 주소 간의 변환을 수행하여, 여러 장치가 하나의 공인 IP 주소를 사용하여 인터넷에 접속할 수 있도록 한다.
- 품질 보장(Quality of Service) : 특정 유형의 트래픽(예: 음성 또는 비디오 스트림)에 우선순위를 부여하여 네트워크 성능을 최적화한다.

③ 추가적인 기능
- VPN(Virtual Private Network) 지원 : 안전한 원격 접속을 위해 VPN* 터널링을 지원

기초 용어 정리

* **VPN(Virtual Private Network)**: 공중 네트워크를 통해 안전하게 데이터를 전송하기 위해 사용되는 기술이다. VPN 은 사용자 또는 조직이 공용 인터넷을 통해 안전한 통신 채널을 만들어내는 데 사용된다. 이를 통해 데이터를 암호화하고 안전하게 전송하여 기밀성과 보안성을 유지할 수 있다.

한다.

- 무선 기능 : 일부 라우터는 Wi-Fi 기능을 내장하여 무선 장치 연결을 지원한다.

- IPv6 지원 : 최신 라우터는 IPv4와 더불어 새로운 인터넷 프로토콜인 IPv6를 지원한다.

(2) 게이트웨이(Gateway)

① 개념

- 게이트웨이는 서로 다른 네트워크 간의 통신을 가능하게 하는 네트워크 장치 또는 네트워크 포인트이다.

- 이 장치는 데이터를 전송하거나 받을 때, 데이터 형식이나 프로토콜을 다른 네트워크 환경에 맞게 변환해주는 기능을 수행한다.

- 게이트웨이는 일반적으로 서로 다른 통신 환경이나 애플리케이션 간의 인터페이스 역할을 한다.

② 핵심 기능과 개념

- 프로토콜 변환 : 게이트웨이는 한 네트워크의 프로토콜을 다른 네트워크에서 사용하는 프로토콜로 변환한다.

- 데이터 포맷 변환 : 서로 다른 데이터 포맷을 사용하는 시스템 간에 데이터를 전송할 때, 게이트웨이는 필요한 포맷 변환을 수행한다.

- 애플리케이션 간 인터페이스 : 게이트웨이는 이메일 서버, 메시징 서비스 등 다양한 애플리케이션 간의 통신을 가능하게 한다.

- 보안 제공 : 외부 네트워크에서 내부 네트워크로의 접근을 관리하고 필터링하는 역할을 할 수 있다.

- 통신 네트워크의 경계 정의 : 게이트웨이는 두 네트워크 간의 경계점 역할을 하며, 이 경계를 통해 데이터가 넘어갈 때 적절한 변환과 처리가 이루어진다.

③ 예

- 이메일 게이트웨이 : 서로 다른 이메일 시스템 간에 메시지를 전송할 때 필요한 변환을 수행한다.

- VoIP 게이트웨이 : 음성 통신과 데이터 네트워크 간에 통신을 가능하게 하는 변환을 담당한다.
- 클라우드 게이트웨이 : 온-프레미스 네트워크와 클라우드 서비스 간의 데이터 이동을 관리한다.

6. UTP 케이블과 전선작업

(1) 개념

- UTP(Unshielded Twisted Pair) 케이블은 가장 일반적으로 사용되는 유선 네트워크 케이블 중 하나이다.
- 이 케이블은 통신 채널에서 데이터를 전송하기 위해 사용되며, 내부에 보호용 차폐가 없이 단순히 서로 꼬여 있는 쌍의 전선을 사용한다.
- UTP 케이블은 주로 전화 시스템과 네트워크(예: Ethernet)에서 사용된다.

(2) 특징

- 각 케이블은 4쌍(8개)의 꼬인 전선으로 구성된다.
- 전자기 간섭(EMI)에 대한 저항성은 STP(Shielded Twisted Pair) 케이블에 비해 낮지만, 꼬인 전선 구조 덕분에 일정 수준의 방해 신호로부터 보호를 제공한다.
- 비용 효율적이며 설치가 쉽다.

(3) 표준

- 배선 표준: UTP 케이블은 두 가지 주요 표준에 따라 배선될 수 있다.
- T568A 표준
  - 주로 구형 시스템과 일부 국가에서 사용된다.
  - 케이블 색상 순서 : 녹색-흰색, 녹색, 주황-흰색, 파란색, 파란색-흰색, 주황, 갈색-흰색, 갈색
- T568B 표준
  - 대부분의 국가에서 널리 사용되는 표준이다.

- 케이블 색상 순서 : 주황-흰색, 주황, 녹색-흰색, 파란색, 파란색-흰색, 녹색, 갈색-흰색, 갈색

- 이 두 표준은 핀 번호를 기준으로 전선의 위치를 정의한다.

- RJ-45 커넥터에 케이블을 연결할 때는 특정한 순서로 전선을 배열하여 잘못된 연결로 인한 네트워크 문제를 피해야 한다.

(4) 배선 절차

● 케이블의 외부 쉬스를 약 2인치 정도 벗겨낸다.

● 꼬인 쌍을 풀고 각 쌍의 전선을 평평하게 한다.

● 위에 언급된 표준(T568A 또는 T568B)에 따라 색상 순서대로 전선을 정렬한다.

● 전선 끝을 직선으로 잘라 RJ-45 커넥터를 장착할 준비를 한다.

● 전선을 커넥터에 꽂은 다음, 크림핑 도구를 사용하여 커넥터를 고정한다.

● 주의사항 : 배선 작업을 할 때는 쌍을 너무 많이 풀지 않도록 주의해야 한다.

(5) 케이블링

● UTP (Unshielded Twisted Pair) 케이블을 케이블링하는 과정은 세밀한 작업이며, 적절한 도구가 필요하다.

● 이 과정은 일반적으로 네트워크 케이블을 만들 때 사용된다.

● 케이블링 과정 중 언제든지 실수가 발생할 수 있기 때문에, 모든 작업이 끝난 후 반드시 케이블 테스터로 케이블이 올바르게 크림핑*되었는지 확인하는 것이 중요하다.

● 아래는 UTP 케이블링을 위한 기본적인 단계를 설명한다.

(6) 필요한 도구

● UTP 케이블

● RJ-45 커넥터

기초 용어 정리

* **크림핑(Crimping)**: 전기 및 전자 기기에서 전선이나 케이블을 연결하는 과정을 나타낸다. 주로 네트워크 케이블이나 전화선, 전원 케이블 등을 연결할 때 사용된다. 크림핑은 케이블의 단단한 연결을 보장하고 전기적인 신호의 안정성을 유지하기 위해 중요한 단계 중 하나이다.

- 크림핑 도구
- 와이어 스트리퍼 또는 나이프
- 케이블 테스터 (선택 사항)

(7) 다이렉트 케이블 만들기

- UTP (Unshielded Twisted Pair) 케이블링에 있어서 다이렉트 케이블, 일명 스트레이트스루 케이블은 네트워크 장비를 연결하는 표준 방식의 케이블이다.
- 다이렉트 케이블은 일반적으로 서로 다른 종류의 네트워크 장치를 연결하는데 사용된다.
- 예를 들어, 컴퓨터와 스위치 또는 스위치와 라우터를 연결할 때 사용된다.
- 아래는 다이렉트 케이블을 만들기 위한 기본적인 단계이다.

단계	설명
케이블 준비하기	• 필요한 길이의 UTP 케이블을 준비하고, 케이블 양 끝을 잘라낸다.
케이블의 외부 절연체를 벗기기	• 케이블의 양 끝에서 약 1인치(2.5cm) 정도의 외부 절연체를 벗긴다. • 이를 통해 내부의 4쌍의 꼬인 전선이 드러나게 된다.
전선 정렬하기	• 케이블의 각 전선을 꼬임에서 풀어 펴고, T568A 또는 T568B 색상 코드 표준에 따라 전선을 정렬한다. • 다이렉트 케이블의 경우, 양쪽 끝의 전선은 동일한 순서로 정렬되어야 한다.
T568B 표준 정렬 순서	• 흰색/오렌지 줄무늬 • 오렌지 • 흰색/녹색 줄무늬 • 파란색 • 흰색/파란색 줄무늬 • 녹색 • 흰색/갈색 줄무늬 • 갈색
전선 삽입과 RJ-45 커넥터 준비	• 전선을 올바른 순서로 정렬한 후 RJ-45 커넥터에 밀어 넣는다. • 전선의 끝이 커넥터의 끝에 거의 닿도록 해야 한다.
크림핑	크림핑 도구를 사용하여 RJ-45 커넥터를 케이블에 압착한다.
케이블 테스트	케이블 테스터를 사용하여 케이블이 제대로 만들어졌는지 확인한다.

(8) 크로스오버 케이블 만들기

- UTP(Unshielded Twisted Pair) 케이블링에서 크로스오버 케이블은 같은 유형의 네트워크 장치를 서로 연결할 때 사용된다.
- 예를 들어, 두 대의 컴퓨터나 두 대의 스위치를 직접 연결할 때 필요하다.

- 크로스오버 케이블은 한쪽 끝이 T568A로, 다른 쪽 끝이 T568B로 배선되어 서로 다른 핀들이 교차되게 만든다.

- 아래는 크로스오버 케이블을 만들기 위한 기본적인 단계이다.

단계	설명
케이블 준비하기	케이블을 원하는 길이로 잘라서 준비한다.
외부 절연체 벗기기	양쪽 끝에서 약 1인치(2.5cm) 정도의 외부 절연체를 벗겨서 내부의 전선 8가닥을 드러낸다.
전선 정렬하기 (한쪽 끝)	• 한쪽 끝의 전선을 꼬임에서 풀어서 T568A 색상 코드 표준에 따라 정렬한다. • T568A 색상 코드는 다음과 같다. 　– 흰색/녹색 줄무늬 　– 녹색 　– 흰색/오렌지 줄무늬 　– 파란색 　– 흰색/파란색 줄무늬 　– 오렌지 　– 흰색/갈색 줄무늬 　– 갈색
전선 정렬하기 (다른쪽 끝)	• 다른 쪽 끝의 전선을 꼬임에서 풀어서 T568B 색상 코드 표준에 따라 정렬한다. • T568B 색상 코드는 다음과 같다. 　– 흰색/오렌지 줄무늬 　– 오렌지 　– 흰색/녹색 줄무늬 　– 파란색 　– 흰색/파란색 줄무늬 　– 녹색 　– 흰색/갈색 줄무늬 　– 갈색
전선 삽입과 RJ-45 커넥터 준비	각 끝에 있는 전선을 정렬한 후 RJ-45 커넥터에 밀어 넣는다.
크림핑	크림핑 도구를 사용하여 RJ-45 커넥터를 케이블에 압착한다.
케이블 테스트	크로스오버 케이블을 제대로 만들었는지 확인하기 위해 케이블 테스터를 사용한다.

✦ 합격을 부르는 치트키 가이드

정보통신과 네트워크는 케이블과 장비만으로 자원을 활용할 수 없습니다. 반드시 프로토콜이라는 체계가 있어야 사용할 수 있습니다. 앞에서도 소개했듯이 이번 영역에서의 지식들이 양이 많기는 하지만 잘 변하지 않는 스터디셀러와 같은 지식들이기에 잘 공부해놓으면 다양한 곳에 사용할 수 있기에 제대로 공부하시길 권합니다. 시험을 준비하신다면 각 프로토콜과 이에 관련된 기능들 그리고 관련된 영역은 무엇인지를 중심으로 학습하시면 되겠습니다.

1. OSI-7계층과 TCP/IP

(1) OSI 7계층 모델

● OSI 7계층 모델은 국제 표준화 기구(ISO)에 의해 개발되었고, 네트워킹 프로세스를 7개의 추상적인 계층으로 나뉜다.

● 각 계층은 네트워크에서의 특정 작업을 담당하며, 아래에서 위를 향하는 순서는 다음과 같다.

● 물리 계층 (Physical Layer) : 실제 전기적, 기계적, 절차적 인터페이스를 다루며 데이터 비트를 케이블을 통해 전송한다.

● 데이터 링크 계층 (Data Link Layer) : 물리 계층을 통해 신뢰성 있는 링크를 설정하고 데이터 프레임을 전송한다. MAC 주소가 여기서 사용된다.

● 네트워크 계층 (Network Layer) : 데이터를 네트워크를 통해 라우팅*하며 IP 주소를 사용한다.

● 전송 계층 (Transport Layer) : 통신의 신뢰성을 확보하며, TCP/UDP 프로토콜이 이 계층에서 작동한다.

● 세션 계층 (Session Layer) : 통신 세션을 설정, 관리, 종료하는 역할을 담당한다.

● 표현 계층 (Presentation Layer) : 데이터 형식의 변환, 암호화 및 압축을 처리한다.

● 응용 계층 (Application Layer) : 사용자 인터페이스, 전자 메일, 파일 전송 등 응용 서비스를 제공한다.

기초 용어 정리

* **라우팅(Routing):** 네트워크에서 데이터 패킷이 출발지에서 목적지로 전달되는 경로를 결정하는 프로세스를 말한다. 라우터(Router)는 네트워크 상의 여러 경로 중에서 최적의 경로를 선택하여 데이터를 전송한다. 라우터는 OSI 모델의 3계층(네트워크 계층)에서 동작하며, IP 주소를 기반으로 패킷을 전달한다.

(2) TCP/IP 모델

● TCP/IP 모델은 인터넷의 기반이 되는 프로토콜 세트로, OSI 모델보다 실질적이고 간결하다.

● TCP/IP 모델은 일반적으로 4개의 계층으로 나뉜다.

모델	설명
링크 계층 (Link Layer)	OSI 모델의 물리 계층과 데이터 링크 계층에 해당하며 네트워크 하드웨어 및 드라이버를 포함한다.
인터넷 계층 (Internet Layer)	OSI 모델의 네트워크 계층에 해당하며, IP 프로토콜이 여기에 속하며 라우팅을 담당한다.
전송 계층 (Transport Layer)	OSI 모델의 전송 계층과 동일하며, 주로 TCP와 UDP 프로토콜을 통해 데이터 전송을 관리한다.
응용 계층 (Application Layer)	OSI의 세션 계층, 표현 계층, 그리고 응용 계층을 포함하는 가장 상위 계층으로, 실제 사용자 어플리케이션이 네트워크 서비스에 접근할 수 있게 해준다.

2. 계층별 프로토콜

(1) 개념

● 컴퓨터 네트워크에서 "프로토콜"은 데이터 교환을 위한 규칙의 집합이다.

● 이러한 규칙에는 데이터 형식, 타이밍, 순서 등이 포함되며, 컴퓨터나 네트워크 장치가 서로 의사소통할 수 있도록 한다.

(2) 관련성이 있는 계층과 프로토콜에 대한 정리

① 인터넷계층과 네트워크계층의 프로토콜

● 인터넷 계층 또는 OSI 모델의 네트워크 계층에서 작동하는 프로토콜들은 주로 네트워크 간의 데이터 전달, 라우팅 및 주소 지정과 관련된 역할을 수행한다.

● 다음은 해당 프로토콜들에 대한 설명이다.

② IP (Internet Protocol)

● 버전 : IPv4 및 IPv6

● 데이터 패킷을 소스에서 목적지로 전송하는 기본 프로토콜이다.

- 각 장치는 고유한 IP 주소를 가지며, IP는 이 주소를 사용하여 패킷을 올바른 목적지로 라우팅한다.

③ ICMP (Internet Control Message Protocol)

- 네트워크 장치 간의 오류 메시지와 운영 정보를 전송한다.
- 예를 들어, 목적지에 도달할 수 없거나 라우팅 루프*와 같은 문제가 발생했을 때, ICMP는 이 정보를 소스로 전달하여 문제 해결에 도움을 준다.

④ IGMP (Internet Group Management Protocol)

- 멀티캐스트 그룹 멤버십을 관리한다.
- 이 프로토콜은 하나의 소스에서 여러 목적지로 데이터를 효율적으로 전송하는 데 사용된다.

⑤ ARP (Address Resolution Protocol)

- 네트워크 상에서 IP 주소를 해당하는 하드웨어 주소(MAC 주소)로 변환하는 데 사용된다.
- 이는 주로 로컬 네트워크 내에서 데이터를 전송하기 위해 필요하다.

⑥ RARP (Reverse Address Resolution Protocol)

- ARP의 반대 작업을 수행하여, MAC 주소로부터 IP 주소를 얻는다.
- 이는 주로 네트워크 상의 장비가 자신의 IP 주소를 알아내야 할 때 사용된다.

⑦ IPsec (Internet Protocol Security)

- 안전한 인터넷 프로토콜 통신을 제공한다.
- IPsec은 네트워크 계층에서 데이터를 암호화하고 인증하여 보안 연결을 생성한다.

⑧ IPv6 관련 프로토콜

- NDP (Neighbor Discovery Protocol) : IPv6 네트워킹에서 사용되며, 장치들이 서로를 발견하고 주소들을 결정하는 데 사용된다.
- ICMPv6 (Internet Control Message Protocol for IPv6) : ICMP의 IPv6 버전으로,

---

기초 용어 정리

* **라우팅 루프(Routing Loop)**: 라우터들 간의 정보 교환에 의해 발생하는 네트워크 문제 중 하나이다. 라우팅 루프는 데이터 패킷이 무한히 네트워크를 순환하면서 목적지에 도달하지 못하는 상황을 묘사한다.

IPv6 네트워크에서 오류 보고 및 진단 메시지를 처리한다.

3. 전송계층의 프로토콜

● Transmission Control Protocol (TCP)는 인터넷 프로토콜 스위트의 핵심 프로토콜 중 하나로, 신뢰성 있는, 순서대로의 바이트 스트림* 서비스를 제공한다.

● TCP는 네트워크 통신에서 전송 계층에 해당하며, OSI 모델의 4계층에 위치한다.

(1) TCP

① 기본적인 특징과 기능

● 연결 지향성(Connection-Oriented) : TCP는 통신을 시작하기 전에 핸드셰이크 과정을 통해 연결을 설정한다.

● 데이터 세그먼트화(Data Segmentation) : TCP는 큰 데이터 스트림을 세그먼트**로 분할하고, 각 세그먼트에 순서 번호를 부여하여 네트워크를 통해 전송한다.

● 신뢰성 있는 전송(Reliable Transmission) : TCP는 데이터 패킷의 도착을 확인하기 위해 확인 응답(ACK)을 사용한다.

● 흐름 제어(Flow Control) : TCP는 송신측과 수신측의 데이터 처리 속도 차이를 관리하기 위해 '윈도우 크기(window size)'를 조정한다.

● 혼잡 제어(Congestion Control) : 네트워크 내의 혼잡을 감지하고, 이를 해소하기 위해 데이터 전송 속도를 조절한다.

● 핸드셰이크(Handshake) 과정 : TCP연결과 해제에 대한 작업을 한다.

● 소스 및 목적지 포트 : 통신하는 애플리케이션을 식별한다.

● 순서 번호(Sequence Number) : 세그먼트의 순서를 결정한다.

● 확인 응답 번호(Acknowledgment Number) : 다음에 기대되는 바이트의 순서 번호이다.

기초 용어 정리

* **바이트 스트림(Byte Stream)**: 데이터를 바이트의 연속으로 표현하는 형태를 말한다. 컴퓨터에서는 모든 데이터가 기본적으로 바이트의 형태로 저장되고 전송되기 때문에 바이트 스트림은 다양한 유형의 데이터를 나타낼 수 있는 범용적인 표현 방식이다.

** **세그먼트(Segment)**: 컴퓨터 네트워크에서 데이터 전송의 기본 단위 중 하나를 나타낸다. 네트워크 계층에서 데이터가 분할되어 전송되는 과정에서 세그먼트는 일부 데이터 조각을 나타낸다.

- 데이터 오프셋(Data Offset) : 헤더의 길이를 나타낸다.

- 플래그(Flags) : SYN, ACK, FIN 등의 다양한 제어 플래그가 있다.

- 윈도우 크기(Window Size) : 흐름 제어에 사용된다.

- 체크섬(Checksum) : 에러 검출에 사용된다.

- 긴급 포인터(Urgent Pointer) : 긴급 데이터의 끝을 가리킨다.

② 핸드셰이크(Handshake) 과정 상세

TCP 연결의 시작 단계에서는 3-Way Handshake라고 불리는 과정이 수행되며, TCP연결의 해제는 4-Way Handshake가 수행된다.

3-Way Handshake (TCP 연결 설정)	• SYN (Synchronize) 단계 : 클라이언트가 서버에게 연결을 요청하기 위해 SYN 패킷을 보낸다. • SYN-ACK (Synchronize-Acknowledgment) 단계 : 서버는 클라이언트의 SYN 패킷을 받고, 클라이언트에게 SYN-ACK 패킷을 보낸다. • ACK (Acknowledgment) 단계 : 클라이언트는 서버의 SYN·ACK 패킷을 받고, 서버의 초기 순서 번호를 확인하는 ACK 패킷을 서버에게 보낸다.
4-Way Handshake (TCP 연결 종료)	• 4-way handshake는 TCP/IP 네트워크에서 연결 지향적 통신을 종료하기 위해 사용되는 과정이다. 이는 다음과 같은 네 단계로 이루어진다. • FIN (Finish) 단계 : 연결을 종료하고자 하는 클라이언트가 FIN 패킷을 서버에게 보낸다. • ACK (Acknowledgment) 단계 : 서버는 클라이언트의 FIN 패킷을 받고, 이를 확인하는 ACK 패킷을 클라이언트에게 보낸다. • FIN (Finish) 단계 : 서버는 모든 데이터 전송이 완료되면, 클라이언트에게 FIN 패킷을 보낸다. • ACK (Acknowledgment) 단계 : 클라이언트는 서버의 FIN 패킷을 받고, 이를 확인하는 ACK 패킷을 서버에게 보낸다.

(2) UDP

① 개념

- User Datagram Protocol (UDP)은 인터넷 프로토콜 스위트의 핵심 프로토콜 중 하나로, TCP와 함께 전송 계층에 위치한다.

- UDP는 비연결 지향적이고, 신뢰성이 낮은 서비스를 제공한다.

- 이는 데이터를 전송할 때 연결을 설정하거나 종료하는 과정이 없으며, 데이터의 도착을 보장하지 않는다.

② 특징

- 비연결성(Non-Connection) : UDP는 선행 핸드셰이크가 없으므로, 데이터그램(datagram)을 바로 보낼 수 있다.

- 비신뢰성(Unreliable) : 패킷의 도착을 확인하지 않기 때문에, 패킷 손실이 발생해도 재전송하지 않는다.

- 순서 무보장(Out-of-order delivery) : UDP는 데이터 패킷의 순서를 보장하지 않는다.

- 헤더 오버헤드가 낮음(Low Header Overhead) : UDP 헤더는 단 8바이트로, TCP의 20바이트에 비해 훨씬 간단하다.

- 흐름 제어 및 혼잡 제어 없음(No Flow or Congestion Control) : UDP는 흐름 제어나 혼잡 제어 메커니즘을 제공하지 않는다.

③ 사용 사례

- 스트리밍 서비스 : 오디오 및 비디오 스트리밍과 같은 실시간 서비스에서는 데이터가 빠르고 연속적으로 전송되어야 한다.

- 게임 : 네트워크 게임에서는 빠른 응답 시간이 중요하며, 일부 패킷 손실은 게임 플레이에 큰 영향을 미치지 않을 수 있다.

- VoIP : 음성 통화는 약간의 데이터 손실에도 불구하고 연속적인 데이터 흐름을 요구한다.

④ 헤더 구조

- 소스 포트 (Source Port, 2 바이트): 메시지를 보내는 쪽의 포트 번호이다.

- 목적지 포트 (Destination Port, 2 바이트): 메시지를 받는 쪽의 포트 번호이다.

- 길이 (Length, 2 바이트): UDP 헤더와 데이터를 포함한 길이이다.

- 체크섬 (Checksum, 2 바이트): 데이터의 무결성을 확인하는데 사용되며, 선택적으로 사용될 수 있다.

4. 응용 계층 프로토콜

(1) 개념

● 응용 계층 프로토콜들은 특정한 네트워크 서비스를 위해 사용되며, 이들은 특정 포트번호[*]를 통해 통신한다.

● 포트 번호는 서버 내의 프로세스나 서비스를 구분하기 위해 IP 주소와 함께 사용된다.

(2) 종류

종류	설명
HTTP (HyperText Transfer Protocol)	● 기능 : 웹 서버와 클라이언트 간에 HTML 페이지 및 관련 데이터를 전송하는 데 사용된다. ● 포트 : 80 (TCP)
HTTPS (HTTP Secure)	● 기능 : HTTP에 암호화를 추가하여 보안을 강화한 프로토콜이다. ● 포트 : 443 (TCP)
FTP (File Transfer Protocol)	● 기능 : 파일을 전송하고, 파일 시스템을 조작하기 위한 프로토콜이다. ● 포트 : 20 (데이터 전송을 위한 TCP), 21 (제어(명령) 메시지를 위한 TCP)
SMTP (Simple Mail Transfer Protocol)	● 기능 : 이메일을 전송하는 데 사용되는 프로토콜이다. ● 포트 : 25 (TCP), 일부 서비스에서는 포트 587을 사용하기도 한다.
IMAP (Internet Message Access Protocol)	● 기능 : 사용자가 메일 서버로부터 메일을 조회하고 관리할 수 있게 해주는 프로토콜이다. ● 포트 : 143 (TCP), 보안을 위해 포트 993 (TLS/SSL)을 사용하기도 한다.
POP3 (Post Office Protocol version 3)	● 기능 : 메일 클라이언트가 서버로부터 이메일을 받아 로컬 컴퓨터에 저장할 수 있게 해주는 프로토콜이다. ● 포트 : 110 (TCP), 보안을 위해 포트 995 (TLS/SSL)을 사용하기도 한다.
DNS (Domain Name System)	● 기능 : 도메인 이름을 IP 주소로 변환하고 그 반대의 역할도 한다. ● 포트 : 53 (UDP/TCP 사용)
DHCP (Dynamic Host Configuration Protocol)	● 기능 : 네트워크 내의 장치들에게 IP 주소를 자동으로 할당하는 프로토콜이다. ● 포트 : 67 (서버 측, UDP), 68 (클라이언트 측, UDP)
SIP (Session Initiation Protocol)	● 기능 : 인터넷 프로토콜을 이용한 음성, 비디오 콜 등의 세션 설정을 위해 사용된다. ● 포트 : 5060 (TCP/UDP), 보안을 위해 포트 5061 (TLS)을 사용하기도 한다.
SSH (Secure Shell)	● 기능 : 암호화된 네트워크 프로토콜을 통해 다른 컴퓨터에 안전하게 로그인하고 네트워크 서비스를 실행할 수 있다. ● 포트 : 22 (TCP)

기초 용어 정리

* **포트 번호:** 컴퓨터 네트워크에서 프로세스 간 통신을 구별하기 위해 사용되는 숫자이다. TCP 및 UDP와 같은 전송 계층 프로토콜은 각각의 프로세스에 고유한 포트 번호를 할당하여 해당 프로세스가 네트워크 상에서 식별되도록 한다.

✦ 합격을 부르는 치트키 가이드

IP주소와 도메인에 대한 것을 공부하시게 되면 깜짝 놀라실 수도 있습니다. 평소에 대했던 도메인주소와 관련하여 이 정도로 심오한 체계가 존재했다는 것에 놀라고 그다음은 그 분량이 상당히 많다는 것에 부담감을 느끼실 수도 있습니다. 이번 영역을 공부하실 때는 주요 개념들의 명칭과 특징을 짝을 지어서 공부하시는 것을 권해드리며 IPv4, IPv6를 중심으로 나머지 체계들을 학습을 하시면 지식의 중심을 잡으시며 공부하실 수 있을 것입니다.

1. IPv4 주소 체계

(1) 개념

- IPv4 (Internet Protocol version 4) 주소 체계는 인터넷에서 장치를 식별하는 데 사용되는 32비트 주소이다.

- 이 32비트 길이로 인해, IPv4는 약 43억 개의 고유한 주소를 생성할 수 있다.

- IPv4 주소는 일반적으로 점으로 구분된 십진법으로 표현되며, 이는 사람이 읽고 이해하기 쉽게 만들기 위한 것이다.

(2) 구조

- IPv4 주소는 4개의 8비트 바이트로 구성되어 있으며, 각 바이트는 하나의 8비트 필드(호스트에서는 옥텟이라고도 한다.)로 표현된다.

- 이들은 다음과 같이 점(.)으로 구분된다.

- 예시: 192.168.1.1

- 각 옥텟은 0부터 255까지의 값을 가질 수 있으며, 이는 $2^8 = 256$개의 가능한 값에 해당한다.

- 이 예시에서 192는 첫 번째 옥텟, 168는 두 번째 옥텟, 1은 세 번째 옥텟, 그리고 마지막 1은 네 번째 옥텟을 나타낸다.

(3) 분류

- IPv4 주소는 몇 가지 주요 클래스로 분류된다.

- IPv4 주소는 전통적으로 다섯 가지 클래스(A, B, C, D, E)로 나누어진다.

- 각 클래스는 첫 번째 옥텟(first octet)의 비트 패턴에 의해 결정된다.

- 이러한 분류는 초기 인터넷 주소 체계를 위해 고안되었으며, 네트워크와 호스트의 수에 따라 다른 크기의 네트워크를 수용할 수 있도록 설계되었다.

2. IPv4 주소 클래스

클래스	설명
클래스 A	• 첫 번째 비트가 0으로 시작한다. • 주소 범위 : 1.0.0.0부터 126.0.0.0까지 (127은 루프백 주소로 예약되어 있다) • 네트워크 주소는 첫 번째 옥텟에 의해 결정된다. (1.x.x.x – 126.x.x.x) • 클래스 A 주소는 큰 조직에 할당될 수 있으며, 매우 많은 호스트를 가질 수 있다.
클래스 B	• 첫 두 비트가 10으로 시작한다. • 주소 범위 : 128.0.0.0부터 191.255.0.0까지 • 네트워크 주소는 첫 두 옥텟에 의해 결정된다. (128.1.x.x – 191.255.x.x) • 중간 규모의 네트워크를 위한 주소로 각각의 네트워크는 최대 65,534개의 호스트를 가질 수 있다.
클래스 C	• 첫 세 비트가 110으로 시작한다. • 주소 범위 : 192.0.0.0부터 223.255.255.0까지 • 네트워크 주소는 첫 세 옥텟에 의해 결정된다 (192.0.1.x – 223.255.255.x) • 소규모 네트워크를 위한 주소로, 각각의 네트워크는 최대 254개의 호스트를 가질 수 있다.
클래스 D (멀티캐스트)	• 첫 네 비트가 1110으로 시작한다. • 주소 범위 : 224.0.0.0부터 239.255.255.255까지 • 이 클래스의 주소들은 호스트 주소를 가지지 않으며, 멀티캐스트 그룹을 위해 사용된다.
클래스 E (연구용)	• 첫 네 비트가 1111으로 시작한다. • 주소 범위: 240.0.0.0부터 255.255.255.255까지 • 이 클래스는 일반 사용을 위해 지정되지 않았으며, 주로 실험적이거나 연구 목적으로 예약되어 있다.

3. 특수한 주소 범위

- 네트워크 주소 (Network Address) : 네트워크 자체를 식별하기 위해 사용되며 일반적으로 호스트 부분이 모두 0으로 설정된다. (예: 192.168.1.0)

- 브로드캐스트 주소 (Broadcast Address)

  – 네트워크 상의 모든 호스트들에게 패킷을 전송할 때 사용된다.

  – 이 주소로 보내진 패킷은 네트워크 상의 모든 장치에 의해 수신된다.

- 보통 호스트 부분이 모두 1로 설정된다. (예: 192.168.1.255).

● 루프백 주소 (Loopback Address)

- IP 주소의 127.0.0.0/8 범위는 루프백 기능을 위해 예약되어 있다.

- 일반적으로 127.0.0.1이 사용되며 이는 자기 자신을 가리키는 주소로 주로 네트워크가 정상적으로 작동하는지 테스트하는 데 사용된다.

● 자동 구성 주소 (Automatic Private IP Addressing, APIPA)

- IP 주소의 169.254.0.0/16 범위는 DHCP 서버로부터 IP 주소를 받지 못했을 때 호스트에 의해 자동으로 할당될 수 있는 주소이다.

- 이 범위의 주소는 장치들이 네트워크에 자동으로 구성될 수 있도록 하며 인터넷상에서는 사용되지 않는다.

● 프라이빗 주소 (Private Addresses)

- 일부 주소 범위는 사설 네트워크 내부에서만 사용되고 인터넷을 통해 라우팅되지 않는 프라이빗 주소로 지정되어 있다.

- 이러한 주소들은 NAT를 통해 하나의 공용 IP 주소로 변환된다.

● 주요 프라이빗 주소 범위는 다음과 같다.

- 10.0.0.0 – 10.255.255.255 (10.0.0.0/8)

- 172.16.0.0 – 172.31.255.255 (172.16.0.0/12)

- 192.168.0.0 – 192.168.255.255 (192.168.0.0/16)

● 링크 로컬 주소 (Link-Local Addresses) : 이 주소들은 네트워크 장치가 자동으로 자신의 IP 주소를 구성할 수 있게 하며, APIPA 주소 범위와 중복된다.

● 멀티캐스트 주소

- 224.0.0.0부터 239.255.255.255 범위는 멀티캐스트 통신을 위해 사용된다.

- 이들 주소로 보내진 패킷은 특정 멀티캐스트 그룹의 구성원들에게만 전달된다.

● 연구용 주소 (E Class)

- 240.0.0.0부터 255.255.255.254 범위의 주소는 실험적이거나 연구 목적으로 예약되어 있으며 일반 인터넷에서는 사용되지 않는다.

● 0.0.0.0 주소

- 이것은 "모든 IP 주소"를 나타내는 데 사용되며, 일반적으로 호스트 자체를 지칭하지 않는다.

- 기본 게이트웨이 설정과 관련하여 기본 게이트웨이가 설정되지 않은 경우에 0.0.0.0을 사용할 수 있다.

- 이는 "어떠한 기본 게이트웨이*도 설정되지 않았음"을 나타내는 경우에 해당한다.

● 제한 브로드캐스트 주소 (limited broadcast Address)

- 255.255.255.255는 현재 로컬 네트워크상의 모든 호스트들에게 패킷을 보낼 때 사용된다.

- 이 주소를 사용하는 패킷은 라우터에 의해 네트워크 밖으로 전달되지 않으며 동일한 물리적 네트워크 내의 모든 장치들에게만 전송된다.

4. 서브넷팅

(1) 개념

● 서브넷팅(subnetting)은 IP 네트워크를 더 작은 부분으로 분할하는 과정이다.

● 이는 네트워크 관리를 간소화하고 IP 주소 공간을 보다 효율적으로 사용하며 보안을 강화할 수 있게 도와준다.

(2) 서브넷 마스크 (Subnet Mask)

● 네트워크 주소와 호스트 주소를 구분하는데 사용되는 32비트 숫자이다.

● 예를 들어, 255.255.255.0의 서브넷 마스크는 24비트가 네트워크 주소를 나타내고 나머지 8비트가 호스트 주소를 나타낸다.

(3) CIDR 표기 (Classless Inter-Domain Routing)

● 서브넷 마스크를 / 뒤에 숫자를 붙여 표기하는 방식이다.

● 예를 들어, 192.168.1.0/24는 192.168.1.0 네트워크에 대해 24비트가 네트워크 주소임을 의미한다.

기초 용어 정리

* **게이트웨이(Gateway)**: 서로 다른 네트워크 간에 통신을 가능하게 하는 장치나 소프트웨어를 가리킨다. 게이트웨이는 네트워크 간의 프로토콜, 데이터 형식 또는 통신 규약 등이 서로 다를 때 정보를 변환하고 중계하는 역할을 한다. 다양한 유형의 게이트웨이가 존재하며, 이들은 네트워크의 경계에서 동작하여 효율적이고 안전한 통신을 지원한다.

(4) 서브넷팅 계산

● 서브넷팅을 할 때는 주어진 네트워크에서 필요한 호스트 수에 따라 서브넷 마스크를 결정한다.

● 예를 들어, 254개의 호스트가 필요하다면 서브넷 마스크는 255.255.255.0 (/24)을 사용할 수 있다.

● 더 적은 호스트를 위해, 예를 들어 30개면 서브넷 마스크는 255.255.255.224 (/27)을 사용하여 IP 주소를 절약할 수 있다.

(5) 서브넷 분할

● 한 네트워크를 여러 서브넷으로 나누기 위해, 서브넷 마스크의 호스트 부분의 비트들 중 일부를 네트워크 부분으로 전환한다.

● 이를 통해 더 많은 서브넷을 생성할 수 있지만, 각 서브넷 당 사용 가능한 호스트 수는 줄어든다.

(6) 호스트 수 계산

● 서브넷 내의 가능한 호스트 수는 $2^{(32 - 서브넷 마스크의 길이)} - 2$로 계산할 수 있다.

● 마지막 2를 빼는 이유는 네트워크 주소와 브로드캐스트 주소는 호스트 주소로 사용할 수 없기 때문이다.

(7) 서브넷과 브로드캐스트 주소

● 각 서브넷은 자신만의 네트워크 주소와 브로드캐스트 주소를 가진다.

● 네트워크 주소는 호스트 부분이 모두 0인 주소이고, 브로드캐스트 주소는 호스트 부분이 모두 1인 주소이다.

(8) 서브넷팅의 장점

● 주소 공간의 효율적인 사용 : 필요 없는 IP 주소의 낭비를 줄일 수 있다.

● 보안 향상 : 서로 다른 서브넷은 라우터를 통해서만 통신할 수 있기 때문에 네트워크 분리가 가능하다.

● 네트워크 성능 개선 : 브로드캐스트 도메인을 줄여 네트워크의 전체적인 트래픽을 감소시킨다.

● 유연성 : 다양한 크기의 서브넷을 만들어 조직의 다양한 요구 사항에 맞출 수 있다.

5. IPv6 주소 체계

(1) 개념

● IPv6는 인터넷 프로토콜 버전 4(IPv4)의 후속으로 개발되었으며, 증가하는 인터넷 사용자와 장치들에게 충분한 수의 주소를 제공하기 위해 설계되었다.

● IPv6 주소는 128비트 길이로, 훨씬 더 넓은 주소 공간을 제공한다.

(2) IPv6 주소의 구조

● 주소 길이 : IPv6 주소는 128비트로 구성되어 있어, 약 340 언더셉텐틸리온(340×10^{36})개의 유일한 주소를 생성할 수 있다.

(3) IPv6표기법

● IPv6 주소는 8개의 16진수 블록으로 나뉘며 각 블록은 콜론(:)으로 구분된다. IPv6에서는 또한 0의 시퀀스를 줄이기 위해 ::를 사용할 수 있다.

● 하지만 이는 주소 내에서 한 번만 사용될 수 있다.

● 예: 2001:0db8:85a3:0000:0000:8a2e:0370:7334

(4) 주소 유형

● 유니캐스트(Unicast) : 특정 단일 목적지에 패킷을 전송한다.

● 멀티캐스트(Multicast) : 특정 다중 목적지 그룹에 패킷을 전송한다.

● 애니캐스트(Anycast) : 가장 가까운 목적지(일반적으로 네트워크 상에서)에 패킷을 전송한다.

(5) 주요 주소 범위

● 글로벌 유니캐스트 주소 : 대부분의 인터넷 사용을 위한 주소이다.

● 링크-로컬 주소 : 한 네트워크 세그먼트 내에서만 유효하며, 외부 네트워크로 라우팅되지 않는다.

● 사이트-로컬 주소(고유 로컬 주소) : 사설 네트워크 내부에서만 라우팅되며, IPv4의 프라이빗 주소와 유사하다.

● 특수 목적 주소 : 예를 들어, ::1은 루프백 주소로, 자기 자신을 가리키는 데 사용된다.

⑹ IPv4와의 호환성

● IPv6는 IPv4와 직접 호환되지 않으며 따라서 전환 기술이 필요하다(예: 듀얼 스택, 터널링, 번역).

● 자동 구성 : IPv6는 스테이트리스 주소 자동구성(SLAAC)을 지원하여 장치가 네트워크에 연결될 때 자동으로 IP 주소를 구성할 수 있다.

● 보안 : IPv6은 원래 IPsec을 필수적으로 지원하도록 설계되었으며, 이는 보안 통신을 위한 프로토콜 세트이다.

● 단순화된 헤더 : IPv6 헤더는 IPv4에 비해 더 단순화되어 있어, 라우터에서의 처리가 더 효율적이다.

02 | 인터넷서비스의 종류 ★★★★★

00 인터넷서비스의 종류 ★★★★★

✦ 합격을 부르는 치트키 가이드

우리가 주로 사용하는 웹서비스 외에 다양한 서비스들이 존재한다는 것을 이번 영역에서 배우시게 됩니다. 이것들이 리눅스운영체제를 기반으로 서버를 통해서 여러분들에게 전달이 되는 서비스들이 어떤 것들이 있는지 알게 되면서 최종사용자(end user)에서 전문가의 길로 들어서가는 자신을 발견하게 될 것입니다. 정말로 많은 서비스들이 존재하지만 이러한 서비스와 개념들의 명칭들과 특징들을 연결하여 학습하기를 권합니다. 앞에서도 언급했듯 이러한 서비스는 20여년이 넘도록 제공되던 서비스유형이기에 한번 공부하시면 오랫동안 실무에서 쓰시게 될 것입니다.

1. WWW (World Wide Web)

(1) 역사

● World Wide Web (WWW 또는 Web)은 1989년 팀 버너스-리에 의해 창안되었다.

● 그는 스위스의 CERN(유럽 입자 물리학 연구소)에서 근무하던 중, 전 세계의 과학자들이 정보를 공유할 수 있는 효율적인 시스템의 필요성을 느꼈다.

● 그의 제안은 문서와 데이터를 하이퍼텍스트로 연결하는 것을 기반으로 하여 사용자가 한 문서에서 다른 문서로 쉽게 이동할 수 있도록 하는 것이었다.

● 1991년에 첫 번째 웹 페이지가 온라인에 등장했고 이는 곧 인터넷에서 가장 중요한 서비스 중 하나로 성장했다.

(2) 개념

● World Wide Web은 정보의 전 세계적인 공유를 가능하게 하는 시스템이다.

- 웹의 핵심 구성 요소는 다음과 같다.
  - HTML (HyperText Markup Language) : 웹 페이지를 만드는 데 사용되는 언어로, 문서의 구조와 내용을 정의한다.
  - URL (Uniform Resource Locator) : 웹 상의 자원을 찾는 데 사용되는 주소이다.
  - HTTP (HyperText Transfer Protocol) : 웹 서버와 클라이언트 간의 통신을 위한 프로토콜이다.

(3) 특징

- 하이퍼텍스트 : 웹 페이지들은 하이퍼텍스트를 통해 상호 연결되어 있어, 사용자는 링크를 클릭함으로써 한 문서에서 다른 문서로 쉽게 이동할 수 있다.
- 멀티미디어 : 텍스트 외에도 이미지, 사운드, 비디오 등 다양한 형태의 미디어를 웹 페이지에 통합할 수 있다.
- 접근성 : 웹은 전 세계적으로 정보에 대한 빠르고 쉬운 접근을 제공한다.
- 상호작용성 : 웹은 사용자와 컨텐츠 사이의 상호작용을 가능하게 한다.
- 웹 애플리케이션 : 웹은 단순한 정보의 공유를 넘어서, 온라인 뱅킹, 쇼핑, 게임, 온라인 교육 등 다양한 서비스를 제공하는 애플리케이션을 호스팅한다.

(4) 웹의 발전

- WWW의 초기 단계에서는 주로 정적인 정보를 공유하는 데 사용되었지만, 시간이 지나면서 웹은 더욱 동적이고 상호 작용적인 플랫폼으로 발전했다.
- 웹 2.0이라 불리는 이 변화는 사용자가 콘텐츠*의 소비자에서 생산자로 변화하는 것을 가능하게 했다.
- 최근에는 웹 3.0으로의 전환에 대한 논의가 있으며, 이는 인터넷의 분산화, 인공지능의 통합, 더욱 풍부한 사용자 경험을 지향한다.
- 웹 기술은 지속적으로 발전하고 있으며, 더욱 효율적이고 사용자 친화적인 방향으로 진화하고 있다.

기초 용어 정리

* **콘텐츠(Contents)**: 정보, 데이터, 물질, 또는 제품 등을 나타내는 표현으로, 다양한 형태와 유형의 자료를 포함한다. 컴퓨터 과학, 미디어, 마케팅, 출판, 디자인 등 다양한 분야에서 사용되며, 콘텐츠는 주로 인간이 소비하거나 활용할 수 있는 정보를 나타낸다.

2. 웹브라우저의 개념과 제품들

제품	설명
Netscape Navigator	• 역사 : 1994년에 출시되어 인터넷 사용의 대중화를 촉진했던 초기 웹 브라우저이다. • 특징 : 사용자 친화적인 인터페이스를 제공했으며, 초기에는 웹의 지배적인 브라우저였다.
Internet Explorer (IE)	• 역사 : 마이크로소프트가 1995년에 출시한 이 브라우저는 한때 가장 많이 사용되던 웹 브라우저였다. • 특징 : 윈도우 운영 체제와의 밀접한 통합이 특징이었으며, 여러 보안 문제와 웹 표준 준수 문제로 많은 비판을 받았다.
Mozilla Firefox	• 역사 : Netscape의 소스 코드에서 파생되어 2002년에 출시되었다. • 특징 : 오픈 소스이며, 확장 기능, 탭 브라우징, 개인 정보 보호에 중점을 둔 기능으로 인기를 얻었다.
Google Chrome	• 역사 : 2008년에 출시된 크롬은 빠른 시간 내에 가장 인기 있는 웹 브라우저가 되었다. • 특징 : 속도, 간결함, 안정성, 웹 표준 지원이 뛰어나며, Google의 강력한 생태계와의 통합이 특징이다.
Apple Safari	• 역사 : 2003년에 출시되어 주로 애플의 macOS와 iOS에서 사용된다. • 특징 : Apple 기기 사용자를 위한 최적화, 에너지 효율성, 사용자 개인정보 보호 기능이 강조된다.
Microsoft Edge	• 역사 : Internet Explorer의 후속작으로, 처음에는 2015년에 Windows 10과 함께 출시되었다. • 특징 : 처음에는 자체 엔진을 사용했으나, 2020년부터 크로미움 기반으로 전환하여 더 빠른 성능과 호환성을 제공한다.
Opera	• 역사 : 1995년에 출시되었다. • 특징 : 무료 VPN, 광고 차단 기능, 데이터 절약 모드 등과 같은 혁신적인 기능이 있다.

3. 메일 서비스와 프로토콜

● 이메일 서비스는 디지털 메시지를 주고받는 데 사용되는 가장 중요한 인터넷 서비스 중 하나이다.

● 이메일의 작동 방식을 이해하기 위해서는 이메일을 전송하고 받는 데 사용되는 주요 프로토콜들을 알아야 한다.

4. 주요 이메일 프로토콜

(1) 종류

SMTP (Simple Mail Transfer Protocol)	• 용도 : 이메일을 보낼 때 사용하는 프로토콜이다. • 작동 방식 : SMTP 서버는 보내는 사람의 이메일 클라이언트와 수신자의 메일 서버 사이에서 이메일을 전달하는 역할을 한다. • 포트 : 일반적으로 포트 25를 사용하지만 보안 연결을 위해 TLS/SSL을 사용하는 포트 587 또는 465도 사용된다.
POP3 (Post Office Protocol version 3)	• 용도 : 이메일 클라이언트가 메일 서버로부터 메일을 받아 사용자의 컴퓨터나 기기로 다운로드할 때 사용한다. • 작동 방식 : 메일은 서버에서 사용자의 장치로 이동하며, 대부분의 설정에서 서버에서 메일이 삭제된다. • 포트 : 보통 포트 110을 사용하며, 보안 연결을 위한 TLS/SSL이 사용되는 경우 포트 995가 사용된다.
IMAP (Internet Message Access Protocol)	• 용도 : 메일을 여러 기기에서 동기화하여 사용할 수 있도록 하는 프로토콜이다. • 작동 방식 : 메일은 서버에 저장되며, 사용자가 이메일 클라이언트를 통해 서버에 있는 메일을 볼 수 있다. • 포트 : 일반적으로 포트 143을 사용하고, SSL을 사용할 경우 포트 993이 사용된다.
MIME (Multipurpose Internet Mail Extensions)	• 정의 : 원래 이메일은 오직 텍스트 데이터만 전송할 수 있도록 설계되었다. • 기능 : 이미지, 오디오, 비디오 파일과 같은 비텍스트 데이터를 이진 형태로 인코딩하여 메일 내용에 포함시킬 수 있도록 해준다.
MTA (Mail Transfer Agent)	• 정의 : 메일 서버에 존재하는 소프트웨어로, 이메일 메시지를 전송하는 역할을 한다. • 기능 : 보내는 이의 MUA로부터 이메일을 받아 목적지 MTA 또는 최종 수신자의 MDA로 전달한다. • 예시: Sendmail, Postfix, Exim 등이 MTA 소프트웨어에 해당한다.
MUA (Mail User Agent)	• 정의 : 사용자가 이메일을 작성, 보내고, 받는 등의 작업을 할 수 있게 해주는 클라이언트 프로그램이다. • 기능 : 일반적으로 이메일 클라이언트라고도 불리며, 사용자의 이메일 인터페이스를 담당한다. • 예시 : Microsoft Outlook, Apple Mail, Mozilla Thunderbird, 웹 기반 클라이언트인 Gmail 등이 있다.
MDA (Mail Delivery Agent)	• 정의 : MTA로부터 이메일을 받아 사용자의 메일박스에 배달하는 소프트웨어 컴포넌트이다. • 기능 : MDA는 메일 서버 내에서 동작하며, 이메일을 최종적으로 사용자의 메일박스에 저장하는 역할을 한다. • 예시 : Dovecot, Courier, Procmail 등이 MDA로 사용된다.

(2) 이메일 서비스의 특징

- 전자 메일 주소 : 이메일 주소는 보통 username@example.com과 같은 형식을 가지며, username은 사용자의 고유한 식별자이고 example.com은 이메일 서버의 도메인을 의미한다.

- 메일박스 : 사용자가 수신한 메일을 저장하는 서버 상의 공간이다.

- 메일 클라이언트 : 사용자가 이메일을 읽고 작성할 수 있게 해주는 애플리케이션이다(예: Microsoft Outlook, Mozilla Thunderbird, Apple Mail 등).

- 웹메일 : 웹 브라우저를 통해 이메일 서비스에 접근할 수 있는 서비스이다(예: Gmail, Yahoo! Mail, Outlook.com 등).

- 보안 : 이메일은 종종 중요한 정보를 포함하기 때문에, 보안은 매우 중요하다.

- 스팸 필터링 : 대부분의 이메일 서비스는 원치 않는 메일을 필터링하기 위해 스팸 필터를 제공한다.

5. FTP 서비스와 명령어

(1) 개념

- FTP는 클라이언트와 서버 사이에 파일을 전송하기 위해 설계된 표준 네트워크 프로토콜이다.

- FTP 클라이언트 프로그램을 사용하여 서버에 로그인하고, 파일을 업로드하거나 다운로드할 수 있다.

(2) 특징

- 이진 모드 및 텍스트 모드 전송 : 이진 모드를 사용하면 파일을 바이트로 정확하게 전송할 수 있고, 텍스트 모드는 ASCII 문자 전송에 최적화되어 있다.

- 익명 FTP : 사용자 이름과 비밀번호 없이 익명으로 로그인하여 파일을 다운로드할 수 있는 기능을 제공한다.

- 포트 번호 : FTP는 기본적으로 데이터 전송을 위한 포트 20과 제어(명령 전송)를 위한 포트 21을 사용한다.

- 액티브 모드와 패시브 모드 : 클라이언트와 서버 간의 연결 설정 방식에 따라 액티브 모드(서버가 클라이언트에 연결)와 패시브 모드(클라이언트가 서버의 지정된 포트에 연결)를 사용할 수 있다.

(3) 명령어

● FTP 클라이언트 프로그램을 사용할 때, 사용자는 다양한 FTP 명령어를 통해 파일 전송과 관련된 작업을 수행할 수 있다.

● 아래는 FTP 세션에서 사용되는 기본적인 명령어들이다.

명칭	특징
ftp	FTP 클라이언트 프로그램을 시작한다.
open	FTP 서버에 연결한다.
user	사용자 이름을 입력하여 로그인 과정을 시작한다.
pass	비밀번호를 입력하여 로그인을 완료한다.
ls	서버의 디렉터리 내용을 리스트한다.
cd	서버의 다른 디렉터리로 변경한다.
get	서버로부터 단일 파일을 다운로드한다.
mget	여러 파일을 다운로드한다.
put	서버로 단일 파일을 업로드한다.
mput	여러 파일을 서버로 업로드한다.
binary	이진 전송 모드로 설정한다.
ascii	ASCII 전송 모드로 설정한다.
bye	FTP 세션을 종료하고 클라이언트를 닫는다.

(4) 액티브 모드(Active Mode)

● 클라이언트가 서버의 명령 포트(21)에 연결한다.

● 데이터 전송을 시작하기 위해, 클라이언트는 자신의 임의의 고유한 포트에서 서버에 'PORT' 명령과 함께 자신의 IP 주소와 데이터 포트를 알린다.

● 서버는 클라이언트가 제공한 포트로 연결을 시도하여 데이터 전송을 시작한다.

● 액티브 모드는 방화벽 뒤의 클라이언트에서 문제를 일으킬 수 있다.

(5) 패시브 모드(Passive Mode)

● 클라이언트는 여전히 명령을 위해 서버의 포트 21에 연결한다.

● 클라이언트는 'PASV' 명령을 서버에 보내 데이터 연결을 요청한다.

● 서버는 데이터 전송을 위한 포트를 열고 이 포트 정보를 클라이언트에게 알린다.

- 클라이언트는 서버가 알려준 포트로 연결을 시작하여 데이터 전송을 수행한다.
- 패시브 모드는 액티브 모드에서 발생하는 방화벽 문제를 해결하지만, 서버 측의 방화벽 설정을 요구할 수 있다.

(6) 작동 원리

FTP의 작동 원리는 다음과 같은 단계를 포함한다.

단계	설명
연결 설정	클라이언트가 서버의 21번 포트에 연결하여 세션을 시작한다.
인증	클라이언트는 사용자 이름과 비밀번호를 통해 서버에 로그인한다.
명령 전송	클라이언트는 FTP 명령을 사용하여 파일을 업로드하거나 다운로드하고, 디렉터리를 변경하고, 파일 목록을 조회한다.
데이터 전송	데이터 전송은 별도의 데이터 연결을 통해 이루어진다.
세션 종료	파일 전송이 완료되면 클라이언트는 'QUIT' 명령을 보내 세션을 종료한다.

6. DNS (Domain Name System) 서비스

(1) 개념

- DNS (Domain Name System)는 인터넷의 전화번호부로 비유될 수 있는 핵심적인 시스템이다.
- 인터넷에서 컴퓨터는 IP 주소라는 고유한 숫자의 집합으로 서로를 인식하고 통신한다.
- 그러나 사람들이 숫자로 된 주소를 기억하는 것은 불편하기 때문에, DNS는 사람들이 기억하기 쉬운 도메인 이름을 IP 주소로 변환해주는 역할을 한다.

(2) 구성

- 도메인 이름 : 'www.example.com'과 같이 쉽게 기억할 수 있는 주소이다.
- IP 주소 : 인터넷 상의 모든 기기가 가지고 있는 고유한 주소이다(예: 192.168.1.1).

- 네임 서버 : 도메인 이름과 해당 IP 주소 매핑*을 저장하고 있는 서버이다.
- 리졸버 : 클라이언트 측에서 DNS 쿼리를 시작하는 소프트웨어 라이브러리이다.

(3) 중요성

- 사용자 친화적 : 사람이 기억하기 쉬운 이름을 사용하여 인터넷 리소스에 접근할 수 있게 한다.
- 분산 데이터베이스 : DNS는 전세계적으로 분산되어 있어 어느 한 지점에서 문제가 발생해도 전체 시스템이 다운되지 않는다.
- 확장 가능 : 새로운 도메인 이름이 추가되거나 변경되어도 전체 시스템에 영향을 미치지 않고 업데이트할 수 있다.
- 보안 : DNSSEC (DNS Security Extensions)를 통해 제공되는 보안 기능으로 DNS 정보의 무결성과 인증을 제공한다.

(4) 작동 원리

- 쿼리 시작 : 사용자가 웹 브라우저에 URL을 입력하면, 이는 도메인 이름을 포함한다. 이 도메인 이름은 IP 주소로 변환되어야 한다.
- 리졸버에 의한 요청 : 사용자의 기기에 설정된 DNS리졸버는 해당 도메인 이름에 대응하는 IP 주소를 찾기 위한 요청을 시작한다.
- 쿼리의 전파 : 리졸버는 로컬 DNS 서버에 쿼리를 전송한다.
- 캐싱 : DNS 정보는 일정 시간 동안 로컬 DNS 서버나 클라이언트 기기에 캐싱되어, 이후 같은 요청에 대해 빠르게 응답할 수 있다.
- 응답 : 최종적으로 도메인 이름에 해당하는 IP 주소가 리졸버에 의해 받아진 후, 이 IP 주소는 원래의 요청을 한 프로그램(예: 웹 브라우저)에 전달되고, 웹 브라우저는 이 IP 주소를 사용하여 해당 웹 서버에 연결한다.
- IP 주소 획득 과정 : 웹사이트를 방문할 때, 웹 브라우저가 도메인 이름에 해당하는 IP 주소를 얻는 과정은 다음과 같다.

기초 용어 정리

* **주소 매핑**: IP 주소와 호스트 이름을 연결하는 프로세스를 의미한다. DNS (Domain Name System)는 주소 매핑을 위해 널리 사용되며, 호스트 이름을 IP 주소로 변환하여 인터넷에서 웹 사이트 또는 다른 리소스를 찾을 수 있도록 도와준다.

- 로컬 캐시 확인 : 브라우저와 운영 시스템은 DNS 정보를 임시로 저장하는데, 이 캐시를 먼저 확인하여 해당 도메인의 IP 주소가 있는지 찾는다.

- 리졸버 쿼리 : 캐시에 정보가 없다면, 시스템은 설정된 DNS 리졸버(일반적으로 ISP에 의해 제공)에 쿼리를 보낸다.

- 루트 네임서버 : 리졸버는 쿼리를 루트 네임서버로 보낸다.

- TLD 네임서버 : 리졸버는 이제 TLD 네임서버에 쿼리를 보내 도메인 이름의 네임서버 정보를 얻는다.

- 권한 있는 네임서버 : 마지막으로 리졸버는 해당 도메인 이름에 대한 권한 있는 네임서버에 쿼리를 보내 실제 IP 주소를 획득한다.

- IP 주소 반환 : 권한 있는 네임서버는 해당 도메인의 IP 주소를 리졸버에게 보내고, 리졸버는 그 정보를 사용자의 컴퓨터로 반환한다.

- 웹사이트 접속 : 이제 브라우저는 획득한 IP 주소를 사용하여 웹서버에 접속하고 웹페이지의 내용을 로드한다.

● TLD의 역할 : TLD는 인터넷의 도메인 이름 시스템에서 조직화와 구분을 제공한다. 이들은 다음과 같은 역할을 수행한다.

- 네임스페이스 관리 : TLD는 도메인 이름을 구조적으로 분류하여 중복을 방지하고 직관적인 이름 할당을 가능하게 한다.

- 운영 정책 설정 : 각 TLD는 등록 및 관리에 대한 자체 정책을 가지고 있으며, 이는 해당 TLD를 운영하는 레지스트리에 의해 관리된다.

- 행정적 기능 : 도메인 이름의 등록과 해지, 그리고 DNS 레코드의 관리 등을 담당한다.

(5) 최상위 도메인 (Top-Level Domain, TLD)

● 최상위 도메인은 DNS 계층 구조에서 가장 높은 수준에 위치하며, 일반적으로 도메인 이름에서 마지막 점('.') 뒤에 위치하는 부분이다.

● 예를 들어, 'www.example.com'에서 'com'이 TLD이다.

● TLD는 '최상위 도메인'과 '국가 코드 최상위 도메인'의 두 가지 범주로 나뉜다.

(6) 일반 최상위 도메인 (gTLDs)

● 이들은 일반적으로 특정 조직의 기능이나 목적을 나타낸다.

- 일반 최상위 도메인 예

  - .com (commercial)

  - .org (organization)

  - .net (network)

  - .edu (education)

  - .gov (government)

  - .mil (military)

(7) 국가 코드 최상위 도메인 (ccTLDs)

- 각각의 나라나 특별한 지역을 위한 특정 코드이다.

- 국가 코드 최상위 도메인 예

  - .kr (South Korea)

  - .uk (United Kingdom)

  - .jp (Japan)

  - .de (Germany)

7. Telnet과 SSH 명령어

- Telnet과 SSH 두 가지는 원격 제어 프로토콜이다.

- 이들은 사용자가 네트워크를 통해 다른 컴퓨터에 로그인하고, 원격 컴퓨터의 자원을 사용하거나 관리할 수 있도록 해준다.

(1) Telnet

① 개념

- Telnet은 "Telecommunication Network"의 약자로 원격 컴퓨터에 접속하여 가상 터미널 서비스를 제공하는 클라이언트-서버 프로토콜이다.

- 작동 원리 : 사용자는 Telnet 클라이언트를 사용해 Telnet 서버에 접속한다.

- 보안 : Telnet의 주된 단점은 데이터를 암호화하지 않는다는 것이다.

② 명령어

- Telnet을 시작하기 위한 기본 명령어 형태는 다음과 같다.
- 여기서 [hostname]은 원격 호스트의 이름이나 IP 주소를 나타내고, [port]는 연결할 포트 번호를 나타낸다.
- telnet [hostname] [port]

③ Telnet 클라이언트의 명령어 옵션

옵션	설명
-ㅓ [username]	원격 시스템에 로그인하는 데 사용할 사용자 이름을 지정한다.
-a	자동으로 로그인을 시도한다.
-e	이 문자를 입력하면 telnet 명령 프롬프트가 활성화된다.
-E	탈출 문자를 비활성화한다.

④ Telnet 세션 내의 명령어

- Telnet 세션 내에서는 특정 컨트롤 시퀀스를 사용하여 추가 기능을 수행할 수 있다.
- Ctrl+] : 이 키 조합을 누르면 Telnet 명령 모드가 활성화된다.
- quit : Telnet 세션을 종료한다.
- open [hostname] [port] : 새로운 원격 호스트에 연결을 시도한다.
- close : 현재 연결을 닫는다.
- status : 현재 세션의 상태 정보를 보여준다.

(2) SSH (Secure Shell)

① 개념

- SSH는 "Secure Shell"의 약자로, 네트워크를 통한 보안된 원격 로그인 및 기타 네트워크 서비스를 제공하기 위해 설계된 프로토콜이다.
- 작동 원리 : SSH 클라이언트는 SSH 서버에 접속을 시도할 때 사용자 인증이 이루어지고, 성공하면 암호화된 연결을 통해 명령을 보내고 결과를 받는다.

- 보안 : SSH는 공개키 암호화, 대칭키 암호화, 세션 키 등을 사용하여 데이터의 기밀성과 무결성을 확보한다.

- 추가 기능 : SSH는 포트 포워딩*, 파일 전송(SFTP, SCP), 그리고 VPN 같은 기능을 지원한다.

- SSH(Secure Shell)는 네트워크 프로토콜 중 하나로, 특히 암호화된 네트워크 프로토콜을 통해 다른 컴퓨터에 로그인하거나 원격으로 명령을 실행할 때 사용된다.

- SSH 클라이언트는 사용자가 원격 컴퓨터와 안전하게 통신할 수 있도록 설계되었으며, 특히 텍스트 기반의 통신에 사용된다.

② SSH 명령어 기본 형태

- ssh [options] [user@]hostname

- [user@]은 원격 시스템의 사용자 계정이다.

- hostname은 원격 시스템의 도메인 이름이나 IP 주소이다.

- [options]은 SSH 연결의 동작을 조정하는 다양한 옵션들이다.

③ SSH 명령어의 주요 옵션들

옵션	설명
-p [port]	원격 호스트에 연결할 때 사용할 포트를 지정한다. 기본 포트는 22이다.
-i [file]	SSH 키 인증에 사용할 개인 키 파일을 지정한다.
-o [option]	특정 SSH 옵션을 지정하는 데 사용된다.
-v	상세 모드를 활성화하여 더 많은 진단 정보를 출력한다.
-C	데이터를 압축하여 전송한다.
-X	X11 포워딩을 활성화한다.
-T	가상 터미널을 할당하지 않는다.
-N	원격 명령을 실행하지 않고 포워딩 기능만 사용할 때 이 옵션을 사용한다.
-f	SSH를 배경 프로세스로 실행한다.

기초 용어 정리

* **포트 포워딩**(Port Forwarding): 라우터에서 특정 포트로 들어오는 트래픽을 내부 네트워크의 특정 장치로 전달하는 기능이다.

8. NFS(Network File System)

(1) 개념

- NFS (Network File System)는 컴퓨터 파일 시스템의 일부를 네트워크를 통해 다른 컴퓨터와 공유할 수 있게 해주는 분산 파일 시스템 프로토콜이다.
- NFS는 Sun Microsystems에 의해 1984년에 개발되었으며, 파일을 원격 호스트에 저장하고 검색할 수 있도록 하는 데에 사용된다.

(2) 역사

- 1984년 : Sun Microsystems에서 NFS v1을 개발했지만, 이 버전은 공개되지 않았다.
- 1985년 : 이 버전은 주로 TCP/IP 네트워크 프로토콜을 사용하며, 파일 전송에 UDP를 사용했다.
- 1989년 : NFS v3가 등장하여 더 큰 파일 크기와 더 나은 에러 처리 기능을 제공했다.
- 1995년 : 이 버전은 인터넷 환경에 더 적합하도록 설계되었으며, 더 나은 보안과 성능 최적화를 제공했다.

(3) 기능

- 파일 공유 : NFS는 사용자가 네트워크상의 다른 컴퓨터에 있는 파일을 마치 로컬 파일 시스템에 있는 것처럼 사용할 수 있게 해준다.
- 투명성 : 사용자는 파일이 로컬 시스템에 있든 원격 시스템에 있든 같은 방식으로 접근할 수 있다.
- 클라이언트−서버 아키텍처 : NFS는 클라이언트−서버 모델을 사용하여 파일 서비스를 제공한다.
- 다양한 OS 지원 : 다양한 운영 체제에서 NFS를 구현할 수 있다.
- 퍼미션과 보안 : NFS는 UNIX 파일 퍼미션을 사용하여 파일 접근을 관리한다.

(4) 서비스

● 자동 마운트 : 시스템이 자동으로 NFS 파일 시스템을 마운트할 수 있도록 해준다.

● 데몬 프로세스 : NFS 서비스는 일반적으로 여러 데몬 프로세스*로 구성되며, 이들은 네트워크를 통한 파일 시스템 요청을 처리한다.

● nfsd : NFS 서버 데몬으로, 원격 NFS 클라이언트의 요청을 처리한다.

● mountd : 마운트 요청을 처리한다.

● lockd : 파일 잠금을 처리한다.

● statd : 상태 모니터링을 담당한다.

● 설정과 관리 : NFS는 /etc/exports 파일을 통해 공유 설정을 관리하며, exportfs 명령어를 사용하여 공유를 추가하거나 제거한다.

● 버전 호환성 : NFS의 서로 다른 버전들은 서로 호환되도록 설계되어 있어서, 예를 들어 NFS v4 클라이언트는 NFS v3 서버에 접속할 수 있다.

9. RPC(Remote Procedure Call)

(1) 개념

● RPC (Remote Procedure Call)는 한 컴퓨터에서 다른 컴퓨터에 있는 프로시저(함수)를 마치 로컬 프로시저처럼 호출할 수 있게 하는 네트워크 통신 프로토콜이다.

● RPC는 분산 시스템의 개발을 단순화시키는 데 중요한 역할을 한다.

● 사용자가 원격 서버에 있는 함수를 호출할 때, 그 호출 정보가 네트워크를 통해 서버로 전송되고, 실행 결과가 클라이언트로 다시 반환된다.

(2) 특징

● 투명성 : RPC는 네트워크 상의 다른 컴퓨터에 있는 프로시저를 로컬 프로시저처럼 보이게 만든다.

기초 용어 정리

* **데몬 프로세스(Daemon Process)**: 컴퓨터 시스템에서 백그라운드에서 실행되는 프로그램 또는 서비스를 가리키는 용어이다. 이러한 프로세스는 일반적으로 사용자가 직접 상호작용하거나 제어하지 않고, 시스템 리소스를 관리하거나 다른 서비스와 상호작용하는 데 사용된다.

- 인터페이스 정의 : 프로그래머는 IDL (Interface Definition Language)을 사용하여 서비스가 제공하는 프로시저의 인터페이스를 정의한다.

- 언어와 플랫폼 독립성 : 대부분의 RPC 시스템은 서로 다른 프로그래밍 언어와 플랫폼에서도 통신할 수 있다.

- 동기 및 비동기 실행 : RPC는 동기식 호출을 지원할 뿐만 아니라, 비동기식 호출도 지원할 수 있다.

(3) 사용법

RPC를 사용하기 위한 기본 단계는 다음과 같다.

- 서비스 인터페이스 정의 : IDL을 사용하여 원격으로 호출할 수 있는 함수들의 시그니처를 정의한다.

- 스텁 생성 : IDL 컴파일러를 사용하여 클라이언트 스텁(stub)과 서버 스텁을 생성한다.

- 서버 구현 : 서버는 IDL 인터페이스를 구현하고, 서비스를 네트워크에 등록한다.

- 클라이언트 요청 : 클라이언트는 서버의 스텁을 통해 원격 프로시저를 호출한다.

- 실행 및 결과 반환 : 서버는 요청을 수신하고, 프로시저를 실행한 후 결과를 클라이언트에게 반환한다.

(4) 운영 과정

- 마샬링 : 클라이언트는 호출하고자 하는 함수의 매개변수를 네트워크를 통해 전송할 수 있는 형태로 변환하는 과정을 수행한다.

- 전송 : 마샬링된 데이터는 네트워크를 통해 서버에 전송된다.

- 언마샬링 : 서버는 수신한 데이터를 언마샬링하여 원래의 매개변수로 변환한다.

- 실행 : 서버는 해당 프로시저를 실행한다.

- 결과 마샬링 : 실행된 결과를 다시 마샬링하여 클라이언트로 전송할 준비를 한다.

- 결과 전송 : 마샬링된 실행 결과가 클라이언트에게 전송된다.

- 결과 언마샬링 : 클라이언트는 수신된 결과를 언마샬링하여 사용 가능한 형태로 만든다.

03 인터넷 서비스의 설정 ★★★★★

01 네트워크 인터페이스 설정 ★★★

✦ 합격을 부르는 치트키 가이드

리눅스에서 지원하는 유, 무선의 네트워크 인터페이스에 대한 특징들을 살펴보게 될 것입니다. 네트워크와 서비스를 다루게 될 때 매순간 보게되는 개념들이기에 이번 영역에서는 정독을 하시길 권합니다. 그리고 유선과 무선으로 나누어서 개념들을 공부하시면 좋을 것입니다.

1. 개념

- 리눅스는 다양한 유형의 네트워크 인터페이스를 지원하며, 각각은 리눅스 커널과 네트워크 스택의 일부로 통합된다.

- 여기에는 일반적인 유선 및 무선 인터페이스뿐만 아니라, 가상 인터페이스, 터널 인터페이스 등이 포함된다.

2. 주요 네트워크 인터페이스 유형

명칭	특징
Ethernet Interfaces (eth0, eth1, ...)	유선 이더넷 연결을 위한 인터페이스이다.
Wireless Interfaces (wlan0, wlan1, ...)	Wi-Fi 연결을 위한 인터페이스로, 보통 wlanX 형식으로 표시된다.
Loopback Interface (lo)	시스템 내부 통신을 위한 가상 인터페이스이다.
Virtual Ethernet Interfaces (veth)	컨테이너와 같은 가상화 기술을 위한 가상 이더넷 인터페이스이다.
VLAN Interfaces (vlanXXX)	VLAN을 구현하는 데 사용되며, vlanXXX 형식의 이름을 가진다.
Tunnel Interfaces (tun/tap)	VPN과 같은 터널을 구성할 때 사용되는 가상 인터페이스이다.
PPP Interfaces (ppp0, ppp1, ...)	포인트-투-포인트 프로토콜을 사용하는 직렬 연결을 위한 인터페이스이다.
Bonding Interfaces	두 개 이상의 네트워크 인터페이스를 묶어서 단일 논리적 인터페이스로 구성한다.
Bridge Interfaces (br0, br1, ...)	여러 네트워크 세그먼트를 연결하는 데 사용되며, 주로 가상 머신과 컨테이너 환경에서 활용된다.

CAN (Controller Area Network) Interfaces	자동차와 같은 임베디드 시스템에서 사용되는 통신 인터페이스이다.
Dummy Interfaces	테스트용이나 네트워킹 연구 목적으로 사용되는 가상 인터페이스이다.

3. 네트워크 인터페이스 카드 드라이버 설정

● 리눅스 시스템에서 네트워크 인터페이스 카드(NIC)의 드라이버를 커널에 적재하는 것은 주로 두 가지 방법으로 이루어진다.

● 자동 설정(자동 인식 및 로딩)과 수동 설정(수동 로딩)은 아래와 같다.

(1) 자동 설정

대부분의 현대 리눅스 배포판은 부팅 시에 하드웨어를 자동으로 감지하고 관련 드라이버를 로드하는 udev 시스템을 사용한다.

① udev와 udev 규칙(Rules)

● 리눅스 커널은 하드웨어 변화를 감지하고 udev 데몬에 알린다.

● udev는 /lib/udev/rules.d 및 /etc/udev/rules.d에 위치한 규칙에 따라 드라이버를 자동으로 로드하고, 네트워크 인터페이스를 구성한다.

② 모듈 자동 로딩

● 커널이 NIC를 인식하면, 해당 하드웨어에 맞는 커널 모듈(드라이버)을 자동으로 로드한다.

● 이 과정은 modprobe와 같은 명령어를 통해 커널 모듈 의존성을 확인하고 필요한 모듈을 로딩한다.

③ NetworkManager

● 많은 배포판에서는 NetworkManager가 네트워크 인터페이스의 자동 설정을 관리한다.

● DHCP를 사용하여 IP 주소를 자동으로 획득하거나, 사용자가 제공한 정적 IP 설정을 적용한다.

④ D-Bus

시스템의 다른 부분과 통신하기 위해 NetworkManager는 D-Bus를 사용하여 네트워크 상
태 변화를 알린다.

⑤ 시스템 초기화 스크립트/서비스

시스템이 부팅될 때, systemd 또는 SysVinit 같은 초기화 시스템이 네트워크 서비스를 시
작하며, 이 과정에서 네트워크 인터페이스가 활성화된다.

(2) 수동 설정

● 수동 설정은 사용자가 직접 드라이버를 로드하고, 네트워크 인터페이스의 설정을 수행해야
할 때 사용된다.

● 이는 보통 특정 하드웨어가 자동 감지되지 않거나, 사용자 정의 설정을 해야 할 때 필요하다.

① 모듈 로딩

● insmod 명령어를 사용하여 직접 커널 모듈을 로드할 수 있다.

● modprobe 명령어는 의존성을 자동으로 처리하며, sudo modprobe module_name 형
태로 사용된다.

② 인터페이스 설정

● ifconfig 또는 ip 명령어를 사용하여 인터페이스에 IP 주소와 다른 네트워크 설정을 수동
으로 적용할 수 있다.

● 예: sudo ifconfig eth0 192.168.1.10 netmask 255.255.255.0 up

③ 네트워크 설정 파일

● /etc/network/interfaces (Debian 기반 시스템), /etc/sysconfig/network-scripts/
ifcfg-eth0 (Red Hat 기반 시스템) 같은 설정 파일을 편집하여 부팅 시 네트워크 설정을
적용한다.

④ 서비스 재시작

● 설정을 변경한 후 네트워크 서비스를 재시작해야 적용된다.

● 예: sudo systemctl restart networking.service (systemd를 사용하는 시스템에서)

✦ 합격을 부르는 치트키 가이드

네트워크는 일반 코딩이나 개발하고는 달리 설정이 중요합니다. 그리고 이러한 설정은 대부분 특정 파일에 기재가 되어있습니다. 그래서 네트워크에 대한 설정과 기능활성여부 그리고 옵션 등을 설정하기 위해서라도 네트워크 설정파일에 대해서는 잘 알고 있어야 합니다. 그리고 이러한 설정파일은 배포판에 따라서 위치 등에서 차이가 있을 수 있는데 메이저로 사용되는 리눅스의 특성들을 파악하면 숙지하는데 도움이 될 것입니다.

1. /etc/sysconfig/network 파일

● Red Hat 기반의 리눅스 배포판들에서 /etc/sysconfig/network 파일은 전역 네트워크 스크립트가 사용하는 주요 구성 파일 중 하나이다.

● 이 파일은 네트워크 전체에 영향을 미치는 설정을 포함하고 있다.

● 아래는 /etc/sysconfig/network 파일에서 설정할 수 있는 몇 가지 중요한 항목들이다.

명칭	특징
NETWORKING	이 값이 yes로 설정되어 있으면, 네트워킹이 활성화된다.
HOSTNAME	시스템의 호스트 이름을 설정한다.
GATEWAY	기본 게이트웨이의 IP 주소를 설정한다.
GATEWAYDEV	기본 게이트웨이로 사용될 네트워크 인터페이스를 지정한다.
NISDOMAIN	NIS(Network Information Service) 도메인 이름을 설정한다.
NETWORKING_IPV6	IPv6 네트워킹을 활성화 또는 비활성화한다.
NOZEROCONF	yes로 설정하면, 시스템은 Zeroconf 네트워킹(169.254.0.0/16 주소 범위 자동 할당)을 사용하지 않는다.
IPV6_AUTOCONF	이것은 IPv6 주소 자동 구성을 활성화 또는 비활성화한다.

2. /etc/sysconfig/network-scripts/ifcfg-ethX 파일

● Red Hat 기반의 리눅스 배포판에서 /etc/sysconfig/network-scripts/ifcfg-ethX 파일은 특정 이더넷 인터페이스(예: eth0, eth1 등)의 구성을 담당한다.

● 이 파일에서는 네트워크 인터페이스의 IP 주소, 서브넷 마스크, 게이트웨이 등과 같은 세부 사항을 설정한다.

● 여기서 X는 네트워크 인터페이스의 번호를 의미한다.

● 다음은 ifcfg-ethX 파일에서 설정할 수 있는 중요한 항목들이다.

명칭	특징
DEVICE	인터페이스의 이름을 설정한다.
BOOTPROTO	인터페이스가 IP 주소를 얻는 방법을 설정한다.
ONBOOT	시스템 부팅 시 네트워크 인터페이스를 활성화할지 여부를 결정한다.
IPADDR	인터페이스에 할당될 정적 IP 주소이다.
PREFIX	네트워크의 서브넷 마스크를 설정한다.
GATEWAY	네트워크의 기본 게이트웨이 주소이다.
DNS1, DNS2	사용할 DNS 서버의 IP 주소이다.
DOMAIN	로컬 도메인 이름을 설정한다.
SEARCH	DNS 검색 목록을 설정한다.
HWADDR	하드웨어 주소(맥 주소)를 설정한다.
UUID	네트워크 인터페이스의 고유 식별자이다.
TYPE	인터페이스의 타입을 설정한다.
USERCTL	비루트(root) 사용자가 이 인터페이스를 제어할 수 있는지 여부를 설정한다.

3. /etc/resolv.conf 파일

● 리눅스 시스템에서 /etc/resolv.conf 파일은 DNS 클라이언트 리졸버의 설정을 담당하는 중요한 파일이다.

● DNS 리졸버는 시스템이 호스트 이름을 IP 주소로 변환할 때 사용하는 서버 정보를 제공한다.

● 이 파일은 시스템이 인터넷 주소를 조회할 때 사용하는 DNS 서버의 주소와 도메인 검색 순서 등을 설정하는 데 사용된다.

● /etc/resolv.conf 파일에서 설정할 수 있는 중요한 항목들은 다음과 같다.

명칭	특징
nameserver	이 키워드는 DNS 서버의 IP 주소를 지정한다.
search	이 키워드는 DNS 검색 시도 시 사용될 로컬 도메인 목록을 정의한다.
domain	로컬 도메인을 설정한다.
options	리졸버가 사용할 여러 옵션을 설정할 수 있다.

4. /etc/hosts 파일

● 리눅스 시스템에서 /etc/hosts 파일은 로컬 컴퓨터에서의 호스트 이름을 IP 주소에 매핑하는 정적 방법을 제공한다.

● 이 파일은 네트워크가 연결되어 있지 않거나, 작은 네트워크에서 DNS 설정을 하지 않았을 때 유용하게 사용될 수 있다.

● /etc/hosts 파일을 사용하여 호스트 이름에 대한 IP 주소를 수동으로 설정할 수 있으며 시스템이 호스트 이름을 해석할 때 DNS 서버로 요청하기 전에 먼저 이 파일을 확인한다.

● /etc/hosts 파일의 구조는 매우 단순하다.

● 각 줄에는 한 개의 IP 주소와 그 IP 주소에 매핑되는 호스트 이름들이 있다.

● 주석은 # 기호로 시작하며, 해당 라인은 무시된다.

● 여기에는 다음과 같은 중요한 항목들이 포함된다.

명칭	특징
IP 주소	호스트 이름과 연결될 실제 IP 주소이다.
호스트 이름	IP 주소에 연결할 호스트 이름이다.
별칭	선택 사항으로, 호스트 이름에 추가할 수 있는 별칭들이다.

5. /etc/host.conf 파일

● /etc/host.conf 파일은 리눅스 시스템에서 호스트명 해석 방식을 구성하는데 사용되었다.

● 이 파일은 gethostbyname 같은 라이브러리 콜들이 이름 해석을 수행할 때 참조되는 순서와 방법을 정의한다.

● 그러나 현대의 리눅스 배포판에서는 nsswitch.conf 파일이 그 역할을 대부분 대신하고 있어, host.conf 파일은 덜 사용되거나 아예 존재하지 않을 수도 있다.

● /etc/host.conf 파일에서 설정할 수 있는 옵션들은 다음과 같다.

명칭	특징
order	호스트 이름을 해석할 때 검색하는 순서를 정의한다.
multi on | off	하나의 주소에 여러 개의 이름이 있는 경우의 처리 방법을 정의한다.
nospoof on | off	IP 스푸핑 공격을 방지하기 위해 사용된다.
trim	이 옵션을 사용하여 특정 도메인을 제외할 수 있다.
alert on | off	네트워크의 잘못된 설정이나 가능한 스푸핑 시도를 기록할지 여부를 결정한다.

IP주소 설정이나 네트워크를 매니징하는데 필요한 설정들 자체에 대해서 상세하게 살펴보는 영역입니다. 앞에서 공부했던 개념들을 실제로 설정하기 위해서는 어디를 어떻게 설정해야하는지를 배울 수 있기에 실무와 자격증취득에 있어서 중요한 부분이라고 할 수 있습니다. 레드햇과 데미안계열의 차이점에 대해서도 신경을 쓰시면서 학습을 하시면 더욱 기억에 남을 것으로 보입니다.

1. IP주소 설정

(1) 개념

● 리눅스에서 IP 주소를 설정하는 것은 네트워크 인터페이스를 구성하는 중요한 부분이다.

● 이 설정을 통해 리눅스 시스템이 네트워크상에서 다른 시스템과 통신할 수 있게 된다.

● 리눅스에서 IP 주소를 설정하는 방법은 크게 두 가지가 있다.

(2) 명령줄 인터페이스(CLI)를 사용한 임시 설정

● ip 또는 ifconfig 명령어를 사용하여 네트워크 인터페이스에 IP 주소를 할당할 수 있다.

● 이 방법으로 설정한 IP 주소는 시스템을 재부팅하면 사라진다.

① ip 명령어 사용 예시

- ip addr add 192.168.1.10/24 dev eth0

- ip link set eth0 up

- 이 명령은 eth0 네트워크 인터페이스에 192.168.1.10 IP 주소를 할당하고 서브넷 마스크는 /24 (즉, 255.255.255.0)로 설정한다.

- 인터페이스를 활성화한다.

② ifconfig 명령어 사용 예시 (오래된 시스템 또는 특정 리눅스 배포판에서만 사용 가능)

- ifconfig eth0 192.168.1.10 netmask 255.255.255.0 up

- 이 명령도 eth0 인터페이스에 동일한 IP 주소와 넷마스크를 설정하고 인터페이스를 활성화한다.

(3) 구성 파일을 사용한 영구 설정

● 리눅스 배포판마다 네트워크 인터페이스 구성 파일의 위치와 형식이 다를 수 있다.

● 일반적으로 이러한 파일들은 /etc/network/ 디렉터리 아래에 있거나, /etc/sysconfig/ network-scripts/ 디렉터리 아래에 있는 경우도 있다.

● 이 파일들을 편집하여 네트워크 인터페이스에 영구적으로 IP 주소를 할당할 수 있다.

● Debian/Ubuntu 기반 시스템에서는 /etc/network/interfaces 파일을 편집할 수 있다.

● Red Hat/CentOS 기반 시스템에서는 /etc/sysconfig/network-scripts/ifcfg-eth0 (여기서 eth0는 인터페이스 이름)와 같은 파일을 편집할 수 있다.

● 최신 시스템에서는 netplan 또는 NetworkManager와 같은 도구를 사용하여 네트워크 설정을 할 수도 있다.

① CentOS에서 네트워크 인터페이스 파일의 설정

● DEVICE=eth0 # DEVICE는 인터페이스 이름을

● BOOTPROTO=static # BOOTPROTO는 부팅 시 IP 주소를 어떻게 할당할 것인지

● ONBOOT=yes # ONBOOT는 부팅 시 인터페이스를 활성화할지 여부

● IPADDR=192.168.1.10 # IPADDR는 할당할 IP 주소

● NETMASK=255.255.255.0 # NETMASK는 서브넷 마스크

● GATEWAY=192.168.1.1 # GATEWAY는 기본 게이트웨이 주소를 의미한다.

● 설정을 변경한 후에는 네트워크 서비스를 재시작하거나 시스템을 재부팅하여 변경사항을 적용해야 한다.

② 네트워크 서비스 재시작

● sudo /etc/init.d/networking restart # Debian/Ubuntu 기반 시스템

● sudo systemctl restart network # Red Hat/CentOS 기반 시스템

2. 유틸리티를 통한 네트워크 설정

(1) 개념

● 리눅스에서는 다양한 유틸리티를 통해 네트워크 설정을 관리할 수 있다.

● 텍스트 기반 설정 파일을 직접 편집하는 것 외에도, 이러한 유틸리티들은 사용자에게 더욱 친숙한 방식으로 IP 주소를 설정하고 관리할 수 있게 도와준다.

(2) NetworkManager 네트워크 설정 유틸리티

● NetworkManager는 리눅스 시스템에서 네트워크 연결을 관리하는 기본 도구 중 하나이다.

● 다양한 네트워크 인터페이스 유형을 지원하며, 그래픽 사용자 인터페이스(GUI)와 텍스트 사용자 인터페이스(TUI) 모두를 제공한다.

(3) nmtui 네트워크 설정 유틸리티

● 텍스트 기반 사용자 인터페이스를 제공한다.

● nmtui를 터미널에서 실행하면 네트워크 설정을 위한 메뉴 기반 인터페이스를 볼 수 있다.

● "Edit a connection"을 선택하여 네트워크 인터페이스를 선택하고 IP 주소, 넷마스크*, 게이트웨이 등을 설정할 수 있다.

● 변경 사항을 적용하려면 "Back"을 선택하고 "Activate a connection"을 통해 설정을 적용한다.

(4) nmcli 네트워크 설정 유틸리티

● 커맨드 라인에서 NetworkManager를 제어하기 위한 인터페이스이다.

● 예를 들어, 특정 인터페이스에 대한 IP 주소를 설정하려면 다음 명령을 사용할 수 있다.

● 이 명령들은 Connection Name이라는 네트워크 연결의 IPv4 설정을 변경하고 해당 설정을 적용한다.

　- nmcli con mod "Connection Name" ipv4.addresses 192.168.1.10/24

기초 용어 정리

* **넷마스크(Network Mask)**: 컴퓨터 네트워크에서 IP 주소를 서브넷(Subnet)으로 분할하고, 해당 서브넷에 속한 호스트들을 식별하는 데 사용되는 중요한 개념 중 하나이다. 넷마스크는 IP 주소와 함께 사용되어 네트워크 주소와 호스트 주소를 구분하고, 서브넷 내에서 어떤 호스트가 속해 있는지를 결정한다.

- nmcli con mod "Connection Name" ipv4.gateway 192.168.1.1

- nmcli con mod "Connection Name" ipv4.method manual

- nmcli con up "Connection Name"

(5) Netplan 네트워크 설정 유틸리티

● Netplan은 최근 Ubuntu 버전에서 도입된 네트워크 설정 도구이다.

● YAML 구성 파일을 사용하여 네트워크 인터페이스를 설정한다.

● YAML 구성 파일은 /etc/netplan/ 디렉터리에 위치한다. 예를 들어 01-netcfg.yaml이라는 파일이 될 수 있다.

(6) ifupdown (/etc/network/interfaces) 네트워크 설정 유틸리티

● 구버전의 Debian 기반 리눅스 배포판에서 널리 사용되는 ifup과 ifdown은 /etc/network/interfaces 파일을 통해 네트워크 인터페이스를 관리한다.

● /etc/network/interfaces 파일에서 인터페이스의 구성을 편집할 수 있다.

3. 라우팅 테이블의 개념과 관리작업

(1) 라우팅 테이블의 개념

● 라우팅 테이블은 네트워크 라우터 또는 호스트에서 데이터 패킷의 목적지를 결정하기 위해 사용하는 정보의 집합이다.

● 각 엔트리는 네트워크의 특정 부분(하나 이상의 네트워크 주소)으로 데이터를 보내는 데 사용되는 경로에 대한 정보를 포함한다.

● 라우팅 테이블은 트래픽이 이동해야 할 다음 홉(next hop)이나 출구 인터페이스를 결정하는 데 중요한 역할을 한다.

(2) 라우팅 테이블의 기본 구성 요소

● 목적지 네트워크 주소 : 데이터 패킷이 도착해야 하는 네트워크의 주소

● 서브넷 마스크 : 목적지 네트워크 주소의 네트워크 부분과 호스트 부분을 구분

- 게이트웨이 : 패킷이 목적지로 이동하기 위해 거쳐야 하는 다음 점프 포인트(보통 라우터의 IP 주소)

- 인터페이스 : 패킷이 네트워크로 전송되는 물리적 또는 논리적 네트워크 인터페이스

- 메트릭 : 여러 경로가 있을 경우 더 우선순위가 높은 경로를 선택하기 위한 값

(3) 라우팅 테이블 관리 작업

- 라우팅 테이블을 관리하는 작업은 주로 조회, 추가, 삭제, 수정을 포함한다.

- 리눅스 시스템에서 이러한 작업은 route, ip 또는 netstat 명령어를 사용하여 수행할 수 있다.

- 최근에는 ip 명령어가 route 명령어를 대체하는 추세이다.

① 조회

- 현재 시스템의 라우팅 테이블을 조회하려면 다음을 입력한다.

- ip route show

② 추가

- 새로운 라우트를 라우팅 테이블에 추가하려면 다음을 입력한다.

- ip route add [destination] via [gateway] dev [interface]

- 예를 들어, 192.168.1.0/24 네트워크로 가는 라우트를 추가하려면 다음을 입력한다.

- ip route add 192.168.1.0/24 via 192.168.0.1 dev eth0

③ 삭제

- 라우팅 테이블에서 특정 라우트를 삭제하려면 다음을 입력한다.

- ip route del [destination]

- 예를 들어, 192.168.1.0/24 네트워크 라우트를 삭제하려면 다음을 입력한다.

- ip route del 192.168.1.0/24

④ 수정

기존의 라우트를 수정하려면 삭제 후 다시 추가하는 방법을 사용해야 한다.

1. 개념

● 리눅스 시스템에서 네트워크 관련 작업을 수행할 때 사용하는 다양한 명령어들이 있다.

● 다음은 네트워크 설정, 진단 및 모니터링에 사용되는 주요 리눅스 명령어들이다.

2. 종류

ip	● ip 명령어는 네트워크 인터페이스, 라우팅 테이블, IP 주소 등 네트워크 리소스를 관리하는 데 사용된다. ● 네트워크 인터페이스 확인 : ip link show ● IP 주소 확인 : ip addr show ● 라우팅 테이블 확인 : ip route show ● 인터페이스 활성화/비활성화 : ip link set dev [인터페이스명] up / ip link set dev [인터페이스명] down
ifconfig	● ifconfig (Interface Configuration) 명령어는 인터페이스의 IP 주소를 설정하거나 표시하고 네트워크 인터페이스를 활성화/비활성화하는 데 사용된다. ● 최근에는 ip 명령어로 대체되고 있지만 여전히 많은 시스템에서 사용 가능하다. ● 인터페이스 확인 및 설정 : ifconfig [인터페이스명]
netstat	● netstat (Network Statistics) 명령어는 네트워크 연결, 라우팅 테이블, 인터페이스 통계, 마스커레이딩 연결, 멀티캐스트 멤버십 등의 네트워크 관련 정보를 표시한다. ● 네트워크 연결 확인 : netstat –tuln
ss	● ss (Socket Statistics) 명령어는 netstat 명령어보다 더 빠르고 자세한 정보를 제공하며, 소켓에 대한 통계를 확인하는 데 사용된다. ● 연결된 소켓 표시 : ss –tuln
ping	● ping 명령어는 네트워크에 있는 다른 시스템에 ICMP ECHO_REQUEST를 보내 응답을 기다림으로써 네트워크 연결을 테스트한다. ● 호스트에 ping 보내기 : ping [호스트명 또는 IP]
traceroute (또는 tracepath)	● traceroute 명령어는 패킷이 목적지에 도달하기까지 거치는 라우터들의 경로를 표시한다. ● 경로 추적 : traceroute [호스트명 또는 IP]
dig	● dig (Domain Information Groper) 명령어는 DNS 서버를 질의하고 응답을 분석하는 데 사용된다. ● DNS 조회 : dig [도메인명]

nslookup	• nslookup 명령어는 도메인의 DNS 정보를 찾는 데 사용된다. dig와 유사한 기능을 제공하지만 다르게 표시된다. • DNS 정보 확인 : nslookup [도메인명]
host	• host 명령어는 DNS 질의를 간편하게 실행하여 IP 주소나 도메인명을 찾는 데 사용된다. • IP 주소로 도메인 조회 : host [IP 주소]
nmap	• nmap (Network Mapper) 명령어는 네트워크 스캐닝, 호스트 발견, 서비스 및 운영 체제 탐지 등을 위해 사용된다. • 네트워크 스캔 : nmap [옵션] [호스트명 또는 IP]
tcpdump	• tcpdump 명령어는 네트워크 트래픽을 모니터링하고 패킷의 내용을 상세히 분석하는 데 사용된다. • 패킷 캡처 : tcpdump [옵션]
iwconfig	• iwconfig 명령어는 무선 네트워크 인터페이스를 설정하고 조정하는 데 사용된다. • 무선 인터페이스 정보 표시 : iwconfig [인터페이스명]
nmcli	• nmcli (Network Manager Command Line Interface) 명령어는 NetworkManager 서비스를 통해 네트워크 설정을 관리하는 데 사용된다. • 네트워크 상태 확인 : nmcli dev status
ethtool	• ethtool 명령어는 이더넷 장치의 설정을 조회하고 변경하는 데 사용된다. • 이더넷 인터페이스 정보 표시 : ethtool [인터페이스명]
route	• route 명령어는 리눅스에서 네트워크 라우팅 테이블을 보거나 수정할 때 사용된다. • 이 명령어를 통해 특정 호스트나 네트워크로 가는 경로를 추가, 삭제, 또는 변경할 수 있다. • 라우팅 테이블 표시 : route -n • 경로 추가 : route add -net [네트워크 주소] netmask [서브넷 마스크] gw [게이트웨이 주소] • 경로 삭제 : route del -net [네트워크 주소] • -n 옵션은 호스트 이름 대신 숫자로 IP 주소를 표시하게 한다.
mii-tool	• mii-tool 명령어는 이더넷 장치의 상태와 속도, 이중 모드 설정을 검사하고 조정하는 데 사용되었다. • 이 명령어는 주로 이전의 하드웨어에 사용되며, 현대 시스템에서는 ethtool로 대체되었다. • 네트워크 인터페이스 상태 확인 : mii-tool [인터페이스명] • mii-tool은 링크의 속도와 상태를 간단하게 보여주지만, 모든 네트워크 드라이버나 장치에 대한 상세한 정보를 제공하지는 않는다.
arp	• arp (Address Resolution Protocol) 명령어는 IP 주소를 물리적 MAC주소에 매핑하는 ARP 테이블을 조작할 때 사용된다. • 이 명령어를 통해 ARP 테이블의 항목을 확인하고, 추가하거나, 삭제할 수 있다. • ARP 테이블 표시 : arp -n • ARP 테이블에 정적 항목 추가 : arp -s [호스트명] [MAC 주소] • ARP 테이블에서 항목 삭제 : arp -d [호스트명] • -n 옵션은 호스트 이름을 조회하지 않고 IP 주소로만 표시하게 한다.

01

네트워크의 개념에 대한 설명으로 올바른 것은 무엇인가?

① 네트워크는 두 개의 컴퓨터만 연결하는 것으로 충분합니다.
② 네트워크는 데이터를 전송하는 데 사용되지 않습니다.
③ 네트워크는 연결된 장치 간 데이터 및 자원 공유의 구조입니다.
④ 네트워크는 항상 무선으로만 연결됩니다.

해설 네트워크는 연결된 장치 간 데이터와 자원을 공유하기 위한 구조이다.

02

네트워크의 종류 중 "PAN"은 무엇을 나타내는 약자인가?

① Personal Area Network
② Public Area Network
③ Private Area Network
④ Physical Area Network

해설 PAN은 "Personal Area Network"의 약자로, 개인적인 장치 간의 작은 네트워크를 나타낸다.

03

다음 중 네트워크 장비가 아닌 것은 무엇인가?

① 스위치　　　② 라우터
③ 모뎀　　　　④ 웹 브라우저

해설 웹 브라우저는 네트워크 장비가 아닌 소프트웨어이다.

04

원격 서버에 안전하게 로그인하고 명령을 실행하기 위해 사용되는 프로토콜은 무엇인가?

① FTP　　　　② TELNET
③ SSH　　　　④ DNS

해설 SSH (Secure Shell)는 원격 서버에 안전하게 로그인하고 명령을 실행하기 위해 사용된다.

05

다음 중 웹 브라우징 및 웹 서버 간 데이터 통신에 사용되는 프로토콜은 무엇인가?

① DNS　　　　② FTP
③ HTTP　　　④ RPC

해설 HTTP (Hypertext Transfer Protocol)는 웹 브라우징 및 웹 서버 간 데이터 통신에 사용된다.

06

네트워크에서 파일 공유와 파일 전송을 위해 사용되는 프로토콜은 무엇인가?

① SSH　　　　② NFS
③ TELNET　　④ DNS

해설 NFS (Network File System)는 네트워크에서 파일 공유와 파일 전송을 위해 사용된다.

07

네트워크 인터페이스의 역할은 무엇인가?

① 네트워크 패킷을 저장하는 곳
② 네트워크 장비를 제어하는 곳
③ 네트워크와 컴퓨터 간 데이터 전송을 담당하는 곳
④ 네트워크 주소를 할당하는 곳

해설 네트워크 인터페이스는 컴퓨터와 네트워크 간 데이터 전송을 담당한다.

08

네트워크 설정 파일은 무엇을 구성하는 데 사용되는가?

① 네트워크 인터페이스의 물리적 연결
② 네트워크 장비의 전원 설정
③ 컴퓨터의 운영 체제 버전
④ 네트워크 설정 및 구성 정보

해설 네트워크 설정 파일은 네트워크 설정 및 구성 정보를 구성하는 데 사용된다.

09

네트워크 설정을 변경하거나 컴퓨터의 IP 주소를 할당하기 위해 사용되는 명령어는 무엇인가?

① ifconfig   ② ping
③ traceroute   ④ ls

해설 ifconfig 명령어는 네트워크 설정을 변경하거나 컴퓨터의 IP 주소를 할당하는 데 사용된다.

10

라우팅 테이블은 무엇을 나타내는가?

① 네트워크 인터페이스의 물리적 상태
② 컴퓨터의 운영 체제 버전
③ 패킷이 어떻게 라우팅되어야 하는지를 나타내는 정보
④ 네트워크 패킷의 크기

해설 라우팅 테이블은 패킷이 어떻게 라우팅되어야 하는지를 나타내는 정보를 포함한다.

01	③	02	①	03	④	04	③	05	③
06	②	07	③	08	④	09	①	10	③

더 멋진 내일(Tomorrow)을 위한 내일(My Career)

2024 내일은 리눅스마스터 2급

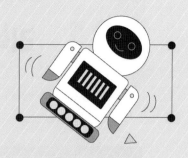

CHAPTER

03

리눅스 기술동향과
활용 기술

학·습·포·인·트

● 산업영역을 기준으로 리눅스가 어떻게 사용되어지는지에 대한 용도를 잘 살펴보면 공부에 크게 도움이 될 것이다.

● 특정기술이 가지고 있는 이미지와 특성들을 중심으로 이와 연결되는 리눅스자원을 공부하면 도움이 될 것이다.

● 리눅스가 서버로서 지원할 수 있는 가상화, 클라우드, 빅데이터에 대한 기술들과 기능들에 대한 내용들이 많이 나온다.

● 임베디드는 4차산업에서 중요한 기술영역인데 특정영역과 관련된 리눅스의 자원과 기능을 중심으로 공부를 하도록 한다.

01 리눅스 기술 동향 ★★★★

01 리눅스와 관련된 시장 동향 ★★★★

✦ 합격을 부르는 치트키 가이드

리눅스는 4차산업기술 대부분과 연관이 될 만큼 중요한 운영체제라는 입지를 가지고 있습니다. 그래서 시험에서는 리눅스를 왜 학습을 해야하는지에 대한 이유와 향후 어떤 분야에 주목을 해야하는지를 수검자가 알고 있어야 한다고 보기에 현재 주목받고 있는 기술들을 시험범위에 포함하고 있습니다. 현재 가장 주목받고 있는 기술들과 미디어에서 자주 보았던 기술들에 대한 이해를 바탕으로 공부하시면 학습에 도움이 되실 것입니다.

1. 개념

● 리눅스는 오픈소스 운영 체제(OS) 커널로, 1991년 리누스 토르발즈에 의해 처음 발표되었다.

● 리눅스는 GNU 일반 공중 사용 허가서(GPL)에 따라 라이선스되어 있으며, 이는 누구나 자유롭게 사용, 수정 및 배포할 수 있음을 의미한다.

● 리눅스 관련 동향을 테마별로 나뉘어서 살펴보겠다.

2. 리눅스의 다양한 사용 형태

● 리눅스는 서버, 슈퍼컴퓨터*, 네트워크 시스템, 모바일 기기(Android를 포함), 임베디드 시스템 등 다양한 분야에서 폭넓게 사용된다.

● 특히 클라우드 컴퓨팅**과 서버 시장에서 강세를 보이며, Amazon Web Services(AWS), Google Cloud Platform(GCP), Microsoft Azure와 같은 대형 클라우드 서비스 제공업체들이 리눅스 기반의 인프라***를 제공한다.

기초 용어 정리

* **슈퍼컴퓨터(Supercomputer)**: 고성능 컴퓨터의 한 유형으로, 매우 뛰어난 연산 능력을 가지고 있으며 과학 연구, 핵 물리학, 우주 탐사 등과 같은 복잡하고 계산 집약적인 작업을 수행하는 데 사용된다.

** **클라우드 컴퓨팅(Cloud Computing)**: 인터넷을 통해 컴퓨터 리소스와 서비스를 제공하는 기술과 모델을 가리키는 용어이다.

*** **인프라(Infrastructure)**: 컴퓨터 과학 및 정보 기술(IT) 분야에서 사용되는 용어로, 시스템이나 소프트웨어를 실행하고 관리하기 위해 필요한 물리적 및 논리적인 구성 요소의 전체 집합을 나타낸다.

● 리눅스는 데스크톱 사용자에게도 인기가 있는데, Ubuntu, Fedora, Debian 등 다양한 배포판이 개인 및 기업 사용자에게 선택의 폭을 제공한다.

3. 특허

● 리눅스 자체는 특허 대상이 아니지만, 리눅스를 사용하는 기업들은 때때로 특허 문제에 직면할 수 있다.

● 리눅스 시스템 내부에서 사용되는 다양한 기술들이 다른 회사의 특허를 침해할 수도 있기 때문이다.

● 이를 방지하기 위해 여러 기업이 리눅스 디펜스 펀드와 같은 조직에 참여하거나, 특허 비공격 협약에 서명하여 리눅스 생태계를 보호하는 데 일조하고 있다.

4. 최신 기술

● 리눅스 커널은 계속해서 발전하고 있으며, 커널* 개발자들은 새로운 하드웨어 지원, 성능 향상, 보안 강화, 버그 수정 등을 위해 정기적으로 업데이트를 제공한다.

● 최신 기술 동향으로는 컨테이너화, 클라우드 네이티브 애플리케이션, 머신러닝**, IoT(사물인터넷***) 지원 확대 등이 있으며, 리눅스는 Kubernetes와 같은 오케스트레이션 시스템****의 기반이 되기도 한다.

기초 용어 정리

* **커널(Kernel)**: 컴퓨터 운영 체제의 핵심 부분으로, 운영 체제의 핵심 기능 및 리소스 관리를 담당하는 소프트웨어이다.

** **머신러닝(Machine Learning)**: 인공 지능(AI)의 한 분야로, 컴퓨터 시스템이 데이터를 분석하고 학습하여 패턴을 파악하고 예측하는 능력을 갖게 하는 기술과 알고리즘의 집합을 가리킨다.

*** **사물인터넷(Internet of Things, IoT)**: 인터넷에 연결된 다양한 물리적 객체나 장치(사물)들이 데이터를 수집, 교환, 처리하고 통신하는 기술과 개념을 나타낸다.

**** **오케스트레이션 시스템(Orchestration System)**: 여러 개의 자동화된 작업 또는 서비스를 조율하고 관리하는 소프트웨어 플랫폼 또는 도구이다.

5. 저작권

- 리눅스 커널과 대부분의 리눅스 배포판은 GPL*을 포함한 여러 오픈소스 라이선스에 따라 저작권이 관리된다.
- 이는 소스 코드의 공개를 요구하며, 수정된 코드를 배포할 때 원래 코드와 같은 라이선스를 유지해야 한다는 의무를 부과한다.
- 저작권은 주로 저작자인 개별 기여자들에게 있으며, 때때로 이러한 저작권이 오픈소스 소프트웨어 재단 또는 프로젝트 관리 기구에 의해 집단적으로 관리되기도 한다.

6. 시장 점유율

- 서버와 클라우드 컴퓨팅 영역에서 리눅스의 시장 점유율은 상당히 높다.
- 대부분의 웹 서버는 리눅스 기반으로 운영되며, 가장 큰 클라우드 서비스 제공업체들은 리눅스를 기반으로 한 인프라를 사용한다.
- 데스크톱 시장에서는 리눅스의 점유율이 상대적으로 낮으나, 개발자, 기술 애호가, 프라이버시와 보안을 중시하는 사용자 사이에서 인기가 있다.
- Android 운영 체제는 리눅스 커널을 기반으로 하고 있으며, 모바일 OS 시장에서 매우 높은 점유율을 차지하고 있다.

(1) 서버 시장 기술 동향

- 서버 시장에서 리눅스는 압도적인 입지를 가지고 있다.
- Apache나 Nginx 같은 웹 서버 소프트웨어는 주로 리눅스 상에서 운영되며, 이러한 웹 서비스는 전 세계 웹사이트의 큰 부분을 지원한다.
- 가상화 및 컨테이너 : 리눅스는 가상화와 컨테이너화 기술에서 중요한 위치를 차지하고 있다.
- 특히, Docker와 Kubernetes는 리눅스 컨테이너**를 오케스트레이션하는 데 널리 쓰인다.
- 보안 강화 : 리눅스 커널은 SELinux, AppArmor 같은 강력한 보안 모듈을 통해 안전한 서버 환경을 제공하기 위해 지속적으로 발전하고 있다.

기초 용어 정리

* **GPL(GNU General Public License)**: 자유 소프트웨어 재단(Free Software Foundation)에서 개발한 오픈 소스 소프트웨어 라이선스이다.

** **리눅스 컨테이너(Linux Container)**: 리눅스 운영 체제에서 프로세스를 격리하고, 필요한 모든 런타임 및 의존성을 포함하는 가벼운 가상 환경을 제공하는 기술이다.

- 서버리스 컴퓨팅 : 서버리스 아키텍처*와 FaaS가 증가하고 있는데, 이는 클라우드 제공업체들이 리눅스 기반 시스템 상에서 관리한다.

(2) 임베디드 시스템 기술 동향

- 임베디드 시스템에서 리눅스는 소형화, 전력 소비 감소, 실시간 처리 능력 등 다양한 요구 사항을 충족시키면서 점차 그 사용이 확대되고 있다.
- IoT 및 엣지 컴퓨팅 : IoT 기기의 증가와 엣지 컴퓨팅의 확산으로 리눅스 기반 시스템의 수요가 늘고 있다.
- 실시간 시스템 : 리눅스는 리얼타임 패치를 통해 실시간 운영 체제로의 변모를 시도하고 있으며, 이는 산업 자동화와 로봇 공학에서 중요하다.
- 오픈 소스 하드웨어 : Raspberry Pi 같은 오픈 소스 하드웨어 플랫폼이 대중화되면서 리눅스의 사용이 더욱 증가하고 있다.

(3) 클라우드 컴퓨팅 기술 동향

- 클라우드 서비스 제공자들은 대부분 리눅스 기반의 인프라를 제공한다.
- 리눅스는 클라우드 환경에서의 작업 부하를 처리하는 데 이상적인 운영 체제로 인식되고 있다.
- 멀티 클라우드 및 하이브리드 클라우드 : 기업들은 멀티 클라우드 및 하이브리드 클라우드 전략을 채택하고 있으며, 리눅스는 이러한 환경에서 매우 중요한 역할을 한다.
- 오픈스택 및 클라우드 파운드리 : 오픈스택과 같은 오픈 소스 클라우드 플랫폼은 리눅스 상에서 구동되며 클라우드 인프라 관리를 간소화한다.

(4) 빅데이터 기술 동향

- 빅데이터 기술은 주로 리눅스 상에서 개발되고 배포된다.
- Hadoop, Spark와 같은 빅데이터 처리 플랫폼들은 리눅스의 확장성과 호환성의 이점을 활용한다.
- 오픈 소스 기술의 채택 : 빅데이터 분석을 위한 많은 오픈 소스 프로젝트들이 리눅스를 기반으로 하고 있다.
- 성능 최적화 : 대용량 데이터 처리를 위해 리눅스 커널은 지속적으로 성능 최적화를 진행하고 있다.

기초 용어 정리

* **서버리스아키텍처(Serverless Architecture)**: 애플리케이션을 개발하고 실행하는 데 필요한 서버 관리를 개발자에서 추상화한 컴퓨팅 모델이다.

(5) 인공지능 (AI) 기술 동향

● 인공지능 분야에서도 리눅스는 주요 운영 체제이다.

● 특히, TensorFlow, PyTorch와 같은 기계 학습 라이브러리와 플랫폼들은 리눅스 상에서 가장 잘 동작한다.

● AI 칩셋 지원 : NVIDIA, Intel, Google 등 다양한 제조사에서 AI 연산에 최적화된 칩셋을 출시하고 있는데, 이들은 리눅스 드라이버와 함께 제공된다.

● AI 기반 서비스 : 클라우드 기반 AI 서비스가 증가하고 있는데, 이는 대부분 리눅스 상에서 구동된다.

02 리눅스 관련 기술 ★★★

✦ 합격을 부르는 치트키 가이드
리눅스가 클러스터링, 임베디드등에서 구체적으로 어떠한 기능들에 사용되며 이를 위해서 리눅스가 가지고 있는 어떤 자원을 활용하는지에 대한 영역입니다. 내용 자체가 디테일하고 최신기술과 관련된 전문용어들이 많이 나와서 어려움이 있을 수 있습니다. 하지만 특정기술이 가지고 있는 이미지와 특성들을 중심으로 이와 연결되는 리눅스자원을 공부하면 도움이 될 것입니다.

1. 클러스터와 서버 구축

(1) 개념

● 리눅스 클러스터링은 여러 대의 컴퓨터(노드)를 네트워크를 통해 연결하여 하나의 시스템처럼 작동하도록 만드는 기술이다.

● 이를 통해 높은 가용성(High Availability, HA), 부하 분산(Load Balancing), 병렬 처리 (Parallel Processing), 또는 결합된 이점을 제공한다.

● 리눅스 클러스터의 구성 요소와 개념에 대해 상세히 설명하겠다.

(2) 클러스터링

● 높은 가용성 (High Availability, HA) : 이는 시스템의 중단 없이 지속적인 서비스 제공을 목표로 한다.

- 부하 분산 (Load Balancing) : 요청이나 작업을 여러 서버에 균등하게 분산하여 각 서버의 부하를 최소화한다.
- 병렬 처리 (Parallel Processing) : 여러 노드가 함께 작동하여 하나의 작업을 처리하는 것으로, 과학적 계산이나 데이터베이스 트랜잭션 처리 같은 고성능 컴퓨팅 환경에서 사용된다.

(3) 클러스터링의 구성 요소

- 노드 (Node) : 클러스터를 구성하는 개별 서버이다.
- 클러스터 소프트웨어 : 클러스터의 작동을 관리하는 소프트웨어로, 노드 간의 통신, 장애 감지, 자원 관리 등을 담당한다.
- 네트워킹 : 노드 간의 통신을 위해 고속 네트워크 연결이 필요하다.
- 공유 저장장치 (Shared Storage) : 여러 노드가 동시에 액세스할 수 있는 저장 장치이다.
- 분산 파일 시스템 : GFS(Global File System)나 OCFS(Oracle Cluster File System)와 같은 분산 파일 시스템을 사용하여 여러 노드에서 파일 시스템을 공유한다.
- 클러스터 관리 도구 : 클러스터의 상태를 모니터링하고 관리하는 도구이다.
- 장애 감지 및 복구 메커니즘 : 시스템이나 서비스에 장애가 발생했을 때 이를 감지하고 자동으로 복구하는 메커니즘이 필수적으로 구성된다.

(4) 클러스터링의 실제 예

- Red Hat Cluster Suite : Red Hat에서 제공하는 클러스터 관리 솔루션으로, 서비스 관리 및 장애 복구를 위한 컴포넌트들을 포함하고 있다.
- Pacemaker with Corosync : HA 클러스터를 위한 리소스 관리자인 Pacemaker와 메시지 레이어인 Corosync를 조합하여 사용한다.

(5) 클라스터 구축 이유

리눅스 클러스터를 구축하는 주요 이유는 높은 가용성, 확장성, 부하 분산 및 성능 향상을 달성하기 위함이다. 아래는 구축의 이유들이다.

① 높은 가용성 (High Availability, HA)

- 클러스터를 구축하는 가장 중요한 이유 중 하나는 높은 가용성을 확보하기 위해서이다.

- HA 클러스터는 하나 이상의 노드가 실패하더라도 시스템의 중단 없이 서비스를 지속할 수 있게 해준다.
- 예를 들어, 웹 서버, 데이터베이스, 파일 서버 등이 계속 운영될 수 있도록 보장한다.

② 부하 분산 (Load Balancing)

- 웹 트래픽이나 네트워크 요청이 증가함에 따라 서버에 부하가 집중되는 것을 방지하기 위해 부하 분산 클러스터를 사용한다.
- 이는 각 요청을 클러스터 내의 여러 서버에 골고루 분배하여 단일 서버에 과부하가 걸리는 것을 방지한다.

③ 확장성 (Scalability)

- 사용자 수나 처리해야 할 데이터가 증가함에 따라 시스템의 용량을 쉽게 확장할 수 있어야 한다.
- 클러스터링을 통해 시스템에 새로운 노드를 추가하여 리소스를 유연하게 확장할 수 있다.

④ 성능 향상 (Performance Improvement)

- 클러스터를 통해 여러 노드의 컴퓨팅 파워를 결합할 수 있다.
- 이는 특히 고성능을 요구하는 계산 작업, 대규모 데이터베이스 처리, 빅데이터 분석 등에 이점을 제공한다.
- 병렬 처리 클러스터는 작업을 여러 노드에 분산시켜 처리 속도를 향상시킨다.

⑤ 재해 복구 (Disaster Recovery)

- 클러스터링은 다른 위치에 위치한 여러 노드를 포함할 수 있다.
- 하나의 사이트에 문제가 발생해도 다른 사이트의 노드가 작업을 계속할 수 있어 재해 복구에 효과적이다.

⑥ 자원 최적화 (Resource Optimization)

- 클러스터링은 시스템 자원을 최적화하여 사용할 수 있게 해준다.
- 여러 작업을 동시에 처리할 수 있으며, 필요에 따라 리소스를 동적으로 할당하거나 재배분할 수 있다.

⑦ 유지보수와 업그레이드 용이성

- 클러스터 환경에서는 한 노드의 유지보수나 업그레이드가 필요할 때, 해당 노드를 잠시 클러스터에서 분리하고 나머지 노드가 서비스를 지속할 수 있다.
- 이는 시스템의 가동 중지 시간을 최소화하며 유지보수의 유연성을 제공한다.

⑧ 비용 효율성

- 클러스터링은 비용 대비 성능 측면에서 효율적일 수 있다.
- 고가의 대형 서버 시스템 대신, 여러 대의 저렴한 서버를 이용하여 같은 또는 더 나은 성능을 제공할 수 있다.

⑹ 클러스터의 종류

- 리눅스 클러스터는 크게 세 가지 주요 유형으로 분류할 수 있다.
- 고가용성 클러스터(High Availability, HA), 부하 분산 클러스터(Load Balancing), 그리고 고성능 컴퓨팅 클러스터(High-Performance Computing, HPC). 각 클러스터 유형은 다른 목적과 요구 사항을 충족하도록 설계되었다.

① 고가용성 클러스터 (High Availability, HA)

- 고가용성 클러스터는 서비스의 중단 없이 지속적인 가동을 보장하는 것을 목적으로 한다.
- 이 유형의 클러스터는 서버나 네트워크 장비의 장애 발생 시 자동으로 장애를 감지하고 복구하는 메커니즘이 포함되어 있다.
- 장애 감지 및 복구 : 자동 장애 감지 및 장애 노드를 대체하는 스탠바이 노드로의 자동 전환을 포함한다.
- 데이터 무결성 : 공유 스토리지 또는 데이터 미러링을 사용하여 데이터 무결성을 보장한다.
- 소프트웨어 예 : Pacemaker, Corosync, Red Hat Cluster Suite 등이 있다.

② 부하 분산 클러스터 (Load Balancing)

- 부하 분산 클러스터는 네트워크를 통해 들어오는 요청을 여러 서버에 분산하여 처리하는 데 초점을 맞춘다.
- 이는 트래픽이 많은 웹사이트나 대규모 온라인 서비스에서 효과적이다.

- 부하 분산 : 트래픽*을 균등하게 분산하여 단일 서버에 과부하가 걸리는 것을 방지한다.

- 장애 허용 : 개별 서버가 실패하더라도 전체 시스템이 계속 작동한다.

- 소프트웨어 예 : LVS (Linux Virtual Server), HAProxy, Nginx, Apache mod_proxy_balancer 등이 있다.

③ 고성능 컴퓨팅 클러스터 (High-Performance Computing, HPC)

- HPC 클러스터는 대규모의 계산이 필요한 작업을 수행하기 위해 설계되었다.

- 과학적 시뮬레이션, 복잡한 데이터 분석, 그래픽 렌더링 등에 사용된다.

- 병렬 처리 : 복잡한 연산을 동시에 여러 노드에서 수행하여 전체 처리 시간을 단축한다.

- 리소스 공유 : 연산 작업에 필요한 리소스(메모리, 저장 공간 등)를 클러스터 내에서 공유한다.

- 소프트웨어 예 : MPI (Message Passing Interface), OpenMPI, MPICH, SLURM, TORQUE 등이 있다.

2. 임베디드 시스템

(1) 개념

- 임베디드 시스템(embedded system)은 특정 기능을 수행하기 위해 설계된 전용 컴퓨터 시스템이다.

- 이러한 시스템은 일반적으로 크기가 작고, 전력 소비가 낮으며, 실시간 운영이 가능해야 하는 특정 제품이나 기계 안에 내장되어 있다.

- 임베디드 시스템은 단일 기능 또는 몇 개의 기능을 실행하는 데 최적화되어 있으며, 보통 사용자가 운영체제나 소프트웨어에 직접 접근하지 않는다.

(2) 리눅스와 임베디드 시스템

리눅스는 그 유연성과 오픈 소스라는 특징 때문에 임베디드 시스템에서 매우 인기 있는 운영체제이다. 리눅스를 기반으로 하는 임베디드 시스템은 다음과 같은 특징을 갖는다.

기초 용어 정리

* **트래픽(Traffic):** 네트워크에서 데이터 패킷이 전송되고 수신되는 양을 나타내는 용어이다.

① 모듈성

- 리눅스는 필요한 컴포넌트만을 포함시키도록 매우 모듈화가 가능하다.
- 이는 시스템 리소스가 제한된 임베디드 환경에 매우 적합하다.

② 커스터마이징

- 리눅스 커널은 특정 하드웨어에 맞게 쉽게 커스터마이징할 수 있다.
- 이는 임베디드 시스템 개발자가 필요한 기능만을 포함시킬 수 있게 하며, 불필요한 부분은 제거하여 시스템을 최적화할 수 있게 한다.

③ 커뮤니티와 지원

- 오픈 소스인 리눅스는 전 세계 수많은 개발자와 회사로부터 기술 지원을 받고 있다.
- 이는 임베디드 시스템 개발자가 문제에 빠르게 대응하고 해결책을 찾는 데 도움을 준다.

④ 비용 효율성

- 라이선스 비용이 없는 리눅스는 임베디드 시스템을 개발할 때 비용 효율적인 선택이다.
- 네트워킹과 통신 : 인터넷 연결 임베디드 장치의 경우, 리눅스는 강력한 네트워크 기능을 제공한다.
- 보안 : 리눅스는 지속적인 보안 업데이트와 강력한 커뮤니티 지원으로 인해 상대적으로 안전한 운영 체제이다.
- 임베디드 리눅스 시스템은 스마트폰, 태블릿, 라우터, 스마트 TV, 자동차 인포테인먼트 시스템, 홈 자동화 제품, 산업 제어 시스템 등 다양한 제품에 사용된다.

(3) 구성요소

- 리눅스를 활용한 임베디드 시스템은 일반적으로 몇 가지 핵심 구성 요소로 이루어져 있다.
- 이러한 요소들은 시스템의 특정 기능이나 요구 사항에 따라 추가적으로 조정될 수 있다.
- 여기에는 하드웨어, 부트로더, 리눅스 커널, 사용자 공간 응용 프로그램 및 라이브러리 등이 포함된다.

① 하드웨어 플랫폼

- 임베디드 리눅스 시스템의 가장 기초가 되는 것은 하드웨어 플랫폼이다.
- 이는 마이크로컨트롤러 또는 마이크로프로세서를 포함하며, RAM, 플래시 메모리, 입출력 인터페이스, 네트워킹 인터페이스, 센서 및 기타 주변 장치들로 구성된다.
- 이러한 하드웨어 구성요소는 시스템의 기본 연산 능력과 연결성을 제공한다.

② 부트로더

- 부트로더는 시스템이 전원을 인가 받았을 때 가장 먼저 실행되는 소프트웨어이다.
- 부트로더*의 주 역할은 시스템 초기화와 리눅스 커널을 메모리로 로딩하는 것이다.
- 대표적인 임베디드 부트로더로는 U-Boot가 있으며, 이는 다양한 하드웨어 플랫폼을 지원하고 커널을 로딩하기 전에 하드웨어 설정을 초기화하는 등의 기능을 수행한다.

③ 리눅스 커널

- 커널은 운영 체제의 핵심이며, 하드웨어와 소프트웨어 간의 통신을 관리한다.
- 임베디드 리눅스 커널은 특히 해당 시스템의 하드웨어 자원에 맞추어 최적화되어 있다.
- 커널은 디바이스 드라이버, 메모리 관리, 프로세스 스케줄링, 네트워킹, 파일 시스템 관리 등 다양한 기능을 수행한다.

④ 라이브러리

- 라이브러리는 커널 위에서 동작하는 사용자 공간 프로그램들이 공통적인 기능을 재사용할 수 있도록 해준다.
- 임베디드 시스템에서는 공간과 성능 제약을 고려하여, 표준 C 라이브러리의 경량 버전인 uClibc나 musl과 같은 라이브러리가 종종 사용된다.

⑤ 사용자 공간(User Space) 응용 프로그램

- 사용자 공간 응용 프로그램은 실제 임베디드 시스템의 기능을 구현한다.
- 이러한 프로그램은 장치 관리, 사용자 인터페이스, 데이터 처리 등과 같은 특정 작업을 수행한다.

기초 용어 정리

* **부트로더(Bootloader):** 컴퓨터의 전원을 켤 때나 재부팅할 때, 운영 체제(OS)를 로드하고 실행하기 위한 프로그램이다.

● 리눅스 환경에서는 다양한 프로그래밍 언어를 사용하여 이러한 응용 프로그램을 개발할 수 있다.

(4) 파일 시스템

● 임베디드 리눅스 시스템은 저장장치에 데이터를 기록하고 검색하기 위한 파일 시스템을 사용한다.

● 이는 로그 파일, 구성 설정, 사용자 데이터 등을 저장하기 위해 필요하다.

● 임베디드 시스템은 종종 플래시 메모리에 최적화된 파일 시스템을 사용한다.

(5) 네트워크 스택

많은 임베디드 시스템이 네트워크 연결 기능을 갖추고 있으며, 리눅스는 다양한 유형의 네트워크 연결(이더넷, Wi-Fi, Bluetooth 등)을 지원하는 풍부한 네트워크 스택을 제공한다.

(6) 그래픽스와 사용자 인터페이스

일부 임베디드 시스템은 사용자 인터페이스가 필요하며, 리눅스는 X Window System, Wayland, DirectFB 같은 다양한 그래픽스 및 UI 프레임워크를 지원한다.

(7) 보안 컴포넌트

● 보안은 임베디드 시스템에서 중요한 부분이다.

● 리눅스는 AppArmor, SELinux, Iptables/Netfilter 등을 통해 강력한 보안 기능을 제공한다.

(8) 개발 및 디버깅 툴

● 임베디드 리눅스 시스템의 개발에는 크로스 컴파일러*, 디버거, 트레이서 등 다양한 개발 및 디버깅 도구가 필요하다.

● Yocto Project, Buildroot와 같은 빌드 시스템은 이러한 도구들을 관리하고, 임베디드 시스템에 맞게 최적화된 이미지를 생성하는 데 도움을 준다.

기초 용어 정리

* **크로스 컴파일러**(Cross Compiler): 특정한 CPU 아키텍처나 운영 체제에서 실행될 프로그램을 생성하기 위해 다른 CPU 아키텍처나 운영 체제에서 컴파일하는 도구이다.

⑼ 오픈 소스 및 무료

● 리눅스는 오픈 소스 운영 체제로서, 소스 코드가 공개되어 있어 누구나 무료로 사용, 수정, 배포할 수 있다.
● 이는 제품 개발 비용을 절감하고, 개발자 커뮤니티로부터의 지원을 통해 보다 신속하게 문제를 해결하고 기능을 개선할 수 있게 해준다.

⑽ 맞춤형 구성 가능성

● 리눅스 커널은 매우 유연하게 구성할 수 있다.
● 개발자는 필요하지 않은 기능은 제거하고 필요한 기능만을 선택하여 커널을 맞춤 설정할 수 있다.
● 이를 통해 메모리 사용량, 부팅 시간, 실행 속도 등을 최적화할 수 있다.

⑾ 넓은 하드웨어 지원

● 리눅스는 다양한 프로세서 아키텍처를 지원한다.
● ARM, MIPS, PowerPC, x86 등 다양한 CPU에 대한 광범위한 지원 덕분에, 다양한 종류의 임베디드 시스템에 적용될 수 있다.

⑿ 강력한 네트워킹 기능

● 리눅스는 원래 서버용으로 개발되었기 때문에 강력한 네트워킹 기능을 갖추고 있다.
● 이는 TCP/IP, Wi-Fi, Bluetooth 등 다양한 네트워크 프로토콜과 기술을 기본적으로 지원하며, IoT 장치에 매우 적합하다.

⒀ 풍부한 개발 도구 및 라이브러리

● 리눅스 개발 환경은 다양한 개발 도구와 라이브러리를 제공한다.
● 크로스 컴파일러, 디버거, 프로파일러와 같은 도구는 개발 과정을 용이하게 해주며, 다양한 오픈 소스 라이브러리를 사용하여 개발 시간을 단축할 수 있다.

⒁ 실시간성(Real-Time)

● 임베디드 시스템은 종종 실시간 운영이 필수적이다.

● 리눅스 커뮤니티는 Preempt-RT 패치와 같은 실시간 확장을 통해 리눅스 커널의 실시간 성능을 개선해 왔다.

● 이를 통해 리눅스 기반 임베디드 시스템이 실시간 작업을 처리할 수 있게 되었다.

⒂ 보안

● 리눅스는 SELinux, AppArmor, 그리고 방화벽 기능과 같은 강력한 보안 메커니즘을 제공한다.

● 이러한 기능은 임베디드 시스템이 외부 위협으로부터 자신을 보호하는 데 필수적이다.

⒃ 장기적인 지원(Long-Term Support)

● 리눅스 커널과 주요 리눅스 배포판은 장기적인 지원을 제공한다.

● 이는 특히 산업 및 의료 기기와 같이 장기간에 걸쳐 안정성이 요구되는 임베디드 시스템에 매우 중요하다.

⒄ 커뮤니티 및 상업적 지원

● 오픈 소스인 만큼 리눅스는 전 세계적으로 방대한 개발자 커뮤니티를 보유하고 있으며, 문제 해결과 지식 공유에 탁월하다.

● Red Hat, Canonical, SUSE 등과 같은 상업적 기업들도 엔터프라이즈 수준의 지원을 제공한다.

⒅ 에코시스템과 표준화

● 리눅스 임베디드 시스템은 업계 표준을 따르는 경향이 있다.

● 예를 들어, Yocto Project는 임베디드 리눅스 배포판을 생성하기 위한 프로젝트이며, 이를 통해 기기 간 호환성 및 표준화를 촉진한다.

(19) 사용자 인터페이스

● 임베디드 시스템에는 때때로 사용자 인터페이스가 필요하다.

● 리눅스는 터치스크린 지원, 그래픽 사용자 인터페이스(GUI) 툴킷, 웹 기반 인터페이스 등을 지원함으로써 사용자와의 상호 작용을 가능하게 한다.

(20) 임베디드 리눅스 시스템 구축시 장점와 단점

● 리눅스를 활용한 임베디드 시스템은 많은 장점을 가지고 있지만, 특정 상황에선 단점으로 작용할 수도 있다.

● 다음은 리눅스 기반 임베디드 시스템의 장점과 단점에 대한 것이다.

① 장점

  ● 비용 효율성 : 리눅스는 무료로 사용할 수 있는 오픈 소스 소프트웨어이다. 이는 라이선스 비용을 절약할 수 있다.

  ● 맞춤화 및 유연성 : 리눅스 커널은 매우 유연하게 맞춤 설정이 가능하므로, 필요한 기능만을 포함시킬 수 있다.

  ● 강력한 커뮤니티 지원 : 오픈 소스인 리눅스는 전 세계 개발자 커뮤니티의 강력한 지원을 받는다.

  ● 광범위한 하드웨어 지원 : 리눅스는 다양한 하드웨어 아키텍처를 지원하여, 개발자가 하드웨어 선택에 있어 유연성을 가질 수 있다.

  ● 강력한 네트워킹 기능 : 임베디드 장치가 종종 네트워크에 연결되어야 하는 현대에, 리눅스의 강력한 네트워킹 기능은 매우 중요하다.

  ● 보안 : 리눅스는 강력한 보안 기능과 정기적인 보안 업데이트를 제공한다.

  ● 장기적 지원 : 리눅스 커널과 주요 리눅스 배포판은 장기 지원을 받으므로, 안정적인 시스템 유지 관리가 가능하다.

② 단점

  ● 실시간성의 한계 : 리눅스는 실시간 운영 체제(RTOS)가 아니기 때문에, 엄격한 실시간 요구 사항을 가진 시스템에는 부적합할 수 있다.

- 메모리 및 자원 사용량 : 리눅스는 최소한의 리소스를 가진 임베디드 시스템에 비해 상대적으로 더 많은 메모리와 저장 공간을 요구할 수 있다.

- 복잡한 라이선싱 : 리눅스의 오픈 소스 라이선스는 이점이지만, 때로는 GPL과 같은 라이선스 요구 사항이 상용 제품에 부담을 줄 수 있다.

- 학습 곡선 : 리눅스 시스템을 효과적으로 사용하려면 상대적으로 높은 기술적 전문성이 요구된다.

- 상업적 지원의 한계 : 무료이지만, 때로는 전문적인 상업적 지원이 필요할 수 있으며, 이 경우 추가 비용이 발생할 수 있다.

- 부팅 시간 : 맞춤화하지 않은 리눅스 시스템은 부팅 시간이 길 수 있다.

02 활용 기술 ★★★★

01 리눅스 서버 기술 ★★★

✦ 합격을 부르는 치트키 가이드

리눅스가 서버로서 지원할 수 있는 가상화, 클라우드, 빅데이터에 대한 기술들과 기능들에 대한 내용들이 많이 나옵니다. 앞에서 설명드렸듯이 해당 신기술과 관련된 리눅스의 자원을 연결해서 공부를 하시면 헷갈리지 않고 정리되어 시험문제를 푸실 때 도움이 되실 것입니다.

1. 가상화 기술

(1) 개념

● 리눅스 서버 가상화는 하드웨어의 전체 능력을 여러 운영 체제가 공유하여 사용할 수 있게 해 주는 기술이다.

● 이를 통해 단일 물리적 서버에서 여러 가상 서버를 동시에 운영할 수 있으며, 이 가상 서버들은 각각 독립된 리눅스 운영 체제 인스턴스를 실행한다.

● 가상화는 서버 자원을 최적화하고, 비용을 절감하며, 배포를 빠르게 하고, 관리를 단순화하는 데 도움이 된다.

(2) 하이퍼바이저 기반 가상화

하드웨어에 직접 설치하는 베어메탈 하이퍼바이저와 기존 운영체제위에 설치하는 호스티드 하이퍼바이저가 존재한다.

(3) 컨테이너 기반 가상화

● 이 유형의 가상화는 하이퍼바이저를 사용하지 않고, 운영 체제 수준에서 리소스 격리를 제공한다.

- 컨테이너는 각각의 응용 프로그램과 그 의존성들을 포함하며, Docker, LXC(Linux Containers), Kubernetes* 같은 플랫폼을 사용하여 관리된다.
- 컨테이너는 운영 체제를 공유하기 때문에 하이퍼바이저 기반 가상화보다 더 가볍고 더 빠른 시작 시간을 가진다.

(4) 리눅스 서버 가상화의 주요 특징

- 리소스 이용 최적화 : 가상화를 통해 서버의 CPU, 메모리, 저장 공간 등의 리소스를 효율적으로 사용할 수 있다.
- 격리 : 각 가상 서버는 독립적인 환경을 유지하며, 다른 가상 서버의 작업에 영향을 주지 않는다.
- 유연성 : 가상 서버는 필요에 따라 쉽게 생성, 삭제, 이동, 크기 조정이 가능하다.
- 비용 효율성 : 여러 운영 체제와 애플리케이션을 단일 물리적 서버에서 실행할 수 있기 때문에 하드웨어 비용을 줄일 수 있다.
- 이식성 : 가상 머신은 파일로 관리되므로 다른 서버로 쉽게 이동할 수 있다.

(5) 가상화를 구현하기 위한 리눅스 기술

- KVM (Kernel-based Virtual Machine) : 리눅스 커널을 활용해 가상화 기능을 제공한다.
- QEMU : 하드웨어 에뮬레이션을 제공하는 오픈 소스 도구이다.
- libvirt : 가상화 관리를 위한 오픈 소스 API 라이브러리이며, 다양한 하이퍼바이저에 대한 공통 인터페이스를 제공한다.
- VirtManager : libvirt를 기반으로 하는 그래픽 인터페이스 툴로 가상 머신을 생성하고 관리하는 데 사용된다.

(6) 리눅스 서버 가상화를 사용하는 이유

- 리눅스 서버 가상화를 도입하는 목적은 다양하며 기업이나 조직의 특정 요구에 따라 달라질 수 있다.
- 여기에는 효율성, 유연성, 비용 절감과 같은 이점이 포함된다.

기초 용어 정리

* **Kubernetes**: 컨테이너 오케스트레이션 플랫폼으로, 컨테이너화된 애플리케이션을 배포, 확장, 관리하기 위한 오픈 소스 도구이다.

● 구체적인 도입 목적은 다음과 같다.

① 자원 효율성 증대

- 리소스 최적화 : 가상화를 통해 서버의 CPU, 메모리, 스토리지와 같은 자원을 여러 가상 머신이 공유하여 효율적으로 사용할 수 있다.

- 에너지 절감 : 더 적은 수의 물리적 서버를 사용함으로써 에너지 비용을 절감할 수 있다.

② 관리의 단순화

- 중앙 집중식 관리 : 가상 머신은 중앙에서 관리할 수 있어, 여러 서버를 각각 관리하는 것보다 간단하다.

- 자동화와 표준화 : 가상화 플랫폼은 종종 배포 및 관리를 자동화하고 표준화하는 도구를 제공한다.

③ 유연성 및 민첩성 증대

- 빠른 프로비저닝 : 가상 머신은 몇 분 이내에 생성하고 구성할 수 있어 새로운 애플리케이션을 빠르게 배포할 수 있다.

- 확장성 : 필요에 따라 가상 머신의 리소스를 쉽게 추가하거나 줄일 수 있다.

- 부하 분산 : 트래픽이 많은 서비스를 여러 가상 머신에 분산하여 부하를 관리할 수 있다.

④ 재해 복구와 비즈니스 연속성

- 빠른 복구 : 가상 머신의 스냅샷과 복제 기능을 사용하여 시스템 오류 또는 재해 발생 시 빠르게 복구할 수 있다.

- 지리적 이중화 : 가상 머신을 다른 데이터 센터로 쉽게 이전하여 지리적 이중화를 구현할 수 있다.

⑤ 비용 절감

- 하드웨어 비용 : 물리적 서버의 수를 줄여 하드웨어 구입 및 유지보수 비용을 줄일 수 있다.

- 전력 및 냉각 비용 : 서버의 수가 감소함에 따라 전력 소비와 냉각 비용도 줄어든다.

⑥ 보안 강화

- 격리 : 각 가상 머신은 격리되어 있어 하나의 가상 머신에서 발생한 보안 문제가 다른 가상 머신으로 확산되는 것을 방지할 수 있다.
- 보안 정책 : 가상 환경에서는 가상 네트워크를 통한 보안 정책과 접근 제어를 더욱 쉽게 적용할 수 있다.

⑦ 테스트 및 개발 환경 개선

- 테스트 환경 : 개발자들은 실제 서버 환경과 동일한 조건의 가상 머신을 사용하여 애플리케이션을 테스트할 수 있다.
- 멀티 테넌시 : 여러 개발 팀이 하나의 서버에서 독립적인 개발 환경을 가질 수 있다.

⑧ 규정 준수

- 데이터 격리 : 특정 산업의 규제 요구사항에 따라 데이터를 격리해야 할 필요가 있을 때, 가상화를 통해 이를 쉽게 달성할 수 있다.

(7) 하이퍼바이저 상세 개념

- 하이퍼바이저는 가상화 환경을 생성하고 관리하는 소프트웨어, 펌웨어* 또는 하드웨어로, 여러 운영 체제가 하나의 물리적 서버의 리소스를 공유할 수 있도록 한다.
- 하이퍼바이저는 가상 머신(VM)이라 불리는 완전히 분리된 가상 환경을 실행할 수 있게 해주며, 각 가상 머신은 독립적인 운영 체제와 애플리케이션을 실행할 수 있다.

① Type 1 하이퍼바이저 (베어 메탈 하이퍼바이저)

- 직접 실행 : Type 1 하이퍼바이저는 물리적 하드웨어 위에 직접 설치된다.
- 성능 : Type 1 하이퍼바이저는 중간 매개체 없이 하드웨어와 직접 소통하기 때문에 최적의 성능을 제공한다.
- 보안 : 더 적은 양의 코드로 구성되어 있기 때문에, 공격 벡터가 적고 상대적으로 안전하다.
- 사용 예 : Type 1 하이퍼바이저로는 VMware ESXi, Microsoft Hyper-V, Xen 그리고 KVM이 있다.

기초 용어 정리

* **펌웨어(Firmware)**: 컴퓨터나 전자기기의 하드웨어와 소프트웨어 사이에 위치한 소프트웨어이다. 펌웨어는 하드웨어를 초기화하고 구동하며, 기기의 기능을 제어하는 역할을 한다.

② Type 2 하이퍼바이저 (호스티드 하이퍼바이저)

- 호스트 운영 체제 상위 실행 : Type 2 하이퍼바이저는 호스트 운영 체제 위에서 소프트웨어로 실행된다.

- 성능 저하 : 호스트 OS를 거쳐야 하기 때문에 Type 1에 비해 상대적으로 성능이 떨어질 수 있다.

- 사용 편의성 : 일반적인 소프트웨어 설치 및 사용 방법과 유사하여 개인 사용자와 개발자에게 친숙하다.

- 사용 예 : Type 2 하이퍼바이저로는 Oracle VirtualBox, VMware Workstation, Parallels Desktop 등이 있다.

(8) 하이퍼바이저의 주요 기능

- 리소스 관리 : CPU, 메모리, 스토리지 및 네트워킹 같은 물리적 서버의 리소스를 관리하고 가상 머신에 할당한다.

- 가상 머신 생명 주기 관리 : 가상 머신의 생성, 수정, 삭제, 시작 및 중지 등을 관리한다.

- 스케줄링 : 여러 가상 머신 간에 프로세서 시간을 효과적으로 스케줄링한다.

- 메모리 관리 : 가상 머신 간의 메모리를 할당하고, 필요시 과할당(오버커밋)을 관리한다.

- 입출력 관리 : 가상 머신의 네트워크 및 스토리지 I/O 요청을 처리한다.

- 가상화 기능 : 하드웨어 가상화 지원 기능(예: Intel VT-x, AMD-V)을 활용하여 성능을 향상시킨다.

(9) 오픈소스 하이퍼바이저의 종류

- 오픈소스 하이퍼바이저는 소스 코드가 공개되어 있어 누구나 자유롭게 사용, 수정 및 배포할 수 있는 가상화 플랫폼이다.

- 이들은 일반적으로 무료이며, 활발한 커뮤니티 지원과 함께 주기적인 업데이트와 보안 패치를 받는다.

- 대표적인 오픈소스 하이퍼바이저에는 다음과 같은 것들이 있다.

① KVM (Kernel-based Virtual Machine)

- 타입 : Type 1 하이퍼바이저

- 특징 : 리눅스 커널에 통합되어 있어, 리눅스 시스템에서 직접 사용할 수 있다.

- 인기 : 기업 환경에서 널리 사용되며, Red Hat Enterprise Virtualization(RHEV) 및 OpenStack과 같은 클라우드 컴퓨팅 플랫폼에 통합되어 있다.

② Xen Project

- 타입 : Type 1 하이퍼바이저

- 특징 : 고성능과 가용성을 위한 설계가 특징인 가상화 플랫폼이다.

- 인기 : Amazon EC2 초기 버전에서 사용되었으며, 여전히 많은 기업 및 클라우드 서비스에서 사용되고 있다.

③ QEMU (Quick EMUlator)

- 타입 : Type 2 하이퍼바이저(단독 사용 시) 또는 Type 1 하이퍼바이저(KVM과 결합 시)

- 특징 : QEMU 자체만으로는 에뮬레이터로 동작하지만, KVM과 결합되면 하이퍼바이저의 기능을 갖추게 된다.

- 인기 : KVM과 함께 사용될 때 리눅스 기반의 가상화 솔루션에서 선호된다.

④ VirtualBox

- 타입 : Type 2 하이퍼바이저

- 특징 : 사용이 간편하고 호스트 운영 체제와의 통합이 잘 되어 있어 개발자 및 테스터에게 인기가 있다.

- 인기 : 개인 사용자와 개발자 사이에서 널리 사용되며, 교육 목적으로도 인기가 있다.

⑤ LXC (Linux Containers)

- 타입 : 운영 체제 수준의 가상화를 제공하는 컨테이너 관리 도구이다.

- 특징 : 가볍고 빠르며, 각 컨테이너는 별도의 운영 체제처럼 동작한다.

- 인기 : Docker와 같은 컨테이너화 기술의 기반이 되며, 클라우드 환경에서 마이크로서비스 아키텍처를 구현하는 데 널리 사용된다.

⑽ 오픈소스 하이퍼바이저를 사용하는 이유

- 비용 절감 : 라이선스 비용 없이 가상화 환경을 구축할 수 있다.

- 커스터마이징 : 소스 코드에 접근할 수 있으므로, 필요에 따라 맞춤형 변형이 가능하다.

- 커뮤니티 지원 : 활발한 오픈소스 커뮤니티가 지원을 제공하고, 문제 해결에 도움을 준다.

- 표준화와 호환성 : 오픈스택과 같은 오픈소스 클라우드 플랫폼과의 통합을 통해 표준화된 환경을 구축할 수 있다.

2. 클라우드

(1) 개념

- 리눅스 클라우드 컴퓨팅은 리눅스 운영 체제를 기반으로 한 클라우드 인프라, 플랫폼, 또는 소프트웨어 서비스를 제공하는 것을 의미한다.

- 이 서비스는 인터넷을 통해 리소스를 공유하고, 스케일 아웃(scale-out)이 가능한 방식으로 컴퓨팅 파워를 제공한다.

(2) 특징

- 오픈소스 : 대부분의 리눅스 배포판은 오픈소스이므로, 클라우드 서비스 제공업체는 소프트웨어 라이선스 비용을 절감할 수 있으며, 필요에 따라 시스템을 맞춤 설정할 수 있다.

- 보안과 안정성 : 리눅스는 멀티유저 환경에서의 보안성과 안정성이 검증되었다.

- 커스터마이즈 가능성 : 리눅스 시스템은 매우 유연하게 커스터마이징이 가능하다.

- 커뮤니티와 지원 : 리눅스는 전 세계적으로 방대한 커뮤니티와 지원 네트워크를 갖추고 있다.

- 스케일러빌리티 : 리눅스는 클러스터링, 가상화, 컨테이너화 등과 같은 기술을 통해 쉽게 확장할 수 있다.

- 표준 기반 : 리눅스는 개방형 표준을 준수한다.

- 자동화와 통합 : 리눅스는 강력한 스크립팅 및 자동화 도구를 지원한다.

- 유관기관 및 기업 : 리눅스 클라우드 컴퓨팅은 AWS(Amazon Web Services), Google Cloud Platform, Microsoft Azure 등과 같은 메이저 클라우드 서비스 제공업체뿐만 아니라, OpenStack이나 CloudStack 같은 오픈소스 클라우드 플랫폼에서도 널리 사용된다.

(3) 클라우드컴퓨팅의 장점

● 라이선스 비용 절감 : 대부분의 리눅스 배포판은 무료이며, 오픈소스 라이선스를 따른다.

● 총 소유 비용(TCO) 절감 : 유지 관리, 업그레이드, 서버 관리 등에서 비용이 절감된다.

● 커스터마이징 : 소스 코드에 접근할 수 있기 때문에, 사용자는 자신들의 필요에 맞게 시스템을 수정하고 최적화할 수 있다.

● 커뮤니티 지원 : 전 세계적인 개발자 커뮤니티에서 활발히 개발 및 지원을 받을 수 있어, 소프트웨어는 지속적으로 개선된다.

● 가변적 리소스 할당 : 클라우드 컴퓨팅 환경에서 리눅스 서버는 필요에 따라 쉽게 확장하거나 축소할 수 있다.

● 자동화된 스케일링 : 다양한 도구와 플랫폼을 통해 시스템의 확장 및 축소가 자동화될 수 있다.

● 강력한 보안 : 리눅스는 기본적으로 다중 사용자를 지원하는 보안 아키텍처를 갖추고 있으며, 강력한 권한 관리 및 액세스 제어를 제공한다.

● 정기적인 업데이트 : 보안 취약점*에 대한 패치와 업데이트가 정기적으로 제공되어, 시스템이 최신의 보안 위협으로부터 보호받을 수 있다.

● 표준 준수 : 리눅스는 업계 표준을 준수하고 호환성**을 중시하여, 다양한 하드웨어 및 소프트웨어와 잘 동작한다.

● 통합 용이성 : 다른 시스템과의 통합이 용이하여, 복잡한 IT 인프라에서도 매끄럽게 통합될 수 있다.

● 지속 가능한 개발 : 오픈소스 라이선스 하에 개발되므로, 특정 업체의 지배나 독점 없이 지속적으로 발전할 수 있다.

● 오픈스택과의 결합 : 리눅스 기반 클라우드 플랫폼인 오픈스택과 결합하여 풍부한 기능과 유연한 클라우드 솔루션을 제공할 수 있다.

● 표준 개발 환경 : 많은 개발자들이 리눅스 환경에서 개발하는 것을 선호하므로, 클라우드 환경에서도 동일한 개발 경험을 제공한다.

기초 용어 정리

* **보안 취약점(Security Vulnerability)**: 컴퓨터 시스템, 소프트웨어, 하드웨어 또는 네트워크에서 발견되는 보안적 결함 또는 약점을 나타낸다.

** **호환성(Compatibility)**: 다양한 시스템, 표준, 프로토콜 또는 소프트웨어 간에 상호작용할 수 있는 능력을 나타낸다.

● 컨테이너화 : 도커(Docker)와 같은 컨테이너화 도구가 리눅스와 잘 통합되어, 애플리케이션의 포장, 배포 및 실행을 단순화한다.

(4) 서비스 종류

● 리눅스 클라우드 컴퓨팅 환경에서 제공되는 서비스는 크게 세 가지 서비스 모델로 분류할 수 있다.

● 인프라로서의 서비스(IaaS), 플랫폼으로서의 서비스(PaaS), 소프트웨어로서의 서비스(SaaS). 각각의 서비스 모델은 클라우드 컴퓨팅의 기본 개념을 기반으로 하면서, 다른 수준의 관리와 추상화를 제공한다.

① 인프라로서의 서비스 (Infrastructure as a Service, IaaS)

● 정의 : IaaS는 가상화된 컴퓨팅 리소스를 인터넷을 통해 제공한다.

● 리눅스 클라우드 컴퓨팅에서의 역할 : 리눅스를 기반으로 한 IaaS 제공업체는 리눅스 가상 머신, 스토리지, 및 네트워킹 기능을 클라우드를 통해 제공한다.

● 예시 : Amazon EC2, Google Compute Engine, DigitalOcean 등이 리눅스 기반의 IaaS 서비스를 제공한다.

② 플랫폼으로서의 서비스 (Platform as a Service, PaaS)

● 정의 : PaaS는 소프트웨어 개발과 배포를 위한 환경을 클라우드를 통해 제공한다.

● 리눅스 클라우드 컴퓨팅에서의 역할 : 리눅스를 기반으로 하는 PaaS는 주로 개발자가 애플리케이션을 빌드, 테스트, 배포, 관리 및 업데이트할 수 있는 플랫폼을 제공한다.

● 예시 : Red Hat OpenShift, Heroku, Cloud Foundry 등이 리눅스를 사용하여 PaaS를 제공한다.

③ 소프트웨어로서의 서비스 (Software as a Service, SaaS)

● 정의 : SaaS는 인터넷을 통해 응용 프로그램을 제공하는 모델이다.

● 리눅스 클라우드 컴퓨팅에서의 역할 : 리눅스를 운영 체제로 사용하는 서버에서 호스팅되는 SaaS 솔루션은 메일 서비스, CRM, ERP 등 다양한 비즈니스 응용 프로그램을 제공한다.

● 예시 : Google Workspace, Salesforce, Zoho 등이 다양한 SaaS 제품을 시장에 제공한다.

(5) 클라우드 서비스 모델들

● 클라우드 서비스 모델에는 서비스의 제공 방식에 따라 구분되는 세 가지 주요 유형이 있다.

● 사설클라우드, 공용클라우드, 하이브리드클라우드이다.

● 각각의 클라우드 유형은 특정한 이점과 사용 사례를 가지고 있으며, 기업이나 조직의 요구사
항에 따라 선택할 수 있다.

① 사설클라우드 (Private Cloud)

● 정의 : 사설클라우드는 특정 기업이나 조직만을 위해 구축되고 사용되는 클라우드 환경이다.

● 보안과 개인 정보 보호 : 사설클라우드는 높은 수준의 보안과 개인 정보 보호를 제공한다.

● 커스터마이징 : 조직은 자체 클라우드 환경을 완전히 제어하고, 필요에 따라 커스터마이
즈할 수 있다.

● 자원 효율성 : 하드웨어 자원을 효율적으로 활용할 수 있도록 가상화를 통해 동적으로 할
당하고 재배치한다.

② 공용클라우드 (Public Cloud)

● 정의 : 공용클라우드는 일반 대중에게 서비스를 제공하는 클라우드 환경이다.

● 비용 효율성 : 사용자는 사용한 서비스에 대해서만 비용을 지불하기 때문에 초기 투자가
필요 없다.

● 유연성과 확장성 : 사용자는 필요에 따라 자원을 쉽게 확장하거나 축소할 수 있다.

● 유지 관리 : 인프라에 대한 유지 보수는 클라우드 서비스 제공업체가 책임지므로, 사용자
는 소프트웨어 및 애플리케이션에 집중할 수 있다.

③ 하이브리드클라우드 (Hybrid Cloud)

● 정의 : 하이브리드클라우드는 사설클라우드와 공용클라우드를 결합하여 두 환경 간에 데
이터와 애플리케이션을 공유할 수 있는 클라우드 모델이다.

● 유연성 : 사용자는 중요한 워크로드*는 사설클라우드에서, 덜 중요한 워크로드는 공용클
라우드에서 처리할 수 있어 유연성이 뛰어나다.

기초 용어 정리

* **워크로드(Workload)**: 컴퓨팅 환경에서 특정 작업 또는 작업 집합을 나타내는 용어이다.

- 균형 잡힌 비용과 성능 : 기업은 비용과 성능 사이의 최적의 균형을 찾을 수 있다.

- 복잡성 : 하이브리드 클라우드는 구성과 관리가 복잡할 수 있으며, 이를 위해 통합 관리 도구가 필요할 수 있다.

⑹ 구축환경 오픈스택

① 주요 구성 요소

오픈스택은 여러 가지 '코어' 서비스로 구성되어 있으며, 이들 각각은 클라우드의 특정 기능을 담당한다.

명칭	특징
Nova (Compute Service)	가상 머신(VM) 인스턴스를 관리하는데 사용된다.
Swift (Object Storage Service)	데이터를 객체 형태로 저장하는 분산 스토리지 시스템을 제공한다.
Cinder (Block Storage Service)	VM에 연결할 수 있는 영구적인 블록 스토리지를 제공한다.
Neutron (Networking Service)	클라우드 내에서의 네트워킹 기능을 관리한다.
Glance (Image Service)	디스크 이미지와 서버 이미지를 등록 및 관리한다.
Keystone (Identity Service)	인증과 권한 부여를 관리한다.
Horizon (Dashboard)	웹 기반 인터페이스를 통해 클라우드 서비스를 관리할 수 있게 해준다.
Heat (Orchestration Service)	여러 복합 클라우드 애플리케이션을 템플릿으로 관리한다.
Ceilometer (Telemetry Service)	클라우드의 메트릭과 모니터링을 위한 데이터를 수집한다.

② 특징

- 모듈식 아키텍처 : 오픈스택의 서비스는 서로 통합될 수 있는 독립된 모듈로 구성된다.

- 확장성과 유연성 : 오픈스택은 수천 대의 서버와 수백만의 인스턴스를 관리할 수 있도록 설계되었으며, 기업의 요구에 맞게 확장 가능하다.

- 커뮤니티 지원 : 전 세계적으로 활발한 개발자 커뮤니티가 있어 정기적으로 기능이 추가되고 개선된다.

- 다양한 하드웨어 지원 : 오픈스택은 여러 하드웨어 벤더와 호환되므로 다양한 환경에서 구축할 수 있다.

- API : 오픈스택은 강력한 API를 제공하여 사용자가 자동화 도구와의 통합을 용이하게 할 수 있도록 한다.

③ 사용 사례

- 프라이빗 클라우드 : 기업은 오픈스택을 사용하여 자체 데이터 센터에 프라이빗 클라우드를 구축할 수 있다.

- 퍼블릭 클라우드 서비스 : 일부 서비스 제공업체는 오픈스택을 사용하여 공용 클라우드 서비스를 구축한다.

- 하이브리드 클라우드 : 오픈스택은 프라이빗 클라우드와 퍼블릭 클라우드를 연결하는 하이브리드 솔루션을 제공할 수 있다.

④ 설치 및 구성

- 오픈스택을 설치하고 구성하는 것은 복잡한 과정일 수 있으며, 이에 따라 적절한 전문 지식이 필요하다.

- 오픈스택을 배포하기 위해서는 다양한 배포 도구와 자동화 스크립트(예: Ansible, Puppet, Chef)를 사용할 수 있다.

- 이러한 도구들은 오픈스택의 설치를 단순화하고, 설정 및 운영을 자동화하는 데 도움을 준다.

(7) 구축환경 클라우드 스택

- 클라우드스택(CloudStack)은 오픈소스 기반의 클라우드 컴퓨팅 소프트웨어로, IaaS (Infrastructure as a Service) 플랫폼을 제공한다.

- 클라우드스택은 서비스 제공업체, 기업, 그리고 중소기업이 자체 데이터 센터에서 클라우드 서비스를 구축하고 관리할 수 있게 해주는 강력한 클라우드 관리 플랫폼이다.

① 핵심 특징

- 유연한 네트워킹 모델 : 클라우드스택은 다양한 네트워크 구성을 지원하여 사용자가 고도로 맞춤화된 네트워크 환경을 구축할 수 있게 해준다.

- 고가용성 : 높은 가용성(High Availability, HA) 기능을 통해 가상 머신과 호스트 레벨에서 장애가 발생해도 자동으로 복구할 수 있다.

- 사용 용이성 : 웹 기반의 사용자 인터페이스(UI)와 API를 통해 클라우드 자원을 손쉽게 관리하고 자동화할 수 있다.

- 다중 테넌트 지원 : 여러 고객이나 부서가 동일한 물리적 자원을 공유하면서도 서로 격리된 환경에서 작업할 수 있다.
- 확장성 : 클라우드스택은 수천 대의 물리적 서버와 수만 개의 가상 머신을 관리할 수 있도록 설계되어 있다.
- 플러그인 아키텍처 : 다양한 하이퍼바이저, 스토리지 솔루션 및 네트워킹 솔루션과의 통합을 가능하게 하는 플러그인 아키텍처를 제공한다.

② 핵심 컴포넌트

- 관리 서버(Management Server) : 클라우드 인프라 전체를 관리하고, 사용자 요청을 처리하며, 가상 머신을 배포하고 관리한다.
- 데이터베이스(Database) : 구성 정보, 상태 정보, 사용 통계 등을 저장한다.
- 에이전트(Agents) : 가상화 호스트(가상 머신을 실행하는 서버)에 설치되어 관리 서버의 명령을 수행한다.
    - 지원하는 가상화 플랫폼 : VMware, KVM, XenServer/XCP-ng, LXC(컨테이너 기반 가상화)

③ 사용 사례

- 공공 클라우드 : 서비스 제공업체가 공공 클라우드 서비스를 제공하기 위해 클라우드스택을 사용한다.
- 프라이빗 클라우드 : 기업이 자체 데이터 센터 내에 프라이빗 클라우드를 구축하기 위해 사용한다.
- 하이브리드 클라우드 : 클라우드스택을 기반으로 프라이빗 클라우드를 구축하고, 필요에 따라 퍼블릭 클라우드 서비스와 통합하여 하이브리드 클라우드 환경을 만든다.

④ 설치 및 구성

- 클라우드스택은 설정과 관리의 용이성에 중점을 두고 있다.
- 설치 프로세스는 자동화된 설치 프로그램을 통해 간소화될 수 있으며, GUI를 통한 관리와 함께 상세한 문서와 커뮤니티 지원을 제공한다.

⑻ 구축환경 유칼립투스

① 개념

유칼립투스(Eucalyptus)는 AWS(Amazon Web Services) 호환의 오픈 소스 소프트웨어 플랫폼으로 기업이 자체 데이터 센터 내에 AWS와 유사한 클라우드 컴퓨팅 환경을 구축할 수 있게 해주는 IaaS(Infrastructure as a Service) 솔루션이다.

② 핵심 특징

- AWS 호환성 : 유칼립투스는 AWS의 EC2(Elastic Compute Cloud)와 S3(Simple Storage Service)와 호환되는 API를 제공한다.
- 모듈식 아키텍처 : 유칼립투스는 클라우드 컴퓨팅을 위한 다양한 컴포넌트를 모듈식으로 제공하여, 필요에 따라 특정 기능을 확장하거나 변경할 수 있다.
- 다중 테넌시 : 다중 사용자 환경을 지원하여, 여러 조직 또는 부서가 동일한 물리적 인프라 위에서 독립적인 클라우드 인스턴스를 실행할 수 있다.
- 가상화 기술 : 유칼립투스는 KVM과 Xen을 포함한 여러 가상화 플랫폼을 지원한다.
- 리소스 관리 : 자동화된 리소스 관리를 통해 가상 인스턴스의 프로비저닝*, 모니터링 및 스케일링이 가능하다.

③ 핵심 컴포넌트

- 클라우드 컨트롤러(Cloud Controller, CLC) : 클라우드의 전반적인 프론트엔드 관리를 담당한다.
- 월루스(Walrus) : S3 호환 스토리지 서비스를 제공한다.
- 클러스터 컨트롤러(Cluster Controller, CC) : 클러스터 레벨에서 네트워크와 가상 인스턴스의 자원 관리를 담당한다.
- 스토리지 컨트롤러(Storage Controller, SC) : 블록 레벨의 스토리지 관리를 담당한다.
- 노드 컨트롤러(Node Controller, NC) : 실제로 가상 머신들을 호스트하는 물리적 노드에서 실행된다.

기초 용어 정리

* **프로비저닝(Provisioning)**: 컴퓨터 시스템, 서버, 가상 머신 또는 네트워크와 같은 IT 리소스를 설정, 배포, 구성 및 관리하는 프로세스를 의미한다.

④ 사용 사례

● 프라이빗 클라우드 : 기업이 AWS와 유사한 환경을 자체 데이터 센터에 구축하고자 할 때 유용하다.

● 하이브리드 클라우드 : 유칼립투스는 AWS와의 호환성 덕분에 프라이빗 클라우드와 AWS 퍼블릭 클라우드 사이의 워크로드 이동을 용이하게 한다.

3. 빅데이터

(1) 빅데이터의 개념

● 빅데이터(Big Data)는 기존의 데이터베이스 관리 도구로는 캡처, 저장, 관리, 분석이 어려울 정도로 크기가 크거나 복잡한 데이터 집합을 말한다.

● 데이터의 양(Volume), 속도(Velocity), 다양성(Variety)이라는 세 가지 주요 특성을 기준으로 정의되곤 하며, 이를 '3V' 모델이라고 한다.

● 빅데이터의 개념은 시간이 지남에 따라 더 많은 'V'가 추가되어 가치(Value), 검증(Veracity) 등을 포함하기도 한다.

(2) 빅데이터의 '3V'

● Volume (양) : 빅데이터의 가장 기본적인 특성은 데이터의 양이 매우 방대하다는 것이다.

● Velocity (속도) : 데이터가 생성되고 수집될 때의 속도를 의미한다.

● Variety (다양성) : 빅데이터는 구조화된 데이터(데이터베이스 테이블 등) 뿐만 아니라 비구조화된 데이터(텍스트, 이미지, 비디오 등) 및 반구조화된 데이터(XML, JSON 등)를 포함하는 다양한 형태와 출처의 데이터를 포함한다.

(3) 빅데이터의 중요성

● 빅데이터는 다양한 분야에서 의사결정, 인사이트 발견, 프로세스 최적화, 예측 분석, 사용자 맞춤형 서비스 제공 등에 중요한 역할을 한다.

● 예를 들어, 헬스케어에서는 환자의 건강 데이터를 분석하여 질병을 예측하고 맞춤형 치료를 제공하는 데 빅데이터가 사용된다.

- 비즈니스 분야에서는 고객의 구매 패턴을 분석하여 매출을 증대시키고, 운영 효율성을 높이는 데 사용된다.

(4) 기술 및 도구

- 빅데이터를 다루기 위해 사용되는 기술과 도구에는 Hadoop, Spark, NoSQL 데이터베이스, 데이터 레이크, 머신 러닝 플랫폼 등이 있다.
- 이러한 기술은 대용량의 데이터를 저장, 처리 및 분석할 수 있는 기능을 제공한다.

(5) 하둡 메인컴포넌트와 에코 시스템

① 개념

- 하둡(Hadoop)은 빅데이터를 처리하기 위해 설계된 오픈 소스 소프트웨어 프레임워크이다.
- 대량의 데이터를 저장하고, 병렬로 처리할 수 있는 분산 시스템을 제공한다.
- 하둡은 구글의 논문인 "MapReduce: Simplified Data Processing on Large Clusters"와 "The Google File System"에서 영감을 받아 개발되었다.
- HDFS (Hadoop Distributed File System) : 분산 파일 시스템으로, 빅데이터를 저장하기 위해 설계되었다.
- MapReduce : 데이터 처리를 위한 프로그래밍 모델이다.
- YARN (Yet Another Resource Negotiator) : 클러스터 관리 및 자원 관리를 담당이다.
- Common : Hadoop 모듈들이 공유하는 기반 라이브러리와 유틸리티를 제공한다.

② 특징

- 확장성 : 하둡은 수십 노드에서 수천 노드에 이르는 클러스터 환경에서 확장 가능하다.
- 내결함성 : 데이터를 여러 노드에 복제함으로써, 한 노드의 실패가 전체 시스템에 미치는 영향을 최소화한다.
- 비용 효율성 : 오픈 소스 기술이므로 라이선스 비용이 없으며, 상대적으로 저렴한 컴퓨터로 클러스터를 구축할 수 있다.
- 유연성 : 구조화되었거나 구조화되지 않은 모든 형태의 데이터를 처리할 수 있다.

③ 사용 사례

- 대규모 데이터 처리 : 하둡은 로그 분석, 검색 엔진 인덱싱, 데이터 마이닝 등 대량의 데이터를 처리하는 데 사용된다.

- 데이터 웨어하우스 : 저렴한 비용으로 대규모 데이터 웨어하우스를 구축하여 다양한 소스에서 수집한 데이터를 저장하고 분석한다.

④ 도전 과제 및 대안

- 복잡성 : 하둡의 설정과 관리는 복잡할 수 있으며, 높은 수준의 전문 지식을 요구한다.

- 성능 : 특정 유형의 작업에서는 MapReduce가 성능상의 제약을 가질 수 있다.

- 대안 : Apache Spark와 같은 더 빠른 처리 속도를 제공하는 프레임워크가 있으며, 이는 하둡과 함께 또는 하둡의 대체제로 사용될 수 있다.

02 첨단기술 영역별 임베디드 리눅스 기술 ★★★★

✦ 합격을 부르는 치트키 가이드
임베디드는 4차산업에서 중요한 기술영역입니다. 이중에서 모바일, 스마트TV, 스마트카는 절대 빠질 수 없는 부분이기도 합니다. 이러한 부분과 관련된 서버영역을 리눅스가 기반이 되어주기에 향후에도 리눅스의 시장수요가 높을 것이라고 보는 전문가들도 많습니다. 공부하실 때 특정영역과 관련된 리눅스의 자원과 기능을 중심으로 공부하시면 도움이 되실 것입니다.

1. 모바일

(1) 개념

- 리눅스 모바일(Linux Mobile)은 리눅스 커널을 기반으로 한 운영 체제를 모바일 기기에 적용한 것을 의미한다.

- 모바일 기기에도 적합한 여러 가지 리눅스 기반 모바일 운영 체제를 만들었다.

(2) 리눅스 기반 모바일 운영 체제 특징

- 개방성 : 사용자와 개발자는 소스 코드에 접근할 수 있다.

- 커스터마이즈 : 사용자는 리눅스 모바일 운영 체제를 자신의 필요에 맞게 조정할 수 있다.

- 보안성 : 리눅스는 그 핵심 구조로 인해 상대적으로 보안이 강한 플랫폼으로 인식된다.

- 다양한 하드웨어 지원 : 리눅스는 다양한 하드웨어 플랫폼을 지원하는 광범위한 드라이버를 가지고 있다.

- 커뮤니티 기반 : 많은 리눅스 모바일 프로젝트는 커뮤니티 주도로 운영되고 있다.

(3) 운영체제

리눅스 기반 공개형 임베디드 운영체제들은 다양한 기기에서 사용되며 각각 특정 목적과 기기에 맞추어 설계되었다.

마에모 (Maemo)	마에모는 노키아가 개발한 리눅스 기반 운영 체제로, 주로 노키아의 인터넷 태블릿 시리즈에 사용되었다.
모블린 (Moblin)	모블린은 인텔이 주도하여 개발한 리눅스 기반 운영 체제였으며, 넷북과 같은 모바일 인터넷 기기(MID)를 타겟으로 했다.
미고 (MeeGo)	미고는 노키아의 마에모와 인텔의 모블린이 합쳐져 탄생한 오픈소스 운영 체제이다.
리모 (LiMo)	리모는 리모 재단(LiMo Foundation)에 의해 개발된 임베디드 리눅스 모바일 플랫폼이다.
타이젠 (Tizen)	타이젠은 미고의 후속으로 삼성과 인텔이 주도하여 개발한 오픈소스 운영 체제이다.
안드로이드 (Android)	안드로이드는 구글에 의해 개발된 리눅스 기반 운영 체제로, 현재 스마트폰 시장의 대다수를 차지하고 있다.
애플 iOS	애플의 iOS는 기존의 리눅스와는 다른 Unix-like 시스템인 Darwin을 기반으로 한다.

2. 스마트 TV

(1) 개념

- 스마트 TV는 인터넷 연결과 고급 컴퓨팅 기능을 갖춘 텔레비전을 말한다.

- 스마트 TV는 사용자에게 더 다양하고 상호작용적인 경험을 제공한다.

(2) 스마트 TV 주요 특징

- 인터넷 연결 : 스마트 TV는 유선 또는 무선 네트워크를 통해 인터넷에 연결된다.

- 스트리밍 서비스 지원 : 넷플릭스, 아마존 프라임 비디오, 유튜브와 같은 비디오 스트리밍 서비스에 쉽게 접근할 수 있다.

- 애플리케이션과 게임 : 스마트 TV는 다양한 애플리케이션과 게임을 설치하고 실행할 수 있는 플랫폼을 제공한다.

- 사용자 인터페이스 : 직관적인 사용자 인터페이스를 제공하여, 사용자가 쉽게 콘텐츠를 검색하고 관리할 수 있다.

- 화질과 디스플레이 기술 : 대부분의 스마트 TV는 고해상도 디스플레이(예: 4K, HDR)를 갖추고 있어, 높은 화질로 콘텐츠를 즐길 수 있다.

- 리모컨과 음성 인식 : 고급 리모컨을 통해 음성 명령이나 제스처로 TV를 제어할 수 있으며, 일부는 인공지능 비서(예: 아마존 알렉사, 구글 어시스턴트)와 통합되어 있다.

- 멀티미디어 통합 : USB 포트, 블루투스 등을 통해 외부 디바이스에서 멀티미디어 콘텐츠를 재생할 수 있다.

- 사회적 상호작용 : 소셜 미디어 플랫폼에 접속하거나, 실시간으로 TV 프로그램에 대해 의견을 공유하는 등의 기능을 제공한다.

- 업데이트와 개선 : 소프트웨어 업데이트를 통해 새로운 기능이 추가되고 기존 기능이 개선된다.

(3) 전용 운영체제

- 스마트 TV 운영체제는 TV에 내장된 소프트웨어 플랫폼으로 다양한 앱과 서비스를 실행하고 사용자 인터페이스를 제공하는 핵심 기능을 담당한다.

- 다음은 시장에서 널리 사용되는 주요 스마트 TV 운영체제들이다.

  - 웹OS (WebOS) : LG에서 개발한 웹OS는 LG의 스마트 TV에 사용된다.

  - 타이젠 (Tizen) : 삼성이 개발한 타이젠은 삼성 스마트 TV에 사용되는 운영체제이다.

  - 안드로이드 TV (Android TV) : 구글이 개발한 안드로이드 TV는 소니, 필립스, 샤프 등 여러 제조사의 스마트 TV에 사용된다.

  - 파이어 OS (Fire OS) : 아마존이 개발한 파이어 OS는 아마존의 파이어 TV 스트리밍 기기와 일부 스마트 TV에 사용된다.

  - 로쿠 TV (Roku TV) : 로쿠는 자체 스트리밍 플랫폼을 갖춘 스마트 TV 운영체제이다.

  - 애플 tvOS (Apple tvOS) : 애플 TV 셋톱박스에서 사용되는 tvOS는 스마트 TV 운영체제로 분류할 수 있다.

3. 스마트카 / IVI(In Vehicle Infotainment)

(1) 개념

● 스마트카(Smart Car)는 최신 정보 통신 기술(ICT)을 탑재하여 운전자에게 다양한 편의성을 제공한다.

● 차량의 안전과 효율을 증대시키며 때로는 독립적으로 환경을 인식하고 결정을 내리는 기능을 갖춘 자동차를 말한다.

● 스마트카는 단순히 차량 내 인포테인먼트 시스템을 넘어서 자율주행 기술, 차량 간 통신 (V2X), 스마트 모빌리티 서비스 등과 결합하여 현대적인 운전 환경을 형성한다.

(2) 주요 특징 및 구성 요소

● 커넥티비티 : 스마트카는 인터넷 연결을 통해 데이터를 수집하고, 클라우드 서비스, 네비게이션 업데이트, 실시간 교통 정보 등을 제공한다.

● 자율주행 기능 : 센서와 카메라, 레이더, 인공지능(AI) 기술을 활용하여 차량이 스스로 주행 환경을 인식하고, 결정을 내릴 수 있는 기능을 갖춘다.

● 차량 대 차량 및 차량 대 인프라 통신(V2X) : 차량은 다른 차량(V2V), 교통 인프라(V2I), 보행자(V2P), 네트워크(V2N)와 통신하여 안전성을 향상시키고 교통 효율을 높일 수 있다.

● 인포테인먼트 시스템 : 스마트카는 고급 인포테인먼트 시스템을 제공한다.

● 에너지 효율과 친환경 기술 : 하이브리드 차량, 전기차량(EV), 연료 전지 차량 등과 같이 친환경 기술을 통합함으로써 에너지 효율을 극대화하고 환경 오염을 줄인다.

● 사용자 경험(UX)과 인터페이스(UI) : 사용자 친화적인 디자인과 직관적인 인터페이스를 통해 운전자가 차량을 보다 쉽게 제어하고 정보를 얻을 수 있게 한다.

(3) IVI 개념

● IVI, 또는 In-Vehicle Infotainment는 자동차 내에서 제공되는 정보 및 엔터테인먼트 시스템을 의미한다.

● IVI 시스템은 운전자와 승객에게 오디오 및 비디오 스트리밍, 내비게이션, 호텔 또는 레스토랑 찾기, 전화 통화, 인터넷 접속과 같은 다양한 기능을 제공한다.

- 최신 IVI 시스템은 터치스크린, 음성 인식, 제스처 인식, 커넥티비티 옵션 등 최첨단 기술을 통합하여 사용자 경험을 강화하고 있다.

(4) IVI 시스템의 주요 특징

- 멀티미디어 기능 : FM 라디오, 음악 스트리밍, 비디오 재생 등의 전통적인 엔터테인먼트 기능을 포함한다.

- 커넥티비티 : 스마트폰 연동을 통해 애플 CarPlay나 안드로이드 오토 같은 시스템으로 차량과 스마트폰을 연결한다.

- 내비게이션 : GPS 기반 내비게이션을 제공하여 실시간 교통 상황 업데이트, 경로 안내 등을 지원한다.

- 차량 정보 : 차량의 다양한 정보를 운전자에게 제공한다.

- 음성 인식 : 운전자가 버튼을 누르거나 화면을 터치하지 않고도 음성 명령으로 시스템을 제어할 수 있게 한다.

- 앱 통합 : 자동차 제조사가 제공하는 앱 스토어를 통해 차량에 특화된 앱을 다운로드 받을 수 있다.

- 인터넷 접속 : 차량이 Wi-Fi 핫스팟 기능을 갖추거나 모바일 데이터를 이용하여 인터넷에 접속할 수 있다.

- 리눅스와의 관계성 : IVI 시스템은 종종 리눅스 기반의 운영체제를 사용한다.

(5) 특징과 지원 서비스

- In-Vehicle Infotainment (IVI) 시스템은 현대 자동차의 필수 요소로 자리잡고 있으며, 운전 경험을 개선하고, 여가 시간을 보내는 방법을 제공하는 역할을 한다.

- 멀티미디어 기능 : IVI 시스템은 음악, 비디오 재생, 라디오 수신 등과 같은 다양한 멀티미디어 콘텐츠를 지원한다.

- 네비게이션 : 최신 IVI 시스템은 GPS 기술을 통해 정확한 위치 정보와 함께 실시간 교통 상황을 반영한 동적 경로 안내 기능을 제공한다.

- 커넥티비티 : Bluetooth, Wi-Fi, 셀룰러 네트워크 연결을 통해 스마트폰과 동기화할 수 있으며, 이는 음성 통화, 메시지 전송, 인터넷 서핑 등 다양한 기능을 차량 내에서 가능하게 한다.

- 응용 프로그램 통합 : IVI 시스템은 종종 애플리케이션 스토어에 연결되어, 날씨, 뉴스, 음악 스트리밍 서비스 등 다양한 애플리케이션을 다운로드 받아 사용할 수 있다.

- 음성 인식 : 운전 중 손을 사용하지 않고도 시스템을 제어할 수 있는 음성 인식 기능을 제공한다.
- 차량 정보 표시 : 차량의 연료 수준, 유지 보수 필요 사항, 타이어 압력 등 차량의 상태를 모니터링하고 정보를 표시한다.
- 사용자 설정 : 개인별로 다양한 설정을 저장할 수 있다.
- 향상된 UI/UX : 터치스크린, 버튼, 다이얼, 제스처 인식 등 사용자 인터페이스는 직관적이고 사용하기 쉬우며, 사용자 경험을 중심으로 설계되었다.
- 리어 엔터테인먼트 : 뒷좌석 승객을 위한 독립적인 엔터테인먼트 시스템을 제공할 수 있다.

4. GENIVI 비영리 단체

(1) 개념

- GENIVI(GENEVA in Vehicle Infotainment) Alliance는 글로벌 자동차 산업을 위한 오픈소스 In-Vehicle Infotainment (IVI) 소프트웨어 개발을 촉진하는 비영리 단체이다.
- 이 단체는 2009년에 설립되었으며, 자동차 제조업체와 부품 공급업체, 소프트웨어 개발자 및 기타 관련 기업들이 협력하여 공통의 IVI 플랫폼을 개발하고 있다.
- GENIVI의 목적은 차량용 소프트웨어의 표준화와 상호운용성 향상을 통해 개발 비용을 절감하고, 출시 시간을 단축하는 것이다.

(2) GENIVI의 주요 활동과 특징

- 오픈소스 IVI 플랫폼 : GENIVI는 리눅스 기반의 오픈소스 IVI 플랫폼을 개발하고 있다.
- 이 플랫폼은 멀티미디어, 데이터 관리, 그래픽, 커뮤니케이션, 헤드 유닛 기능 등 IVI에 필요한 다양한 기능들을 지원한다.
- 컴플라이언스 프로그램 : GENIVI는 하드웨어와 소프트웨어가 GENIVI 표준에 부합하는지 검증하는 컴플라이언스 프로그램을 운영한다.
- 협력 및 파트너십 : 다양한 기업들이 회원으로 참여하고 있다.
- 참고 구현 및 개발 툴 : GENIVI는 참고 구현 (Reference Implementations) 및 개발 도구를 제공하여, 개발자들이 IVI 솔루션을 쉽게 개발하고 테스트할 수 있도록 한다.
- 교육 및 이벤트 : GENIVI는 워크숍, 세미나, 웹 세미나 등을 통해 지식을 공유하고, IVI 소프트웨어 개발에 대한 교육 기회를 제공한다.

01

빅데이터 기술 중 하나로 대용량 데이터를 저장하고 분석하는 데 사용되는 분산 스토리지 및 처리 시스템은 무엇인가?

① Hadoop
② Python
③ MySQL
④ JavaScript

> 해설 Hadoop은 대용량 데이터를 분산 스토리지와 처리를 위한 오픈 소스 프레임워크로 많이 사용된다.

02

리눅스 클라우드 환경에서 가상 서버를 관리하기 위해 사용되는 오픈 소스 오케스트레이션 도구는 무엇인가?

① Kubernetes
② Apache Hadoop
③ Microsoft Excel
④ Adobe Photoshop

> 해설 Kubernetes는 리눅스 클라우드 환경에서 가상 서버와 컨테이너를 관리하기 위한 오케스트레이션 도구로 널리 사용된다.

03

임베디드 시스템에서 사용되는 실시간 운영 체제(RTOS) 중 하나로 저전력 장치 및 센서 기반 시스템에서 널리 사용되는 RTOS는 무엇인가?

① Windows
② Linux
③ Android
④ FreeRTOS

> 해설 FreeRTOS는 저전력 장치 및 센서 기반 시스템에서 사용되는 실시간 운영 체제(RTOS) 중 하나이다.

04

인공지능의 하위 분야 중 하나로, 컴퓨터 시스템에게 비디오, 음성, 이미지 등의 데이터를 분석하고 해석하도록 하는 분야는 무엇인가?

① 로봇 공학
② 기계 학습
③ 네트워크 보안
④ 신경망

> 해설 기계 학습은 컴퓨터 시스템에게 데이터를 분석하고 학습하여 패턴을 파악하고 예측하는 데 사용되는 인공지능 분야 중 하나이다.

05

클라우드 컴퓨팅에서 인프라 자원(서버, 스토리지, 네트워크 등)을 필요에 따라 신속하게 프로비저닝하고 관리하기 위한 서비스는 무엇인가?

① IaaS (Infrastructure as a Service)
② SaaS (Software as a Service)
③ PaaS (Platform as a Service)
④ DaaS (Desktop as a Service)

> 해설 IaaS는 클라우드 컴퓨팅에서 인프라 자원을 프로비저닝하고 관리하기 위한 서비스이다.

06

스마트 TV에서 사용되는 운영 체제 중 하나로, Linux 기반의 오픈 소스 운영 체제는 무엇인가?

① watchOS
② Tizen
③ WebOS
④ tvOS

07

빅데이터 분석 작업을 수행할 때 대규모 데이터 세트를 처리하기 위해 분산 컴퓨팅 환경에서 사용되는 저장 및 처리 시스템은 무엇인가?

① SQL 데이터베이스
② NoSQL 데이터베이스
③ 데이터 웨어하우스
④ 데이터 레이크

08

차량 정보 및 엔터테인먼트 시스템(In Vehicle Infotainment)에서 자동차 내에서 사용자와 상호 작용하기 위한 터치 스크린 또는 음성 인식 인터페이스는 무엇인가?

① GPS
② HUD (Head-Up Display)
③ HMI (Human-Machine Interface)
④ ABS (Anti-lock Braking System)

09

안드로이드 운영 체제는 리눅스 커널을 기반으로 하고 있다. 안드로이드의 다른 주요 구성 요소 중 하나는 무엇인가?

① iOS
② Dalvik 가상 머신 (Dalvik VM)
③ Windows 커널
④ macOS

10

안드로이드 스마트폰에서 사용되는 리눅스 커널의 주요 역할 중 하나는 무엇인가?

① 그래픽 디자인
② 음성 인식
③ 하드웨어 추상화 및 드라이버 지원
④ 앱 스토어 관리

01 | ① 02 | ① 03 | ④ 04 | ② 05 | ①
06 | ③ 07 | ④ 08 | ③ 09 | ② 10 | ③

내일은 2024

노매드로고스(김선곤) 지음

리눅스 마스터 Linux 2급

비전공자도 2주 만에 초단기 합격!

2020~2023
최신기출변형
·
모의고사

김앤북
KIM&BOOK

01

최신기출변형문제
(학습용)

01 최신기출변형 1회

1과목 : 리눅스 운영 및 관리

01 project 그룹에 속한 사용자들이 /project 디렉터리에서 파일 생성은 자유로우나 삭제는 본인이 생성한 파일만 가능하도록 설정하려고 한다. /project 디렉터리의 정보가 다음과 같을 때 관련 명령으로 알맞은 것은?

```
[root@www /]# ls - ld /project
drwxr-x---. 2 root project 6 Apr  4 19:32 /project
[root@www /]#
```

① chmod g+s /project

② chmod g+t /project

③ chmod o+s /project

④ chmod o+t /project

> **해설** chmod는 파일이나 디렉터리의 권한을 변경하는 명령어이다. o+t는 other(다른 사용자)에게 t(sticky bit) 권한을 추가한다는 의미이다. 즉 /project 디렉터리의 파일이나 하위 디렉터리를 다른 사용자가 삭제하거나 이름을 변경할 수 없게 된다.
>
> **정답** ④

02 다음 중 특수 권한을 부여해서 사용하는 경우의 예로 가장 거리가 먼 것은?

① Sticky-Bit를 파일에 부여한다.

② Set-UID를 실행 파일에 부여한다.

③ Set-GID를 실행 파일에 부여한다.

④ Set-GID를 디렉터리에 부여한다.

> **해설** 리눅스에서 특수권한은 setuid, setgid, sticky bit를 말한다. setuid와 setgid는 파일이나 실행 파일에 부여할 수 있는 권한으로, 파일을 실행할 때 파일 소유자의 권한으로 실행하거나, 파일 그룹의 권한으로 실행할 수 있도록 한다. sticky bit는 디렉터리에 부여할 수 있는 권한으로, 디렉터리에 생성된 파일을 다른 사용자가 삭제하거나 이름을 변경할 수 없도록 한다.
>
> **정답** ①

03 다음 중 파일이나 디렉터리의 소유자를 확인하는 명령어로 알맞은 것은?

① ls

② chmod

③ chown

④ umask

> **해설** ls 명령어는 현재 디렉터리 또는 지정된 디렉터리의 파일과 디렉터리의 목록을 표시하는 명령어이다.
>
> **오답해설**
> ② chmod 명령어는 파일이나 디렉터리의 권한을 변경하는 명령어이다.
> ③ chown 명령어는 파일이나 디렉터리의 소유자를 변경하는 명령어이다.
> ④ Umask는 파일이나 디렉터리를 생성할 때 기본 권한을 설정하는 명령어이다.
>
> **정답** ①

04 다음 중 생성된 a.txt의 허가권 값으로 알맞은 것은?

```
$ umask
0002
$ touch a.txt
```

① -rw-rw-r--

② -rwxrwxr-x

③ drw-rw-r--

④ drwxrwxr-x

 소유자: 읽기, 쓰기, 실행 권한 / 그룹: 읽기, 쓰기 권한 / 기타 사용자: 읽기 권한 즉, 이 파일이나 디렉터리의 소유자는 읽기, 쓰기, 실행 권한을 모두 가지고 있다. 그룹과 기타 사용자는 읽기 권한만 가지고 있다. **정답** ①

05 다음 설명에 해당하는 명령어로 알맞은 것은?

사용자나 그룹에 쿼터를 설정할 때 사용하는 명령으로 실행시키면 vi 편집기를 이용해서 관련 값을 지정해야 한다.

① quota

② edquota

③ setquota

④ xfs_quota

 edquota 명령어는 사용자 또는 그룹의 디스크 사용량 제한을 설정하거나 변경하는 명령어이다. **정답** ②

06 다음 중 현재 마운트된 디스크의 남아있는 용량을 확인할 때 사용하는 명령어로 알맞은 것은?

① df

② du

③ fdisk

④ mount

 df 명령어는 파일 시스템의 사용량을 확인하는 명령어이다. **정답** ①

07 다음 결과에 대항하는 명령어로 알맞은 것은?

```
[posein@www ~]$
NAME MAJ:MIN RM SIZE RO TYPE MOUNTPOINT
  sda    8:0   0   60.6G   0    disk
 ─sda1   8:1   0   46.6G   0    part /
 ─sda2   8:2   0   3.7G    0    part [SWAP]
 ─sda3   8:3   0   1K      0    part
 ─sda5   8:5   0   1.9G    0    part
 ─sda6   8:6   0   1.9G    0    part
 ─sda7   8:7   0   1.9G    0    part
  sr0   11:0   1   1042M   0    rom
[posein@www ~]$
```

① lsblk

② blkid

③ fdisk

④ df

 lsblk 명령어는 리눅스에서 블록 장치의 정보를 표시하는 명령어이다. **정답** ①

08 다음 설명에 해당하는 파일명으로 알맞은 것은?

파일 시스템에 대한 정보를 담고 있는 파일로 부팅 시에 마운트할 파티션 정보가 기록되어 있다.

① /etc/fstab

② /etc/mtab

③ /etc/mounts

④ /etc/partitions

해설 /etc/fstab 파일은 파일 시스템을 마운트하는 데 사용되는 파일이다. /etc/fstab 파일은 시스템 부팅 시 자동으로 읽혀진다. 이 파일의 정보를 사용하여 시스템은 필요한 모든 파일 시스템을 마운트한다. **정답** ①

09 다음 (괄호) 안에 들어갈 명령어로 알맞은 것은?

```
# ( 괄호 ) -o remount.rw /home
```

① quota

② mount

③ umount

④ fdisk

mount –o remount.rw /home 명령은 /home 디렉터리를 읽기/쓰기 모드로 다시 마운트한다. /home 디렉터리는 일반적으로 사용자의 홈 디렉터리가 포함되는 디렉터리이다. 만약 /home 디렉터리가 읽기 전용 모드로 마운트되어 있는 경우 다음 명령을 사용하여 읽기/쓰기 모드로 다시 마운트할 수 있다.

정답 ②

10 다음은 /dev/sdb1을 XFS 파일 시스템으로 포맷하는 과정이다. (괄호)안에 들어갈 명령어로 알맞은 것은?

(괄호) /dev/sdb1

① xfs.mkfs

② mkfs.xfs

③ mke2fs –j xfs

④ mke2fs –t xfs

 mkfs.xfs는 XFS (Extended File System) 파일 시스템을 생성하기 위해 사용되는 명령어이다. XFS는 고성능 및 확장 가능한 파일 시스템으로, 주로 대용량 저장 시스템 및 고성능 서버 환경에서 사용된다.

정답 ②

11 다음 설명에 해당하는 셸로 알맞은 것은?

GNU 프로젝트를 위해 개발된 셸로 GNU 운영체제, 리눅스, 맥 OS X 등 다양한 운영체제에서 사용한다.

① bourne shell ② csh

③ dash ④ bash

 "Bash"는 Bourne Again Shell의 약어로 사용되는 명령 줄 셸(shell)이다. 셸은 사용자와 운영 체제 커널 사이의 인터페이스 역할을 하며 사용자가 명령을 입력하고 운영 체제에 명령을 실행하도록 한다.

정답 ④

12 다음 (괄호) 안에 들어갈 파일명으로 알맞은 것은?

특정 사용자가 로그인한 후에 사용 가능한 셸의 목록 정보를 확인하려면 (괄호) 파일에서 관련 정보를 얻을 수 있다.

① /etc/passwd ② /etc/shells

③ /etc/bashrc ④ /etc/profile

 /etc/shells 파일은 사용자 셸(shell) 목록을 포함하는 시스템 설정 파일이다. 이 파일은 시스템 관리자가 허용하는 셸 목록을 정의하는 데 사용된다. 사용자는 이 파일에 나열된 셸 중에서만 로그인 셸을 선택할 수 있다.

정답 ②

13 다음 명령의 결과에 대한 설명으로 가장 알맞은 것은?

$ echo $SHELL

① 사용자가 로그인 시에 부여받은 셸 정보가 출력된다.

② 사용자가 현재 사용하고 있는 셸 정보가 출력된다.

③ 사용자가 변경할 수 있는 셸 정보가 출력된다.

④ 화면에 어떠한 결과도 출력되지 않는다.

 echo $SHELL 명령어는 현재 사용자의 로그인 셸(shell)을 출력하는 명령어이다. 이 명령어를 실행하면 현재 로그인한 사용자의 기본 셸 경로가 출력된다.

정답 ①

14 다음은 ihd 사용자가 다른 셸로 변경하는 과정이다. (괄호) 안에 들어갈 내용으로 알맞은 것은?

[ihd@www ~]$ chsh (괄호) /bin/csh

① –l ② –u

③ –s ④ –c

"chsh –s" 명령은 사용자의 기본 셸(Shell)을 변경하는 명령이다.

정답 ③

15 다음 중 최근에 실행한 명령 중에 'al'이라는 문자열을 포함한 명령을 찾아서 실행하는 명령으로 알맞은 것은?

① !?al

② !!al

③ !*al

④ !-al

 !?al 명령어는 사용되는 특수한 형식의 명령어 패턴 중 하나이다. 이 명령어 패턴은 이전 명령어 히스토리에서 "al" 문자열을 포함하는 가장 최근의 명령어를 찾아서 실행하는 것을 의미한다.

정답 ①

16 다음 (괄호) 안에 들어갈 파일명으로 알맞은 것은?

> 사용자가 로그인한 후에 입력한 명령들은 로그아웃할 때 사용자의 홈 디렉터리 안에 있는 (괄호) 파일에서 저장된다.

① bash_profile

② bash_history

③ .bash_profile

④ .bash_history

 .bash_history는 사용자의 명령어 히스토리를 저장하는 파일이다. 이 파일은 사용자가 터미널에서 실행한 모든 명령어와 해당 명령어를 실행한 시간이 기록되는 곳이다. 사용자가 이전에 실행한 명령어를 다시 검색하거나 재실행할 때 유용하게 사용된다.

정답 ④

17 ls 명령으로 에일리어스(alias)가 설정된 상태에서 원래의 ls 명령어를 실행하려고 한다. 다음 중 관련 설명으로 알맞은 것은?

① ls 명령어 앞에 ! 기호를 덧붙여서 실행한다.

② ls 명령어 앞에 $ 기호를 덧붙여서 실행한다.

③ ls 명령어 앞에 ₩ 기호를 덧붙여서 실행한다.

④ ls 명령어 앞에 / 기호를 덧붙여서 실행한다.

 사용자 정의된 ls alias 또는 스크립트가 있을 때, ₩ls를 사용하여 원래의 ls 명령어를 실행할 수 있다. 이렇게 하면 사용자 정의된 동작을 우회할 수 있다.

정답 ③

18 다음 (괄호) 안에 들어갈 내용으로 알맞은 것은?

> [ihd@www ~]$ echo (괄호)
> ko_KR.UTE-8

① $LANG

② $TERM

③ $PS1

④ $TMOUT

 echo $LANG 명령을 실행하면 현재 사용자의 언어 및 지역 설정이 출력된다. 이를 통해 어떤 언어 환경에서 작업하고 있는지 확인할 수 있다.

정답 ①

19 다음 (괄호) 안에 들어갈 내용으로 알맞은 것은?

> 사용자가 시스템에 로그인하면 bash라는 프로세스를 할당받고, 사용자가 명령어를 실행하면 (괄호) 형태로 프로세스가 발생하면서 동작한다.

① exec

② fork

③ init

④ systemd

해설 fork는 다중 프로세스 프로그래밍 및 프로세스 간 통신에 사용된다. 부모 프로세스는 자식 프로세스를 생성하여 여러 작업을 동시에 수행하거나, 자식 프로세스에게 작업을 할당하여 병렬 처리를 할 수 있다.
 ②

20 다음 중 명령어를 백그라운드 프로세스로 실행하기 위한 방법으로 알맞은 것은?

① 실행 명령어 앞부분에 bg를 덧붙여서 실행한다.
② 실행 명령어 앞부분에 jobs를 덧붙여서 실행한다.
③ 실행 명령어 뒷부분에 &기호를 덧붙여서 실행한다.
④ 실행 명령어 뒷부분에 bg를 덧붙여서 실행한다.

해설 & 기호는 백그라운드 프로세스를 실행하기 위한 방법 중 하나이다. 셀에서 명령어를 입력할 때 명령어 뒤에 &를 추가하면 해당 명령어가 백그라운드에서 실행된다.
 ③

21 다음 (괄호) 안에 들어갈 내용으로 알맞은 것은?

데몬 프로세스를 실행하는 방법 중에서 (괄호) 방식은 보통 부팅 시에 실행되어 해당 프로세스가 메모리에 계속 상주하면서 클라이언트의 서비스 요청을 처리하는 방식이다.

① init   ② inetd
③ xinetd   ④ standalone

해설 Standalone은 프로그램이 독립적으로 실행되는 모드를 나타낸다. 이 모드에서 프로그램은 다른 서비스나 프로세스와 연결되지 않고, 사용자의 명령에 따라 단독으로 실행된다.
 ④

22 다음 중 kill 명령어를 실행할 때 전달되는 기본 시그널 명칭과 번호의 조합으로 알맞은 것은?

① SIGKILL, 9   ② SIGKILL, 15
③ SIGTERM, 9   ④ SIGTERM, 15

해설 시그널은 "프로세스 종료"를 나타내며, 프로세스에게 정상적인 종료를 요청한다.
 ④

23 다음 중 포그라운드 프로세스를 백그라운드 프로세스로 전환하기 위해 사용하는 키 조합으로 알맞은 것은?

① [Ctrl] + [c]   ② [Ctrl] + [a]
③ [Ctrl] + [z]   ④ [Ctrl] + [d]

해설 포그라운드 프로세스를 백그라운드 프로세스로 전환하기 위한 키 조합은 대부분의 Unix 및 Unix 계열 운영 체제에서 사용되는 것으로 "Ctrl + Z"이다. 이 조합을 사용하면 실행 중인 포그라운드 프로세스를 일시 중지하고 백그라운드로 보낼 수 있다.
 ③

24 다음 명령의 결과에 대한 설명으로 알맞은 것은?

```
# renice -10 bash
```

① bash 프로세스의 우선순위를 높인다.
② bash 프로세스의 우선순위를 낮춘다.
③ bash 프로세스의 PRI 값을 -10으로 변경한다.
④ 사용법 오류로 인해 실행되지 않는다.

해설 우선 순위가 높은 프로세스보다 더 많은 CPU 시간을 할당받게 된다. 이는 Bash 셸이 실행 중인 시스템에서 높은 우선 순위로 실행되도록 하려는 경우에 유용하다.
 ①

25 cron을 이용해서 해당 스크립트를 매월 1일 오전 4시 2분에 주기적으로 실행하려고 한다. (괄호) 안에 들어갈 내용으로 알맞은 것은?

(괄호) /etc/backup.sh

① 4 2 * * 1
② 2 4 * * 1
③ 4 2 1 * *
④ 2 4 1 * *

해설 2는 분을 나타내며 4는 시간을 나타내며 1은 일을 나타낸다. *은 날짜 필드는 어떤 날짜에도 맞게끔 와일드카드(*)로 설정한다. 이렇게 하면 매월 1일에 매칭된다. *은 월 필드도 와일드카드로 설정하여 매월 매치되도록 한다.

정답 ④

26 다음은 프로세스 아이디가 513, 514, 515번인 프로세스를 종료시키는 과정이다. (괄호) 안에 들어갈 명령어로 알맞은 것은?

(괄호) 513 514 515

① kill
② pkill
③ killall
④ pgrep

해설 kill 명령을 사용하여 특정 프로세스를 종료할 수 있다. 명령어를 사용할 때 특정 프로세스의 PID(Process ID)를 지정하면 해당 프로세스가 종료된다.

정답 ①

27 다음 그림에 해당하는 명령어로 알맞은 것은?

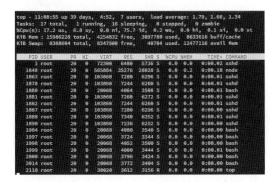

① ps
② top
③ jobs
④ pstree

해설 top 명령은 터미널에서 실행되며 시스템 관리자나 사용자가 시스템 리소스 사용 상태를 실시간으로 파악하고 문제를 진단하는 데 유용하다.

정답 ②

28 다음 설명에 해당하는 명령어로 알맞은 것은?

사용자가 로그아웃하거나 작업 중인 터미널 창이 닫혀도 프로세스를 백그라운드 프로세스로 계속해서 작업할 수 있도록 해준다.

① bg
② jobs
③ pgrep
④ nohup

해설 nohup은 "no hang up"의 약자로, 터미널 세션 종료 시에 "행(hang)업" 시그널을 무시하여 프로세스를 보호하는 역할을 한다.

정답 ④

29 다음 중 vi 편집기를 개발한 인물로 알맞은 것은?

① 빌 조이
② 리처드 스톨만
③ 브람 브레나르
④ 제임스 고슬링

해설 vi는 텍스트 편집기로, 1976년에 빌조이(Bill Joy)에 의해 개발되었다.

정답 ①

30 다음 중 기본 사용법이 동일한 편집기의 조합으로 알맞은 것은?

① vi, emacs
② pico, emacs
③ pico, nano
④ vi, pico

해설 pico와 nano는 둘 다 터미널 기반의 텍스트 편집기로, 비주얼 모드(Visual Mode)나 명령어 모드(Command Mode)와 같은 vi나 Vim과는 달리, 보다 간단하고 사용하기 쉬운 기능을 제공하는 편집기이다.

정답 ③

31 다음 설명에 해당하는 편집기로 알맞은 것은?

> X 윈도 환경에서만 사용할 수 있는 편집기로 윈도우 운영체제의 메모장처럼 손쉽게 사용할 수 있다.

① nano　　　　　② gedit
③ vim　　　　　④ emacs

 gedit은 GNOME 환경의 일부로 제공되므로 GNOME 사용자에게 익숙한 텍스트 편집 도구 중 하나이다.

정답 ②

32 다음 중 vi 편집기의 명령 모드에서 바로 직전에 삭제한 줄을 다시 복원하기 위해 실행하는 명령으로 알맞은 것은?

① c　　　　　② r
③ u　　　　　④ dd

 u를 눌러 이전에 입력한 명령을 삭제할 수 있다.

정답 ③

33 다음 중 vi 편집기에서 한 줄이 linux인 경우에만 전부 Linux로 치환하는 명령으로 알맞은 것은?

① :% s/^linix$/Linux/g
② :% s/linux/^Linux$/g
③ :% s/₩⟨linux₩⟩/Linux/g
④ :% s/linux/₩⟨Linux₩⟩/g

 이 명령은 현재 파일에서 "linux"라는 단어가 있는 행을 찾아 "Linux"로 대체하는 것이다. 예를 들어, "This is a linux system."이라는 행이 있다면 이것은 "This is a Linux system."으로 대체된다.

정답 ①

34 다음 중 vi 편집기에서 행 번호가 표시되도록 하는 ex 모드 환경설정으로 알맞은 것은?

① set no　　　　　② set ai
③ set sm　　　　　④ set number

 현재 편집 중인 파일의 각 행에 줄 번호를 표시하도록 설정하는 명령이다.

정답 ④

35 다음 중 데비안 계열 리눅스에서 사용되는 패키지 관리 도구 모음으로 가장 알맞은 것은?

① YaST, zypper　　② YaST, dpkg
③ dpkg, apt-get　　④ dnf, zypper

 dpkg와 apt-get은 Debian 기반의 리눅스 배포판에서 패키지 관리를 위해 사용되는 두 가지 주요 도구이다.

정답 ③

36 다음 중 리눅스에서 사용되는 온라인 패키지 관리 도구로 거리가 먼 것은?

① dnf　　　　　② dpkg
③ zypper　　　　④ apt-get

 dpkg는 Debian 계열의 리눅스 시스템에서 사용되는 패키지 관리 도구로, 개별 소프트웨어 패키지를 설치, 업그레이드, 제거 및 관리하는 데 사용된다.

정답 ②

37 다음 중 Makefile 파일이 생성되는 소스 설치 단계로 알맞은 것은?

① configure　　　② make
③ cmake　　　　④ make install

 configure는 소프트웨어 프로젝트의 빌드 및 설치 프로세스를 구성하는 스크립트 또는 도구이다.

정답 ①

38 다음 중 소스 설치 방법으로 cmake를 선택한 프로젝트로 틀린 것은?

① MySQL   ② PHP
③ KDE   ④ LMMS

> **해설** PHP와 CMake는 각각 다른 분야에서 사용되는 프로그래밍 도구이며, 서로 직접적인 관련은 없다. 그러나 PHP 확장 모듈 또는 PHP로 작성된 프로그램을 빌드하고 관리하는 데 CMake와 함께 사용할 수 있다.
>
> **정답** ②

39 다음 중 현재 디렉터리에 있는 C 언어 파일만을 source.tar로 묶는 명령으로 알맞은 것은?

① tar rvf *.c source.tar
② tar rvf source.tar *.c
③ tar cvf *.c source.tar
④ tar cvf source.tar *.c

> **해설** tar cvf source.tar *.c 명령은 tar 명령어를 사용하여 특정 확장자가 .c인 모든 파일을 하나의 tar 아카이브 파일로 묶는 명령이다.
>
> **정답** ④

40 다음 중 yum 명령을 이용해서 nmap 패키지를 설치하는 명령으로 알맞은 것은?

① yum nmap install
② yum install nmap
③ yum -y nmap
④ yum -i nmap

> **해설** yum install nmap 명령은 CentOS, RHEL(Red Hat Enterprise Linux), 또는 Fedora와 같은 RPM 기반의 리눅스 시스템에서 사용되는 패키지 관리 도구인 yum을 통해 nmap 소프트웨어를 설치하는 명령이다.
>
> **정답** ②

41 다음 (괄호) 안에 들어갈 내용으로 알맞은 것은?

```
# rpm ( 괄호 ) /bin/ls
coreutils-8.22-24.el7.x86_64
```

① -qi   ② -ql
③ -qa   ④ -qf

> **해설** rpm -qf 명령은 RPM 기반의 리눅스 시스템에서 사용되는 명령어로, 특정 파일이 어떤 RPM 패키지에 속하는지 조회하는 데 사용된다. 이 명령을 사용하면 특정 파일이 어떤 패키지에 속하는지 신속하게 확인할 수 있다.
>
> **정답** ④

42 다음은 tar에서 xz 명령어와 관련 있는 압축 옵션으로 알맞은 것은?

① -x   ② -z
③ -Z   ④ -J

> **해설** tar 명령어에서 xz 명령과 -J 옵션은 압축된 파일을 해제하는 데 사용되는 옵션이다. xz는 LZMA/LZMA2로 압축된 파일을 처리하는 도구이다.
>
> **정답** ④

43 다음 중 BSD 계열 유닉스에서 사용하는 프린터 관련 명령으로 틀린 것은?

① lp   ② lpr
③ lpq   ④ lprm

> **해설** 주로 명령줄 환경에서 프린터 관리 및 출력 작업을 처리하는 데 사용된다.
>
> **정답** ①

44 다음 중 사운드카드 사용과 관련된 프로그램으로 알맞은 것은?

① ALSA
② CUPS
③ SANE
④ LPRng

45 다음 중 프린트 작업을 요청하는 명령어로 알맞은 것은?

① cancel   ② lpr
③ lpq   ④ lpstat

46 다음 중 LVM 구성 순서로 알맞은 것은?

> 가. VG(Volume Group)
> 나. LV(Logical Volume)
> 다. PV(Physical Volume)

① 가 → 나 → 다
② 다 → 나 → 가
③ 다 → 가 → 나
④ 가 → 다 → 나

47 다음 중 LVM에 대한 설명으로 틀린 것은?

① 물리적 디스크 2개를 이용해서 하나의 파티션으로 구성할 수 있다.
② 파티션의 크기를 확장해도 데이터의 손실이 발생하지 않는다.
③ 파티션의 크기를 축소해서 데이터의 손실이 발생하지 않는다.
④ 물리적 디스크 1개를 이용해서 두 개의 파티션을 구성할 수 있다.

48 다음 중 RAID로 구성된 하드 디스크 중에서 하나의 디스크에 오류가 발생해도 데이터의 손실이 없는 조합으로 알맞은 것은?

① RAID-0, RAID-1
② RAID-0, RAID-5
③ RAID-1, RAID-5
④ RAID-0, RAID-6

49 다음은 부팅 모드를 확인하는 과정이다. X 윈도 모드로 부팅이 될 때 (괄호) 안에 들어갈 내용으로 알맞은 것은?

```
# systemctl ( ㉠ )
( ㉡ )
```

① ㉠ set-default ㉡ multi-user.target
② ㉠ set-default ㉡ graphical.target
③ ㉠ get-default ㉡ multi-user.target
④ ㉠ get-default ㉡ graphical.target

> **해설** get-default 명령을 사용하여 현재 기본 부팅 타 겟을 확인하면 시스템이 어떤 모드로 부팅되고 있는 지를 알 수 있으며, graphical.target은 그래픽 환경을 사용하는 경우에 주로 설정된다.
>
> **정답** ④

50 다음 중 X Window 시스템에 할당된 TCP 포트 번호로 알맞은 것은?

① 6000
② 8000
③ 8080
④ 8088

> **해설** X Window 시스템은 기본적으로 TCP 포트를 사 용하지 않는다. 그러나 X Window 시스템은 기본적으 로 X 서버가 TCP/IP 네트워크 연결을 수신할 수 있는 지 여부를 설정할 수 있으며, 이를 위해 포트 번호를 지 정할 수 있다. 일반적으로 X Window 시스템은 6000 부터 시작하여 6010, 6020 등과 같이 연속된 포트 번 호 범위를 사용한다. 이러한 포트 번호 범위는 X 서버 가 클라이언트의 연결을 수신하는 데 사용된다.
>
> **정답** ①

51 다음 설명에 해당하는 라이브러리 명칭으로 알맞은 것은?

X 서버와 대화하는 역할을 수행하는 Xlib를 대 체하기 위해 등장한 라이브러리이다.

① XCB
② QT
③ GTK+
④ FLTK

> **해설** XCB는 X 프로토콜을 사용하여 X 서버와 통신하 고 X Window 시스템을 제어하기 위한 C 언어용 API를 제공한다.
>
> **정답** ①

52 다음 설명에 해당하는 명칭으로 알맞은 것은?

GNU 프로젝트에서 LGPL을 따르는 GTK+ 라 이브러리를 사용해서 만든 공개형 데스크톱 환 경이다.

① QT
② KDE
③ GNOME
④ Xfce

> **해설** GNOME 데스크톱 환경은 많은 리눅스 배포판 에서 기본적으로 제공되며, 많은 사용자와 개발자들 이 GNOME 환경을 사랑하고 사용하고 있다.
>
> **정답** ③

53 다음 상황과 관련된 설명으로 알맞은 것은?

A 시스템에 있는 Firefox 프로그램을 원격지에 있는 B 시스템에 전송해서 실행할 수 있도록 제 공하려고 한다.

① A 시스템은 X 서버가 되고, 환경변수인 DISPLAY를 변경한다.
② A 시스템은 X 클라이언트가 되고, xhost 명령 을 사용해서 제어한다.
③ B 시스템은 X 클라이언트가 되고, 환경변수인 DISPLAY를 변경한다.
④ B 시스템은 X 서버가 되고, xhost 명령을 사 용해서 제어한다.

54 다음 결과에 해당하는 명령으로 알맞은 것은?

```
[root@www ~]#
www/unix:0 MIT−MAGIC−COOKIE-1 299 792e424f0d548c992faaaf778f529
#fff#777777#:0 MIT-MAGIC−COOKIE-1 299792e424f0d548c992faaaf778f529
[root@www ~]#
```

① echo $DISPLAY

② xhost list $DISPLAY

③ xauth list $DISPLAY

④ export DISPLAY

55 다음 그림에 해당하는 프로그램으로 알맞은 것은?

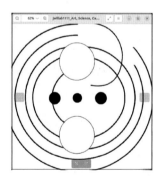

① totem

② ImageMagicK

③ Eog

④ Gimp

56 다음 그림에 해당하는 프로그램으로 알맞은 것은?

① LibreOffice Draw

② LibreOfiice Writer

③ LibreOffice Calc

④ LibreOffice Impress

57 다음 설명에 해당하는 LAN 구성 방식으로 알맞은 것은?

하나의 통신회선에 여러 컴퓨터를 연결해서 전송하는 방법으로 모든 장치는 동등한 조건으로 경쟁한다. 한 번에 한 컴퓨터만 전송할 수 있어서 연결된 컴퓨터의 수에 따라 네트워크의 성능에 영향을 준다.

① 망(Mesh)형　　② 링(Ring)형

③ 버스(Bus)형　　④ 스타(Star)형

58 다음 (괄호) 안에 들어갈 내용으로 알맞은 것은?

> 이더넷은 LAN을 위해 개발된 네트워크 기술로 각각의 기기들이 (괄호) 길이의 고유한 MAC(Media Access Control) 주소를 기반으로 상호간에 데이터를 주고받을 수 있도록 만들었다.

① 32bit

② 48bit

③ 64bit

④ 128bit

해설 MAC 주소(MAC Address 또는 Media Access Control Address)는 48비트(6바이트) 길이의 고유한 식별자이다.

정답 ②

59 다음 중 패킷 교환 방식에 대한 설명으로 틀린 것은?

① 패킷별로 우선순위를 부여할 수 있다.

② 회선 교환 방식과 비교해서 지연이 적게 발생한다.

③ 각각의 패킷마다 오버헤드 비트가 존재한다.

④ 고정 대역을 할당하지 않는 관계로 이론상으로는 무제한 수용이 가능하다.

해설 패킷 교환 방식은 다양한 지연이 발생한다.

정답 ②

60 다음 설명에 해당하는 기술로 알맞은 것은?

> 광섬유 케이블을 이용해서 최대 100Mbps의 속도를 제공하기 위해 등장하였다. 1982sus 10월에 미국표준협회의 X3 커미티에서 표준화되었고, 이후에 ISO 규격으로 승인되었다.

① FDDI

② X.25

③ Frame Relay

④ Cell Relay

해설 FDDI(Fiber Distributed Data Interface)는 고속 네트워크 표준 중 하나로, 광섬유 케이블을 사용하여 데이터를 전송하는 데 사용되는 통신 프로토콜 및 네트워크 토폴로지를 나타낸다.

정답 ①

61 다음 중 프로토콜 제정기관과 관련 업무의 조합으로 알맞은 것은?

> • 관련 기관
> ㉠ IEEE ㉡ ISO ㉢ EIA
> • 업무
> Ⓐ LAN 관련 표준
> Ⓑ LAN 케이블 관련 표준
> Ⓒ OSI 7계층

① ㉠ – Ⓒ

② ㉡ – Ⓐ

③ ㉠ – Ⓑ

④ ㉢ – Ⓑ

해설 EIA는 전자 산업 협회를 나타내며, 미국을 중심으로 전자 및 통신 산업에 속하는 기업 및 조직을 대표하는 비영리 단체이다. 여기와 LAN케이블은 관계가 있다.

정답 ④

62 다음 설명에 해당하는 OSI 계층으로 알맞은 것은?

> 송신지와 수신자가 사용하는 코드와 문자 등을 번역하여 일관되게 전송하는 데이터를 서로 이해할 수 있는 기능을 제공한다.

① 표현 계층
② 세션 계층
③ 전송 계층
④ 네트워크 계층

 표현 계층은 네트워크에서 데이터 표현 및 변환을 담당하여 상위 계층에서 데이터를 처리하는 데 도움을 준다. 이를 통해 서로 다른 시스템 간에 효율적인 데이터 교환과 통신이 가능하게 된다. **정답** ①

63 다음 중 IPv4의 B 클래스 네트워크 주소 대역으로 알맞은 것은?

① 127.0.0.0 ~ 192.255.255.255
② 127.0.0.0 ~ 191.255.255.255
③ 128.0.0.0 ~ 192.255.255.255
④ 128.0.0.0 ~ 191.255.255.255

 B 클래스 네트워크 대역은 첫 번째 바이트의 범위가 128에서 191까지인 주소로 구성된다. 이 대역은 16비트로 시작하며, 네트워크 식별을 위한 첫 번째 2비트(10)와 호스트 주소 식별을 위한 나머지 14비트로 구성된다. 따라서 B 클래스의 각 네트워크는 약 65,536(2^16)개의 호스트 주소를 할당받을 수 있다. **정답** ④

64 다음 중 X 윈도가 설치되지 않은 환경의 콘솔 창에서 이용할 수 있는 웹 브라우저로 알맞은 것은?

① lynx
② chrome
③ opera
④ safari

Lynx는 주로 리눅스와 유닉스 계열 운영체제에서 사용되며, 커맨드 라인 환경이나 터미널에서 웹 페이지를 탐색하고 정보를 검색하는 용도로 많이 활용된다. **정답** ①

65 다음 설명에 해당하는 인터넷 서비스로 알맞은 것은?

> 원격지에 있는 서버에 접속할 수 있는 서비스로 접속할 때 아이디 및 패스워드를 사용한다. 데이터 전송 시에 평문을 사용해서 최근에는 보안상의 이유로 거의 사용되지 않고 있다.

① SSH   ② Telnet   ③ Gopher   ④ FTP

 Telnet은 원격 컴퓨터에 로그인하고 명령을 실행하거나, 원격 시스템에 접속하여 파일을 전송하는 등의 작업을 수행하는 데 사용된다. **정답** ②

66 다음 (괄호) 안에 들어갈 내용으로 알맞은 것은?

> WWW(World Wide Web)는 웹페이지와 다른 웹페이지를 연결하는 (㉠) 방식의 정보검색 시스템이다. 또한 웹 서버의 자원에 접근하기 위해 (㉡)을(를) 사용한다.

① ㉠ HTML ㉡ URL
② ㉠ HTML ㉡ 하이퍼텍스트
③ ㉠ 하이퍼텍스트 ㉡ HTML
④ ㉠ 하이퍼텍스트 ㉡ URL

해설 하이퍼텍스트(Hypertext)는 텍스트 형식의 문서나 정보가 다른 문서나 정보와 링크(연결)되어 있어 사용자가 하나의 문서에서 다른 문서로 쉽게 이동할 수 있는 방식을 의미한다. URL(Uniform Resource Locator)은 웹 상의 하이퍼텍스트 문서나 리소스를 가리키는 주소이다. **정답** ④

67 다음 중 CentOS 7 시스템을 텔넷 서버로 사용하기 위해 설치해야 하는 패키지명으로 알맞은 것은?

① telnet
② telnet_server
③ telnet-server
④ server-telnet

 telnet-server는 Telnet 프로토콜을 사용하여 원격으로 컴퓨터에 접속하고 로그인할 수 있도록 서버를 제공하는 소프트웨어 패키지이다.

정답 ③

68 다음은 원격지 SSH 서버에 계정을 변경해서 접속하는 과정이다. (괄호) 안에 들어갈 옵션으로 알맞은 것은?

[ihd@www ~] ssh (괄호) kaitman 192.168.5.13

① -l   ② -n
③ -p   ④ -x

 ssh -l은 SSH(Secure Shell) 클라이언트 프로그램을 사용하여 원격 시스템에 특정 사용자로 로그인하는 데 사용되는 옵션이다.

정답 ①

69 다음 중 FTP 서버에 있는 파일을 로컬 시스템으로 가져올 때 사용하는 명령어로 알맞은 것은?

① get   ② put
③ send   ④ hash

 FTP는 파일을 전송하고 공유하기 위해 널리 사용되며, "get" 명령은 원격 서버에서 원하는 파일을 가져오는 데 사용된다.

정답 ①

70 다음 조건일 때 설정되는 게이트웨이 주소값으로 가장 알맞은 것은?

IP 주소 : 192.168.5.66
서브넷 마스크값 : 255.255.255.192

① 192.168.5.126
② 192.168.5.127
③ 192.168.5.128
④ 192.168.5.129

 첫째, 서브넷마스크를 이진수로 변환한다. 255.255.255.192 = 11111111.11111111.11111111.11000000 그리고 IP주소를 이진수로 변환한다. 192.168.5.66 = 11000000.10101000.00000101.01000010
둘째, IP 주소와 서브넷 마스크를 AND 연산하여 네트워크 주소를 얻는다.
11000000.10101000.00000101.01000010 (IP 주소)
11111111.11111111.11111111.11000000 (서브넷 마스크)

11000000.10101000.00000101.01000000 (네트워크 주소)
그 결과 나온 네트워크 주소를 10진수 전환하여 네트워크 주소는 192.168.5.64이다.
셋째, 브로드캐스트주소계산을 한다. 위에서 나온 네트워크주소의 2진수 변환수와 서브넷마스크의 역을 취한 이진수값을 함께 OR연산을 수행하면 브로드캐스트주소를 얻는다.
11000000.10101000.00000101.01000000 (네트워크 주소)
00000000.00000000.00000000.00111111 (서브넷 마스크의 역)

11000000.10101000.00000101.01111111 (브로드캐스트 주소)
계산결과 나온 브로드캐스트주소는 십진수변환시 192.168.5.127이다. 마지막으로 게이트웨이주소 계산은 보통 브로드캐스트주소에서 1을 뺀 값을 게이트웨이 주소로 사용한다. 192.168.5.127 - 1 = 192.168.5.126
따라서 주어진 IP주소와 서브넷마스크값을 활용해서 계산된 게이트웨이주소는 192.168.5.126이 된다.

정답 ①

71 다음 중 게이트웨이 주소 정보를 출력하는 명령으로 알맞은 것은?

① ip gw show　　② ip gateway show

③ ip route show　④ ip add show

72 다음 중 시스템에 장착된 이더넷 카드의 MAC 주소를 확인하는 명령으로 알맞은 것은?

① ip　　　　　② route

③ mii-tool　　④ ethtoll

73 다음 정보를 확인할 수 있는 파일로 알맞은 것은?

nameserver 168.126.63.1

① /etc/hosts

② /etc/named.conf

③ /etc/resolv.conf

④ /etc/sysconfig/network

74 다음 설명에 해당하는 파일명으로 알맞은 것은?

현재 사용 중인 시스템에 www.ihd.or.kr이라는 가상의 도메인을 설정해서 다양한 네트워크 실습을 진행하려고 한다.

① /etc/hosts

② /etc/resolv.conf

③ /etc/sysconfig/network

④ /etc/sysconfig/network-scripts

75 다음 중 SYN Flooding 공격과 같은 네트워크 상태 정보를 확인하는 명령으로 알맞은 것은?

① ip　　　　② ss

③ arp　　　④ ethtool

76 다음 중 IPv4 네트워크 주소 체계에서 '/16'이 의미하는 서브넷 마스크값으로 알맞은 것은?

① 255.0.0.0　　② 255.255.0.0

③ 255.255.255.0　④ 255.255.255.128

77 다음 그림에 해당하는 기술로 가장 알맞은 것은?

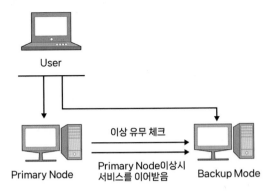

① 임베디드 시스템
② 베어울프 클러스터
③ 고가용성 클러스터
④ 부하분산 클러스터

해설 고가용성 클러스터(High Availability Cluster)는 시스템 또는 서비스의 가용성을 높이고 신뢰성을 향상시키기 위한 컴퓨터 클러스터의 형태이다. 이러한 클러스터는 장애를 감지하고 처리하는 데 특화되어 있으며, 하나의 노드 또는 서버가 장애가 발생하더라도 다른 노드로 서비스를 자동으로 이전하여 서비스 중단 시간을 최소화한다.

 정답 ③

78 다음 설명에 해당하는 가상화 기술로 알맞은 것은?

2005년에 설립된 Qumranet에서 개발한 하이퍼바이저로 x86 시스템을 기반으로 CPU 전가상화 방식을 사용한다. 현재는 레드햇사 주도로 개발되고 있다.

① Xen
② KVM
③ Docker
④ VirtualBox

해설 KVM은 "Kernel-based Virtual Machine"의 약어로, 리눅스 커널에서 제공하는 가상화 기술이다.

 정답 ②

79 다음 설명에 해당하는 프로그램으로 알맞은 것은?

소스가 공개된 컨테이너 관리 프로그램으로 컨테이너화된 애플리케이션의 배포, 확장, 관리를 자동화해준다. 현재 이 프로그램은 CNCF(Cloud Native Computation Foundation)에서 개발되고 있다.

① Docker
② OpenStack
③ Kubernetes
④ Ansible

해설 Kubernetes는 컨테이너화된 애플리케이션의 배포, 스케일링, 관리를 자동화하는 오픈 소스 컨테이너 오케스트레이션 플랫폼이다.

 정답 ③

80 다음 설명에 프로그램으로 가장 알맞은 것은?

빅데이터 인프라 구축과 관련된 프로그램으로 파일시스템 구축에 사용한다.

① Hadoop
② NoSQL
③ R
④ Cassandra

해설 Hadoop은 대규모 데이터 집합을 처리하고 분석하는 데 사용되는 오픈 소스 분산 컴퓨팅 프레임워크이다.

 정답 ①

02 | 최신기출변형 2회

1과목 : 리눅스 운영 및 관리

01 다음 설명의 상황에 설정해야 하는 작업으로 가장 알맞은 것은?

> project 그룹 소유의 디렉터리인 project에 ihduser 사용자가 파일을 생성 시 그룹 소유권을 자동으로 project 그룹 권한으로 지정되도록 한다.

① ihduser 사용자를 project 그룹에 추가시킨다.
② project 디렉터리에 Set-UID를 부여한다.
③ project 디렉터리에 Set-GID를 부여한다.
④ project 디렉터리에 Sticky-Bit를 부여한다.

해설 Set-GID는 그룹 권한을 파일 또는 디렉터리에 적용하는 방법 중 하나이며, 해당 파일 또는 디렉터리를 소유한 그룹의 권한을 사용자 그룹에 적용한다.
정답 ③

02 다음 중 lin.txt 파일의 그룹 소유권을 kait, 소유자는 ihduser로 설정하는 명령으로 알맞은 것은?

① chown kait:ihduser lin.txt
② chown ihduser:kait lin.txt
③ charp kait:ihduser lin.txt
④ charp ihduser:kait lin.txt

해설 chown ihduser:kait lin.txt 명령은 "lin.txt"라는 파일의 소유자를 "ihduser"로 변경하고, 그룹을 "kait"로 변경하는 명령이다. 이 명령을 실행하면 "lin.txt" 파일의 소유자와 그룹이 변경된다. 변경된 소유자 및 그룹은 파일에 대한 액세스 권한을 관리하는 데 사용된다.
정답 ②

03 다음 중 파일이나 디렉터리에 부여된 Set-UID나 Set-GID와 같은 특수 권한을 확인하는 명령어로 알맞은 것은?

① ls
② chmod
③ chown
④ umask

해설 ls 명령은 리눅스와 유닉스 기반 운영 체제에서 사용되는 명령어로, 현재 디렉터리(폴더) 내에 있는 파일과 디렉터리의 목록을 보여준다.
정답 ①

04 다음 설명에 해당하는 명령으로 알맞은 것은?

> data 디렉터리를 포함하여 하위에 존재하는 디렉터리 및 파일까지 모두 허가권을 변경하려고 한다.

① chmod -a 755 data
② chmod -A 755 data
③ chmod -r 755 data
④ chmod -R 755 data

해설 chmod -R 755 data 명령은 "data"라는 디렉터리와 해당 디렉터리 내의 모든 파일 및 하위 디렉터리의 권한을 변경하는 명령이다. 이 명령을 실행하면 "data" 디렉터리와 그 하위 항목에 대한 권한이 변경된다.
정답 ④

05 다음은 ihduser 사용자에게 대한 디스크 쿼터를 설정하는 과정이다. (괄호) 안에 들어갈 명령어로 알맞은 것은?

```
[root@ihd ~]# ( 괄호 ) ihduser
```

① quota ② edquota
③ setquota ④ xfs_quota

 "edquota"는 "Edit Quota"의 약어로 사용자 또는 그룹에 대한 디스크 용량 및 inode 할당량을 수정하고 관리할 때 사용된다.

정답 ②

06 다음 중 fdisk 실행 상태에서 파티션을 삭제할 때 사용하는 명령으로 알맞은 것은?

① d ② r
③ e ④ x

 fdisk 실행 중에 파티션을 삭제할 때 사용하는 명령은 d이다. 이 명령을 사용하면 선택한 파티션을 삭제할 수 있다.

정답 ①

07 다음 내용이 기록된 파일명으로 알맞은 것은?

```
/dev/sdal / xfs rw,seclabel,relatine,attr2, inode64,goquota 0 0
selinuxfs /sys/fs/selinux selinuxfs rw, relatime 0 0
```

① /etc/fstab ② /etc/mtab
③ /etc/mounts ④ /etc/partitions

 /etc/mtab 파일은 시스템 관리 및 디스크 파티션. 네트워크 파일 시스템 마운트 등과 관련된 작업을 수행할 때 유용한 정보를 제공한다.

정답 ②

08 다음 중 /dev/sdb1 파티션을 ext4 파일 시스템을 생성하도록 하는 명령으로 알맞은 것은?

① mke2fs -j /dev/sdb1
② mke2fs -j ext4 /dev/sdb1
③ mke2fs -t ext4 /dev/sdb1
④ mke2fs.ext4 /dev/sdb1

 -t 옵션은 파일시스템을 채택하고 생성해주는 옵션이다. 파일시스템을 생성하고자 할 때 자신이 운영하고자 하는 시스템을 선정해야 한다. 이 문제에서는 -t옵션을 선택하고 적용하고자 하는 저장장비를 위해 ext4 파일 시스템을 채택하고 기재한 것이다. 기존의 파일시스템에서 업그레이드를 하는 -j옵션과는 차이가 있다.

정답 ③

09 다음 중 현재 마운트된 디스크의 사용량을 확인할 때 사용하는 명령어로 알맞은 것은?

① df ② du
③ fdisk ④ mount

 "Disk Free"의 약어로 사용되며, 시스템의 디스크 파티션 및 파일 시스템에 대한 정보를 요약하여 출력한다.

정답 ①

10 다음 (괄호) 안에 들어갈 내용으로 알맞은 것은?

리눅스에서는 파티션을 생성하면 고유한 이 값이 부여되는데, 이 값을 (㉠)라고 부른다. 이 값을 확인할 때는 (㉡) 명령어를 사용한다.

① ㉠ blkid, ㉡ uuid ② ㉠ label, ㉡ uuid
③ ㉠ label, ㉡ blkid ④ ㉠ uuid, ㉡ blkid

해설 ㉠ uuid는 "Universally Unique Identifier"의 약어로, 유니크하고 중복되지 않는 식별자를 나타낸다. ㉡ blkid는 리눅스 시스템에서 디스크 파티션과 파일 시스템의 uuid 및 기타 정보를 검색하는 명령이다.

정답 ④

11 다음 중 등장한 시기가 오래된 셸로 알맞은 것은?

① bash

② csh

③ dash

④ bourne shell

해설 Bourne Shell은 Stephen Bourne이 개발한 최초의 Unix 셸이다. 이 셸은 리눅스 및 유닉스 시스템에서 여전히 사용되지만, 대부분의 모던 시스템에서는 더 발전된 셸로 대체되었다.
정답 ④

12 다음 중 특정 사용자에게 부여된 로그인 셸이 기록된 파일명으로 알맞은 것은?

① /etc/shells

② /etc/passwd

③ ~/.bashrc

④ ~/.bash_profile

해설 /etc/passwd 파일은 시스템에서 사용자 계정을 관리하고 각 계정의 기본 정보를 제공하는 중요한 파일 중 하나이다.
정답 ②

13 다음 중 이용할 수 있는 셸의 정보를 확인할 때 사용하는 명령으로 알맞은 것은?

① chsh -i

② chsh -s

③ chsh -u

④ chsh -l

해설 사용자의 로그인 셸(Shell)을 변경할 때 사용하는 명령이다. -l 옵션은 사용 가능한 로그인 셸(Shell)의 목록을 나열하라는 의미이다.
정답 ④

14 다음 중 사용자의 로그인 셸이 저장되는 환경 변수명으로 알맞은 것은?

① LOGIN ② USER

③ SHELL ④ BASH

해설 사용자의 로그인 셸 정보는 SHELL 환경 변수에 저장된다. 이 환경 변수는 현재 로그인한 사용자의 로그인 셸 경로를 나타낸다.
정답 ③

15 다음 중 최근에 실행한 명령 중에 'al'로 끝나는 명령을 찾아서 실행하는 명령으로 알맞은 것은?

① !!al ② !?al

③ !*al ④ !-al

해설 터미널에서 !?al을 입력하고 Enter 키를 누르면, 히스토리에서 "al"이라는 문자열을 포함하는 이전 명령어가 검색된다. 그런 다음 해당 명령어가 실행된다. 검색된 명령어 중에서 최근에 입력된 명령어가 선택된다.
정답 ②

16 다음 중 시스템 전체 사용자에게 적용되는 환경변수 및 시작 관련 프로그램을 설정할 때 사용하는 파일로 가장 알맞은 것은?

① /etc/bashrc

② /etc/profile

③ ~/.bashrc

④ ~/.bash_profile

해설 /etc/profile 파일은 리눅스 시스템의 모든 사용자에게 적용되는 전역 프로파일 스크립트이다. 이 파일은 사용자가 로그인할 때 실행되며, 시스템 전체에서 사용자 환경을 구성하고 초기화하는 데 사용된다.
정답 ②

17 다음 설명에 해당하는 셸의 기능으로 알맞은 것은?

> 명령행에서 이름이 긴 파일명을 입력할 때 앞 글자만 입력하고 [Tab] 키를 눌러 나머지 부분을 불러올 수 있다.

① 명령어 히스토리 기능
② 명령행 완성 기능
③ 에일리어스(alias) 기능
④ 명령행 편집 기능

해설 사용자가 일부 명령어를 입력한 후 Tab 키를 누르면 시스템은 해당 입력과 일치하는 명령어나 파일 이름, 디렉터리 이름 등을 찾아서 제안한다.
정답 ②

18 다음 예시로 제시된 프롬포트를 변경할 때 사용하는 환경변수로 알맞은 것은?

> [ihduser@www ~] $

① PS   ② PS1
③ PS2   ④ PROMPT

해설 PS1 변수를 사용하면 프롬프트를 사용자가 원하는 대로 변경할 수 있으며, 예를 들어 시스템 정보를 표시하거나 특정 명령어의 실행 결과를 확인할 수 있다.
정답 ②

19 다음 (괄호) 안에 들어갈 내용으로 알맞은 것은?

> CentOS 7 리눅스에서는 부팅을 시작하면 커널이 (㉠)(이)라는 최초의 프로세스를 발생시키고 PID는 (㉡)을/를 부여한다.

① ㉠ init, ㉡ 0
② ㉠ init, ㉡ 1
③ ㉠ systemd, ㉡ 0
④ ㉠ systemd, ㉡ 1

해설 systemd는 부팅 및 종료 시스템 프로세스를 관리하며, 데몬 프로세스 및 서비스를 시작, 중지 및 관리하는 기능을 제공한다. PID 1은 시스템 부팅 시 가장 먼저 시작되며, 다른 모든 프로세스는 이를 통해 직접 또는 간접적으로 관리된다.
정답 ④

20 다음은 기존의 프로세스를 교체하면서 새로운 프로세스를 발생시키는 과정이다. (괄호) 안에 들어갈 내용으로 알맞은 것은?

> $ (괄호) ps -l

① exec
② fork
③ nohup
④ watch

해설 exec 명령은 현재 프로세스의 실행을 중단하고 새로운 명령을 실행하는 데 사용된다. 즉, 현재 프로세스를 새로운 프로세스로 교체한다.
정답 ①

21 다음 결과에 해당하는 명령어로 알맞은 것은?

> [posein@www ~]$
> [1] − Stopped vim a.txt
> [2] + Stopped vim b.txt
> [3]   Running find / −name '*.txt' 2〉 /dev/null 〉 list.txt &

① fg   ② bg
③ jobs   ④ kill

해설 jobs 명령을 사용하면 현재 셸 세션에서 실행 중인 모든 작업의 상태를 쉽게 확인할 수 있으며, 작업을 관리하는 데 도움이 된다.
정답 ③

22 다음 중 SIGHUP의 시그널 번호로 알맞은 것은?

① 1
② 2
③ 9
④ 15

해설 SIGHUP 시그널의 시그널 번호는 1이다. 프로세스에게 터미널과의 연결이 끊겼거나 재시작해야 함을 알리는데 사용된다.
정답 ①

23 다음 설명에 해당하는 명칭으로 가장 알맞은 것은?

주기적이고 지속적인 서비스 요청을 처리하기 위해 계속 실행되는 프로세스이다.

① inetd
② xinetd
③ standalone
④ daemon

해설 데몬은 시스템 관리 작업, 서버 애플리케이션, 백그라운드 서비스 등 다양한 용도로 사용된다.
정답 ④

24 다음 중 프로세스명을 인자값으로 사용하는 명령어의 조합으로 알맞은 것은?

① kill, nice
② kill, renice
③ killall, nice
④ killall, renice

해설 killall 명령어는 특정 프로세스 이름을 기반으로 프로세스를 종료하는 명령어이다. nice 명령어는 프로세스의 실행 우선순위를 변경하는데 사용된다.
정답 ③

25 cron을 이용해서 해당 스크립트를 매주 토요일과 일요일 오전 4시 1분에 주기적으로 실행하려고 한다. (괄호) 안에 들어갈 내용으로 알맞은 것은?

(괄호) /etc/backup.sh

① 1 4 * * 0,6
② 1 4 * * 5,6
③ 4 1 * * 0,6
④ 4 1 * * 5,6

해설 제공된 cron 표현식 "1 4 * * 0,6"은 토요일(0)과 일요일(6)의 오전 4시 1분에 스크립트를 실행하도록 설정된 것이다.
정답 ①

26 프로세스 아이디(PID)가 1222인 bash 프로세스의 우선순위(NI)값이 0이다. 다음 중 이 프로세스의 NI값을 10으로 우선순위를 변경하는 명령으로 알맞은 것은?

① nice 10 1222
② nice −10 1222
③ nice 10 bash
④ nice −10 bash

해설 −10은 실행 우선순위를 나타내는 값으로, 더 낮은 값은 더 높은 우선순위를 의미한다. 따라서 nice −10을 사용하면 실행 중인 Bash 셸 프로세스가 다른 프로세스보다 더 높은 우선순위를 갖게 된다.
정답 ④

27 다음 설명에 해당하는 ps 명령의 프로세스 상태 코드값으로 알맞은 것은?

작업이 종료되었으나 부모 프로세스로부터 회수되지 않아 메모리를 차지하고 있는 상태이다.

① S
② T
③ X
④ Z

해설 해당 옵션을 사용하면 프로세스의 제어 그룹(Control Group, cgroup) 정보를 표시할 수 있다. 프로세스가 좀비 상태이고 cgroup 정보를 포함하지 않는 경우이다.
정답 ④

28 다음 중 포그라운드 프로세스를 백그라운드 프로세스로 전환하기 위해 사용하는 키 조합으로 알맞은 것은?

① [Ctrl]+[c]
② [Ctrl]+[a]
③ [Ctrl]+[l]
④ [Ctrl]+[z]

해설 현재 포그라운드로 실행 중인 프로세스를 멈추고 백그라운드로 보내려면 Ctrl + Z 키 조합을 눌러 프로세스를 일시 중지한다.
정답 ④

29 다음 설명에 해당하는 편집기로 알맞은 것은?

리처드 스톨만이 개발한 고성능 문서 편집기로 단순한 편집기를 넘어서 텍스트 처리를 위한 포괄적인 통합 환경을 제공한다.

① nano
② gedit
③ vim
④ emacs

해설 Emacs는 확장 가능한 편집기로서 다양한 작업을 수행할 수 있으며, 프로그래밍, 문서 편집, 작업 관리, 메일 클라이언트, 계산기 등 다양한 기능을 제공한다.
정답 ④

30 다음 중 nano 편집기에서 프로그램을 종료하는 키 조합으로 알맞은 것은?

① [Ctrl]+[a]
② [Ctrl]+[e]
③ [Ctrl]+[c]
④ [Ctrl]+[x]

해설 Ctrl + X 키를 누르면 종료 관련 옵션을 선택할 수 있는 명령어가 표시되므로 사용자가 선택할 수 있다.
정답 ④

31 다음 중 X 윈도 환경에서만 실행되는 편집기로 알맞은 것은?

① gedit
② pico
③ nano
④ emacs

해설 gedit은 GNOME 데스크톱 환경에 기본적으로 포함되어 있으며, 그래픽 사용자 인터페이스(GUI)를 갖춘 텍스트 편집기로서 사용자 친화적이며 간단한 편집 작업부터 복잡한 편집 작업까지 다양한 용도로 사용된다.
정답 ①

32 vi 편집기로 파일을 불러올 때 커서를 파일의 가장 마지막 줄에 위치시키려고 한다. (괄호) 안에 들어갈 내용으로 알맞은 것은?

vi (괄호) line.txt

① -c
② -r
③ -R
④ +

해설 vi + lin.txt 명령어는 vi 편집기를 실행하고 lin.txt 라는 파일을 열 때 파일의 마지막으로 커서를 이동시키는 명령어이다. 즉, + 기호 뒤에 오는 파일 이름을 vi 명령으로 열고 해당 파일의 마지막으로 이동하게 된다.
정답 ④

33 다음 설명에 해당하는 vi 편집기의 ex 모드 환경설정으로 알맞은 것은?

문서를 편집할 때 [Enter] 키를 입력해서 행 바꿈을 하면 바로 윗줄의 시작 열과 같은 곳에 커서를 위치시키려고 한다.

① set ai
② set nu
③ set sm
④ set ts

34 다음 중 vi 편집기에서 커서 키가 없는 자판 이용 시에 아래 방향으로 이동하기 위한 명령으로 알맞은 것은?

① h   ② j   ③ k   ④ l

35 다음 중 수세 리눅스에서 사용되는 패키지 관리 도구 모음으로 가장 알맞은 것은?

① YaST, zypper   ② YaST, dpkg

③ dpkg, zypper   ④ dnf, zypper

36 다음 설명에 해당하는 패키지 관리 도구로 알맞은 것은?

데비안 리눅스에서 사용하는 curses 메뉴 방식의 도구로 커서를 사용해서 주어진 메뉴를 이동하면서 손쉽게 패키지를 관리할 수 있다.

① alien   ② dselect

③ dnf   ④ zypper

37 다음 (괄호) 안에 들어갈 명령어로 알맞은 것은?

(괄호) -i vim_4.5-3.deb

① rpm   ② dpkg

③ apt   ④ pat-get

38 다음 설명에 해당하는 소스 설치 단계로 알맞은 것은?

Makefile 파일을 읽어 들여서 타깃(target)과 의존성(dependencies) 관련 작업을 수행한다.

① configure   ② make

③ cmake   ④ make clean

39 다음은 text.tar에 묶인 파일의 내용을 확인하는 과정이다. (괄호) 안에 들어갈 내용으로 알맞은 것은?

tar (괄호) text.tar

① cvf   ② xvf

③ tvf   ④ rvf

"tvf" 명령어는 Tar 아카이브 파일의 내용을 보고 파일을 추출하는 데 사용된다.

정답 ③

40 다음 중 대용량의 파일을 백업할 때 압축 효율성이 좋은 순서의 나열로 알맞은 것은?

① .gz > .bz2 > .xz
② .bz2 > .gz > .xz
③ .xz > .gz > .bz2
④ .xz > .bz2 > .gz

 xz는 압축률이 높아 대량의 데이터를 효율적으로 압축할 수 있으나 속도가 느리므로 빠른 속도가 중요하지 않은 경우에 사용되며, 압축효율이 가장 뛰어나다. bz2(Bzip2)는 xz에 비해서 압축률이 낮지만 상대적으로 빠르게 압축을 해주는 장점이 있다. gz(Gzip)는 xz, bz2보다 압축효율성이 떨어진다.

정답 ④

41 다음 결과에 해당하는 명령으로 알맞은 것은?

```
[root@www packages]#
Name : vsftpd
Version : 3.0.2
Release : 29.el7_9
Architecture : x86_64
Install Date : (not installed)
Group : System Environment/Daemons
Size : 361349
License : GPLv2 with exceptions
Signature : RSA/SHA256, Sat Jun 12 00:06:15 2021, Key ID 24c6a7f4a80eb5
Source RPM : vsftpd-3.0.2-29.el7_9.src.rpm
Build Date : Thu Jun 10 01:15:50 2021
Build Host : x86.02.bsys.centos.org
Relocations : (not relocatable)
packager : CentOS BuildSystem <http://bugs.centos.org>
Vendor : CentOS
URL : https://security.appspot.com/vsftpd.html
Summary : Very Secure Ftp Daemon
Description :
vsftpd is a Very Secure FTP daemon. It was written completely from scratch
[root@www packages]#
```

① rpm -ql vsftpd
② rpm -qa vsftpd
③ rpm -qV vsftpd
④ rpm -qip vsftpd-3.0.2-29.el7_9.x86_64.rpm

 vsftpd-3.0.2-29.el7_9.x86_64.rpm 파일의 패키지 정보를 조회하고 표시하는 명령어이다. 이를 실행하면 해당 RPM 패키지의 이름, 버전, 아키텍처, 설명, 라이선스 등의 정보를 표시한다.

정답 ④

42 다음 중 yum 명령을 이용해서 nmap 패키지를 제거하는 명령으로 알맞은 것은?

① yum -e nmap
② yum -d nmap
③ yum remove nmap
④ yum delete nmap

 명령어를 실행하면 시스템에서 nmap 패키지와 관련된 파일 및 의존성 패키지가 제거된다.

정답 ③

43 다음 중 CentOS 7에서 X 윈도 기반으로 프린터를 설정할 때 실행하는 명령으로 알맞은 것은?

① printtool
② printconf
③ system-config-printer
④ redhat-config-printer

 system-config-printer는 리눅스 시스템에서 프린터를 설정하고 관리하는 그래픽 사용자 인터페이스 도구이다. 이 도구를 사용하면 프린터를 시스템에 추가하고 설정할 수 있으며, 인쇄 작업을 관리하는 데 도움이 된다.

정답 ③

44 다음 (괄호) 안에 들어갈 내용으로 알맞은 것은?

초기 리눅스에서는 사운드카드를 사용하기 위해서 표준 유닉스 장치 시스템 콜을 사용하는 (㉠)을/를 이용하였으나 사유화되면서, (㉡)(으)로 전환되었다.

① ㉠ ALSA, ㉡ OSS
② ㉠ OSS, ㉡ ALSA
③ ㉠ SANE, ㉡ XSANE
④ ㉠ XSANE, ㉡ SANE

 OSS는 "Open Sound System"의 약어로, 리눅스와 유닉스 기반 시스템에서 오디오 입력 및 출력을 관리하는 소프트웨어 음향 드라이버이다. ALSA는 리눅스 커널과 함께 제공되는 고급 오디오 드라이버 및 API이다.

정답 ②

45 다음 중 리눅스에서 프린터 서버로 사용하기 위해 설치하는 프로그램으로 알맞은 것은?

① CUPS   ② SANE
③ ALSA   ④ OSS

 CUPS를 사용하면 리눅스 시스템을 프린터 서버로 구성하여 네트워크상에서 다른 컴퓨터에서 인쇄 작업을 보낼 수 있다.

정답 ①

46 다음 중 System V 계열 유닉스에서 출력을 실행할 때 사용하는 명령으로 알맞은 것은?

① lp   ② lpr
③ lpc   ④ lpstat

 lp 명령어는 프린터 관련 작업을 수행하는 명령어로, 특히 텍스트 파일 또는 다른 형식의 문서를 프린터로 출력하는 데 사용된다.

정답 ①

47 다음 설명에 해당하는 LVM 용어로 알맞은 것은?

LVM을 구성하는 일종의 단위로 일반 하드디스크의 블록에 해당한다.

① PV   ② PE
③ VG   ④ LV

 PE는 LVM의 기본 단위로, 물리적 디스크 공간을 논리적으로 나누고 관리하는 데 사용된다.

정답 ②

48 다음 중 하드디스크 4개를 사용해서 RAID 구성했을 경우 실제 사용 가능한 디스크 용량의 효율성이 50%인 조합으로 알맞은 것은?

① RAID-0, RAID-5
② RAID-1, RAID-5
③ RAID-0, RAID-6
④ RAID-1, RAID-6

 RAID-1은 데이터의 복제 및 보호를 위해 디스크 공간의 50%가 사용된다. RAID-6은 데이터를 복제하는 대신 패리티 정보를 사용하여 고장 허용 기능을 제공한다. 따라서 RAID-6도 마찬가지로 디스크 공간의 50%를 사용한다.

정답 ④

2과목 : 리눅스 활용

49 다음 그림에 해당하는 데스크톱 환경으로 알맞은 것은?

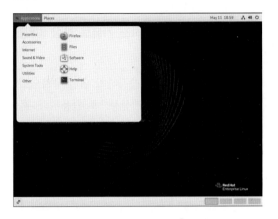

① 그놈
② 그놈 클래식
③ KDE Plasma
④ LXDE

> **해설** 그놈 클래식은 그놈 2.x 시리즈의 이전 버전에서 많이 사용되는 클래식한 데스크톱 환경을 지원하는 것을 의미한다.
>
> **정답** ②

50 다음 설명에 해당하는 명칭으로 알맞은 것은?

> IBM 호환 시스템을 사용하는 유닉스 계열 운영 체제를 위한 X 윈도 프로젝트로 1992년 시작되었다.

① XFree86
② Wayland
③ X.org
④ Metacity

> **해설** XFree86은 초기에 X11R6 프로토콜과 함께 사용되는 X 윈도 시스템의 X 서버 구현을 위해 개발되었다. 이 프로젝트는 컴퓨터 그래픽 및 GUI 개발을 위한 중요한 역할을 해 왔다.
>
> **정답** ①

51 다음 중 윈도 매니저의 종류로 틀린 것은?

① Afterstep
② Enlightenment
③ Xfwm
④ Xfce

> **해설** Xfce는 Linux와 다른 Unix 기반 운영 체제에서 사용된다. 리소스 사용량이 적고 빠르며 사용자 정의가 가능한 환경을 제공하여 컴퓨터의 성능을 최적화하려는 사용자들에게 인기가 있다.
>
> **정답** ④

52 다음 중 KDE와 가장 관계가 깊은 라이브러리로 알맞은 것은?

① Qt
② GTK+
③ FLTK
④ Motif

> **해설** KDE Frameworks는 KDE 소프트웨어 개발을 위한 핵심 라이브러리 모음이다. 이 라이브러리 모음은 Qt 라이브러리 위에서 구축되어 KDE 애플리케이션 개발을 간편하게 하고 KDE 데스크톱 환경의 특정 기능 및 기능을 확장한다.
>
> **정답** ①

53 다음 중 X 서버에 접근할 수 있는 클라이언트 IP 주소를 확인하는 명령으로 알맞은 것은?

① xauth
② xhost
③ xauth list
④ xhost +

> **해설** xhost는 X Window 시스템에서 사용되는 명령어로서, X 서버의 접근 제어를 설정하고 관리하는 데 사용된다. 이 명령어는 X 클라이언트나 다른 시스템에서 실행 중인 X 서버에 대한 접근 권한을 제어하며, 보안과 관련된 작업에 유용하다.
>
> **정답** ②

54 다음 상황과 관련된 설명으로 알맞은 것은?

A 시스템에 있는 Firefox 프로그램을 원격지에 있는 B 시스템에 전송해서 실행할 수 있도록 제공하려고 한다.

① A 시스템은 X 서버가 되고, 환경변수인 DISPLAY를 변경한다.
② A 시스템은 X 클라이언트가 되고, 환경변수인 DISPLAY를 변경한다.
③ B 시스템은 X 클라이언트가 되고, 환경변수인 DISPLAY를 변경한다.
④ B 시스템은 X 서버가 되고, 환경변수인 DISPLAY를 변경한다.

 DISPLAY 환경 변수를 사용하여 X 클라이언트 애플리케이션을 실행하면 지정한 X 서버에 연결된다.

정답 ②

55 다음 중 촬영된 사진을 편집할 때 사용하는 프로그램으로 가장 알맞은 것은?

① LibreOffice
② ImageMagicK
③ Eog
④ Gimp

 GIMP는 그래픽 디자인, 이미지 편집, 일러스트레이션 작업, 사진 편집 및 다른 그래픽 관련 작업을 수행하는 데 사용되는 강력한 도구 중 하나이다.

정답 ④

56 다음 중 PDF 문서를 확인할 때 프로그램으로 가장 알맞은 것은?

① Evince
② LibreOffice Writer
③ LibreOffice Calc
④ LibreOffice Impress

 Evince는 가벼운 문서 뷰어로서, 단순한 문서를 읽고 인쇄하고 검색하는 데 사용하기에 효과적이다.

정답 ①

57 다음 설명에 해당하는 기술로 가장 알맞은 것은?

고성능의 계산 능력을 제공하기 위한 목적으로 제작되는데 주로 과학 계산용으로 활용된다. 흔히 슈퍼컴퓨터라고 부르는 시스템을 구축하는 데 사용되는 핵심 기술이다.

① 임베디드 시스템
② 베어울프 클러스터
③ 고가용성 클러스터
④ 부하분산 클러스터

 고성능 계산 작업 클러스터는 고성능 컴퓨터 시스템의 한 형태로, 여러 대의 컴퓨터 노드(서버)가 네트워크로 연결되어 병렬 처리 및 분산 처리를 수행하는 환경을 제공한다.

정답 ②

58 다음 중 VMware에서 생성한 가상 머신의 파일형식으로 알맞은 것은?

① VDI
② VHD
③ VMD
④ VMDK

 VMDK는 "Virtual Machine Disk"의 약어로, 가상 머신(VM) 환경에서 사용되는 가상 디스크 이미지 파일 형식이다.

정답 ④

59 다음 설명에 해당하는 운영체제로 알맞은 것은?

> 리눅스 커널에서 구동되는 모바일 운영체제로서 Palm OS를 계승한 소프트웨어이다. 현재 LG전자가 주도적으로 개발하고 있다.

① QNX
② BlackBerry
③ webOS
④ Tizen

 webOS는 LG Electronics에서 개발한 리눅스 기반의 오픈 소스 운영 체제이다.

정답 ③

60 다음 설명에 해당하는 프로그램으로 알맞은 것은?

> 리눅스의 응용 프로그램들을 프로세스 격리 기술을 사용해 컨테이너로 실행하고 관리하는 오픈 소스 프로젝트로 2013년에 공개되었다.

① Docker
② Openstack
③ Kubernetes
④ Ansible

 Docker는 다양한 운영 체제와 클라우드 플랫폼에서 사용할 수 있으며, 컨테이너화된 애플리케이션을 빠르게 개발, 테스트 및 배포하는 데 많이 사용된다.

정답 ①

61 다음 설명에 해당하는 네트워크 종류로 알맞은 것은?

> • 국가, 대륙 등과 같은 넓은 지역을 연결하는 네트워크이다.
> • 거리상의 제약이 없지만, 다양한 경로를 경유해서 도달하므로 속도가 느리고 전송 에러율도 높은 편이다.

① LAN
② MAN
③ X.25
④ WAN

 WAN은 글로벌 비즈니스, 인터넷 서비스 제공 업체(ISP), 연구 및 교육 기관, 정부 기관 등 다양한 분야에서 사용된다.

정답 ④

62 다음과 같은 설정이 저장되는 파일로 알맞은 것은?

> 192.168.0.100   www.ihd.or.kr

① /etc/sysconfig/network-scripts
② /etc/resolv.conf
③ /etc/hosts
④ /etc/profile

 /etc/hosts는 컴퓨터의 로컬 호스트 파일로, 호스트 이름과 IP 주소를 매핑하는 데 사용되는 텍스트 파일이다.

정답 ③

63 다음 중 네트워크 인터페이스 환경 설정과 관련 파일들이 저장된 디렉터리로 알맞은 것은?

① /etc/networking/devices
② /etc/sysconfig/devices
③ /etc/sysconfig/network
④ /etc/sysconfig/network-scripts

 /etc/sysconfig/network-scripts는 디렉터리를 사용하여 네트워크 설정을 구성하면 시스템의 네트워크 인터페이스를 관리하고 네트워크 연결을 설정할 수 있다.

정답 ④

64 다음 설명에 해당하는 국제기구로 알맞은 것은?

> 미국 전자 산업 협회로 전자 산업과 관련된 각 종 조사, 제안, 규격 제정 등의 일을 하고 있다. 제정한 규격으로는 RS-232C, LAN용 트위스 트 페어케이블 규격 등이 있다.

① EIA
② IEEE
③ ITU
④ ANSI

해설 전자 및 통신 산업에 관한 미국의 무역 단체로, 표준화 및 규격 개발, 산업 통계, 정보 공유 등을 통해 전자 제품 제조업체와 협력한다.

정답 ①

65 다음 설명에 해당하는 프로토콜로 알맞은 것은?

> 메시지에 대한 오류 보고와 이에 대한 피드백을 원래 호스트에게 보고하는 역할을 수행한다.

① TCP
② ICMP
③ UDP
④ HTTP

해설 ICMP는 네트워크 통신의 신뢰성을 유지하고 네 트워크 문제를 식별하고 해결하는 데 중요한 역할을 한다.

정답 ②

66 다음 중 OSI 계층 기준으로 가장 많은 계층 을 지원하는 장치로 알맞은 것은?

① HUB
② Repeater
③ Bridge
④ Gateway

해설 Gateway(게이트웨이)는 OSI 모델의 모든 계층 을 지원하고 서로 다른 네트워크 간에 데이터를 변환 하고 전달하는 역할을 한다. 응용 계층에서도 동작하 여 다양한 프로토콜을 지원하고 변환할 수 있다.

정답 ④

67 다음 설명에 해당하는 명칭으로 알맞은 것은?

> • 각 기기들이 48비트 길이의 고유한 MAC 주 소를 기반으로 상호간에 데이터를 주고받을 수 이 있도록 만들어졌다.
> • BNC, UTP 등의 케이블이 사용되고, 허브, 스위치 등의 장치를 이용한다.

① Token Ring
② FDDI
③ X.25
④ Ethernet

해설 Ethernet은 컴퓨터 및 네트워크 장비 간 데이터 통신을 위한 표준 프로토콜 및 하드웨어 기술의 집합 을 나타낸다.

정답 ④

68 다음에서 설명하는 서비스로 알맞은 것은?

> 리눅스가 설치된 시스템에 프린터를 연결하여 사용중이다. 윈도우를 사용하는 회사 직원들의 컴퓨터에서도 리눅스 시스템에 연결된 프린터 사용이 가능하게 하려고 한다.

① NFS
② SSH
③ SAMBA
④ FTP

해설 SAMBA는 기업 환경에서 파일 공유 및 프린터 공유를 관리하고 보안을 유지하는 데 널리 사용되며, 다양한 리눅스 및 Unix 기반 시스템과 통합될 수 있다.

정답 ③

69 중앙 제어기를 중심으로 모든 기기는 Point-to-Point 방식으로 연결하고, 중앙 제어기 고장 시 전체 네트워크가 중단되고 설치비용이 많 이 드는 LAN 구성 방식으로 알맞은 것은?

① 스타형
② 링형
③ 망형
④ 버스형

해설 "스타형(Star Topology)"은 컴퓨터 네트워크 구성 방식 중 하나로, 중앙에 중계 장치(허브 또는 스위치)가 있고 각 장치가 중계 장치에 직접 연결되는 구조를 나타낸다.

정답 ①

70 다음 중 SNMP 프로토콜의 포트번호로 알맞은 것은?

① 21　　　　　　② 25
③ 143　　　　　　④ 161

해설 SNMP의 포트 번호는 기본적으로 161번과 162번 두 가지 포트를 사용한다.

정답 ④

71 다음 중 SSH와 과련된 서비스로 가장 거리가 먼 것은?

① nfs　　　　　　② scp
③ rsh　　　　　　④ sftp

해설 SSH와 NFS는 서로 다른 용도로 사용되며, 일반적으로 SSH는 원격 접속 및 안전한 데이터 전송을 위해, NFS는 분산 파일 공유를 위해 사용된다.

정답 ①

72 다음 중 OSI 7계층 모델에서 전송 계층의 데이터 전송 단위로 알맞은 것은?

① frame　　　　　② segment
③ socket　　　　　④ bit

해설 전송 계층은 종단 시스템 간의 데이터 전송을 관리하고, 데이터를 나누고 재조립하는 역할을 수행한다. 세그먼트는 이러한 역할을 수행하기 위한 데이터 단위로서 전송 계층에서 데이터를 분할하거나 조립할 때 사용된다.

정답 ②

73 다음 중 IPv6의 주소 표현 단위로 알맞은 것은?

① 16bit　　　　　② 32bit
③ 64bit　　　　　④ 128bit

해설 IPv6 주소는 128비트로 구성되며, 8비트 단위로 16개의 16진수로 표현된다.

정답 ④

74 다음 중 전자 메일과 가장 관련 있는 프로토콜로 알맞은 것은?

① SSH　　　　　　② SNMP
③ SMTP　　　　　④ SMB

해설 SMTP는 전자 메일의 기본적인 구성 요소 중 하나이며, 이메일 클라이언트 및 서버 간의 통신을 가능하게 한다.

정답 ③

75 다음 중 이더넷 카드에 연결된 케이블의 상태를 확인할 수 있는 명령어로 알맞은 것은?

① telnet　　　　　② arp
③ ifconfig　　　　④ ethtool

해설 ethtool은 리눅스 환경에서 네트워크 인터페이스(이더넷 카드)의 설정과 상태를 확인하고 제어하는 유틸리티이다.

정답 ④

76 다음 설명에 해당하는 netstat 명령의 상태값(State)으로 알맞은 것은?

> 3Way-Handshaking이 완료된 후 서버와 클라이언트가 서로 연결된 상태이다.

① SYN_RECV
② LISTEN
③ ESTABLISHED
④ SYS_SENT

 "ESTABLISHED" 상태의 연결은 웹 브라우징, 이메일 클라이언트와 서버 간의 통신, 파일 전송, 원격 접속 등 다양한 네트워크 응용 프로그램에서 사용된다.
정답 ③

77 다음에서 설명하는 프로토콜로 알맞은 것은?

> 세그먼트를 보내기만 하고 응답을 주고받지 않는 프로토콜로서 제대로 전달되었는지의 여부를 확인하지 않으며 오류 수정도 하지 않는다.

① IP
② ARP
③ VRRP
④ UDP

 UDP는 데이터를 비연결지향적으로 전송하는 간단한 프로토콜로, 데이터 전달의 신뢰성과 순서를 보장하지 않는다.
정답 ④

78 다음 중 IPv4의 C클래스 대역에 할당된 사설 IP 주소의 네트워크 개수로 알맞은 것은?

① 32
② 64
③ 128
④ 256

 C 클래스 사설 IP 대역의 네트워크마다 256개의 호스트 주소를 사용할 수 있으므로, 256개의 서로 다른 네트워크가 있다.
정답 ④

79 다음 설명에 해당하는 인터넷 서비스로 가장 알맞은 것은?

> 실시간 채팅 프로토콜로 여러 사용자가 모여 대화를 할 수 있는 서비스이다. 개인 간의 대화와 파일 전송 기능도 제공한다. Xchat과 같은 클라이언트 프로그램을 사용해야 한다.

① Usenet
② IRC
③ Samba
④ NFS

 IRC (Internet Relay Chat)는 인터넷에서 실시간으로 채팅 및 대화를 할 수 있도록 설계된 프로토콜 및 시스템이다.
정답 ②

80 다음 중 프로토콜과 포트 번호의 조합으로 알맞은 것은?

① TELNET - 22
② SSH - 23
③ FTP - 443
④ IMAP - 143

 IMAP 클라이언트가 이메일 서버에 접속할 때 사용하는 기본 포트 번호는 143이다. 이 포트는 IMAP 서버와 클라이언트 간의 통신에 사용된다.
정답 ④

03 | 최신기출변형 3회

1과목 : 리눅스 운영 및 관리

01 다음은 /etc/passwd 파일의 내용을 출력하는 과정이다. (괄호) 안에 들어갈 명령어로 알맞은 것은?

```
# ( 괄호 ) /etc/passwd
```

① lp
② lpc
③ lpstat
④ lprm

> **해설** 리눅스에서 "lp"는 "Line Printer"의 약어로, 주로 프린팅 작업을 관리하는 명령어나 시스템 관련 기능을 가리킨다.
>
> **정답** ①

02 다음 중 System V 계열에 속하는 프린트 관련 명령어로 틀린 것은?

① lp
② lpc
③ lpstat
④ cancel

> **해설** "lpc" 명령어는 System V Unix 계열의 시스템에서 프린터 관리와 제어를 용이하게 하기 위해 사용된다.
>
> **정답** ②

03 다음 설명에 해당하는 LVM 관련 용어로 알맞은 것은?

사용자가 필요한 만큼 할당하여 만들어지는 공간으로 물리적 디스크에서 분할하여 생성하는 파티션과 같은 개념이다.

① 볼륨 그룹(VG)   ② 논리적 볼륨(LV)
③ 물리적 볼륨(PV)   ④ 물리적 확장(PE)

> **해설** 논리적 볼륨(LV, Logical Volume)은 주로 리눅스와 Unix 기반 운영 체제에서 사용되는 데이터 스토리지 관리 방법 중 하나이다. 논리적 볼륨은 물리적인 디스크나 파티션과 관련하여 더 유연한 데이터 스토리지 관리를 가능하게 한다.
>
> **정답** ②

04 다음 설명에 해당하는 용어로 알맞은 것은?

리눅스 및 유닉스 운영체제에서 사운드를 만들고 캡처하기 위한 인터페이스로 표준 유닉스 시스템콜을 사용한다. Hannu Savolaonen에 의해 만들어졌으며 현재는 4종류의 라이선스 옵션을 기반으로 배포된다.

① ALSA   ② CUPS
③ OSS   ④ SANE

> **해설** 이것은 리눅스와 유닉스 시스템에서 사용되는 오디오 드라이버 및 API 시스템을 나타내는 용어이다. 과거에는 주로 사용되었으나 현재는 ALSA (Advanced Linux Sound Architecture)와 PulseAudio와 같은 오디오 시스템이 더 일반적으로 사용된다.
>
> **정답** ③

05 다음 중 인터넷상에서 원격으로 인쇄하기 위해 사용되는 프로토콜명으로 알맞은 것은?

① IPP ② LPRng
③ CUPS ④ PPD

 해설 IPP(Internet Printing Protocol)는 인터넷상에서 원격으로 인쇄 작업을 관리하기 위한 표준 프로토콜이다. IPP는 인터넷 기반의 프린터와 클라이언트 간에 표준화된 통신 방법을 제공하여 다양한 디바이스와 플랫폼 간에 프린팅을 쉽게 관리하고 제어할 수 있도록 한다.

정답 ①

06 다음 중 구성된 디스크 중에 한 개라도 오류가 발생하면 데이터 복구가 불가한 RAID 구성법으로 알맞은 것은?

① RAID-0 ② RAID-1
③ RAID-5 ④ RAID-6

 해설 RAID-0는 성능 향상을 위한 RAID 구성으로 데이터를 분산 저장하고 응용 프로그램의 입출력 성능을 향상시키기 위해 사용된다. 그러나 데이터의 보존과 복구에 대한 신뢰성은 제공하지 않으므로 중요한 데이터를 보호해야 하는 경우 다른 RAID 레벨을 고려해야 한다.

정답 ①

07 다음 중 rpm 명령에서 설치할 때 사용하는 옵션으로 가장 거리가 먼 것은?

① -i ② -U ③ -f ④ -q

 해설 -f는 패키지 파일의 손상을 복구하기 위한 옵션이므로 설치단계하고는 관련이 없다.

오답해설
① -i는 패키지를 설치하는 옵션
② -U는 패키지를 업그레이드하는 옵션
④ -q는 설치 작업시 패키지에 대한 정보를 표시해주는 옵션

정답 ③

08 다음 중 소스 파일을 이용한 설치 방법이 나머지 셋과 다른 것은?

① Apache httpd
② MySQL
③ PHP
④ Nmap

 해설 MySQL을 소스 코드로부터 직접 빌드하고 설치하는 것은 일반적으로 고급 사용자나 특수한 요구 사항을 충족해야 할 때에 사용된다.

정답 ②

09 다음 중 데비안 계열 리눅스에서 사용하는 패키지 관리 도구로 가장 알맞은 것은?

① rpm
② yum
③ dpkg
④ YaST

 해설 데비안 계열 리눅스 (Debian, Ubuntu 등)에서 사용하는 패키지 관리 도구 중 하나는 "dpkg"이다. dpkg는 시스템에 소프트웨어 패키지를 설치, 업데이트, 제거하고 관리하는 데 사용된다.

정답 ③

10 다음 중 yum을 이용해서 nmap 패키지를 제거하는 명령으로 알맞은 것은?

① yum delete nmap
② yum clean nmap
③ yum remove nmap
④ yum destory nmap

 해설 "yum remove nmap" 명령은 YUM 패키지 관리자를 사용하여 시스템에서 Nmap 패키지를 제거하는 명령이다. 이 명령은 시스템에서 Nmap 소프트웨어와 관련 파일 및 설정을 삭제한다.

정답 ③

11 다음 중 아파치 웹 서버 소스 파일을 내려받은 후 압축을 해제하는 과정이다. (괄호) 안에 들어갈 내용으로 알맞은 것은?

```
# tar ( 괄호 ) httpd-2.4.53.tar.bz2
```

① jxvf　　　　　② Jxvf
③ zxvf　　　　　④ Zxvf

> **해설** tar 명령어는 파일과 디렉터리를 아카이브하거나 압축을 해제하는 명령어이다. -j 옵션은 bzip2로 압축된 파일을 해제할 때 사용된다. 그리고 -x: 옵션은 아카이브를 해제하겠다는 의미이다. -v:옵션은 verbose(자세한 정보) 모드로 동작하게 하며, 명령어가 수행되는 동안 진행 상황을 표시한다. 끝으로 -f:옵션 다음에 아카이브 파일 이름을 지정한다.
>
> **정답** ①

12 다음 중 소스 파일을 이용한 설치 단계로 가장 알맞은 것은?

① make clean → make → make install
② make → make clean → make install
③ configure → make → make install
④ configure → make clean → make install

> **해설**
> • configure: 소프트웨어를 빌드할 환경을 구성하는 단계이다.
> • make: configure 단계를 통해 설정된 환경에서 소프트웨어를 빌드하는 단계이다.
> • make install: 빌드된 소프트웨어를 시스템에 설치하는 단계이다.
>
> **정답** ③

13 다음 중 온라인 기반 패키지 관리 도구로 거리가 먼 것은?

① apt-get　　　　② yum
③ zypper　　　　④ YaST

> **해설** YaST(Yet another Setup Tool)는 주로 SUSE Linux 배포판에서 사용되는 시스템 설정 및 패키지 관리 도구이다. 그러나 다른 리눅스 배포판에서는 YaST를 사용하지 않는다.
>
> **정답** ④

14 다음 중 의존성이 있는 httpd 패키지를 강제로 제거하는 명령으로 알맞은 것은?

① rpm -r httpd --force
② rpm -r httpd --nodeps
③ rpm -e httpd --force
④ rpm -e httpd --nodeps

> **해설** 이 명령은 "httpd" 패키지를 강제로 제거하며, 만약 이 패키지가 다른 패키지에 의존성이 있어도 종속성 확인을 건너뛰고 제거한다.
>
> **정답** ④

15 다음 중 vi 편집기에서 변경된 내용을 저장하지 않고 종료하는 명령으로 알맞은 것은?

① :w!　　② :q!　　③ :x!　　④ :e!

> **해설** ":q!" 명령을 사용하면 변경 내용이 저장되지 않고 버려지므로 주의해서 사용해야 한다. 만약 변경 내용을 저장하고 종료하려면 ":wq" 명령을 사용한다.
>
> **정답** ②

16 다음 중 emacs 편집기를 개발한 인물로 알맞은 것은?

① 빌 조이　　　　② 리처드 스톨먼
③ 리누스 토발즈　　④ 브람 무레나르

> **해설** Emacs 편집기를 개발한 인물은 Richard Stallman(리처드 스톨먼)이다. Richard Stallman은 GNU 프로젝트의 창시자이자 자유 소프트웨어 운동의 중요한 인물 중 하나로 잘 알려져 있다.
>
> **정답** ②

17 다음 중 vi 편집기에서 줄의 시작이 linux 일 때 Linux로 치환하는 명령으로 알맞은 것은?

① :% s/^linux/Linux/
② :% s/₩〈linux/Linux/
③ :% s/₩〈linux₩〉/Linux/
④ :% s/$linux/Linux/

해설 여기서 사용된 패턴은 ^linux이며, 이것은 텍스트의 처음에서 시작하는 "linux" 문자열을 나타낸다. 그리고 대체 패턴은 Linux으로 지정되었다. 따라서 "linux"가 "Linux"로 대체된다. 마지막으로 :%는 현재 문서(모든 라인)에 대해 이 대체 작업을 수행하라는 명령이다. 따라서 이 명령어를 실행하면 문서 내에서 모든 라인의 시작 부분에 있는 "linux" 문자열이 "Linux"로 대체될 것이다.

정답 ①

18 다음 중 vi 편집기에서 현재 커서가 위치한 줄부터 아래 방향으로 3줄 복사하는 명령으로 알맞은 것은?

① 3j   ② 3p
③ 3dd   ④ 3yy

해설 "3yy" 명령은 "vi" 편집기에서 현재 커서 위치에서 아래 방향으로 3줄을 복사하는 명령이다.

정답 ④

19 다음은 (괄호) 안에 들어갈 내용으로 알맞은 것은?

워싱턴 대학에서 유닉스용으로 만든 (㉠) 편집기는 리눅스 초기 배포판에 포함되었으나 최근에는 이 복제판인 (㉡) 편집기가 사용되고 있다.

① ㉠ vi, ㉡ vim
② ㉠ vi, ㉡ pico
③ ㉠ pico, ㉡ nano
④ ㉠ nano, ㉡ pico

해설 ㉠ "pico"와 ㉡ "nano"는 두 가지 다른 텍스트 편집기이다. 둘 다 터미널 기반의 텍스트 편집기로서, 간단한 사용법과 명령어로 텍스트 파일을 편집할 수 있다. Pico는 Pine (이메일 클라이언트)의 일부로 개발되었으며, Nano는 Pico와 유사한 목적으로 개발된 텍스트 편집기로서, 리눅스와 다양한 유닉스 계열 운영 체제에서 사용할 수 있다.

정답 ③

20 다음은 vi 편집기 실행 시에 자동으로 행 번호가 나타나도록 설정하는 과정이다. (괄호) 안에 들어갈 파일명과 설정 내용의 조합으로 알맞은 것은?

```
[ihduser@kait ~]$ cat 〉 ( ㉠ )
( ㉡ )
```

① ㉠ .virc, ㉡ set no
② ㉠ .virc, ㉡ set nu
③ ㉠ .exrc, ㉡ set no
④ ㉠ .exrc, ㉡ set nu

해설 "vi" 편집기에서 자동으로 행 번호를 나타내도록 설정하는 과정은 "㉡ set nu" 명령어를 사용하는 것이 일반적이다. "㉠ .exrc"은 초기 설정 파일의 이름을 나타내며, "set nu"는 편집기 내에서 행 번호를 설정하는 명령어이다.

정답 ④

21 다음 중 백그라운드로 수행 중인 프로세스를 확인하는 명령어로 알맞은 것은?

① bg
② fg
③ jobs
④ nohup

해설 "jobs" 명령어는 백그라운드로 수행 중인 셸 작업(프로세스)을 확인하는 데 사용된다.

정답 ③

22 다음 중 CentOS 7 버전에서 모든 프로세스의 시작이 되는 프로세스 이름으로 알맞은 것은?

① init
② inetd
③ deamon
④ systemd

 systemd는 대부분의 현대 리눅스 시스템에서 기동 프로세스를 관리하는 초기화 및 시스템 관리 프로세스이다. systemd는 리눅스 시스템 부팅 및 서비스 관리를 담당하며, 시스템 시작 시 다른 프로세스 및 서비스를 시작하고 관리하는 역할을 한다. 그러므로 systemd는 일반적으로 시스템 부팅 과정에서 가장 먼저 시작되는 프로세스 중 하나이다.

정답 ④

23 다음 제시된 명령을 백그라운드 프로세스로 실행하려고 할 때 (괄호) 안에 들어갈 내용으로 알맞은 것은?

find / −name '+.txt' > list (괄호)

① ;
② |
③ &
④ +

 리눅스 및 유닉스 기반 시스템에서 명령을 백그라운드에서 실행하려면 해당 명령 뒤에 & 기호를 추가하면 된다.

정답 ③

24 다음 중 작업 중인 터미널이 닫혀야 실행 중인 프로세스를 계속해서 백그라운드 프로세스로 유지하려고 할 때 사용하는 명령어로 알맞은 것은?

① bg
② fg
③ jods
④ nohup

 "nohup" 명령어는 현재 터미널 세션을 닫아도 실행 중인 프로세스를 계속해서 백그라운드 프로세스로 유지하는 데 사용된다.

정답 ④

25 다음 명령의 결과에 대한 설명으로 알맞은 것은?

kill 513

① PID가 513번인 프로세스에 1번 시그널을 전송한다.
② PID가 513번인 프로세스에 9번 시그널을 전송한다.
③ PID가 513번인 프로세스에 15번 시그널을 전송한다.
④ kill 명령어는 프로세스명을 사용하므로 명령 오류가 발생한다.

 "kill 513" 명령어는 리눅스 또는 유닉스 기반 운영체제에서 프로세스를 종료하는 명령어이다. 여기서 "513"은 종료하려는 대상 프로세스의 프로세스 ID(PID)를 나타낸다. 이 명령을 실행하면 해당 PID를 가진 프로세스가 종료된다.

정답 ③

26 다음은 프로세스 아이디(PID)가 1222번인 프로세스의 우선순위 값을 변경하는 과정이다. (괄호) 안에 들어갈 명령어로 알맞은 것은?

(괄호) −10 1222

① nice
② renice
③ top
④ ps

 "renice" 명령어를 사용하여 리눅스 또는 유닉스 시스템에서 실행 중인 프로세스의 우선순위(스케줄링 우선순위)를 변경할 수 있다. 이를 통해 CPU 리소스 할당을 조절하고 시스템 부하를 관리할 수 있다.

정답 ②

27 다음 (괄호) 안에 들어갈 내용으로 가장 알맞은 것은?

(㉠)은 주기적이고 지속적인 서비스 요청을 처리하기 위해서는 계속 실행되는 프로세스로 일종의 (㉡) 프로세스이다.

① ㉠ standalone, ㉡ foreground
② ㉠ standalone, ㉡ background
③ ㉠ daemon, ㉡ foreground
④ ㉠ daemon, ㉡ background

 데몬은 주로 시스템 부팅 시 시작되며, 사용자 상호작용 없이 백그라운드에서 지속적으로 실행된다. 백그라운드는 실행 중인 프로세스나 작업을 사용자의 화면에서 숨겨진 상태로 두는 것을 나타낸다.
정답 ④

28 다음 설명에 해당하는 명칭으로 알맞은 것은?

하나의 프로세스가 다른 프로세스를 실행할 때 호출하는 방법으로 새로운 프로세스를 위해 메모리를 할당받아 복사본 형태로 프로세스를 실행한다. 새롭게 생성된 프로세스는 원래 프로세스의 자식 프로세스가 된다.

① exec
② fork
③ init
④ inetd

 fork 시스템 콜은 새로운 프로세스를 생성하기 위해 사용되며, 부모 프로세스에서 자식 프로세스를 복제한다. 이 때 복제된 자식 프로세스는 부모 프로세스와 동일한 프로그램 코드와 데이터를 가지며 실행을 시작한다.
정답 ②

29 다음 중 cron을 이용해서 매주 1회만 작업 스크립트를 실행하려고 할 때 (괄호) 안에 들어갈 내용으로 알맞은 것은?

(괄호) /etc.work.sh

① 4 0 * 1 *   ② 4 0 1 * *
③ 4 0 * * 2   ④ 4 0 * 2 *

 "cron"을 사용하여 매주 1회만 작업 스크립트를 실행하려면 "crontab" 파일에 해당 스케줄을 추가해야 한다. 여기서 "4 0 * * 2"는 스케줄을 나타낸다. 설정한 스케줄에 따라 매주 화요일 자정 (0시 4분)에 작업 스크립트가 실행된다.
정답 ③

30 다음 중 [Ctrl]+[z] 키 조합으로 실행했을 때 발생하는 시그널명과 번호의 조합으로 알맞은 것은?

① SIGSTOP, 19   ② SIGSTOP, 20
③ SIGTSTP, 19   ④ SIGTSTP, 20

 [Ctrl]+[Z] 키 조합은 리눅스 및 유닉스 기반 운영체제에서 사용자가 현재 실행 중인 프로세스를 일시 중지시키는 조작이다. 이 조합은 SIGTSTP (Signal Stop) 시그널을 보내며, 시그널 번호로는 20을 가리킨다.
정답 ④

31 다음 설명에 해당하는 셸의 기능으로 알맞은 것은?

기존에 실행한 명령들을 위/아래 방향키를 검색 및 편집하여 특정 명령을 반복해서 수행할 수 있다.

① 명령행 완성 기능
② 명령행 편집 기능
③ 명령어 히스토리 기능
④ 명령어 alias 기능

해설 명령어 히스토리 기능은 리눅스 및 유닉스 기반 운영 체제에서 사용자가 이전에 실행한 명령어들의 기록을 저장하고 관리하는 기능이다.

정답 ③

해설 "unset" 명령어는 리눅스 및 유닉스 셸에서 선언된 변수를 해제하거나 제거하는 데 사용된다. 이 명령어를 사용하면 변수의 값을 제거하고 해당 변수를 더 이상 사용할 수 없게 된다.

정답 ③

---

32 다음 중 현재 사용 가능한 셸 목록 정보가 저장된 파일명으로 알맞은 것은?

① /etc/passwd
② /etc/shells
③ /etc/login.defs
④ /etc/default/useradd

해설 이 파일은 시스템에서 사용할 수 있는 셸 목록을 정의하고 보유하며, 사용자가 로그인 셸을 선택하는 데 도움을 준다.

정답 ②

---

33 다음 설명에 해당하는 셸로 알맞은 것은?

1989년 브라이언 폭스가 GNU 프로젝트를 위해 개발한 셸로 명령 히스토리, 명령행 편집 등 다양한 기능을 지원한다.

① ksh   ② tcsh
③ bash   ④ dash

해설 Bash는 대부분의 리눅스 배포판과 유닉스 시스템에 기본적으로 포함되어 있으며, 터미널에서 사용되는 주요 명령 셸 중 하나로 널리 사용된다.

정답 ③

---

34 다음 선언된 셸 변수를 해제하는 명령어로 알맞은 것은?

① env   ② set
③ unset   ④ printenv

---

35 다음 설명에 해당하는 파일로 가장 알맞은 것은?

특정 디렉터리를 명령어 검색 디렉터리로 지정하기 위해, 환경변수 PATH에 등록하고 계속해서 사용하려고 한다.

① ~/.bashrc
② ~/.bash_history
③ ~/.bash_profile
④ ~/.bash_logout

해설 이 파일은 Bash 셸(또는 Bash 호환 셸)을 사용하는 사용자의 환경을 설정하고 사용자 지정 설정을 적용하는 데 사용된다.

정답 ③

---

36 다음 (괄호) 안에 출력되는 내용으로 알맞은 것은?

```
[ihduser@kait ~]$ user=lin
[ihduser@kait ~]$ echo $USER
( 괄호 )
```

① lin
② USER
③ ihduser
④ 아무것도 출력되지 않는다.

해설 "echo $USER" 명령을 실행하면 현재 로그인한 사용자의 이름이 터미널 또는 셸에서 출력된다. 이를 통해 현재 로그인한 사용자를 확인할 수 있다.

정답 ③

37 다음 중 로그인 셸을 확인하는 명령으로 알맞은 것은?

① cat SHELL
② cat $SHELL
③ echo SHELL
④ echo $SHELL

38 다음은 ihduser 사용자가 로그인 후에 사용 중인 셸을 확인하는 과정이다. (괄호) 안에 들어갈 내용으로 알맞은 것은?

[ihduser@kait ~]$ (괄호)

① ps
② chsh -s
③ chsh -l
④ chsh -u

39 다음 중 디스크 용량 단위를 적은 순서부터 큰 순서로 바르게 나열한 것은?

① GB<TB<PB<EB
② TB<GB<PB<EB
③ GB<TB<EB<PB
④ TB<GB<EB<PB

40 다음은 ihduser 사용자의 디스크 사용량을 확인하는 과정이다. (괄호) 안에 들어갈 명령어로 알맞은 것은?

(괄호) -sh ~ihduser

① quota
② mount
③ df
④ du

41 다음은 /project 디렉터리를 포함해서 하위 디렉터리 및 파일의 그룹 소유권을 project로 변경하는 과정이다. (괄호) 안에 들어갈 내용으로 알맞은 것은?

(괄호) project /project

① chgrp -r
② chgrp -R
③ chmod -r
④ chown -r

42 다음은 XFS 파일 시스템으로 구성된 /dev/sdb1 파티션을 점검 및 복구하는 과정이다. (괄호) 안에 들어갈 명령으로 알맞은 것은?

(괄호) /dev/sdb1

① fsck -t xfs
② e2fsck -t xfs
③ xfs_repair
④ mkfs -t xfs

43 다음 결과에 해당하는 명령어로 알맞은 것은?

```
[root@www ~]#
/dev/sdal on / type xfs (rw,relatime,seclabel, attr2,inode64,noquota)
```

① fdisk ② mount

③ df ④ du

해설 "mount" 명령어는 리눅스 및 유닉스 기반 운영체제에서 파일 시스템을 마운트(연결)하거나 언마운트(해제)하는 데 사용되는 명령어이다.

정답 ②

44 다음 중 chmod 명령어 사용법 관련된 예로 틀린 것은?

① chmod u+s a.out

② chmod g+s a.out

③ chmod o+t /project

④ chmod g+t /project

해설 "chmod g+t /project" 명령어는 틀린 사용법이다. "chmod" 명령어는 파일이나 디렉터리의 권한을 변경하는 데 사용되며, 올바른 사용법에 따라야 한다. "g+t" 옵션은 "chmod" 명령어에 없는 옵션이다.

정답 ④

45 다음은 ihduser 사용자의 디스크 쿼터를 설정하는 과정이다. (괄호) 안에 들어갈 명령으로 알맞은 것은?

```
# ( 괄호 ) ihduser
```

① quota ② edquota

③ repquota ④ xfs_quota

해설 "edquota"는 리눅스 및 유닉스 시스템에서 사용자 또는 그룹의 디스크 용량 할당 및 소프트/하드 제한을 설정하고 편집하기 위해 사용되는 명령어이다. 이 명령어를 사용하여 사용자 또는 그룹의 디스크 용량 사용을 제어하고 제한할 수 있다.

정답 ②

46 다음 명령을 실행했을 경우에 'a.txt' 파일의 허가권 값으로 알맞은 것은?

```
$ umask 022
$ touch a.txt
```

① ----r--r-- ② -rwxr-xr-x

③ -rw-r--r-- ④ -rw-rw-r--

해설 "-rw-r--r--" 파일의 허가권 값은 해당 파일의 소유자(User)는 읽기와 쓰기 권한이 있고, 그룹(Group)과 다른 사용자(Other)는 읽기 권한만 가지고 있다는 것을 의미한다.

정답 ③

47 다음 중 사용자 디스크 쿼터 설정을 위해 /etc/fstab 파일에 설정하는 옵션 값으로 틀린 것은?

① quota ② uquota

③ usrquota ④ userquota

해설 "usrquota" 옵션은 사용자 디스크 쿼터를 활성화한다. 사용자마다 디스크 사용량을 제한하고 관리하기 위해 필요한 설정 중 하나이다.

정답 ④

48 다음 중 파티션에 할당된 UUID 값을 확인하는 명령어로 알맞은 것은?

① uuid ② lsuid

③ blkid ④ fdisk

해설 blkid 명령어는 주로 시스템 관리 작업에서 사용되며, 특정 디바이스의 정보를 확인하거나 스크립트에서 블록 디바이스에 대한 정보를 수집하는 데 유용하다. 또한 파티션과 파일 시스템을 구별하고, 블록 디바이스를 고유하게 식별하는 데 도움을 준다.

정답 ③

2과목 : 리눅스 활용

49 다음 중 리눅스 커널 기반으로 만들어진 운영체제로 틀린 것은?

① webOS
② QNX
③ GENIVI
④ Tizen

> **해설** "QNX"는 리눅스 커널 기반으로 만들어진 운영체제가 아니다. QNX는 리눅스와는 별개의 실시간 운영 체제로서, 마이크로커널 아키텍처를 기반으로 개발되었다.
>
> 정답 ②

50 다음 설명의 경우에 구성해야 할 클러스터 기법으로 가장 알맞은 것은?

> 지속적인 서비스 제공을 목적으로 하는 클러스터로 주된 역할을 수행하는 Primary Node에 오류가 발생할 경우에 Backup Node가 관련 서비스를 이어받도록 한다.

① 베어울프 클러스터
② 고계산용 클러스터
③ 부하분산 클러스터
④ 고가용성 클러스터

> **해설** 고가용성 클러스터는 주로 웹 서버, 데이터베이스 서버, 파일 서버, DNS 서버 등과 같이 중요한 업무를 처리하는 서버 및 애플리케이션에서 사용된다. 이러한 클러스터를 구축하고 관리함으로써 시스템의 가용성과 신뢰성을 크게 향상시킬 수 있다.
>
> 정답 ④

51 다음 설명에 가상화 기술로 알맞은 것은?

> 레드햇에서 인수한 Qumranet에서 개발한 하이퍼바이저로 x86 시스템 기반으로 전가상화 방식을 사용한다.

① Docker
② Xen
③ KVM
④ VirtualBox

> **해설** KVM은 클라우드 컴퓨팅, 서버 가상화, 개발 및 테스트 환경 구축, 리소스 분배, 백업 및 복구, 보안 분리 등 다양한 용도로 사용된다. 다른 가상화 기술과 함께 사용되거나 독립적으로 사용될 수 있으며, 가상 환경을 관리하고 모니터링하기 위한 다양한 도구와 인터페이스가 제공된다.
>
> 정답 ③

52 다음 설명에 해당하는 빅데이터 관련 기술로 알맞은 것은?

> 대량의 자료를 처리할 수 있는 큰 컴퓨터 클러스터에서 동작하는 분산 응용 프로그램을 지원하는 프리웨어 자바 소프트웨어 프레임워크이다.

① Hadoop
② NoSQL
③ R
④ Anisible

> **해설** Hadoop은 대용량 데이터 처리, 저장, 분석, 머신러닝, 그래프 처리 및 다양한 빅데이터 작업에 사용된다. 특히, 기업 및 연구 기관에서 대규모 데이터 세트를 처리하고 가치 있는 정보를 추출하기 위해 널리 사용되고 있다.
>
> 정답 ①

53 다음은 특정 IP 주소에 가상 도메인을 설정하는 과정이다. (괄호) 안에 들어갈 파일명으로 알맞은 것은?

```
# cat >> ( 괄호 )
192.168.56.102    www.ihd.or.kr
```

① /etc/hosts
② /etc/resolv.conf
③ /etc/sysconfig/network
④ /etc/sysconfig/network-scripts

 "/etc/hosts" 파일은 리눅스와 유닉스 기반 운영체제에서 사용되는 로컬 호스트 파일로, 호스트 이름과 IP 주소를 매핑하는데 사용된다.

정답 ①

54 다음 설명에 해당하는 파일로 알맞은 것은?

네트워크 관리자로부터 사용 중인 리눅스 시스템의 DNS 서버 주소를 변경하라는 연락을 받아서 관련 내용으로 수정하려고 한다.

① /etc/hosts
② /etc/resolv.conf
③ /etc/sysconfig/network
④ /etc/sysconfig/network-scripts

 "/etc/resolv.conf" 파일은 시스템에서 DNS 해석 및 DNS 서버 구성을 관리하기 위한 중요한 설정 파일 중 하나이며, 호스트 이름을 IP 주소로 해석하거나 네트워크 리소스에 접근하는 데 필요한 정보를 제공한다. DNS 서버의 변경 또는 수정된 DNS 구성을 적용하려면 이 파일을 수정하고 변경 사항을 저장해야 한다.

정답 ②

55 다음 중 FTP 서비스에서 사용하는 포트 번호에 대한 설명으로 알맞은 것은?

① FTP 서비스는 20번 포트를 사용해서 데이터 전송 및 제어를 관리한다.
② FTP 서비스는 21번 포트를 사용해서 전송 및 제어를 관리한다.
③ FTP 서비스는 20번 포트로 데이터를 전송하고, 21번 포트로 제어한다.
④ FTP 서비스는 20번 포트로 제어하고, 21번 포트로 데이터를 전송한다.

 21번 포트 (제어 포트 – Control Port)는 FTP 서비스의 제어를 위해 사용된다. 20번 포트 (데이터 포트 – Data Port)는 FTP 서비스에서 데이터 전송을 위해 사용된다. 파일을 전송하거나 다운로드할 때, 이 포트는 데이터를 전송하는 데 사용된다.

정답 ③

56 다음 설명에 해당하는 인터넷 서비스로 알맞은 것은?

패킷을 암호화하여 안전한 원격 로그인을 지원하는 기능 이외에 원격 셸, 원격 복사, 안전한 파일 전송 등도 지원한다.

① SSH   ② telnet
③ NFS   ④ FTP

 SSH는 보안과 데이터 안전성이 중요한 시나리오에서 광범위하게 사용되며, 원격 서버 관리, 원격 작업 수행, 파일 전송, 원격 디버깅 및 원격 애플리케이션 실행과 같은 다양한 용도로 활용된다.

정답 ①

57 다음 설명에 해당하는 웹 브라우저로 알맞은 것은?

> 모질라(Mozilla) 재단에서 개발한 자유 소프트웨어로 게코(Gecko) 레이아웃 엔진을 사용한다. 탭 브라우징, 맞춤법 검사, 통합 검색 등의 기능을 제공한다.

① 사파리　　　　② 오페라
③ 크롬　　　　　④ 파이어폭스

> **해설** 파이어폭스(Firefox)는 Mozilla Foundation과 Mozilla Corporation에서 개발 및 유지하는 오픈 소스 웹 브라우저이다. 파이어폭스는 Windows, macOS, Linux, Android 및 iOS와 같은 다양한 운영 체제에서 사용할 수 있으며, 많은 사람들에게 인기 있는 무료 웹 브라우저 중 하나이다.
>
> **정답** ④

58 다음 중 전자 우편 서비스와 관련된 프로토콜로 가장 거리가 먼 것은?

① SNMP　　　　② SMTP
③ IMAP　　　　 ④ POP3

> **해설** SNMP(Simple Network Management Protocol)는 네트워크 장치와 서버, 라우터, 스위치, 프린터, 컴퓨터 및 기타 네트워크 관련 장치의 관리와 모니터링을 위한 네트워크 관리 프로토콜이다.
>
> **정답** ①

59 다음 설명에 해당하는 LAN 구성 방식으로 알맞은 것은?

> 장애 발생 시에도 다른 시스템에 영향이 적고, 우회할 수 있는 방법이 존재하여 신뢰성이 높다. 단점으로 설치 비용이 많이 들고, 운영이 어렵다. 또한 장애 발생 시에 고장 지점을 찾기가 쉽지 않다.

① 망(Mesh)형　　　② 링(Ring)형
③ 버스(Bus)형　　　④ 스타(Star)형

> **해설** 망(Mesh) 형태는 네트워크 토폴로지(topology) 중 하나로, 컴퓨터 네트워크에서 사용되는 연결 구조를 나타낸다. 망 형태는 각 기기가 다른 모든 기기와 직접 연결되는 방식으로 구성된다. 이것은 각 노드(기기 또는 컴퓨터)가 다른 모든 노드와 통신할 수 있는 효율적인 방식을 제공한다.
>
> **정답** ①

60 다음 그림에 해당하는 케이블로 알맞은 것은?

① STP　　　　　② UTP
③ BNC　　　　　④ Fiber Cable

> **해설** UTP(Unshielded Twisted Pair)는 네트워크 케이블의 종류 중 하나로, 주로 데이터 통신을 위해 사용되는 케이블이다. UTP 케이블은 전자기 간섭을 방지하고 데이터 신호의 안정성을 유지하기 위해 여러 개의 쌍으로 이루어진 연결된 쌍선으로 구성된다.
>
> **정답** ②

61 다음 중 C 클래스 네트워크 대역에서 서브넷 마스크값을 255.255.255.192로 설정했을 때 생성되는 서브 네트워크의 개수로 알맞은 것은?

① 2　　　　　　② 4
③ 62　　　　　 ④ 64

> **해설** 255.255.255.192 서브넷 마스크는 마지막 2비트를 제외한 모든 비트가 네트워크 주소를 나타내고, 마지막 2비트는 호스트 주소를 나타낸다. 각 서브넷은 64개의 호스트 주소를 가진다. 따라서 4개의 서브넷이 생성된다.
>
> **정답** ②

62 다음 중 로컬 네트워크상에 있는 다른 호스트의 MAC 주소를 확인할 때 사용하는 명령으로 알맞은 것은?

① ip
② ss
③ arp
④ ifconfig

해설 ARP(Address Resolution Protocol)는 로컬 네트워크상에서 다른 호스트의 MAC 주소를 확인하고, IP 주소를 MAC 주소로 매핑하는 데 사용되는 네트워크 프로토콜이다.

정답 ③

63 다음 중 라우팅 테이블 정보를 출력하는 명령으로 알맞은 것은?

① ip
② ifconfig
③ mii-tool
④ ethtool

해설 ip 명령어는 Linux와 Unix 기반 시스템에서 네트워크 구성과 관리를 위해 사용되는 강력한 도구이다. ip 명령어를 사용하여 네트워크 인터페이스, 라우팅 테이블, IP 주소, 서브넷 마스크 등과 관련된 다양한 네트워크 설정을 관리할 수 있다.

정답 ①

64 다음 중 CentOS 7 버전에서 이더넷 카드(Ethernet Card)를 장착했을 때 나타나는 장치명의 형식으로 가장 알맞은 것은?

① lo
② eth0
③ enp0s3
④ virbr0

해설 이더넷 카드를 장착한 경우, 리눅스에서는 해당 이더넷 카드를 식별하기 위한 장치명의 형식이 일반적으로 "enpXsY"와 같이 나타난다. 이 형식은 리눅스의 Udev 규칙에 따라 결정된다.

정답 ③

65 다음 중 SSH 서버의 변경된 포트 번호로 접속하기 위해 사용되는 ssh 명령어의 옵션으로 알맞은 것은?

① -l
② -n
③ -p
④ -x

해설 SSH 서버의 변경된 포트 번호로 접속하려면 -p 옵션을 사용하여 SSH 클라이언트 명령어를 실행해야 한다. -p 옵션 다음에는 변경된 포트 번호를 지정한다.

정답 ③

66 다음 (괄호) 안에 들어갈 내용으로 알맞은 것은?

삼바는 리눅스를 비롯한 유닉스 계열 운영체제와 윈도우 운영체제 간의 자료 및 하드웨어를 공유하게 해준다. 초기에는 (㉠) 프로토콜을 사용했으나 현재는 (㉡) 프로토콜로 확정되었다.

① ㉠ SMB, ㉡ CIFS
② ㉠ SMB, ㉡ NFS
③ ㉠ CIFS, ㉡ SMB
④ ㉠ NFS, ㉡ CIFS

해설 SMB (Server Message Block)는 Microsoft에서 개발된 네트워크 파일 및 프린터 공유 프로토콜이다. CIFS (Common Internet File System)는 SMB의 현대적인 구현체로서, 네트워크 파일 공유 및 액세스를 위한 프로토콜의 표준화된 버전을 나타낸다.

정답 ①

67 다음 설명에 해당하는 OSI 계층으로 알맞은 것은?

응용 프로그램 간의 통신을 관리하는 방법과 동기화를 유지하는 서비스를 제공한다. 응용 프로그램 사이의 접속 설정 및 유지, 데이터의 전송 순서 및 동기점의 위치를 제공한다.

① 네트워크 계층
② 전송 계층
③ 세션 계층
④ 표현 계층

세션 계층(Session Layer)은 OSI(Open Systems Interconnection) 모델에서 네트워크 통신의 일곱 번째 계층이다. 이 계층은 상위 계층에서 전송되는 데이터의 세션 관리와 제어를 담당하며, 네트워크 세션을 설정, 유지, 및 종료하는 데 사용된다.

정답 ③

68 다음 중 IPv4의 C 클래스 네트워크 주소 대역으로 알맞은 것은?

① 191.0.0.0 ~ 223.255.255.255
② 192.0.0.0 ~ 223.255.255.255
③ 191.0.0.0 ~ 233.255.255.255
④ 192.0.0.0 ~ 233.255.255.255

IPv4의 C 클래스 네트워크 주소 대역 192.0.0.0 ~ 223.255.255.255는 IP 주소 공간을 일정하게 분할하는 데 사용되는 범위 중 하나이다. 이 범위는 주로 소규모의 네트워크에서 사용된다.

정답 ②

69 다음 (괄호) 안에 들어갈 내용으로 알맞은 것은?

인터넷 등장 초기에는 IP 주소 및 인터넷 서비스에 대한 포트 번호 지정과 같은 관리를 미국 상무부 산하 단체인 (㉠)에서 관리했으나, 현재는 국제적인 기구로 바뀌면서 (㉡)에서 관리한다.

① ㉠ IEEE, ㉡ ICANN
② ㉠ ICANN, ㉡ IEEE
③ ㉠ ICANN, ㉡ IANA
④ ㉠ IANA, ㉡ ICANN

IANA는 "인터넷 할당 번호 기관"의 약자로, 인터넷에서 사용되는 다양한 자원과 매개 변수들을 관리하고 할당하는 역할을 하는 조직이다. ICANN은 최상위 도메인(TLD) 이름 및 인터넷 도메인 이름 체계(DNS)의 관리와 운영을 담당하며, 도메인 이름의 등록을 감독하고 관리한다.

정답 ④

70 다음 설명에 해당하는 명칭으로 가장 알맞은 것은?

도시와 같은 공중 영역을 상호 연결하기 위해 개발된 것으로 IEEE 802.6으로 표준화되었다.

① X.25   ② ATM   ③ DQDB   ④ FDDI

DQDB는 주로 도시 내 랜(LAN) 및 광대역 네트워크에서 사용되며, 멀티미디어 애플리케이션 및 실시간 데이터 전송에 적합한 환경에서 높은 품질의 서비스를 제공하기 위해 설계되었다.

정답 ③

71 다음 중 텍스트 모드로 부팅된 상태에서 X 윈도를 실행하는 명령으로 알맞은 것은?

① xinit
② startx
③ systemctl xinit
④ systemctl startx

"startx" 명령은 리눅스 및 Unix 기반 시스템에서 X Window 시스템을 시작하는 명령이다. 주로 사용자가 GUI 애플리케이션을 실행하고 그래픽 환경을 제어하기 위해 사용된다.

정답 ②

72 다음 설명에 해당하는 LAN 케이블 규격으로 알맞은 것은?

대역폭(Bandwidth)은 100MHz이고, 최대 전송속도는 1Gbps를 지원한다.

① CAT-5
② CAT-5E
③ CAT-6
④ CAT-7

CAT-5E는 컴퓨터 네트워크와 데이터 전송을 위한 네트워크 케이블의 한 유형이다. "CAT"은 "Category"의 약자로, 이러한 케이블이 특정 데이터 전송 규격 및 성능 특성을 충족하는 범주(Category)로 분류된다는 것을 나타낸다. "5E"는 "Category 5 Enhanced"의 약자로, 이 케이블이 CAT-5보다 향상된 성능을 제공한다는 것을 의미한다.

정답 ②

73 다음 중 마이크로소프트사와 파워포인트를 대체해서 사용할 수 있는 프로그램으로 알맞은 것은?

① LibreOffice Writer
② LibreOffice Draw
③ LibreOffice Calc
④ LibreOffice Impress

해설 LibreOffice Impress는 무료 오픈 소스 프레젠테이션 소프트웨어로서, LibreOffice 스위트의 일부이다.
정답 ④

74 다음 중 이미지 뷰어 프로그램으로 가장 알맞은 것은?

① eog   ② totem
③ evolution   ④ evince

해설 eog는 "Eye of GNOME"의 약자로, GNOME 데스크톱 환경에서 기본 이미지 뷰어로 사용되는 그래픽 뷰어 프로그램이다.
정답 ①

75 다음 중 GNOME과 가장 관련이 깊은 라이브러리로 알맞은 것은?

① Qt   ② Xlib
③ XCB   ④ GTK+

해설 GNOME 데스크톱 환경은 GTK+를 사용하여 그래픽 사용자 인터페이스를 구축하고, 많은 GNOME 애플리케이션은 GTK+를 기반으로 개발된다.
정답 ④

76 다음은 X 서버에 접근할 수 있는 클라이언트를 허가하는 과정이다. (괄호) 안에 들어갈 내용으로 알맞은 것은?

```
# ( 괄호 ) 192.168.5.13
```

① xset   ② xauth
③ xhost   ④ xrandr

해설 xhost 명령은 X Window System에서 X 서버에 접근할 수 있는 클라이언트를 허가 또는 거부하기 위해 사용하는 명령이다. xhost 명령을 사용하여 특정 클라이언트가 X 서버에 접근할 수 있는지 여부를 제어할 수 있다.
정답 ③

77 다음 중 윈도 매니저의 종류로 틀린 것은?

① Metacity   ② Xfce
③ Mutter   ④ Kwin

해설 "Xfce"는 윈도 매니저가 아니라, 경량 데스크톱 환경(Desktop Environment)의 하나이다. 데스크톱 환경은 윈도 매니저(Window Manager)와 함께 작동하는 요소들로 구성되어 있다.
정답 ②

78 GNOME 데스크톱을 사용 중인데, 다른 데스크톱 환경으로 변경하려고 한다. 다음 중 설치 가능한 데스크톱 환경으로 알맞은 것은?

① KDE   ② Mutter
③ Metacity   ④ Nautilus

해설 "KDE"는 설치 가능한 데스크톱 환경 중 하나로 알맞다. KDE는 K Desktop Environment의 약자로, 리눅스와 UNIX 기반 시스템에서 사용할 수 있는 인기 있는 데스크톱 환경 중 하나이다.
정답 ①

79 다음 중 시스템 시작 시 콘솔 기반의 텍스트 모드로 부팅이 되도록 설정하는 명령으로 알맞은 것은?

① systemctl set – default multi – user.service
② systemctl set – default multi – user.target
③ systemctl get – default multi – user.service
④ systemctl get – default multi – user.target

 systemctl set–default multi–user.target 명령은 시스템이 부팅할 때 기본적으로 다중 사용자 텍스트 모드로 부팅하도록 설정한다. 이렇게 설정하면 그래픽 사용자 인터페이스(GUI)가 아닌 텍스트 모드에서 시스템이 시작된다.

정답 ②

80 다음은 X 윈도 터미널에서 해상도를 변경하는 과정이다. (괄호) 안에 들어갈 명령어로 알맞은 것은?

(괄호) –s 1024×768

① xmodmap   ② xset
③ xrefresh   ④ xrandr

 xrandr 명령을 사용하면 X 윈도 터미널에서 디스플레이의 해상도와 다른 디스플레이 설정을 변경할 수 있다. xrandr은 X Window System에서 디스플레이 설정을 관리하는 데 사용되는 강력한 도구이다.

정답 ④

04 최신기출변형 4회

1과목 : 리눅스 운영 및 관리

01 다음 중 예약된 프린터 작업을 취소하는 명령으로 알맞은 것은?

① lpr
② lpq
③ cancel
④ lpstat

> **해설** Linux에서 cancel 명령은 프린터 작업을 취소하는 데 사용된다.
>
> **정답** ③

02 다음 중 스캐너를 사용하기 위해 설치해야 하는 패키지로 알맞은 것은?

① LPRng
② ALSA
③ CUPS
④ XSANE

> **해설** XSANE을 설치하면 스캐너를 사용하여 문서나 이미지를 스캔할 수 있게 된다.
>
> **정답** ④

03 다음 RAID 구성 레벨 중에서 디스크 오류 대처와 가장 거리가 먼 것은?

① RAID-0
② RAID-1
③ RAID-5
④ RAID-6

> **해설** RAID-0은 데이터를 여러 디스크에 분산 저장하는 방식으로 동작하지만 오류 처리 및 내결함성을 제공하지 않는다.
>
> **정답** ①

04 다음 중 사운드 카드와 관련된 조합으로 알맞은 것은?

① OSS, CUPS
② ALSAM CUPS
③ OSS, SANE
④ OSS, ALSA

> **해설** OSS는 초기 Linux 사운드 시스템으로, 오래된 시스템 및 레거시 응용 프로그램에서 주로 사용된다. ALSA는 더 현대적이고 강력한 사운드 서브시스템으로, 현재 대부분의 리눅스 배포판에서 기본적으로 사용된다.
>
> **정답** ④

05 다음 유닉스에서 사용하는 프린팅 명령어 중 나머지 셋과 계열이 다른 것은?

① lp
② lpr
③ lpq
④ lprm

> **해설** "lp" 명령어는 System V 계열의 유닉스 시스템에서 사용되는 명령어로, 프린터 관리와 프린팅 작업 관리를 위한 명령어이다. 나머지는 BSD 계열의 유닉스 시스템이다.
>
> **정답** ①

06 다음 설명에 해당하는 LVM 용어로 알맞은 것은?

> 파일 시스템을 구성하는 일반적인 디스크의 블록(Block)에 해당하고 일정한 크기를 갖는다.

① PE
② PV
③ LV
④ VG

07 다음 중 yum 명령을 이용해서 sendmail 패 키지를 설치하는 명령으로 알맞은 것은?

① yum install sendmail

② yum -i sendmail

③ yum -yl sendmail

④ yum infol sendmail

08 다음은 httpd 라는 이름의 rpm 패키지가 설 치되어 있는지를 확인하는 과정이다. (괄호) 안 에 들어갈 내용으로 알맞은 것은?

```
# rpm ( 괄호 ) | grep httpd
```

① -qa   ② -qi

③ -qd   ④ -ql

09 다음 중 소스 파일로 프로그램 설치하는 방 법이 나머지 셋과 다른 것은?

① MySQL   ② Apache httpd

③ PHP   ④ Nmap

10 다음은 MySQL 소스 파일을 설치하기 위해 서 압축을 푸는 과정이다. (괄호) 안에 들어갈 내 용으로 알맞은 것은?

```
# tar ( 괄호 ) mysql-boost-5.7.36.tar.gz
```

① gxvf   ② zxvf   ③ jxvf   ④ Jxvf

11 다음은 rpm 파일을 내려받아서 설치하는 과 정이다. (괄호) 안에 들어갈 내용으로 알맞은 것 은?

```
# rpm ( 괄호 ) vsftpd-3.0.2-28.el7.x86_64.rpm
```

① -U   ② -I   ③ -E   ④ -V

12 다음 중 소스 파일로 프로그램을 설치하는 단계인 configure 작업 후에 생성되는 파일명으로 알맞은 것은?

① .config
② .configure
③ make
④ Makefile

> **해설** configure 스크립트를 실행한 후에 생성되는 파일은 일반적으로 "Makefile"이라는 이름의 파일이다. 이 파일은 소프트웨어 프로젝트를 컴파일하고 빌드하기 위한 지침을 포함하고 있으며, 소스 코드를 바이너리 실행 파일로 변환하는 과정을 자동화하는 데 사용된다.
> **정답** ④

13 다음 중 온라인 기반 패키지 관리 도구로 틀린 것은?

① apt-get
② yum
③ dpkg
④ zypper

> **해설** dpkg는 주로 개별 .deb 패키지 파일을 관리하는 데 사용되며, 패키지의 의존성을 해결하고 설치 프로세스를 처리하는데 사용된다. 따라서 dpkg를 사용하여 패키지를 설치하거나 제거할 때 패키지 간의 의존성을 수동으로 관리해야 할 수도 있다. Debian 계열 배포판에서는 일반적으로 apt 또는 apt-get와 함께 사용하여 패키지 관리를 보다 편리하게 수행한다.
> **정답** ③

14 다음 중 데비안 계열 리눅스의 패키지 관리 도구로 가장 거리가 먼 것은?

① dselect
② alien
③ dpkg
④ dnf

> **해설** dnf는 리눅스에서 패키지 관리를 위한 명령어 라인 도구로, RPM 기반의 리눅스 배포판에서 주로 사용된다. dnf는 Fedora, Red Hat Enterprise Linux (RHEL), CentOS 등과 같은 배포판에서 기본적으로 제공되며, 패키지 설치, 업데이트, 제거, 검색 등의 작업을 수행하는 데 사용된다.
> **정답** ④

15 vi 편집기에서 표시되고 있는 행번호를 제거할 때 사용하는 환경 설정값으로 알맞은 것은?

① set uno
② set unnu
③ set unno
④ set nonu

> **해설** set nonu는 리눅스와 유닉스 계열의 텍스트 편집기인 Vim (Vi IMproved)에서 사용되는 명령어이다. 이 명령어는 Vim 편집기에서 "line numbers" (줄 번호)를 표시하지 않도록 설정하는 데 사용된다.
> **정답** ④

16 다음 중 가장 처음에 등장한 편집기로 알맞은 것은?

① vi
② gedit
③ nano
④ pico

> **해설** vi는 Unix 및 Unix 계열의 운영 체제에서 사용되는 텍스트 편집기이다. vi는 "Visual Editor"의 약어로, 처음 등장한 것은 1970년대 이후로 오랜 역사를 가지고 있다.
> **정답** ①

17 다음 중 vi 편집기에서 모든 windows라는 문자열을 linux로 치환하는 명령으로 알맞은 것은?

① :% s/linux/windows/g
② :% s/windows/linux/g
③ :% s/₩〈linux₩〉/windows/g
④ :% s/₩〈windows₩〉/linux/g

> **해설** :%s/windows/linux/g 명령어를 실행하면 현재 문서에서 모든 "windows" 문자열을 "linux"로 대체하게 된다. 이것은 검색 및 치환 작업을 자동화하고 대량으로 텍스트를 수정하는 데 유용하다.
> **정답** ②

18 vi 편집기 실행할 때마다 행 번호가 자동으로 표시되도록 설정하려고 한다. 다음 중 관련 설정을 저장하기 위해 생성해야 할 파일명으로 알맞은 것은?

① .virc
② .vimrc
③ .viex
④ .vimex

> 해설 .vimrc 파일은 Vim 편집기의 설정 파일로, 사용자 정의 설정 및 환경 설정을 저장하는 곳이다. 이 파일을 사용하여 Vim의 동작을 사용자 지정하고, Vim을 실행할 때마다 자동으로 설정을 적용할 수 있다.
> **정답** ②

19 다음 (괄호) 안에 들어갈 내용으로 알맞은 것은?

(㉠)은/는 워싱턴대학에서 만든 유닉스용 편집기로 윈도우의 메모장처럼 간편하게 사용하도록 만들었다. 초기 리눅스 시스템에서 사용되었으나 라이선스 문제로 인해 다시 만들어진 편집기가 (㉡)이다.

① ㉠ vi, ㉡ pico
② ㉠ vi, ㉡ nano
③ ㉠ nano, ㉡ pico
④ ㉠ pico, ㉡ nano

> 해설 Pico는 간단한 텍스트 편집기로, Pine(이메일 클라이언트)와 함께 제공되는 텍스트 편집기이다. Nano는 Pico를 대체하는 것으로 생각할 수 있다.
> **정답** ④

20 다음 중 emacs 편집기를 종료하는 조합으로 알맞은 것은?

① [Ctrl]+[c] 후에 [Ctrl]+[x]
② [Ctrl]+[x] 후에 [Ctrl]+[c]
③ [Ctrl]+[c] 후에 [Ctrl]+[f]
④ [Ctrl]+[x] 후에 [Ctrl]+[f]

> 해설 Emacs에서 [Ctrl]+[x]를 누른 다음 [Ctrl]+[c]를 누르면 Emacs는 현재 작업 중인 파일을 저장하고 편집기를 종료한다.
> **정답** ②

21 다음 중 백그라운드로 실행시킨 프로세스를 확인하는 명령어로 알맞은 것은?

① job
② jobs
③ fg
④ bg

> 해설 jobs 명령어를 사용하여 백그라운드에서 실행 중인 작업을 모니터링하고 관리할 수 있으며, 필요한 경우 작업을 일시 중지하거나 다시 시작할 수 있다.
> **정답** ②

22 다음 설명에 해당하는 용어로 가장 알맞은 것은?

주기적으로 지속적인 서비스 요청을 처리하기 위해 메모리에 계속 상주하고 있는 프로그램으로 백그라운드 프로세스의 일종이다.

① init
② inetd
③ standalone
④ daemon

> 해설 데몬(Daemon)은 컴퓨터 운영 체제에서 백그라운드에서 실행되는 프로그램이나 서비스를 가리키는 용어이다.
> **정답** ④

23 다음 중 실시간으로 CPU 사용량을 확인할 때 이용하는 명령어로 알맞은 것은?

① top
② pgrep
③ nohup
④ free

> 해설 top 명령어는 실시간으로 시스템의 CPU 사용량 및 메모리 사용량 등 시스템 성능 지표를 모니터링하는 데 사용된다.
> **정답** ①

24 다음 중 현재 실행 중인 포그라운드 프로세스의 작업을 백그라운드 프로세스로 전환하기 위해 사용하는 키 조합으로 알맞은 것은?

① [ctrl]+[z]   ② [ctrl]+[c]
③ [ctrl]+[l]   ④ [ctrl]+[d]

 [Ctrl]+[z]를 누르면 현재 실행 중인 프로세스가 일시 중지되며, 해당 프로세스의 작업 번호(job number)와 프로세스 ID(PID)가 표시된다. 이제 해당 프로세스는 백그라운드에서 실행 중이며, 다른 작업을 실행할 수 있다.

정답 ①

25 다음 중 [ctrl]+[c] 키 조합으로 발생하는 시그널의 번호 값으로 알맞은 것은?

① 1   ② 2
③ 15   ④ 20

 [Ctrl]+[c] 키 조합은 일반적으로 프로세스에게 인터럽트 시그널을 보내는 데 사용된다. 이 시그널의 번호는 대개 2번(SIGINT)이다.

정답 ②

26 작업번호가 2번인 백그라운드 프로세스를 종료하려고 한다. 다음 (괄호) 안에 들어갈 내용으로 알맞은 것은?

```
# kill ( 괄호 )
```

① 2   ② &2
③ +2   ④ %2

 위 명령어는 작업 번호가 2번인 프로세스에게 종료 시그널을 보내어 해당 프로세스를 종료하게 된다. 이렇게 하면 백그라운드에서 실행 중인 해당 프로세스가 종료된다.

정답 ④

27 프로세스아이디(PID)가 1222인 bash 프로세스의 우선순위(NI)값이 0이다. 다음 중 이 프로세스의 NI값을 -10으로 변경하여 우선순위를 높이는 명령으로 알맞은 것은?

① nice -10 1222   ② nice - -10 1222
③ nice -10 bash   ④ nice - -10 bash

 nice - -10 bash 명령어는 Unix 및 Unix 계열 운영 체제에서 사용되는 명령어로, 실행 중인 프로세스에 CPU 우선 순위 또는 "niceness" 값을 할당하는 데 사용된다. "niceness" 값은 프로세스가 CPU 자원을 얼마나 많이 사용할지를 나타내며, 음수 값은 높은 우선 순위를, 양수 값은 낮은 우선 순위를 나타낸다.

정답 ④

28 cron을 이용해서 해당 스크립트를 매주 월요일 오전 10시 2분에 주기적으로 실행하려고 한다. 다음 (괄호) 안에 들어갈 내용으로 알맞은 것은?

```
( 괄호 ) /etc/check.sh
```

① 1 10 * * 2   ② 2 10 * * 2
③ 1 10 * * 1   ④ 2 10 * * 1

해설 2 10 * * 1은 Unix 및 Unix 계열 운영 체제에서 크론(Cron) 작업을 스케줄링하는데 사용되는 시간 및 날짜 표현식이다. 2 10 * * 1은 "매주 월요일 오전 10시 2분에 실행"하라는 의미이다. 1:은 요일(day of the week) 필드이다. "1"은 월요일을 나타낸다.

정답 ④

29 다음 중 백그라운드로 실행시킨 프로세스의 우선순위값을 확인하는 명령으로 알맞은 것은?

① jobs -p   ② jobs -l
③ ps aux   ④ ps -l

해설 ps -l 명령어는 프로세스 목록을 상세하게 표시하는데 사용된다.

정답 ④

30 다음 (괄호) 안에 들어갈 내용으로 알맞은 것은?

> CentOS 7 버전 리눅스에서는 부팅을 시작하면 커널이 (㉠)(이)라는 최초의 프로세스를 발생시키고, 이후 시스템 운영에 필요한 데몬을 비롯한 다른 프로세스들을 (㉡) 방식으로 (㉠) 프로세스의 자식 프로세스로 생성하게 된다.

① ㉠ init, ㉡ exec
② ㉠ init, ㉡ fork
③ ㉠ systemd, ㉡ exec
④ ㉠ systemd, ㉡ fork

> **해설** systemd는 초기화 및 시스템 관리를 담당하는 시스템 및 서비스 관리 도구이다. fork 호출을 사용하면 현재 실행 중인 프로세스와 동일한 코드, 데이터 및 파일 디스크립터를 공유하면서 새로운 프로세스를 생성할 수 있다.
> **정답** ④

31 다음 중 GNU 프로젝트의 일환으로 만들어진 셸로 알맞은 것은?

① ksh
② bash
③ dash
④ csh

> **해설** Bash는 Unix 및 Unix 계열 운영 체제에서 사용되는 명령 줄 인터페이스(CLI) 셸이다. Bash는 GNU 프로젝트의 일부로 개발되었다.
> **정답** ②

32 다음은 환경변수를 이용해서 로그인 셸을 확인하는 과정이다. (괄호) 안에 들어갈 내용으로 알맞은 것은?

> $ echo (괄호)

① $HOME
② $SHELL
③ $LOGIN
④ $TERM

> **해설** echo $SHELL 명령어를 실행하면 현재 사용자의 로그인 셸의 경로가 화면 표시된다. 이것은 현재 사용 중인 셸의 실제 위치를 확인하는 데 사용된다.
> **정답** ②

33 다음 중 선언된 셸 변수를 확인하는 명령으로 가장 알맞은 것은?

① chsh
② set
③ unset
④ env

> **해설** set 명령어는 셸 스크립트를 디버깅하거나 환경변수 설정을 확인하는 데 유용하며, 현재 셸 세션에서 사용 가능한 모든 변수와 설정을 보여준다.
> **정답** ②

34 다음 중 현재 시스템에서 사용 가능한 셸의 정보를 저장하고 있는 파일로 알맞은 것은?

① /etc/shells
② /etc/bashrc
③ /etc/passwd
④ /etc/profile

> **해설** /etc/shells 파일은 텍스트 파일로, 시스템에서 허용되는 셸(Shell) 목록을 포함하고 있다. 이 파일은 사용자가 로그인 셸을 선택할 때 사용할 수 있는 셸 목록을 정의한다.
> **정답** ①

35 다음 중 ls 명령어에 설정된 에일리어스(alias)를 해제하는 명령으로 알맞은 것은?

① alias ls
② alias -c ls
③ ualias ls
④ unalias ls

> **해설** unalias ls 명령어는 현재 셸 세션에서 이전에 정의된 ls 명령어에 대한 별칭(alias)을 제거하는 명령어이다.
> **정답** ④

36 다음은 root 권한으로 ihduser 사용자가 실행한 명령의 목록 정보를 확인하는 과정이다. (괄호) 안에 들어갈 내용으로 가장 알맞은 것은?

```
# cat ( 괄호 )
```

① ~ihduser/.history
② ~ihduser/.profile
③ ~ihduser/.bash_history
④ ~ihduser/.bash_profile

 사용자 ihduser의 홈 디렉터리 아래에 위치한 .bash_history 파일의 내용을 화면에 표시하는 명령어 이다. cat ~ihduser/.bash_history 명령어를 실행하 면 사용자 ihduser의 Bash 셸 이력에 저장된 명령어들 이 화면에 표시된다.

정답 ③

37 다음 중 셸에서 실행 후 저장되는 history 개수를 확인할 수 있는 환경변수명으로 알맞은 것은?

① HISTORY
② HISTORYSIZE
③ HISTSIZE
④ HISTFILESIZE

 HISTSIZE 환경 변수는 사용자의 명령어 이력 (history)에 저장될 수 있는 명령어의 최대 개수를 지정 하는 데 사용된다.

정답 ③

38 다음 중 ihduser 사용자의 로그인 셸을 확인하는 명령으로 알맞은 것은?

① chsh ihduser
② chsh -l ihduser
③ grep ihduser /etc/passwd
④ grep ihduser /etc/shells

 grep ihduser /etc/passwd 명령어를 실행하면 /etc/passwd 파일에서 ihduser라는 사용자 이름을 검 색하고, 해당 사용자의 정보가 포함된 줄을 출력한다. 이 정보는 사용자 계정의 여러 세부 정보를 포함하며, 일반적으로 셸 종류, 홈 디렉터리 경로, 사용자 ID, 그 룹 ID 등을 포함한다.

정답 ③

39 다음 중 파일이나 디렉터리의 허가권 값을 변경하는 명령으로 알맞은 것은?

① chmod
② chgrp
③ umask
④ chown

해설 chmod 명령어는 시스템에서 파일 및 디렉터리의 보안을 관리하고, 파일에 대한 읽기, 쓰기, 실행 권한을 설정하여 사용자 및 프로세스가 파일 및 디렉터리에 접근할 수 있는 권한을 제어하는 데 사용된다.

정답 ①

40 다음은 마운트된 /backup 영역을 마운트 해제하는 과정이다. (괄호) 안에 들어갈 명령어로 알맞은 것은?

```
# ( 괄호 ) /backup
```

① umount
② unmount
③ eject
④ nohup

해설 umount 명령어는 시스템에서 파일 시스템이나 장치를 안전하게 분리하는 데 사용되며, 언마운트하지 않고 장치를 강제로 분리하는 것보다 데이터 손상을 방지하는 데 도움이 된다.

정답 ①

41 다음 그림에 해당하는 명령어로 알맞은 것은?

```
root@goorm:/workspace/LINUXMASTER#
Filesystem   1K-blocks      Used  Available  Use%  Mounted on
none         41103824    1326976   37663364    4%            /
tmpfs           65536          0      65536    0%         /dev
tmpfs         7993112          0    7993112    0%  /sys/fs/cgroup
shm             65536          0      65536    0%     /dev/shm
/dev/nbd1p1  41103824    1326976   37663364    4%   /workspace
/dev/root    81106868   74845928    6244556   93%       /goorm
tmpfs         7993112          0    7993112    0%   /proc/acpi
tmpfs         7993112          0    7993112    0%   /proc/scsi
tmpfs         7993112          0    7993112    0%  /sys/firmware
```

① du　　　　　　　② df
③ mount　　　　　④ fdisk

해설 df 명령어는 시스템 관리 작업에서 디스크 공간 관리와 디스크 용량 모니터링에 유용하며, 디스크 용량이 부족한 경우 문제를 식별하고 해결하는 데 도움을 준다.

 ②

42 다음 중 파일에 부여되는 쓰기 권한(W:Write)에 대한 설명으로 가장 알맞은 것은?

① "권한이 없음" 상태로 만들어 줄 수 있는 명령이다.
② 파일의 내용을 볼 수만 있는 권한이다.
③ 파일의 내용을 수정하거나 삭제할 수 있는 권한이다.
④ 파일을 실행만 가능한 상태로 설정하는 권한이다.

해설 "w"는 파일에 대한 허가 권한(permission) 중 하나를 나타내는 기호로, 파일에 대한 쓰기(write) 권한을 나타낸다. 파일의 내용을 수정하거나 삭제할 수 있다.

 ③

43 다음은 data 디렉터리의 하위 디렉터리를 포함해서 디렉터리 내부의 모든 파일 및 디렉터리의 그룹 소유권을 kait로 변경하는 과정이다. (괄호) 안에 들어갈 내용으로 알맞은 것은?

```
# ( ㉠ ) ( ㉡ ) kait data/
```

① ㉠ chown, ㉡ -r　② ㉠ chown, ㉡ -R
③ ㉠ chgrp, ㉡ -r　④ ㉠ chgrp, ㉡ -R

해설 chgrp -R kait data/ 명령어를 실행하면 data/ 디렉터리와 그 하위 파일 및 디렉터리의 그룹 소유자가 kait 그룹으로 변경된다. 이 명령어를 사용하여 파일 및 디렉터리의 그룹 소유자를 변경할 수 있으며, -R 옵션을 사용하면 하위 디렉터리까지 모두 변경된다.

정답 ④

44 다음은 /home 영역에 설정된 사용자 쿼터 정보를 확인하는 과정이다. (괄호) 안에 들어갈 명령어로 알맞은 것은?

```
# ( 괄호 ) /home
```

① quota　　　　　② edquota
③ setquota　　　　④ repquota

해설 일반적으로 시스템 관리자나 디스크 용량을 할당받는 사용자 또는 그룹이 자신의 할당량을 파악하고 디스크 사용량을 모니터링하는 데에 repquota 명령어가 사용된다.

정답 ④

45 다음 중 /etc/fstab 파일에서 마운트되는 옵션 정보를 기록하는 필드는 몇 번째인가?

① 세 번째　　　　② 네 번째
③ 다섯 번째　　　④ 여섯 번째

해설 /etc/fstab 파일은 파일 시스템을 마운트할 때 사용되는 설정 파일이다. 이 파일에서 마운트되는 파일 시스템에 대한 옵션 정보는 여러 필드 중 하나인 4번째 필드에 기록된다.

 ②

46 다음 중 파티션에 할당된 UUID 값을 확인하는 명령어로 알맞은 것은?

① uuid ② lsuid ③ blkid ④ fdisk

> **해설** blkid 명령어는 주로 시스템 관리 작업에서 사용되며, 특정 디바이스의 정보를 확인하거나 스크립트에서 블록 디바이스에 대한 정보를 수집하는 데 유용하다. 또한 파티션과 파일 시스템을 구별하고, 블록 디바이스를 고유하게 식별하는 데 도움을 준다.
>
> **정답** ③

47 다음은 원격지의 윈도우 시스템에 공유된 폴더를 마운트하는 과정이다. (괄호) 안에 들어갈 내용으로 알맞은 것은?

```
# mount -t ( 괄호 ) -o username=administrator,
password=1234 //192.168.5.13/data/mnt
```

① ntfs ② cifs ③ samba ④ xfs

> **해설** mount -t cifs 명령어는 CIFS (Common Internet File System) 프로토콜을 사용하여 네트워크 공유 디렉터리를 마운트하는 데 사용된다.
>
> **정답** ②

48 허가권이 다음과 같이 설정되어 있을 때 관련 설명으로 가장 알맞은 것은?

```
$ ls -l /usr/bin/wall
-r-xr-sr-x 1 root tty 15344 Jun 10 2022 /usr/bin/wall
```

① tty 사용자가 실행 시에 일시적으로 root 권한을 갖는다.
② 실행시킨 사용자에 상관없이 일시적으로 root 권한을 갖는다.
③ 실행시킨 사용자는 일시적으로 tty 그룹 권한을 갖는다.
④ tty 그룹에 속한 사용자가 실행 시에만 일시적으로 root 권한을 갖는다.

> **해설** -r-xr-sr-x는 파일의 퍼미션(permission)을 나타내는 문자열이다. 이 문자열은 파일에 대한 읽기(read), 쓰기(write), 실행(execute) 권한을 나타낸다. Setgid 비트(s)가 설정되어 있으면 해당 파일을 실행할 때 파일을 실행한 사용자의 그룹으로 실행된다.
>
> **정답** ③

2과목 : 리눅스 활용

49 다음 설명에 해당하는 클러스터 구성 방식으로 알맞은 것은?

> 지속적인 서비스 제공을 목적으로 하는 클러스터로서 주 노드(Primary Node)와 백업 노드(Backup Node)로 구성한다. 백업 노드는 주 노드의 처리 상태를 체크하고 있다가 이상이 발생하면 관련 서비스를 이어 받는다.

① 고계산용 클러스터
② 부하분산 클러스터
③ HA(High Available) 클러스터
④ HPC(High Performance Computing) 클러스터

> **해설** HA(High Availability) 클러스터는 시스템 또는 서비스의 가용성과 신뢰성을 높이기 위해 사용되는 컴퓨터 클러스터의 형태 중 하나이다. 이러한 클러스터는 하나 이상의 노드(서버)로 구성되어 있으며, 여러 노드 간에 데이터 및 작업을 공유하고 서로 감시하는 시스템이다.
>
> **정답** ③

50 다음 설명에 해당하는 가상화 기술로 알맞은 것은?

> 2005년 설립된 Qumranet에서 개발한 하이퍼바이저이다. x86 시스템 기반으로 CPU 전가상화 방식이고, QEMU이라는 CPU 에뮬레이터를 사용한다.

① KVM
② XEN
③ VirtualBox
④ Hyper-V

해설 KVM(Kernel-based Virtual Machine)은 Linux 운영 체제에서 하이퍼바이저(hypervisor)로 사용되는 오픈 소스 가상화 솔루션이다. KVM은 가상 머신(VM)을 만들고 관리하는 데 사용되며, 하드웨어 가상화를 지원하여 여러 운영 체제를 동시에 실행할 수 있도록 한다.
정답 ①

51 다음 설명에 해당하는 명칭으로 알맞은 것은?

> 영국 잉글랜드의 한 재단이 학교와 개발도상국에서 기초 컴퓨터 과학 교육을 증진하기 위해 개발한 신용카드 크기의 싱글 보드 컴퓨터이다.

① 아두이노
② 라즈베리 파이
③ 큐비보드
④ 오드로이드

해설 라즈베리 파이(Raspberry Pi)는 영국의 라즈베리 파이 재단(Raspberry Pi Foundation)에서 개발한 저렴한 가격의 싱글보드 컴퓨터이다. 라즈베리 파이는 교육 및 개발 목적으로 설계되었으며, 다양한 용도로 활용될 수 있는 매우 인기 있는 장치 중 하나이다.
정답 ②

52 다음 설명에 해당하는 프로그램으로 알맞은 것은?

> Docker와 같은 컨테이너화된 애플리케이션의 배포, 확장, 관리를 자동화하려고 한다.

① GENIVI
② Ansible
③ OpenStack
④ Kubernetes

해설 Kubernetes는 컨테이너 오케스트레이션 및 관리 플랫폼으로, 애플리케이션 컨테이너를 배포, 확장, 및 관리하기 위한 오픈 소스 시스템이다. Kubernetes는 Google에서 개발되었으며, 컨테이너화된 애플리케이션의 관리와 배포를 단순화하고 스케일링, 로드 밸런싱, 복구, 자동화 등의 기능을 제공한다.
정답 ④

53 다음 중 IP 주소 할당 및 도메인을 관리하는 국제기구로 알맞은 것은?

① ICANN
② IEEE
③ ISO
④ EIA

해설 ICANN(Internet Corporation for Assigned Names and Numbers)은 인터넷의 도메인 네임 시스템(DNS) 및 IP 주소 할당을 관리하는 국제적인 비영리 기관이다.
정답 ①

54 다음 중 파일 전송 및 다운로드 진행 상태를 '#' 기호로 확인할 때 사용하는 FTP 명령어로 알맞은 것은?

① sharp
② mget
③ bi
④ hash

해설 FTP(File Transfer Protocol)를 사용하여 파일 전송 및 다운로드 진행 상태를 '#' 기호로 확인하려면 "hash" 명령어를 사용한다.
정답 ④

55 다음 중 프로토콜과 포트번호 조합으로 틀린 것은?

① POP3 - 110
② IMAP - 143
③ TELNET - 23
④ SNMP - 151

해설 SNMP 통신은 UDP 161과 UDP 162 포트를 사용하여 이루어진다. SNMP 에이전트가 이러한 포트에서 관리 요청을 수신하고, SNMP 매니저는 이러한 포트를 통해 정보를 요청하고 수신한다.

정답 ④

해설 IPv4 주소 클래스 A는 네트워크 주소와 호스트 주소의 비트 구성을 나타내는 주소 체계 중 하나이다. 클래스 A 주소는 가장 큰 네트워크 범위를 가지며, 맨 첫 번째 비트가 0으로 시작한다. 루프백 주소는 로컬 호스트(현재 컴퓨터) 자체를 가리키며, 자기 자신과 통신하기 위해 사용된다.

정답 ①

56 다음 중 UDP 프로토콜과 가장 관련 있는 서비스로 알맞은 것은?

① DNS ② TELNET
③ SMTP ④ HTTP

해설 가장 관련 있는 서비스 중 하나는 DNS(Domain Name System)이다. DNS는 인터넷에서 도메인 이름을 IP 주소로 변환하거나, IP 주소를 도메인 이름으로 변환하는 데 사용된다.

정답 ①

57 다음 중 장애 발생 시에도 다른 시스템에 영향이 적어 가장 신뢰성이 높은 LAN 구성 방식으로 알맞은 것은?

① 링(Ring)형 ② 버스(Bus)형
③ 스타(Star)형 ④ 망(Mesh)형

해설 망(Mesh) 형태의 LAN 구성은 신뢰성과 내결함성을 강화하기 위한 중요한 방식 중 하나이다. 망 형태의 LAN은 다른 LAN 구성 방식에 비해 장애 발생 시에도 영향이 적고, 데이터의 안정성을 보장하는 데 기여한다.

정답 ④

58 다음 중 루프백(Loopback) 네트워크가 속해 있는 IPv4의 클래스로 알맞은 것은?

① A 클래스 ② B 클래스
③ C 클래스 ④ D 클래스

59 다음 중 메일 관련 프로토콜로 틀린 것은?

① POP3 ② SMTP
③ IMAP ④ FTP

해설 FTP (File Transfer Protocol)는 컴퓨터 네트워크를 통해 파일을 전송하기 위한 표준 프로토콜 중 하나이다. FTP는 클라이언트–서버 모델을 기반으로 작동하며, 클라이언트는 파일을 전송하거나 다운로드하기 위해 서버에 연결한다.

정답 ④

60 다음 중 OSI 참조 모델을 제정한 기관으로 알맞은 것은?

① IEEE ② ISO
③ ANSI ④ EIA

해설 OSI참조 모델을 제정한 기관은 국제 표준화 기구(ISO)이다. ISO는 국제적인 표준을 제정하고 유지 관리하는 비영리 기구로, 다양한 분야의 표준을 만들어 국제적인 표준화를 촉진하는 역할을 한다.

정답 ②

61 다음 중 프로토콜과 관련된 포트 번호를 확인할 수 있는 파일로 알맞은 것은?

① /etc/protocol
② /etc/hosts
③ /etc/group
④ /etc/services

해설 /etc/services 파일은 서비스 포트와 해당 서비스 이름의 매핑 정보를 담고 있는 파일이다. 이 파일은 네트워크 서비스 및 응용 프로그램이 특정 포트 번호에서 실행될 때 해당 포트와 서비스 이름 사이의 관련성을 정의한다.

정답 ④

62 다음 중 IP 주소가 192.168.1.0인 경우에 사용되는 주소 체제로 가장 알맞은 것은?

① 네트워크 주소
② 게이트웨이 주소
③ 서브넷 마스크 주소
④ 브로드캐스트 주소

해설 IP 주소 192.168.1.0은 사설 IP 주소 체계 중 하나인 IPv4 주소 체계에서 사용된다. 192.168.1.0 주소는 일반적으로 작은 홈 네트워크, 소규모 사무실 네트워크, 무선 라우터 등에서 사용된다.

정답 ①

63 다음 중 패킷 교환 방식에 대한 설명으로 틀린 것은?

① 전송 대역폭이 동적이다.
② 패킷마다 오버헤드 비트는 존재하지 않는다.
③ 이론상 호스트의 무제한 수용이 가능하다.
④ 모든 데이터가 같은 경로로 전송되지 않을 수도 있다.

해설 패킷 교환 방식에 대한 설명으로 "패킷마다 오버헤드 비트는 존재하지 않는다"는 부분이 틀린 설명이다. 패킷 교환 방식에서는 각 패킷에 대한 헤더 정보 및 제어 정보가 포함되어 있으며, 이것이 패킷의 오버헤드 비트이다.

정답 ②

64 다음 중 OSI 7 계층 중 네트워크 계층과 가장 거리가 먼 **프로토콜**로 알맞은 것은?

① ICMP
② UDP
③ IP
④ ARP

해설 UDP (User Datagram Protocol)는 전송 계층에 속하는 프로토콜이다. UDP는 데이터그램 형식의 프로토콜로서, 신뢰성 있는 데이터 전송을 보장하지 않고, 데이터그램을 다른 호스트로 전송하는 역할을 한다.

정답 ②

65 OSI7계층 모델의 데이터링크 계층이 제공하는 기능중에는 개방형 시스템간에 데이터 전송기능이 있다. 이것을 활용하여 통신 경로 선택(Routing) 기능을 제공하는 계층으로 알맞은 것은?

① 전송계층
② 네트워크 계층
③ 데이터링크 계층
④ 물리 계층

해설 네트워크 계층은 데이터 패킷의 라우팅과 전달을 관리한다. 이 계층은 데이터 패킷을 목적지 호스트까지 안전하게 전달하기 위해 최적의 경로를 선택하고, 라우팅을 수행한다. 또한, 서로 다른 네트워크 간의 통신을 가능하게 한다.

정답 ②

66 다음 중 게이트웨이(Gateway) 주소를 확인하는 명령어로 알맞은 것은?

① nslookup
② ifconfig
③ arp
④ route

해설 "route" 명령을 사용하여 게이트웨이 주소를 설정하거나 확인할 수 있다. 게이트웨이 주소는 네트워크 패킷이 외부 네트워크로 라우팅될 때 사용되는 중요한 요소이다.

정답 ④

67 다음 중 네트워크 인터페이스의 물리적 케이블 연결 정보를 확인할 수 있는 명령어로 가장 알맞은 것은?

① arp　　　　　② ifconfig
③ ethtool　　　④ ss

> **해설** "ethtool"은 Linux 기반 시스템에서 네트워크 인터페이스 카드 (NIC)의 설정과 상태 정보를 확인하고 구성하는 유틸리티이다. 이 도구를 사용하여 네트워크 인터페이스의 속도, 이더넷 링크의 상태, 드라이버 정보, 전송 및 수신 속도, 기능 등을 확인하고 조정할 수 있다.
>
> **정답** ③

68 다음 중 netstat 명령을 이용하여 라우팅 테이블 정보를 출력할 때 사용하는 옵션으로 알맞은 것은?

① -t　　② -m　　③ -n　　④ -r

> **해설** "netstat -r" 명령은 현재 시스템의 라우팅 테이블을 표시하는 데 사용된다. 이 명령은 현재 네트워크 라우팅 정보를 요약해서 보여주며, 시스템이 어떻게 네트워크 패킷을 라우팅하는지를 확인할 수 있다.
>
> **정답** ④

69 다음 설명에 해당하는 TCP 프로토콜의 패킷으로 알맞은 것은?

> 클라이언트에서 서버로 전송하는 최초의 패킷이다. 이 패킷을 전송받은 서버는 half-open 상태가 된다.

① RST　　　　　② SYN/ACK
③ SYN　　　　　④ ACK

> **해설** "SYN" 패킷을 통해 클라이언트와 서버는 초기 연결을 설정하고 서로의 상태를 확인한다. 이후에는 데이터를 안정적으로 전송하기 위해 더 많은 TCP 패킷이 교환되며, 데이터 전송 및 연결 해제를 관리하기 위해 "SYN," "ACK," "FIN" (Finish), "RST" (Reset) 등의 플래그가 사용된다.
>
> **정답** ③

70 다음 중 MAN을 위한 국제 표준 규격인 IEEE 802.6로 정의된 프로토콜은?

① DQDB　　　　② X.25
③ FDDI　　　　　④ Frame Relay

> **해설** DQDB는 "Distributed Queue Dual Bus"의 약어로, 컴퓨터 네트워크에서 사용되는 토큰 링 토폴로지 기반의 네트워크 표준이다. DQDB는 주로 도시 광역망 (Metropolitan Area Network, MAN) 및 통신 서비스 제공자 간의 데이터 전송에 사용되었다.
>
> **정답** ①

71 다음 설명에 해당하는 명령으로 알맞은 것은?

> www.kait.or.kr 웹서버에 https 서비스가 활성화되어 있는지 점검하려고 한다.

① telnet www.kait.or.kr@80
② ssh www.kait.or.kr@443
③ ssh www.kait.or.kr:80
④ telnet www.kait.or.kr 443

> **해설** 이 명령을 실행하면 Telnet을 사용하여 "www.kait.or.kr" 호스트의 443 포트로 연결을 시도하게 되며, 해당 호스트와의 연결 여부를 확인할 수 있다. 여기서 "www.kait.or.kr"은 호스트(웹 서버)의 주소를 나타내며, 443은 이 호스트의 포트 번호를 나타낸다.
>
> **정답** ④

72 다음 중 IPv4의 C 클래스 대역에 대한 설명으로 알맞은 것은?

① IP 주소 첫 번째 부분의 2비트가 10인 경우이다.
② IP 주소 첫 번째 부분의 2비트가 11인 경우이다.
③ IP 주소 첫 번째 부분의 3비트가 110인 경우이다.
④ IP 주소 첫 번째 부분의 3비트가 111인 경우이다.

해설 첫 번째 3비트가 110으로 시작하는 IP 주소는 C 클래스 대역에 속하며, 이 클래스는 일반적으로 작은 규모의 네트워크에 할당된다. 호스트 주소 부분은 8비트로 호스트를 나타내므로, 이 클래스의 주소 범위 내에서는 최대 256개의 호스트를 지원할 수 있다.

정답 ③

73 다음 중 텍스트 모드로 부팅된 상태에서 X 윈도를 실행하는 명령으로 알맞은 것은?

① xinit ② startx
③ systemctl xinit ④ systemctl startx

해설 "startx" 명령은 리눅스 및 Unix 기반 시스템에서 X Window 시스템을 시작하는 명령이다. 주로 사용자가 GUI 애플리케이션을 실행하고 그래픽 환경을 제어하기 위해 사용된다.

정답 ②

74 다음 중 PDF 문서를 확인할 때 사용하는 프로그램으로 알맞은 것은?

① Gimp ② eog
③ evince ④ Gwenview

해설 "Evince"는 리눅스와 Unix 기반 시스템에서 사용되는 문서 뷰어(또는 PDF 뷰어) 프로그램이다. Evince는 GNOME 프로젝트의 일부로 개발되었으며, 다양한 문서 형식을 지원하고 사용하기 쉬운 그래픽 사용자 인터페이스(GUI)를 제공한다.

정답 ③

75 다음 설명에 해당하는 라이브러리로 알맞은 것은?

C 언어로 구현된 클라이언트 라이브러리로 X 서버와 대화를 할 수 있게 해준다. 저수준의 인터페이스로 키보드나 마우스에 대한 반응 등 단순한 기능만을 갖는다.

① Xlib ② XCB ③ QT ④ GTK+

해설 Xlib은 X Window System의 클라이언트 라이브러리이다.

정답 ①

76 다음 중 스프레드시트(Spreadsheet) 프로그램으로 실행하는 명령으로 알맞은 것은?

① oocalc ② oowriter
③ ooimpress ④ oodraw

해설 "oocalc"는 Apache OpenOffice 또는 LibreOffice의 일부인 스프레드시트 애플리케이션의 명령어이다. 이 스프레드시트 애플리케이션은 Microsoft Excel과 유사한 기능을 제공하는 무료 오픈 소스 소프트웨어이다.

정답 ①

77 다음 중 이미지 뷰어 프로그램으로 가장 거리가 먼 것은?

① Eog ② ImageMagicK
③ Gimp ④ Totem

해설 Totem은 GNOME 데스크톱 환경에서 사용되는 미디어 플레이어 애플리케이션이다.

정답 ④

78 다음 설명에 해당하는 용어로 알맞은 것은?

1996년 튀빙겐 대학교 학생이었던 마티아스 에트리가 Qt 라이브러리 기반으로 만든 데스크톱 환경이다.

① KDE ② GNOME
③ LXDE ④ Wayland

해설 KDE는 "K Desktop Environment"의 약자로서 그래픽 사용자 인터페이스 환경을 제공하는 프리 오픈 소스 소프트웨어 프로젝트이다. KDE는 사용자가 컴퓨터를 쉽게 사용하고 다양한 애플리케이션을 실행하며 작업할 수 있는 환경을 제공한다.

정답 ①

79 다음 (괄호) 안에 들어갈 명령어로 알맞은 것은?

```
# ( 괄호 ) list $DISPLAY
```

① xauth   ② xhost
③ xrandr   ④ export

 "xauth"는 X Window 시스템에서 인증 및 접근 제어를 관리하는 데 사용되는 명령이다. X Window 시스템은 그래픽 사용자 인터페이스(GUI)를 제공하는 시스템이다. xauth는 X 서버와 클라이언트 간의 보안을 유지하고, 사용자 및 프로세스가 X 서버에 접근 권한을 부여하거나 거부하는 데 도움을 준다.

정답 ①

80 다음 중 시스템 시작 시 X 윈도 모드로 부팅하는 대신에 텍스트 모드로 부팅되도록 설정하는 명령으로 알맞은 것은?

① systemctl set-default multi-user.target
② systemctl set-default texmode.target
③ systemctl set-default runlevel5.target
④ systemctl set-default graphical.target

 "systemctl set-default multi-user.target" 명령을 실행하면 시스템이 그래픽 사용자 인터페이스(GUI)를 포함하지 않는 텍스트 모드로 부팅되며, 텍스트 콘솔을 사용하여 사용자가 로그인하고 명령을 실행할 수 있는 다중 사용자 모드로 설정된다. 이것은 서버 환경에서 또는 그래픽 환경을 필요로 하지 않는 상황에서 유용할 수 있다.

정답 ①

05 최신기출변형 5회

1과목 : 리눅스 운영 및 관리

01 다음 중 (괄호) 안에 들어갈 내용으로 틀린 것은?

```
[root@www~]$ umask
( ㉠ )
[root@www~]$ touch ihd.txt
[root@www~]$ mkdir abc
[root@www~]$ ls -l
total 2
( ㉡ ). 1 root root 0 Jan 30 15:43 ihd.txt
drwxr-xr-x. 2 root root 19 Jan 30 15:43 abc
[root@www~]$ umask -( ㉢ )
u=rwx,g=rx,( ㉣ )
```

① ㉠ : 0022
② ㉡ : -rwxr-xr-x
③ ㉢ : S
④ ㉣ : o=rx

 해설 "-rwxr-xr-x"는 일반 파일을 나타내며, 소유자는 읽기, 쓰기 및 실행 권한이 있고, 그룹과 기타 사용자는 읽기 및 실행 권한만 가지고 있다. 이 파일은 소유자가 파일 내용을 수정하고 실행할 수 있지만, 그룹 및 기타 사용자는 파일 내용을 읽을 수 있고 실행할 수 있지만 수정할 수는 없다. 이것은 일반적으로 실행 가능한 프로그램 파일에 부여되는 권한이다.

정답 ②

02 다음 중 /etc/fstab에 대한 설명으로 틀린 것은?

① 첫 번째 필드는 장치명, 볼륨 라벨, UUID 모두 사용이 가능하다.
② 특정 파티션을 부팅 시에 자동으로 마운트되지 않도록 설정 할 수 있다.
③ dump 명령을 통한 백업 시 사용주기를 매일 수행, 이틀에 한번 수행, 주1회 수행으로 설정이 가능하다.
④ 파일 시스템 관련 정보 파일로 mount, umount, fsck 등의 명령어가 수행될 때 이 파일의 정보를 참조한다.

 해설 일반적으로 대부분의 파일 시스템은 "dump" 열의 값으로 "0"을 가진다. 이는 대부분의 파일 시스템이 시스템 백업에서 제외되어야 함을 의미한다. 다만 특정한 백업 전략이나 요구 사항에 따라 파일 시스템을 백업 대상으로 설정해야 할 수도 있다.

정답 ③

03 다음과 같이 허가권을 설정하기 위한 명령으로 알맞은 것은?

```
[root@www~]$ ls -l ihd.txt
-rw-rw-r--. 1 root root 109 Jan 31 15:25 ihd.txt
```

① chmod 664 ihd.txt
② chmod o-wx ihd.txt
③ chmod ugo+rw ihd.txt
④ chmod o-r,o-rw ihd.txt

해설 "hd.txt" 파일에 대해 소유자는 읽기 및 쓰기를 할 수 있고, 그룹 및 기타 사용자는 읽기만 할 수 있는 권한을 설정한다. 파일의 권한은 파일에 대한 액세스 제어를 제공하며, 이 경우 소유자는 읽기와 쓰기를 할 수 있지만 다른 사용자들은 읽기만 할 수 있다.

정답 ①

---

04 다음 중 (괄호)안에 들어갈 옵션으로 알맞은 것은?

```
# mkfs ( 괄호 ) ext4 /dev/sdb1
# mke2fs ( 괄호 ) ext4 /dev/sdb2
```

① −j   ② −t
③ −c   ④ −b

해설 "mkfs −t" 명령은 파일 시스템을 생성하는 데 사용된다. "mkfs"는 "Make File System"의 약어이며, 파일 시스템을 만들거나 형식화할 때 사용된다. "−t" 옵션 다음에는 사용하려는 파일 시스템 유형을 지정하는 데 사용된다. 간단히 말하면, "mkfs −t" 명령은 지정된 파일 시스템 유형으로 지정된 디스크 파티션 또는 장치에 새로운 파일 시스템을 만든다.

정답 ②

---

05 디렉터리에 설정되어 있는 특수 권한으로 알맞은 것은?

```
[root@www~]$ ls -ld /nfs
drwxrwxrxt. 19 root root 4896 Jan 16 11:41 /nfs
```

① Set−GID   ② Set−OID
③ Set−UID   ④ Sticky−Bit

해설 Sticky Bit는 보안을 강화하고, 디렉터리 내의 파일 및 디렉터리를 보호하는 데 도움을 준다. 주로 시스템 디렉터리 및 공유 디렉터리에서 사용되며, 일반 사용자 간에 파일을 안전하게 공유할 수 있도록 도와준다. Sticky Bit는 파일의 권한 설정을 나타내는 "ls −l" 명령의 출력에서 마지막 1비트로 표시되며, "t"로 표시된다.

정답 ④

---

06 다음 중 chmod 명령의 문자 모드에 사용하는 설정기호로 틀린 것은?

① +   ② −
③ =   ④ *

해설 **오답해설**
① +는 권한을 추가하는 설정 기호이다.
② −는 권한을 제거하는 설정 기호이다.
③ =는 권한을 정확히 설정하는 설정 기호이다.

정답 ④

---

07 다음 중 저널링(Journaling)기능이 적용되지 않은 파일시스템으로 알맞은 것은?

① XFS
② ext2
③ ext4
④ Reiserfs

해설 ext2는 저널링이 없기 때문에 데이터 안정성 측면에서 불안정할 수 있으며, 시스템 비정상 종료 시 파일 시스템 손상 가능성이 높다. 따라서 데이터의 중요성과 시스템 안정성을 고려하여 ext2를 사용할지 여부를 결정해야 한다. 더 안정적인 파일 시스템이 필요한 경우 ext3 또는 ext4와 같은 저널링을 지원하는 파일 시스템을 고려할 수 있다.

정답 ②

---

08 다음 중 fdisk 명령 실행 시 파티션 속성을 변경하기 위한 명령으로 알맞은 것은?

① d   ② n
③ p   ④ t

해설 fdisk 명령을 사용하여 파티션 속성을 변경하려면 t 명령을 사용한다. 이 명령을 사용하여 파티션의 시스템 ID 또는 파일 시스템 유형을 변경할 수 있다.

정답 ④

09 다음 중 /etc 디렉터리가 차지하고 있는 전체 용량을 확인할 때 사용하는 명령으로 가장 알맞은 것은?

① ls   ② df

③ du   ④ mount

> 해설 du 명령은 디렉터리와 파일의 디스크 사용량을 확인하는 데 사용된다. "Disk Usage"의 약어로, 주로 디스크 공간을 어떻게 사용하고 있는지 파악하고 디스크 용량을 관리하는 데 도움을 준다.
>
> 정답 ③

10 다음 중 분할된 파티션 단위로 사용량을 확인할 때 사용하는 명령으로 알맞은 것은?

① df   ② du

③ mkfs   ④ mount

> 해설 df 명령은 파일 시스템의 디스크 공간 사용 및 가용한 공간을 보고하는 데 사용된다. "Disk Free"의 약어로, 현재 마운트된 파일 시스템의 디스크 용량 및 사용량을 확인하는 데 도움을 준다.
>
> 정답 ①

11 다음은 root 사용자가 kaituser의 셸을 변경하는 과정이다. (괄호) 안에 들어갈 내용으로 알맞은 것은?

```
[root@ihd ~]# chsh ( 괄호 )
```

① kaituser   ② -s kaituser

③ -u kaituser   ④ -v kaituser

> 해설 chsh 명령은 사용자의 셸(Shell)을 변경하는 데 사용되는 명령이다. 셸은 사용자가 명령을 입력하고 시스템과 상호작용하는 환경을 제공하는 프로그램이다. chsh 명령을 사용하여 사용자의 기본 로그인 셸을 변경할 수 있다.
>
> 정답 ①

12 다음 중 저장되는 히스토리 스택의 개수를 지정하는 환경변수로 알맞은 것은?

① HISTROY   ② HISTSIZE

③ HISTFILESIZE   ④ HISTSTACK

> 해설 HISTSIZE 변수를 설정하면 명령 히스토리에 저장되는 명령의 개수를 제한하거나 늘릴 수 있으므로, 사용자의 선호에 따라 설정할 수 있다. 설정한 값은 일반적으로 사용자의 홈 디렉터리에 있는 .bashrc, .bash_profile, 또는 해당 셸 환경 설정 파일에 저장되어 다음 로그인 시에도 유지된다.
>
> 정답 ②

13 다음 중 /etc/passwd 파일에서 사용자의 로그인셸이 기록되어 있는 곳으로 알맞은 것은?

① 4번째 필드   ② 5번째 필드

③ 6번째 필드   ④ 7번째 필드

> 해설 "/etc/passwd" 파일은 사용자 계정 정보를 저장하는 중요한 파일이다. 이 파일의 각 라인에는 다양한 사용자 계정에 대한 정보가 필드로 구분되어 있다. 로그인 셸(Shell) 정보는 이 파일의 7번째 필드에 저장된다.
>
> 정답 ④

14 다음 중 특정 사용자의 ~/.bashrc 파일에 설정하는 항목으로 가장 알맞은 것은?

① 프롬프트와 function

② alias와 프롬프트

③ alias와 function

④ 프롬프트와 PATH

> 해설 ~/.bashrc 파일을 사용하여 사용자 정의 alias와 function을 설정하면 편리하게 자주 사용하는 명령어나 작업을 간단한 단축키나 함수로 정의하여 사용할 수 있다.
>
> 정답 ③

15 다음 중 사용 가능한 셸의 목록을 확인하는 명령으로 알맞은 것은?

① set
② env
③ chsh
④ usermod

> **해설** chsh 명령은 리눅스와 Unix 기반 시스템에서 사용자의 로그인 셸(Shell)을 변경하는 데 사용되는 명령이다. 로그인 셸은 사용자가 명령을 입력하고 시스템과 상호 작용하는 환경을 제공하는 프로그램이다. chsh 명령을 사용하여 사용자의 기본 로그인 셸을 변경할 수 있다.
>
> **정답** ③

16 다음 중 ihduser 사용자가 본인의 홈 디렉터리로 이동하려고 할 때 (괄호) 안에 들어갈 내용으로 알맞은 것은?

[ihduser@www ~]$ cd (괄호)

① USER
② $USER
③ HOME
④ $HOME

> **해설** $HOME은 환경 변수 중 하나이다. 이 변수는 현재 로그인한 사용자의 홈 디렉터리(홈 폴더) 경로를 나타낸다. 홈 디렉터리는 사용자의 개인 파일과 설정 파일이 저장되는 디렉터리로, 각 사용자마다 별도로 할당된다.
>
> **정답** ④

17 다음 설명과 관련 있는 파일로 알맞은 것은?

kaituser는 로그아웃할 때 자동으로 생성되는 '.bak'로 끝나는 파일을 삭제하려고 한다.

① ~/.bashrc
② ~/.bash_logout
③ ~/.bash_profile
④ ~/.bash_history

> **해설** ~/.bash_logout 파일은 사용자 로그아웃 시 실행되는 스크립트 파일이다. 이 파일은 사용자가 로그아웃할 때 실행할 명령을 정의하는 데 사용된다. 로그아웃 시 필요한 작업이나 클린업 작업을 수행하기 위해 이 파일을 사용할 수 있다.
>
> **정답** ②

18 다음 중 사용자의 로그인 셸이 기록되어 있는 환경 변수로 알맞은 것은?

① USER
② HOME
③ SHELL
④ PWD

> **해설** SHELL은 환경 변수 중 하나이다. 이 환경 변수는 현재 사용자의 기본 로그인 셸(Shell)을 나타낸다. 셸은 사용자가 명령을 입력하고 시스템과 상호 작용하는 환경을 제공하는 프로그램이다.
>
> **정답** ③

19 다음 제시된 NI 값 중에서 우선순위가 가장 낮게 할당되는 값으로 알맞은 것은?

① −20
② 0
③ 10
④ 20

> **해설** "NI" 값은 일반적으로 −20에서 +19 범위의 정수 값을 가진다. 이 범위에서 숫자가 낮을수록 우선순위가 높아진다. 즉, 가장 낮은 "NI" 값은 −20이며, 이 값은 가장 높은 우선순위를 나타낸다. 반대로, 가장 높은 "NI" 값은 +19이며, 이 값은 가장 낮은 우선순위를 나타낸다. 문항내에서는 10이 맞다.
>
> **정답** ③

20 다음 중 번호값이 가장 작은 시그널명으로 알맞은 것은?

① SIGINT
② SIGHUP
③ SIGQUIT
④ SIGCONT

> **해설** SIGHUP는 시그널 중에서 번호가 가장 작은 시그널 중 하나이다. 시그널은 숫자로 구분되며, SIGHUP의 시그널 번호는 1이다. 이 시그널은 프로세스에게 터미널 연결이 끊어졌음을 알리는 데 사용된다.
>
> **정답** ②

21 다음 중 백업 스크립트가 일주일에 1회만 실행되도록 crontab에 설정하는 내용으로 알맞은 것은?

① 1 1 1 * * /etc/backup.sh
② 1 1 * 1 * /etc/backup.sh
③ 1 1 * 5 * /etc/backup.sh
④ 1 1 * * 5 /etc/backup.sh

 1 1 * * 5 /etc/backup.sh는 crontab에서 주기적으로 실행되는 작업을 설정하는데 사용할 수 있는 명령어이다. 각 필드별로 해석을 하면 첫째자리 1은 분(Minute)필드이며 매시간 1분에 실행함을 의미한다. 둘째자리 1은 시간(Hour)필드이며 매일 1시에 실행한다는 의미이다. 셋째자리 *은 날짜(Day of the month)필드이며 *은 와일드카드로서 모든 날짜 곧 한 달 안의 모든 일자를 말한다. 넷째 자리 *는 월(Month)필드이며 12개월 전체에 해당한다. 다섯째자리의 5는 요일(Day of the week)필드이며 5는 금요일을 나타낸다. 일년중 모든 날 중에 매주 금요일 1시 1분에 /etc/backup.sh를 실행하라는 의미가 된다. 곧 주기적인 백업작업을 금요일 새벽1시 1분에 실행하도록 예약한 것이다.

정답 ④

22 사용 중인 bash 프로세스의 PID 1222일 때 renice 명령의 사용법으로 알맞은 것은?

① renice 1 bash
② renice 1 1222
③ renice --1 bash
④ renice --1 1222

 renice 명령을 사용하여 Bash 프로세스의 우선순위를 변경하려면 다음과 같이 명령을 사용할 수 있다. 여기서 PID 1222는 대상 Bash 프로세스의 프로세스 ID를 나타낸다. 변경할 우선순위 값을 나타낸다. 더 낮은 우선순위는 양수 값을 사용하고, 더 높은 우선순위는 음수 값을 사용한다. 일반적으로 시스템 리소스를 더 많이 사용하도록 하려면 음수 값 (예: -10)을 사용하고, 덜 사용하도록 하려면 양수 값 (예: 10)을 사용한다. 여기서는 1로 설정되어있다.

정답 ②

23 다음 중 포그라운드 프로세스를 백그라운드 프로세스로 전환하기 위해 일시 정지(suspend)시키는 키 조합으로 알맞은 것은?

① [Ctrl]+[c]
② [Ctrl]+[d]
③ [Ctrl]+[x]
④ [Ctrl]+[z]

 포그라운드 프로세스를 일시 정지시키려면 Ctrl+Z 키 조합을 사용할 수 있다. 이 조합은 대부분의 Unix 기반 시스템 및 리눅스에서 동작한다.

정답 ④

24 다음 설명에 해당하는 내용으로 알맞은 것은?

하나의 프로세스가 새로운 프로세스를 생성할 때 원래의 프로세스를 새로운 프로세스로 대체하는 형태로 호출한 프로세스의 메모리에 새로운 프로세스의 코드를 덮어씌워 버린다.

① fork
② exec
③ foreground process
④ background process

 exec는 리눅스와 유닉스 기반 시스템에서 사용되는 명령이자 시스템 콜(system call)이다. exec은 현재 프로세스의 이미 실행 중인 프로그램을 새로운 프로그램으로 대체하거나 실행할 때 사용된다. 이를 통해 현재 실행 중인 프로세스의 이미지를 변경하고, 새로운 프로그램을 실행할 수 있다.

정답 ②

25 다음 (괄호) 안에 들어갈 내용으로 알맞은 것은?

리눅스가 부팅을 시작하면 커널이 (㉠) 프로세스를 발생시키고, (㉠) 프로세스는 시스템 운영에 필요한 데몬 등을 비롯하여 다른 프로세스들은 (㉡) 방식으로 생성한다.

① ㉠ init ㉡ exec
② ㉠ init ㉡ fork
③ ㉠ inetd ㉡ exec
④ ㉠ inetd ㉡ fork

해설 init는 리눅스와 Unix 기반 시스템에서 시스템 초기화 및 관리 프로세스이다. 시스템 부팅 시, 첫 번째 프로세스로 실행되며, 다른 모든 프로세스는 init 프로세스의 자식 프로세스 또는 자손 프로세스로 시작된다. init는 시스템 레벨에서 다양한 서비스 및 데몬을 시작하고 관리하는 역할을 한다. fork는 리눅스와 Unix 기반 시스템에서 사용되는 시스템 콜(system call) 중 하나이다. fork 시스템 콜을 호출하면 현재 실행 중인 프로세스의 복제본이 생성된다. 이 복제본은 부모 프로세스와 동일한 코드와 상태를 가지지만 별도의 프로세스로 실행된다. 따라서 fork를 통해 새로운 프로세스를 생성하고, 이 새로운 프로세스는 독립적으로 실행할 수 있다.

정답 ②

26 다음 중 사용자가 백그라운드로 실행한 프로세스의 상태를 확인할 때 사용하는 명령으로 알맞은 것은?

① bg   ② fg
③ jobs   ④ nohup

해설 jobs 명령은 리눅스와 Unix 기반 시스템의 셸에서 백그라운드(background)에서 실행 중인 작업(job) 목록을 표시하는 명령이다. 백그라운드에서 실행 중인 작업은 일반적으로 현재 터미널 세션에서 실행 중인 프로세스 중에서 포그라운드에서 실행 중인 작업이 아닌 프로세스를 가리킨다.

 정답 ③

27 다음 중 [ctrl]+[c] 키 조합으로 발생하는 시그널의 번호 값으로 알맞은 것은?

① 1   ② 2
③ 15   ④ 20

해설 [Ctrl]+[c] 키 조합은 일반적으로 프로세스에게 인터럽트 시그널을 보내는 데 사용된다. 이 시그널의 번호는 대개 2번(SIGINT)이다.

 정답 ②

28 다음 프로세스 상태를 출력해주는 명령의 결과에 대한 설명으로 알맞은 것은?

```
# ps -A
```

① 터미널과 연관된 프로세스를 출력한다.
② System V 계열에서 모든 프로세스를 출력하는 명령이다.
③ 시스템에 동작 중인 모든 프로세스를 소유자 정보와 함께 출력한다.
④ 세션 리더를 제외하고 터미널에 종속되지 않은 모든 프로세스를 출력한다.

해설 # ps -A 명령을 사용하면 현재 시스템에서 실행 중인 모든 프로세스의 목록을 보여준다. 이 목록에는 각 프로세스의 고유한 식별자(PID), 상태, CPU 및 메모리 사용량 등의 정보가 포함된다. 이 정보를 통해 시스템의 현재 상태와 프로세스의 동작을 확인할 수 있다.

 정답 ②

29 다음 중 실행 중인 emacs 편집기를 종료하는 키 조합(key stroke)으로 알맞은 것은?

① [Ctrl]+[x] 다음에 [Ctrl]+[c]
② [Ctrl]+[x] 다음에 [Ctrl]+[e]
③ [Ctrl]+[x] 다음에 [Ctrl]+[s]
④ [Ctrl]+[x] 다음에 [Ctrl]+[f]

해설 Ctrl+x를 누른 후 Ctrl+c를 연속으로 누르면 Emacs가 종료된다. 이 명령은 일반적으로 "저장하고 나가기"를 의미한다. 만약 편집 중인 파일이 변경되었을 경우, Emacs는 파일을 저장하라는 프롬프트를 표시할 수 있으며, 저장 여부를 선택한 후 Emacs가 종료된다.

 정답 ①

30 다음 그림에 해당하는 편집기로 알맞은 것은?

① nano
② pico
③ gedit
④ emacs

해설 "gedit"은 리눅스와 Unix 기반 시스템에서 사용할 수 있는 텍스트 편집기 중 하나이다. gedit는 GNOME 데스크톱 환경에 기본으로 포함된 편집기로, 다양한 리눅스 배포판에서 사용할 수 있다.

정답 ③

31 다음에 설명하는 vi 편집기의 명령으로 알맞은 것은?

vi 편집기의 명령 모드 상태에서 현재 커서가 있는 줄에서 마지막 줄까지 삭제한다.

① :.,$d
② :1,$d
③ :%d
④ :.,%d

해설 :.,$d 명령은 "현재 행부터 마지막 행까지 모든 행을 삭제하라"는 의미를 가진다. 이 명령을 실행하면 현재 커서 위치부터 문서의 끝까지의 모든 행이 삭제되며, 해당 부분의 내용이 제거된다. vi의 명령어 중 하나인 d는 일반적으로 행 또는 텍스트 블록을 삭제하는 데 사용된다.

정답 ①

32 다음 중 vi 편집기에서 변경된 내용을 저장하지 않고 강제로 종료할 때 사용하는 명령으로 알맞은 것은?

① :w!
② :e!
③ :q!
④ :x!

해설 :q! 명령은 "편집기를 종료하라. 변경 내용을 무시하고 강제로 종료하라"는 의미를 가진다. 이 명령을 사용하면 현재 편집 중인 문서를 저장하지 않고 편집기를 종료할 수 있다. 변경 내용이 있는 경우에도 경고 없이 종료된다.

정답 ③

33 다음 중 pico를 개발한 사람으로 알맞은 것은?

① 빌 조이
② 리처드 스톨만
③ 리누스 토발즈
④ 아보일 카사르

해설 Pine 프로젝트에 기여한 사람들 중에는 빌 조이(Bill Joy)가 있다. 하지만 개발은 아보일 카사르가 진행했다.

정답 ④

34 다음 중 vi 편집기에서 사용되는 모드로 틀린 것은?

① 명령 모드
② 설정 모드
③ 입력 모드
④ ex 명령 모드

해설 vi에는 명령, 입력, ex명령모드는 존재하나 설정 모드는 없다.

정답 ②

35 다음은 시스템에 설치된 rpm 패키지 중 아파치 데몬과 관련된 모든 패키지를 출력하려고 한다. 다음 (괄호) 안에 들어갈 내용으로 알맞은 것은?

```
# rpm ( ㉠ ) | grep ( ㉡ )
```

① ㉠ -qi ㉡ apache
② ㉠ -qa ㉡ httpd
③ ㉠ -qf ㉡ web
④ ㉠ -ql ㉡ apr

 rpm -qa | grep httpd 명령은 시스템에서 설치된 RPM 패키지 중에서 "httpd"라는 문자열을 포함한 패키지를 찾아 출력한다. 이를 통해 웹 서버 소프트웨어인 Apache HTTP Server (httpd)와 관련된 RPM 패키지 정보를 확인할 수 있다.

정답 ②

36 다음 (괄호) 안에 들어갈 내용으로 알맞은 것은?

```
yum은 ( ㉠ ) 기반의 시스템 패키지를 손쉽게 설치해주고 자동으로 업데이트를 수행하는 명령행 기반의 유틸리티이다. yum은 ( ㉡ )에 관련 패키지들을 모아두고, 네트워크를 통해서 의존성을 검사하여 설치 및 업데이트 등을 수행한다.
```

① ㉠ deb ㉡ library
② ㉠ rpm ㉡ repository
③ ㉠ rpm ㉡ library
④ ㉠ deb ㉡ repository

 "rpm"은 리눅스와 Unix 기반 시스템에서 사용되는 패키지 관리 도구 중 하나이다. Repository (저장소)는 소프트웨어 패키지를 제공하고 관리하는 서버 또는 디렉터리를 의미한다. 저장소에는 다양한 소프트웨어 패키지와 관련 정보가 저장되어 있으며, 이를 통해 시스템에서 패키지를 설치하거나 업데이트할 수 있다.

정답 ②

37 다음 중 httpd 라는 패키지를 리눅스 배포판 중 수세에서 주로 사용하는 온라인 패키지 관리 기법으로 설치하는 명령으로 알맞은 것은?

① yum install httpd -y
② apt-get install httpd
③ zypper install httpd
④ rpm -i httpd

 zypper install httpd 명령은 시스템에 Apache HTTP Server를 설치하도록 Zypper에 지시하는 명령이다. 이 명령을 실행하면 Zypper는 관련 패키지를 검색하고 필요한 의존성을 자동으로 해결하여 Apache HTTP Server를 설치한다.

정답 ③

38 다음 중 의존성 관계에 있는 패키지가 존재하지 않는 경우 강제로 설치하려고 할 때 (괄호) 안에 들어갈 내용으로 알맞은 것은?

```
# rpm -ivh httpd ( 괄호 )
```

① --nodeps
② --freshen
③ --force
④ --hash

 rpm -ivh httpd --nodeps 명령은 Apache HTTP Server 패키지를 설치하되, 의존성 검사를 무시하고 설치 과정을 자세하게 표시하는 명령이다. 이렇게 하면 패키지의 의존성 문제를 무시하고 설치할 수 있지만 주의가 필요하며, 의존성 문제가 발생할 수 있다.

정답 ①

39 다음 중 패키지에 대한 설명으로 거리가 먼 것은?

cron_3.0pl1-124_i386.deb

① 이 패키지는 관리 도구로 dpkg만 사용가능하다.
② 이 패키지는 i386 시스템에서만 사용 가능하다.
③ 이 패키지는 124번 빌드되었다.
④ 이 패키지 버전은 3.0pl1 이다.

 "cron_3.0pl1-124_i386.deb" 패키지는 dpkg와 APT 두 가지 패키지 관리 도구를 통해 설치할 수 있다.

정답 ①

40 다음 중 tar 명령어 실행 시 사용 가능한 명령어에 대한 설명으로 틀린 것은?

① t : tar 파일 안에 묶여 있는 파일의 목록을 출력한다.
② v : 어떤 명령을 실행할 때 대상이 되고 있는 파일들을 보여준다.
③ p : 파일이 생성되었을 때 파일의 권한을 그대로 유지하게 해준다.
④ x : 지정한 파일이나 디렉터리를 하나로 묶어 새로운 tar 파일을 생성한다.

 tar 명령어의 x 옵션은 아카이브(또는 압축) 파일에서 파일을 추출(해제)하는데 사용된다. x 옵션은 "extract"의 약어이다.

정답 ④

41 apt-get에 대한 설명으로 틀린 것은?

① 데비안 계열 리눅스 배포판에서 사용되는 유틸리티이다.
② /etc/apt/sources.list 파일을 참고하여 패키지설치 관련 정보를 관리한다.
③ remove 명령어는 /var/cache/apt/archive에 생성된 파일을 전부 삭제한다.
④ APT(Advanced Packaging Tool) 라이브러리를 이용한 명령행 기반의 도구이다.

 apt-get remove 명령어는 패키지를 제거하지만 /var/cache/apt/archives 디렉터리에 있는 다운로드된 패키지 아카이브 파일은 삭제하지 않는다. 패키지 아카이브 파일을 삭제하려면 추가적인 작업이 필요하다.

정답 ③

42 다음 중 소스파일을 압축하는 유틸리티 종류로 가장 거리가 먼 것은?

① tar
② xz
③ gcc
④ gzip

 "gcc"와 "소스파일을 압축하는 유틸리티"는 서로 다른 목적과 사용 사례를 가지고 있으며, 거리가 먼 것으로 간주된다. "gcc"는 소프트웨어 개발에 사용되는 컴파일러이고, "소스파일을 압축하는 유틸리티"는 파일 압축과 관련된 작업에 사용된다.

정답 ③

43 다음 중 네트워크를 통해 프린터를 설정할 때 사용되는 포트번호로 가장 알맞은 것은?

① 80
② 443
③ 631
④ 8080

 네트워크를 통해 프린터를 설정하고 관리할 때 사용되는 포트 번호 중 하나는 631번 포트이다. 이 포트는 "Internet Printing Protocol" (IPP) 프로토콜을 사용하여 프린터 관리와 인쇄 작업을 위한 표준 포트이다.

정답 ③

44 다음 (괄호) 안에 들어갈 명령으로 알맞은 것은?

```
# ( 괄호 ) -x 100 -y 100 --format=tiff 〉 lin.tiff
```

① xcam
② scanadf
③ scanimage
④ sane-find-scanner

해설 "scanimage"는 리눅스 시스템에서 스캐닝을 수행하는 명령 줄 도구이다. 이 도구는 스캐너와 상호 작용하여 이미지나 문서를 스캔하고, 그 결과를 파일로 저장하거나 다른 응용 프로그램으로 전송할 수 있도록 해준다. scanimage는 SANE (Scanner Access Now Easy) 프로젝트의 일부로 개발되었으며, 다양한 스캐너 모델과 호환된다.

정답 ③

45 다음 중 출력 요청 ID(Request-ID)를 확인 후에 프린터 작업을 취소하는 명령으로 가장 알맞은 것은?

① lpr
② lpq
③ lprm
④ cancel

해설 프린터 작업을 취소하기 위해 "cancel" 명령을 사용할 수 있다. 일반적으로 이 명령은 터미널 또는 명령 프롬프트에서 실행된다. 프린터 작업을 취소할 때에는 정확한 요청 ID를 사용해야 한다. 또한, 취소할 수 있는 권한이 있는지 확인해야 한다. 일반적으로 시스템 관리자 또는 프린터 관리자 권한이 필요할 수 있다.

정답 ④

46 다음 중 SANE에 대한 설명으로 틀린 것은?

① GPL 라이선스로 공개되어 있다.
② GTK+ 라이브러리로 만들어졌다.
③ 이미지 관련 하드웨어를 사용할 수 있도록 해주는 API이다.
④ 스캐너 관련 드라이버와 사용자 관련 명령이 있는 2개의 패키지로 구분되어서 배포된다.

해설 SANE은 스캐너와 상호 작용하기 위한 라이브러리와 도구 모음으로, GTK+ 라이브러리와 직접적인 관련이 없다. SANE은 C 언어로 개발되었으며, 다양한 리눅스 및 유닉스 기반 시스템에서 사용할 수 있는 스캐너 드라이버와 API를 제공한다.

정답 ②

47 다음 중 지정한 파일이 프린터를 통해 출력 되도록 작업을 요청하는 명령으로 알맞은 것은?

① pr
② lp
③ lpc
④ lpq

해설 "lp" 명령은 리눅스와 유닉스 기반 시스템에서 지정한 파일을 프린터를 통해 출력하도록 요청하는 명령이다. "lp" 명령을 사용할 때에는 추가적인 설정을 통해 인쇄 작업을 조절하거나 다양한 인쇄 옵션을 지정할 수 있다.

정답 ②

48 다음 중 CUPS와 관련 있는 설정 명령으로 알맞은 것은?

① alsactl
② cdparanoia
③ scanimage
④ lpadmin

해설 "lpadmin" 명령은 CUPS(Common UNIX Printing System)와 관련된 프린터 관리 작업을 수행하는 데 사용되는 명령이다. CUPS는 리눅스와 유닉스 기반 시스템에서 프린팅 서비스를 관리하는 시스템이다.

정답 ④

2과목 : 리눅스 활용

49 다음 중 GNOME에 포함된 프로그램으로 틀린 것은?

① GIMP   ② Gwenview

③ gedit   ④ eog

> 해설 "Gwenview"는 KDE 환경에 기반을 둔 이미지 뷰어 및 관리 도구이다. GNOME 환경에는 포함되지 않은 프로그램 중 하나이다.
>
> 정답 ②

50 다음 설명에 해당하는 내용으로 알맞은 것은?

> 윈도의 배치와 표현을 담당하는 시스템 소프트웨어로 창 열기, 창 닫기, 최소화 및 최대화, 이동, 크기 조정 등을 가능하게 한다.

① 윈도 매니저
② 디스플레이 매니저
③ 데스크톱 환경
④ 파일관리자

> 해설 "윈도 매니저"는 그래픽 사용자 인터페이스(GUI)를 관리하고 창(window)을 표시하는 소프트웨어 또는 컴퓨터 프로그램이다. 윈도 매니저는 운영 체제의 일부로서 데스크톱 환경을 구성하며 사용자가 창, 태스크 바, 시작 메뉴 및 기타 GUI 요소와 상호 작용할 수 있도록 도와준다.
>
> 정답 ①

51 다음 중 X 윈도 관련 프로그램의 종류가 나머지 셋과 다른 것은?

① Kwin   ② Xfce

③ LXDE   ④ GNOME

> 해설 Kwin은 KDE Plasma 데스크톱 환경에서 사용되는 윈도 매니저로, KDE 환경의 일부이다. KDE Plasma는 다른 데스크톱 환경과는 다른 사용자 인터페이스와 기능을 제공하며, Kwin은 KDE Plasma 환경에서 창 관리와 시각적 효과를 담당한다.
>
> 정답 ①

52 다음 중 X 서버에 접근할 수 있는 클라이언트를 서버에 생성된 키 기반으로 제어할 때 사용하는 명령으로 알맞은 것은?

① xauth   ② xhost

③ Xauthority   ④ .Xauthority

> 해설 "xauth"는 X Window System의 인증 메커니즘을 관리하는 명령 줄 도구이다. X Window System은 그래픽 사용자 인터페이스(GUI)를 관리하기 위한 시스템으로, 원격 서버에서 그래픽 응용 프로그램을 실행하거나 화면을 공유할 때 인증 및 보안이 중요한 역할을 한다.
>
> 정답 ①

53 다음 중 워드 프로세서 프로그램으로 알맞은 것은?

① LibreOffice Calc
② LibreOffice Draw
③ LibreOffice Writer
④ LibreOffice Impress

> 해설 LibreOffice Writer는 LibreOffice 스위트의 한 부분으로, 무료로 사용 가능한 오피스 스위트인 LibreOffice의 워드 프로세싱 프로그램이다. LibreOffice Writer는 다양한 텍스트 문서를 생성, 편집, 서식 지정 및 인쇄하는데 사용된다.
>
> 정답 ③

54 다음 중 KDE과 가장 관련 있는 라이브러리로 알맞은 것은?

① Qt ② GTK+ ③ KDM ④ Konqueror

해설 KDE (K Desktop Environment)는 Qt 라이브러리와 가장 관련이 깊은 데스크톱 환경 중 하나이다. Qt는 C++ 프로그래밍 언어를 기반으로 한 크로스 플랫폼 애플리케이션 및 GUI 개발 라이브러리이다.

 정답 ①

55 다음 중 xhost 명령에 관한 설명으로 알맞은 것은?

① X 서버에 접근할 수 있는 클라이언트를 지정하거나 해제하는 명령이다.
② +나 -기호를 사용해 접근 우선순위를 지정할 수 있다.
③ 사용자 기반 인증을 통한 접근허가 파일 관련 도구이다.
④ 특정 사용자가 실행하면 $HOME/.Xauthority 파일이 생성된다.

해설 "xhost" 명령은 X Window System에서 사용자 및 호스트(컴퓨터) 간의 X 서버 접근 제어를 관리하는 데 사용되는 명령이다. X Window System은 그래픽 사용자 인터페이스(GUI)를 관리하는 시스템이며, 다른 시스템에서 원격으로 X 클라이언트 애플리케이션을 실행할 때, 접근 권한을 관리하기 위해 "xhost"를 사용할 수 있다.

정답 ①

56 다음 중 X 클라이언트 프로그램을 원격지의 X 서버에 전달하기 위해 수정하는 환경변수로 알맞은 것은?

① SESSION   ② DESKTOP
③ XSERVER   ④ DISPLAY

해설 "DISPLAY"는 X Window System에서 사용되는 환경 변수(environment variable)이다. 이 변수는 현재 사용 중인 X 서버의 디스플레이(display) 정보를 나타내며, X 클라이언트 프로그램이 X 서버와 통신할 때 어떤 디스플레이를 사용할지 결정하는 데 사용된다.

 정답 ④

57 다음 중 NFS 서버 사용 시에 반드시 구동해야 할 데몬으로 알맞은 것은?

① CIFS   ② NetBIOS
③ RPCBIND   ④ LanManager

해설 NFS (Network File System) 서버를 사용할 때, RPCBIND 데몬을 반드시 구동해야 한다. RPCBIND는 RPC (Remote Procedure Call) 프로토콜을 사용하여 클라이언트 및 서버 간의 통신을 관리하는 중요한 데몬이다.

 정답 ③

58 다음 (괄호) 안에 들어갈 내용으로 알맞은 것은?

삼바가 처음 등장했을 때에는 (㉠) 프로토콜을 사용하였으나 최근에는 (㉡) 프로토콜을 사용한다.

① ㉠ portmap ㉡ rpcbind
② ㉠ rpcbind ㉡ portmap
③ ㉠ CIFS ㉡ SMB
④ ㉠ SMB ㉡ CIFS

해설
SMB
• Microsoft에서 개발한 네트워크 파일 공유 프로토콜이다.
• 네트워크 상에서 파일 및 프린터를 공유하고 클라이언트와 서버 간 통신을 위한 프로토콜로 사용된다.

CIFS
• SMB의 확장 및 개선된 버전으로 간주된다.
• Windows, Linux, macOS 및 다른 운영 체제 간의 네트워크 파일 공유를 위한 표준 프로토콜이다.
• 보안 및 성능 향상을 비롯한 다양한 개선 사항을 포함하고 있다.

 정답 ④

59 다음 중 게이트웨이 주소값을 확인하는 명령으로 알맞은 것은?

① ss   ② arp   ③ netstat   ④ ifconfig

> **해설** "netstat"은 네트워크 통계 정보를 표시하고 네트워크 연결을 관리하기 위한 명령 줄 도구이다. 주로 네트워크 문제 해결, 연결된 호스트 및 포트 정보 확인, 네트워크 트래픽 모니터링 등 다양한 네트워크 관련 작업에 사용된다.
>
> **정답** ③

60 다음과 같은 조건일 때 설정되는 브로드캐스트 주소값으로 알맞은 것은?

> IP 주소: 192.168.3.129
> 서브넷마스크: 255.255.255.128

① 192.168.3.127   ② 192.168.3.128
③ 192.168.3.254   ④ 192.168.3.255

> **해설** 첫째, IP 주소와 서브넷 마스크를 2진수로 변환한다.
> IP 주소: 192.168.3.129 →
> 11000000.10101000.00000011.10000001
> 서브넷 마스크: 255.255.255.128 →
> 11111111.11111111.11111111.10000000
> 둘째, AND 연산을 통한 네트워크 주소 계산을 한다. 2진수가 된 IP 주소와 서브넷 마스크를 AND 연산하면 네트워크 주소가 나온다.
> 11000000.10101000.00000011.10000001 (IP 주소)
>
> 11111111.11111111.11111111.10000000 (서브넷 마스크)
> = 11000000.10101000.00000011.10000000
>   (네트워크 주소)
> 셋째, 브로드캐스트 주소 계산은 서브넷 마스크의 호스트 부분을 모두 1로 채우고 네트워크주소와 OR연산을 하면 그 결과로 브로드캐스트 주소가 됩니다.
> 11000000.10101000.00000011.10000000 (네트워크 주소)
>
> 00000000.00000000.00000000.01111111 (서브넷 마스크의 호스트 부분을 1로 채움)
> = 11000000.10101000.00000011.11111111 (브로드캐스트 주소)
> 넷째, 연산결과로 나온 브로드캐스트주소를 10진수로 변환한다.

> 11000000.10101000.00000011.11111111 →
> 192.168.3.255
> 따라서, 서브넷 마스크가 255.255.255.128일 때 IP 주소 192.168.3.129의 브로드캐스트 주소는 192.168.3.255가 된다.
>
> **정답** ④

61 다음 설명에 가장 적합한 서비스로 알맞은 것은?

> 리눅스가 설치된 시스템에 프린터를 연결하여 사용 중이다. 윈도우 10을 사용하는 회사 직원들의 컴퓨터에서도 리눅스 시스템에 연결된 프린터 사용이 가능하게 하려고 한다.

① NIS   ② NFS
③ Usenet   ④ SAMBA

> **해설** Samba는 리눅스 및 UNIX 시스템에서 Microsoft Windows 및 SMB/CIFS 프로토콜을 구현하고 사용할 수 있도록 해주는 오픈 소스 소프트웨어이다. Samba는 네트워크 파일 및 프린터 공유를 지원하며, Windows 및 Linux 시스템 간에 파일 및 리소스 공유를 용이하게 만든다.
>
> **정답** ④

62 다음 중 원격지의 FTP 서버에 있는 파일을 로컬시스템으로 가져올 때 사용하는 ftp 명령의 모음으로 알맞은 것은?

① get, put   ② get, recv
③ put, recv   ④ get, send

> **해설** "get"은 파일을 가져오거나 요청하는 동작을 나타내며 주로 웹 브라우징 및 웹 요청과 관련이 있다. "recv"는 소켓 통신에서 데이터를 수신하는 함수로, 네트워크 프로그래밍에서 데이터 교환과 관련이 있다. 웹 브라우저가 웹 서버에서 웹 페이지를 가져오기 위해 HTTP GET 요청을 보내면, 서버는 "recv" 함수를 사용하여 해당 요청을 처리하고 웹 페이지 데이터를 클라이언트에게 전송한다.
>
> **정답** ②

63 다음 중 이더넷 카드에 연결된 케이블의 상태를 확인할 수 있는 명령으로 알맞은 것은?

① ip
② route
③ ethtool
④ ifconfig

해설 ethtool은 Ethernet 인터페이스를 관리하고 제어하기 위한 유용한 명령줄 도구이다. 주로 리눅스 및 UNIX 기반 시스템에서 사용되며, 네트워크 인터페이스에 대한 정보를 표시하고 설정을 변경하는 데 사용된다.
정답 ③

64 다음 중 메일 관련 프로토콜로 거리가 먼 것은?

① POP3 ② IMAP ③ SNMP ④ SMTP

해설 SNMP(간단한 네트워크 관리 프로토콜, Simple Network Management Protocol)는 네트워크 기기 및 서버와 같은 관리 대상의 상태를 모니터링하고 관리하기 위한 프로토콜 및 프레임워크이다. SNMP는 네트워크 관리 시스템(NMS, Network Management System)과 관리 대상 장치 간의 통신을 지원하며, 네트워크 및 시스템 관리, 문제 해결, 장애 관리 및 성능 모니터링과 같은 다양한 네트워크 관리 작업에 사용된다.
정답 ③

65 다음 중 이더넷(Ethernet)과 가장 관련 있는 전송기술로 알맞은 것은?

① ATM
② FDDI
③ CSMA/CD
④ Token Ring

해설 Ethernet은 네트워크 통신을 위한 표준 프로토콜이며, 이더넷 네트워크의 초기 구현에서는 CSMA/CD를 사용하여 데이터 충돌을 관리했다.
정답 ③

66 다음 중 OSI-7계층의 응용 계층에 해당하는 프로토콜로 거리가 먼 것은?

① HTTP ② POP3 ③ DNS ④ SSL

해설 SSL은 OSI-7계층 중 응용 계층이 아닌 전송 계층 또는 보안 계층에서 작동하는 프로토콜이다. 응용 계층에서 사용되는 다른 프로토콜로는 HTTP, FTP, SMTP, POP3 등이 있다.
정답 ④

67 로컬 시스템의 계정과 다른 원격지 계정으로 ssh 서버에 접속하려고 한다. 다음 (괄호) 안에 들어갈 내용을 알맞은 것은?

[ihduser@ihd ~]$ ssh (괄호) kaituser ihd.or.kr

① −l
② −n
③ −p
④ −u

해설 ssh −l 명령은 SSH (Secure Shell) 클라이언트를 사용하여 원격 호스트로 로그인할 때 사용하는 옵션 중 하나이다. −l 옵션 다음에는 로그인할 사용자 이름을 지정한다. 간단히 말하면, ssh −l 명령은 SSH 클라이언트를 실행하고 원격 호스트에 로그인할 때 어떤 사용자 이름으로 로그인할지를 지정하는 데 사용된다.
정답 ①

68 다음 중 할당받은 C 클래스 1개의 네트워크 주소 대역에서 서브넷마스크를 255.255.255.192로 설정했을 경우에 생성되는 서브네트워크의 개수로 알맞은 것은?

① 2
② 4
③ 64
④ 128

해설 C 클래스 IP 주소 대역에서 서브넷마스크를 255.255.255.192 (또는 /26로 표시하는 것이 일반적)로 설정할 때 생성되는 서브네트워크의 개수를 계산하려면 다음과 같은 방법을 사용할 수 있다.
255.255.255.192는 이진으로 표현하면 다음과 같다.
11111111.11111111.11111111.11000000
여기서 마지막 2비트가 호스트 부분을 나타낸다. 2비트로는 0부터 3까지 총 4개의 호스트 주소를 나타낼 수 있다. 그러므로 서브넷마스크 255.255.255.192로 설정한 경우 4개의 서브네트워크가 생성된다.
정답 ②

69 다음 설명에 해당하는 LAN 구성방식으로 알맞은 것은?

하나의 통신 회선에 여러 컴퓨터를 연결해서 전송하는 방법으로 모든 장치들은 동등한 조건으로 경쟁한다. 한 번에 한 컴퓨터만 전송할 수 있어서 연결된 컴퓨터의 수에 따라 네트워크 성능이 좌우된다.

① 스타(Star)형　　② 버스(Bus)형
③ 링(Ring)형　　　④ 망(Mesh)형

해설 버스(bus) 형 네트워크 토폴로지는 네트워크의 물리적 연결 구조를 나타내는 방식 중 하나이다. 버스형 네트워크 토폴로지에서는 모든 장치가 단일 통신 라인 또는 버스에 연결되며 데이터는 이 버스를 통해 전송된다.

정답 ②

70 다음 설명에 해당하는 국제기구로 알맞은 것은?

전기 및 전자공학 분야의 전문가로 구성된 국제 조직으로 컴퓨터 네트워크 분야의 LAN 및 MAN 관련 표준을 제정하였다.

① ISO　　　　　② ITU
③ IEEE　　　　④ ICANN

해설 IEEE(전기 전자 기술자 협회, Institute of Electrical and Electronics Engineers)는 전 세계적으로 활동하는 전기 및 전자 공학 분야의 기술 및 전문 지식을 공유하고 발전시키기 위한 비영리 기술 및 전문 기관이다. IEEE는 기술 및 공학 분야에서의 혁신과 발전을 촉진하며, 전기 및 전자 공학, 컴퓨터 공학, 통신, 정보 기술, 로봇공학, 에너지 관리 등 다양한 분야에서 활동하고 있다.

정답 ③

71 다음 설명에 해당하는 프로토콜로 알맞은 것은?

이더넷 카드에 할당되어 있는 MAC 주소와 할당된 IP 주소를 매칭 시켜주는 역할을 수행한다.

① IP
② ARP
③ UDP
④ ICMP

해설 ARP(주소 해상도 프로토콜, Address Resolution Protocol)은 컴퓨터 네트워크에서 사용되는 프로토콜 중 하나로, IP 주소와 물리적 MAC(Media Access Control) 주소 간의 매핑을 관리하는 데 사용된다. ARP는 로컬 네트워크에서 다른 컴퓨터나 장치를 식별하고 통신할 때 중요한 역할을 한다.

정답 ②

72 다음 설명에 해당하는 netstat 명령의 상태값(state)으로 알맞은 것은?

서버에서 클라이언트로부터 들어오는 패킷을 위해 소켓을 열고 기다리는 상태이다.

① LISTEN
② SYN_RECEIVED
③ SYS-SENT
④ ESTABLISHED

해설 "LISTEN" 상태는 서버 프로그램이 클라이언트로부터의 요청을 대기하고 서비스를 제공하는 중요한 단계이며, 네트워크 통신에서 중요한 역할을 한다. 이 단계에서 서버는 클라이언트의 연결 요청을 기다리고, 요청을 수락하여 통신을 시작한다.

정답 ①

73 다음 설명과 관련 있는 파일로 알맞은 것은?

> IP 주소를 이용해서 자주 방문하던 사이트를 나만의 별칭을 부여하여 손쉽게 접속하려고 한다.

① /etc/hosts

② /etc/resolv.conf

③ /etc/sysconfig/network

④ /etc/sysconfig/network-scripts

[해설] "/etc/hosts"는 Unix 및 Unix 계열 운영 체제에서 사용되는 시스템 파일 중 하나이다. 이 파일은 호스트 이름과 IP 주소 간의 매핑 정보를 포함하고 있으며, 주로 로컬 네트워크 환경에서 도메인 이름 해석(DNS) 이전에 사용된다.

정답 ①

74 다음 중 네트워크 접두어 길이:24(/24)에 해당하는 서브넷마스크 값으로 알맞은 것은?

① 255.255.255.0   ② 255.255.255.128

③ 255.255.255.192   ④ 255.255.255.224

[해설] 네트워크 접두어 길이가 24인 서브넷마스크는 255.255.255.0이다. 이 서브넷마스크는 32비트 IPv4 주소를 사용하는 네트워크에서 첫 번째 24비트를 네트워크 부분으로 사용하고 나머지 8비트를 호스트 부분으로 사용함을 나타낸다. 서브넷마스크의 24비트는 모두 1로 설정되며, 호스트 부분의 8비트는 모두 0으로 설정된다.

정답 ①

75 다음과 같은 설정이 저장되는 파일로 알맞은 것은?

> 192.168.56.101   www.ihd.or.kr

① /etc/hosts

② /etc/resolv.conf

③ /etc/sysconfig/network

④ /etc/sysconfig/nctwork-scripts

[해설] "/etc/hosts"는 Unix 및 Unix 계열 운영 체제에서 사용되는 시스템 파일 중 하나이다. 이 파일은 호스트 이름과 IP 주소 간의 매핑 정보를 포함하고 있으며, 주로 로컬 네트워크 환경에서 도메인 이름 해석(DNS) 이전에 사용된다.

정답 ①

76 다음 중 IPv6에 대한 설명으로 틀린 것은?

① 패킷 크기의 확장

② IP 주소 대역 구분인 클래스의 확장

③ 헤더 구조의 단순화

④ 흐름 제어 기능 지원

[해설] IPv6에서는 IPv4와 달리 "클래스(Class)"의 개념이 없다. IPv6는 주소 할당과 관련하여 클래스 A, B, C 등과 같은 주소 범위를 나타내는 클래스 기반의 체계를 사용하지 않는다. 이것이 IPv6의 중요한 특징 중 하나이며, IPv6 주소 체계가 훨씬 유연하고 확장 가능하다는 점을 강조한다. IPv4에서는 주소 클래스에 따라 주소 범위가 정해지고, 클래스 A, B, C, D 및 E에 대한 다양한 범위가 있었다. 하지만 이러한 클래스 기반의 주소 할당은 주소 고갈 문제와 관련하여 효율적이지 않다.

정답 ②

77 다음에서 설명하는 클라우드 서비스로 가장 알맞은 것은?

> 클라우드 컴퓨팅이 발전하면서 모든 IT자원을 서비스 형태로 제공할 수 있는 환경으로 바뀌어 가고 있다. 이것은 클라우드 컴퓨팅 서비스 모델 중 하나로 사용자로 하여금 프로젝트 혹은 애플리케이션의 기능을 서비스 형태로 등록하여 특정 이벤트가 발생되었을 때 실행되고 작업이 완료되면 종료되게 하는 개념이다.

① SaaS(Storage as a Service)

② PaaS(Platform as a Service)

③ FaaS(Function as a Service)

④ IaaS(Infrastructure as a Service)

FaaS(Function as a Service)는 클라우드 컴퓨팅의 한 형태로, 서버리스 컴퓨팅이라고도 불린다. FaaS는 애플리케이션을 구축하고 실행하기 위해 서버를 직접 관리하지 않고, 개발자가 코드 함수를 업로드하고 실행할 수 있는 플랫폼을 제공한다.

정답 ③

78 다음 설명으로 가장 알맞은 것은?

서버 운영에 필요한 프로그램과 라이브러리만 이미지로 만들어서 프로세스처럼 동작시키는 경량화된 가상화 방식으로 가상화 레이어가 존재하지 않고 운영체제도 존재하지 않기 때문에 파일시스템, 네트워크 속도가 가상머신을 이용하는 방법에 비해 빠르다.

① VirtualBox ② Kubernetes
③ Prometheus ④ Docker

 Docker는 컨테이너화 기술을 사용하여 애플리케이션을 개발, 배포 및 실행하기 위한 플랫폼이다. 컨테이너는 소프트웨어를 패키지화하고 실행하는 데 사용되며, 애플리케이션과 그에 필요한 모든 종속성을 포함하는 독립적인 실행 가능한 단위로 만든다. Docker는 이러한 컨테이너를 생성하고 관리하는 도구와 플랫폼을 제공한다.

정답 ④

79 다음 그림과 가장 관계가 깊은 설명으로 알맞은 것은?

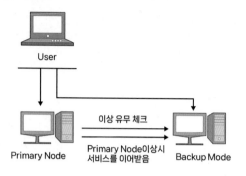

① 고성능 계산 능력을 제공하기 위한 목적의 LVS클러스터
② 지속적인 서비스 제공을 목적으로 하는 HA클러스터
③ 대규모 서비스를 제공하기 위한 목적의 HPC 클러스터
④ 유동적인 네트워크 연결 모델을 지원하기 위한 AP클러스터

 HA(High Availability) 클러스터는 지속적인 서비스 제공을 목적으로 설계된 컴퓨터 클러스터이다. 이러한 클러스터는 다중 서버 노드로 구성되어 있으며, 하나의 노드에서 장애가 발생하더라도 다른 노드로 서비스를 자동으로 이전하여 시스템의 가용성과 신뢰성을 향상시킨다.

정답 ②

80 다음 중 리눅스와 가장 거리가 먼 것은?

① GENIVI ② QNX
③ TIZEN ④ WebOS

 리눅스와 QNX는 서로 다른 운영 체제로, 용도와 라이선스, 실시간 능력, 배포 형태 등에서 차이가 있다. 리눅스는 범용적으로 사용되며 오픈 소스 기반으로 커뮤니티에 의해 개발 및 유지되는 반면, QNX는 실시간 시스템 및 임베디드 시스템에 특화된 상용 운영 체제이다.

정답 ②

06 최신기출변형 6회

1과목 : 리눅스 운영 및 관리

01 다음 중 chown명령어를 사용하여 소유권 변경 시 참조하는 파일로 가장 알맞은 것은?

① ~/.profile
② /etc/passwd
③ /etc/shadow
④ /etc/default/useradd

> **해설** /etc/passwd 파일은 일반적으로 시스템의 모든 사용자에게 읽을 수 있도록 허용되며, 사용자 정보를 조회하기 위해 필요하다.
>
> **정답** ②

02 다음 중 특수권한이 설정되어 있는 파일로 틀린 것은?

① /bin/su
② /dev/null
③ /bin/mount
④ /usr/bin/passwd

> **해설** /dev/null 파일은 일반적으로 특수 권한이 설정되어 있지 않다. /dev/null은 일반 파일이 아니라 "특수 파일" 또는 "장치 파일"로 간주된다. 이 파일은 데이터를 버리는 데 사용되며, 특정 권한이나 소유자 정보가 필요하지 않는다. 따라서 /dev/null은 일반적으로 읽기 및 쓰기에 대한 권한이 모든 사용자에게 허용되며 특정 사용자 또는 그룹의 소유가 아니다.
>
> **정답** ②

03 소유그룹 변경 명령어인 chgrp 명령어를 이용하여 원본 파일의 소유권은 그대로 둔 채 심볼릭링크 파일의 그룹 소유권만 변경하려고 한다. 다음 중 해당 명령에 사용되는 옵션으로 알맞은 것은?

① -f
② -s
③ -h
④ -g

> **해설** chgrp 명령어는 Unix 및 Unix 계열 운영 체제에서 사용자나 그룹 소유권을 변경하는 데 사용되는 명령어 중 하나이다. -h 옵션은 chgrp 명령어의 옵션 중 하나로, "해당 파일이나 디렉터리에 대한 링크를 변경하지 말라"는 의미를 가진다.
>
> **정답** ③

04 각 사용자의 디스크 사용량을 제한하려고 한다. 다음 중 디스크 쿼터를 설정하는 명령어의 순서로 알맞은 것은?

① repquota → edquota → quotacheck → quotaon
② quotaon → quotacheck → edquota → repquota
③ quotacheck → edquota → quotaon → repquota
④ edquota → quotacheck → quotaon → repquota

> **해설** quotacheck는 먼저 디스크 쿼터를 설정하려는 파일 시스템에 대한 확인 작업을 수행한다 edquota는 edquota 명령어를 사용하여 각 사용자 또는 그룹에 대한 디스크 쿼터를 설정한다. quotaon는 설정한 쿼터를 활성화하려면 quotaon 명령을 사용한다. repquota는 필요한 경우 디스크 쿼터 정보를 모니터링하려면 repquota 명령을 사용하여 사용자 또는 그룹별로 쿼터 사용량을 확인할 수 있다.
>
> **정답** ③

05 다음 중 특수 권한에 대한 설명으로 틀린 것은?

① Set-UID는 소유자 권한 부분의 x자리에 s로 표시되며, 보안을 강화하기 위해 설정한다.
② 숫자 모드의 경우 천의자리가 Set-UID는 4, Set-GID는 2, Sticky-Bit은 1의 값을 갖는다.
③ /tmp에 설정되어 있는 권한은 Sticky-Bit으로 일시적 파일 생성 및 삭제가 필요할 때 주로 이용된다.
④ Set-GID는 권한이 설정된 디렉터리에 사용자들이 파일이나 디렉터리를 생성하면 사용자가 속한 그룹과 상관없이 디렉터리소유그룹으로 만들어진다.

해설 Set-UID 권한은 파일의 소유자 권한 부분의 "x" 자리에 "s"로 표시되지만, "보안을 강화하기 위해 설정한다"는 부분은 정확하지 않다. Set-UID 권한은 일반적으로 특정 상황에서 필요한 기능을 제공하기 위해 사용된다. 예를 들어, 일반 사용자가 특정 시스템 명령어나 프로그램을 실행할 때 루트 권한으로 실행되어야 하는 경우 Set-UID 권한이 사용될 수 있다.

정답 ①

06 다음 중 eject 명령어 수행 시 자동으로 수행되는 사전 명령어로 알맞은 것은?

① fsck   ② e2fsck
③ mount   ④ umount

해설 umount 명령어는 Unix 및 Unix 계열 운영 체제에서 마운트된 파일 시스템을 해제(언마운트)하는 데 사용되는 명령어이다.

 정답 ④

07 다음 중 (괄호) 안에 들어갈 내용으로 알맞은 것은?

```
[root@www~]$ blkid
/dev/sda1 : ( 괄호 )="71c8l04b-3f5o- 457d-be5e-6740442afl8w" TYPE="ext4"
/dev/sda2 : ( 괄호 )="dcd00dbd-b902- 4ba7-80e3-fb9lla8eceed0" SEC_TYPE="ext2" TYPE="ext3"
```

① GID
② UUID
③ DISKID
④ WWWN

해설 UUID(Universally Unique Identifier)는 범용적으로 고유한 식별자를 나타내는 문자열이다. UUID는 16진수 숫자와 하이픈('-')으로 구성되며, 일반적으로 36자로 표현된다. UUID는 여러 상황에서 유용하게 사용된다. 예를 들어, 데이터베이스 레코드 식별, 파일 시스템 오브젝트 식별, 네트워크 통신에서 세션 식별, 가상 머신 및 컨테이너 인스턴스 식별 등에 사용될 수 있다.

 정답 ②

08 다음 중 리눅스에서 사용하는 파일시스템 유형으로 틀린 것은?

① ext
② vfat
③ ntfs
④ smb

해설 리눅스에서 사용하는 파일 시스템 유형으로 "smb"는 틀린 항목이다. "smb"는 파일 시스템 유형이 아니라, "Server Message Block" 또는 "SMB" 프로토콜을 나타낸다. SMB는 네트워크 파일 및 프린터 공유를 위한 프로토콜로 주로 Microsoft Windows 시스템과의 파일 공유에 사용된다.

 정답 ④

09 다음 중 fsck명령 수행 시 손상된 디렉터리나 파일 수정을 위한 임시 디렉터리로 알맞은 것은?

① /lost.found
② /lost-found
③ /lost_found
④ /lost+found

해설 /lost+found 디렉터리는 일반적으로 리눅스 파일 시스템에서 사용되는 특별한 디렉터리이다. 이 디렉터리는 주로 파일 시스템에서 오류가 발생하거나 복구 작업이 필요한 경우에 사용된다.

정답 ④

10 다음 중 chmod 명령어를 이용한 허가권 변경시 하위 디렉터리내 파일의 허가권까지 모두 변경할 수 있는 옵션으로 알맞은 것은?

① -v
② -c
③ -f
④ -R

해설 chmod -R 명령어는 리눅스와 유닉스 계열 운영 체제에서 사용되며, 디렉터리와 파일의 권한을 재귀적으로 변경하는 명령어이다. -R 옵션은 "재귀적으로"를 의미하며, 디렉터리 안에 포함된 모든 하위 디렉터리 및 파일에 대해서도 권한을 변경하라는 명령을 내린다.

정답 ④

11 다음 설명에 해당하는 셸로 알맞은 것은?

> POSIX와 호환되는 /bin/sh를 가능한 작게 구한 셸로 빠른 작업 수행이 특징이지만 history 명령 등은 지원하지 않는다.

① ksh
② csh
③ tcsh
④ dash

해설 Dash는 Unix 및 Unix 계열 운영 체제에서 사용되는 경량 셸(shell)이다. Dash는 Debian Almquist Shell의 약자로, 주로 Debian과 Ubuntu 리눅스 배포판에서 기본 셸로 사용된다. Dash는 Bourne 셸(또는 sh)과 호환되며, 일반적인 셸 스크립트를 실행하는 데 사용된다.

정답 ④

12 특정 사용자의 로그인 시에 부여되는 셸 정보를 확인하려고 할 때 파일명으로 알맞은 것은?

① /etc/shells
② /etc/passwd
③ /etc/shadow
④ /etc/login.defs

해설 /etc/passwd 파일은 Unix 및 Unix 계열 운영 체제에서 사용자 계정 정보를 저장하는 시스템 파일 중 하나이다. /etc/passwd 파일은 시스템에서 사용자 계정을 관리하고 사용자에게 할당된 리소스 및 권한을 정의하는 데 중요한 역할을 한다.

정답 ②

13 다음 중 등장 시기가 오래된 것부터 나열한 순서로 알맞은 것은?

① csh → tcsh → bash
② bash → csh → tcsh
③ csh → bash → tcsh
④ bash → tcsh → csh

해설
• csh(C Shell): C Shell은 1979년에 처음 개발되었다. C Shell은 Unix 및 Unix 계열 운영 체제에서 사용되며, C 프로그래밍 언어와 유사한 구문을 가지고 있다.
• tcsh(TENEX C Shell): TENEX C Shell은 C Shell을 기반으로 개발되었으며, 여러 기능 및 향상된 사용자 친화성을 제공한다. tcsh는 1982년에 처음 등장했다.
• bash(Bourne-Again Shell): Brian Fox에 의해 개발되었으며, 1989년에 처음 등장했다.

정답 ①

14 다음 중 바로 직전에 내린 명령을 재실행할 때 사용하는 명령으로 알맞은 것은?

① !1   ② !0
③ !!   ④ history −1

해설 !!는 리눅스와 유닉스 계열 운영 체제에서 사용되는 명령어로, 바로 직전에 실행한 명령을 다시 실행하는 데 사용된다. !!를 입력하면 시스템은 이전 명령을 검색하고 해당 명령을 다시 실행한다.
정답 ③

15 다음 설명에 해당하는 파일로 가장 알맞은 것은?

> 시스템 전체(모든 사용자)에 적용되는 환경변수와 시작 관련 프로그램을 설정하려고 한다.

① /etc/profile   ② /etc/bashrc
③ ~/.bash_profile   ④ ~/.bash_bashrc

해설 /etc/profile 파일은 Unix 및 Unix 계열 운영 체제에서 사용자 환경 변수 및 시스템 전체적인 설정을 구성하는 데 사용되는 시스템 프로파일(profile) 파일 중 하나이다. 이 파일은 모든 사용자에게 공통적으로 적용되며, 사용자가 로그인할 때 실행된다.
정답 ①

16 다음 (괄호) 안에 들어갈 내용으로 알맞은 것은?

```
$ chsh ( 괄호 )
/bin/sh
/bin/bash
/sbin/nologin
/bin/dash
/bin/tcsh
/bin/csh
```

① −s   ② −l
③ −L   ④ /etc/shells

해설 chsh −l 명령어는 Unix 및 Unix 계열 운영 체제에서 사용자의 로그인 셸(shell)을 변경할 수 있는 명령어 중 하나이다. −l 옵션은 현재 시스템에서 사용 가능한 로그인 셸 목록을 나열하라는 명령을 내리는 옵션이다.
 정답 ②

17 다음 중 사용자의 프롬프트를 변경할 때 사용하는 환경변수로 알맞은 것은?

① PS
② PS1
③ PS2
④ PROMPT

해설 PS1은 Unix 및 Unix 계열 운영 체제에서 사용자의 셸 프롬프트(prompt)를 구성하는 환경 변수이다. 셸 프롬프트는 사용자에게 명령을 입력하고 명령의 결과를 표시하는 환경에서 사용자와 상호 작용하는 중요한 요소 중 하나이다. PS1 환경 변수는 셸 프롬프트의 모양과 표시되는 정보를 지정하는 데 사용된다.
정답 ②

18 다음 중 앨리어스(alias)가 설정된 ls를 원래 명령어가 계속 실행되도록 해제할 때의 명령으로 알맞은 것은?

① \ls
② alias ls
③ ualias ls
④ unalias ls

해설 unalias ls 명령어는 Unix 및 Unix 계열 운영 체제에서 사용자가 이전에 alias 명령어를 사용하여 만든 ls와 같은 별칭(alias)을 제거하는 명령어이다. alias를 사용하면 기존 명령어에 대한 사용자 정의 명령어를 만들 수 있다.
 정답 ④

19 사용 중인 bash 프로세스의 PID 1222일 때 nice 명령의 사용법으로 알맞은 것은?

① nice −20 bash   ② nice −20 1222
③ nice bash   ④ nice 1222

 위의 명령은 bash 셸을 현재 우선순위에서 낮추어 실행한다. 이로 인해 bash 셸은 다른 높은 우선순위의 프로세스보다 낮은 우선순위로 CPU 리소스를 할당받게 된다.

정답 ③

20 다음 중 번호값이 가장 큰 시그널명으로 알맞은 것은?

① SIGINT   ② SIGQUIT
③ SIGTSTP   ④ SIGCONT

 SIGTSTP는 시그널 중에서 번호 값이 가장 큰 시그널 중 하나이다. 시그널은 정수 값으로 표현되며, 시스템에서 프로세스 간 통신 및 프로세스 관리를 위해 사용된다. SIGTSTP의 시그널 번호 값은 주로 20이다.

정답 ③

21 다음 설명으로 가장 알맞은 것은?

관련 프로세스가 메모리에 항상 상주하는 것이 아니라, 클라이언트의 서비스 요청이 들어오면 관련 프로세스를 실행하고 서비스가 종료되면 관련 프로세스도 종료한다.

① fork   ② inetd
③ daemon   ④ standalone

 inetd는 Unix 및 Unix 계열 운영 체제에서 네트워크 서비스의 관리와 제어를 담당하는 데 사용되는 프로그램이다. "inetd"는 "Internet Daemon"의 줄임말이며, 네트워크와 관련된 서비스를 효율적으로 관리하기 위해 사용된다.

정답 ②

22 다음 (괄호) 안에 들어갈 내용으로 알맞은 것은?

리눅스가 부팅을 시작하면 커널이 최초의 프로세스인 (㉠) 프로세스를 발생시키는데, 할당되는 PID(Process ID)는 (㉡)이다.

① ㉠ init, ㉡ 0   ② ㉠ init, ㉡ 1
③ ㉠ inetd, ㉡ 0   ④ ㉠ inetd, ㉡ 1

 init 프로세스의 PID(Parent Process ID)는 Unix 및 Unix 계열 운영 체제에서 시스템 부팅 시 생성되는 최초의 프로세스를 가리킨다. init은 시스템 초기화 및 관리를 담당하는 프로세스로, 시스템이 부팅되면 자동으로 실행된다. 일반적으로 init 프로세스의 PID는 1이다. 이는 시스템 부팅 시 자동으로 생성되고 다른 모든 프로세스의 부모 역할을 수행하기 때문이다.

정답 ②

23 다음 중 백업 스크립트가 30분 주기로 실행되도록 crontab에 설정하는 내용으로 알맞은 것은?

① */30 * * * * /etc/backup.sh
② * */30 * * * /etc/backup.sh
③ * * */30 * * /etc/backup.sh
④ * * * */30 * /etc/backup.sh

 */30 * * * * /etc/backup.sh는 Unix 및 Unix 계열 운영 체제에서 사용되는 crontab 파일에 백업 스크립트를 30분 주기로 실행하도록 설정한 내용이다. */30은 분(minute) 필드에서 */30은 0부터 59까지의 모든 분에서 30분 간격으로 실행하라는 것을 의미한다. 즉, 0분, 30분에 스크립트가 실행된다. *은 다음 필드들인 시(hour), 일(day of month), 월(month), 요일(day of week)을 모두 나타낸다. 즉, 모든 시간대, 모든 날짜, 모든 월, 모든 요일에 스크립트를 실행하라는 것을 의미한다. /etc/backup.sh은 실행할 스크립트 또는 명령어의 경로를 지정한다. 이 경우 /etc/backup.sh 스크립트가 실행된다.

정답 ①

24 다음 (괄호) 안에 들어갈 내용으로 알맞은 것은?

프로세스의 우선순위와 관련된 항목에는 (㉠)와 (㉡)이/가 존재한다. (㉠)은/는 커널에서 참고하여 운영체제가 실제 참고하는 항목이고, (㉡)은/는 사용자가 변경하는 항목으로 (㉡) 값이 (㉠) 값에 반영된다.

① ㉠ NI, ㉡ PRI　　② ㉠ PRI, ㉡ NI
③ ㉠ inetd, ㉡ exec ④ ㉠ inetd, ㉡ fork

 "PRI"는 프로세스의 실행 우선순위를 나타내는 값이다. 일반적으로 PRI 값은 −20에서 19 사이의 정수이다. 낮은 값일수록 우선순위가 높으며, 높은 값일수록 우선순위가 낮다. "NI" 또는 "Nice Value"는 프로세스의 우선순위를 조절하는데 사용되는 값으로, −20에서 19 사이의 정수를 가진다. 낮은 NI 값은 더 높은 우선순위를 나타낸다. 예를 들어, NI 값이 −20인 프로세스는 가장 높은 우선순위를 가진다.

정답 ②

25 다음 설명에 해당하는 내용으로 알맞은 것은?

하나의 프로세스가 새로운 프로세스를 생성할 때 새로운 프로세스를 위해 메모리를 할당받아 복사본 형태로 실행한다.

① fork
② exec
③ foreground process
④ background process

 fork는 Unix 및 Unix 계열 운영 체제에서 사용되는 시스템 콜(System Call) 중 하나이다. fork 시스템 콜은 새로운 프로세스를 생성하는 데 사용된다. 이 새로운 프로세스는 부모 프로세스의 복제본이며, 부모 프로세스와 동일한 프로그램 코드를 실행한다.

정답 ①

26 PID가 513인 프로세스를 종료시키기 위해 'kill 513'을 실행하였지만 실패한 상태이다. 다음 중 해당 프로세스를 종료시키기 위해 (괄호) 안에 들어갈 내용으로 알맞은 것은?

kill (괄호) 513

① 9　　　　　　　② 15
③ −9　　　　　　④ −15

 kill −9 513 명령은 PID가 513인 프로세스에게 SIGKILL 시그널을 보내어 해당 프로세스를 강제로 종료하라는 명령이다.

정답 ③

27 다음 중 백그라운드로 실행 중인 작업번호가 2인 프로세스를 포그라운드로 전환할 때 사용하는 명령으로 알맞은 것은?

① bg &2　　　　　② bg %2
③ fg &2　　　　　④ fg %2

해설 fg 명령어를 사용하여 백그라운드로 실행 중인 작업 번호(job number)가 2인 프로세스를 포그라운드로 전환할 수 있다. fg 명령어는 백그라운드에서 실행 중인 작업을 포그라운드로 이동시키는 역할을 한다.

정답 ④

28 다음 중 백그라운드 프로세스로 실행시키기 위한 기호로 알맞은 것은?

① %　　　　　　　② $
③ @　　　　　　　④ &

 "&" 기호는 Unix 및 Unix 계열 운영 체제에서 명령을 백그라운드(background)에서 실행하기 위해 사용되는 기호이다. 이 기호를 명령어 뒤에 추가하면 해당 명령이 백그라운드에서 실행된다.

정답 ④

29 다음 설명과 같은 경우 가장 사용하기 적합한 편집기로 알맞은 것은?

> 윈도우에서 리눅스로 전환한 초보자로서 터미널 환경에는 익숙하지 않고, X 윈도는 사용 가능하다.

① vi ② nano
③ gedit ④ emacs

> 해설 gedit은 Unix 및 Unix 계열 운영 체제에서 사용되는 텍스트 편집기 중 하나이다. 주로 그래픽 사용자 인터페이스(GUI)를 제공하는 리눅스 및 유닉스 시스템에서 사용된다. gedit은 GNOME 데스크톱 환경의 공식 텍스트 편집기로 널리 사용되며, 사용자 친화적이고 간단한 텍스트 편집 작업에 적합하다.
> 정답 ③

30 원격지에서 vi편집기를 이용하여 lin.txt 파일을 편집 중에 네트워크 단절로 중단되었다. 작업중이던 파일 내용을 불러오려고 할 때 (괄호) 안에 들어갈 내용으로 알맞은 것은?

> $ vi (괄호) lin.txt

① + ② -s
③ -r ④ -R

> 해설 vi -r lin.txt 명령은 Unix 및 Unix 계열 운영 체제에서 vi 텍스트 편집기를 사용하여 "lin.txt"라는 파일의 복구(Recovery) 모드로 실행하는 명령이다. 이 명령을 사용하면 이전에 작업한 내용을 복구하거나 텍스트 파일을 회복할 수 있다.
> 정답 ③

31 다음 중 pico 편집기에서 현재 커서가 위치한 줄의 맨 앞으로 이동시키는 단축키로 알맞은 것은?

① Ctrl + A ② Ctrl + E
③ Ctrl + I ④ Ctrl + O

> 해설 현재 커서가 위치한 줄의 맨앞으로 이동시키는 단축키는 Ctrl + A이다. 이 조합을 누르면 현재 편집 중인 줄에서 가장 맨앞으로 커서가 이동된다. Ctrl + E는 현재 줄의 맨끝으로 커서를 이동시키며 Ctrl + I는 탭을 삽입한다. 탭은 코드나 텍스트를 정렬할 때 사용하는 것이다. Ctrl + O는 현재 작업 중인 파일을 저장하고 이와 관련된 저장창이 나타난다. 보통 파일을 저장하고자 할 때 사용하는 단축키라고 보면 된다.
> 정답 ①

32 다음 설명에 해당하는 편집기로 알맞은 것은?

> 브람 무레나르(Bram Moolenaar)가 만든 편집기로 편집 시에 다양한 색상을 이용하여 가시성을 높였으며, 패턴 검색 시에 하이라이트(Highlight) 기능을 제공하여 빠른 검색이 가능하다.

① vim ② pico
③ nano ④ emacs

> 해설 빔(Vim)은 Unix 및 Unix와 유사한 운영 체제에서 널리 사용되는 강력하고 매우 구성 가능한 텍스트 편집기이다. 빔은 모달 에디터로, 텍스트 삽입, 탐색 및 다양한 편집 작업을 수행하기 위한 다른 모드를 갖고 있다. 빔은 키보드 중심의 텍스트 편집을 중요시하는 프로그래머와 숙련된 사용자 사이에서 인기가 있다. Vim의 개발자는 Bram Moolenaar(브람 무레나르)이다. Vim은 1991년에 처음 개발되었으며 그 이후로도 꾸준히 업데이트와 유지보수가 이루어지고 있다.
> 정답 ①

33 다음 중 emacs를 개발한 사람으로 알맞은 것은?

① 빌 조이 ② 리처드 스톨만
③ 리누스 토발즈 ④ 아보일 카사르

Emacs를 개발한 사람은 Richard Stallman(리처드 스톨먼)이다. Richard Stallman은 GNU 프로젝트를 시작하고, Emacs 편집기를 개발한 주요 인물 중 하나로 잘 알려져 있다. Emacs는 초기에는 1970년대 후반부터 1980년대 초반까지 개발되었으며, 그 후에도 계속해서 개발 및 확장되어 강력하고 유연한 텍스트 편집기로 자리매김하였다.

 ②

34 다음 중 vi 편집기 실행 후 명령모드에서 입력 모드로 전환하는 키로 틀린 것은?

① a   ② e

③ i   ④ o

해설 e키는 현재 커서가 위치한 행의 끝으로 이동하지만 입력모드로 전환하지 않는다.

오답해설
① a키는 현재 커서가 위치한 곳의 오른쪽에 입력 모드로 전환하여 텍스트를 추가한다.
③ i키는 현재 커서가 위치한 곳의 왼쪽에 입력 모드로 전환하여 텍스트를 추가한다.
④ o키는 현재 행 다음에 새로운 빈 행을 열고 입력 모드로 전환한다.

 ②

35 다음 중 [ctrl]+[c] 키 조합으로 발생하는 시그널의 번호 값으로 알맞은 것은?

① 1   ② 2

③ 15   ④ 20

해설 [Ctrl]+[c] 키 조합은 일반적으로 프로세스에게 인터럽트 시그널을 보내는 데 사용된다. 이 시그널의 번호는 대개 2번(SIGINT)이다.

 ②

36 다음 중 수세 리눅스에서 사용하는 온라인 패키지 관리 기법으로 알맞은 것은?

① yum   ② apt-get

③ yast   ④ zypper

해설 zypper는 openSUSE Linux와 SUSE Linux Enterprise를 위한 패키지 관리자 및 명령 줄 도구이다. zypper를 사용하면 소프트웨어 패키지의 검색, 설치, 업데이트, 제거 및 관리 등의 작업을 수행할 수 있다. 이 패키지 관리자는 리눅스 시스템에서 소프트웨어 관리에 유용하게 사용된다.

 ④

37 다음 중 yum 명령을 사용한 작업 이력을 확인하는 명령으로 알맞은 것은?

① yum list

② yum install list

③ yum history list

④ yum command list

해설 yum history list 명령은 CentOS 및 기타 RHEL(Red Hat Enterprise Linux) 계열의 리눅스 시스템에서 사용하는 yum 패키지 관리자의 패키지 설치 및 업데이트 기록을 나열하는 명령어이다.

 ③

38 다음 (괄호) 안에 들어갈 내용을 알맞은 것은?

tar (괄호) backup.tar lin.txt

① cvf   ② rvf   ③ xvf   ④ tvf

해설 tar rvf backup.tar lin.txt 명령은 리눅스와 유닉스 시스템에서 사용하는 tar 명령어의 일부로, 특정 파일을 이미 존재하는 tar 아카이브 파일에 추가하는 데 사용된다. 이 명령은 backup.tar라는 아카이브 파일에 lin.txt라는 파일을 추가하고, 작업 과정을 자세히 표시하여 결과를 보여준다.

 ②

39 다음 그림에 해당하는 명령어와 옵션으로 알맞은 것은?

```
[root@www packages]#
Name : vsftpd
Version : 2.2.2
Release : 24.el6
Architecture : x86_64
Install Date : Sat Aug 31 03:14:26 2019
Group : System Environment/Daemons
Size : 357048
License : GPLv2 with exceptions
Signature : RSA/SHA1, Fri Mar 24 00:02:39 2017, Key ID 0946fca2c105b9de
Source RPM : vsftpd-2.2.2-24.el6.src.rpm
Build Date : Wed Mar 22 21:12:47 2017
Build Host : c1bm.rdu2.centos.org
Relocations : (not relocatable)
packager : CentOS BuildSystem <http://bugs.centos.org>
Vendor : CentOS
URL : https://vsftpd.beasts.org/
Summary : Very Secure Ftp Daemon
Description :
vsftpd is a Very Secure FTP daemon. It was written completely from scratch
[root@www packages]#
```

① rpm -q vsftpd

② rpm -qi vsftpd

③ rpm -qd vsftpd

④ rpm -V vsftpd

해설 rpm -qi vsftpd 명령은 RPM 패키지 관리 시스템을 사용하여 vsftpd 패키지의 정보를 조회하는 명령어이다. 이 명령은 vsftpd 패키지에 대한 정보를 표시하며, 이 정보는 패키지의 이름, 버전, 라이선스, 설명, 설치 날짜 및 기타 관련 정보를 포함할 것이다.

정답 ②

40 다음 중 동일한 소스 파일을 묶어서 압축했을 때 파일의 크기가 가장 크게 생성되는 파일로 알맞은 것은?

① php-7.4.2.tar.Z

② php-7.4.2.tar.bz2

③ php-7.4.2.tar.gz

④ php-7.4.2.tar.xz

해설 압축 파일의 형식에 따라 압축률이 달라질 수 있다. .tar.Z와 같이 여러 파일을 하나의 아카이브로 묶고 압축하는 방식은 파일 메타데이터와 구조를 보존하기 때문에 일부 파일 형식에 비해 큰 압축 파일을 생성할 수 있다. 파일이 UNIX 시스템에서 사용되는 "compress" 압축 프로그램에 의해 추가로 압축되어 있다는 것을 나타낸다.

정답 ①

41 다음 중 apt-get 명령어를 통해 패키지를 업데이트 할 때 가장 관계가 깊은 파일로 알맞은 것은?

① /etc/sources.conf

② /etc/yum.conf

③ /etc/apt/sources.list

④ /var/cache/yum

해설 /etc/apt/sources.list는 Debian 및 Ubuntu와 같은 Debian 계열의 리눅스 배포판에서 사용되는 APT (Advanced Package Tool) 패키지 관리 시스템의 설정 파일 중 하나이다. 이 파일은 시스템에서 사용 가능한 소프트웨어 패키지 저장소(repository)를 정의하고 구성하는 데 사용된다. 이 파일을 수정하거나 관리함으로써 시스템에 추가 패키지 저장소를 추가하거나 업데이트 주기를 조절하거나 원하는 소프트웨어 패키지를 설치하거나 업데이트하는 방법을 조정할 수 있다.

정답 ③

42 다음은 압축 파일을 해제하는 과정이다. (괄호) 안에 들어갈 내용을 알맞은 것은?

```
# gzip ( 괄호 ) ihd.tar.gz
```

 ① -d   ② -r   ③ -u   ④ -v

해설 이 명령은 ihd.tar.gz라는 파일을 압축 해제하여 ihd.tar 파일을 생성한다. "gzip"은 주로 파일을 압축하고 압축 해제하는 데 사용되는 명령어로 .gz 확장자가 붙은 파일들은 일반적으로 gzip 압축 형식으로 압축된 파일을 나타낸다. 이 명령은 해당 파일의 압축을 해제하여 원래의 파일로 복원하는 데 사용된다.

정답 ①

43 다음 중 lin.txt라는 문서 파일을 출력한 후에 삭제하는 명령으로 알맞은 것은?

① lp −r lin.txt   ② lp −d lin.txt
③ lpr −r lin.txt   ④ lpr −d lin.txt

 이 명령은 lin.txt라는 파일을 인쇄 대기열에 추가하고, −r 옵션을 사용하여 최근에 추가된 작업을 먼저 인쇄하도록 지정한다. 이 명령을 실행하면 해당 파일이 프린터에서 출력된다.
정답 ③

44 다음 (괄호) 안에 들어갈 내용으로 알맞은 것은?

> 리눅스에서 프린터를 지원해주는 인쇄시스템으로 초기에는 (㉠)을/를 기본으로 사용했으나 최근 배포판에서는 (㉠) 대신에 (㉡)을/를 사용하고 있다.

① ㉠ LPD, ㉡ LPRng
② ㉠ LPRng, ㉡ LPD
③ ㉠ LPRng, ㉡ CUPS
④ ㉠ CUPS, ㉡ LPRng

해설

㉠ LPRng(Line Printer Daemon Replacement Next Generation)
- 리눅스와 유닉스 시스템에서 인쇄 작업을 관리하기 위한 소프트웨어이다.
- 이전의 LPR (Line Printer) 시스템을 대체하고 개선하기 위해 개발되었다.
- 다양한 인쇄 프로토콜 및 서비스를 지원하며, 네트워크 인쇄 및 로컬 인쇄를 모두 지원한다.

㉡ CUPS(Common Unix Printing System)
- 리눅스와 유닉스 시스템에서 사용되는 고급 인쇄 시스템이다.
- 네트워크 및 로컬 인쇄를 지원하며, 다양한 프린터와 장치와 호환된다.
정답 ③

45 다음 중 CentOS 6 버전에서 사용하는 X 윈도기반의 프린터 설정 명령으로 알맞은 것은?

① printconf
② printtool
③ system-config-printer
④ redhat-config-printer

 system-config-printer는 리눅스 시스템에서 사용되는 그래픽 사용자 인터페이스 (GUI) 도구로, 프린터 설정 및 관리를 위한 도구이다. 이 도구를 사용하면 시스템에 연결된 프린터를 간편하게 설정하고 관리할 수 있으며, 프린터 드라이버를 추가하거나 인쇄 대기열을 모니터링하고 제어할 수 있다.
정답 ③

46 다음 제시된 프린터 관련 명령어 중 나머지 셋과 비교해서 다른 계열에 속하는 명령으로 알맞은 것은?

① lp   ② lpc   ③ lpq   ④ lpr

해설 lp는 Common Unix Printing System (CUPS)와 관련이 있으며, CUPS를 사용하는 리눅스 시스템에서 주로 사용된다. 나머지는 BSD계열의 명령어이다.
정답 ①

47 다음 중 스캐너를 사용하기 위해서 설치해야할 패키지로 알맞은 것은?

① OSS   ② SANE
③ ALSA   ④ CUPS

 SANE (Scanner Access Now Easy)은 스캐너 및 이미지 스캐닝 디바이스를 컴퓨터와 연결하고 제어하는 데 사용되는 오픈 소스 소프트웨어 프레임워크이다. SANE은 리눅스와 유닉스 기반 운영 체제에서 주로 사용되며, 다양한 스캐너와 이미지 스캐닝 디바이스를 지원한다.
정답 ②

48 다음 설명에 해당하는 명령으로 알맞은 것은?

> 사운드카드 장치 초기화, 사운드 관련 환경 설정 파일 관리 등의 역할을 수행한다.

① alsactl ② alsamixer
③ cdparanoia ④ aplay

해설 alsactl은 ALSA (Advanced Linux Sound Architecture)와 관련된 명령어로, 리눅스 시스템에서 오디오 설정을 관리하는데 사용된다. ALSA는 리눅스에서 오디오 장치 및 드라이버를 관리하고 오디오 재생 및 녹음을 지원하는 음향 시스템이다.

 정답 ①

2과목 : 리눅스 활용

49 다음 중 X 윈도 서버로 사용되는 X.org에 적용된 라이선스로 알맞은 것은?

① GPL ② BSD ③ MIT ④ Apache

해설 X.org 프로젝트 및 소프트웨어는 MIT 라이선스 (MIT License) 또는 X11 라이선스(X11 License)라고도 알려진 라이선스로 배포된다. MIT 라이선스는 소프트웨어에 대한 자유 사용 및 재배포를 허용하는 퍼미시브 라이선스의 한 종류이다.

 정답 ③

50 다음 중 X 윈도 관련 프로그램의 종류가 나머지 셋과 다른 것은?

① KDM ② GDM ③ XDM ④ LXDE

해설 KDM 및 GDM은 각각 KDE와 GNOME 데스크톱 환경과 관련된 로그인 관리자이며, XDM은 데스크톱 환경에 독립적인 X 윈도 시스템의 기본 로그인 관리자이다. LXDE는 경량화된 데스크톱 환경으로, 로그인 관리자와는 직접적인 연관이 없다.

정답 ④

51 다음 설명에 해당하는 내용으로 알맞은 것은?

> X11 디스플레이 서버 프로토콜의 클라이언트 측을 구현한 라이브러리로 C 언어로 작성되었으며 Xlib를 대체하는 것을 목표로 한다.

① Qt ② GTK+
③ Xaw ④ XCB

해설 XCB는 기존의 Xlib 라이브러리 대비 더 높은 성능과 효율성을 제공하며, X 서버와의 통신에 필요한 프로토콜 처리를 최적화한다. XCB는 리눅스 및 유닉스 시스템에서 X 윈도 시스템과 상호 작용하는 응용 프로그램 및 라이브러리 개발에 사용된다.

 정답 ④

52 다음 설명과 같은 경우 관련 설정을 하는 절차로 알맞은 것은?

> IP 주소가 192.168.5.13인 시스템 A의 Firefox를 IP 주소가 192.168.12.22인 시스템 B에 전송해서 실행되도록 설정하려고 한다.

① 시스템 A의 DISPLAY="192.168.5.13:0.0"로 변경한다.
② 시스템 A의 DISPLAY="192.168.12.22:0.0"로 변경한다.
③ 시스템 B의 DISPLAY="192.168.5.13:0.0"로 변경한다.
④ 시스템 B의 DISPLAY="192.168.12.22:0.0"로 경한다.

해설 DISPLAY는 X 윈도 시스템에서 사용되는 환경 변수이다. 이 환경 변수는 현재 사용자의 X 서버 디스플레이에 대한 정보를 지정하는 데 사용된다. X 윈도 시스템은 그래픽 사용자 인터페이스 (GUI) 응용 프로그램을 실행하고 표시하기 위한 서버이다.

정답 ②

53 다음 중 X 서버에 접근할 수 있는 클라이언트를 IP 주소 기반으로 제어할 때 사용하는 명령으로 알맞은 것은?

① xauth
② xhost
③ Xauthority
④ .Xauthority

 xhost는 X Window 시스템에서 X 서버의 액세스 제어를 관리하는 명령어이다. X 서버는 그래픽 응용 프로그램을 실행하고 표시하기 위한 중요한 컴포넌트이며, xhost를 사용하여 다른 사용자나 호스트에 대한 X 서버 액세스를 허용 또는 거부할 수 있다.

정답 ②

54 다음 중 프레젠테이션(Presentation) 프로그램으로 알맞은 것은?

① LibreOffice Calc
② LibreOffice Draw
③ LibreOffice Writer
④ LibreOffice Impress

 LibreOffice Impress는 LibreOffice 오피스 스위트의 하나로, 프리젠테이션 및 슬라이드 쇼를 만들고 편집할 수 있는 프로그램이다. LibreOffice Impress는 Microsoft PowerPoint와 유사한 기능을 제공하며, 다양한 그래픽, 텍스트, 오디오 및 비디오 요소를 사용하여 전문적인 프리젠테이션을 작성할 수 있다.

정답 ④

55 다음 중 그림 파일인 png을 불러오기 위한 프로그램으로 거리가 먼 것은?

① eog
② gimp
③ totem
④ ImageMagick

 Totem은 리눅스와 Unix 기반 시스템을 위한 미디어 플레이어 프로그램이다. Totem은 GNOME 데스크톱 환경의 공식 미디어 플레이어로 알려져 있으며, 오픈 소스 소프트웨어로 제공된다. GNOME 데스크톱 환경과 통합되어 사용자가 오디오 및 비디오 파일을 재생하고 관리할 수 있는 간단한 인터페이스를 제공한다.

정답 ③

56 다음 중 부팅 시 X 윈도가 실행되도록 /etc/inittab 파일을 수정하는 항목값으로 알맞은 것은?

① id:3:initdefault:
② id:4:initdefault:
③ id:5:initdefault:
④ id:6:initdefault:

 initdefault 레벨을 5로 설정하는 것을 의미한다. 리눅스 시스템에서 레벨 5는 그래픽 모드 레벨로서, X 윈도 시스템을 실행하는 레벨이다. 이 설정을 통해 부팅 시에 시스템은 X 윈도 그래픽 환경으로 진입한다.

정답 ③

57 다음과 같은 조건일 때 설정되는 네트워크 주소값으로 알맞은 것은?

IP 주소: 192.168.3.129
서브넷마스크: 255.255.255.128

① 192.168.3.0
② 192.168.3.126
③ 192.168.3.127
④ 192.168.3.128

 먼저 이진 표기법으로 IP 주소와 서브넷 마스크를 변환한다. 이제 네트워크 주소를 계산한다. 네트워크 주소는 IP 주소와 서브넷 마스크의 비트 AND 연산을 통해 얻을 수 있다.
IP 주소:11000000.10101000.00000011.10000001
서브넷 마스크: 11111111.11111111.11111111.10000000
AND 연산 결과: 11000000.10101000.00000011.10000000
AND 연산 결과를 10진수로 변환하면 네트워크 주소가 된다. 따라서 주어진 IP 주소 192.168.3.129와 서브넷 마스크 255.255.255.128을 사용하면 해당 네트워크의 네트워크 주소는 192.168.3.128이다.

정답 ④

58 다음 IPv4의 B 클래스 대역에 할당된 사설 IP 주소의 범위로 알맞은 것은?

① 171.16.0.0 ~ 171.31.255.255
② 172.16.0.0 ~ 172.31.255.255
③ 173.16.0.0 ~ 173.31.255.255
④ 174.16.0.0 ~ 174.31.255.255

해설 IPv4에서 B 클래스 사설 IP 주소 대역은 172.16.0.0부터 172.31.255.255까지의 주소 범위이다. 이 대역은 172.16.0.0에서 172.31.255.255까지의 모든 IP 주소를 포함하며, 사설 네트워크에서 사용할 수 있다.

정답 ②

59 다음 설명에 해당하는 netstat 명령의 상태 값(state)으로 알맞은 것은?

> TCP의 3 Way-Handshaking이 완료된 후 서버와 클라이언트가 서로 연결된 상태이다.

① LISTEN
② SYN_RECEIVED
③ ESTABLISHED
④ SYS-SENT

해설 netstat 명령의 ESTABLISHED 상태값은 TCP 네트워크 연결의 한 종류를 나타낸다. ESTABLISHED 상태는 TCP 연결이 성립되어 양쪽 호스트 간에 데이터 전송이 이루어지고 있는 상태를 나타낸다.

정답 ③

60 다음 중 이더넷 카드에 연결된 케이블의 상태를 확인할 수 있는 명령으로 알맞은 것은?

① ss
② ip
③ route
④ mii-tool

해설 mii-tool 명령은 리눅스 시스템에서 이더넷 카드와 연결된 케이블의 상태를 확인하는 데 사용되는 명령어 중 하나이다. mii-tool은 네트워크 인터페이스의 연결 상태, 속도 및 전이중/반이중 모드 등을 확인하는 데 도움이 된다.

정답 ④

61 다음 중 ftp에서 데이터 전송 시에 사용하는 포트 번호로 알맞은 것은?

① 20
② 21
③ 22
④ 23

해설 FTP (File Transfer Protocol)에서 데이터 전송 시에 사용되는 포트 번호는 주로 20번 포트이다. 이 포트는 FTP 데이터 연결을 위해 사용된다. FTP는 제어 연결과 데이터 연결 두 가지 연결을 사용하여 파일을 전송한다.

정답 ①

62 다음 중 시스템에 장착된 이더넷 카드의 MAC 주소를 확인할 때 사용하는 명령으로 알맞은 것은?

① route
② netstat
③ ifconfig
④ hostname

해설 ifconfig 명령은 리눅스와 Unix 기반 시스템에서 현재 시스템에 장착된 네트워크 인터페이스의 정보를 확인하고 설정하는 데 사용되는 명령어이다. 이 명령을 사용하여 네트워크 인터페이스의 MAC 주소를 확인할 수 있다.

정답 ③

63 다음 중 ssh와 관련이 없는 명령으로 알맞은 것은?

① scp
② scl
③ sftp
④ slogin

해설 scl 명령어를 사용하여 특정 소프트웨어 컬렉션을 활성화하고 패키지를 설치하는 등의 작업을 수행할 수 있으며, 이를 통해 시스템에 여러 버전의 소프트웨어를 관리할 수 있다. SSH와는 직접적인 관련이 없으며, 시스템 관리와 소프트웨어 관리를 위한 도구로 사용된다.

정답 ②

64 다음 설명에 가장 적합한 서비스로 알맞은 것은?

> 한 대의 리눅스 시스템에 파일 공유를 위한 디렉터리를 생성하고, 나머지 리눅스 시스템 사용자들이 손쉽게 접근할 수 있도록 구축한다.

① NIS
② NFS
③ IRC
④ SAMBA

 NFS (Network File System)는 네트워크를 통해 파일 및 디렉터리를 공유하고 액세스하는 데 사용되는 분산 파일 시스템 프로토콜이다. NFS는 주로 Unix 및 Unix 계열의 운영 체제 (예: Linux)에서 사용되며, 파일 및 데이터 공유를 위한 클라이언트-서버 모델을 구현하는 데 사용된다.

정답 ②

65 다음 (괄호) 안에 들어갈 내용으로 알맞은 것은?

> 이더넷은 LAN을 위해 개발된 네트워크 기술로 각 기기들이 (괄호) 길이의 고유한 MAC (Media Access Control) 주소를 기반으로 상호 간에 데이터를 주고받을 수 있도록 만들어졌다.

① 32bit
② 48bit
③ 64bit
④ 128bit

해설 이더넷(Ethernet) 카드의 MAC 주소(MAC Address)는 일반적으로 48비트(6바이트)의 고유 식별자이다. MAC 주소는 이더넷 네트워크에서 네트워크 카드를 식별하고 데이터를 전송하는 데 사용된다. MAC 주소는 16진수로 표현되며, 일반적으로 12자리 숫자와 문자의 조합으로 나타난다.

정답 ②

66 다음 중 패킷 교환 방식에 대한 설명으로 틀린 것은?

① 고정 대역을 할당하지 않는다.
② 오버헤드 비트가 존재하지 않는다.
③ 이론상으로 호스트의 무제한 수용이 가능하다.
④ 회선 교환 방식에 비해 더 많은 지연이 발생 할 수 있다.

 오버헤드 비트가 존재하지 않는다는 설명은 패킷 교환 방식에 대한 일반적인 설명과 맞지 않다. 패킷 교환 방식에서는 일부 오버헤드 비트가 발생할 수 있다. 헤더 정보는 데이터 전송 및 라우팅을 위해 필요하며, 패킷 교환 네트워크에서는 이러한 오버헤드 비트가 발생한다.

정답 ②

67 다음 중 FTP 프로토콜이 사용하는 포트 번호를 확인할 때 사용하는 파일명으로 알맞은 것은?

① /etc/protocols
② /etc/services
③ /etc/networks
④ /etc/sysconfig/network

 FTP (File Transfer Protocol) 프로토콜이 사용하는 포트 번호와 다른 네트워크 서비스의 포트 번호를 확인할 때, 주로 /etc/services 파일을 사용한다. 이 파일은 Unix 및 Unix 계열의 운영 체제에서 사용되며, 서비스와 관련된 포트 번호, 프로토콜 등의 정보를 포함하고 있다.

정답 ②

68 다음 중 텔넷 명령을 사용해서 로컬 시스템의 웹 서비스를 점검하려고 할 때 관련 명령으로 알맞은 것은?

① telnet 80 localhost
② telnet -p 80 localhost
③ telnet localhost 80
④ telnet localhost:80

해설 telnet localhost 80 명령은 Telnet 프로토콜을 사용하여 로컬 컴퓨터(localhost)의 80번 포트에 접속하려는 명령이다. 이 명령을 사용하면 로컬 호스트의 80번 포트에 Telnet 세션을 열려고 시도한다.

정답 ③

69 다음 설명에 해당하는 LAN 구성 방식으로 알맞은 것은?

원형의 통신 회선에 컴퓨터와 단말기를 연결하는 형태로 앞의 컴퓨터로부터 수신한 내용을 다음 컴퓨터에 재전송하는 방법으로 동작하며, 토큰 패싱이라는 방법을 통해 데이터를 전송한다.

① 스타(Star)형
② 버스(Bus)형
③ 링(Ring)형
④ 망(Mesh)형

해설 링(Ring)형 네트워크 구조는 네트워크 장치가 노드를 연결하는 데 사용되는 논리적인 형태를 나타내는 것이다. 링형 네트워크 구조는 노드가 원형 또는 링 모양의 구조로 연결되어 있으며 데이터 전송이 한 방향으로 순환하는 형태를 가진다.

정답 ③

70 다음 중 IP 주소 및 도메인을 관리하는 국제 관리 기구로 알맞은 것은?

① ICANN
② EIA
③ ITU
④ IEEE

해설 ICANN은 "Internet Corporation for Assigned Names and Numbers"의 약자로, 인터넷의 도메인 이름 및 IP 주소 관리를 위해 설립된 비영리 기관이다

정답 ①

71 다음 설명에 해당하는 TCP 프로토콜의 패킷으로 알맞은 것은?

클라이언트에서 서버로 전송하는 최초의 패킷으로 이 패킷을 받으면 서버는 half-open 상태가 된다.

① RST
② SYN
③ ACK
④ SYN/ACK

해설 TCP (Transmission Control Protocol)에서 SYN(Synchronize) 패킷은 TCP 연결 설정을 시작하기 위한 초기화 패킷이다. TCP는 연결 지향적인 프로토콜로, 통신을 시작하기 전에 클라이언트와 서버 간에 초기 핸드셰이크를 수행해야 한다.

정답 ②

72 다음 중 삼바 서비스와 가장 관련이 깊은 프로토콜로 알맞은 것은?

① RPC
② IRC
③ CIFS
④ SNMP

해설 Samba 서비스와 가장 관련이 깊은 프로토콜은 CIFS (Common Internet File System)이다. Samba는 CIFS 프로토콜을 사용하여 파일 및 프린터 공유 서비스를 제공하는 오픈 소스 소프트웨어이다.

정답 ③

73 다음 설명에 해당하는 웹 브라우저로 알맞은 것은?

구글에서 개발한 웹 브라우저로 초기에는 웹키트(webkit) 레이아웃 엔진을 이용하였으나 현재는 웹 키트의 포크(fork)인 블링크(Blink)를 사용한다.

① 크롬
② 사파리
③ 오페라
④ 파이어폭스

해설 Google Chrome, 줄여서 Chrome,은 Google에서 개발한 무료 웹 브라우저이다. Chrome은 여러 운영 체제에서 사용 가능하며, Windows, macOS, Linux, Android 및 iOS에서 실행된다.

정답 ①

해설 /etc/hosts 파일은 주로 리눅스와 Unix 기반 운영 체제에서 사용되는 텍스트 파일로, 호스트 이름과 IP 주소 간의 대응 관계를 정의하는 데 사용된다. 이 파일은 로컬 DNS(Domain Name System)와 관련이 있으며, 호스트 이름을 IP 주소로 해석하거나 반대로 IP 주소를 호스트 이름으로 해석할 때 사용된다.

정답 ①

74 다음 설명과 관련 있는 파일로 알맞은 것은?

시스템 점검을 위해 외부 네트워크와의 연결을 차단하려고 한다.

① /etc/hosts
② /etc/resolv.conf
③ /etc/sysconfig/network
④ /etc/sysconfig/network-scripts

해설 /etc/sysconfig/network 파일은 리눅스 기반 시스템에서 네트워크 설정을 구성하는 데 사용되는 파일 중 하나이다. 이 파일은 시스템의 네트워크 설정과 관련된 다양한 매개변수와 값을 포함하고 있으며, 주로 Red Hat 계열 및 CentOS와 같은 RPM 기반의 리눅스 배포판에서 사용된다.

정답 ③

76 다음 중 네임서버가 기록되어 있는 파일로 알맞은 것은?

① /etc/hosts
② /etc/resolv.conf
③ /etc/sysconfig/network
④ /etc/sysconfig/network-scripts

해설 /etc/resolv.conf 파일은 리눅스 및 Unix 기반 운영 체제에서 사용되는 네트워크 설정 파일 중 하나이다. 이 파일은 시스템이 DNS (Domain Name System) 서버와의 통신 및 호스트 이름 해석을 위해 사용해야 하는 정보를 포함하고 있다.

정답 ②

77 다음 중 Docker에 관한 설명으로 틀린 것은?

① 서버 운영에 필요한 프로그램을 이미지로 만들어 프로세스처럼 동작시킨다.
② 하이퍼바이저를 사용하여 경량화된 게스트 운영체제 설치를 지원한다.
③ 실행되는 이미지는 컨테이너(Container)라고 하며 컨테이너 내부에 접속가능하다.
④ 컨테이너는 이미지로 저장할 수 있고 외부저장소를 통해 배포가 가능하다.

75 다음 설명과 관련 있는 파일로 알맞은 것은?

리눅스마스터 시험 접수를 위해서 웹 브라우저 주소창에 www.ihd.or.kr이라고 입력했는데, 청와대 홈페이지로 연결되었다.

① /etc/hosts
② /etc/services
③ /etc/sysconfig/network
④ /etc/sysconfig/network-scripts

해설 Docker에 관한 설명 중 하이퍼바이저를 사용하여 경량화된 게스트 운영체제 설치를 지원한다는 부분이 틀렸다. Docker는 컨테이너 기반 가상화 기술을 사용한다. 컨테이너는 경량화된 실행 환경을 제공하며, 게스트 운영 체제를 설치하거나 가상 머신과 같은 하이퍼바이저를 사용하지 않는다.

정답 ②

78 다음 중 리눅스 가상화 기술인 VirtualBox에 대한 설명으로 알맞은 것은?

① 인텔의 하드웨어 가상화 VT-x와 AMD의 AMD-V를 기반으로 전가상화를 지원한다.
② 게스트 운영체제의 하드디스크를 기본값으로 VMDK(Virtual Machine Disk)포맷으로 저장한다.
③ 전통적인 하이퍼바이저 방식으로 호스트와 다른 아키텍처의 게스트는 실행할 수 없다.
④ InnoTek에서 처음 개발 후 Sun Mircrosystems를 거쳐 현재는 RedHat사에 인수되었다.

> **해설** VirtualBox는 리눅스 가상화 기술 중 하나로, 주로 x86 및 x86-64 아키텍처의 하드웨어에서 사용된다. 이 가상화 소프트웨어는 인텔의 하드웨어 가상화 기술인 VT-x 및 AMD의 AMD-V를 기반으로 하여 전가상화를 지원한다. 따라서 호스트 시스템에서 VirtualBox를 실행할 때 게스트 운영 체제를 가상화하고 실행하는 데 이러한 하드웨어 가상화 확장을 활용할 수 있다.
> **정답** ①

79 다음 중 리눅스에서 사용되는 클러스터로 틀린 것은?

① 고가용성 클러스터(HA)
② 고계산용 클러스터(HPC)
③ 부하분산 클러스터(LVS)
④ 완전무결 클러스터(AP)

> **해설** 리눅스에서 사용되는 클러스터와 관련하여 "완전무결 클러스터(AP)"라는 용어는 일반적으로 사용되지 않는다. 클러스터 관련 용어 중에서는 "원자 처리 클러스터" 또는 "원자 프로세서 클러스터" 등과 같은 용어가 사용될 수 있지만, 이 역시 특정한 클러스터 유형을 지칭하는 것이 아니라 일반적인 용어이다.
> **정답** ④

80 다음 설명하는 내용으로 가장 알맞은 것은?

> 생활 속 사물들을 네트워크로 연결하여 정보를 공유하는 환경을 일컫는 것으로 가전제품, 모바일 장비 및 다양한 임베디드 시스템뿐만 아니라 건강, 교통, 도시환경 등 다양한 분야에서 정보를 생성하고 있다.

① DSP(Digital Signal Processor)
② PAM(Parallel Virtual Machine)
③ IoT(Internet of Things)
④ IVI(In-Vehicle Infotainment)

> **해설** IoT (Internet of Things)는 사물 인터넷의 약자로, 실제 세계의 사물이나 장치들이 인터넷에 연결되어 데이터를 수집, 전송 및 교환하는 기술과 개념을 나타낸다. IoT는 다양한 기기와 센서가 네트워크에 연결되어 상호 작용하고 데이터를 수집하여 실시간 정보 및 자동화된 행동을 가능하게 하는 기술과 생태계를 형성한다.
> **정답** ③

07 | 최신기출변형 7회

1과목 : 리눅스 운영 및 관리

01 다음과 같이 허가권 값이 변경되었을 경우 중간에 실행된 명령으로 알맞은 것은?

```
[root@www ~]# ls -ld /project
drwxrwx---. 2 root project 4096 2019- 11-17 08:08 /project
[root@www ~]#
[root@www ~]# ls -ld /project
drwxrws---. 2 root project 4096 2019- 11-17 08:08 /project
```

① chmod u+s /project
② chmod g+s /project
③ chmod g+t /project
④ chmod o+t /project

 chmod g+s /project 명령은 리눅스와 유닉스 기반 운영 체제에서 사용되는 파일 및 디렉터리 권한 설정 명령이다. 이 명령은 파일 또는 디렉터리의 그룹 실행 권한을 설정하고 "setgid" 비트를 설정하는 데 사용된다.

정답 ②

02 다음 중 fdisk 명령으로 파티션 속성을 변경할 때 사용하는 값의 조합으로 틀린 것은?

① Linux: 81   ② Swap: 82
③ LVM: 8e   ④ Raid: fd

 fdisk 명령을 사용하여 파티션 속성을 변경할 때 사용하는 값의 조합 중 하나로 "Linux: 81"이 틀린 것이다. "Linux: 81"은 예전의 파티션 유형 코드이며 현재의 리눅스 시스템에서는 사용되지 않는다. Linux 파일 시스템 (ext2, ext3, ext4 등): 83 이다.

정답 ①

03 다음은 ihduser 사용자의 디스크 쿼터를 설정하는 과정이다. (괄호) 안에 들어갈 명령으로 알맞은 것은?

```
# ( 괄호 ) ihduser
```

① quota
② quotaon
③ setquota
④ edquota

 edquota는 리눅스 및 유닉스 시스템에서 디스크 쿼터를 설정하고 관리하는 명령어이다. 디스크 쿼터는 각 사용자 또는 그룹이 디스크 공간을 얼마나 사용할 수 있는지 제한하는 데 사용된다. 이를 통해 시스템 리소스 사용을 효율적으로 관리하고 공정하게 나눌 수 있다.

정답 ④

04 다음 중 디렉터리에 부여되는 w 권한에 대한 설명으로 알맞은 것은?

① 해당 디렉터리에 생성되는 파일을 수정할 수 있다.
② 해당 디렉터리에 파일을 생성 또는 삭제할 수 있다.
③ 해당 디렉터리에 파일을 생성할 수 있지만 삭제할 수 없다.
④ 해당 디렉터리에 파일을 생성하고 해당 파일을 수정할 수 있다.

해설 "w" 권한은 해당 디렉터리에 대한 쓰기 권한을 나타내며, 이 권한을 가진 사용자는 해당 디렉터리 내에서 파일 및 디렉터리 관리 작업을 수행할 수 있다. 하지만 주의해야 할 점은 "w" 권한을 가진 사용자는 디렉터리 내 파일을 삭제할 수 있기 때문에 실수로 중요한 파일을 삭제하지 않도록 주의해야 한다. 이러한 권한은 디렉터리 및 파일 관리에 필요하지만 신중하게 사용해야 한다.

정답 ②

05 다음 명령의 실행 결과로 생성되는 lin.txt 파일의 허가권 값으로 알맞은 것은?

```
[ihduser@www ~]$ ls -l lin.txt
-rwxrwxrwx. 1 ihduser ihduser 0 Nov 17 08:30 lin.txt
[ihduser@www ~]$ chmod o=r lin.txt
```

① - - - - - - - r - -   ② - r - - r - - r - -
③ - rwxrwx - wx   ④ - rwxrwxr - -

해설 -rwxrwxr - -는 다음을 의미한다. 파일 유형은 일반 파일이다. 소유자(User)는 읽기, 쓰기, 실행 권한이 있다. 그룹(Group)은 읽기, 쓰기, 실행 권한이 있다. 기타(Other) 사용자는 읽기 권한만 있으며 쓰기 및 실행 권한은 없다.

정답 ④

06 다음 중 가장 먼저 저널링(Journaling) 기술이 탑재된 파일 시스템으로 알맞은 것은?

① ext   ② ext2
③ ext3   ④ ext4

해설 저널링(Journaling) 기술이 탑재된 파일 시스템 중 가장 먼저 나온 것은 ext3 파일 시스템이다. ext3는 ext2 파일 시스템의 확장 버전으로, 파일 시스템의 안정성을 향상시키기 위해 저널링을 도입한 것이 특징이다. ext3 파일 시스템은 데이터 일관성 및 복구 능력을 향상시켜 파일 시스템 손상 및 데이터 손실을 방지하는 데 도움이 되었다.

정답 ③

07 다음 명령을 실행했을 때 /dev/sdb1에 생성되는 파일 시스템으로 알맞은 것은?

```
# mke2fs -j /dev/sdb1
```

① ext2   ② ext3
③ ext4   ④ xfs

해설 mke2fs -j /dev/sdb1 명령은 "/dev/sdb1" 디바이스에 ext3 파일 시스템을 생성하는 명령이다. 따라서 이 명령을 실행한 결과로 "/dev/sdb1"에 생성되는 파일 시스템은 ext3 파일 시스템이다. -j 옵션은 ext3 파일 시스템의 일부로 **저널링 (Journaling)**을 활성화하는 옵션으로, 이로 인해 파일 시스템은 데이터의 일관성과 복구 능력을 향상시킨다.

정답 ②

08 다음 중 손상된 파일 시스템을 검사하고 수리하는 명령으로 알맞은 것은?

① mkfs   ② fsck
③ free   ④ fdisk

해설 fsck 명령은 파일 시스템 검사 및 수리를 수행하는 유용한 도구이다. 손상된 파일 시스템을 검사하고 문제를 해결하는 데 사용된다.

정답 ②

09 다음 결과와 같을 때 umask 명령 실행 시 출력되는 값으로 알맞은 것은?

```
[ihduser@www ~]$ ls
[ihduser@www ~]$ mkdir joon
[ihduser@www ~]$ touch lin.txt
[ihduser@www ~]$ ls -l
total 4
drwxrwxr-x. 2 ihduser ihduser 4096 Nov 17 08:30 joon
-rw-rw-r--. 1 ihduser ihduser    0 Nov 17 08:30 lin.txt
[ihduser@www ~]$ umask
```

① 0002   ② 0200
③ 0664   ④ 0775

해설 umask 명령을 실행한 결과 값인 0002는 파일 및 디렉터리의 기본 권한 설정을 나타낸다. umask 값이 0002인 경우, 새로 생성되는 파일과 디렉터리는 사용자와 그룹에게 읽기 및 쓰기 권한을 부여하고, 기타 사용자에게는 읽기 권한만 부여한다. 이러한 설정은 일반적으로 보안 및 권한 관리를 위해 사용된다.

정답 ①

10 현재 디렉터리 안에 있는 data 디렉터리의 소유권을 하위디렉터리 및 파일을 포함하여 ihduser로 변경하는 과정이다. 다음 (괄호) 안에 들어갈 내용으로 알맞은 것은?

chown (괄호) ihduser data/

① -d   ② -r   ③ -D   ④ -R

해설 chown -R ihduser data/ 명령은 리눅스 또는 유닉스 기반 시스템에서 사용되는 명령으로, 파일 및 디렉터리의 소유자를 변경하는데 사용된다.

정답 ④

11 다음 중 셸에서 선언된 셸 변수 전부를 확인할 때 사용하는 명령으로 알맞은 것은?

① set   ② env   ③ chsh   ④ export

해설 셸(Shell)에서 선언된 모든 셸 변수를 확인하고 출력할 때 사용하는 명령어는 set이다. set 명령은 현재 셸 세션에 선언된 모든 변수와 환경 변수를 리스트 형태로 표시한다.

정답 ①

12 다음 중 시스템 계정에 설정되는 셸로 알맞은 것은?

① /bin/bash   ② /bin/dash
③ /bin/tcsh   ④ /sbin/nologin

해설 일반적으로 /sbin/nologin 셸을 가진 계정은 시스템 관리자 또는 루트(root) 계정이 관리하며, 시스템 서비스를 위해 사용된다. 이를 통해 시스템의 보안을 강화하고 부적절한 로그인을 방지할 수 있다.

정답 ④

13 다음 명령에 대한 설명으로 알맞은 것은?

[ihduser@www ~]$ history 5

① 최근에 실행한 마지막 5개의 명령어 목록을 출력한다.
② 히스토리 명령 목록의 번호 중에서 5번에 해당하는 명령을 실행한다.
③ 히스토리 명령 목록에서 5만큼 거슬러 올라가서 해당 명령을 실행한다.
④ 히스토리 명령 목록에서 번호가 1번부터 5번에 해당하는 명령을 출력한다.

해설 history 명령을 사용하여 최근에 실행한 명령어 이력을 확인할 수 있다. history 명령에 숫자를 추가하여 최근 몇 개의 명령어 이력을 출력할지 지정할 수 있다. "history 5" 명령은 최근에 실행한 명령어 중에서 가장 최근부터 5개의 명령어 이력을 출력하라는 명령이다.

정답 ①

14 다음 중 가장 최근에 등장한 셸로 알맞은 것은?

① csh   ② ksh   ③ tcsh   ④ bash

해설 Bill Joy가 개발한 C Shell은 1979년에 개발되었다. Korn Shell은 David Korn이 Bell Labs에서 개발한 셸로, 1983년에 처음 등장했다. tcsh는 Ken Greer이 개발한 C Shell의 확장 버전으로, 1976년에 처음 개발되었다. bash는 Brian Fox와 Chet Ramey에 의해 개발되었으며, 1989년에 최초 버전이 출시되었다.

정답 ④

15 다음 명령의 결과로 알맞은 것은?

```
[ihduser@www ~]$ user=lin
[ihduser@www ~]$ echo $USER
```

① lin
② ihduser
③ $USER
④ 화면에 아무것도 출력되지 않는다.

 echo $USER 명령을 실행하면 현재 로그인한 사용자의 이름이 화면에 출력된다. 이는 사용자가 누구인지 확인하고 해당 정보를 활용하는 데 유용하다.

정답 ②

16 다음 명령에 대한 설명으로 알맞은 것은?

```
[ihduser@www ~]$ !5
```

① 최근에 실행한 마지막 5개의 명령어 목록을 출력한다.
② 히스토리 명령 목록의 번호 중에서 5번에 해당하는 명령을 실행한다.
③ 히스토리 명령 목록에서 5만큼 거슬러 올라가서 해당 명령을 실행한다.
④ 히스토리 명령 목록에서 번호가 1번부터 5번에 해당하는 명령을 출력한다.

 !5는 리눅스 또는 유닉스 셸에서 사용되는 특수한 명령어이다. 이 명령은 "history" 또는 "명령어 이력"에서 5번째로 최근에 실행한 명령어를 다시 실행하는 기능을 수행한다. "!"는 히스토리 확장(History Expansion) 명령의 시작을 나타내며, 숫자는 실행하고자 하는 이력 번호를 지정한다.

정답 ②

17 다음 설명에 해당하는 셸로 알맞은 것은?

브라이언 폭스가 GNU 프로젝트를 위해 개발한 셸로 현재 GNU 운영체제, 리눅스, Mac OS X 등에 사용되고 있다.

① bash
② dash
③ tcsh
④ ksh

해설 "Bash"는 "Bourne–Again Shell"의 약어로, 리눅스 및 유닉스 계열 운영체제에서 사용되는 가장 널리 쓰이는 셸(Shell) 중 하나이다. Bash는 Brian Fox와 Chet Ramey에 의해 개발되었으며 GNU 프로젝트의 일부로 개발되었다.

정답 ①

18 다음 결과에 해당하는 환경변수로 알맞은 것은?

```
– 변경 전
[ihduser@www ~]$
– 변경 후
[ihduser@21:05:12 ~]$
```

① PS1
② PS2
③ DISPLAY
④ PROMPT

해설 PS1을 사용자 지정하여 프롬프트 모양을 변경하거나 원하는 정보를 포함시킬 수 있으므로, 사용자 편의에 맞게 조정할 수 있다.

정답 ①

19 top 명령은 실행 상태에서 다양한 명령을 입력하여 프로세스 상태를 출력하거나 제어할 수 있다. 다음 중 관련 설명으로 틀린 것은?

① k는 PID값을 입력하여 종료신호를 보낸다.
② p는 프로세스와 CPU항목을 on/off 한다.
③ m은 메모리 관련 항목을 on/off 한다.
④ W는 바꾼 설정을 저장한다.

해설 주어진 설명 중에 "p" 키를 사용하여 프로세스 및 CPU 항목을 ON/OFF 하는 부분은 틀린 설명이다. top 명령에서 "p" 키를 사용하여 프로세스 및 CPU 항목을 ON/OFF 하는 기능은 제공하지 않는다. "p" 키를 누를 때마다 프로세스 ID(PID)순으로 정렬된 프로세스 목록이 업데이트되며, CPU 항목을 ON/OFF 하는 것은 아니다.

정답 ②

20 다음 중 cron에 관한 설명으로 알맞은 것은?

① cron은 root 권한으로만 수행 가능하다.
② crontab 파일은 총 5개의 필드로 구성되어 있다.
③ 주기적으로 실행하는 작업만 등록하여 사용할 수 있다.
④ 시스템 운영에 필요한 작업은 /var/crontab 파일에 관련 정보가 저장된다.

해설 "cron"은 리눅스 및 유닉스 계열 운영체제에서 주기적으로 실행해야 하는 작업을 자동화하기 위한 시스템 스케줄러이다. cron을 사용하면 정해진 시간에 또는 주기적으로 실행해야 하는 스크립트, 명령어, 프로그램 등을 등록하고 관리할 수 있다.

정답 ③

21 다음 중 fg %2 명령을 실행했을 경우 설명으로 알맞은 것은?

```
[1]+ Stopped sleep 1000
[2]- Running sleep 3000 &
[3] Running sleep 2000 &
```

① fg + 와 동일한 명령으로 sleep 1000 작업이 실행된다.
② 백그라운드에서 실행되던 sleep 2000 작업이 실행된다.
③ fg - 와 동일한 명령으로 sleep 2000 작업이 실행된다.
④ 백그라운드에서 실행되던 sleep 3000 작업이 실행된다.

해설 fg %2 명령을 실행했을 때, 이 명령은 백그라운드에서 실행 중인 작업 중 하나를 포그라운드로 이동시키는 역할을 한다. %2는 백그라운드에서 실행 중인 두 번째 작업을 나타낸다.

정답 ④

22 다음 중 프로세스 식별번호가 2219, 2229, 2239 인 프로세스를 강제 종료하는 명령으로 알맞은 것은?

① kill -9 22*9
② kill -9 22{1,2,3}9
③ killall -9 2219 2229 2239
④ killall -9 2219, 2229, 2239

해설 kill -9 22{1,2,3}9 명령은 프로세스를 강제로 종료하는 명령이다. 여기서 중괄호 {} 안의 숫자를 사용하여 여러 개의 프로세스를 한 번에 종료하려는 것을 나타낸다.

정답 ②

23 시그널에 관한 설명으로 알맞은 것은?

① 시그널은 사용자의 인터럽트 키를 통해서만 발생된다.
② 시그널은 프로세스 간 메시지를 보내는 통신할 때 이용한다.
③ 시그널 목록은 kill -l 로 확인할 수 있고, 이름으로만 사용할 수 있다.
④ 일반적으로 사용하는 시그널은 SIGINT, SIGKILL, SIGSTART, SIGSTOP 등이 있다.

해설 시그널은 주로 한 프로세스 내에서 다른 프로세스로 메시지를 전달하는 데 사용되는 운영체제의 특별한 메커니즘이다. 시그널은 주로 프로세스의 동작을 제어하고 특정 이벤트에 대한 반응을 조절하는 데 사용된다.

정답 ②

24 다음 (괄호) 안에 들어갈 내용으로 알맞은 것은?

주기적이고 지속적인 서비스 요청을 처리하기 위해 계속 실행되는 프로세스를 뜻하는 (㉠)을/를 실행하는 방법에는 (㉡) 방식과 inetd 방식이 있다. (㉡) 방식은 보통 부팅 시에 실행되어 해당 프로세스가 메모리에 계속 상주하면서 클라이언트의 서비스 요청을 처리하는 방식이다.

① ㉠ multitasking ㉡ crond
② ㉠ multitasking ㉡ standalone
③ ㉠ daemon ㉡ crond
④ ㉠ daemon ㉡ standalone

> **해설** "데몬"은 백그라운드에서 실행되며 특정 서비스 또는 작업을 수행하는 컴퓨터 프로세스를 가리킨다. 소프트웨어나 시스템이 "스탠드얼론"으로 작동하면, 외부 의존성 없이 독립적으로 실행될 수 있음을 의미한다.
> **정답** ④

25 다음 중 [ctrl]+[c] 키 조합으로 발생하는 시그널의 번호 값으로 알맞은 것은?

① 1   ② 2   ③ 15   ④ 20

> **해설** [Ctrl]+[c] 키 조합은 일반적으로 프로세스에게 인터럽트 시그널을 보내는 데 사용된다. 이 시그널의 번호는 대개 2번(SIGINT)이다.
> **정답** ②

26 다음 중 SIGINT(또는 INT)의 시그널 번호로 알맞은 것은?

① 1   ② 2   ③ 9   ④ 15

> **해설** SIGINT의 시그널 번호는 표준으로 2이다. 시그널 번호는 각 시그널에 할당된 고유한 숫자를 나타내며, 시스템에서 시그널을 식별하는 데 사용된다. SIGINT(Interrupt Signal)는 프로세스에게 키보드로부터의 인터럽트를 나타내는 시그널이다. 이 시그널은 주로 사용자가 프로세스를 중단하고자 할 때 사용된다.
> **정답** ②

27 다음 (괄호) 안에 들어갈 내용으로 알맞은 것은?

프로세스는 크게 두 가지로 나눌 수 있는데, 보통 셸에서 명령을 실행하면 해당 프로세스가 종료될 때까지 기다려야 하는 (㉠) 프로세스와 다중 작업을 수행할 때 유용한 (㉡) 프로세스가 있다.

① ㉠ Foreground ㉡ Bandground
② ㉠ Foreground ㉡ Background
③ ㉠ Background ㉡ Foreground
④ ㉠ Bandground ㉡ Foreground

> **해설**
> ㉠ Foreground (포그라운드) 프로세스는 "셸에서 명령을 실행하면 해당 프로세스가 종료될 때까지 기다리는 프로세스"이다. 포그라운드 프로세스는 사용자와 상호작용하며, 해당 프로세스의 실행이 끝날 때까지 다른 명령을 실행하지 않는다.
> ㉡ Background (백그라운드) 프로세스는 "다중 작업을 수행할 때 유용한 프로세스"이다. 백그라운드 프로세스는 셸에서 실행한 명령을 백그라운드로 보내고, 사용자가 다른 명령을 입력하고 실행할 수 있도록 한다. 이로써 여러 작업을 병렬로 수행할 수 있으며, 해당 프로세스는 포그라운드 프로세스와는 별도로 실행된다.
> **정답** ②

28 프로세스의 우선순위를 변경할 때 사용하는 명령들로 알맞은 것은?

① nice, renice
② nice, thread
③ nohup, renice
④ nohup, thread

> **해설** 프로세스의 우선순위를 변경하는 데 사용되는 명령어는 nice와 renice 두 가지가 있다. 이 두 명령어는 리눅스 및 유닉스 시스템에서 프로세스의 우선순위를 제어하는 데 사용된다. nice 명령어는 새로운 명령어 또는 프로그램을 실행할 때 사용하여 해당 명령어 또는 프로그램의 우선순위를 설정한다. renice 명령어는 이미 실행 중인 프로세스의 우선순위를 변경하는 데 사용된다.
> **정답** ①

29 다음에서 설명하는 vi 명령으로 알맞은 것은?

> /etc/hosts 파일을 열면서 ihd라는 문자열이 있는 위치에 커서를 둔다.

① vi +/ihd /etc/hosts
② vi +ihd /etc/hosts
③ vi +/etc/hosts /ihd
④ vi +/etc/hosts ihd

해설 vi +/ihd /etc/hosts 명령은 vi 편집기를 사용하여 /etc/hosts 파일을 열고, 파일 내에서 특정 문자열 "ihd"를 검색하면서 해당 문자열이 나타나는 위치로 이동한다.

정답 ①

30 다음 중 vi 편집기의 환경 설정을 지속적으로 사용하기 위한 설정 파일로 알맞은 것은?

① .exrc
② .cshrc
③ .profile
④ .history

해설 .exrc 파일은 vi 편집기의 환경 설정을 지속적으로 사용하기 위한 설정 파일이다. 이 파일은 사용자 홈 디렉터리에 위치하며, vi가 시작될 때 읽혀지는 설정 파일 중 하나이다. .exrc 파일은 vi 편집기를 실행할 때 자동으로 읽히므로, 사용자마다 다른 환경 설정을 지원하기 위해 유용하다.

정답 ①

31 다음 중 vi 편집기의 개발 순서로 알맞은 것은?

① gVim → vi → vim
② vim → gVim → vi
③ vim → vi → gVim
④ vi → vim → gVim

해설 vi가 초기 버전이며 vim은 vi를 개선한 것이며, gVim은 vim의 그래픽 버전이다.

정답 ④

32 다음 중 vi 편집기로 문자열을 치환할 때 사용하는 정규 표현식 종류와 설명으로 알맞은 것은?

① $: 줄의 끝을 의미
② ? : 줄의 시작을 의미
③ ⟨ : 단어의 끝을 의미
④ ^ : 단어의 시작을 의미

해설 vi 편집기에서 $는 정규 표현식에서 문자열의 끝을 나타낸다. vi에서 $를 사용하여 문자열 치환 시 문자열의 끝 부분을 대상으로 특정 패턴을 찾고 치환할 수 있다.

정답 ①

33 다음 중 텍스트 환경 기반의 콘솔 환경에서 사용하지 못하는 에디터로 알맞은 것은?

① vi
② pico
③ gedit
④ emacs

해설 텍스트 환경에서는 일반적으로 그래픽 환경의 텍스트 에디터와 같은 사용자 친화적인 기능을 제공하는 에디터를 사용할 수 없다. 텍스트 환경에서는 주로 명령줄 기반의 텍스트 에디터를 사용한다. gedit은 GNOME 환경에서 사용되는 그래픽 환경의 텍스트 에디터로, 터미널에서 직접 실행할 수 없다.

정답 ③

34 다음 중 vi 편집기로 문서를 편집한 후 저장하고 종료하는 명령으로 알맞은 것은?

① :w
② :w!
③ :q!
④ :wq

해설 vi 편집기에서 문서를 편집한 후 저장하고 종료하려면 ":wq" 명령을 사용한다.

정답 ④

35 환경 설정과 관련된 옵션 정보를 확인하려고 할 때 (괄호) 안에 들어갈 내용으로 알맞은 것은?

```
[root@www httpd-2.4.41]# ./configure ( 괄호 )
```

① --help   ② --config

③ --option   ④ --install

> **해설** "./configure --help" 명령은 소프트웨어 프로젝트의 소스 코드를 빌드하고 구성할 때 사용되는 일반적인 옵션과 도움말을 제공하는 명령이다. 이 명령을 실행하면 해당 소프트웨어 프로젝트의 컴파일 및 구성 옵션에 대한 정보를 확인할 수 있다.
>
> **정답** ①

36 /bin/ls라는 파일을 설치한 패키지 이름을 알아보려고 한다. (괄호) 안에 들어갈 내용으로 알맞은 것은?

```
# rpm ( 괄호 ) /bin/ls
```

① -qc   ② -qf

③ -ql   ④ -qv

> **해설** "rpm -qf /bin/ls" 명령은 리눅스 시스템에서 "/bin/ls" 파일이 어떤 RPM (Red Hat Package Manager) 패키지에 속하는지를 조회하는 명령이다.
>
> **정답** ②

37 다음 중 configure 작업으로 생성되는 파일명으로 알맞은 것은?

① make   ② cmake

③ Makefile   ④ configure.cmake

> **해설** "configure" 작업은 주로 소프트웨어 프로젝트를 빌드하고 구성하기 위한 스크립트이며, 그 결과로 "Makefile"이라는 파일을 생성한다. "Makefile"은 GNU Make(또는 다른 호환 메이크 도구)를 사용하여 소프트웨어를 컴파일하고 빌드하기 위한 규칙 및 지침을 담고 있는 텍스트 파일이다. 이 파일은 소스 코드 파일들 간의 의존성과 컴파일 단계, 링크 단계, 설치 단계 등을 정의한다.
>
> **정답** ③

38 다음은 압축되어 묶여진 tar 파일을 풀지 않고 내용만 확인하려고 한다. (괄호) 안에 들어갈 내용으로 알맞은 것은?

```
# tar ( 괄호 ) APM_source.tar.gz
```

① zcvf   ② zxvf

③ ztvf   ④ zrvf

> **해설** 결과적으로 이 명령을 실행하면 "APM_source. tar.gz" 파일의 gzip 압축을 해제하고, 그 내용을 목록화하여 현재 디렉터리에 있는 파일 및 디렉터리 목록을 보여준다. 이렇게 하면 아카이브 파일의 내용을 미리 확인할 수 있다.
>
> **정답** ③

39 다음 중 인텔 계열 CPU에 사용 가능한 데비안 리눅스 패키지 파일의 형식으로 알맞은 것은?

① vsftpd_3.0.3-12_s390.deb

② vsftpd_3.0.3-12_s390.apt

③ vsftpd_3.0.3-12_i386.deb

④ vsftpd_3.0.3-12_i386.apt

> **해설** "vsftpd_3.0.3-12_i386.deb" 파일은 인텔(Intel) 아키텍처 기반의 시스템에서 사용할 수 있는 데비안 리눅스 패키지 파일의 형식에 부합한다. "i386"은 이 패키지가 인텔 아키텍처를 대상으로 빌드되었음을 나타낸다. 인텔 계열의 32비트 아키텍처를 지원하는 시스템에서 사용할 수 있다. ".deb"은 데비안 리눅스에서 사용되는 패키지 파일의 확장자이다. 데비안 리눅스 시스템에서는 이 확장자를 가진 패키지 파일을 설치 및 관리할 수 있다.
>
> **정답** ③

40 다음 중 레드햇 계열 리눅스에서 사용하는 패키지 관리기법의 조합으로 가장 알맞은 것은?

① rpm, yum   ② rpm, apt-get

③ dpkg, yum   ④ YaST, yum

41 다음은 vsftpd라는 패키지를 의존성을 무시하고 제거하려고 한다. (괄호) 안에 들어갈 내용을 알맞은 것은?

```
# rpm ( 괄호 ) vsftpd
```

① -d --nodeps   ② -r --nodeps
③ -e --nodeps   ④ -v --nodeps

42 다음은 telnet-server라는 패키지를 삭제하는 과정이다. (괄호) 안에 들어갈 내용으로 알맞은 것은?

```
# yum ( 괄호 ) telnet-server
```

① delete   ② destroy
③ remove   ④ eliminate

43 다음 중 ALSA에 대한 설명으로 틀린 것은?

① GPL 및 LGPL 라이선스 기반으로 배포되고 있다.
② OSS에 비해 적은 양의 단순한 API를 제공하고 있다.
③ 1998년 Jaroslav Kysela가 주도하는 ALSA 프로젝트에서 시작되었다.
④ 사운드 카드용 장치 드라이버를 위한 API를 제공하는 소프트웨어 프레임워크이다.

44 다음 중 프린터 큐의 상태를 출력하는 명령으로 알맞은 것은?

① lp   ② lpr
③ lprm   ④ lpstat

45 다음 중 CUPS에 대한 설명으로 틀린 것은?

① 웹 서버의 Common Log Format 형태의 로그파일을 제공한다.
② HTTP 기반의 IPP를 사용하고, SMB 프로토콜도 부분적으로 지원한다.
③ CUPS 프린트 데몬의 환경 설정 파일의 기본 문법이 아파치의 httpd.conf와 유사하다.
④ CUPS가 제공하는 장치 드라이버는 어도비의 PPD 형식의 이미지 파일을 이용하여 설정한다.

> **해설** CUPS는 실제 장치 드라이버를 설정하는 데 PPD(PostScript Printer Description) 파일을 사용한다. PPD 파일은 프린터의 특성 및 설정에 대한 정보를 포함하며, PostScript 프린터와 다른 프린터 모델에 대한 설정을 정의하는 데 사용된다. PPD 파일을 사용하여 프린터의 속성 및 기능을 정의하고 CUPS에서 해당 프린터 모델과 상호 작용한다.
> **정답** ④

46 다음 중 설치된 PCI 관련 장치의 목록을 확인할 수 있는 명령으로 알맞은 것은?

① pci
② lpc
③ lspci
④ pciinfo

> **해설** "lspci" 명령은 설치된 PCI(Peripheral Component Interconnect) 관련 장치의 목록을 확인할 수 있는 명령이다. 이 명령을 실행하면 시스템에 연결된 PCI 버스와 그 안에 있는 장치들에 대한 정보를 표시한다. 각 장치에는 제조사, 모델, 버전, 용도 등과 관련된 정보가 포함되어 있다. 이 정보는 시스템 하드웨어를 식별하고 관리하는 데 유용하다.
> **정답** ③

47 다음 중 GUI 기반의 스캐너 도구로 알맞은 것은?

① xcam
② scanadf
③ scanimage
④ sane-find-scanner

> **해설** "xcam"은 GUI 기반의 스캐너 도구로, 이미지 스캐닝 및 이미지 편집 기능을 제공하는 프로그램이다. xcam은 Linux 운영 체제에서 사용할 수 있는 오픈 소스 소프트웨어이다.
> **정답** ①

48 다음중 System V 계열의 프린트 명령어로 알맞은 것은?

① lp
② lpr
③ lpq
④ lprm

> **해설** System V 계열의 유닉스와 리눅스 시스템에서 사용되는 프린트 명령어 중 하나는 "lp"이다. "lp" 명령어는 텍스트 파일이나 다른 인쇄 가능한 문서를 프린터로 보내는 데 사용된다. "lp" 명령어를 사용하면 특정 프린터에 문서를 인쇄하고 인쇄 작업을 관리할 수 있다.
> **정답** ①

2과목 : 리눅스 활용

49 다음과 같은 결과를 위해 실행하는 명령으로 알맞은 것은?

```
www.unix:0 MIT-MAGIC-COOKIE-1
fae33ddfae2sb1bkae
```

① xhost list $DISPLAY
② xhost list DISPLAY
③ xauth list $DISPLAY
④ xauth list DISPLAY

> **해설** "xauth list $DISPLAY" 명령을 실행하면 현재 사용자의 X 서버에 연결된 클라이언트와 관련된 인증 정보 목록이 표시된다. 이 정보는 X 서버와 클라이언트 간의 신뢰성 있는 통신을 가능하게 하며, 그래픽 환경에서 다양한 작업을 수행하는 데 필요하다.
> **정답** ③

50 다음 중 X 윈도에 관한 설명으로 가장 알맞은 것은?

① 런레벨 3으로 설정된 상태라면 부팅 시에 X 윈도가 시작된다.
② X 윈도는 정확한 그래픽 카드 설정이 필요하고 호환 모드 설정은 제공하지 않는다.
③ X 윈도는 디스플레이 장치에 의존적이지 않고 서로 다른 기종을 함께 사용할 수 있다.
④ 현재 리눅스를 비롯해 유닉스 대부분에서 사용되는 X 윈도는 XFree86 기반이다.

 "X 윈도는 디스플레이 장치에 의존적이지 않고 서로 다른 기종을 함께 사용할 수 있다."라는 설명은 X 윈도 (X Window System 또는 X11)에 관한 올바른 설명이다. X 윈도는 그래픽 사용자 인터페이스를 관리하는 데 사용되며, 다양한 디스플레이 장치와 입력 장치에 대한 추상화 계층을 제공한다. 이렇게 함으로써 X 윈도 시스템은 서로 다른 종류의 컴퓨터와 디스플레이 장치를 함께 사용할 수 있도록 한다. 예를 들어, 리눅스 컴퓨터와 macOS 컴퓨터는 동일한 X 서버에 연결하여 X 윈도 환경을 공유할 수 있으며, 이것은 X 윈도의 큰 강점 중 하나이다.

정답 ③

51 다음 중 리눅스를 시작할 때 X 윈도가 실행되도록 관련 설정 파일을 수정하려고 할 때 들어갈 내용으로 알맞은 것은?

① id:3:startx:
② id:5:startx:
③ id:3:initdefault:
④ id:5:initdefault:

 "id:5:initdefault:"는 초기화 프로세스(init 프로세스)의 실행 레벨(runlevel) 설정을 나타내는 문자열이다. 이 설정은 리눅스 또는 유닉스 기반 시스템에서 사용되며, 시스템 부팅 시 어떤 레벨에서 시작할지 결정한다. 이 레벨에서는 그래픽 사용자 인터페이스(GUI)가 사용 가능하며, 다중 사용자가 시스템에 로그인하고 사용할 수 있다.

정답 ④

52 다음 중 X 윈도에 대한 설명으로 알맞은 것은?

① 1986년 Matthias Ettrich가 오픈 소스 프로젝트로 만들었다.
② 노틸러스(Nautilus) 프로젝트의 일환으로 발표되었다.
③ X 컨소시엄에 의해 X11 버전이 처음으로 개정되어 X11R2가 발표되었다.
④ X11R7.7 버전을 끝으로 XFree86 프로젝트는 해체되었다.

 X11R1은 1987년에 MIT에서 처음으로 공식적으로 발표된 X 윈도 버전이었고, 이후 여러 버전이 출시되면서 X 윈도가 계속 발전하였다. X 컨소시엄은 X 윈도의 표준화와 개발을 책임지고 있으며, 다양한 버전 및 업데이트를 관리하고 개발자 커뮤니티와 협력하여 X 윈도를 개선하고 보완하고 있다.

정답 ③

53 다음 중 특정 사용자가 X 윈도를 실행 시 생성되는 키 값이 저장되는 곳으로 알맞은 것은?

① $HOME/.Xgrant
② $HOME/.Xauthority
③ $HOME/.Xpermission
④ $HOME/.Xcertification

 "$HOME/.Xauthority"는 X Window 시스템에서 사용자의 X 세션과 관련된 인증 정보를 저장하는 파일이다. 사용자가 X 세션을 시작하면 이 파일에는 X 클라이언트 프로그램이 X 서버와 상호 작용할 수 있도록 권한과 키가 저장된다. 이를 통해 사용자는 그래픽 응용 프로그램을 실행하고 X 윈도 환경을 사용할 수 있다.

정답 ②

54 다음 설명에 가장 알맞은 것은?

GNU에서 만든 공개형 데스크톱 환경으로, 단순하고 사용하기 쉽고 동작하는데 일차적인 목표를 두었다. 재사용이 쉽도록 소스 코드를 공개하여 전 세계 수많은 사용자들이 이용할 수 있게 되었다. GTK+ 라이브러리를 사용하여 개발되었다.

① KDE ② GNOME
③ KERNEL ④ KWin

해설 GNOME은 리눅스 배포판에서 기본적으로 제공되며, 다양한 데스크톱 환경 중 하나로 선택할 수 있다. GNOME은 자유 소프트웨어 및 오픈 소스 프로젝트로 개발되어 커뮤니티에 의해 지속적으로 발전하고 있다.
정답 ②

55 다음 중 리눅스 부팅 시 X 윈도를 실행하기 위해 부팅 모드를 설정할 수 있는 파일로 알맞은 것은?

① /etc/init
② /etc/inittab
③ /etc/fstab
④ /etc/runlevel

해설 "/etc/inittab" 파일은 과거에는 리눅스 시스템의 초기화 및 부팅 프로세스를 설정하는 데 사용되었지만, 현재의 리눅스 시스템에서는 주로 사용되지 않는다.
정답 ②

56 다음 중 GNOME 데스크톱에서 제공하는 Eye of GNOME Image Viewer를 실행시키기 위해 명령행에서 입력하는 명령으로 알맞은 것은?

① image ② viewer
③ eog ④ eyes

해설 GNOME 데스크톱 환경에서 "Eye of GNOME Image Viewer"를 실행시키기 위해 명령줄에서 입력하는 명령은 "eog"이다. "eog"는 이미지 뷰어인 "Eye of GNOME"의 실행 파일을 가리키며, 이 명령을 실행하면 이미지 뷰어가 열리고 이미지 파일을 볼 수 있다.
정답 ③

57 다음 중 장애 발생 시에도 다른 시스템에 영향이 적어 가장 신뢰성이 높은 LAN 구성 방식으로 알맞은 것은?

① 링(Ring)형 ② 버스(Bus)형
③ 스타(Star)형 ④ 망(Mesh)형

해설 망(Mesh) 형태의 LAN 구성은 신뢰성과 내결함성을 강화하기 위한 중요한 방식 중 하나이다. 망 형태의 LAN은 다른 LAN 구성 방식에 비해 장애 발생 시에도 영향이 적고, 데이터의 안정성을 보장하는 데 기여한다.
정답 ④

58 다음 IPv4의 A 클래스 대역에 할당된 사설 네트워크 대역의 개수로 알맞은 것은?

① 1 ② 10
③ 16 ④ 256

해설 IPv4의 A 클래스 대역은 1.0.0.0에서 126.0.0.0까지의 주소 범위를 포함하고 있다. 그러나 일부 주소 범위는 예약되어 있거나 특별한 목적을 위해 사용되므로 실제로 사용 가능한 사설 네트워크 대역은 제한적이다. 가장 일반적으로 사용되는 A 클래스 사설 네트워크 대역은 10.0.0.0에서 10.255.255.255까지의 주소 범위이다. 따라서 A 클래스 대역에서 할당된 일반적인 사설 네트워크 대역은 1개이다.
정답 ①

59 다음 설명에 해당하는 서비스로 알맞은 것은?

> 1984년 썬 마이크로시스템즈사에서 개발한 프로토콜로 네트워크상에서 다른 컴퓨터의 파일 시스템을 마운트하고 공유하여 상대방의 파일 시스템 일부를 마치 로컬시스템의 디렉터리인 것처럼 사용할 수 있게 해준다.

① NIS
② NFS
③ CIFS
④ SAMBA

해설 NFS(네트워크 파일 시스템, Network File System)는 네트워크를 통해 파일 및 디렉터리를 공유하기 위한 분산 파일 시스템 프로토콜이다. NFS는 클라이언트와 서버 간의 통신을 가능하게 하고, 원격 서버에 저장된 파일 및 디렉터리를 로컬 시스템처럼 액세스할 수 있도록 해준다. 이를 통해 여러 컴퓨터가 동일한 파일 시스템을 공유하고 데이터를 공유할 수 있다.

정답 ②

60 다음 중 메일 서버간의 메시지 교환할 때 사용되는 프로토콜로 알맞은 것은?

① FTP
② POP3
③ IMAP
④ SMTP

해설 SMTP(간단한 메일 전송 프로토콜, Simple Mail Transfer Protocol)는 전자 메일을 보내고 전달하는 데 사용되는 표준 인터넷 프로토콜 중 하나이다. SMTP는 전자 메일 클라이언트에서 메일 서버로 메시지를 전송하고, 메일 서버 간에 메시지를 라우팅 및 전달하는 데 사용된다.

정답 ④

61 다음 중 네트워크 인터페이스 환경 설정과 관련된 파일들이 저장되어 있는 디렉터리로 알맞은 것은?

① /etc/networking/devices
② /etc/sysconfig/devices
③ /etc/sysconfig/network
④ /etc/sysconfig/network-scripts

해설 "/etc/sysconfig/network-scripts" 디렉터리는 네트워크 설정을 관리하고 사용자가 네트워크 설정을 구성하고 변경할 수 있는 중요한 위치이다. 이 디렉터리의 파일을 편집하여 네트워크 인터페이스와 관련된 설정을 조정하고, 네트워크 연결을 구성하고 관리할 수 있다.

정답 ④

62 다음 중 운영 중인 서버의 특정 포트에 접속하여 연결된(ESTABLISHED) 정보를 확인하는 명령의 조합으로 가장 알맞은 것은?

① ip, netstat
② ss, netstat
③ ip, route
④ ss, route

해설 운영 중인 서버의 특정 포트에 접속하여 연결된(ESTABLISHED) 정보를 확인하는 명령으로 가장 적합한 것은 "netstat"이다. "netstat" 명령은 네트워크 상태와 관련된 다양한 정보를 표시하는 유용한 도구 중 하나이며, 연결된 포트 및 상태 정보를 확인하는 데 사용할 수 있다. "ss" 명령도 유사한 목적으로 사용될 수 있다.

정답 ②

63 다음 결과에 해당하는 명령으로 알맞은 것은?

```
Settings for eth1:
Supported ports: [TP]
Supported link modes: 10baseT/Half 10baseT/Full
100baseT/Half 100baseT/Full
1000base/Full
Supported pause frame use : No
supported auto-negotiation : Yes
Advertised link modes : 10baseT/Half 10baseT/Full
100baseT/Half 100baseT/Full
1000baseT/Full
Advertised pause frame use:No
Advertised auto-negotiation:Yes
speed : 1000Mb/s
Duplex:Full
port : Twisted Pair
PHYAD : 0
Transceiver : internal
Auto-negotiation : on
MDI-X : off(auto)
Supports Wake-on:umbg
Wake-on: d
Current message level : 0x00000007 (7)
drv probe link
Link detected: yes
```

① ss   ② ip

③ route   ④ ethtool

 "ethtool"은 Ethernet 네트워크 인터페이스의 설정 및 상태 정보를 확인하고 제어하기 위한 명령줄 도구이다. 주로 리눅스와 유닉스 기반 운영 체제에서 사용된다. "ethtool"을 사용하면 네트워크 인터페이스의 속도, 전이중(Half-Duplex 또는 Full-Duplex) 모드, 드라이버 정보, 링크 상태 및 기타 네트워크 관련 설정을 확인하고 변경할 수 있다.

정답 ④

64 다음은 다른 계정으로 접근하는 과정이다. (괄호) 안에 들어갈 내용으로 알맞은 것은?

> [ihduser@www ~]$ ssh (괄호) kait www.ihd.or.kr

① -u   ② -n   ③ -p   ④ -l

 "ssh -l" 명령은 특정 사용자 이름으로 원격 서버에 SSH로 로그인하기 위해 사용되는 명령이다.

정답 ④

65 다음 FTP 서비스 관련 포트 번호의 조합으로 알맞은 것은?

① ㉠ ftp: 20 ㉡ ftp-data: 21

② ㉠ ftp: 21 ㉡ ftp-data: 20

③ ㉠ ftp: 22 ㉡ ftp-data: 21

④ ㉠ ftp: 21 ㉡ ftp-data: 22

 FTP 서버와 클라이언트 간의 제어 명령 및 응답을 주고받는 연결에는 일반적으로 포트 21이 사용된다. FTP는 데이터 전송을 위해 제어 연결 이외에도 데이터 연결을 사용한다. 데이터 연결의 포트 번호는 다이내믹하게 할당되며, 일반적으로 포트 20이 사용된다.

정답 ②

66 다음 중 이더넷 케이블의 배열 순서인 T568B를 표준화한 기구로 알맞은 것은?

① ISO   ② EIA

③ ITU   ④ IEEE

 EIA는 Electronic Industries Alliance의 약어로, 과거에는 미국의 전자 및 통신 산업을 대표하는 단체 중 하나였다. EIA는 전자 기술 및 통신 분야에서 표준화, 정부 규정 준수, 규격 개발 및 산업 표준의 제정을 촉진하는 역할을 했다.

정답 ②

67 다음 설명에 해당하는 프로토콜로 알맞은 것은?

> 세그먼트를 보내기만 하고 응답을 주고받지 않는 프로토콜이어서 제대로 전달되었는지 확인하지 않으며 오류 수정도 하지 않는다.

① IP
② ARP
③ UDP
④ TCP

해설 UDP는 실시간 응용 프로그램 및 스트리밍 미디어 서비스에서 주로 사용되며, 데이터 전송의 속도와 지연 시간이 중요한 경우에 적합하다. 그러나 데이터의 손실이나 오류 복구가 필요한 응용 프로그램에는 TCP가 더 적합할 수 있다.
정답 ③

68 다음 중 표현 계층에 대한 설명으로 틀린 것은?

① 데이터의 암호화와 해독을 수행한다.
② 데이터의 전송 순서 및 동기점의 위치를 제공한다.
③ 효율적인 전송을 위해 필요에 따라 압축과 압축해제를 진행한다.
④ 코드와 문자를 번역하여 일관되게 전송 데이터를 서로 이해할 수 있도록 한다.

해설 표현 계층은 OSI 모델에서의 일곱 번째 계층으로, 데이터의 표현과 변환을 담당한다. 표현 계층의 주요 역할은 데이터의 표현, 암호화, 압축 및 형식 변환과 관련이 있으며, 데이터의 전송 순서나 동기점의 위치를 제공하는 것은 표현 계층의 주요 역할 중 하나가 아니다. 데이터의 전송 순서 및 동기점의 위치를 제공하는 계층은 OSI (Open Systems Interconnection) 모델에서 "세션 계층"과 "전송 계층"에 해당한다.
정답 ②

69 다음 설명에 해당하는 프로토콜로 가장 알맞은 것은?

> 메시지에 대한 오류 보고와 이에 대한 피드백을 원래 호스트에 보고하는 역할을 수행한다.

① IP
② ARP
③ UDP
④ ICMP

해설 ICMP (Internet Control Message Protocol)는 인터넷 프로토콜 스위트의 일부로서 네트워크 통신에서 발생하는 문제를 진단하고 관리하기 위한 프로토콜이다. ICMP는 네트워크 장치 간에 제어 및 오류 메시지를 교환하고 네트워크의 상태를 모니터링하는 데 사용된다.
정답 ④

70 다음 중 장애 발생 시에도 다른 시스템에 영향이 적고, 우회할 수 있는 방법이 존재하여 신뢰성이 높은 LAN 구성 방식으로 알맞은 것은?

① 스타형
② 버스형
③ 링형
④ 망형

해설 "망형 (Mesh Topology)"이다. 망형은 모든 장치가 서로 직접 연결되는 형태로 구성되어 있으며, 이러한 특성으로 인해 신뢰성이 높다.
정답 ④

71 다음 중 웹서비스에 사용되는 포트번호로 알맞은 것은?

① 80
② 143
③ 8008
④ 8080

해설 웹 서비스에 사용되는 포트 번호 중 가장 널리 사용되는 포트 번호는 80번 포트이다. 이 포트 번호는 HTTP(HyperText Transfer Protocol) 프로토콜을 사용하여 웹 서버와 클라이언트 간의 통신에 사용된다.
정답 ①

72 다음 설명에 해당하는 웹 브라우저로 알맞은 것은?

1994년 노르웨이의 한 회사에서 시작된 프로젝트에서 탄생한 프리웨어 웹 브라우저로 리눅스뿐만 아니라 윈도우 Mac OS X, 안드로이드, iOS에서도 사용할 수 있다.

① 크롬　　　　　② 사파리
③ 오페라　　　　④ 파이어폭스

해설 오페라(Opera)는 네트스케이프와 함께 인터넷 익스플로러 이전에 등장한 웹 브라우저 중 하나로, Norwegain Software Company Opera Software ASA에 의해 개발되었다. 오페라는 크로스 플랫폼 브라우저로 Windows, macOS, Linux, Android 및 iOS를 포함한 다양한 운영 체제에서 사용할 수 있다.
정답 ③

73 다음 중 텍스트 모드로 부팅된 상태에서 X 윈도를 실행하는 명령으로 알맞은 것은?

① xinit　　　　　② startx
③ systemctl xinit　④ systemctl startx

해설 "startx" 명령은 리눅스 및 Unix 기반 시스템에서 X Window 시스템을 시작하는 명령이다. 주로 사용자가 GUI 애플리케이션을 실행하고 그래픽 환경을 제어하기 위해 사용된다.
정답 ②

74 다음과 같은 설정이 저장되는 파일로 알맞은 것은?

nameserver 203.247.32.31
nameserver 168.126.63.1

① /etc/hosts
② /etc/resolv.conf
③ /etc/sysconfig/network
④ /etc/sysconfig/network-scripts

해설 /resolv.conf 파일은 시스템이 네트워크를 통해 호스트 이름을 IP 주소로 변환할 때 중요한 역할을 하며, 올바르게 구성되어 있어야 정상적인 네트워크 연결과 웹 브라우징 등이 가능하다. 이 파일은 시스템이 DNS(Domain Name System) 서버를 사용하여 호스트 이름을 IP 주소로 해석할 때 필요한 정보를 제공한다.
정답 ②

75 다음 중 IPv6의 주소 표현의 단위로 알맞은 것은?

① 32bit　　　　② 64bit
③ 128bit　　　④ 256bit

해설 IPv6(인터넷 프로토콜 버전 6) 주소는 128비트(비트로 표현되는 2진수) 길이를 가지는 주소이다. IPv6는 이전 버전인 IPv4의 32비트 주소보다 훨씬 큰 주소 공간을 제공하며, 이로써 무한히 많은 고유한 IP 주소를 생성할 수 있다.
정답 ③

76 다음 중 도시권 통신망인 MAN과 관련된 프로토콜로 알맞은 것은?

① X.25　　　　② ATM
③ DQDB　　　④ FDDI

해설 도시권 통신망(Man Metropolitan Area Network)과 관련된 프로토콜 중 하나는 "Distributed Queue Dual Bus (DQDB)"이다. DQDB는 MAN 환경에서 데이터 전송을 위한 표준화된 프로토콜로 사용되었다. 이 프로토콜은 IEEE 802.6 표준으로 정의되었으며, 주로 1980년대와 1990년대에 사용되었다.
정답 ③

77 다음 설명에 해당하는 기술이 탑재된 제품으로 알맞은 것은?

> 커널이 수정된 게스트 운영체제를 통해 물리적 서버에 대비하여 최대 98%의 성능을 나타낸다는 CPU 반가상화를 지원한다.

① Xen
② KVM
③ RHEV
④ VitualBox

 해설 Xen은 가상화 소프트웨어 플랫폼으로, 다양한 운영 체제를 하나의 물리적 서버에서 동시에 실행할 수 있도록 해주는 오픈 소스 가상화 소프트웨어이다. Xen은 클라우드 컴퓨팅 환경에서 많이 사용되며, 다양한 가상화 관련 프로젝트 및 제품에도 영향을 미쳤다. Xen의 개발과 지원은 오픈 소스 커뮤니티에 의해 계속되고 있으며, 다양한 가상화 솔루션에서 사용되고 있다.
정답 ①

78 다음 구성에 해당하는 클러스터링 기법으로 알맞은 것은?

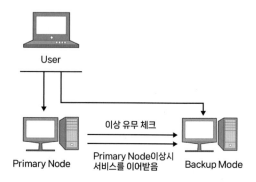

① LVS
② HA 클러스터
③ HPC 클러스터
④ 베어울프 클러스터

해설 HA(Cluster) 클러스터는 "고가용성" 클러스터로서, 시스템 또는 서비스의 중단 없는 가용성을 보장하기 위한 목적으로 설계된 컴퓨터 클러스터이다. HA 클러스터는 여러 대의 컴퓨터 노드(서버)가 함께 작동하여 서비스의 이중화와 장애 복구 기능을 제공하며, 일부 노드나 서비스가 장애를 겪더라도 다른 노드가 이를 대신하여 서비스를 유지한다.
 정답 ②

79 다음 설명에 해당하는 운영체제로 알맞은 것은?

> 리눅스 커널 기반으로 인텔과 삼성전자, 리눅스 재단, 리모 재단이 공동으로 개발한 모바일 및 IT 기기를 지원하는 운영체제이다.

① Tizen
② webOS
③ Bada OS
④ QNX

해설 Tizen은 리눅스 기반의 오픈 소스 운영 체제 및 소프트웨어 플랫폼으로, 주로 스마트 TV, 스마트 워치, 스마트폰, IoT(Internet of Things) 디바이스 및 다른 임베디드 시스템을 위한 소프트웨어 플랫폼으로 사용된다. Tizen은 리눅스 재단(Linux Foundation)과 삼성전자, 인텔(Intel) 등의 주요 기업과 협력하여 개발되었다.
정답 ①

80 다음 설명으로 알맞은 것은?

> 영국 잉글랜드의 한 재단에서 학교와 개발도상국에서 기초 컴퓨터 과학 교육을 증진시키기 위해서 개발한 신용카드 크기의 싱글 보드 컴퓨터이다.

① Arduino
② Raspberry Pi
③ Micro Bit
④ Cubie Board

해설 Raspberry Pi(라즈베리 파이)는 싱글보드 컴퓨터(Single—Board Computer, SBC)로서, 저렴하면서도 소형 및 저전력의 컴퓨터 플랫폼이다. Raspberry Pi는 라즈베리 파이 재단(Raspberry Pi Foundation)에서 개발하고 제조하며, 주로 교육 및 개발 목적으로 사용된다.
 정답 ②

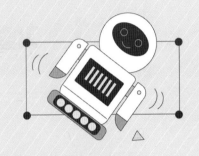

02

기출변형 모의고사
(실전용)

01 기출변형 모의고사 1회

● 해설 145p

1과목 : 리눅스 운영 및 관리

01 다음 중 스캐너 관련 API로 알맞은 것은?

① OSS
② ALSA
③ SANE
④ CUPS

02 다음 중 CentOS 7에서 X 윈도 기반으로 프린터를 설정할 때 사용하는 명령으로 알맞은 것은?

① printconf
② printtool
③ system-config-printer
④ redhat-config-printer

03 다음 설명에 해당하는 RAID 기술로 알맞은 것은?

디스크에 에러 발생 시 데이터의 손실을 막기 위해, 추가로 하나 이상의 장치에 중복 저장하는 기술이다.

① Volume Group
② Linear
③ Striping
④ Mirroring

04 다음 설명과 같은 상황에서 사용해야 하는 기술로 가장 알맞은 것은?

/home 디렉터리를 500GB로 구성할 예정이지만, 사용자가 많아질 경우를 대비해서 쉽게 용량 증설이 가능한 환경으로 구축하려고 한다.

① LVM
② RAID
③ Bonding
④ Clustering

05 다음 설명에 해당하는 용어로 알맞은 것은?

사운드카드를 자동으로 구성하게 하고, 다수의 사운드 장치를 관리하는 것이 목적이다. 1998년 Jaroslav Kysela에 의해 시작되었고, GPL 및 LGPL 라이선스 기반으로 배포되고 있다.

① OSS
② ALSA
③ SANE
④ CUPS

06 다음 유닉스에서 사용하는 프린팅 명령어 중 나머지 셋과 계열이 다른 것은?

① lp
② lpr
③ lpq
④ lprm

07 다음 중 sendmail 패키지를 제거하는 명령으로 알맞은 것은?

① rpm -i sendmail
② rpm -r sendmail
③ rpm -e sendmail
④ rpm -d sendmail

08 다음 (괄호) 안에 들어갈 내용으로 알맞은 것은?

```
# tar ( 괄호 ) linux-5.13.4.tar.xz
```

① jxvf
② Jxvf
③ zxvf
④ Zxvf

09 다음 중 소스 설치 과정 중에서 configure 작업 후에 관련 정보가 저장되는 파일명으로 알맞은 것은?

① install
② .config
③ .configure
④ Makefile

10 다음 중 yum 기반으로 작업한 목록을 확인하는 명령으로 알맞은 것은?

① yum list
② yum worklist
③ yum work list
④ yum history

11 다음은 묶여있는 tar 파일을 /usr/local/src 디렉터리에 푸는 과정이다. (괄호) 안에 들어갈 내용으로 알맞은 것은?

```
# tar xvf backup.tar ( 괄호 ) /usr/local/src
```

① -d
② -D
③ -c
④ -C

12 아파치 웹 서버를 소스 설치하는 과정에서 configure를 진행했으나 다시 configure 하기 위해 관련 파일들을 제거하려고 한다. 다음 (괄호) 안에 들어갈 내용으로 알맞은 것은?

```
[root@www httpd-2.4.46]# make ( 괄호 )
```

① clean
② delete
③ remove
④ reconfigure

13 다음 중 SUSE 리눅스에서 사용하는 패키지 관리 도구로 가장 알맞은 것은?

① rpm
② yum
③ dpkg
④ zypper

14 다음 중 레드햇 리눅스에서 사용되는 패키지 관리 도구로 가장 거리가 먼 것은?

① rpm
② yum
③ dnf
④ pacman

15 다음 설명에 해당하는 vi 편집기의 환경 설정 값으로 알맞은 것은?

```
vi 편집기를 이용해서 C 프로그래밍을 작성 중
이다. 각 행 앞에 행 번호가 나타나도록 설정하
려고 한다.
```

① set no
② set nu
③ set ai
④ set list

16 다음 중 vi 편집기의 명령 모드에서 편집모드로 전환하는 키로 틀린 것은?

① a
② e
③ i
④ o

17 다음 중 vi 편집기에서 줄의 시작이 linux일 때 Linux로 치환하는 명령으로 알맞은 것은?

① :% s/₩linux/Linux/
② :% s/₩<linux/Linux/
③ :% s/^linux/Linux/
④ :% s/$linux/Linux/

18 vi 편집기로 line.txt 파일의 내용을 불러오면서 커서의 위치를 마지막 줄에 위치시키려고 한다. 다음 (괄호) 안에 들어갈 옵션으로 알맞은 것은?

$ vi (괄호) line.txt

① +
② −e
③ −l
④ −L

19 다음 중 GNU 프로젝트에 의해 만들어진 편집기로 알맞은 것은?

① vi
② vim
③ nano
④ pico

20 다음 중 emacs 편집기 개발과 밀접한 인물의 조합으로 알맞은 것은?

① 리처드 스톨먼, 제임스 고슬링
② 리처드 스톨먼, 빌 조이
③ 빌 조이, 제임스 고슬링
④ 제임스 고슬링, 브람 무레나르

21 실행 중인 프로세스들의 CPU 사용률을 실시간으로 확인할 때 사용하는 명령으로 알맞은 것은?

① nice
② pstree
③ renice
④ top

22 다음 명령의 결과와 가장 관련 있는 프로세스 생성 방식으로 알맞은 것은?

① exec
② fork
③ inetd
④ standalone

23 다음 결과에 해당하는 명령으로 알맞은 것은?

① ps
② tree
③ pstree
④ ps_mem

24 다음은 ihduser가 cron 설정을 하는 과정이다. (괄호) 안에 들어갈 명령어의 옵션으로 알맞은 것은?

[ihduser@www ~]$ crontab (괄호)

① −n　　　　　② −e
③ −i　　　　　④ −u

25 다음 설명과 같이 cron을 설정할 때의 날짜 형식으로 알맞은 것은?

매주 월요일과 수요일 오전 11시 10분에 점검 스크립트인 /etc/check.sh를 실행한다.

① 10 11 * * 1−3 /etc/check.sh
② 11 10 * * 1−3 /etc/check.sh
③ 10 11 * * 1,3 /etc/check.sh
④ 11 10 * 1,3 /etc/check.sh

26 다음 중 (괄호) 안에 들어갈 내용으로 알맞은 것은?

(괄호) 방식은 관련 프로세스가 메모리에 항상 상주하는 것이 아니라, 클라이언트의 서비스 요청이 들어왔을 때 관련 프로세스를 실행시키고 요청이 끝나면 자동으로 프로세스를 종료시키는 방식이다.

① exec　　　　② fork
③ inetd　　　　④ standalone

27 다음 중 백그라운드 프로세스를 확인하는 명령으로 알맞은 것은?

① bg　　　　　② fg
③ jobs　　　　④ nohup

28 다음은 프로세스 아이디(PID)가 1222번인 프로세스의 우선순위 값을 -10으로 지정하는 과정이다. (괄호) 안에 들어갈 내용으로 알맞은 것은?

(㉠) (㉡) 1222

① ㉠ nice ㉡ −10
② ㉠ nice ㉡ −−10
③ ㉠ renice ㉡ −10
④ ㉠ renice ㉡ −−10

29 다음 중 [Ctrl]+[₩] 입력 시에 전송되는 시그널로 알맞은 것은?

① SIGINT　　　② SIGHUP
③ SIGQUIT　　④ SIGTERM

30 다음 중 커널이 사용하는 프로세스의 우선순위 항목으로 알맞은 것은?

① NI　　　　　② PRI
③ VSZ　　　　④ RSS

31 다음 설명에 해당하는 파일로 가장 알맞은 것은?

ihduser 사용자는 본인이 설정한 앨리어스(alias)를 다음 로그인에서도 계속 사용하려고 한다.

① ~/.bashrc
② ~/.bash_history
③ ~/.bash_profile
④ ~/.bash_logout

32 다음 설명에 해당하는 파일로 알맞은 것은?

> 리눅스 시스템에서 사용 가능한 셸의 목록 정보가 저장된 파일이다.

① /bin/bash ② /etc/shells
③ /etc/passwd ④ /etc/skel

33 다음은 ihduser가 사용 가능한 셸의 정보를 확인하는 과정이다. (괄호) 안에 들어갈 옵션으로 알맞은 것은?

> [ihduser@www ~]$ chsh (괄호)

① -c ② -l
③ -s ④ -u

34 다음 설명에 해당하는 셸로 알맞은 것은?

> 1978년에 버클리 대학의 빌 조이가 개발한 것으로 히스토리 기능, 별명(alias) 기능, 작업 제어 등의 유용한 기능들을 포함하였다.

① csh ② ksh
③ bash ④ tcsh

35 다음 중 ihduser가 로그인 셸을 변경했을 때 저장되는 파일로 알맞은 것은?

① ~/.bashrc
② ~/.bash_profile
③ /etc/passwd
④ /etc/shells

36 다음 명령의 결과에 대한 설명으로 알맞은 것은?

> $ history 5

① 처음에 실행한 명령어 5개를 화면에 출력한다.
② 최근에 실행한 명령어 5개를 화면에 출력한다.
③ 히스토리 목록 번호 중에서 5번에 해당하는 명령을 실행한다.
④ 최근에 실행한 명령 목록 중에서 5만큼 거슬러 올라가서 해당 명령을 실행한다.

37 다음 중 특정 사용자가 로그인 한 이후 선언한 셸 변수를 전부 확인할 때 사용하는 명령으로 알맞은 것은?

① env ② printenv
③ set ④ unset

38 다음은 ihduser가 본인에게 도착하는 메일 관련 파일의 경로를 확인하는 과정이다. (괄호) 안에 들어갈 환경 변수명으로 알맞은 것은?

> [ihduser@www ~]$ echo (괄호)
> /var/spool/mail/ihduser

① $MAIL ② $MAILFILE
③ $MAILCHECK ④ $MAILSPOOL

39 다음 중 일반 사용자가 파일의 내용을 볼 수 없는 파일로 알맞은 것은?

① /etc/passwd ② /etc/shadow
③ /etc/group ④ /etc/fstab

40 다음은 CD-ROM 드라이브의 디스크 트레이(tray)를 여는 과정이다. (괄호) 안에 들어갈 명령으로 알맞은 것은?

```
# ( 괄호 ) /dev/cdrom
```

① eject   ② mount
③ umount   ④ unmount

41 다음 조건에 해당하는 명령으로 알맞은 것은?

```
파일 시스템이 XFS인 /dev/sdb1을 /backup
디렉터리로 마운트한다.
```

① mount -j xfs /backup /dev/sdb1
② mount -j xfs /dev/sdb1 /backup
③ mount -t xfs /backup /dev/sdb1
④ mount -t xfs /dev/sdb1 /backup

42 다음 중 파일에 부여되는 쓰기 권한(W:Write)에 대한 설명으로 가장 알맞은 것은?

① "권한이 없음" 상태로 만들어 줄 수 있는 명령이다.
② 파일의 내용을 볼 수만 있는 권한이다.
③ 파일의 내용을 수정하거나 삭제할 수 있는 권한이다.
④ 파일을 실행만 가능한 상태로 설정하는 권한이다.

43 다음은 lin.sh 파일의 소유자는 ihduser, 소유 그룹은 kaitgroup으로 지정하는 과정이다. (괄호) 안에 들어갈 명령으로 알맞은 것은?

```
# ( 괄호 ) ihduser.kaitgroup lin.sh
```

① chmod   ② chown
③ chgrp   ④ umask

44 다음은 ihduser 사용자의 디스크 쿼터 설정 정보만 확인하려고 한다. (괄호) 안에 들어갈 명령으로 가장 알맞은 것은?

```
# ( 괄호 ) ihduser
```

① quota   ② edquota
③ repquota   ④ xfs_quota

45 다음 그림에 해당하는 명령으로 알맞은 것은?

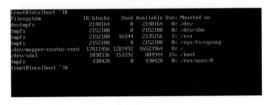

① df   ② du
③ mount   ④ lsblk

46 /etc/fstab의 총 6개의 필드로 구성되어 있는데, 마운트되는 디렉터리(mount point)는 몇 번째 필드인가?

① 첫 번째   ② 두 번째
③ 세 번째   ④ 네 번째

47 다음 (괄호) 안에 들어갈 내용으로 알맞은 것은?

```
리눅스에서 파티션을 생성하면 고유한 값인
( ㉠ )이/가 부여되는데, 이 값은 ( ㉡ ) 명령으
로 확인할 수 있다.
```

① ㉠ Set-UID ㉡ uuid
② ㉠ Set-UID ㉡ blkid
③ ㉠ UUID ㉡ blkid
④ ㉠ UUID ㉡ uuid

48 다음 중 Set-UID 또는 Set-GID와 같은 특수 권한이 설정된 파일로 알맞은 것은?

① /usr/bin/passwd
② /usr/sbin/useradd
③ /etc/passwd
④ /etc/shadow

2과목 : 리눅스 활용

49 다음 설명에 해당하는 용어로 가장 알맞은 것은?

> 하이퍼바이저나 게스트 운영체제를 사용하지 않고, 응용 프로그램과 라이브러리 등을 이미지로 만들어서 프로세스처럼 동작시키는 경량화된 가상화 방식으로 2013년 3월에 탄생하였다.

① 도커(Docker)
② 쿠버네티스(Kubernetes)
③ 앤서블(Ansible)
④ 오픈스택(OpenStack)

50 다음 중 업무 처리에 필요한 서버나 스토리지와 같은 IT 하드웨어 자원을 빌려 쓰는 클라우드 서비스로 알맞은 것은?

① SaaS
② IaaS
③ DaaS
④ PaaS

51 다음 설명에 해당하는 플랫폼으로 알맞은 것은?

> 2009년 2월에 BMW, 델파이, GM, 인텔, 윈드리버 등이 설립하여 만든 조직에서 리눅스 커널 기반의 표준화된 자동차용 IVI(In-Vehicle Infotainment)를 위해 만든 플랫폼이다.

① MeeGo IVI
② Tizen IVI
③ GENIVI
④ Android IVI

52 다음 설명에 해당하는 리눅스 배포판으로 알맞은 것은?

> 레드햇 엔터프라이즈 리눅스의 복제 버전에 해당하는 CentOS 지원 종료에 따라 탄생한 리눅스 배포판이다. CentOS 프로젝트 창립자인 Gregory Kurtzer가 주도하고 있다.

① Rocky Linux
② Arch Linux
③ Alma Linux
④ Linux Mint

53 전송 매체를 광섬유 케이블(Optical Fiber Cable)을 사용하여 설계된 링 구조의 통신망으로 네트워크 액세스를 제어하기 위해 토큰 패싱 방법을 사용하는 LAN 전송방식으로 알맞은 것은?

① Token Ring
② Ethernet
③ X.25
④ FDDI

54 다음 중 파일 전송 및 다운로드 진행 상태를 '#' 기호로 확인할 때 사용하는 FTP 명령어로 알맞은 것은?

① open
② hash
③ status
④ chmod

55 다음 중 모질라 재단에서 개발한 자유 소프트웨어로 게코(Gecko) 레이아웃 엔진을 사용한 웹 브라우저로 알맞은 것은?

① 파이어폭스　　② 크롬
③ 엣지　　　　　④ 익스플로러

56 다음 중 최상위 도메인으로 틀린 것은?

① com　　　　　② mil
③ org　　　　　④ or

57 다음 중 주요 프로토콜과 포트번호 조합으로 틀린 것은?

① SMTP - 25
② IMAP - 143
③ SNMP - 53
④ HTTPS - 443

58 다음 중 OSI 7계층 모델에서 데이터링크 계층의 데이터 전송 단위로 알맞은 것은?

① data　　　　　② segment
③ bit　　　　　　④ frame

59 다음 중 LAN의 접속규격과 처리에 대한 표준을 제정하는 기관으로 알맞은 것은?

① ISO　　　　　② ANSI
③ ITU-T　　　　④ IEEE

60 다음 중 프로토콜이 다른 통신망을 상호 접속하기 위한 통신장비로 알맞은 것은?

① 게이트웨이(Gateway)
② 라우터(Router)
③ 리피터(Repeater)
④ 브리지(Bridge)

61 다음 중 운영 중인 서버의 특정 포트에 접속하여 연결된(ESTABLISHED) 정보를 확인하는 명령의 조합으로 가장 알맞은 것은?

① ip, netstat　　② ss, route
③ ip, route　　　④ ss, netstat

62 리눅스 시스템에 첫 번째 네트워크 인터페이스로 설정된 eth0의 작동을 중지시킬 때 사용하는 명령어로 알맞은 것은?

① ifconfig eth0 up
② ifconfig eth0 down
③ ipconfig eth0 down
④ ipconfig eth0 up

63 다음 중 공인 IP 주소로 알맞은 것은?

① 192.168.0.1　　② 165.141.105.240
③ 172.30.255.254　④ 10.10.10.100

64 다음 중 OSI 7계층의 네트워크 계층과 관련된 프로토콜로 알맞은 것은?

① BGP　　　　　② TCP
③ UDP　　　　　④ SMB

65 다음 중 3-way handshaking을 수행하는 프로토콜로 알맞은 것은?

① TCP
② UDP
③ ICMP
④ SNMP

66 다음 중 Secure 기반의 원격제어 서비스와 연관이 없는 것은?

① ssh
② sftp
③ scp
④ sccp

67 다음에서 설명하는 것으로 알맞은 것은?

- 국가 및 대륙과 같은 넓은 지역을 연결하는 네트워크이다.
- 거리의 제한이 없으나 다양한 경로를 거쳐 도달하므로 속도가 느리고 전송 에러율도 높은 편이다.
- 구성 방식에는 전용회선 방식과 교환회선 방식이 있다.

① LAN
② MAN
③ WAN
④ SIP

68 다음 설명에 해당하는 파일로 알맞은 것은?

네트워크 사용 유무 지정, 호스트명 설정, 게이트웨이 주소 설정, NIS 도메인명 등이 기록되는 파일이다.

① /etc/sysconfig/network-scripts
② /etc/sysconfig/network
③ /etc/resolv.conf
④ /etc/passwd

69 다음 중 데이터의 암호화와 해독을 수행하고, 효율적인 전송을 위해 필요에 따라 압축과 해제를 수행하는 OSI 모델 계층으로 알맞은 것은?

① 응용 계층
② 데이터링크 계층
③ 물리 계층
④ 표현 계층

70 다음 중 이더넷 환경에서 다중 접속의 반송파 감지 및 충돌 탐지 방식을 뜻하는 용어로 알맞은 것은?

① CSMA/CA
② CSMA/CD
③ FDDI
④ DQDB

71 다음과 같은 조건일 때 설정되는 브로드캐스트 주소 값으로 알맞은 것은?

- IP 주소: 192.168.3.129
- 서브넷 마스크: 255.255.255.192

① 192.168.3.126
② 192.168.3.127
③ 192.168.3.190
④ 192.168.3.191

72 다음 중 이더넷 카드의 Link mode를 Auto-negotiation에서 1000Mb/s Full duplex로 변경하는 명령으로 알맞은 것은?

① route
② ifconfig
③ netstat
④ ethtool

73 다음 설명에 가장 적합한 프로그램으로 알맞은 것은?

> 그래픽이나 로고 디자인, 사진 편집, 색 바꾸기, 이미지 합성, 이미지 포맷 변환, 레이어 기법을 통한 움직이는 이미지 작업 등을 수행하려고 한다.

① Eog
② ImageMagicK
③ Gimp
④ Totem

74 다음 중 마이크로소프트사의 엑셀(Excel)을 대체할 수 있는 프로그램으로 알맞은 것은?

① LibreOffice Writer
② LibreOffice Dreaw
③ LibreOffice Calc
④ LibreOffice Impress

75 다음 설명에 해당하는 용어로 알맞은 것은?

> X 윈도 환경에서 윈도(window)의 배치와 표현을 담당하는 시스템 소프트웨어이다. 기본적인 기능으로는 창 열기와 닫기, 창 최소화 및 최대화, 창 이동, 창 크기 조정 등이 있다.

① 윈도 매니저
② 데스크톱 환경
③ 디스플레이 매니저
④ 데스크톱 매니저

76 다음은 X 서버 실행 시에 생성된 인증키 값을 확인하는 과정이다. (괄호) 안에 들어갈 명령으로 알맞은 것은?

> # (괄호) list $DISPLAY

① xauth
② xhost
③ xset
④ echo

77 다음 명령의 결과에 대한 설명으로 가장 알맞은 것은?

> [root@www ~]# echo $DISPLAY
> :1

① X 클라이언트 프로그램 실행이 활성화된 상태이다.
② X 클라이언트 프로그램 실행이 비활성화된 상태이다.
③ X 클라이언트 프로그램 실행 시 첫 번째 X 윈도에 실행된다.
④ X 클라이언트 프로그램 실행 시 두 번째 X 윈도에 실행된다.

78 다음 중 GNOME과 가장 거리가 먼 것은?

① konqueror
② nautilus
③ metacity
④ mutter

79 다음 설명에 해당하는 라이브러리로 알맞은 것은?

> C 언어로 구현된 클라이언트 라이브러리로 X 서버와 대화하는 역할을 수행한다. 저수준의 인터페이스로 키보드나 마우스에 대한 반응 등의 단순한 기능만을 하고 있다.

① Qt
② Xlib
③ GTK+
④ Motif

80 다음 중 시스템 시작 시 X 윈도 모드로 부팅이 되도록 설정하는 명령은?

① systemctl set-default multi-user.target
② systemctl set-default runlevel3.target
③ systemctl set-default runlevel5.target
④ systemctl set-default x.target

1과목 : 리눅스 운영 및 관리

01 다음중 프린터 큐의 상태를 출력하는 명령으로 알맞은 것은?

① lp
② lpr
③ lpc
④ lpstat

02 다음 중 스캐너 관련 프로그램으로 알맞은 것은?

① CUPS
② ALSA
③ OSS
④ SANE

03 다음 설명에 해당하는 LVM 관련 용어로 알맞은 것은?

> LVM에 구성되는 일종의 블록(Block) 같은 영역으로 보통 1단위당 4MB로 할당된다.

① PV
② VG
③ LV
④ PE

04 다음 그림은 CentOS 7에서 프린터를 설정하기 위해 관련 프로그램을 실행한 것이다. 해당 프로그램을 실행하기 위한 명령으로 알맞은 것은?

① printconf
② printtool
③ system−config−printer
④ redhat−config−printer

05 다음 설명에 해당하는 용어로 알맞은 것은?

> 버클리 프린팅 시스템으로 BSD 계열 유닉스에서 사용하기 위해 개발되었다. 라인 프린터 데몬 프로토콜을 사용하여 프린터 스풀링과 네트워크 프린터 서버를 지원한다.

① CUPS
② LPRng
③ SANE
④ ALSA

06 다음 설명에 해당하는 RAID의 종류로 알맞은 것은?

> 최소 3개의 디스크로 구성해야 하고, 패리티 정보를 이용해서 하나의 디스크가 고장이 발생한 경우에도 데이터 사용이 가능한 구성 방식이다. 디스크 3개로 구성 시에 약 33.3%가 패리티 공간으로 사용된다.

① RAID-0   ② RAID-1
③ RAID-5   ④ RAID-6

07 다음은 yum 명령을 이용해서 telnet-server 패키지를 설치하는 과정이다. (괄호) 안에 들어갈 내용으로 알맞은 것은?

> # yum (괄호) telnet-server

① -i   ② -y
③ install   ④ --install

08 다음 중 sendmail이라는 패키지를 설치하는 명령으로 알맞은 것은?

① rpm -e sendmail-8.14.7-6.el7.x86_64.rpm
② rpm -u sendmail-8.14.7-6.el7.x86_64.rpm
③ rpm -U sendmail-8.14.7-6.el7.x86_64.rpm
④ rpm -V sendmail-8.14.7-6.el7.x86_64.rpm

09 다음 중 compress 명령으로 생성되는 압축 파일명으로 알맞은 것은?

① php-8.0.3.tar.Z
② php-8.0.3.tar.xz
③ php-8.0.3.tar.gz
④ php-8.0.3.tar.bz2

10 다음은 다운로드 받은 rpm 패키지 파일에 대한 정보를 확인하는 과정이다. (괄호) 안에 들어갈 내용으로 알맞은 것은?

> # rpm (괄호) totem-3.26.2-1.el7.x86_64.rpm

① -qif
② -qip
③ -qiv
④ -qiF

11 다음은 backup.tar 파일의 내용을 확인하는 과정이다. (괄호) 안에 들어갈 내용으로 알맞은 것은?

> # tar (괄호) backup.tar
> -rw-rw-r-- ihd/kait 40 2021-03-30 00:01 int.tat
> -rw-rw-r-- ihd/kait 40 2021-03-30 00:01 joon.txt

① cvf
② xvf
③ rvf
④ tvf

12 다음 (괄호) 안에 들어갈 내용으로 알맞은 것은?

> (괄호)은/는 소스 컴파일 시 사용되는 Make의 대체프로그램으로 멀티플랫폼을 지원하기 위한 목적으로 등장한 오픈 소스 프로젝트이다. 이 방법을 사용하는 대표적인 프로그램에는 mysql이 있다.

① make
② cmake
③ configure
④ dnf

13 다음 중 온라인 패키지 관리 도구로 가장 거리가 먼 것은?

① YaST ② yum
③ apt-get ④ zypper

14 다음 중 소스 컴파일 단계에서 configure 작업 후에 생성되는 파일로 알맞은 것은?

① .config ② config.h
③ configure.h ④ Makefile

15 다음 중 vim(vi improved)를 개발한 인물로 알맞은 것은?

① 리처드 스톨먼
② 제임스 고슬링
③ 아보일 카사르
④ 브람 무레나르

16 다음 설명에 해당하는 편집기로 알맞은 것은?

> 1976년도에 빌 조이가 개발한 유닉스 계열 시스템의 대표적인 편집기이다.

① vi ② emacs
③ gedit ④ pico

17 vi 편집기 사용 중 비정상적인 종료로 인해 작업이 중단되었다. 다음 중 생성된 스왑 파일 목록을 확인하는 방법으로 알맞은 것은?

① vi + ② vi -r
③ vi -R ④ vi -s

18 다음 설명과 같은 경우 유용한 vi 편집기의 환경설정 값으로 알맞은 것은?

> vi 편집기의 ex 모드에서 개행문자($), TAB 문자(^|) 등을 확인하기 위해 설정한다.

① set ai ② set ic
③ set sm ④ set list

19 다음 중 nano 편집기에서 프로그램을 종료하는 조합으로 알맞은 것은?

① [Ctrl]+[a] ② [Ctrl]+[e]
③ [Ctrl]+[c] ④ [Ctrl]+[x]

20 다음 중 vi 편집기에서 ihd라는 단어를 kait로 치환하는 명령으로 알맞은 것은?

① :% s/^ihd/kait/g
② :% s/^ihd$/kait/g
③ :% s/〈ihd〉/kait/g
④ :% s/ \ 〈ihd \ 〉/kait/g

21 다음 중 프로세스에 전송되는 시그널명과 시그널 번호를 확인할 때 사용하는 명령으로 알맞은 것은?

① ps ② kill
③ stat ④ signals

22 다음 중 SIGTERM의 시그널 번호로 알맞은 것은?

① 1 ② 9
③ 15 ④ 20

23 실행중인 모든 프로세서를 확인하기 위해 사용하는 ps 명령 옵션으로 알맞은 것은?

① ef
② -a
③ aux
④ -f

24 다음 상황과 가장 관련 있는 용어로 알맞은 것은?

프로세스 A가 프로세스 B를 실행시킨 상태이다. 프로세스 B의 PPID(Parent Process Identity)를 조회해보니 프로세스 A의 PID(Process Identity)이다.

① fork
② exec
③ signal
④ daemon

25 다음 (괄호) 안에 들어갈 내용으로 가장 알맞은 것은?

웹이나 메일 등과 같이 서비스의 요청이 빈번하고, 빠른 서비스를 제공해야 하는 경우에는 데몬 프로세스를 (괄호) 방식으로 실행시키는 것이 적합하다.

① init
② inetd
③ xinetd
④ standalone

26 프로세스 아이디(Process Indentity)가 1222번인 프로세스를 강제 종료하려고 한다. 다음 (괄호) 안에 들어갈 내용으로 알맞은 것은?

kill (괄호) 1222

① -1
② -9
③ -15
④ -20

27 다음 중 우선순위 변경 명령으로 설정할 수 있는 NI 값의 범위로 알맞은 것은?

① −19 ~ 20
② −19 ~ 19
③ −20 ~ 19
④ −20 ~ 20

28 다음 중 현재 로그인에서 사용 중인 셸의 우선 순위 항목값인 NI 및 PRI 값을 확인할 때 사용하는 명령으로 알맞은 것은?

① nice
② renice
③ ps
④ kill

29 다음 중 cron을 이용해서 매주 월요일부터 금요일까지 오후 12시에 백업 스크립트를 실행하려고 할 때 (괄호) 안에 들어갈 내용으로 알맞은 것은?

(괄호) /etc/backup.sh

① 12 0 * * 1-5
② 0 12 * * 1-5
③ 12 0 * 1-5 *
④ 0 12 * 1-5 *

30 다음 (괄호) 안에 들어갈 내용으로 알맞은 것은?

CentOS 6 버전에서 최초의 프로세스명은 (㉠)이었으나, CentOS 7 버전부터는 (㉡)로 변경되었다.

① ㉠ init, ㉡ systemd
② ㉠ inetd, ㉡ systemd
③ ㉠ systemd, ㉡ init
④ ㉠ systemd, ㉡ inetd

31 다음은 chsh 명령의 사용법을 확인하는 과정이다. (괄호) 안에 들어갈 옵션으로 알맞은 것은?

```
[ihduser@www ~]$ chsh ( 괄호 )
```

① -c
② -l
③ -s
④ -u

32 다음 설명에 해당하는 파일로 알맞은 것은?

> 리눅스 시스템에서 사용 가능한 셸 정보가 저장된 파일이다.

① /bin/bash
② /etc/shells
③ /etc/passwd
④ /etc/shadow

33 다음 중 가장 먼저 등장한 셸로 알맞은 것은?

① Bourne Shell
② C Shell
③ Korn Shell
④ Bash

34 다음 중 선언된 셸 변수를 전부 확인할 때 사용하는 명령으로 알맞은 것은?

① set
② env
③ chsh
④ export

35 다음 중 명령행에서 역슬래시(\ )를 사용하여 나타나는 2차 프롬프트를 변경하려고 할 때 사용하는 환경 변수로 알맞은 것은?

① PS
② PS1
③ PS2
④ PROMPT

36 다음 설명에 해당하는 셸의 기능으로 알맞은 것은?

> 명령행에서 hd라고 입력하면 홈 디렉터리 안의 내용을 확인할 수 있도록 설정하려고 한다.

① 명령행 완성 기능
② 앨리어스(Alias) 기능
③ 히스토리(history) 기능
④ 명령행 편집 기능

37 다음 설명에 해당하는 파일명으로 가장 알맞은 것은?

> 시스템 전체 사용자에게 적용하는 환경 변수와 시작 관련 프로그램을 설정하는 파일이다.

① /etc/profile
② /etc/bash_profile
③ /etc/bashrc
④ ~/.bash_profile

38 다음 설명에 해당하는 셸로 알맞은 것은?

> POSIX와 호환되는 /bin/sh를 가능한 작게 구현한 셸로 빠른 작업 수행이 특징으로 현재 데비안 및 우분투 계열 리눅스의 기본 셸이다.

① ksh
② bash
③ dash
④ tcsh

39 다음 중 파일이나 디렉터리에 부여된 소유권의 값을 확인하는 명령으로 알맞은 것은?

① chmod
② chown
③ umask
④ ls

40 다음 중 파티션 단위로 남아 있는 디스크의 용량을 확인하는 명령으로 알맞은 것은?

① df
② du
③ free
④ edquota

41 다음 중 디스크에 부여된 UUID 값을 확인하는 명령으로 알맞은 것은?

① mount
② df
③ du
④ blkid

42 다음 중 파일에 부여되는 쓰기 권한(w: write)에 대한 설명으로 가장 알맞은 것은?

① 파일을 삭제할 수 있는 권한이 없다.
② 파일의 내용을 볼 수 있는 권한이다.
③ 파일의 내용을 수정할 수 있는 권한이다.
④ 실행 파일로 바꿀 수 있는 권한이다.

43 다음은 data라는 디렉터리를 포함해서 하위 디렉터리 및 파일의 소유권을 ihduser로 변경하는 과정이다. (괄호) 안에 들어갈 명령 및 옵션으로 알맞은 것은?

```
# ( 괄호 ) ihduser data/
```

① chmod -r
② chmod -R
③ chown -r
④ chown -R

44 다음 그림에 해당하는 명령으로 알맞은 것은?

```
[root@www ~]#
***Report for user quotas on device /dev/sda3
Block grace time: 7days; Inode grace time: 7days
                Block limits                File limits
   User   used  soft   hard  grace  used  soft hard grace
-------------------------------------------------------------
   root --   0     0      0            3    0    0
   alin --  12  102400 112640          7    0    0
   joon2 -- 12     0      0            7    0    0
```

① quota
② edquota
③ repquota
④ setquota

45 특정 파티션에 실행 파일이 실행되지 않도록 /etc/fstab 파일에 noexec 설정을 할 때 등록해야 하는 필드(field)로 알맞은 것은?

① 2번째 필드
② 3번째 필드
③ 4번째 필드
④ 5번째 필드

46 다음은 관련 정보 변경 후에 다시 마운트하는 과정이다. (괄호) 안에 들어갈 내용으로 알맞은 것은?

```
# mount ( 괄호 ) /home
```

① -o loop
② -t loop
③ -o remount
④ -t remount

47 다음은 CentOS 7에서 사용되는 XFS 파일 시스템 점검하는 과정이다. (괄호) 안에 들어갈 명령 및 옵션으로 알맞은 것은?

```
# ( 괄호 ) /dev/sdb1
```

① fsck -t xfs
② e2fsck -t xfs
③ xfs.fsck
④ xfs_repair

48 다음 중 /etc/fstab 파일에서 마운트되는 옵션 정보를 기록하는 필드는 몇 번째인가?

① 세 번째
② 네 번째
③ 다섯 번째
④ 여섯 번째

2과목 : 리눅스 활용

49 다음 중 리눅스 커널 기반의 운영체제로 틀린 것은?

① webOS
② Tizen
③ QNX
④ GENIVI

50 다음 설명에 해당하는 명칭으로 알맞은 것은?

> 오픈 소스를 기반으로 한 단일 보드 마이크로컨트롤러로 완성된 보드와 관련 개발 도구 및 환경을 말한다. 2005년 이탈리아의 IDII(Interaction Design Institute Ivera)에서 개발하였다.

① 아두이노(Arduino)
② 라즈베리 파이(Raspberry Pi)
③ 마이크로비트(Microbit)
④ 큐비 보드(Cubie Board)

51 다음 그림에 해당하는 명칭으로 알맞은 것은?

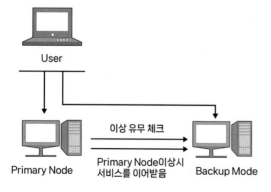

① 서버 가상화
② 컨테이너 기술
③ HA(High Availability) 클러스터
④ HPC(High Performance Computing) 클러스터

52 다음 설명에 해당하는 프로그램으로 알맞은 것은?

> 구글에 의해 설계되었고 현재는 리눅스 재단에 의해 관리되는 컨테이너 관리 프로그램이다.

① Docker
② Ansible
③ OpenStack
④ Kubernetes

53 다음 중 OSI 7계층 모델에서 물리 계층의 데이터 전송 단위로 알맞은 것은?

① bit
② frame
③ packet
④ segment

54 다음 중 리눅스와 윈도우 시스템 간의 자료 공유를 위해 사용되는 인터넷 서비스로 가장 알맞은 것은?

① SSH
② SAMBA
③ NFS
④ IRC

55 다음 중 잘 알려진 포트(Well-Known Port)의 범위로 알맞은 것은?

① 0 ~ 1023
② 1024 ~ 8080
③ 8081 ~ 35535
④ 35536 ~ 65535

56 다음 중 FTP에 대한 설명으로 틀린 것은?

① Active 모드와 Passive 모드를 지원한다.
② 익명의 계정(Anonymous)을 이용하여 접속할 수 있다.
③ FTP를 사용하기 위해서는 FTP 서버가 반드시 필요하다.
④ 1984년 썬 마이크로시스템즈 사에서 개발한 프로토콜이다.

57 다음 중 로컬 네트워크상에 있는 다른 시스템의 MAC 주소를 확인할 때 사용하는 명령으로 알맞은 것은?

① mii-tool
② arp
③ ifconfig
④ ss

58 다음 중 LAN 및 MAN 관련 표준을 제정한 기관으로 알맞은 것은?

① ISO
② ANSI
③ ITU
④ IEEE

59 다음 중 POP3 포트 번호로 알맞은 것은?

① 20
② 25
③ 53
④ 110

60 다음 중 SSH에 대한 설명으로 틀린 것은?

① 원격 셸 기능 지원
② 안전한 파일 전송 지원
③ 패킷 암호화 원격 로그인 지원
④ 평문 전송 기능 지원

61 다음 중 네트워크 인터페이스의 물리적 연결 여부를 확인할 수 있는 명령어로 가장 알맞은 것은?

① arp
② ifconfig
③ ethtool
④ ss

62 다음 중 허브(HUB)와 PC 연결과 같이 일반적인 연결에 사용하는 UTP 케이블 배열로 알맞은 것은?

① 흰녹, 녹, 흰주, 파, 주, 흰파, 흰갈, 갈
② 흰주, 주, 흰녹, 파, 흰파, 녹, 흰갈, 갈
③ 흰주, 주, 흰녹, 녹, 파, 흰파, 흰갈, 갈
④ 흰녹, 녹, 흰주, 파, 흰파, 주, 흰갈, 갈

63 다음 중 프로토콜의 기본 구성 요소 3가지로 틀린 것은?

① 구문
② 순서
③ 소켓
④ 의미

64 다음 설명에 해당하는 파일로 가장 알맞은 것은?

> 원격지 시스템에 접속할 때 IP 주소 대신 가상 도메인 주소 www.ihd.or.kr을 설정하여 사용하려고 한다.

① /etc/resolv/conf
② /etc/services
③ /etc/sysconfig/network-scripts
④ /etc/hosts

65 다음 중 IPv6의 주소 표현의 단위로 알맞은 것은?

① 16bit   ② 32bit   ③ 64bit   ④ 128bit

66 다음 중 IPv6의 특징으로 틀린 것은?

① 흐름 제어 기능 지원
② 호스트 주소 자동 설정
③ 인증 및 보안 기능
④ 헤더 구조 복잡성

67 다음 중 TCP의 3-way handshaking에서 수행하는 패킷의 순서로 알맞은 것은?

① SYN → ACK → SYN/ACK
② ACK → SYN/ACK → SYN
③ ACK → SYN → SYN/ACK
④ SYN → SYN/ACK → ACK

68 다음 중 UTP 케이블 카테고리(Category) 5e의 최대 전송속도로 가장 알맞은 것은?

① 10 Mbps   ② 64 Mbps
③ 100 Mbps   ④ 1 Gbps

69 다음 중 OSI 7계층 모델을 하위 계층부터 나열한 순서로 알맞은 것은?

① 물리 → 데이터링크 → 네트워크 → 전송 → 세션 → 표현 → 응용
② 물리 → 네트워크 → 전송 → 데이터링크 → 세션 → 응용 → 표현
③ 응용 → 표현 → 세션 → 전송 → 네트워크 → 데이터링크 → 물리
④ 응용 → 세션 → 표현 → 전송 → 네트워크 → 데이터링크 → 물리

70 다음 중 OSI 7계층 모델 중 세션 계층의 전송단위로 가장 알맞은 것은?

① data   ② packet
③ bit   ④ frame

71 다음 중 IPv4의 C 클래스 대역에 대한 설명으로 알맞은 것은?

① IP 주소 첫 번째 부분의 2비트가 10인 경우이다.
② IP 주소 첫 번째 부분의 2비트가 11인 경우이다.
③ IP 주소 첫 번째 부분의 4비트가 1110인 경우이다.
④ IP 주소 첫 번째 부분의 3비트가 110인 경우이다.

72 다음 중 게이트웨이 주소값을 설정하는 명령어로 알맞은 것은?

① route add -net 192.168.10.1
② route add net 192.168.10.1
③ route add default gw 192.168.10.1
④ route add default -gw 192.168.10.1

73 다음 중 PDF 문서 뷰어 프로그램으로 알맞은 것은?

① Eog   ② Evince
③ Gimp   ④ Gwenview

74 다음 중 워드 프로세서(Word Processor) 프로그램으로 알맞은 것은?

① LibreOffice Writer
② LibreOffice Draw
③ LibreOffice Calc
④ LibreOffice Impress

75 다음 중 KDE와 가장 관련이 깊은 라이브러리로 알맞은 것은?

① Qt
② GRK+
③ Xlib
④ XCB

76 다음 중 KDE에서 제공하는 이미지 뷰어 프로그램으로 알맞은 것은?

① Eog
② ImageMagicK
③ Gimp
④ Gwenview

77 다음 중 X 서버에 IP 주소가 192.168.5.13인 X 클라이언트의 접근을 허가하는 명령어로 알맞은 것은?

① xhost + 192.168.5.13
② xhost add 192.168.5.13
③ xauth + 192.168.5.13
④ xauth add 192.168.5.13

78 다음 설명에 해당하는 용어로 알맞은 것은?

GUI 환경을 이용하기 위해서 사용자에게 제공되는 인터페이스 스타일을 말한다. 파일관리자, 아이콘, 창, 도구 모음, 폴더, 배경 화면, 데스크톱 위젯을 제공하고 Drag & Drop 및 프로세스 간의 통보와 같은 기능도 제공한다.

① 데스크톱 환경
② 윈도 매니저
③ 디스플레이 매니저
④ 유저 인터페이스

79 다음 중 윈도 매니저의 종류로 알맞은 것은?

① Xfce
② GNOME
③ Kwin
④ LXDE

80 다음 중 시스템 시작 시 X 윈도 모드로 부팅이 되도록 설정하는 명령은?

① systemctl runlevel.5
② systemctl graphic.target
③ systemctl set-default runlevel5
④ systemctl set-default graphic.target

03 기출변형 모의고사 3회

● 해설 161p

1과목 : 리눅스 운영 및 관리

01 다음 중 CentOS 7에서 사용자의 디스크 사용량을 제한할 때 사용하는 명령으로 알맞은 것은?

① quota　　② xquota
③ set_quota　　④ xfs_quota

02 다음 중 CentOS 7에서 사용 가능한 파일 시스템 점검 명령으로 틀린 것은?

① fsck　　② e2fsck
③ xfs.fsck　　④ xfs_repair

03 다음 중 장착된 디스크들의 파티션 테이블 정보를 확인하는 명령으로 가장 알맞은 것은?

① mount -a　　② fdisk -l
③ df -hT　　④ du -h

04 다음 중 XFS 파일 시스템을 생성하는 명령으로 알맞은 것은?

① mke2fs
② xfs_mkfs
③ xfs.mkfs
④ mkfs.xfs

05 다음 (괄호) 안에 들어갈 내용으로 알맞은 것은?

(괄호) 설정은 보통 실행 파일에 사용되는데, 해당 파일을 실행하는 동안에는 실행시킨 사용자의 권한이 아닌 해당 파일의 소유자 권한으로 인식하게 된다.

① ACL　　② Set-UID
③ Set-GID　　④ Sticky-Bit

06 파일의 허가권이 다음과 같다. 사용자는 읽기, 쓰기, 실행 권한을 부여하고, 그룹과 다른 사용자는 읽기 및 실행 권한만 설정하려고 할 때 명령으로 알맞은 것은?

```
$ ls -l lin.sh
-rw-rw-r-- 1 ihd ihd 1079 Jan 27 16:29 lin.sh
```

① chmod 664 lin.sh
② chmod 644 lin.sh
③ chmod a+x,g-w lin.sh
④ chmod u+rwx,go+rx lin.sh

07 다음 중 파일이나 디렉터리의 생성 시에 부여되는 기본 허가권의 값을 지정하는 명령으로 알맞은 것은?

① chmod　　② chgrp
③ umask　　④ quota

08 다음 중 ihd 사용자의 디스크 사용량을 확인하는 명령으로 알맞은 것은?

① df
② du
③ free
④ edguota

09 다음 중 부팅 시에 특정 파티션을 자동으로 마운트 되도록 등록하는 파일로 알맞은 것은?

① /etc/mtab
② /etc/fstab
③ /etc/partitions
④ /etc/filesystems

10 허가권이 다음과 같이 설정되어 있다. 다른 그룹에 속한 kait 사용자의 접근을 막기 위한 명령으로 가장 알맞은 것은?

```
$ ls -ld data
drwxrwxr-x 2 ihd ihd 6 Jan 26 16:59 data
```

① group 계층의 r 권한을 제거한다.
② group 계층의 x 권한을 제거한다.
③ other 계층의 r 권한을 제거한다.
④ other 계층의 x 권한을 제거한다.

11 다음 설명에 해당하는 셸로 알맞은 것은?

1981년에 등장한 셸로 1975년 켄 그리어가 테넥스(TENEX)라는 운영체제에 반영한 명령행 완성 기능과 C 셸을 통합해서 만들어졌다.

① bash
② ksh
③ dash
④ tcsh

12 다음 중 bash에서 os라는 셸 변수에 linux라는 값을 선언하는 방법으로 알맞은 것은?

① os=linux
② set os=linux
③ unset os=linux
④ env os=linux

13 다음 중 로그인하면 나타나는 프롬프트를 변경하려고 할 때 사용하는 환경변수로 알맞은 것은?

① PS
② PS1
③ PS2
④ PROMPT

14 다음 설명에 해당하는 파일명으로 가장 알맞은 것은?

개인 사용자가 정의한 alias 및 함수들을 설정할 때 사용하는 파일이다.

① ~/bashrc
② ~/bash_profile
③ ~/.bashrc
④ ~/.bash_profile

15 다음 설명에 해당하는 파일로 알맞은 것은?

ihd라는 사용자의 로그인 셸 정보를 확인하려고 한다.

① /bin/bash
② /etc/shells
③ /etc/passwd
④ /etc/shadow

16 다음은 사용자가 로그인 셸을 변경하는 과정이다. (괄호) 안에 들어갈 옵션으로 알맞은 것은?

```
[ihduser@www ~]$ chsh ( 괄호 ) /bin/csh
```

① -c
② -l
③ -s
④ -u

17 다음은 로그인 셸 정보를 확인하는 과정이다. (괄호) 안에 들어갈 내용으로 알맞은 것은?

```
[ihduser@www ~]$ echo ( 괄호 )
```

① SHELL
② $SHELL
③ SHELLS
④ $SHELLS

18 다음 (괄호) 안에 들어갈 내용으로 알맞은 것은?

명령행에서 파일명이나 디렉터리명 입력 시 글자 일부분만 입력하고 (괄호) 키를 누르면 나머지 부분을 자동 완성시킬 수 있다.

① [↑]
② [↓]
③ [Tab]
④ [Ctrl]

19 다음 중 CentOS 7 리눅스의 최초 프로세스명으로 알맞은 것은?

① init
② inetd
③ xinetd
④ systemd

20 다음 중 cron을 이용해서 해당 스크립트를 5분 주기로 실행하려고 할 때 (괄호) 안에 들어갈 내용으로 알맞은 것은?

```
( 괄호 ) /etc/heartbeat.sh
```

① 5 * * * *
② */5 * * * *
③ 5/* * * * *
④ * * * * 5

21 다음 명령 실행 시에 발생되는 시그널로 알맞은 것은?

```
# kill 2101
```

① SIGHUP
② SIGKILL
③ SIGINIT
④ SIGTERM

22 다음 설명과 관련 있는 명령으로 알맞은 것은?

오랜 시간이 소요되는 백업 명령을 실행하려고 한다. 작업 중인 터미널이 닫혀도 계속 실행될 수 있게 명령을 내리려고 한다.

① nice
② renice
③ nohup
④ bg

23 다음 중 프로세스 ID(PID)로 우선순위를 변경할 때 사용하는 명령으로 알맞은 것은?

① nice
② renice
③ nohup
④ pkill

24 다음 중 포그라운드 프로세스의 작업을 일시적으로 중지(suspend)시키는 키 조합으로 알맞은 것은?

① [ctrl]+[z]
② [ctrl]+[c]
③ [ctrl]+[l]
④ [ctrl]+[d]

25 다음 설명으로 알맞은 것은?

다른 프로세스를 실행하기 위한 시스템 호출 방법 중 하나로서 특정 프로세스가 새로운 프로세스를 발생시킬 때 프로세스가 증가하지 않는 방식이다.

① exec
② fork
③ nice
④ renice

26 다음 결과에 해당하는 명령으로 알맞은 것은?

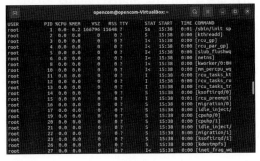

① ps
② top
③ pstree
④ pgrep

27 다음 설명으로 가장 알맞은 것은?

> 주기적이고 지속적인 서비스 요청을 처리하기
> 위해 메모리에 계속 실행되어 있는 프로세스로
> 백그라운드 프로세스의 일종이다.

① init
② systemd
③ daemon
④ xinetd

28 다음 중 백그라운드 프로세스와 가장 관련이 깊은 기호로 알맞은 것은?

① 〉
② &
③ %
④ ^

29 다음 중 vi 편집기에서 줄의 linux로 끝날 경우 마지막에 '.' 기호를 덧붙이도록 치환하는 명령으로 알맞은 것은?

① :% s/linux$/linux./
② :% s/linux./linux$/
③ :% s/linux\〉/linux./
④ :% s/linux./linux\〉/

30 다음 중 nano 편집기에서 커서의 위치를 해당 줄의 끝으로 이동하는 조합으로 알맞은 것은?

① [Ctrl]+[a]
② [Ctrl]+[e]
③ [Ctrl]+[c]
④ [Ctrl]+[x]

31 다음 중 vi 편집기의 명령모드에서 현재 커서가 위치한 곳의 문자를 삭제하는 입력 키로 알맞은 것은?

① e
② d
③ x
④ dd

32 다음 설명과 같은 경우 유용한 vi 편집기의 환경설정값으로 알맞은 것은?

> vi 편집기를 이용해서 C 프로그래밍을 작성 중이
> 다. [Enter] 키를 입력하여 다음 행으로 이동했을
> 때 바로 위 줄과 같은 열에 커서를 위치시킨다.

① set nu
② set ic
③ set ai
④ set sm

33 리눅스를 서버로 사용할 예정이라 X 윈도를 설치하지 않은 상태이다. 다음 중 사용할 수 없는 편집기는?

① nano
② emacs
③ gedit
④ vim

34 다음 설명에 해당하는 편집기로 알맞은 것은?

> 리처드 스톨만이 개발한 고성능 문서 편집기로
> 단순한 편집기를 넘어서 텍스트 처리를 위한 포
> 괄적인 통합환경을 제공한다.

① nano
② emacs
③ gedit
④ pico

35 아파치 웹 서버를 소스 설치하는 과정에서 지원되는 설치 옵션을 확인하려고 한다. 다음 (괄호) 안에 들어갈 내용으로 알맞은 것은?

[root@www httpd-2.4.46]# ./configure (괄호)

① --help
② --config
③ --option
④ --options

36 다음 중 소스 파일로 프로그램을 설치하는 단계로 알맞은 것은?

① make → configure → make install
② make → make install → configure
③ configure → make → make install
④ configure → make install → make

37 PHP를 설치하기 위해 관련 웹 사이트에 접속했더니 동일한 버전으로 4개의 압축된 파일로 제공되고 있다. 빠른 다운로드를 위해 파일의 크기가 가장 작은 것을 선택하려고 할 때 알맞은 것은?

① php-7.4.15.tar.Z
② php-7.4.15.tar.xz
③ php-7.4.15.tar.gz
④ php-7.4.15.tar.bz2

38 다음은 backup.tar 파일에 추가로 파일을 묶는 과정이다. (괄호) 안에 들어갈 내용으로 알맞은 것은?

tar (괄호) backup.tar lin.txt joon.c

① cvf
② xvf
③ rvf
④ tvf

39 다음 중 리눅스 시스템에 설치되어 있는 패키지 목록을 확인하는 명령으로 알맞은 것은?

① dpkg -i
② dpkg -I
③ dpkg -l
④ dpkg -L

40 다음 중 데비안 계열 리눅스 패키지 관리 도구로 알맞은 것은?

① rpm
② yum
③ dpkg
④ zypper

41 다음 중 sendmail이라는 패키지 설치 여부를 확인하는 명령으로 알맞은 것은?

① rpm -i sendmail
② rpm -a sendmail
③ rpm -V sendmail
④ rpm -q sendmail

42 다음 중 yum 기반으로 telnet이라는 문자열이 포함된 패키지를 찾는 명령으로 알맞은 것은?

① yum search telnet
② yum search *telnet*
③ yum search ^telnet^
④ yum search ?telnet?

43 다음 설명에 해당하는 RAID 기술로 알맞은 것은?

연속된 데이터를 여러 개의 디스크에 라운드 로빈 방식으로 기록하는 기술로 프로세서가 데이터를 읽어 들일 때 여러 디스크를 활용함으로써 처리 속도를 높일 수 있다.

① Volume Group
② Linear
③ Striping
④ Mirroring

44 다음 중 프린팅 시스템에서 사용하는 명령으로 틀린 것은?

① lp
② cancel
③ lpadmin
④ alsactl

45 다음 설명에 해당하는 기술로 알맞은 것은?

리눅스 및 유닉스 계열 운영체제에서 사운드를 만들고 캡처하는 인터페이스로 표준 유닉스 장치시스템 콜(POSIX)에 기반을 두고 있다. 총 4가지의 라이선스 옵션으로 배포되고 있다.

① OSS
② ALSA
③ SANE
④ CUPS

46 다음 설명과 같은 상황에서 사용해야 하는 기술로 가장 알맞은 것은?

500GB 용량의 하드디스크 2개가 준비된 상태이지만 각각 700GB, 200GB, 100GB 용량으로 분할된 파티션 3개의 운영이 필요한 상황이다.

① LVM
② RAID
③ Bonding
④ Clustering

47 다음 중 프린팅 시스템과 가장 거리가 먼 것은?

① CUPS
② LPRng
③ LPD
④ SANE

48 다음 중 프린터 작업을 요청하는 명령으로 알맞은 것은?

① lpr
② lpq
③ lpc
④ lpstat

2과목 : 리눅스 활용

49 다음 중 시스템 시작 시 X 윈도 모드로 부팅이 되도록 설정하는 명령은?

① systemctl runlevel.5
② systemctl graphical.target
③ systemctl set-default runlevel.5
④ systemctl set-default graphical.target

50 다음 설명과 가장 관련이 깊은 것은?

시스템 부팅 시 X 윈도를 사용하는 모드에서 사용자 이름과 암호를 요청하고 유효한 값이 입력되면 세션을 시작해주는 역할을 수행한다.

① XCB
② GDM
③ GNOME
④ Mutter

51 다음 중 윈도 매니저의 종류로 틀린 것은?

① Xfce
② Mutter
③ Kwin
④ Windowmaker

52 다음 중 스프레드시트(Spreadsheet) 프로그램으로 알맞은 것은?

① LibreOffice Writer
② LibreOffice Draw
③ LibreOffice Calc
④ LibreOffice Impress

53 다음 중 X 서버에서 X 클라이언트의 접근을 허가할 때 IP 주소를 사용하는 명령어로 알맞은 것은?

① xauth ② xhost
③ xset ④ xmodmap

54 다음 설명에 해당하는 용어로 알맞은 것은?

> GNU 프로젝트에 의해 만들어진 공개형 데스크톱 환경으로 GTK+ 라이브러리를 사용하였다.

① KDE ② GNOME
③ LXDE ④ Wayland

55 다음 중 X 클라이언트에서 원격지로 응용 프로그램을 전송하기 위해 변경해야 하는 환경변수로 알맞은 것은?

① TERM ② HOME
③ HOSTNAME ④ DISPLAY

56 다음 그림에 해당하는 이미지 뷰어 프로그램으로 알맞은 것은?

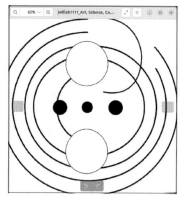

① Eog ② ImageMagicK
③ Gimp ④ Totem

57 다음 중 UDP 프로토콜과 가장 관련 있는 서비스로 알맞은 것은?

① DNS ② TELNET
③ SMTP ④ HTTP

58 ssh 명령어를 이용해 IP주소가 192.168.12.22인 ssh 서버에 접속하려는데, 포트 번호가 8080번으로 변경되었다. 다음 중 해당 서버에 접속하는 방법으로 알맞은 것은?

① ssh 192.168.12.22 8080
② ssh 192.168.12.22:8080
③ ssh 192.168.12.22 −P 8080
④ ssh 192.168.12.22 −p 8080

59 다음 (괄호) 안에 들어갈 내용으로 알맞은 것은?

> FTP 서버에 접속한 뒤에 파일을 업로드하려면 (㉠) 명령을 사용하고, 파일을 다운로드하려면 (㉡) 명령을 사용한다.

① ㉠ open ㉡ close ② ㉠ mkdir ㉡ rmdir
③ ㉠ get ㉡ put ④ ㉠ put ㉡ get

60 다음 중 IPv6에 대한 설명으로 틀린 것은?

① 패킷 크기의 확장
② IP 주소 대역 구분인 클래스의 확장
③ 패킷 출처 인증 및 비밀 보장 기능 지원
④ 흐름 제어 기능 지원

61 다음 설명에 해당하는 기술로 알맞은 것은?

> 단말기가 전송로의 신호유무를 조사하고, 다른 단말기가 신호를 송출하고 있는지를 확인한다.

① CDMA ② PSTN
③ PDSN ④ CSMA/CD

62 다음 설명에 해당하는 프로토콜로 알맞은 것은?

> 세그먼트를 보내기만 하고 응답을 주고받지 않는 프로토콜이어서 제대로 전달되었는지 확인하지 않으며 오류 수정도 하지 않는다.

① IP ② VRRP
③ TCP ④ UDP

63 다음 중 네임 서버가 기록되어 있는 파일로 알맞은 것은?

① /etc/hosts
② /etc/resolv.conf
③ /etc/sysconfig/network
④ /etc/services

64 다음의 LAN 구성 방식에 대한 설명으로 알맞은 것은?

> • 장애발생 시에도 다른 시스템에 영향이 적다.
> • 라우터를 이용하여 LAN과 LAN을 연결하거나 백본망을 구성할 때 주로 사용된다.
> • 장애발생시 고장 지점을 찾기가 쉽지 않다.

① 스타형(Star) ② 망형(Mesh)
③ 버스형(Bus) ④ 링형(Ring)

65 다음 중 IP 주소 할당 및 도메인을 관리하는 국제기구로 알맞은 것은?

① IEEE ② ISO
③ FIA ④ ICANN

66 다음 중 네트워크 인터페이스 카드의 물리적 연결 여부를 확인할 때 사용하는 명령어로 알맞은 것은?

① ethtool ② arp
③ netstat ④ route

67 다음 중 OSI모델 기준으로 가장 많은 계층을 지원하는 장치로 알맞은 것은?

① Router ② Bridge
③ HUB ④ RJ-45케이블

68 다음 중 telnet 명령어를 사용해 IP 주소가 192.168.12.22번인 HTTPS 서버의 포트를 점검하는 방법으로 알맞은 것은?

① telnet 192.168.12.22 80
② telnet 192.168.12.22:80
③ telnet 192.168.12.22 -p 443
④ telnet 192.168.12.22 443

69 다음 중 이더넷 기반의 LAN 구성을 할 경우에 가장 거리가 먼 장치는?

① 리피터 ② 허브
③ RJ-45 ④ SAN 스위치

70 다음 중 OSI 참조 모델을 제정한 기관으로 알맞은 것은?

① IEEE ② EIA
③ ANSI ④ ISO

71 다음 중 프로토콜과 포트 번호의 조합으로 알맞는 것은?

① TELNET - 22 ② DNS - 53
③ SSH- 23 ④ FTP - 80

72 다음 중 메일 서버간의 메시지를 교환할 때 사용하는 프로토콜로 알맞은 것은?

① SMTP ② FTP ③ POP3 ④ IMAP

73 다음 중 로컬 네트워크에 있는 특정 호스트의 MAC 주소를 조회하려고 할 때 사용하는 명령어로 알맞은 것은?

① arp ② telnet ③ route ④ ethtool

74 다음 설명으로 알맞은 것은?

- 실시간 채팅 프로토콜로 여러 사용자가 모여 대화를 할 수 있는 서비스이다.
- 개인 간의 대화와 파일 전송 기능도 제공한다.

① IRC ② NFS
③ SAMBA ④ Usenet

75 다음 중 루프백(Loopback) IP 주소로 알맞은 것은?

① 10.0.0.1 ② 192.168.0.1
③ 172.16.0.254 ④ 127.0.0.1

76 다음 중 최상위 도메인으로 틀린 것은?

① com ② net ③ kr ④ go

77 다음 설명에 해당하는 프로그램으로 알맞은 것은?

소프트웨어 프로비저닝(provisioning), 구성 관리, 배포 프로그램으로 유닉스 및 리눅스, 윈도우 운영체제에서 사용 가능한 공개 프로그램이다. 2015년 레드햇에 인수되어서 관리되고 있다.

① Docker ② Ansible
③ OpenStack ④ Kubernetes

78 다음 설명에 운영체제로 알맞은 것은?

인텔과 삼성을 주축으로 리눅스 재단, MeeGo 개발자들이 합류하여 만든 리눅스 커널 기반의 모바일 운영체제이다.

① webOS ② Tizen
③ Bada OS ④ Android

79 다음 중 CPU 반가상화를 지원하는 서버 가상화 기술로 알맞은 것은?

① KVM ② XEN
③ VirtualBox ④ Hyper-V

80 다음 설명으로 알맞은 것은?

고성능의 계산 능력을 제공하기 위한 목적으로 제작되는데 주로 과학계산용으로 활용되고, 흔히 부르는 슈퍼컴퓨터의 제작 방식이다.

① 고가용성 클러스터
② 부하분산 클러스터
③ HA(High Available) 클러스터
④ HPC(High Performance Computing) 클러스터

04 기출변형 모의고사 1회 정답 및 해설

01	02	03	04	05	06	07	08	09	10
③	③	④	①	②	①	③	②	④	④
11	12	13	14	15	16	17	18	19	20
④	①	④	④	②	②	③	①	③	①
21	22	23	24	25	26	27	28	29	30
④	②	③	②	③	③	③	③	③	②
31	32	33	34	35	36	37	38	39	40
①	②	②	①	③	②	③	①	②	①
41	42	43	44	45	46	47	48	49	50
④	③	②	①	①	②	③	①	①	②
51	52	53	54	55	56	57	58	59	60
③	①	④	②	①	④	③	④	④	①
61	62	63	64	65	66	67	68	69	70
④	②	②	①	①	④	③	②	④	②
71	72	73	74	75	76	77	78	79	80
④	④	③	③	①	①	④	①	②	③

1과목 : 리눅스 운영 및 관리

01 ③

SANE(Scanner Access Now Easy)은 오픈 소스 프로젝트로 개발된 스캐너 드라이버 및 라이브러리이다. SANE은 다양한 스캐너 장치와 다양한 운영 체제에서 스캐너를 사용하고 관리하는 데 도움을 주는 도구 및 API를 제공한다.

02 ③

system-config-printer는 리눅스 기반 시스템에서 프린터 설정을 관리하기 위한 그래픽 사용자 인터페이스(GUI) 도구 중 하나이다. 이 도구는 CUPS (Common UNIX Printing System)와 함께 사용되며, 사용자가 프린터를 추가, 제거, 설정 변경 등의 작업을 쉽게 수행할 수 있도록 도와준다.

03 ④

RAID(Redundant Array of Independent Disks) 기술 중에서 "Mirroring" 또는 "RAID 1"은 데이터의 복제를 통해 데이터 안정성을 향상시키는 기술이다.

04 ①

LVM(Linux Logical Volume Manager)은 리눅스 기반 운영 체제에서 사용되는 스토리지 관리 기술이다. LVM은 물리적 스토리지 디바이스(하드 디스크, SSD 등)를 관리하여 더 유연하게 데이터 스토리지를 구성하고 관리할 수 있도록 도와준다.

05 ②

ALSA(Advanced Linux Sound Architecture)는 리눅스와 유닉스 기반 운영 체제에서 오디오 및 사운드 처리를 지원하기 위한 소프트웨어 프레임워크 및 드라이버이다. ALSA는 리눅스 커널의 일부로 포함되어 있으며, 다양한 오디오 하드웨어 및 응용 프로그램에서 오디오 장치를 관리하고 제어하는 데 사용된다.

06 ①

"lp" 명령어는 System V 계열의 유닉스 시스템에서 사용되는 명령어로, 프린터 관리와 프린팅 작업 관리를 위한 명령어이다. 나머지는 BSD 계열의 유닉스 시스템이다.

07 ③

rpm -e sendmail 명령어를 실행하면 시스템에서 sendmail 패키지가 제거된다. Sendmail은 전자 메일 전송 소프트웨어로, 이 명령어를 사용하여 시스템에서 sendmail을 제거하면 해당 소프트웨어가 시스템에서 더 이상 사용되지 않게 된다.

08 ②

tar Jxvf linux-5.13.4.tar.xz 명령어를 실행하면 "linux-5.13.4.tar.xz"라는 xz 압축 형식의 아카이브 파일이 현재 작업 디렉터리에서 압축 해제되며, 그 과정이 자세히 표시된다. 이 명령어를 실행하면 "linux-5.13.4"라는 디렉터리와 그 안에 포함된 파일 및 디렉터리가 현재 디렉터리에 생성될 것이다.

09 ④

소스 코드를 컴파일하고 설치하기 전에 configure 스크립트를 사용하여 소프트웨어를 시스템에 맞게 설정할 때, 관련 정보와 설정이 저장되는 파일의 이름은 일반적으로 "Makefile"이다. "Makefile"은 소프트웨어 빌드 프로세스에서 사용되는 설정 및 명령어를 정의하는 텍스트 파일이다.

10 ④

yum history 명령어를 사용하면 시스템에서 수행한 패키지 관련 작업의 목록을 볼 수 있으며, 각 작업에 대한 세부 정보도 확인할 수 있다. 이를 통해 시스템에서 어떤 패키지가 설치되었거나 업데이트되었는지, 언제 이루어졌는지 등을 추적할 수 있다.

11 ④

tar xvf backup.tar -C /usr/local/src 명령어는 리눅스와 유닉스 시스템에서 사용되며, tar 아카이브 파일을 해제하고 그 내용을 특정 디렉터리로 추출하는 명령어이다. 이 명령어를 실행하면 "backup.tar"라는 tar 아카이브 파일의 내용이 "/usr/local/src" 디렉터리로 해제되고 그 내용이 해당 디렉터리에 복사된다.

12 ①

make clean은 소스 코드를 컴파일하여 생성된 빌드 아티팩트(실행 파일, 라이브러리, 오브젝트 파일 등)를 제거하고 빌드 환경을 초기화하는 명령어이다. 이 명령어를 사용하면 이전 빌드 작업으로 생성된 파일을 모두 지우고 빌드를 처음부터 다시 시작할 수 있다.

13 ④

SUSE 리눅스에서 사용하는 주요 패키지 관리 도구 중 하나는 zypper이다. zypper는 패키지 설치, 업데이트, 제거, 검색 및 의존성 관리를 수행하는 명령줄 기반의 패키지 관리 도구로, openSUSE 및 SUSE Linux Enterprise와 같은 SUSE 계열의 리눅스 배포판에서 사용된다.

14 ④

레드햇 리눅스와 관련된 패키지 관리 도구로서 "pacman"은 거리가 먼 도구이다. "pacman"은 Arch Linux와 Arch Linux 계열의 리눅스 배포판에서 사용되는 패키지 관리 도구이다. Arch Linux와 레드햇 리눅스는 서로 다른 리눅스 배포판이며, 각각의 배포판은 고유한 패키지 관리 시스템과 도구를 사용한다.

15 ②

set nu는 vi 또는 Vim 편집기에서 사용되는 설정 옵션 중 하나로, "nu"는 "line numbers"의 약자이다. 이 설정을 사용하면 각 행(라인)에 줄 번호가 표시된다.

16 ②

e 키는 편집 모드로 전환하는 키가 아니다. e 키는 단어 끝으로 이동하는 명령어로, 명령 모드에서 현재 커서 위치에서 단어의 끝으로 이동한다.

17 ③

이 명령어는 현재 파일에서 "linux"로 시작하는 모든 줄을 검색하여 해당 줄의 "linux"를 "Linux"로 치환하라는 의미이다. 이 명령어를 실행하면 모든 발견된 "linux"가 "Linux"로 변경된다.

18 ①

명령어를 실행하면 "line.txt" 파일이 vi 편집기로 열리고, 커서는 파일의 마지막 줄에 위치하게 된다. 이제 편집 모드로 전환하여 파일을 편집할 수 있다.

19 ③

"nano"는 GNU 프로젝트에 의해 개발된 텍스트 편집기이다. GNU nano는 터미널 환경에서 사용되며, 주로 간단한 텍스트 파일을 편집하고 수정하는 데 사용된다.

20 ①

스톨먼은 GNU 프로젝트의 창시자로, Emacs는 GNU 프로젝트의 일환으로 개발되었다. 그리고 최초에는 고슬링이맥스라고도 불리는 프로그램코드를 활용해서 이맥스를 개발했다. 향후에 법적문제가 발생하여 스톨먼이 완전 바닥부터 새로 개발을 한 것이 현재의 그누이맥스라고 한다.

21 ④

top" 명령을 실행하면 실시간으로 시스템 리소스 사용 상태를 모니터링할 수 있으며, 시스템 성능 문제를 해결하거나 프로세스 관리에 도움이 된다.

22 ②

fork는 Unix와 Unix 계열 운영 체제에서 사용되는 시스템 호출(System Call) 중 하나로, 새로운 프로세스를 생성하는 방식이다. fork 호출을 사용하면 부모 프로세스로부터 현재 실행 중인 프로세스의 복제본을 만들 수 있다. 이 복제된 프로세스는 부모 프로세스와 동일한 코드, 데이터, 파일 디스크립터 등을 공유하지만 프로세스 ID가 다르며 별도의 프로세스로 실행된다.

23 ③

pstree는 Unix 및 Unix 계열 운영 체제에서 사용되는 명령어로, 현재 실행 중인 프로세스들의 계층적인 트리 구조를 표시하는 데 사용된다. 이 명령어는 시스템에서 실행 중인 프로세스 간의 부모–자식 관계를 시각적으로 나타내어 프로세스 간의 계층적인 구조를 이해하고 관찰하기 쉽게 도와준다.

24 ②

crontab –e는 리눅스 및 유닉스 기반 운영 체제에서 사용되는 명령어로, 현재 사용자의 cron 작업 스케줄을 편집하기 위한 명령어이다. "crontab"은 주기적인 작업을 자동으로 실행하기 위해 사용되는 스케줄링 도구인 "cron"의 설정 파일을 관리하는 명령어이다. "crontab –e" 명령을 사용하면 현재 사용자의 cron 작업 스케줄을 수정하거나 새로운 작업을 추가할 수 있다.

25 ③

이 스케줄은 "매주 월요일과 수요일, 오전 11시 10분에 /etc/check.sh 스크립트를 실행하라"는 의미를 가지고 있다.

- 10: 분(Minute)을 나타낸다. 이 필드에서는 실행할 분을 지정한다.
- 11: 시(Hour)를 나타낸다. 이 필드에서는 실행할 시간을 지정한다.
- *: 일(Day of Month)을 나타낸다. 이 필드는 스케줄링을 월별로 설정할 때 사용된다.
- *: 월(Month)을 나타낸다. 이 필드에서도 월별 스케줄링을 설정할 때 사용된다.
- 1,3: 요일(Day of Week)을 나타낸다. 이 필드에서는 실행할 요일을 지정한다.
- /etc/check.sh: 실행할 스크립트 또는 명령을 나타낸다.

26 ③

inetd는 인터넷 슈퍼 서버(Internet Super Server) 또는 데몬(데몬 프로세스)으로 알려진 유닉스 및 리눅스 시스템에서 사용되는 네트워크 서비스 관리 도구이다. inetd는 클라이언트의 요청에 따라 네트워크 서비스를 시작하고 관리하는 역할을 한다.

27 ③

백그라운드 프로세스를 확인하는 명령은 jobs이다. jobs 명령을 사용하면 현재 셸 세션에서 실행 중인 백그라운드 작업의 목록을 확인할 수 있다. 이 명령을 사용하면 작업 번호(Job Number)와 해당 작업의 상태를 볼 수 있으며, 작업을 제어하는 데 사용할 수 있는 다른 명령어와 함께 사용된다.

28 ③

㉠ renice는 renice 명령을 시작하고, ㉡ –10은 프로세스의 우선순위를 –10으로 지정하는 옵션이다. 이를 통해 PID가 1222번인 프로세스의 우선순위가 –10으로 변경된다. 높은 우선순위는 CPU 시간을 더 많이 할당받는 것을 의미하며, 일반적으로 시스템의 성능과 관련된 작업에 더 많은 우선순위를 부여할 때 사용된다.

29 ③

[Ctrl]+₩를 입력하면 시스템에서 "SIGQUIT"라고 불리는 시그널이 발생한다. 이 시그널은 프로세스에게 종료 요청을 보내며, 종료할 때 현재 실행 중인 작업의 상태 정보를 코어 덤프(core dump) 파일로 출력하도록 요청한다. 사용자가 [Ctrl]+₩를 입력하면 프로세스가 종료되며, 종료된 프로세스의 코어 덤프 파일은 디버깅 및 분석에 사용될 수 있다.

30 ②

커널이 사용하는 프로세스의 우선순위를 나타내는 항목으로 "PRI" (Priority)를 사용하는 경우가 있다. 커널은 프로세스들을 스케줄링할 때 각 프로세스에 대한 우선순위를 부여하며, 이 우선순위 정보는 "PRI" 또는 "Priority"로 표시된다. 일반적으로 더 높은 우선순위의 프로세스가 먼저 CPU 시간을 할당받게 되며, 스케줄링 알고리즘에 따라 다양한 요소에 의해 결정된다.

31 ①

~/.bashrc 파일은 사용자 환경을 맞춤 설정하고 사용자 경험을 향상시키는 데 매우 유용한 파일로, 사용자마다 다양한 설정을 추가하여 Bash 셸을 사용자에게 편리하게 맞춤 설정할 수 있다.

32 ②

/etc/shells는 리눅스 및 유닉스 시스템에서 사용자 셸(Shell) 프로그램의 목록을 포함하는 파일이다. 이 파일은 시스템에서 허용되는 셸 프로그램의 경로를 지정하며, 사용자가 로그인 시 사용할 수 있는 셸을 제한하는데 사용된다.

33 ②

chsh -l 명령은 리눅스와 유닉스 시스템에서 사용자의 로그인 셸(Shell)을 변경하기 위해 사용하는 명령어이다. -l 옵션을 사용하면 시스템에 설치된 가능한 셸(로그인 셸) 목록을 나열하게 된다.

34 ①

"C Shell" 또는 "csh"는 Bill Joy가 개발한 Unix 셸(Shell) 프로그램이다. Bill Joy는 BSD Unix 시스템의 주요 개발자 중 하나로, csh는 Berkeley Software Distribution (BSD) Unix의 일부로 개발되었다.

35 ③

/etc/passwd는 유닉스 및 리눅스 기반 운영 체제에서 사용자 계정 정보를 저장하는 텍스트 파일이다. 이 파일은 시스템의 모든 사용자 계정에 대한 정보를 담고 있으며, 각 사용자의 로그인 이름, 사용자 ID (UID), 그룹 ID (GID), 홈 디렉터리 경로, 로그인 셸 등의 정보를 포함한다. /etc/passwd 파일은 시스템 사용자 관리와 인증에 중요한 역할을 한다.

36 ②

history 명령을 사용할 때 history 5는 사용자의 명령어 이력에서 최근 5개의 명령어를 출력하라는 명령이다. 이 명령을 실행하면 사용자가 최근에 실행한 5개의 명령어가 화면에 표시된다. 사용자는 history 명령을 사용하여 명령어 이력을 검색하고 확인할 수 있으며, history 명령에 숫자를 지정하여 표시할 명령어 개수를 제한할 수 있다.

37 ③

set 명령은 현재 사용자가 로그인한 셸 세션에서 선언된 모든 셸 변수를 확인할 때 사용하는 명령이다. 이 명령을 실행하면 현재 셸 세션에서 설정된 환경 변수, 사용자 정의 변수, 및 다른 셸 변수들이 출력된다. 이것은 현재 사용자의 셸 환경을 검사하고 디버깅하는 데 유용한 정보를 제공한다.

38 ①

"MAIL" 환경 변수는 일반적으로 사용자의 전자 메일 메시지를 수신할 메일 박스(Mailbox)의 경로를 나타내며, 이 변수에 설정된 값은 사용자의 메일이 도착하는 곳을 가리킨다. 사용자가 전자 메일을 받을 때, 메일 서버가 해당 메일 박스에 메일을 저장하게 된다. 따라서 echo $MAIL 명령을 사용하면 사용자의 메일 메시지가 수신되는 메일 박스의 경로가 출력된다.

39 ②

/etc/shadow 파일은 일반 사용자가 파일의 내용을 볼

수 없도록 보안적으로 제한된 파일 중 하나이다. 이 파일은 리눅스와 유닉스 시스템에서 사용자 계정의 암호 정보를 저장하는 중요한 파일로, 사용자의 패스워드 해시값과 관련된 정보를 포함한다.

40 ①

eject 명령은 리눅스 및 유닉스 시스템에서 CD-ROM 드라이브 또는 DVD 드라이브의 디스크 트레이를 열 때 사용하는 명령어이다. 이 명령을 실행하면 CD-ROM 드라이브의 디스크 트레이가 열리며, 디스크를 삽입하거나 교체할 수 있다.

41 ④

이 명령을 실행하면 /dev/sdb1 디스크 파티션의 XFS 파일 시스템이 /backup 디렉터리에 마운트되어, 해당 디스크 파티션에 저장된 파일 및 디렉터리에 접근할 수 있게 된다.

42 ③

"w"는 파일에 대한 허가 권한(permission) 중 하나를 나타내는 기호로, "w"는 파일에 대한 쓰기(write) 권한을 나타낸다. 파일의 내용을 수정하거나 삭제할 수 있다.

43 ②

chown은 리눅스 및 유닉스 시스템에서 파일과 디렉터리의 소유자(Owner)와 그룹(Group)을 변경하는 명령어이다. "Change Owner"의 약어로, 파일 또는 디렉터리의 소유자와 그룹을 변경하려면 chown 명령을 사용한다.

44 ①

quota는 리눅스와 유닉스 시스템에서 사용자 또는 그룹의 디스크 사용량을 관리하고 제한하는 도구 및 시스템이다. 사용자 또는 그룹에 대한 디스크 사용량 제한을 설정하고 관리할 수 있으며, 사용자가 설정된 제한을 초과하지 않도록 모니터링하는 데 사용된다.

45 ①

df 명령은 리눅스 및 유닉스 기반 운영 체제에서 디스크 사용 현황을 보고하는 명령어이다. "Disk Free"의 약어로, 시스템의 파일 시스템 및 디스크 파티션에 대한 정보를 요약하여 표시한다. df 명령을 사용하면 시스템의 어떤 디스크 공간이 사용 중이고 남아 있는지를 확인할 수 있다.

46 ②

/etc/fstab 파일은 리눅스 및 유닉스 시스템에서 파일 시스템 마운트 정보를 설정하는 파일이다. /etc/fstab 파일은 총 6개의 필드로 구성되며, 이 중 마운트되는 디렉터리(mount point)는 2번째 필드에 해당한다.

47 ③

UUID (Universally Unique Identifier)은 UUID는 고유한 식별자로, 컴퓨터 시스템에서 사용되는 각종 리소스나 장치를 고유하게 식별하기 위해 사용된다. blkid은 blkid는 리눅스 시스템에서 디스크 파티션의 정보와 UUID 등을 조회하는 명령어이다.

48 ①

/usr/bin/passwd 파일이 Set-UID로 설정되어 있다면, 사용자가 자신의 패스워드를 변경할 때 해당 파일을 실행할 수 있으며, 이를 통해 자신의 패스워드를 변경할 수 있다. 이렇게 특정 파일에 Set-UID가 설정된 경우 보안상 주의해야 하며, 해당 파일이 취약점을 가지고 있지 않도록 주의해야 한다.

2과목 : 리눅스 활용

49 ①

도커(Docker)는 컨테이너 기반 가상화 플랫폼으로, 응용 프로그램과 그 의존성을 컨테이너라고 하는 가벼운 패키지로 묶어서 실행할 수 있도록 하는 기술이다. 도커는 애플리케이션을 환경과 분리하여 배포, 관리, 스케일링하는 데 사용되며, 개발과 운영 간의 차이를 줄여 개발 및 배포 프로세스를 간소화하고 효율적으로 관리할 수 있도록 한다.

50 ②

IaaS는 "Infrastructure as a Service"의 약어로, 클라우드 컴퓨팅의 서비스 모델 중 하나이다. IaaS는 IT 인프라스트럭처를 가상화하고 인터넷을 통해 제공하는 서비스를 나타낸다. 이 서비스 모델에서는 하드웨어 및 인프라스트럭처 리소스를 가상화하고, 사용자가 필요에 따라 이 리소스를 프로비저닝하고 관리할 수 있다.

51 ③
GENIVI는 자동차 산업을 위한 오픈 소스 기반의 플랫폼 및 소프트웨어 개발 커뮤니티를 나타내는 단체이다. GENIVI는 자동차 제조업체, 자동차 기술 공급업체, 소프트웨어 개발 업체 및 기술 공동체로 구성되어 있으며, 자동차 내부 및 외부 시스템에 사용되는 소프트웨어 및 기술을 개발하고 공유하는 목적을 가지고 있다.

52 ①
Rocky Linux는 기업용 리눅스 배포판으로, CentOS Linux 8의 커뮤니티 지원 종료로 인해 CentOS의 대안으로 개발되고 있는 리눅스 배포판 중 하나이다. Rocky Linux는 CentOS의 종합적인 호환성을 제공하며, 기존 CentOS 사용자가 소프트웨어 및 인프라스트럭처를 쉽게 이전할 수 있도록 설계되었다.

53 ④
FDDI는 광섬유 케이블을 사용하여 설계된 고속 LAN (Local Area Network) 표준 중 하나이며, 링 구조의 통신망을 사용한다. FDDI는 토큰 패싱 방법을 사용하여 네트워크 액세스를 제어하며, 이러한 방식으로 네트워크 충돌을 방지하고 안정성을 확보한다.

54 ②
hash는 FTP (File Transfer Protocol) 클라이언트에서 사용되는 명령어 중 하나이다. 이 명령어는 파일 전송 및 다운로드 진행 상태를 확인하기 위해 사용된다. 일반적으로 FTP 클라이언트에서 hash 명령을 사용하면 파일 전송 중에 파일의 내용을 # 기호로 표시하여 사용자에게 진행 상황을 시각적으로 보여준다.

55 ①
파이어폭스(Firefox)는 모질라(Mozilla) 재단에서 개발하고 유지보수하는 오픈 소스 웹 브라우저이다. 파이어폭스는 크로스 플랫폼(Windows, macOS, Linux)에서 사용할 수 있으며, 다양한 플러그인 및 확장 기능을 지원하여 사용자 정의와 확장성을 높여준다.

56 ④
최상위 도메인(Top-Level Domain, TLD) 중에서 "or"은 실제로 사용되지 않는 TLD이다.

오답해설
① com (상업용): 주로 상업 및 비영리 조직에 사용되며, 상업적인 웹사이트나 비즈니스 관련 도메인에 많이 사용된다.
② mil (군사): 미국 국방부 및 기타 군사 조직을 위한 TLD로 사용된다.
③ org(비영리): 비영리 단체 및 조직을 위한 TLD로, 비영리 기관 및 단체의 웹사이트에 사용된다.

57 ③
SNMP (Simple Network Management Protocol)은 주로 161번 포트와 162번 포트를 사용한다. SNMP는 네트워크 장치 및 서버에서 정보를 수집하고 관리하기 위한 프로토콜로, 이러한 정보를 주고 받는 데 사용되며, SNMP 에이전트와 관리자 간의 통신에 쓰인다.

58 ④
OSI (Open Systems Interconnection) 7계층 모델에서 데이터링크 계층(Data Link Layer)에서 데이터 전송의 기본 단위는 "프레임(Frame)"이다. 데이터링크 계층은 두 개의 서로 다른 물리적 노드 간에 데이터를 안전하게 전달하고 오류를 검출하며, 필요한 경우 오류를 수정하는 역할을 한다. 이를 위해 데이터를 프레임으로 나누어 처리하며, 각 프레임은 시작 프레임 마커, 목적지 및 송신지 주소, 제어 정보, 데이터와 패딩, 오류 검출 코드 등의 필드로 구성된다.

59 ④
IEEE (Institute of Electrical and Electronics Engineers)는 LAN (Local Area Network) 및 다양한 통신 및 전기 전자 분야에서 표준을 제정하는 국제적인 전문 기관이다. IEEE는 네트워크 및 통신 기술, 전기 전자 공학, 컴퓨터 공학 등 다양한 분야에서 표준을 개발하고 유지 관리한다.

60 ①

게이트웨이(Gateway)는 서로 다른 프로토콜, 통신망 또는 네트워크 간에 데이터를 전달하고 상호 접속하는 통신 장비이다.

61 ④

운영 중인 서버의 특정 포트에 접속하여 연결된 (ESTABLISHED) 정보를 확인하는 데에는 ss와 netstat 명령어를 사용할 수 있다.

62 ②

eth0 인터페이스를 중지하고 더 이상 데이터를 수신 및 송신하지 않도록 설정한다. sudo를 사용하여 관리자 권한으로 실행하면 필요한 권한이 부여되어 명령을 실행할 수 있다.

63 ②

주어진 IP 주소인 165.141.105.240는 공인 IP 주소이다. 공인 IP 주소는 인터넷에서 전 세계의 장치와 네트워크를 식별하기 위해 사용되는 IP 주소이다. 이러한 IP 주소는 인터넷 서비스 제공업체(ISP)로부터 할당되며, 공인 IP 주소를 사용하는 장치 및 네트워크는 인터넷에 직접 연결되어 다른 장치와 통신할 수 있다.

64 ①

BGP는 OSI 7계층 모델의 네트워크 계층과 관련된 프로토콜 중 하나로, 인터넷에서 AS 간의 라우팅 및 경로 정보 교환을 담당하는 중요한 프로토콜이다.

65 ①

3-way handshake는 TCP (Transmission Control Protocol) 프로토콜에서 사용되는 연결 설정 절차이다. TCP는 OSI 7계층 모델의 전송 계층(Transport Layer)에 해당하며, 데이터 전송을 제어하고 신뢰성 있는 통신을 제공하는 역할을 한다. 3-way handshake는 TCP 연결을 초기화하고 클라이언트와 서버 간에 통신을 시작하기 위해 사용된다.

66 ④

SCCP (Skinny Client Control Protocol)은 Cisco Systems에서 개발한 VoIP (Voice over IP) 프로토콜로, 음성 통화 및 통신을 위한 프로토콜이다. SCCP는 음성 통화와 VoIP와 관련이 있으며, "Secure 기반의 원격제어 서비스"와 직접적인 연관성은 없다.

67 ③

WAN은 "Wide Area Network"의 약자로, 광범위한 지리적 지역에 분산된 네트워크 및 컴퓨터 시스템을 연결하는 네트워크 유형을 나타낸다.

68 ②

/etc/sysconfig/network 파일은 리눅스 기반 시스템에서 네트워크 설정과 관련된 정보를 포함하는 파일이다. 이 파일은 주로 Red Hat 계열의 리눅스 배포판에서 사용되며, 네트워크 인터페이스, 호스트 이름 및 도메인 이름과 같은 시스템 네트워크 설정을 구성하는 데 사용된다.

69 ④

OSI (Open Systems Interconnection) 모델의 표현 계층 (Presentation Layer)은 데이터의 암호화 및 해독, 데이터의 압축 및 해제와 같은 표현과 데이터 변환을 담당하는 계층이다. 이 계층은 OSI 7계층 모델에서 6번째 계층에 해당한다.

70 ②

CSMA/CD는 "Carrier Sense Multiple Access with Collision Detection"의 약어로, 이더넷(Ethernet) 환경에서 사용되는 네트워크 접속 방식 중 하나이다. CSMA/CD는 다중 사용자가 하나의 통신 매체(일반적으로 동일한 케이블)를 공유할 때 충돌을 감지하고 관리하기 위한 프로토콜 및 기술을 나타낸다.

71 ④

서브넷 마스크를 이진 표기법으로 변환한다.
255.255.255.192 = 11111111.11111111.11111111.11000000
IP 주소와 서브넷 마스크를 AND 연산하면 해당 서브넷의 네트워크 주소를 얻을 수 있다. 이렇게 하면 브로드캐스트 주소를 계산할 수 있다. 192.168.3.129 (IP 주소) AND 255.255.255.192 (서브넷 마스크) 브로드캐스트 주소를 계산하기 위해서는 네트워크 주소에 호스트 부분(서브넷 마스크에서 0으로 표시된 부분)을 모두 1로 설정해야 한다. 서브넷 마스크에서 호스트 부분을 나타내는 부분을 확인하면 마지막 두 비트가 0으로 되어 있다. 따라서 주어진 IP 주소 192.168.3.129 및 서브넷 마스크 255.255.255.192를 사용하여 계산된 브로드캐스트 주소는 192.168.3.191이다.

72 ④

Ethernet 카드의 Link mode를 변경하려면 ethtool 명령을 사용할 수 있다.

73 ③

GIMP는 "GNU Image Manipulation Program"의 약어로, 무료 및 오픈 소스의 그래픽 이미지 편집 소프트웨어이다. GIMP는 다양한 운영 체제에서 실행되며, 사진 편집, 이미지 조작, 그래픽 디자인, 일러스트레이션 등 다양한 그래픽 작업을 수행할 수 있는 강력한 도구를 제공한다.

74 ③

LibreOffice Calc는 LibreOffice 오피스 스위트의 일부로 포함된 스프레드시트 프로그램이다. LibreOffice Calc은 Microsoft Excel과 유사한 기능을 제공하며, 다양한 스프레드시트 작업을 수행하는 데 사용된다.

75 ①

"윈도 매니저"는 컴퓨터 운영 체제에서 창(윈도)를 관리하고 표시하는 소프트웨어이다. 윈도 매니저는 사용자가 그래픽 사용자 인터페이스(GUI)를 통해 애플리케이션 창을 열고 조작할 수 있도록 도와주는 중요한 구성 요소 중 하나이다.

76 ①

xauth list $DISPLAY 명령은 X Window System에서 사용되는 인증 정보를 확인하는 명령이다. 이 명령을 통해 현재 화면(Display)에서 사용 중인 X 서버에 대한 인증 정보 목록을 나열한다. 여기에서 중요한 부분은 $DISPLAY이다. $DISPLAY는 X 서버가 현재 실행 중인 화면을 식별하는 환경 변수이다.

77 ④

echo $DISPLAY :1를 사용하여 X 클라이언트 프로그램을 실행할 경우, 해당 클라이언트 프로그램은 두 번째 X 윈도(화면)에 실행된다. 이것은 X Window System에서 다중 화면 환경을 다루는 방법과 관련이 있다. 쌍점(:) 뒤에 나오는 숫자는 X 서버의 화면 번호를 나타낸다. 예를 들어 :0는 첫 번째 화면을 나타내고, :1은 두 번째 화면을 나타낸다.

78 ①

GNOME과 가장 거리가 먼 것 중 하나는 "konqueror"이다. GNOME과 konqueror는 서로 다른 데스크톱 환경 및 웹 브라우저 소프트웨어이다. konqueror는 KDE (K Desktop Environment) 데스크톱 환경의 일부로 개발된 웹 브라우저 및 파일 관리자 소프트웨어이다.

79 ②

Xlib(엑스 립, X Library)은 X Window System 환경에서 그래픽 사용자 인터페이스(GUI)를 개발하기 위한 라이브러리와 프로토콜의 집합이다. X Window System은 유닉스 및 리눅스 기반 시스템에서 사용되는 그래픽 환경을 구축하는 데 사용되며, Xlib은 이러한 환경에서 그래픽 애플리케이션을 개발하는 데 필요한 도구와 인터페이스를 제공한다.

80 ③

systemctl set-default runlevel5.target 명령은 시스템 초기화(default runlevel)를 변경하는 명령이다. 이 명령은 systemctl 유틸리티를 사용하여 시스템 부팅 시 실행할 기본 타겟(runlevel)을 runlevel5.target로 설정한다. 이 명령은 시스템이 다음에 부팅할 때 그래픽 사용자 환경을 기본으로 설정한다.

05 기출변형 모의고사 2회 정답 및 해설

01	02	03	04	05	06	07	08	09	10
④	④	④	③	②	③	③	③	①	②
11	12	13	14	15	16	17	18	19	20
④	②	①	④	④	①	④	④	④	④
21	22	23	24	25	26	27	28	29	30
②	③	③	①	④	②	③	③	②	①
31	32	33	34	35	36	37	38	39	40
④	②	①	①	③	②	①	③	④	①
41	42	43	44	45	46	47	48	49	50
④	③	④	③	③	③	④	②	③	①
51	52	53	54	55	56	57	58	59	60
③	④	①	②	①	④	②	④	④	④
61	62	63	64	65	66	67	68	69	70
③	②	③	④	④	④	④	④	①	①
71	72	73	74	75	76	77	78	79	80
④	③	②	①	①	④	①	①	③	③

1과목 : 리눅스 운영 및 관리

01 ④

lpstat 명령은 Unix 및 Linux 기반 시스템에서 사용되는 명령어로, 프린터 큐(Printer Queue)의 상태를 확인하는 데 사용된다. 이 명령을 실행하면 현재 시스템에서 설정된 프린터 큐에 대한 정보를 표시하고 프린터 작업 상태를 확인할 수 있다.

02 ④

SANE은 "Scanner Access Now Easy"의 약자로, 스캐너 및 이미지 스캐닝 장치를 리눅스와 다른 Unix 기반 운영 체제에서 사용하기 위한 오픈 소스 프로젝트 및 소프트웨어 라이브러리이다. SANE을 사용하면 컴퓨터에서 스캐너 장치를 간편하게 인식하고 제어할 수 있으며 이미지 스캔 및 처리 작업을 수행할 수 있다.

03 ④

LVM(Linux Logical Volume Manager)과 관련된 용어 중 하나인 "PE"는 "Physical Extent"의 약어로 사용된다. PE는 LVM에서 물리적 스토리지 디스크를 논리적 볼륨으로 나누는 작은 블록 또는 조각을 나타낸다.

04 ③

system-config-printer는 리눅스 시스템에서 프린터 설정을 관리하는 도구 중 하나이다. 일반적으로 GNOME 환경의 리눅스 배포판에서 사용되며, 사용자가 프린터를 추가, 제거, 설정 및 관리할 수 있는 그래픽 사용자 인터페이스(GUI)를 제공한다.

05 ②

LPRng는 Unix 및 Unix 계열 운영 체제에서 프린팅을 관리하는 데 사용되는 프린터 스풀러(Spooler) 소프트웨어이다. "LPRng"은 "Line Printer Daemon Replacement Next Generation"의 약자로, 기존의 LPR 프린터 스풀러 시스템을 개선하고 확장한 것이다.

06 ③

RAID-5는 여러 개의 하드 디스크 드라이브를 조합하여 데이터를 보호하고 성능을 향상시키기 위한 RAID 레벨 중 하나이다. RAID-5는 데이터와 패리티 정보를 조합하여 디스크 드라이브 중 하나의 용량만큼 공간을 소비한다. 예를 들어 4개의 1TB 디스크를 RAID-5로 구성하면 총 용량은 3TB가 된다.

07 ③

yum install telnet-server 명령은 리눅스 또는 CentOS 기반 시스템에서 telnet 서버 소프트웨어를 설치하고 구성하는 데 사용되는 명령이다. yum install telnet-server 명령을 실행하면 telnet 서버 소프트웨어가 시스템에 설치되며, Telnet 서비스를 활성화하고 구성할 수 있게 된다.

08 ③
이 명령은 시스템에 설치된 sendmail 패키지를 버전 8.14.7-6.el7로 업그레이드하겠다는 의미이다. 업그레이드 과정에서 기존 패키지가 새로운 패키지로 대체된다.

09 ①
compress 명령을 사용하여 생성되는 압축 파일의 확장자는 .Z이다. 따라서 php-8.0.3.tar.Z는 php-8.0.3이라는 파일을 .Z 확장자로 압축한 파일을 나타낸다. 이 파일을 해제하려면 uncompress 또는 zcat 명령을 사용할 수 있다.

10 ②
이 명령은 totem-3.26.2-1.el7.x86_64.rpm 패키지 파일의 정보를 조회하고 출력하는 역할을 한다. 패키지의 정보에는 패키지 이름, 버전, 릴리스, 아키텍처, 설명 등이 포함된다.

11 ④
tar tvf backup.tar 명령은 backup.tar 파일 내부의 파일 및 디렉터리 목록을 자세하게 보여주는 명령이다. 파일 리스트는 압축을 해제하지 않고도 내부 구조와 포함된 파일을 확인하는 데 사용된다.

12 ②
CMake는 대부분의 프로그래밍 언어와 프레임워크에 대한 빌드 지원을 제공하며, C, C++, Python, Java 등 다양한 언어로 작성된 프로젝트에 적용할 수 있다. 프로젝트의 크기와 복잡성이 증가할수록 CMake와 같은 빌드 자동화 도구의 중요성은 더욱 커진다.

13 ①
온라인 패키지 관리 도구 중에서 가장 거리가 먼 것은 "YaST"이다. "YaST"는 SUSE 리눅스와 openSUSE 리눅스와 같은 SUSE 계열의 리눅스 배포판에서 사용되는 패키지 관리 도구 및 시스템 설정 도구이다. 이 도구는 SUSE 리눅스 배포판에서 특별히 개발되었으며, 다른 리눅스 배포판에서는 사용되지 않는다. 반면에 "yum",

"apt-get", "zypper" 등은 다양한 리눅스 배포판에서 널리 사용되는 패키지 관리 도구이다.

14 ④
소스 코드를 컴파일하기 전에 주로 configure 스크립트를 사용하여 소스 코드를 시스템에 맞게 구성하고 컴파일 옵션을 설정한다. configure 스크립트는 프로젝트의 종류에 따라 다르지만, 일반적으로 시스템 환경과 관련된 정보를 수집하고 빌드 프로세스를 설정한다. configure 스크립트가 실행되면 프로젝트의 설정과 관련된 정보가 포함된 Makefile을 생성하거나 수정한다.

15 ④
정확하게 말하면, "Vim"은 "Vi IMproved"의 약자로 "Vi" 편집기를 기반으로 개발된 향상된 버전이다. Vim을 개발한 주요 개발자 중 한 명은 브람 무레나르(Bram Moolenaar)이다. Bram Moolenaar은 Vim을 만들고 지속적으로 개발하고 유지 보수하는 주요 인물 중 하나로 알려져 있다.

16 ①
vi는 텍스트 편집기 중 하나로, Unix 및 Unix 계열 운영체제에서 널리 사용되는 명령줄 기반의 편집기이다. vi는 "Visual Editor"의 약어로, 초기 Unix 시스템부터 사용 가능한 텍스트 편집 도구 중 하나로 개발되었다.

17 ②
vi -r 명령을 실행하면 vi는 비정상적으로 종료된 파일의 목록을 보여준다. 목록에서 복구하려는 파일을 선택하고 Enter 키를 누르면 해당 파일을 복구할 수 있다.

18 ④
set list 명령을 사용하면 파일 내의 공백, 탭, 개행 문자 등을 시각적으로 확인할 수 있으므로 텍스트 파일을 편집하거나 서식을 조정할 때 유용하다. 설정을 해제하려면 set nolist 명령을 사용하면 된다.

19 ④
nano 편집기에서 프로그램을 종료하려면 [Ctrl] 키와 [x] 키를 동시에 눌러야 한다. 이는 nano에서 종료 명령을 실행하는 조합 키이다. 프로그램을 종료하면서 변경사항을 저장하려면 [Ctrl] 키와 [x] 키를 누르고 나면 Y 또는 y (예, Yes)를 누르고 [Enter] 키를 누르면 된다.

20 ④

이 명령은 파일 전체에서 "ihd" 문자열을 "kait"으로 모두 치환한다. %는 파일 전체를 나타낸다.

21 ②

kill 명령은 프로세스에 시그널을 전송할 때 사용하는 명령이다. kill 명령을 사용하여 프로세스에 시그널을 전송할 때, 시그널을 시그널 번호로 지정할 수도 있고 시그널명으로 지정할 수도 있다.

22 ③

SIGTERM의 시그널 번호는 15이다. SIGTERM은 프로세스에 종료 신호를 보내어 graceful한 종료를 유도하는 시그널로 사용된다. 종료 시그널 중 하나로서 프로세스가 정상적으로 종료되도록 시그널을 보내는 데 사용된다. 종료 과정에서 리소스 정리 등을 수행할 수 있도록 한다.

23 ③

ps aux 명령은 프로세스의 상태, PID (프로세스 식별 번호), CPU 및 메모리 사용량, 사용자 등 다양한 정보를 자세하게 표시한다. 이를 통해 시스템에서 실행 중인 모든 프로세스 목록을 상세히 확인할 수 있다.

24 ①

fork는 프로세스 생성을 위한 시스템 콜(system call) 중 하나로, Unix 및 Unix 계열 운영 체제에서 사용된다. fork 시스템 콜은 현재 실행 중인 프로세스를 복제하여 새로운 프로세스를 생성한다. 이 새로운 프로세스는 원본 프로세스와 동일한 코드, 데이터, 파일 디스크립터, 환경 변수 등을 공유하며, 실행 위치가 부모 프로세스와 동일한 지점에서 시작한다.

25 ④

"standalone"은 데몬 프로세스가 독립적으로 실행되는 것을 나타내는 용어이다. 이것은 데몬 프로세스가 다른 데몬이나 서비스와 독립적으로 동작하며, 다른 의존성이나 외부 요소 없이 독립적으로 작동하는 것을 의미한다.

26 ②

kill −9 명령은 강제 종료를 의미하므로 주의해서 사용해야 한다. 해당 프로세스가 어떤 작업 중이든 상관없이 종료하게 된다. 일반적으로 프로세스가 정상적으로 종료하지 않을 때만 사용해야 하며, 가능한 다른 시그널을 먼저 시도하여 부드럽게 종료하려 시도해야 한다.

27 ③

우선순위 변경 명령으로 설정할 수 있는 NI (Nice 값)의 범위는 −20부터 19까지이다. NI 값은 프로세스의 우선순위를 조절하는 데 사용되며, 더 낮은 NI 값은 더 높은 우선순위를 나타낸다. 즉, −20은 가장 높은 우선순위를 나타내고, 19는 가장 낮은 우선순위를 나타낸다.

28 ③

이 명령은 프로세스의 PID (프로세스 식별 번호), 커맨드 (프로세스 이름), NI (Nice 값), PRI (우선 순위) 값을 출력한다. NI는 프로세스의 우선 순위를 나타내며, PRI는 우선 순위 값이다. NI 값이 음수일수록 우선 순위가 높고, PRI 값이 작을수록 우선 순위가 높다.

29 ②

0: 분(minute) 필드를 나타낸다.
12: 시(hour) 필드를 나타낸다.
*: 날(day) 필드를 나타낸다. *는 모든 날을 나타낸다.
*: 월(month) 필드를 나타낸다. *는 모든 월을 나타낸다.
1~5: 요일(day of week) 필드를 나타낸다. 1은 월요일, 2는 화요일, 3은 수요일, 4는 목요일, 5는 금요일을 나타낸다.
따라서 0 12 * * 1~5 /etc/backup.sh는 "매주 월요일부터 금요일까지 오후 12시 (정확히 0분) 에 /etc/backup.sh 스크립트를 실행하라"는 의미이다.

30 ①

init는 초기 부트 프로세스를 관리하는 데 사용되는 가장 오래된 서비스 관리 시스템 중 하나이다. 현재 많은 리눅스 배포판에서는 init 대신 systemd를 사용하고 있다. systemd는 현대적이고 빠른 부팅 및 서비스 관리를 위한 서비스 관리 시스템이다.

31 ④
chsh –u는 사용자의 셸(shell)을 변경하는 명령어이다.

32 ②
/etc/shells는 리눅스와 유닉스 계열 운영 체제에서 사용 가능한 셸(shell) 목록을 포함하는 시스템 파일이다. 이 파일은 시스템에서 사용할 수 있는 셸 목록을 정의하며, 주로 사용자의 로그인 셸을 선택하는 데 사용된다.

33 ①
가장 먼저 등장한 셸은 "Bourne Shell"이다. Bourne Shell은 1979년에 Stephen Bourne에 의해 개발되었고, 유닉스 운영 체제에서 사용되던 초기 셸 중 하나였다.

34 ①
set 명령은 현재 셸 세션에서 선언된 모든 환경 변수와 셸 변수를 표시하는 명령이다. 이 명령을 사용하면 현재 셸 환경에 정의된 모든 변수와 해당 값이 나열된다. 변수의 이름과 해당 값을 확인할 수 있어 디버깅이나 셸 스크립트 작성 시 유용한다.

35 ③
PS2는 셸 환경 변수로, 명령 프롬프트에서 입력을 받을 때 두 번째 프롬포트(2차 프롬포트)를 설정하는데 사용된다. 2차 프롬프트는 일반적으로 다음 줄의 입력을 기다릴 때 표시된다.

36 ②
앨리어스(Alias) 기능은 주로 명령어를 간단하게 변환하거나, 자주 사용하는 명령어나 명령어 옵션을 단축해서 사용하기 위해 사용되는 셸(shell) 기능이다. 사용자는 앨리어스를 설정하여 복잡한 명령어를 간결하게 입력하거나, 특정 명령을 사용자가 원하는 명령으로 대체할 수 있다.

37 ①
/etc/profile은 리눅스와 유닉스 계열 운영 체제에서 시스템 전체에 적용되는 셸 환경 설정 파일 중 하나이다.

이 파일은 시스템 전체의 모든 사용자에게 공통적으로 적용되는 환경 변수, 앨리어스, 함수, 및 다른 환경 설정을 정의하는 데 사용된다.

38 ③
dash는 유닉스 계열 운영 체제에서 사용되는 기본 셸(shell) 중 하나이다. 이름 "dash"는 "Debian Almquist Shell"의 약어로, 주로 데비안 리눅스 및 기타 리눅스 배포판에서 기본 셸로 사용되는 경우가 있다. dash는 경량화된 셸로서, 기능이 간소화되어 있어서 사용자가 대화식으로 명령어를 실행하기보다는 주로 스크립트 파일을 실행하는 용도로 많이 사용된다.

39 ④
ls 명령어는 주로 디렉터리 내의 파일과 디렉터리 목록을 나열할 때 사용되는 명령어이다. ls 명령어를 사용할 때 –l 옵션을 함께 사용하면 파일과 디렉터리의 상세 정보를 확인할 수 있으며, 이 정보에는 소유자(owner)와 그룹(group) 정보가 포함된다.

40 ①
df 명령어는 파일 시스템과 디스크 파티션에 대한 정보를 표시하며, 각 파일 시스템의 사용 가능한 공간과 사용 중인 공간을 보여준다. 이를 통해 디스크 공간을 파티션 단위로 확인할 수 있다.

41 ④
blkid 명령어는 블록 디바이스(Block Device)에 부여된 UUID(Universally Unique Identifier) 값을 확인하는데 사용되는 명령어이다. UUID는 디스크 파티션과 파일 시스템을 고유하게 식별하기 위해 사용되며, 시스템에서 디스크를 관리하거나 마운트할 때 유용하다.

42 ③
"쓰기 권한(w: write)"은 파일의 내용을 수정하거나 삭제할 수 있는 권한을 나타낸다. 이 권한이 부여된 사용자 또는 그룹은 해당 파일을 편집하거나 수정할 수 있으며, 파일의 내용을 삭제하거나 새로운 데이터를 기록할 수 있다.

43 ④

chown –R 명령어는 리눅스와 유닉스 계열 운영 체제에서 사용되는 명령어로, 디렉터리와 파일의 소유자(owner)와 그룹(group)을 재귀적으로(recursively) 변경하는 데 사용된다. –R 옵션은 지정한 디렉터리 아래에 있는 모든 파일과 서브 디렉터리에 대해 변경을 적용한다. 이렇게 하면 /data 디렉터리와 그 하위 모든 파일 및 디렉터리의 소유자와 그룹이 newuser와 newgroup으로 변경된다.

44 ③

repquota 명령어는 리눅스와 유닉스 계열 운영 체제에서 사용되는 명령어로, 파일 시스템에서 디스크 용량 및 사용량 정보를 보고하는데 사용된다. 주로 디스크 용량 제한 및 사용량을 모니터링하고 디스크 할당에 대한 제한을 관리하는 데 유용하다.

45 ③

. /etc/fstab 파일에서 noexec 옵션을 사용하여 특정 파티션에 있는 실행 파일을 실행하지 못하도록 설정할 때, 이 설정은 4번째 필드에 해당하는 "마운트 옵션" 부분에 등록된다. 이렇게 4번째 필드에 옵션을 추가함으로써 해당 파티션의 마운트 옵션을 제어하게 된다.

46 ③

mount –o remount /home 명령어는 리눅스 및 유닉스 계열 운영 체제에서 사용되는 명령어로, 특정 디렉터리를 마운트한 파일 시스템을 다시 마운트하고 마운트 옵션을 변경할 때 사용된다.

47 ④

xfs_repair /dev/sdb1 명령어는 XFS 파일 시스템을 검사하고 복구하는 명령어이다. 이 명령어를 실행하면 XFS 파일 시스템을 검사하고, 문제가 발견되면 해당 문제를 복구한다. 파일 시스템의 데이터 무결성을 유지하기 위한 유용한 도구 중 하나이다.

48 ②

/etc/fstab 파일은 파일 시스템을 마운트할 때 사용되는 설정 파일이다. 이 파일에서 마운트되는 파일 시스템에 대한 옵션 정보는 여러 필드 중 하나인 4번째 필드에 기록된다.

2과목 : 리눅스 활용

49 ③

QNX는 리눅스와는 별개의 운영체제로, 리눅스 커널과는 다른 특징과 사용 사례를 가지고 있다. 주로 자동차, 의료 기기, 산업 제어, 통신 장비 및 기타 실시간 응용 분야에서 사용된다.

50 ①

아두이노(Arduino)는 오픈 소스 하드웨어 및 소프트웨어 플랫폼으로, 주로 임베디드 시스템 및 프로토타이핑에 사용되는 작고 저렴한 컴퓨터 하드웨어 플랫폼이다. 아두이노 플랫폼은 쉽게 사용하고 프로그래밍할 수 있으며, 다양한 센서와 액추에이터를 제어하는 데 매우 편리하다.

51 ③

HA(High Availability) 클러스터는 시스템 또는 서비스의 가용성을 최대화하기 위해 설계된 컴퓨터 클러스터이다. HA 클러스터는 장애 복구 및 고가용성을 제공하여 시스템이나 서비스의 중단 시간을 최소화하고 지속적인 가용성을 제공하는 목적으로 사용된다.

52 ④

Kubernetes는 컨테이너화된 애플리케이션의 배포 및 관리를 단순화하고, 확장성과 신뢰성을 제공하여 현대적인 마이크로서비스 아키텍처 및 클라우드 네이티브 애플리케이션 개발을 지원한다.

53 ①

OSI(Open Systems Interconnection) 7계층 모델의 물리 계층(Physical Layer)에서 데이터 전송의 기본 단위는 비트(bit)이다. 물리 계층은 전기적, 광학적 신호 등을 이용하여 비트를 전송하고 수신하는 역할을 수행한다. 따라서 이 계층에서는 데이터를 0과 1로 표현하는 비트 단위로 다루게 된다.

54 ②

SAMBA는 Linux와 UNIX 시스템에서 Windows 네트워크 프로토콜을 구현하는 오픈 소스 소프트웨어 프로젝트이다. 주로 파일 및 프린터 공유, 인증, 디렉터리 서비스 및 파일 백업 등을 포함한 다양한 네트워크 서비스를 제공하는 데 사용된다.

55 ①

잘 알려진 포트(Well-Known Port)는 TCP 및 UDP 네트워크 프로토콜에서 사용되는 포트 중에서 번호가 0부터 1023까지인 범위를 가리킨다. 이 포트 범위는 특정 서비스 및 애플리케이션에 예약되어 있으며, 흔히 알려진 포트 번호라고도 한다.

56 ④

FTP는 1971년에 개발되었으며, 초기에는 Abhay Bhushan에 의해 만들어졌다. FTP는 파일 전송 및 관리를 위한 표준 네트워크 프로토콜 중 하나로, 파일을 서버와 클라이언트 간에 전송하고 접근하는 데 사용된다.

57 ②

네트워크 상에서 다른 시스템의 MAC 주소를 확인하는 명령어로 "arp"를 사용한다. "arp"는 Address Resolution Protocol의 약자로, IP 주소를 MAC 주소로 변환하는 프로토콜이다. "arp" 명령은 주로 로컬 네트워크에서 다른 장치의 MAC 주소를 확인하거나 ARP 테이블을 검색하는 데 사용된다.

58 ④

IEEE는 "Institute of Electrical and Electronics Engineers"의 약자로, 전기 및 전자 공학 분야에서 표준 개발 및 교육을 위해 설립된 국제적인 기술 협회 및 전문 기구이다. IEEE는 전 세계적으로 전기 및 전자 공학, 컴퓨터 공학, 통신 공학, 정보 기술 등 다양한 기술 분야에서 활동하며, 기술 표준 개발, 기술 저널 및 학술 컨퍼런스 등을 주관한다.

59 ④

POP3 (Post Office Protocol 3)는 이메일 클라이언트가 이메일 서버에서 이메일을 수신하는 데 사용되는 프로토콜이다. POP3의 표준 포트 번호는 110이다. 이 포트 번호는 일반적으로 이메일 클라이언트에서 POP3 서버와의 통신에 사용된다.

60 ④

SSH는 오히려 보안을 강화하기 위해 설계된 프로토콜로, 데이터 전송 시 암호화를 사용하여 정보를 안전하게 전송한다. SSH를 사용하면 데이터가 평문으로 전송되지 않고 암호화되므로 중간에서 도청될 위험이 줄어든다. SSH는 암호화된 터널을 통해 데이터를 안전하게 전송하는 데 사용되며, 원격 서버에 안전하게 로그인하거나 파일을 전송하는 데 많이 활용된다.

61 ③

"ethtool"은 네트워크 인터페이스의 물리적 연결 상태와 관련된 정보를 확인할 수 있는 명령어이다. 이 명령은 네트워크 카드의 속도, 이더넷 케이블이 연결되어 있는지 여부, 전송 및 수신 기능 등을 확인하는 데 사용된다.

62 ②

흰주, 주, 흰녹, 파, 흰파, 녹, 흰갈, 갈 순서는 TIA/EIA-568B 케이블 규격에 따른 UTP 케이블의 선 순서이다. 이 순서대로 UTP 케이블을 연결하면 허브(HUB)와 PC를 올바르게 연결할 수 있다. 즉, 허브와 PC를 연결하는 UTP 케이블 배열은 흰주, 주, 흰녹, 파, 흰파, 녹, 흰갈, 갈 순서이다.

63 ③

소켓은 프로그래밍에서 네트워크 통신을 구현할 때 사용되는 API (Application Programming Interface) 또는 라이브러리이다. 소켓은 프로토콜을 사용하여 네트워크 통신을 수행하도록 프로그램에 인터페이스를 제공한다. 소켓 자체가 프로토콜의 일부는 아니며, 프로토콜을 구현하기 위한 도구로 사용된다. 따라서 "소켓"은 프로토콜의 기본 구성 요소가 아니다.

64 ④

"/etc/hosts"는 컴퓨터의 로컬 호스트 이름과 IP 주소 간의 매핑 정보를 저장하는 파일이다. 이 파일은 DNS (Domain Name System) 서비스를 사용하지 않고, 로컬 머신에서 호스트 이름을 IP 주소로 변환하는 데 사용된다.

65 ④

IPv6 주소는 128비트로 표현된다. 이것은 IPv4와 대비하여 주소 공간을 크게 확장한 것이다. IPv6 주소는 8개의 16비트 블록(콜론(:)으로 구분됨)으로 구성되며, 각 블록은 16진수로 표현된다.

66 ④

IPv6의 특징 중 하나는 "헤더 구조의 간소화"이다. 이것은 IPv6가 IPv4와 비교하여 헤더 구조를 더 간단하게 만들었다는 것을 의미한다. IPv4 헤더는 복잡한 선택적 기능 및 옵션을 지원하기 위해 확장 가능한 구조로 설계되었다.

67 ④

클라이언트(C)가 서버(S)에 연결을 요청하는 SYN 패킷을 보낸다. 서버(S)는 클라이언트(C)의 요청을 받아들이고 연결을 수락하는 응답으로 SYN/ACK 패킷을 보낸다.클라이언트(C)는 서버(S)의 응답을 받고 연결을 최종적으로 수립하기 위해 ACK 패킷을 보낸다.

68 ④

UTP(비차폐 쌍선) 케이블 카테고리 5e는 최대 전송 속도가 1 Gbps(기가비트 전송률)이다. 이 카테고리의 케이블은 고속 이더넷 네트워크 및 일부 긴급전화 통신에 사용되며, 1000BASE-T 네트워크(기가비트 이더넷)를 지원하는 데 적합하다. 1 Gbps의 전송 속도는 일반적인 홈 및 사무실 네트워크 요구 사항을 충족하기에 충분하며, Category 5e 케이블은 이를 지원하기 위해 설계되었다.

69 ①

이 계층 구조는 네트워크 통신을 관리하고 효율적으로 구성하기 위해 사용된다. 가장 하위에 물리 계층이 있고, 가장 상위에 응용 계층이 있다. 순서는 문항에 나온 대로 물리 → 데이터링크 → 네트워크 → 전송 → 세션 → 표현 → 응용이다.

70 ①

OSI 7계층 모델에서 세션 계층의 전송 단위는 "데이터"이다. 그리고 메시지, 데이터패킷이라고도 불린다.

71 ④

IPv4의 C 클래스 대역에 대한 설명으로 맞는 것은 "IP 주소 첫 번째 부분의 3비트가 110인 경우"이다. IPv4 주소는 4개의 8비트 블록(총 32비트)으로 구성되며, 주소의 클래스를 결정하는 데 사용된다. C 클래스 대역은 첫 번째 블록의 첫 3비트가 110으로 시작하는 주소 범위를 나타내며, 일반적으로 프라이빗 IP 주소 대역 중 하나인 192.0.0.0에서 223.255.255.255까지 포함한다.

72 ③

"route add default gw 192.168.10.1" 명령어는 리눅스에서 게이트웨이 주소를 설정하는 명령어이다. 이 명령어를 사용하면 기본 게이트웨이를 설정하여 시스템이 인터넷 및 외부 네트워크로 통신할 때 어떤 라우터 또는 게이트웨이를 사용할 것인지 지정할 수 있다.

73 ②

Evince는 리눅스 및 유닉스 기반 시스템에서 사용할 수 있는 문서 뷰어 및 PDF 뷰어 프로그램이다. Evince는 여러 가지 문서 형식, 특히 PDF (Portable Document Format), PostScript, DjVu, TIFF, XPS 및 DVI와 같은 형식을 지원한다.

74 ①

LibreOffice Writer는 LibreOffice 오피스 스위트의 한 부분으로, 텍스트 문서를 작성하고 편집하는 데 사용되는 워드 프로세서 애플리케이션이다.

75 ①

KDE (K Desktop Environment)와 가장 관련이 깊은 라이브러리는 Qt이다. KDE는 Qt 라이브러리를 기반으로 개발된 데스크톱 환경이다. Qt는 크로스 플랫폼 애플리케이션 개발에 사용되는 C++ 라이브러리로, 그래픽 사용자 인터페이스 (GUI)를 만들고 관리하는 데 매우 강력하고 유연한 도구를 제공한다.

76 ④

Gwenview는 KDE 데스크톱 환경에서 사용할 수 있는 이미지 뷰어 및 이미지 관리자 프로그램이다. Gwenview를 사용하면 이미지 파일을 열고 편집하고 관리하는 데 도움이 된다.

77 ①

xhost 명령을 사용하여 X 서버에 접근을 허용할 수 있다. 주어진 예제에서는 IP 주소가 192.168.5.13인 X 클라이언트의 접근을 허용하려면 다음과 같이 명령을 실행한다. xhost + 192.168.5.13 이렇게 하면 해당 IP 주소를 가진 X 클라이언트가 X 서버에 접근할 수 있게 된다.

78 ①

데스크톱 환경은 컴퓨터 사용자가 그래픽 사용자 인터페이스(GUI)를 통해 컴퓨터와 상호 작용하는 환경을 제공하는 소프트웨어 패키지 또는 사용자 환경을 의미한다. 이러한 환경은 사용자가 프로그램을 실행하고 파일을 관리하며 웹 브라우징 및 다른 작업을 수행하는 데 도움을 주며, 일반적으로 아이콘, 창, 메뉴 및 작업 표시줄과 같은 그래픽 요소를 사용하여 시각적으로 사용자에게 편의성을 제공한다.

79 ③

KWin은 KDE 데스크톱 환경의 일부로 사용되는 윈도우 매니저이다. KDE는 리눅스와 Unix 기반 시스템에서 사용되는 인기 있는 데스크톱 환경 중 하나이며, KWin은 KDE Plasma 데스크톱 환경에서 창 관리 및 시각적 효과를 담당하는 컴포넌트이다.

80 ③

systemctl set-default 이 명령은 systemd를 사용하는 리눅스 시스템에서 기본 부팅 레벨을 변경하는 데 사용된다. runlevel5는 그래픽(GUI) 모드로 부팅하는 실행 레벨을 나타낸다.

06 기출변형 모의고사 3회 정답 및 해설

01	02	03	04	05	06	07	08	09	10
④	③	②	④	②	③	③	②	②	④
11	12	13	14	15	16	17	18	19	20
④	①	②	③	③	③	②	③	④	②
21	22	23	24	25	26	27	28	29	30
④	③	②	①	①	①	③	②	①	②
31	32	33	34	35	36	37	38	39	40
③	③	③	②	①	③	②	③	③	③
41	42	43	44	45	46	47	48	49	50
④	①	③	④	①	①	④	①	④	②
51	52	53	54	55	56	57	58	59	60
①	③	②	②	④	①	①	④	④	②
61	62	63	64	65	66	67	68	69	70
④	④	②	②	④	①	①	④	④	④
71	72	73	74	75	76	77	78	79	80
②	①	①	①	④	④	②	②	②	④

1과목 : 리눅스 운영 및 관리

01 ④
xfs_quota는 XFS 파일 시스템에서 디스크 용량 및 사용량을 관리하고 제어하기 위한 명령줄 도구이다. 이 도구는 리눅스에서 XFS 파일 시스템을 사용하는 시스템에서 사용된다.

02 ③
CentOS 7에서 사용 가능한 파일 시스템 점검 명령 중 틀린 것은 "xfs.fsck"이다. "xfs.fsck"는 XFS 파일 시스템에서는 사용되지 않는 명령이다.

오답해설
① fsck: Ext2, Ext3, Ext4 파일 시스템을 점검하는 명령이다.
② e2fsck: Ext2, Ext3, Ext4 파일 시스템을 점검하는데 특화된 명령이다.
④ xfs_repair: XFS 파일 시스템을 점검하고 복구하는 명령이다.

03 ②
"fdisk –l" 명령은 장착된 디스크의 파티션 테이블 정보를 확인하는 명령이다. 이 명령을 실행하면 시스템에 연결된 모든 디스크의 파티션 정보와 디스크 크기 등을 자세히 볼 수 있다. 파티션 테이블 정보뿐만 아니라 각 파티션의 파일 시스템 유형도 확인할 수 있다. 이 정보는 시스템 관리와 디스크 관리 작업에 유용하게 활용된다.

04 ④
"mkfs.xfs" 명령은 XFS 파일 시스템을 생성하는 데 사용되는 명령이다. 이 명령은 지정한 디스크 파티션 또는 장치에 XFS 파일 시스템을 생성하고 초기화하는데 사용된다.

05 ②
Set-UID(또는 SUID)는 리눅스 및 유닉스 기반 운영체제에서 사용되는 특별한 권한 비트이다. Set-UID가 설정된 실행 파일은 파일의 소유자의 권한으로 실행되게 된다. 일반적으로 사용자가 실행 파일을 실행할 때 그 사용자의 권한이 아닌 실행 파일 소유자의 권한으로 실행되도록 허용하는데 사용된다.

06 ③
chmod a+x,g-w lin.sh 명령은 파일 "lin.sh"의 권한을 변경하는 명령이다. chmod은 파일 권한을 변경하는 명령어이다.
a+x: "a"는 "all"을 나타내며, 모든 사용자(사용자, 그룹, 다

른 사용자)에게 "실행(execute)" 권한을 부여하라는 것을 의미한다.
g-w: "g"는 "그룹(group)"을 나타내며, 그룹에게 "쓰기(write)" 권한을 제거하라는 것을 의미한다.
lin.sh: 권한을 변경할 대상 파일의 이름이다. 파일 "lin.sh"의 권한을 변경하여 모든 사용자에게 실행 권한을 부여하고, 그룹에게는 쓰기 권한을 제거하는 명령이다.

07 ③
"umask" 명령은 파일이나 디렉터리가 생성될 때 기본적으로 설정되는 허가권의 값을 지정하는 명령이다. "umask" 값은 파일 또는 디렉터리를 생성할 때 적용되는 권한을 제어하는데 사용된다.

08 ②
du 명령은 디스크 사용량(Disk Usage)을 확인하는 데 사용되는 명령어이다. 이 명령을 사용하면 파일 또는 디렉터리의 디스크 공간 사용량을 확인할 수 있다.

09 ②
/etc/fstab은 Linux 및 유닉스 기반 시스템에서 사용되는 중요한 시스템 파일 중 하나이다. 이 파일은 파일 시스템 테이블(File System Table)의 약어로, 시스템 부팅 시에 마운트할 파일 시스템과 관련된 정보를 포함하고 있다.

10 ④
drwxrwxr-x와 같은 권한 설정을 가진 디렉터리에서 다른 그룹에 속한 사용자인 "kait"의 접근을 막기 위해서는 "other" 계층의 실행(x) 권한을 제거하는 것이 가장 적절한 방법이다. chmod 명령을 사용하여 "other" 계층의 실행 권한을 제거하는 것이다

11 ④
tcsh는 버클리 대학교에서 개발된 C 셸(csh)의 확장으로 시작했다. C 셸은 유닉스 시스템에서 사용되는 초기 셸 중 하나였으며, tcsh는 이를 기반으로 개발되었다.

12 ①
명령은 os라는 변수에 "linux"라는 문자열 값을 할당하는

것이다. 변수를 선언하고 값을 할당하면 해당 변수를 나중에 사용하여 스크립트에서 값을 참조할 수 있다.

13 ②
PS1은 Unix 및 Unix 계열 운영 체제에서 사용자의 명령 프롬프트(prompt)를 정의하는 환경 변수이다. 명령 프롬프트는 사용자가 명령을 입력하고 결과를 볼 수 있는 텍스트 인터페이스에서 중요한 부분이며, PS1을 통해 사용자는 명령 프롬프트의 모양과 스타일을 사용자 지정할 수 있다.

14 ③
~/.bashrc는 Bash 셸 환경 설정 파일 중 하나로, 사용자의 홈 디렉터리에 위치하는 파일이다. 이 파일은 사용자별로 Bash 셸의 환경을 사용자 지정하고 설정하는 데 사용된다. ~/.bashrc 파일은 Bash 셸이 시작될 때 실행되는 스크립트 파일로, 사용자 정의 환경 변수, 에일리어스(alias), 함수, 환경 설정 및 다른 사용자 지정 설정을 정의할 수 있다.

15 ③
/etc/passwd는 유닉스 및 유닉스 계열 운영 체제에서 사용자 계정 정보를 저장하는 텍스트 파일이다. 이 파일은 시스템에 등록된 사용자 계정에 대한 기본 정보를 포함하고 있으며, 시스템 로그인과 관련된 중요한 역할을 한다.

16 ③
chsh 명령어는 사용자의 로그인 셸(shell)을 변경하는 명령어이다. chsh 명령을 사용하면 사용자가 기본 로그인 셸을 변경할 수 있다. chsh -s /bin/csh 명령은 사용자의 로그인 셸을 "/bin/csh"로 변경하는 명령이다.

17 ②
echo $SHELL 명령은 현재 사용자의 로그인 셸(shell) 경로를 출력하는 명령이다. echo $SHELL 명령은 현재 사용자의 로그인 셸 경로를 화면에 출력한다. 결과적으로 이 명령을 실행하면 현재 사용자가 사용하고 있는 셸의 경로가 출력된다. 이를 통해 사용자는 자신의 기본 로그인 셸을 확인할 수 있다.

18 ③

탭(Tab) 키는 명령 줄 셸(shell)에서 자동완성(Autocompletion) 기능을 사용하는 데 주로 사용된다. 자동완성은 명령어나 파일 경로와 같은 입력을 빠르게 완성하고 보조하는 기능을 제공한다.

19 ④

CentOS 7 및 다른 많은 리눅스 배포판에서 systemd는 초기 부팅 프로세스 및 시스템 관리 프로세스로 사용되는 첫 번째 프로세스이다. 이를 init 프로세스라고도 한다. systemd는 시스템 초기화 및 관리 프로세스의 모든 부분을 관리하며, 리눅스 시스템의 부팅 및 서비스 관리를 담당한다.

20 ②

cron 표현식 */5 * * * *는 매 5분마다 지정된 작업을 실행하라는 의미이다. 각 필드에 대한 설명을 한다면 맨앞에 있는 */5은 작업이 실행될 분을 설정하는데 이것은 매5분마다 작업을 실행하라는 의미이다. 그 다음 필드들은 시, 일, 월, 요일에 대한 설정을 한다. *기호의 의미는 모든 것을 뜻하는 와일드카드이다. 그래서 전체 의미가 매시간, 매일, 매월, 모든 요일에서 5분마다 작업을 진행하라는 의미가 된다.

21 ④

kill 2101 SIGTERM 명령은 프로세스 번호(PID)가 2101인 프로세스에게 SIGTERM 시그널을 보내는 명령이다. 이 명령을 사용하면 해당 프로세스에게 정상적인 종료 요청을 보낸다. 일반적으로 프로세스는 SIGTERM 시그널을 수신하면 종료 절차를 수행하고 안전하게 종료된다.

22 ③

nohup은 "no hang up"의 약어로, Unix 및 Unix 계열 운영 체제에서 백그라운드(background)로 실행되는 프로세스가 로그아웃 또는 터미널 세션 종료 시에도 계속 실행되도록 하는 명령이다. nohup을 사용하면 백그라운드에서 실행 중인 프로세스가 터미널과의 연결을 끊어도 계속 실행된다.

23 ②

renice 명령은 Unix 및 Unix 계열 운영 체제에서 프로세스의 우선순위를 변경하는 데 사용되는 명령이다. 이 명령을 사용하면 실행 중인 프로세스의 CPU 스케줄링 우선순위를 조정할 수 있다. 일반적으로 높은 우선순위는 프로세스가 더 많은 CPU 시간을 할당받도록 하며, 낮은 우선순위는 프로세스가 덜 CPU 시간을 할당받도록 한다.

24 ①

[Ctrl]+[Z] 키 조합은 포그라운드에서 실행 중인 프로세스의 작업을 일시적으로 중지 또는 중단시키는데 사용된다. 이 조합을 사용하면 실행 중인 프로세스를 일시 중단하고 해당 프로세스를 백그라운드(background)로 보낼 수 있다.

25 ①

exec는 Unix 및 Unix 계열 운영 체제에서 사용되는 명령어이며, 현재 프로세스를 새로운 프로세스로 대체하는 데 사용된다. exec 명령을 사용하면 현재 실행 중인 프로세스의 메모리와 상태를 새로운 프로그램으로 대체하면서 프로세스의 PID(프로세스 식별자)는 유지된다.

26 ①

ps 명령은 Unix 및 Unix 계열 운영 체제에서 현재 실행 중인 프로세스의 정보를 표시하는 명령이다. ps 명령을 사용하면 시스템에서 실행 중인 프로세스의 목록, 상태, 자원 사용량 및 다른 정보를 확인할 수 있다.

27 ③

데몬(daemon)은 컴퓨터 시스템에서 백그라운드(background)에서 실행되는 서비스나 프로세스를 의미한다. 데몬은 사용자와 상호 작용하지 않고, 일반적으로 시스템 부팅 시 자동으로 시작되어 서버, 네트워크 서비스, 로그 관리, 백업 등과 같은 여러 시스템 작업을 수행한다.

28 ②

백그라운드 프로세스와 가장 관련이 깊은 기호는 & 기호이다. 이 기호를 사용하면 프로세스를 백그라운드에서 실행할 수 있다.

29 ①

vi 편집기에서 :%s/linux$/linux./ 명령은 현재 열려있는 문서에서 "linux"로 끝나는 각 줄의 끝에 점(.)을 추가하는 치환 명령이다.

30 ②

nano 편집기에서 [Ctrl]+[e] 키 조합은 현재 행(line)의 끝으로 커서를 이동시키는 단축키이다. 이 조합을 사용하면 현재 편집 중인 행의 끝으로 빠르게 이동할 수 있다.

31 ③

vi 편집기의 명령 모드에서 현재 커서 위치의 문자를 삭제하는 입력 키는 x이다. x 키를 누르면 현재 커서 위치의 문자가 삭제되고, 커서는 그 자리에 유지된다. 이를 통해 원하는 위치의 문자를 삭제하고 텍스트를 수정할 수 있다.

32 ③

set ai는 vi 편집기에서 사용되는 환경설정 옵션 중 하나로, 자동 들여쓰기(auto-indent)를 활성화하는 옵션이다. 이 옵션을 설정하면 vi가 텍스트를 편집할 때 자동 들여쓰기를 적용한다.

33 ③

리눅스 서버에서는 주로 터미널 기반의 편집기를 사용하며, 그래픽 사용자 인터페이스(GUI)를 가진 편집기는 설치하지 않는 경우가 많다. 따라서 gedit와 같은 GUI 기반 편집기는 사용할 수 없는 상태이다.

34 ②

Emacs는 리처드 스톨먼(Richard Stallman)이 개발한 텍스트 편집기이다. 리처드 스톨먼은 GNU 프로젝트의 일환으로 Emacs를 개발하였으며, 이 프로젝트는 자유 소프트웨어 운동의 중심 역할을 하는 Free Software Foundation(FSF)에 의해 주도되고 있다.

35 ①

./configure --help 명령은 오픈 소스 소프트웨어 프로젝트의 소스 코드를 빌드하거나 컴파일하기 전에 사용되는 일반적인 명령이다. 이 명령은 프로젝트의 소스 코드 디렉터리에서 실행되며, 소프트웨어를 빌드할 때 사용 가능한 옵션과 구성 설정에 대한 도움말을 표시한다.

36 ③

- configure: 이 단계에서는 소프트웨어의 소스 코드를 현재 시스템 및 환경에 맞게 구성한다.
- make: configure가 완료되면 make 명령을 사용하여 소스 코드를 컴파일한다. Makefile에 정의된 빌드 규칙을 따라 컴파일 및 링크 작업을 수행한다. 이 과정은 소스 코드를 실행 파일로 변환하고, 라이브러리를 빌드하며, 종속성을 해결하는 등의 작업을 포함한다.
- make install: make 단계가 완료되면 make install 명령을 사용하여 컴파일된 실행 파일과 라이브러리를 시스템에 설치한다. 이 명령은 프로그램과 관련 파일을 정확한 위치에 복사하고 실행 권한을 설정한다. 이를 통해 프로그램을 시스템 전역에서 사용할 수 있게 된다.

37 ②

주어진 옵션 중에서 php-7.4.15.tar.xz 파일을 선택하는 것이 바람직할 것이다. tar.xz 파일 형식은 압축률이 높고 파일 크기를 효과적으로 줄이는 데 사용되는 압축 형식 중 하나이다. 그러므로 이 파일을 다운로드하면 작은 파일 크기로 PHP 소스 코드를 효과적으로 다운로드할 수 있다.

38 ③

backup.tar 아카이브 파일에 lin.txt와 joon.c 파일이 추가되어 묶이게 된다. 이러한 아카이브 파일은 여러 파일과 디렉터리를 하나의 파일로 묶어서 백업하거나 전송할 때 유용하게 사용된다.

- r: 아카이브에 파일을 추가하라는 옵션이다.
- v: 작업을 수행하는 동안 상세한 출력을 표시하라는 옵션으로, 작업 내용을 보여준다.
- f: 아카이브 파일의 이름을 지정하라는 옵션으로, backup.tar 라는 파일을 아카이브 파일로 사용하겠다고 지정한다.

39 ③

dpkg -l 명령은 Debian 계열 리눅스 시스템에서 설치된 패키지 목록을 확인하는 명령이다. 이 명령은 패키지의 이름, 버전, 설치 상태 등과 같은 정보를 표시한다.

40 ③

데비안 계열 리눅스 패키지 관리 도구 중 하나는 dpkg이다. dpkg는 Debian 계열 리눅스 시스템에서 패키지를 설치, 관리, 제거하는 데 사용되는 핵심 패키지 관리 도구이다.

41 ④

이 명령을 실행하면 시스템에 sendmail 패키지가 설치되어 있는지 확인할 수 있다. 만약 sendmail 패키지가 설치되어 있다면 패키지의 버전 및 설치 상태 등의 정보가 출력된다. 설치되어 있지 않다면 해당 패키지에 대한 정보가 나타나지 않을 것이다.

42 ①

yum search telnet 명령은 yum 패키지 관리 도구를 사용하여 시스템에서 telnet과 관련된 패키지를 검색하는 명령이다. 이 명령을 실행하면 시스템의 패키지 저장소에서 telnet과 관련된 패키지를 검색하고 목록으로 표시한다. 검색 결과에는 패키지 이름, 설명 및 다른 정보가 포함될 수 있으며, 사용자는 원하는 패키지를 선택하여 설치할 수 있다.

43 ③

RAID (Redundant Array of Independent Disks) 기술 중 하나인 "Striping"은 데이터를 여러 개의 디스크로 분산하여 저장하는 기술이다. Striping을 사용하면 데이터를 일정한 크기의 블록으로 나누고 각 블록을 순차적으로 여러 디스크에 분산 저장한다. 이를 통해 데이터의 입출력 성능을 향상시키는데 주로 사용된다.

44 ④

"alsactl"은 사운드 시스템의 설정을 관리하는 명령이며, 오디오 설정과 관련된 일을 수행한다. 특히 ALSA (Advanced Linux Sound Architecture) 사운드 시스템과 관련된 것이며, 오디오 카드 및 볼륨 설정을 다루는 데 사용된다.

45 ①

Open Sound System (OSS)은 리눅스와 유닉스 기반 시스템에서 오디오 서브시스템을 관리하는 소프트웨어이다. OSS는 오디오 디바이스와 소프트웨어 응용 프로그램 간의 통신을 지원하며, 오디오 장치를 제어하고 음악 및 소리를 재생하는 데 사용된다.

46 ①

LVM은 "Logical Volume Manager"의 약어로, 리눅스 및 UNIX 기반 운영 체제에서 디스크 파티션 및 스토리지 관리를 위한 소프트웨어 기술이다. LVM을 사용하면 논리적인 스토리지 볼륨을 생성하고 관리할 수 있으며, 스토리지 공간을 효율적으로 활용하고 유연하게 확장할 수 있다.

47 ④

"SANE"은 "Scanner Access Now Easy"의 약어로, 스캐너와 같은 이미징 장치를 리눅스 및 UNIX 시스템에서 쉽게 액세스하고 관리하기 위한 소프트웨어 프레임워크 및 라이브러리이다. SANE은 다양한 스캐너 모델과 이미징 장치를 지원하며, 이러한 장치를 컴퓨터에서 사용할 수 있게 한다.

48 ①

"lpr"은 리눅스 및 UNIX 기반 시스템에서 프린터 작업을 요청하는 명령이다. "lpr" 명령을 사용하면 텍스트 파일이나 문서를 프린터로 보내어 인쇄할 수 있다. "lpr" 명령은 프린팅 시스템과 상호 작용하여 인쇄 작업을 큐에 추가하고 관리한다.

2과목 : 리눅스 활용

49 ④

systemctl set-default graphical.target 명령은 시스템 시작 시 X 윈도 (그래픽 사용자 인터페이스) 모드로 부팅되도록 설정하는 명령이다. 이 명령은 systemd를 사용하는 리눅스 시스템에서 사용된다.

50 ②

"GDM"은 "GNOME Display Manager"의 약어로, 리눅스 및 UNIX 기반 시스템에서 사용되는 그래픽 로그인 화면 관리자이다. GDM은 그래픽 사용자 인터페이스 환경에서 로그인 화면을 제공하며, 사용자가 시스템에 로그인할 때 사용자 이름과 암호를 입력할 수 있는 화면을 표시한다.

51 ①

"Xfce"는 윈도 매니저(Window Manager)가 아니라 데스크톱 환경(Desktop Environment)이다. 데스크톱 환경은 윈도 매니저와 함께 작동하는 여러 구성 요소로 구성되며, 그래픽 사용자 인터페이스 및 다양한 애플리케이션을 제공한다.

52 ③

LibreOffice Calc는 LibreOffice 스위트의 구성 요소 중 하나로, 오픈 소스 오피스 스위트인 LibreOffice의 스프레드시트 애플리케이션이다. LibreOffice Calc을 사용하면 스프레드시트를 생성하고 데이터를 편집하며 수치, 통계, 금융 및 기타 연산을 수행할 수 있다.

53 ②

"xhost" 명령어는 X 서버에서 X 클라이언트의 접근을 허용하거나 거부하기 위해 사용되는 명령어 중 하나이다. 주로 X 윈도 시스템에서 사용된다.

54 ②

GNOME은 리눅스와 UNIX 기반 시스템을 위한 데스크톱 환경 중 하나로, 사용자 인터페이스 및 다양한 응용 프로그램을 제공하는 오픈 소스 프로젝트이다. GNOME은 사용자가 컴퓨터를 쉽게 사용하고 효과적으로 작업할 수 있도록 설계되었으며, 많은 리눅스 배포판에서 기본적으로 포함되어 있거나 선택적으로 설치할 수 있다.

55 ④

X 클라이언트에서 원격지로 응용 프로그램을 전송할 때, "DISPLAY" 환경 변수를 설정하고 변경해야 한다. 이 변수는 X Window System에서 사용되며 원격 X 서버와 통신할 때 사용된다. "DISPLAY" 환경 변수에는 표시할 디스플레이의 정보가 포함되어 있다.

56 ①

"eog"는 GNOME 이미지 뷰어(eye of GNOME)의 약어

로, 리눅스와 UNIX 기반 시스템에서 사용되는 그래픽 이미지 뷰어이다. eog는 GNOME 데스크톱 환경과 함께 제공되며, 그래픽 이미지 파일을 열고 볼 수 있는 간단하면서도 기능적인 도구이다.

57 ①

가장 관련 있는 서비스 중 하나는 DNS(Domain Name System)이다. DNS는 인터넷에서 도메인 이름을 IP 주소로 변환하거나, IP 주소를 도메인 이름으로 변환하는 데 사용된다.

58 ④

주어진 상황에서 서버에 SSH로 접속하려면 -p 옵션을 사용하여 포트 번호를 지정해야 한다. 명령은 192.168.12.22 IP 주소로 SSH 서버에 접속하되 포트 번호를 8080으로 설정한다. 이렇게 하면 SSH 클라이언트가 해당 포트로 접속하여 서버에 연결한다.

59 ④

"ftp" (File Transfer Protocol)는 파일 전송을 위한 네트워크 프로토콜로, 파일을 원격 서버와 주고받는 데 사용된다. "put"과 "get"은 FTP 클라이언트에서 사용되는 명령어이다. "put" 명령은 로컬 컴퓨터에서 원격 FTP 서버로 파일을 업로드 또는 전송하는 데 사용된다. "get" 명령은 원격 FTP 서버에서 로컬 컴퓨터로 파일을 다운로드 또는는 가져오는 데 사용된다.

60 ②

IPv6는 IPv4와는 다른 주소 할당 방식을 사용하며, IPv4의 클래스(Classful) 대역 구분 개념을 확장한 CIDR (Classless Inter-Domain Routing) 방식을 채택한다. 이에 따라 IPv6에서는 클래스(Class) 개념이 적용되지 않는다.

61 ④

CSMA/CD (Carrier Sense Multiple Access with Collision Detection)는 이더넷(ethernet)과 같은 로컬 네트워크에서 사용되는 네트워크 접근 방식 중 하나이다. CSMA/CD는 여러 컴퓨터가 동일한 물리적 네트워크 매체(예: 케이블)를 공유할 때 충돌을 방지하고 데이터

전송을 관리하기 위해 사용된다.

62 ④

UDP는 TCP(Transmission Control Protocol)와 함께 인터넷 프로토콜 스위트(IP 프로토콜 패밀리)의 중요한 구성 요소 중 하나이다. UDP는 TCP와 달리 신뢰성 있는 데이터 전송을 보장하지 않고, 연결 설정 및 종료 과정을 필요로 하지 않는다. 이로 인해 UDP는 일부 특정한 응용 프로그램 및 상황에서 사용된다.

63 ②

/etc/resolv.conf 파일은 리눅스 및 UNIX 기반 시스템에서 네트워크 설정에 관련된 정보 중 하나로, DNS(Domain Name System) 서버의 정보가 기록되어 있는 파일이다. 이 파일은 시스템에서 도메인 이름을 IP 주소로 변환하기 위해 어떤 DNS 서버를 사용할지 지정하는 데 사용된다.

64 ②

네트워크 유형 중 하나인 망형(Mesh)은 모든 장치가 다른 모든 장치와 직접 연결되어 있는 형태를 말한다. 이것은 각 장치가 다른 모든 장치와 통신할 수 있는 고도로 연결된 네트워크를 의미한다. 망형은 특히 신뢰성과 내결함성이 중요한 응용 프로그램과 환경에서 사용된다. 예를 들어, 금융 서비스, 항공 우주 산업, 미션 크리티컬 시스템, 무선 메쉬 네트워크 등에서 많이 사용된다. 너무도 긴밀히 연결이 되어있어서 장애발생시 고장 지점을 찾는 것이 쉽지 않다는 단점이 존재한다.

65 ④

ICANN (Internet Corporation for Assigned Names and Numbers)은 IP 주소 할당 및 도메인 이름 시스템(DNS) 관리와 같은 글로벌 인터넷 자원 관리에 대한 국제 기구이다. ICANN은 인터넷의 안정성, 보안, 접근성, 규제, 도메인 이름 및 IP 주소 할당과 같은 중요한 기능을 담당하고 있다.

66 ①

"ethtool"은 리눅스와 UNIX 기반 시스템에서 네트워크 인터페이스 카드(NIC)의 물리적 연결 여부 및 다양한 네트워크 설정 정보를 확인하기 위해 사용되는 명령어이다. 주로 시스템 관리자나 네트워크 관리자가 네트워크 인터페이스의 상태를 확인하고 문제를 진단하기 위해 사용된다.

67 ①

각 계층은 특정한 기능을 수행하며 다른 계층과 상호작용한다. 이 중, 가장 많은 계층을 지원하는 장치 중 하나는 "라우터"이다. 라우터는 OSI 모델의 여러 계층에서 동작한다. 라우터는 네트워크 간의 데이터 흐름을 관리하고 네트워크 간 통신을 중개하는 중요한 장치로, OSI 모델의 여러 계층에서 작동하여 데이터 패킷을 전송하고 라우팅한다.

68 ④

이 명령어를 실행하면 Telnet 클라이언트가 192.168.12.22의 443 포트로 연결을 시도하게 되며, 연결이 성공하면 해당 서버와 통신할 수 있게 된다. 이것은 서버가 HTTPS 포트 (보통 443)를 리스닝하고 있고, Telnet을 통해 접속 가능한 경우에 유용한 방법 중 하나이다.

69 ④

SAN (Storage Area Network) 스위치는 주로 스토리지 장치와 서버 간의 연결을 위한 네트워크 장치로 사용된다. SAN은 데이터 센터에서 주로 사용되며, 스토리지 장치와 서버 간의 높은 대역폭 및 신뢰성이 필요한 경우에 주로 사용된다. SAN은 일반적으로 광섬유 케이블을 사용하며, 이러한 케이블은 이더넷 케이블보다 훨씬 더 긴 거리를 커버할 수 있다.

70 ④

OSI (Open Systems Interconnection) 참조 모델을 제정한 기관은 국제 표준화 기구인 ISO (International Organization for Standardization)이다. ISO는 국제적으로 표준을 개발하고 관리하는 비영리 기구로, 다양한 산업 분야에서 국제 표준을 제정하고 유지하는 역할을 한다.

71 ②

DNS (Domain Name System) 프로토콜은 일반적으로 포트 번호 53을 사용한다. DNS는 호스트 이름을 IP 주소로 변환하거나, IP 주소를 호스트 이름으로 변환하는 데 사용되는 프로토콜로, 인터넷에서 가장 기본적이고 중요한 서비스 중 하나이다.

72 ①

메일 서버간의 메시지 교환에 사용되는 프로토콜은 SMTP (Simple Mail Transfer Protocol)이다. SMTP는 전자 메일을 보내고 받는 데 사용되며, 발신 메일 서버가 수신 메일 서버로 이메일 메시지를 전송하는 데 쓰인다.

73 ①

로컬 네트워크에 있는 특정 호스트의 MAC (Media Access Control) 주소를 조회하려고 할 때 사용하는 명령어 중 하나는 "arp" (Address Resolution Protocol)이다. ARP는 IP 주소와 MAC 주소 간의 매핑을 관리하고 네트워크에서 호스트 간 통신을 위해 IP 주소를 MAC 주소로 변환하는 데 사용된다.

74 ①

IRC (Internet Relay Chat)는 인터넷에서 실시간 채팅을 제공하는 프로토콜과 프로토콜을 구현한 클라이언트 및 서버 소프트웨어의 집합을 가리킨다. IRC는 1988년에 만들어졌으며, 글로벌 네트워크를 통해 사용자 간에 텍스트 기반의 대화를 가능하게 한다. IRC는 온라인 커뮤니케이션, 그룹 토론, 정보 교환, 파일 공유 및 협업을 위해 사용된다.

75 ④

루프백 (Loopback) IP 주소로 알려진 IP 주소 중 가장 널리 사용되는 것은 "127.0.0.1"이다. 루프백 IP 주소는 로컬 호스트 (현재 사용 중인 컴퓨터 또는 장치)를 가리키며, 데이터가 호스트 내에서 루프백되어 호스트 자체로 돌아가도록 한다. 이것은 자체 테스트, 로컬 서버 테스트, 네트워크 문제 해결 및 다양한 개발 및 디버깅 작업에 사용된다.

76 ④

"go"가 최상위 도메인으로 틀린 것이다. 다른 옵션들은 유효한 최상위 도메인이지만, "go"는 실제로는 최상위 도메인으로 사용되지 않는다. "com"은 상업적인 목적을

가진 도메인으로, 많은 회사 및 상업 웹 사이트에서 사용된다. "net"은 네트워크 관련 활동과 연결된 도메인으로, 네트워크 서비스 제공자 및 인프라 관련 웹 사이트에서 사용된다. "kr"은 대한민국의 국가 코드 최상위 도메인 (ccTLD)으로, 한국과 관련된 도메인 등록에 사용된다.

77 ②

Ansible은 IT 자동화 및 구성 관리 도구로, 시스템 관리, 설정 관리, 애플리케이션 배포 및 작업 자동화를 위해 사용된다. Ansible은 간단하고 사용하기 쉬운 YAML 기반의 구성 파일과 모듈로 구성되어 있으며, 에이전트 없이 원격 시스템에 대한 작업을 수행할 수 있다.

78 ②

Tizen은 특히 삼성전자의 스마트 TV 및 웨어러블 디바이스와 같은 제품군에서 널리 사용되며, 스마트 가전제품, 자동차, 및 IoT 디바이스에도 점차 확대되고 있다.

79 ②

Xen은 CPU 반가상화를 지원하는 서버 가상화 기술 중 하나이다. Xen은 가상 머신(VM)을 실행할 때 하이퍼바이저라는 중간 소프트웨어 레이어를 사용하여 호스트 시스템과 게스트 시스템 간의 리소스 및 하드웨어 접근을 관리한다.

80 ④

HPC (High Performance Computing) 클러스터는 고성능 컴퓨팅 작업을 수행하기 위해 여러 컴퓨터 노드가 연결되어 있는 컴퓨팅 클러스터이다. 이러한 클러스터는 대규모 계산 작업을 처리하고 고성능 컴퓨팅 작업 부하를 분산시키는 데 사용된다. HPC 클러스터는 과학 연구, 엔지니어링 시뮬레이션, 날씨 예측, 유전학 연구, 에너지 모델링 등 다양한 분야에서 활용된다. HPC 클러스터는 고성능 컴퓨팅 작업을 효율적으로 처리하기 위해 설계되며, 과학 및 공학 분야에서 연구 및 개발 작업에 널리 사용된다.